Johannes Heinrichs

REVOLUTION DER DEMOKRATIE

Eine Realutopie

MAAS

Erschienen im MAAS Verlag, Berlin

Originalausgabe
Erste Auflage 2003
ISBN 3-929010-92-5

Vorwort: Prof. Dr. Karl Albrecht Schachtschneider

Lektorat: Dr. Torsten Flüh
Redaktion: Christian Fischer
Umschlaggestaltung: vistacolor Wolfgang Brodauf, vistacolor@freenet.de
Satz, Layout und Grafiken: Jan Blatt, janblatt@web.de
Druck und Weiterverarbeitung: TRIGGER und TRIGGERagent, Berlin

Bibliografische Information Der Deutschen Bibliothek
Die Deutsche Bibliothek verzeichnet diese
Publikation in der Deutschen Nationalbibliografie;
detaillierte bibliografische Daten sind
im Internet über http://dnb.ddb.de abrufbar.

www.maasverlag.de

Inhalt

III. Der systematische Grundansatz
VOM HANDELNDEN MENSCHEN ZUM SOZIALEN SYSTEM – DAS MISSING LINK

IV. Sprung in den großen Organismus
DIFFERENZIERUNG VON SUBSYSTEMEN

V. Die praktische Kernforderung
VIER „HERZKAMMERN“ DER DEMOKRATIE: VIER PARLAMENTE

VI. Konsequenzen in Fülle
DIE NICHT-PARLAMENTARISCHEN FUNKTIONEN

VII. Eine zusätzliche architektonische Dimension
DIE DREIHEIT VON STAAT – PRIVATEM – ÖFFENTLICHEM

IX. Eine zukunftsgerichtete Synthese
DEMOKRATIE VON MORGEN

X. Abgrenzungen und Strategien
AUFKLÄRUNG ALS REVOLUTIONÄRE PRAXIS

XI. Ausblicke
EUROPÄISCHE UND GLOBALE DEMOKRATIE-ARCHITEKTUR

In honorem

Michail Gorbatschow

und gewidmet den

HörerInnen meiner Vorlesungen zur Sozialökologie

im Studium Generale der Humboldt-Universität zu Berlin (1998-2002)
mit Dank für ihr Mitdenken und für das,
was sie mir „nachhaltig“ gegeben haben:
das Erlebnis, nicht auf verlorenem Posten zu stehen.

Möge das unvollendete Werk der Perestroika nicht
an kapitalistischer Arroganz und Pseudodemokratie scheitern.
Möge es eine westliche Perestroika geben!

Vorwort

Deutschland ist demokratischer als in anderen Zeiten, zumal seit 1990 auch die Länder der gescheiterten DDR durch das Grundgesetz verfasst sind. Deutschland ist aber keine Demokratie! Verwirklicht ist das Wahlprinzip, aber auch nur so, dass die plurale Parteienoligarchie nicht gefährdet werden kann. Das bezweckt das Verhältniswahlsystem mit der Sperrklausel von fünf Prozent, welches jetzt der ganzen Europäischen Union verordnet wird.

Freie Wahlen müssen die Chance bieten, Abgeordnete in das Parlament zu entsenden, die der grossen Aufgabe gewachsen sind, das Volk in der Gesetzgebung zu vertreten. Dem stehen Partei- und Fraktionsbindung entgegen. Die Wähler kennen die Kandidaten kaum oder gar nicht. Auch die Desinformation der Öffentlichkeit in allen wichtigen Politiken, zumal über die europäische und globale Integration, ist mit demokratischen Wahlen unvereinbar.

Im Parteienstaat kann das Parlament seine Aufgabe nicht erfüllen. Der Parteienstaat ist durch Führung und Geschlossenheit gekennzeichnet, nicht durch Erkenntnis des Wahren und Richtigen. Der Parteienstaat ist die Verfallserscheinung der Republik. Der oligarchische Charakter des Pareienstaates hat sich durch den Internationalismus verschärft. Verbindlich sind die Absprachen der Staatsführer.

Die Irreführung über das Prinzip der Demokratie beginnt mit der Übersetzung des Wortes als „Volksherrschaft". Demokratie ist Freiheit der Menschen, nicht die Herrschaft der Obrigkeit über Untertanen. Die allgemeine Freiheit führt mit Logik zum kategorischen Imperativ, zum Gebot der Sittlichkeit als das der persönlichen Vernunft, welche von allen Bürgern und erst recht von deren Vertretern Moralität – das ist der Wille zur Rechtlichkeit des gemeinsamen Lebens – verlangt, den guten Willen nach Kants Metaphysik. Politik kann und darf darum nur „ausübende Rechtslehre" sein, nicht Kampf um die Macht, Kampf um die Mehrheit. Demokratie als Herrschaft der Mehrheit auf Zeit ist die Lebenslüge der Parteienstaaten.

Johannes Heinrichs legt mit diesem Buch eine „Realutopie" vor: „Revolution der Demokratie". Seine Demokratielehre ist ebenso grundlegend wie umstürzend und notwendig. Grundlegend ist sie, weil sie auf einer elementaren Anthropologie aufbaut, nämlich der sozialen Reflexionstheorie, welche den Menschen als Menschen unter Menschen anerkennt. Umstürzend ist sie, weil sie dem Parteienstaat die Ideologie streitig macht. Sie ist notwendig, weil die Freiheit der Menschheit die Vision der Aufklärung und das Ziel aller Politik ist.

Das Werk Heinrichs' lehrt die Revolution im eigentlichen Sinne, nämlich als Befreiung zum Recht, also zur Menschheit der Menschen.

Dass der Parteienstaat nicht die Antwort auf die grosse Frage der Aufklärung, ja der Menschheit, nach dem guten Leben aller sein kann, bewegt Johannes Heinrichs. Sein Entwurf differenziert anspruchsvoll, gibt aber der Demokratie die erste wirkliche Chance. Heinrichs konzipiert vier Parlamente mit eigenständigen Aufgaben, eigenständiger Verantwortung und eigenständiger Besetzung, nämlich ein Grundwerteparlament, ein Kulturparlament, ein Politikparlament und ein Wirtschaftsparlament. Die Gesetze dieser Parlamente sind alle verbindlich. Das erfordert Kompetenzgrenzen oder Vorrangregelungen. Legitimation verschaffen die Entscheidungen des Grundwerteparlaments. Diese Entscheidungen können nicht diskursiv ermittelt werden, sondern müssen, den Zeitläufen gemäß, von Abgeordneten getroffen werden, die in das Vertrauen des Volkes eingebettet sind. Die Entscheidungen der anderen Parlamente müssen sich in die Grundentscheidungen einfügen.

Neben der Vierheit des Legitimations-, des Kultur-, des Politik- und des Wirtschaftssystems konzipiert Heinrichs eine weitere architektonische Dimension, nämlich die Dreiheit von Staat, Privatem und Öffentlichem, die heute schon praktiziert wird, aber noch nicht von einer sachgerechten Rechtsordnung gestützt ist. Sie ist, wie die Vierheit des Parlamentarismus, ein Strukturelement der Gewaltenteilung, erstmalig systemisch begründet.

Weiterhin will Heinrichs die direkte gegenüber der repräsentativen Demokratie stärken. Den Klassenstaat, den Parteienstaat und den Konfessionsstaat will er überwinden. Die Vierheit der Systemebenen und die Dreiheit der Organisationsformen gewährleisten die Verwirklichung des Solidaritäts- und des Rechts(staats)prinzips, welche dem Ideal von Freiheit, Gleichheit und Brüderlichkeit entsprechen.

Johannes Heinrichs ist der beste Kenner der gegenwärtigen Sozialphilosophie. Er weiß sich für unsere Republik verantwortlich und unterbreitet einen wohlbegründeten Entwurf für ein menschliches Leben in allen Staaten dieser Welt.

Heinrichs kritisiert die Grundlagen oder eben den Mangel an Grundlagen der Wirklichkeit und der Lehren, die sich Demokratie oder demokratisch nennen. Seine Vorschläge haben den Menschen im Auge, nicht nur wie dieser ist und sein soll, sondern auch wie er sein kann, wenn die Lebensordnung den Menschen die Möglichkeit gibt, zu sich sebst zu finden und ihrer Menschheit gemäß zu leben.

Heinrichs' Werk ist ein großer Beitrag zur politischen Philosophie und ein großer Beitrag zur Demokratielehre. Ich werde helfen, seiner Revolution zum Siege zu verhelfen.

Erlangen – Nürnberg, im Oktober 2003

Karl Albrecht Schachtschneider
Ordentlicher Professor für öffentliches Recht an der Universität Erlangen – Nürnberg

KAPITEL I

DEMOKRATIE – VOM SCHLAGWORT ZUM REIZWORT

„Seit etwa fünfundzwanzig Jahren vermag es die Politik nicht mehr, unsere Einbildungskraft zu beflügeln. Sie ist nicht länger Schauplatz für das Drama von Moral und Historie. Sie wirkt nurmehr langweilig, kleinkariert und provinziell." (Jedediah Purdy, Das Elend der Ironie, dt. Hamburg 2002)

Das Jahrhundert der Demokratie – hinter uns oder vor uns?

„Demokratie" ist eines der größten Schlagwörter des 20. Jahrhunderts. Wahrscheinlich wird es rückblickend als das größte und zentrale gesehen werden. Ähnlich wie für das 19. Jahrhundert der weltgeschichtlich unerhörten, ersten Phase der industriellen Revolution der „Fortschritt" das Schlagwort war. Die industrielle Revolution ist, inklusive aller sozialen und ökologischen Fragwürdigkeiten, eine beherrschende Realität geworden. Kann man ebenso von einer ihr nachfolgenden „demokratischen Revolution" sprechen?

Demokratie stand seit der Französischen Revolution auf der politischen Tagesordnung des Westens. Der Startschuß dieser Revolution fiel jedoch noch nicht ausdrücklich im Namen der Demokratie, sondern im Namen von Freiheit, Gleichheit, Brüderlichkeit und im Namen eines Rechtsstaates mit Gewaltenteilung. In den Revolutionswirren kamen bereits demokratische Elemente zum Zuge, darunter die totalitäre Variante der Jakobiner um Robespierre (1758-1794), die viel von Rousseau (1712-78) übernahmen. Als 1793 die erste republikanische Verfassung beschlossen wurde, definierte Robespierre seine Vorstellung von Demokratie:

> „Die Demokratie ist ein Staat, in dem das souveräne Volk, von Gesetzen geleitet, die sein Werk sind, tut, was es tun kann, und durch Delegierte tun lässt, was es selbst nicht verrichten kann."[1]

Das klingt modern, sogar was das Verhältnis von direkter und repräsentativer Demokratie angeht. Einschließlich der fatalen Unklarheit, welche Gesetze das souveräne Volk leiten sollen, wie diese erstmals zustande kommen und wie sich Gesetzgebung zur ausführenden und richterlichen Gewalt verhalten sollten, also zu der von Montesquieu vorher (1748) formulierten Teilung der „Gewalten". Robespierres' Demokratie scheiterte an dem Mangel durchdachter Gesetzesgrundlagen.

Das gesamte 19. Jahrhundert hatte mit diesen Unklarheiten zu kämpfen, sowohl in Europa wie, auf pragmatischere Weise, in den sich damals erst allmählich herausbildenden Vereinigten Staaten von Amerika. Selbst die misslungene bürgerliche Revolution von 1848 in Europa war keine eigentlich demokratische. Zwar erhofften sich die „Social-Demokraten" oder Kommunisten eine solche, aber es wurde eine bürgerlich-antifeudale Revolution, die zunächst um eine anständigere konstitutionelle Monarchie rang. Der Wunsch nach Demokratie bewegte die Menschen noch unklar, ohne dass sie sich in der Lage fühlten, ihn vom konstitutionellen Rechtsstaat deutlich zu unterscheiden

Bis zum Ersten Weltkrieg herrschten in Europa proto-demokratische, konstitutionelle Monarchien. Frankreich wandte sich nach dem deutsch-französischen Krieg von 1870 höchst mühsam von der Monarchie ab. Die damals entstehende „dritte Republik" erhielt keine förmliche Verfassung. Die Souveränität lag bei den beiden parlamentarischen Kammern, von denen nur eine halbwegs demokratisch gewählt war. Der Unterschied zur konstitutionellen Monarchie und ihrem Ständestaat im deutschen Kaiserreich war nicht groß.

Mit dem europäischen Bruderkrieg gewannen die USA die Übermacht und begannen, sich auch propagandistisch als das Mutter- und Musterland der Demokratie hervorzutun. Die Faszination, die von der amerikanischen Demokratie ausging, war enorm. Das mächtigste Land der Erde konnte fraglos seine Demokratie als Exportartikel preisen. Seit Ende des Kalten Krieges wird allerdings die Mustergültigkeit dieser Form der Demokratie, auch von nicht sonderlich linken Autoren, immer intensiver in Frage gestellt.[2]

Demokratie im heute landläufigen Sinne wurde erst im 20. Jahrhundert zum weltweiten Thema. Nun erst wurde eigentlich um Demokratie gekämpft, durchaus nicht ausschließlich, nicht einmal in erster Linie verbal und mit geistigen Waffen. Als besonders schwieriger Fall erwies sich jetzt Deutschland. Das besiegte Kaiserreich war inzwischen von außen für die Demokratie reif und weich geklopft, besonders in den Schichten, die den Kopf hinhalten mussten. 1918 gelang die sozial-demokratische, nämlich proletarische Revolution wieder nicht, da sie tragischerweise von den obrigkeitlich vereinnahmten Sozialdemokraten selbst niedergeschlagen wurde[3]. Mit allen Folgen für die von Anfang an kränkelnde Weimarer Republik und für das berüchtigte Reich, das danach kam.

Endlich, nach diesem unsäglichen nationalsozialistischen, zwölfjährigen Reich, kam „die" Demokratie von den westlichen Befreiern. Sie kam so intensiv und ohrenbetäubend, dass man inzwischen das Wort Demokratie in Deutschland West, wie noch mehr in Deutschland Ost, außerhalb der obligatorischen Feierstunden eigentlich nicht mehr hören mag. Es sei denn, man gehört zur „politischen Klasse" und ihren wissenschaftlichen wie publizistischen Hofberichterstattern, zu deren Bestandserhaltung das Wort Demokratie und deren realexistierende Form selbstverständlich wesentlich gehört.

Das 20. Jahrhundert hat, über die Umerziehung der Achsenmächte durch die siegreichen Demokratien hinaus, einen glänzenden äußeren Siegeszug der Demokratie in der Welt gesehen, zuletzt mit dem Zusammenbruch der meisten „Volksrepubliken" unter sowjetischer Vorherrschaft. Das Gros der Regierungssysteme schmückt sich heute gern mit dem Etikett „demokratisch", obwohl diese in der Realität von Demokratie noch bedeutend weiter entfernt sind als das demokratische Mutterland USA, das trotz bombastischer Lagerwahlkämpfe anno 2000 nicht einmal seinen derzeitigen Präsidenten mit hinreichender Legitimität auszustatten vermochte. Der Leser wird sich an die gemäß gerichtlichem Entscheid nicht gezählten Stimmen in Florida erinnern. Eine symptomatische Einzelheit.

Wie viele Menschen außerhalb der politischen Klasse und ihrer Zuarbeiter behaupten heute, wir hätten eine befriedigend funktionierende Demokratie, die ihrem eigenen Anspruch hinreichend gerecht würde?

Inoffiziellen Umfragen zufolge sind das nur wenige! Normale Bürger, nicht nur so genannte sozial schwache, sondern die ganz normalen, deren eigentliche Wahl häufig die zwischen Nochwählengehen und Nichtmehrwählengehen ist, befällt beim Klang des Wortes „Demokratie" eine Mischung von Langeweile, hilfloser Wut und resignativer Trauer.

Man lässt sich von „Brot und Spiele" und relativem privatem Wohlergehen ablenken. Ohnmachtsgefühl, Resignation, Wut und Trauer werden verdrängt. Doch wissen wir seit Freud, wie das mit Verdrängtem in der Psychologie des Einzelnen ist: Das Verdrängte kehrt umso mächtiger und an ganz unerwarteten Stellen zurück, in Form von Ticks und Krankheitssymptomen. Eine Sozialpsychologie der verdrängten Gemeinschafts- und Demokratieerwartungen wurde meines Wissens noch nicht entwickelt. Ist das vielleicht symptomatisch?

Demokratie blieb im 20. Jahrhundert eine ungelöste Aufgabe. Deshalb sprach ich im Eingangssatz nicht von der großen Errungenschaft, sondern vom Schlagwort dieses Jahrhunderts.

Demokratie blieb im 20. Jahrhundert eine ungelöste Aufgabe.

Warum sich mit etwas derart Abgestandenem und Unglaubwürdigem wie Demokratie beschäftigen, in der Hoffnung, einen Leserkreis dafür zu interessieren und diesen womöglich zum Handeln zu bewegen? Zu welchem sinnvollen Handeln?

Um im Politikerjargon zu reden und mit rascher Antwort über diesen schmerzlichen Punkt, das Thema interessiere nicht[4], hinweghuschen zu können: Weil es zu Demokratie keine Alternative geben dürfte. Das ist diesmal sehr ernst zu nehmen und nicht die übliche, bloß rhetorische Verteidigung einer einmal eingenommenen fixen Position wie meist, wo es „keine Alternative" zu irgendeiner Fixierung gibt. Diesmal stimmt es: Wir können nicht zurück. Die wunderbare Idee einer Selbstregierung des Volkes existiert und fordert ihre Verwirklichung ein.

Wohl könnten wir uns in leere Sozialromantik flüchten und jede „Regierung" – von „Herrschaft" zu schweigen – als überflüssig erklären, angesichts einer „Selbstorganisation" oder „Autopoiesis" der vergesellschafteten Menschen: Ihr Zusammensein organisiere sich – so meinen Sozialromantiker – angeblich von allein, wachsend aus der puren, mehr oder weniger verstandesfreien Spontanität der Beteiligten gänzlich von unten her – anarchisch, das bedeutet ohne Regierung und ohne Repräsentanten der Gemeinschaft. Dergleichen Verhältnisse hat es in größeren Gemeinschaften wohl nie in der Geschichte gegeben. Aus dem Tierreich ist das auch nicht bekannt, gleich ob es sich um Rudel oder „Staaten" handelt: Überall finden wir Rang, Hierarchie, Ordnung als Evolutionsprodukt der Selbstorganisation.

Die Freiheitsfähigkeit des Menschen erfordert Ordnungsstrukturen. Eine selbst in Freiheit erdachte und mit der Freiheit des Einzelnen kompatible Ordnung. Sobald eine Gemeinschaft von Menschenwesen eine Schwelle von Größe erlangt hat, tritt sie als eine eigene Entität, als ein eigenes Wesen, ja „Lebewesen", den einzelnen Mitgliedern der Gemeinschaft gegenüber. Das ist unvermeidlich und macht die Würde und Ranghöhe eines Gemeinwesens aus. Diese Entität ist eine andere

Qualität als die Summe der Einzelnen, auch ein anderes als ein im Individuum liegendes Instinktprogramm, wie wir es im Bienenstaat finden. Deshalb muss dieses Mehr nach modernem Freiheitsverständnis „herrschaftsfrei" an den Einzelnen rückgekoppelt sein. Das heißt, er muss sich selbst in diesem Mehr der Gesamtheit wieder erkennen und es selbst gestalten können.

Der Ausdruck „Herrschaft" gehörte ursprünglich einer patriarchalischen Epoche der Menschheit an, in der es Herren als „Herr"-schende gab und auf der anderen Seite Beherrschte. Im Wort *Demokratie* stecken die griechischen Worte *demos* (Volk) und *kratein*, was mit *herrschen* übersetzt werden kann, aber nicht unbedingt muss. *Kratein* kann auch mit *Macht ausüben* oder einfach *regieren* ins Deutsche übertragen werden.

> *Wir können demnach ⇐Demokratie[5] statt mit „Volksherrschaft" weniger patriarchalisch mit „Volksregierung" oder „Selbstregierung" des Volkes übersetzen und an dem weltweit eingeführten, großen Wort ruhig für dieses Jahrhundert festhalten, um uns der Sache selbst zuzuwenden.*

Es macht wenig Sinn, um alteingeführte Worte als solche zu streiten. Wer Worte und Begriffe zu unterscheiden vermag und um die Brüchigkeit ihrer Verbindung weiß, streitet nicht gern um Worte.

Die Idee der „Selbstbeherrschung", oder besser Selbstregierung, des Volkes enthält die der Selbstorganisation, wohl durchdacht und wohl durchgeführt. Aber eben nicht im an-archischen Sinn von Regierungslosigkeit oder gar Prinzipienlosigkeit (griechisch *arche* meint *Anfang, Ursache, Ursprung, Prinzip*). Die verbreitete Ansicht, das Wort *Demokratie* selbst beinhalte einen Widerspruch in sich, weil Subjekt und Objekt des Herrschens oder vielmehr Regierens zusammenfallen, ist seltsam oberflächlich.

> *Das Wesen der Demokratie liegt in der Selbstbezüglichkeit der Gemeinschaft und der dynamischen Identität von Regierten und Regierenden.*

Die dynamische Identität von Regierten und Regierenden und darin die Selbstbezüglichkeit der Gemeinschaft machen gerade die Pointe von Demokratie oder Selbstregierung aus.

Gemessen an diesem Maßstab versagen gegenwärtig die Demokratien und Demokratietheorien offensichtlich kläglich. Ist deshalb der Maßstab falsch, zu idealistisch und illusorisch? Oder sind es die real existierenden Demokratien, die an ihrem wahren Begriff gemessen, als falsch, schlecht-realistisch und „scheinbar“ bezeichnet werden müssen? In manchen Bereichen sind wir bereit, den Maßstab zu ändern, aber das zu Messende nicht. Wir verhalten uns wie ein „Sportler“, der lieber eine langsamere Stoppuhr zur Messung seiner Leistung benutzt – und nennen ausgerechnet dieses Sich-etwas-Vormachen gerne „Realismus“.

Es gibt keine Alternative zur Demokratie, heißt es mit Recht. Aber es gibt grundsätzliche Alternativen innerhalb des demokratischen Spektrums. Nicht viele Alternativen zwar, denn an die Oberflächenunterschiede in den Organigrammen der Regierungssysteme ist hier nicht gedacht. Vielmehr geht es um tiefgreifende Alternativen im Verständnis von Gemeinwesen.

Genau hier setzt dieses Buch an. Es könnte im Titel heißen: „Eine andere Demokratie ist möglich!“ Eine andere, qualitativ weiterentwickelte.
Sollte vielleicht das begonnene 21. Jahrhundert erst das der Demokratie im vollsten Sinne, der ganzheitlichen Demokratie, werden?

Vielleicht ist es diese unerwartete Doppelthese, die dem von demokratischem oder pseudodemokratischem Feiertagsgerede angeödeten Leser Interesse abgewinnen könnte? Sie fällt aus dem Rahmen der einlullenden, oberflächlich beruhigenden Reden von einer funktionierenden Demokratie. Unsere Demokratie funktioniert noch nicht. Mit anderen Worten: Sie funktioniert auf eine Weise, bei der auch in Deutschland schon zu viele Wähler längst mit den Füßen über sie abgestimmt haben, indem sie nicht mehr zur Wahl gehen. Weghören, wegsehen, schließlich weggehen sind die Reaktionen, mit denen die Bürger unseres Landes – aber natürlich nicht nur unseres Landes – auf die Demokratiefrage reagieren.

Die gerade heute evolutionär anstehende Utopie einer Selbstregierung des Volkes wird schrittweise mit den Enthüllungen zum Demokratiedefizit in unserer Gesellschaft und dem Entwurf zur Schaffung eines besseren Demokratiesystems eingelöst werden.

Lassen wir das Geständnis zu: Aus bekannten historischen Gründen haben wir verlernt, trotz der 1989 gefallenen Mauer und der dadurch mit Recht ausgelösten Glücksgefühle, mit dem Gedanken einer souveränen Volksgemeinschaft positive Gefühle zu verbinden, wie dies bei den meisten unserer Nachbarn geschieht. Warum bleibt nichts davon in unserem „demokratischen“ Alltag lebendig? Warum wird unsere real existierende Demokratie nicht als Bewahrerin, sondern eher als Zerstörerin dieses vormaligen Glücks empfunden? Warum geht von dem Wort Demokratie so viel bürokratische Kälte aus?

Sollte es so bleiben, dass Demokratie enger mit Bürokratie assoziiert wird als mit dem Glück eines sich selbst aus Freiheit, in Freiheit und zur Freiheit organisierenden Volkes, dann wäre die Sache der Demokratie zumindest in Deutschland zum wiederholten Male gefährlich ausgehöhlt. Auch dann, wenn wir äußerlich-bürokratisch als sogenannte Demokratie verwaltet würden. Es ist eine Illusion und beruht auf Resignation, auf Dauer das Glück der Gemeinschaft im Familien- und Freundeskreis, allenfalls noch in einer Heimatgemeinde und -landschaft finden zu können, wenn das große, das nationale, durch eine gemeinsame Sprache verbundene Gemeinwesen in erster Linie Sache der Bürokratie und eines ebenso kalten ⇦„Verfassungspatriotismus" ist, d.h. der bloßen Wachsamkeit für das Funktionieren der Rechtsgemeinschaft und ihrer Institutionen. So unempfindlich daher räsonierende Intellektuelle merken nicht, dass sie mit dieser kühlen Pseudoweisheit nicht nur den berechtigten emotionalen Kräften, sondern letztlich der, angeblich verteidigten, Demokratie selbst das Wasser abgraben. Demokratie hat entweder etwas mit dem Glück der Vergemeinschaftung, auch als staatliche Rechtsgemeinschaft, zu tun – oder ihre Sache ist vertan. Vielleicht ist das die eigentliche Alternative: Untätigkeit oder Mitgestaltung von Gemeinschaft?

Demokratie braucht die emotionale Bindung, das Glück eines sich selbst aus Freiheit, in Freiheit und zur Freiheit organisierenden Volkes.

Hoffen wir, dass die schlimme, im Vergleich zur einstigen äußeren deutschen Mauer wenig besprochene Mauer aus Resignation und Langeweile, die das Wort Demokratie umgibt, noch nicht ganz undurchdringlich ist. Dass das schwere gedankliche Gerät, sie zu schleifen, zumindest in den Köpfen der unvoreingenommenen Leser ausreicht. Um die Chancen zu erhöhen sei eine gedankensportliche Übung vorgeschaltet. Mag sein, für manche provokativ. Ohne Provokation kann es nicht abgehen.

Kleiner Hindernislauf durch beliebte Vorurteile

1. *Demokratie ist eine ziemlich schlechte Staatsform, aber es gibt keine bessere.*

Dieses Diktum wird Winston Churchill zugeschrieben. Es hat in Tausenden von Politiker- und Stammtischreden dazu hergehalten, Kritik an den offensichtlichen Unzulänglichkeiten unserer real existierenden Demokratien auf „realistische“ Weise zu entschärfen, zuletzt in Helmut Schmidts Gespräch mit Maischberger und anderen.[6]

Dieses Argument erweist der politischen Klasse etwa den gleichen Dienst wie in der katholischen Kirche das Argument der menschlichen Schwächen, die den unanzweifelbar göttlichen Charakter und Auftrag dieser Kirche nicht antasten können. Sie würden ihn, so heißt es, eher noch bestätigen: Wäre nämlich die Kirche nicht göttlichen Ursprungs, hätten ihre Vertreter und Mitglieder sie längst selbst zugrunde gerichtet.

Ähnlich scheint die realexistierende Demokratie ein Wunderwerk der menschlichen Zivilisation zu sein, das an den Unvollkommenheiten alles Irdischen leide, zu dem es aber im Prinzip „keine Alternative“ gäbe. Dieses Argument dient als typische Ideologie der Rechtfertigung und Immunisierung gegen alle Fundamentalkorrekturen. Solche könnten demnach nur von Rechtsaußen oder von Linksaußen kommen. Dass aus der europäischen Mitte der philosophisch-aufklärerischen Bewegung, die einst die Demokratie hervorbrachte, eine Fundamentalkritik entstünde, scheint fast[7] undenkbar.

Demokratie ist, der Idee nach, eine wunderbare Staatsform. Sie bleibt jedoch bisher eine wenig durchdachte Utopie. Bezüglich ihrer Verwirklichung verharrt sie noch im Embryonalzustand. Es war eine Fahrlässigkeit Churchills und wurde mehr und mehr zum Irrtum seiner Nachredner bis heute, das, was sich um den Zweiten Weltkrieg herum als Demokratie feierte, für eine voll geborene, ausgewachsene Demokratie auszugeben. Im Vergleich zur Nazi-Diktatur waren die damals bestehenden Demokratien zwar Gold. Aber an ihren eigenen Maßstäben, an der Idee der Demokratie gemessen, doch etwas Anfängliches. Würde man heute noch mit Autos aus jener Zeit herumfahren, selbst wenn sie funkelnagelneu, originalgetreu nachgebaut würden? Einige Oldtimer-Liebhaber leisten sich dies, doch eher als Zweit- oder Drittwagen. Für das wirkliche Leben ziehen sie heutige Automobiltechnik vor.

Wertet man die Anfänge einer Entwicklung ab, indem man sie deutlich als Anfänge kennzeichnet? Das kann nur die stören, die an den Anfängen als Nonplusultra festhalten wollen – ein widernatürliches Verfahren. In unseren sozialen Institutionen leisten wir uns Unzeitgemäßheiten, Gedankenlosigkeiten und Ungenauigkeiten, die im technischen Bereich undenkbar wären.

Computersprachen etwa erreichen ein Vielfaches an Genauigkeit dessen, was im Bereich der sozialen Institutionen sprachlich üblich ist – vom Sonderproblem der Juristensprache einmal abgesehen.

So wird beispielsweise von der Presse als „vierter Gewalt“ geredet und dies zu häufig wiederholt. Das kann am Stammtisch so gesagt werden, um die Macht der Presse über die öffentliche Meinung zu kennzeichnen. Diese, in der Tat gewaltige, Macht jedoch ernsthaft mit den drei klassischen staatlichen Gewalten in eine Reihe zu stellen, ist verwirrtes Denken. Daran ändert sich nichts, wenn man von einer „Kommunikative“ spricht oder eine „Konsultative“ erfindet. Entweder sind die Parlamente selbst echte Konsultativen, also ernst zu nehmende Beratungsorgane, oder wir steigen ein in eine Spirale des Ausbesserns von Systemfehlern durch neue Systemfehler. Wir werden auf die Gewaltenteilungslehre und ihr bisher mangelndes logisch-philosophisches Fundament noch zurückkommen.

Wenn wir mit Abraham Lincoln (1809-65) ⇦Demokratie so verstehen, dass Menschen unter Gesetzen leben, die sie selbst bestimmen, als Herrschaft des Volkes für das Volk und durch das Volk, ist das ein realistischer und vorläufig akzeptabler Maßstab. Wer wagte zu behaupten, dass die Demokratien damals an diesem ihrem eigenen Anspruch gemessen bestehen konnten? Erst recht heute. Gibt es nicht einen eingebauten Rückschritt, wenn die anfängliche Verwirklichung eines Ideals stagniert? Stillstand heißt Rückschritt. Das wird irrtümlich und missbräuchlich als Gesetz der Wirtschaft angeführt: quantitatives Wirtschaftswachstum oder aber Rezession und Verfall. In Wahrheit scheint es jedoch ein generelles, qualitatives Naturgesetz und nicht zuletzt ein Gesetz der geistigen, kulturellen Evolution der Menschheit zu sein.

Insofern ist es kein Widerspruch, die Euphorie aus demokratischen Gründerzeiten (in Deutschland die Zeit der Wiedereinführung der Demokratie nach dem Zusammenbruch) zu verstehen und möglicherweise noch selbst erlebt zu haben, und dennoch an der Stagnation, ja Rezession in Sachen Demokratie zu leiden.

„Und allem Anfang wohnt ein Zauber inne“ (Stufen, Hermann Hesse). Nur darf daraus im Verlauf kein falscher Zauber werden. Unterdessen leiden allzu viele unter dem falschen Zauber der angeblich „reif gewordenen“, in Wahrheit aber unreif gebliebenen Demokratien. Auch eine unreife Frucht kann alt und faul werden.

Gemessen an dem Anspruch, Gestalten der kollektiven Freiheit zu sein, sind unsere Demokratien unreif.

Uns soll es hier nicht primär um Verfallserscheinungen, um Altwerden und Umsichgreifen von Missständen der schon etablierten Demokratien gehen. Noch weniger allerdings um die einzelnen Entwicklungsschritte der jungen Demokratien der

Dritten Welt sowie des ehemaligen Ostblocks. Es geht – gemessen an ihrem Anspruch, Gestalten der kollektiven Freiheit zu sein – um die Unreife unserer vorbildlichen Demokratien

Ein Haupthindernis für die Weiterentwicklung aber ist eine Mentalität, die aus heutiger unbefragter Wiederholung des Churchill-Wortes spricht: Eine Mischung aus „konservativer“ Resignation, Saturiertheit und Arroganz, die das Leiden an den bestehenden Verhältnissen durch die kleinen Freiheiten des Zynismus versüßt. Für unmöglich wird eine grundlegende Verbesserung der „Misanthropenmaschine“ namens Demokratie erklärt, solange wir es mit Menschen zu tun haben und keine Großmutationen erleben. Welch ein fragwürdiger Humanismus, der sich auf ein derart skeptisches, deprimierendes Menschenbild stützt!

2. *Dass die Menschen doch im Großen und Ganzen mit der Demokratie zufrieden sind, bestätigt die politische Wissenschaft.*

Zufrieden mit unserer gegenwärtigen Demokratie erklären sich: die meisten Berufspolitiker, die Mehrheit unserer Politologen, Soziologen und viele Mitläufer des Bestehenden. Die Sozialwissenschaftler befinden sich in der Situation von Priestern der „heiligen“ Ordnung. Sie könnten nur dann Grundsatzkritik üben, wenn sie selbst bessere und konstruktive Ideen entwickeln würden; und, wenn sie nicht in ihrer gesellschaftlichen Stellung und als Drittmittelbezieher weithin abhängig wären von der „politischen Klasse“. Auch bei formaler Selbstverwaltung der Universitäten und sonstiger akademischer Institutionen bleibt eine wirklich unabhängige Wissenschaft Illusion!

In den sechziger und siebziger Jahren konnte man sich Fundamentalkritik noch leisten. Die „kritische Theorie der Gesellschaft“ ging etwas weiter als die in die Regierungsverantwortung kommende Sozialdemokratie. Es war aufgeklärt und schick, unsere Demokratie als verstaubt zu attackieren. Die konstruktiven Entwürfe gingen, sozialdemokratisch-pragmatisch, in Richtung „mehr Demokratie wagen“ (Willy Brandt), also in Richtung zu mehr Partizipation im gesellschaftlichen Alltag. Auf dieser Ebene wurde in der Tat manches erreicht, z.B. das Betriebsverfassungsgesetz, das Mitbestimmungsgesetz oder die Einführung von Bürgerbeteiligung im Städtebauförderungsgesetz.[8]

Umfassende konstruktive Entwürfe für Demokratie im Ganzen schienen allerdings durch die Logik einer „negativen Dialektik“ überflüssig zu werden. Auch wenn diese Denkfigur von den Nachfolgern der „kritischen Theorie“ niemals ausdrücklich als Irrtum widerrufen wurde, spürt heute die Mehrheit der Zeitgenossen, dass Grundsatzkritik nur auf dem Hintergrund konstruktiver Entwürfe legitim ist. An solchen mangelt es, mit einer einzigen nennenswerten Ausnahme: der Forderung nach direkter Demokratie. So sieht sich die Allgemeinheit der Gelehrten zur Verteidigung des Bestehenden genötigt.

Die meisten Bürger können ebenso wenig positive Entwürfe vorlegen, jedenfalls keine seriösen in Bezug auf Grundsatzfragen. Das ist – im Unterschied zu Fachwissenschaftlern oder politischen Experten – auch nicht ihre Aufgabe. Die Bürger machen sich aber immer weniger Illusionen über die aktuelle Demokratie und darüber, dass sie, außer bei der periodischen Wahl „zwischen Pest und Cholera", eigentlich nichts zu sagen haben und ihre demokratischen Mitwirkungsmöglichkeiten an der großen Politik lächerlich minimal sind.

Selten wurde die Unzufriedenheit mit unseren demokratischen Möglichkeiten so deutlich wie nach der Bundestagswahl 2002, als die Bürger, just nach der knapp gewonnen Wiederwahl der alten Regierung, mit unangenehmen Tatsachen über die öffentlichen Haushalte konfrontiert wurden, denen verdeckte oder offene Steuererhöhungen folgten. Mit einer Demokratie, die auf solche Wahltäuschungsmanöver oder etwa auf eine Flutkatastrophe wie im Sommer 2002 angewiesen ist, kann es nicht weit her sein – mögen sie nun formell vom parlamentarischen Ausschuss als solche bescheinigt werden oder nicht.

„Aufgeklärte" oder Abgebrühte kommentieren diesen Sachverhalt: Der Wahlbetrug kann doch einen politisch Informierten nicht aufregen. Warum sind die Menschen so naiv, sich betrügen zu lassen, gar so infantil, betrogen werden zu wollen? Solche Art von Aufgeklärtheit ist blanker Zynismus. Sie zeigt keinerlei Ausweg, welcher der angeblich tieferen und raffinierten Einsicht entspräche. Ich habe nicht viel von Peter Sloterdijks Kritik der zynischen Vernunft in Erinnerung behalten und will dieses sprachlich brillante, jedoch selbst zynische Werk hier nicht näher kommentieren. Aber könnte nicht dies eine Definition von ⇦zynischer Vernunft sein: kritische Einsicht zu haben, die keinen Ausweg zeigt und diese Ausweglosigkeit kultiviert als Tugend und Aufgeklärtheit? Während die „kritische Theorie" der Gesellschaft diese noch verändern wollte, betrachtet der zynisch Vernünftige sein Nichtändernkönnen mit intellektueller Selbstgefälligkeit.

Solche Art von Aufgeklärtheit ist blanker Zynismus.

Zurück zum „naiven" Bürger. Dessen unverblümte Meinung über die herrschende Demokratie ist so verheerend, dass die Legitimität der herrschenden „politischen Klasse“ und ihres Systems grundsätzlich in Frage gestellt ist.[9] Die wissenschaftlichen Priester des Bestehenden wollen uns eifrig glauben machen, wir könnten oder müssten mit den bestehenden demokratischen Verhältnissen im Prinzip sehr zufrieden sein. Fast immer wird hinzugefügt: Nur das Engagement des Einzelnen könne etwas ändern. Man solle halt hineingehen in die Parteien, oder neuerdings wenigstens in Bürgerbewegungen. Anders könne sich nichts ändern. Wenn Nicht-Experten auf diese Weise gegen ihre eigene, heimliche Resignation anreden, kann man das verstehen – zumal auch Wahrheit darin enthalten ist. Doch von Experten dürfte man erwarten, dass sie die grundsätzliche strukturelle Problematik unserer gegenwärtigen Parteiendemokratie erkennen, zugeben und, vor allem, dass sie gangbare Alternativvorschläge machen.

Die Menschen stellen die Demokratie aufgrund des realen Missbrauchs durch Politiker grundsätzlich in Frage.

Durchsucht man die ungeheure Menge an Demokratieliteratur auf strukturelle Alternativvorschläge, schmilzt dieses Bergmassiv von Schrifttum wie Schnee unter der Sonne dahin. Übrig bleiben fast nur Vorschläge in Richtung „direkte Demokratie“, wie sie im Folgenden einschlussweise diskutiert werden.

Kurzum: Was die Hauptströmung der politischen Wissenschaft an „Angepasstem“ über Demokratie produziert, hat mit der sozialen Realität des weit verbreiteten Unmuts und der, bisher noch stillen, Resignation des angeblichen Souveräns, des Volkes, kaum etwas zu tun. Eher mit egoistischer Selbstgenügsamkeit einer profitierenden Klasse.

3. Wir können ja doch nicht viel ändern, am wenigsten unsere Verfassung.

Im Vorwort zu den 3. Bellevue-Gesprächen 1998 in Gütersloh zum Thema „Wege zur Erneuerung der Demokratie“ sieht sich der damalige Bundespräsident Roman Herzog zu folgender Klarstellung bemüßigt:

> „Weder eine Generalanklage der Demokratie noch die Forderung nach einer Totalrevision des Systems führen uns weiter. Wenn wir schon mit den ‚normalen‘ Reformen in Verzug geraten, so ist es erst recht völlig absurd, eine Totalrevision der Verfassung anzustreben. Schon vor einiger Zeit habe ich in der sogenannten ‚Berliner Rede‘ angeführt, daß es

> die mentale und intellektuelle Verfassung hier in Deutschland ist, an der es meines Erachtens in den letzten Jahren hakte, an der es gegenwärtig hakt und wahrscheinlich auch noch in nächster Zeit haken wird. Wer aber glaubt, dass sich politische und mentale Probleme verfassungsrechtlich lösen lassen, befindet sich auf den Holzweg".
> (Schluss des Vorworts)

Roman Herzog outet sich mit diesem Machtwort, mit dem er eine intellektuelle Diskussion mit obrigkeitlicher Autorität abschneiden möchte, als Vertreter einer politischen Klasse und eines zur Bewahrung der Verhältnisse neigenden Berufsstandes. Von Sensibilität für das, was im „Volk" gedacht wird, zeugt ein solches Diktum ebenso wenig wie von freier, kritischer Intellektualität, die in den Bellevue-Gesprächen doch zum Zuge kommen sollte. Wer die grundgesetzliche Verfassung Deutschlands in dieser moralisierenden Weise der „mentalen und intellektuellen Verfassung" entgegensetzt, braucht sich nicht zu wundern, dass es dann auch im Kleineren überall hakt und haken wird.

Er hat sich selbst auf das Kurieren der Symptome festgelegt und intellektueller Bemühung Anderer, im Namen eines angeblichen Realismus, den politischen Realitätsbezug obrigkeitlich abgesprochen![10]

Auch nach der unblutigen Revolution von 1989, die eine Abschüttelung der Diktatur auf der einen Seite, aber keine gemeinsame Verbesserung unserer Demokratie brachte, sind wir durch den Schlussparagraphen unseres Grundgesetzes weiterhin ausdrücklich dazu aufgefordert, uns erst noch eine Verfassung zu geben:

> „Dieses Grundgesetz, das nach Vollendung der Einheit und Freiheit Deutschlands für das gesamte deutsche s gilt, verliert seine Gültigkeit an dem Tage, an dem eine Verfassung in Kraft tritt, die von dem deutschen Volke in freier Entscheidung beschlossen worden ist" (Artikel 146 GG).

Mag sein, dass manche Verfassungsrechtler und Repräsentanten der politischen Klasse das veränderte Stehenbleiben dieses Artikels insgeheim als eine Panne bewerten. Wir können darin aber auch eine „List der Vernunft" (Hegel) und ein wesentliches juristisches Stück Hoffnung auf Verfassungsentwicklung und Bürgerbeteiligung erblicken.

Die Resignation des „Wir können ja doch nicht viel ändern" bedeutet bei Jüngeren oft mehr als nur eine konservative Risikoscheu und Skepsis, nämlich eine verdeckte und gemilderte Form des ⇦Opportunismus, einer gewohnheitsmäßigen Hintansetzung höherer Werte hinter vordergründige Vorteile. Die abgemilderte Form des Opportunismus ist das Mitläufertum: Man versteckt sich hinter der Allgemeinheit und gibt dem müden Mitmachen – oft entgegen besserer Ahnung des Gewissens – den Anstrich der Weltkenntnis, der Auf- und Abgeklärtheit.

4. *Mag sie noch so unvollkommen sein, so gibt es doch keine Alternative zu dieser in kleinen Schritten „lernenden Demokratie".*

Ich höre den Einwand: Ist es nicht leichtsinnig und destruktiv, die unvermeidlichen oder noch nicht ausgebügelten Unvollkommenheiten unseres demokratischen Systems durch solche Abwertungen zusätzlich zu fixieren und den latenten Unmut dadurch zu verstärken? Entwickelt sich unsere Demokratie nicht ohnehin – wie die ganze Gesellschaft – lernend weiter, und kontinuierlich besser als mit Brüchen?

Gerade in Schutzbehauptungen wie die der angeblichen Alternativlosigkeit und immanenten Entwicklungsfreudigkeit unserer westlichen Demokratie(n) liegen aber die Irrtümer und Hindernisse für eine gründliche Demokratiereform.

Eigentlich könnten die Stichworte „Parteienherrschaft" oder „Parteienoligarchie" genügen, um die bescheidene Aussage, Demokratie sei bisher nur halbwegs verwirklicht, vorweg zu rechtfertigen. In diesem Buch werden die Ablösung der Parteienherrschaft und die Auflösung einer fest umrissenen „politischen Klasse" als zentrales Gebot der Stunde herausgestellt.[11]

Das ist jedoch nur aufgrund tief greifender konstruktiver Vorschläge zu verantworten. Kaum jemand verlässt eine noch so kompromittierte Situation, solange nicht klar ist, wohin er/sie gehen kann. Wohin können wir mit unserer Demokratie gehen, ohne auch noch das viele Positive der bisherigen Halb- und Scheindemokratie zu verlieren, womöglich für einen neuen „starken Mann"? Das ist unser Thema.

Auf das scheinbar gewichtigste Gegenargument: „Was wäre denn die Alternative, z.B. zu den Parteien?" wird im Folgenden eine doppelte, aber unzweideutige Antwort gegeben – nicht nur „mehr direkte Demokratie", sondern auch eine tiefer „gegliederte Demokratie". Besonders durch letztere wird sich der Charakter von Parteien grundlegend verändern.

Bei „Halbdemokratie" mögen Verteidiger des Bestehenden das berühmte, halb gefüllte Glas Wasser bemühen: Die einen sehen es halb voll, die anderen halb leer. So einfach wäre es, gäbe es keine Alternativen, um dem Anspruch der Bürger auf Teilhabe und adäquate Repräsentation durch die „Volksvertreter" gerechter zu werden. Grundlegende strukturelle Alternativen werden vom „System" aber gerne tabuisiert und damit gar nicht erst diskutiert.

Solche Diskussionslosigkeit oder mangelnde Fähigkeit unserer bestehenden Demokratie zur Selbstreflexion, d.h. zur kollektiven Grundlagenbesinnung in geeigneten Institutionen, macht den Ausdruck „Halbdemokratie" noch zur Schmeichelei. Diskussions- und Reflexionsfähigkeit gehören zum Wesen der Demokratie. Was würde man zu einer Uhr sagen, die hübsch aussieht und sogar tickt, aber die Zeit nicht korrekt anzeigt? Man würde sie allenfalls als Erinnerungs- und Dekorationsstück behalten, als Zeitmesser aber nicht mehr ernst nehmen. Wird nicht auch „Demokratie" allmählich zu einem Dekorationsstück, allerdings ohne das Eingeständnis, dass sie nicht mehr „richtig tickt"?

Ohne jene institutionelle Fähigkeit zur kollektiven Selbstreflexion führen die kleinen Erfahrungsschritte hauptsächlich zur Verkrustung: zur Alterung des Unreifen.

5. *Jeder muss bei sich selbst anfangen.*

Das ist die pure Pseudodemokratietheorie von ganz unten. Es scheint doch logisch: Wenn Demokratie die Beteiligung aller bedeutet, dann kommt es also auf den Einzelnen an und jeder muss bei sich selbst anfangen. Diese Ethik ist für jede Lebenslage und jeden Wirtschaftszweig brauchbar, was sich in unzähligen Ethik-Seminaren in klingende Münze umsetzen lässt. Demokratie wird damit zu einem ganz individuellen Problem und zu einer Sache des persönlichen moralischen Anstands.

Der Ethik-Boom ist längst zur Ideologie[12] der Ablenkung von strukturellen Mängeln geworden. Moralbeflissenheit ist – seit den Biedermeier-Zeiten der Restauration – eines der vorzüglichsten Mittel, strukturelle öffentliche Mängel unangetastet zu lassen.

Der Kunstgriff besteht darin, diese Mängel moralisierend dem Einzelnen anzulasten. Da dieser grundsätzlich mit der Herstellung einer „guten Gesellschaft" überfordert ist, wird er ein schlechtes Gewissen, also Schuldgefühle entwickeln. Schuldgefühle aber waren zu jedem Zeitalter das wirksamste Mittel von geistlichen und weltlichen Obrigkeiten, ihre Untertanen gefügig zu halten.

Ganz besonders der Demokratiegedanke wie das sogenannte „Liebesgebot“ eignen sich hervorragend zur permanenten Überforderung des Einzelnen und zur Ablenkung von Strukturproblemen: Wer immer es an Nettigkeit und Angepasstheit in Familien und Arbeitsgruppen fehlen lässt, soll bloß kein öffentliches Demokratiedefizit einklagen. Er soll „bei sich selbst anfangen“ und – den Mund halten.

Demokratie, Rechtsstaat und das soziale Gemeinschaftsleben sind „an sich in Ordnung“. Missbrauch durch Einzelne, bis hinauf zum Bundeskanzler, sei nicht zu verhindern. Das liege im Wesen der menschlichen Freiheit.

So könnte die Menschheit noch in Hunderten von Jahren jeweils einzeln bei der persönlichen Liebenswürdigkeit, Ehrlichkeit, Hilfsbereitschaft undsoweiter anfangen. Die Versuchbarkeit der persönlichen Freiheit wird angeführt, um die Frage nach durchdachteren Strukturen gemeinsamer Freiheit zu unterbinden. Diese Frommen treibt sogar die Furcht vor dem „Paradies auf Erden“ um, das es doch keineswegs geben könne und dürfe. Der nachdemokratische Big Brother wird es sich, sollte er zum Zuge kommen, nicht entgehen lassen, ethisches Wohlverhalten der Einzelnen einzuklagen – als Vorleistung jeglicher Kritik wie konstruktiver Vorschläge.

Im Denken für alle überschreitet der Einzelne seine bloße Subjektivität.

Der Wahrheitskern in dieser gängigen Verwechslung von eigentlicher ⇦Sozialethik, also der Reflexion über die ethische Einrichtung der öffentlichen Institutionen, mit individuellem Sozialverhalten liegt darin, dass für eine Veränderung der Sozialstrukturen Denken im allgemeinen Sinn und seine handelnde Umsetzung erforderlich sind.[13]

Denken und Handeln kann in der Tat nur der Einzelne, bevor die praktischen Ergebnisse des Denkens institutionell-allgemein etabliert sind. Ohne die verbindende Sachlichkeit eines Denkens für die Allgemeinheit und ohne das mitdenkende Engagement Vieler kann keine systemische Änderung zustande kommen. Im Denken überhaupt, insbesondere aber im Denken für alle, überschreitet der Einzelne seine bloße Subjektivität und transzendiert sich ins Allgemeine.

Die „Ethik des Denkens“ in Bezug auf allgemeine Strukturen ist eine notwendige Bedingung für eine Systemänderung – was man von bloß persönlichem ethischem Wohlverhalten und Gutsein nicht im gleichen Sinne sagen kann. Die besondere Ethik des sozialethischen Denkens für alle setzt die Einsicht in die ungeheure Macht und Tragweite der öffentlichen Einrichtungen (Institutionen) für das menschliche Leben voraus.

Freundlichkeit zwischen den Menschen wird eine der vielen Früchte guter demokratischer Verhältnisse sein, ebenso wie Gerechtigkeit im individuellen Handeln. Sie kann aber nicht gerechte institutionelle Strukturen ersetzen. Der Appell an Freundlichkeit wie auch an sonstige Tugenden kann das Überdenken der Institutionen und ihrer Strukturen sogar verhindern. Außer der Appell an die „denkende Selbstüberschreitung“ in allgemein akzeptable und fruchtbare Strukturen gemeinsamer Freiheit, die das gemeinsame Wohlergehen und dadurch auch ein Klima unmittelbarer, zwischenmenschlicher Freundlichkeit begründet.

Ist das „naiv optimistisch“? Dieses fast optimistische Menschenbild wird noch begründet werden. Es ist allemal weniger naiv als ein misanthropischer Pessimismus, der den elementaren Zusammenhang von allgemeinen Strukturen und individueller Menschlichkeit nicht sehen oder nicht hoch genug veranschlagen will – und damit dem weniger naiven Zynismus zuarbeitet.

Einen Gegensatz zwischen dem Ansatz beim Individuum und dem Ansatz bei den überindividuellen sozialen Strukturen zu schaffen ist unnötig, ebenso wenig wie ein Gegensatz zwischen Individual- und Sozialethik. Die Verbindung liegt, vom Individuum her gesehen, im individuellen Bedenken des Überindividuellen (Denken für alle). Vom Strukturellen her gesehen liegt die Verbindung in der tiefgreifenden Beeinflussung des Persönlichsten vom Überindividuell-Allgemeinen, was Karl Marx so schön provozierend und einseitig ausdrückt:

> „Aber das menschliche Wesen ist kein dem einzelnen Individuum innewohnendes Abstraktum. In seiner Wirklichkeit ist es das Ensemble der gesellschaftlichen Verhältnisse.“[14]

Das Bewusstsein für den Unterschied beider Ansätze und besonders für den überindividuellen, strukturellen Ansatz muss erst wieder geweckt werden, was die Folge und das Symptom der hier angesprochenen Ablenkungsideologie im Namen von Ethik, Verantwortung und Freiheit ist.

Zum Begriff ⇦Institution: Man muss zwischen strukturellen und körperschaftlichen Institutionen unterscheiden. Strukturelle Institutionen beruhen auf Brauchtum, Traditionen, Sitten (oder geltender Sittlichkeit) und geltenden Rechtsregeln – von den Verkehrsregeln über die alte Institution Ehe bis hin zum Geldsystem und einem ganzen Rechtssystem. Beispiele für körperschaftliche Institutionen sind: eine Schule, ein Krankenhaus, eine Nationalbank. Manche Sozialwissenschaftler bezeichnen letztere ausschließlich als Organisationen und wollen damit (entgegen dem gängigen Sprachgebrauch) den Institutionsbegriff auf die strukturellen Institutionen begrenzen. Oft sind aber beide Aspekte, der strukturelle und der körperschaftliche, gleichzeitig ausgeprägt, z.B. ein Staat ist sowohl Rechtssystem als auch Gebiets- und Personenkörperschaft. In beiden Fällen sind Institutionen geltende Handlungsmuster oder Handlungsstrukturen, deren Geltung sehr verschiedene Gründe hat.

Der Begriff ⇦Struktur umfasst auch andere Regelmäßigkeiten (Muster) und Baugesetze als die des Handelns, ist also umfassender als „Institution", aber für diese grundlegend. Die Herkunft von Institutionen aus Handlungsstrukturen wird uns noch genauer beschäftigen.

6. *Die soziale Wirklichkeit kann nur spontan von unten her aufgebaut werden.*

Das historisch aus vielerlei Gründen gewachsene Misstrauen gegen soziale Theorie kleidet sich heute oft in die anti-ideologische Ideologie, alles Soziale und insbesondere die Demokratie müsse von unten und von allein wachsen, eine Verbindung des individualistischen *Do it yourself* in Sachen Sozialethik (Punkt 5) mit einem allgemeinen antitheoretischen Affekt (kommender Punkt 7). Doch eher landet ein Backstein von alleine auf dem Mond, als dass ein großer Staat sich aus reiner Spontaneität, ohne Theorie und bewusste Willensorganisation, ohne weiteres von unten her aufbaut. Es bedeutet aber, das Bedürfnis der Menschen nach Spontaneität – unbewusst oder zynisch – auszubeuten, wenn die Illusion genährt wird, dass die Spontanität in der primären Gemeinschaftsbildung (Familien und Gruppen) auf die Bildung sozialer Großsysteme übertragbar sei. In der uns überschaubaren Geschichte herrschte freilich bei der Staatsbildung mehr Macht als Vernunft. Lässt sich das frühere Machtgebahren nun durch Spontaneität ersetzen?

Oft wird das Joseph-Beuys-Wort vom sozialen Kunstwerk („soziale Plastik") angeführt, um diese Art von Sozialromantik zu rechtfertigen. Dem schönen Wort soll in diesem Buch ein anderer Klang gegeben werden. Die „Kunst der Begriffe" (wie Kant die Philosophie nennt) und die „Vernunftkunst" ihrer praktischen Anwendung (J.G. Fichte) hat gerade im Sozialen ein ganz originäres Anwendungsgebiet. Die „metaphysischen" Grundfragen zeigen sich seit den Anfängen abendländischer Philosophie weitgehend als gesellschaftliche.

Zwar könnte der Einzelne auch ohne Philosophie ein sinnvolles und gutes Leben führen, z.B. gestützt auf religiösen Glauben und eigene Intuition. Die Gesellschaft aber braucht für ihre Strukturierung allgemein anerkannte Einsicht. Zumindest die moderne, weltanschaulich pluralistische Gesellschaft, die sich nicht mehr auf ein einheitliches Religionssystem stützt. Schon im Neuen Testament ist keinerlei Anspruch auf Gesellschaftstheorie und eigentliche Sozialethik mehr enthalten, die über individuelle Ethik hinausgeht, außer dem berühmten, den Gegensatz zu den überlieferten Religionen kennzeichnenden Ausspruch: „Gebt dem Kaiser, was des Kaisers ist, und Gott, was Gottes ist.“[15]

Für die komplexe moderne Gesellschaft gilt jedenfalls: keine ernstzunehmende moderne Gesellschaftsstrukturierung ohne eine philosophische, konfessionell neutrale Theorie. Und: keine ernstzunehmende Philosophie ohne Sozialtheorie.

Gemeinschaftsbildende Spontaneität in allen Ehren, wo sie nicht die jeweilige Insel für die Welt hält, sondern das Ganze mit bedenkt und mit verändert. Aber sie kann, trotz der besten Einzelansätze, zur geradezu gefährlichen Ablenkung von vordringlichen übergreifenden Aufgaben werden.

Das tragische Musterbeispiel hierfür ist die Weimarer Republik, die so reich war an Bewegungen von unten: die Jugendbewegung, die Bünde der Wandervögel und Naturfreunde, der Kleingärtner, die „Reform“-Bewegung für Gesundheit und Ernährung einschließlich Agrarreformen, der Bewegung für organische Architektur, die (politisch hochbrisanten) Bewegungen für Boden- und Geldreform, für Frieden und Völkerverständigung, die Nachbarschaftsbewegung[16], der Beginn der wissenschaftlichen Erforschung der Sexualität und ihrer „Zwischenstufen“ durch Forscher wie Magnus Hirschfeld (1868-1935) und Wilhelm Reich (1897-1957) in Verbindung mit der Psychoanalyse, überkonfessionelle spirituelle Reformbewegungen[17] und eine nicht-kolonialistische Begegnung mit fernöstlicher Spiritualität – um einiges Wichtige exemplarisch zu nennen.

Scheinbar ist das zusammenfassende Buch über die Fülle solcher „Initiativen von unten“, gerade in der Weimarer Republik, noch nicht geschrieben. Es könnte höchst lehrreich sein. Aber eines fehlte, worin sich dieses von unten aufkeimende Leben geschützt und gebündelt vertreten sehen konnte: eine überzeugende, womöglich begeisternde, demokratische Staatslehre. Kein Mangel bestand hingegen an autoritärem Staatsdenken, etwa von der Art eines Carl Schmitt (1888-1985). Jene, bis heute zum großen Teil aktuellen Bewegungen oder Ansätze von unten scheiterten in Deutschland allesamt mit dem Schiffbruch der Demokratie! Sie erwiesen sich leider als Gesellschaftsspiele auf der Titanic. „Es gibt kein richtiges Leben im falschen" – solange „das Ganze das Unwahre" ist.[18]

7. Denken hilft nicht, nachdem alles längst beredet ist

„Denken für alle" ist somit der wesentliche Übergang von Einzelnen zu den Strukturen des Gemeinwesens. Doch gerade das Denken ist heute in hohem Maße diskreditiert, paradoxerweise trotz aller Verwissenschaftlichung unserer Welt und einer proklamierten „Informationsgesellschaft", die eben nicht automatisch eine Gesellschaft von denkenden und wissenden Individuen sein muss.[19] Diese Informationsgesellschaft bietet unendlich viel unverarbeitete Verstandes-Information, aber wenig integrative Vernunft-Einsicht.[20]

Bei einem Blick auf die unermessliche Literatur über Demokratie könnte man zu dem Schluss kommen, dass wenige Dinge so durchdacht und erwogen sind wie gerade Demokratie. Also könne es sich doch kaum lohnen, darüber erneut grundlegend zu reflektieren. Ändern könnte nur wirkliches Handeln. Es ist aber ein Vorurteil, dass zur Grundlegung der Demokratie theoretisch schon alles Entscheidende gesagt wäre. Im Gegenteil klaffen erstaunliche Lücken in den Fundamenten, wie wir noch sehen werden. Das grundlegende Misstrauen gegen Theoriebildung ist das Ergebnis von ideologischem wie wissenschaftlichem Missbrauch der Theorie.

Das grundlegende Misstrauen gegen Theoriebildung ist das Ergebnis von ideologischem wie wissenschaftlichem Missbrauch der Theorie.

Ausführlich von ideologischem Missbrauch zu reden ist nach dem Zusammenbruch einiger Großideologien nicht nötig. Weniger beachtet wird, wie sehr die Wissenschaften selbst durch Missbrauch gefährdet sind. Nicht nur als „käufliche Wissenschaft" im Dienst von Industrie und Politik[21], sondern dazu als Ablenkungs- und Rechtfertigungsideologien oder einfach als Selbstzweck zum angesehenen Broterwerb der Produzenten.

Da wir solche Arten von Theoriebildung in Überfülle haben, kann das Misstrauen gegenüber etwas Neuem und Weiterführendem im Bereich Demokratie nicht verwundern.

Wahr ist, dass wir nur auf der Grundlage ernsthafter und produktiver Theoriebildung weiterkommen können in Sachen Demokratie. Es ist eine grobe Verkürzung, der Forschung und dem Denken fast ausschließlich im Bereich der Technik eine leitende und notwendige Funktion zuzusprechen.

Nicht allein die antike Demokratie ist zum guten Teil Ergebnis philosophischen Denkens, sondern auch die Vorstufe der modernen Demokratie. Der postfeudale Rechtsstaat beruht wesentlich auf der ausdrücklich reflexiven, theoretischen Konstruktion der gesellschaftlichen Wirklichkeit. Das war es gerade, was Hegel an der Französischen Revolution, diesem wenn auch widersprüchlichen Durchbruch des gewaltenteiligen Rechtsstaats in Europa, so faszinierte:

> „Im Gedanken des Rechts ist also jetzt eine Verfassung errichtet worden, und auf diesem Grunde sollte nunmehr alles basiert sein. Solange die Sonne am Firmamente steht und die Planeten um sie herumkreisen, war das nicht gesehen worden, daß der Mensch sich auf den Kopf, d. i. auf den Gedanken stellt und die Wirklichkeit nach diesem erbaut. (...) Es war dieses somit ein herrlicher Sonnenaufgang. Alle denkenden Wesen haben diese Epoche mitgefeiert.“[22]

Wie Rechtsstaat und Demokratie zusammenhängen, wird genauer auszuführen sein (zusammenfassend in Kap. IX). Liegt es nur an der gewaltsamen Niederschlagung beider, nicht nur der Demokratie, sondern auch der elementarsten rechtstaatlichen Normen, durch die alten feudalen Mächte in den gegenrevolutionären Ereignissen von 1848, dass sich in Deutschland ein ähnlicher, auch theoretischer Enthusiasmus für den demokratischen Gedanken der Teilhabe und Mitbestimmung aller an den öffentlichen Angelegenheiten bis weit ins 20. Jahrhundert hinein nie mehr recht entfaltete? Im Gegenteil wurde „der Gedanke“ wieder aus der sozialen Wirklichkeit verdrängt, und das Denken begrenzte sich auf die Konstruktion von Maschinen sowie auf „Schöngeistiges“, umfasst also nicht die bewusste Konstruktion der sozialen Wirklichkeit.

Die von Hegel angesprochene „Erbauung“ der Wirklichkeit aus dem Gedanken heraus wird durch das philosophisch-sozialtheoretische Denken, aber auch durch das pragmatischere juristische Denken, selten wirksam grundgelegt, vielmehr zu oft verstellt, ja karikiert. Zumal nach dem Zusammenbruch des zur doktrinären Ideologie erstarrten „Marxismus" – man müsste hier zur Unterscheidung von dem bis heute nicht rehabilitierten Denker Marx eigentlich mehrere Anführungszeichen setzen – ist noch weniger Bewusstsein für die unerhörte praktische Tragweite von Sozialtheorie vorhanden.

8. Weltweit gesehen, könnten wir froh sein, wenn erst einmal alle Länder unsere Sorgen mit der Demokratie hätten.

Das stimmt auf den ersten Blick. In der Tat kann kaum die Hälfte aller Staaten der Erde, selbst nach heute geltenden Standards, als „Demokratien" bezeichnet werden. Die Aussage wird aber falsch, wenn ihre Tendenz darin liegt, zu sagen: Warten wir die Demokratisierung der restlichen Welt ab, dann machen wir die nächsten Schritte. Wenn die nicht-demokratischen Länder aufgeholt haben, sollten wir daran denken, unsere westlichen Demokratien zu vervollkommnen. Das hieße, sich um die Heilung von Kranken nicht zu kümmern, weil es schwerer Kranke gibt. Wäre das sinnvoll?

Die bisherigen westlichen Halbdemokratien geben kein gutes Beispiel, keinen Ansporn für die Demokratisierung bisher nichtdemokratischer Länder! Sie bieten im Gegenteil Grund zu Ausflüchten in Traditionalismus oder ins moderne Autoritäre. Ist ein nicht vollendeter, scheinbar nie vollendbarer und daher ziemlich hässlicher, moderner Neubau anziehender als ein wunderbarer Altbau, der – bei manch fehlendem Komfort – das Lebensnotwendige und eine gewisse traditionelle Behaglichkeit und Schönheit bietet? Für viele Entwicklungsländer steht zuvorderst die kulturelle Eigenart und Würde auf dem Spiel.

Die Globalisierungsbefürworter dessen, was jetzt „Demokratie" heißt, jedoch von Kapitalismus kaum zu unterscheiden ist, zeigen schon mit ihrer mangelnden Sensibilität für die Virulenz des Problems der kulturellen Identitäten, dass sie bestenfalls eine Halbdemokratie vertreten.

Die westlichen Industrieländer und Demokratieländer können es sich nicht leisten, demokratiewidrige Tendenzen hochkommen zu lassen: Die Gefahr des Umkippens und Rückfallens in autoritäre Verhältnisse ist für eine Vielzahl der Gesellschaften, selbst in der derzeitigen westlichen Führungsmacht, aufgrund der wirtschaftlichen Entwicklungen, aber auch wegen der Anti-Terror-Hysterie seit dem 11. September 2001, beträchtlich. Ganz abgesehen von den schweren Unstimmigkeiten in der offiziellen Version dieses Terroranschlags[23], leben wir wieder einmal auf einer

Titanic – wie nach jenem von den Nazis vermutlich angezettelten, zumindest aber ausgeschlachteten Reichstagsbrand von 1933.[24]

In Sachen Demokratie gilt tatsächlich das evolutionäre Gesetz: Stillstand ist Rückschritt, Erstarrung oder Verwesung. Was in den Festtagsreden jenseits wie diesseits des Atlantiks bezüglich Demokratie gefeiert und durch EU-Erweiterung und dergleichen verschleiert wird, ist purer Stillstand im Grundsätzlichen!

Die Menschheit bildet seit einer Weile einen kollektiven Organismus – und zwar einen solchen in voller Evolution: Die Defekte verstärken sich gegenseitig, ebenso wie die positiven Entwicklungen in jedem Land der Welt. Die eigentlichen Grundfragen zur Demokratieentwicklung lauten daher:

- Liegt Demokratie erkennbar auf der Linie der kollektiven evolutionären Entwicklung der ganzen Menschheit?

Diese Frage wird in den folgenden Kapiteln mit einem fortschreitend klareren Ja beantwortet werden, indem Demokratie – was selten auch nur versucht wird – sozialphilosophisch aus dem Wesen des Menschen und seiner Vergemeinschaftung hergeleitet wird. Es war notwendig, dass Demokratie aus der soziokulturellen Entwicklung emergierte (wörtlich: auftauchte). Genauer handelt es sich um ein Re-emergieren, um ein Wieder-Auftauchen, wovon im nächsten Kapitel kurz berichtet wird.

- Kann die Evolution der Demokratie nach bisherigem westlichem Muster als im Wesentlichen abgeschlossen gelten?

Es besteht kein Anspruch darauf, sämtliche legitimen Variationsmöglichkeiten dieser neuen Strukturen aufzuzeigen.

Darauf wird die entschiedene Antwort ein ebenso klares Nein sein, das ab Kap. IV ausführlich begründet wird: Die Evolution der Demokratie und ihre Zukunft haben erst begonnen! Das ist das Gegenteil des naiven Triumphalismus, mit dem der Amerikaner Francis Fukuyama am Ende des Kalten Krieges das *Ende der Geschichte* (1990) wegen des weltweiten Triumphes von Kapitalismus und Demokratie verkündet hat.

Es werden in diesem Buch – was neu ist – evolutionslogisch notwendige Strukturen einer weiterentwickelten Demokratie angegeben. Es besteht kein Anspruch darauf, sämtliche legitimen Variationsmöglichkeiten dieser neuen Strukturen aufzuzeigen. Der Autor muss diese

Varianten im Eifer des zunächst notwendigen Grundgedankengefechts vernachlässigen.

Vermögen wir die Dinge evolutionär zu sehen, verliert die hier geäußerte Grundsatzkritik von ihrer Schärfe, die für manche der verbliebenen „gutgläubigen" Demokraten anstößig sein mag. Die Kritik richtet sich dann auf das Stehenbleiben – ein gefährliches Zögern und Stehenbleiben allerdings.

A propos Kritik sei hinzugefügt, dass sich der Autor keinem parteipolitischen Lager zugehörig fühlt – aus Gründen, die bald erkennbar werden. Scharfe Kritik kann sich daher nicht gegen bestimmte politische Gruppen richten, sondern nur gegen die Saturiertheit des selbstzufriedenen Stehenbleibens – und dann allerdings direkt an die Adressen der Betonköpfe, Täuscher und Versager im theoretischen „Geschäft". In einer verwissenschaftlichten Gesellschaft haben Wissenschaftler und Publizisten eine enorm gesteigerte Verantwortung.

9. Mittelfristig steht erst einmal die ökologische Frage als Dringlichstes auf der Tagesordnung

Uns Zeitgenossen sind die globalen ökologischen Gefahren (Treibhauseffekt, Ozonloch, Umkippen der Regenwälder und Meere, Abtauen des arktischen Eises und zunehmende Überschwemmungskatastrophen, Vermehrung von Wirbelstürmen, unwiederbringlicher Verlust von Mutterboden usw.) bekannt, obwohl manche versuchen, die große Gefährdung zu bestreiten. In diese Diskussion möchte ich hier nicht eingreifen.

Mein Gesichtspunkt ist hier einzig dieser: All diese Naturprobleme und vieles darüber hinaus (wie technischer Fortschritt) sind im Grunde Gesellschaftsprobleme, nämlich sozial erzeugte und verstärkte oder zumindest gesellschaftlich zu meisternde potentielle Gefahren und Chancen.

Welches sind also die gesellschaftlichen Einrichtungen, welches ist die Ausstattung der kollektiven Subjekte, seien es die Nationalstaaten, seien es Institutionen der Völkergemeinschaft, die diesen immer brisanter werdenden ökologischen Gefahren entgegen zu treten vermögen? Wo bleibt die Kraft der Demokratien, Erkanntes wirksam in politisches Handeln umzusetzen? Beziehungsweise im Zweifel der Experten die zuverlässige Erkenntnisgewinnung zu forcieren? Wie-

Wo bleibt die Kraft der Demokratien, Erkanntes wirksam in politisches Handeln umzusetzen?

viel an notwendiger Erkenntnis wird stattdessen im unsachlichen Interessenstreit von politischen Parteien abgeschwächt und vernebelt?

Die wichtigsten ökologischen Initiativen (z.B. das CO_2–Abkommen) scheitern am Eigeninteresse der Nationalstaaten bzw. der in ihnen dominierenden Wirtschaftsmächte: ein nationales wie internationales Demokratieproblem also!

Im Falle von großen Naturkatastrophen zu befürchten ist das Entstehen von autoritären Notstandsregierungen aus der vermeintlichen Erkenntnis heraus, dass demokratisch legitimierte Regierungen nicht schnell und eindeutig-durchgreifend genug handeln können. Dann würde der Zusammenhang von Demokratie und ökologischem Handeln auf negative und auf sozial verheerende Weise deutlich: Weil wir es nicht geschafft hätten, angesichts des ökologischen Notstandes handlungsfähige, zur ökologischen Wertdurchsetzung befähigte Regierungen auf demokratische Weise effektiv zu machen. Die ökologischen Werte sind zu den Grundwerten zu rechnen. Das Problem Grundwerte-Durchsetzung contra ökonomisch-politische Macht ist bisher ungelöst.

Unser heutiges, rein naturwissenschaftlich-ökologisches Wissen würde schon reichen, um naturgerecht zu wirtschaften. Dass dieses Wissen nicht zum Zuge kommt, ist ein Problem der gesellschaftlichen Wissensverbreitung und vor allem der politischen Wertedurchsetzung. Eben dieses Problem muss und kann demokratisch gelöst werden. In diesem Buch wird eine nicht-autoritäre Lösung vorgeschlagen.

Zahlreiche Ökologiebeflissene verharren in einem naturwissenschaftlichen Objektivismus. Was dabei nicht bedacht wird sind die Bedingungen, unter denen das kollektive Subjekt anders, nämlich entsprechend den bereits vorhandenen Einsichten, handeln könnte.

Stattdessen verhalten wir uns wie ein ungeübter Skifahrer, der sein Gewicht auf die Bergseite legt, aus Angst vor dem Abrutschen, gerade dadurch jedoch das Abrutschen herbeiführt. Kurzsichtig diskutieren wir immer zahlreichere und umstrittenere naturwissenschaftliche Zusammenhänge und appellieren allenfalls „ethisch" an gutwillige und irgendwie aufgeklärte Einzelne. Ohne jedoch die Frage zu diskutieren, und noch viel weniger, sie zu beantworten, wie das vorhandene, konsensfähige Wissen gesamtgesellschaftlich umgesetzt werden könnte.

Kurz: Die ökologische Frage ist – eine Demokratiefrage. Gerade bei ausreichendem naturwissenschaftlichem Wissen. Es ist demnach völlig kontraproduktiv, im Namen von Naturliebe und naturwissenschaftlicher Einsicht das (etwa vorhandene?) Demokratieproblem als zweitrangig zurückzustellen, weil wir erst einmal die ökologischen Gefahren abwenden müssten.

10. Am allerdringlichsten sind aktuell die Probleme der Wirtschafts- und Sozialpolitik: die Überwindung des Reformstaus in Deutschland.

Jeder weiß, was mit diesem Problem angesprochen ist: Arbeitslosigkeit, Steuern, Rente, Gesundheitswesen usw. Es ist das, wovon die Zeitungen und Nachrichten derzeit voll sind – und wovon der „mündige Bürger" viele im Streit der Experten mehr oder minder wichtige Einzelheiten längst nicht mehr versteht.

Gerade an diesen Sachproblemen zeigt sich im Hintergrund die Demokratie-Problematik besonders krass: Das Parteiensystem ist notorisch unfähig zu wirklich großen, sachgemäßen Reformen. Selbst die besten Lösungsansätze für Einzelfragen kommen in die Mühlen der Parteistrategien: Auch wenn die Opposition in der Sache weitgehend zustimmen mag, kann sie es sich doch nicht leisten, der Regierungspartei als ihrer strukturellen Gegnerin diese Schützenhilfe zu geben. Diese systemische Taktik und Unsachlichkeit führt zu den allseits bekannten, systemimmanenten Blockaden und Reformstaus.

Leidtragende sind nicht insbesondere die jetzt Erwachsenen, sondern die künftigen Generationen. Der jetzige Parteienkampf macht langfristige Reformen unattraktiv für die agierenden Politiker, die stets zum nächsten, allenfalls noch übernächsten Wahltermin denken. Dieser Zusammenhang, die Gefährdung der Generationengerechtigkeit gerade wegen des Parteiensystems, ist von allem Gesagten schon am besten bekannt und wird als unabänderbarer Nachteil „der" Demokratie hingenommen. Müssen wir uns aber damit abfinden?

Der Gedankengang des Buches wird beweisen: Versachlichung der Politik ist durch eine grundlegende Versachlichung des Parteienwesens möglich.

Zusammenfassung

Jedes der zehn besprochenen Vorurteile belastet eine Diskussion über die Weiterentwicklung unserer Demokratie vom Lebensnerv und von der Grundmotivation her. Zusammenfassend soll der Abweis der besprochenen Halbwahrheiten mit positiven Alternativen verbunden werden:

1. Es gibt in der Tat keine bessere Staatsform als Demokratie (im Sinne einer tendenziellen Identität von Regierenden und Regierten).

Der kleine „Schönheitsfehler“ an dieser These: Demokratie ist bis heute weder hinreichend durchdacht noch verwirklicht. Die Verliebtheit in die Unvollkommenheit ist als Weisheit und Realismus getarnte Trägheit oder auch der Opportunismus der Saturierten.

2. Die politische Wissenschaft gesteht mehrheitlich nicht ein, wie extrem unzufrieden die Menschen mit der real existierenden Demokratie sind. Und sie hat nicht den Mut, die Berechtigung dieser Unzufriedenheit anzuerkennen.

3. Noch können wir so viel ändern, wie wir auf konstruktive Weise ändern wollen. Diese Möglichkeit wird nicht andauern. Das deutsche Grundgesetz lädt derzeit ausdrücklich zu einer neuen Verfassung ein (Artikel 146 GG) – selbst wenn der europäische Konvent wieder einmal eine große demokratische Chance verstreichen läßt.

4. Dass wir bestenfalls Halbdemokratien haben, gehört zum indirekt ausgesprochenen Volkswissen. Die „politische Klasse“ und die vom Bestehenden Profitierenden wollen dies verschweigen und konstruktive Alternativvorschläge nicht diskutiert haben. Also gibt es „keine Alternativen“.

5. Jeder muss bei sich selbst anfangen, aber mit praxisbezogenem Denken für die Allgemeinheit. Dadurch geht der Einzelne wesentlicher aus der privaten Hilflosigkeit in öffentliche Wirksamkeit über, mehr als mit persönlichem Moralisieren. Strukturelle Einsicht und Aufklärung über Zusammenhänge sind erste Demokratenpflicht.

6. Die Kräfte der spontanen Gemeinschaftsbildung von unten können nicht ohne das Bedenken des Ganzen, nicht ohne die gesamtgesellschaftlichen Rahmenbedingungen gedeihen.

7. Praxisbezogenes Denken ändert Haltungen und führt zum orientierten Handeln. Dagegen ist das freischwebende, folgenlose intellektualistische Hin- und Herräsonnieren ein missbräuchliches Halbdenken.

> „Die theoretische Arbeit, überzeuge ich mich täglich mehr, bringt mehr zustande in der Welt als die praktische. Ist erst das Reich der Vorstellungen revolutioniert, so hält die Wirklichkeit nicht aus“ (G.W.F. Hegel, Brief an Niethammer vom 28. Okt. 1808).

8. Weltweit gesehen, haben wir in unseren Halbdemokratien die Verantwortung, die Demokratie für Entwicklungsländer attraktiver zu machen.

9. Der seit dreißig Jahren andauernde Öko-Dringlichkeitsalarm führt zur Erhöhung des zivilisatorischen Stresses, aber leider in der Sache nicht entscheidend weiter, weil keine angemessenen politischen Handlungsstrukturen organisiert sind. Die ökologischen Probleme sind ein Gesellschafts- und Demokratieproblem. Auch ein „Nationaler Ethikrat", „Nachhaltigkeitsrat" oder ein „Zukunftsrat" sind demokratisch kaum legitimierte Ersatzlösungen.

10. Die dringenden aktuellen Probleme der Wirtschafts- und Sozialpolitik in Deutschland sind ohne Lösung des zentralen Parteienproblems – vor allem im Blick auf Generationengerechtigkeit – nicht lösbar.

In diesem Buch werden neue Vorschläge für volldemokratische Willensbildung und Handlungsstrukturen gemacht. Der Autor rechnet vorläufig mit enormen Widerständen wie: „Nichts Neues. Alles schon dagewesen." – „Das ist zuviel des Neuen. Veränderungen gehen nur schrittweise." – „Unrealistisch. Die Zeit der Utopien ist vorbei." – „Idealistisch schön gedacht. Aber Politik ist die Kunst des Möglichen."- „Zu kompliziert in der institutionellen Realisierung." – „So einfach kann doch die Lösung nicht sein."

Gründlich Durchdachtes ist zuletzt einfacher, als man mitten in den Schwierigkeiten dachte. *Sapere aude*, rufe ich, mit den alten Aufklärern, dem problembewussten Leser zu: Habe Mut, dich deines eigenen Verstandes zu bedienen! Die bisher im Wesentlichen enthüllende Aufklärung muss heute einer konstruktiven Aufklärung Platz machen.

Auf neue Weise darf wieder systematisch gedacht werden, vielen halbaufklärerischen Unkenrufen zum Trotz. Die Systematik wird in diesem Buch nicht lehrbuchartig analytisch entwickelt, sondern essayistisch und gesprächsartig.

Ich möchte überzeugen, nicht überreden. Dazu gehört allerdings auch die Lust der LeserInnen, mitzudenken und dem vielstrapazierten Thema neue Reize abzugewinnen. Denn es steht heute, angesichts der weltgeschichtlichen Lage, viel, sehr viel auf dem Spiel.

Kapitel II

Geschichtliche Orientierung

Demokratie von Gestern

„Seht in den Spiegel: feig,
scheuend die Mühsal der Wahrheit,
dem Lernen abgeneigt, das Denken
überantwortend den Wölfen,
der Nasenring euer teuerster Schmuck,
keine Täuschung zu dumm, kein Trost
zu billig, jede Erpressung
ist für euch noch zu milde.
(...)
Gelobt sein die Räuber: ihr,
einladend zur Vergewaltigung,
werft euch aufs faule Bett
des Gehorsams. Winselnd noch
lügt ihr. Zerrissen
wollt ihr werden. Ihr
ändert die Welt nicht.“
(Hans Magnus Enzensberger,
Verteidigung der Wölfe gegen die Lämmer)

Entgegen den Klischees: Demokratie als unabgeschlossener Suchprozess

Eigentlich wäre es angebracht, hier „die wahre Geschichte“[25] der Demokratie kurz und knapp so Revue passieren zu lassen, dass wir erkennen könnten, wo wir heute stehen und warum wir dort stehen. Eigentlich ist das die Aufgabe von großen Nachschlagewerken wie *Brockhaus*, *Meyer* oder *Enzyklopaedia Britannica*. Merkwürdigerweise findet der Fragende da aber mehr über, sagen wir, die Geschichte von Hunderassen als über die der Demokratie.[26] Immerhin bekommen wir einige Standardinformationen, die in unseren Schulbüchern meist so verstreut blieben, dass sich Übersicht über die Geschichte der Demokratie nie einstellte. Insofern wäre die Kürze der Lexikon-Auskünfte sehr befriedigend, wenn sie nicht zu viele Fragen offen ließe.

Der Grund für diesen merkwürdigen Befund ist wohl darin zu sehen, dass die Geschichte von etwas erst dann bündig erzählt werden kann, wenn klar ist, was dieses Etwas denn ist. Gerade im Falle des Demokratie-Begriffs bleiben wir allerdings auf meist zweckgerichtete Mythologien oder Legenden der Völker angewiesen.

Geschichtsbetrachtung für sich allein ist oft ein billiger Ersatz für das Denken im Sinne der Anstrengung des Begriffs. Solange wissenschaftliche oder vorwissenschaftliche Geschichtsschreibung sich nicht bewusst als Deutungsversuch von jeweiligen gedanklichen Voraussetzungen her versteht, betreibt sie eine Art Denkersatz, der jedem Missbrauch offen steht. Erst das Zusammenwirken von strukturellem Denken und empirischer Tatsachenerhebung führt zu einer Geschichtsdeutung, welche die Bezeichnung „geschichtliche Erkenntnis" verdient. Für die Demokratie heißt das: Wir müssen erst ihren Begriff vertiefen und strukturieren. Dadurch können wir über ihre bisher durchaus naiv und parteiisch, dementsprechend entweder dogmatisch-nationalistisch oder unklar erzählte Geschichte hinauskommen und wenigstens Anregungen für eine neue Demokratiegeschichte geben. Nichts anderes meint, im Hinblick auf Geschichtsschreibung allgemein, das Marx-Wort: „Die Anatomie des Menschen ist der Schlüssel zur Anatomie des Affen." Mit anderen Worten, das Spätere soll der Schlüssel für das Frühere sein. Das ist einem naiven Geschichte-Erzählen konträr entgegengesetzt.[27]

Eine heute befriedigende Vertiefung des Demokratiebegriffs mit seinen einzelnen Komponenten (z.B. Rechtsstaatlichkeit mit Gewaltenteilung, Mehrheitsprinzip, Repräsentation) wird in den folgenden Kapiteln bis Kapitel IX detailliert durchgeführt. Denn eine solche, notwendige Begriffsvertiefung ist Ergebnis einer ganzen Sozialphilosophie, vor allem, wenn sie mit normativem Anspruch und nicht bloß positivistisch beschreibend geleistet werden soll. In diesem Kapitel erhält der Leser zunächst

- einen kleinen Einblick in oder eine Erinnerung an die übliche lexikografische Abhandlung der Demokratiegeschichte,
- Hinweise auf einige Merkwürdigkeiten der Geschichtsschreibung,
- bevor die derzeitige Unmöglichkeit einer Demokratiedefinition aus Soziologensicht verdeutlicht wird und
- heutige Demokratietheorien kritisch und fragend präsentiert werden.

Wenn das auch alles vorbereitenden Charakter hat, mag es hinreichend informativ sein und motivieren, vom nächsten Kapitel an in die sozialphilosophischen Grundlagen eines vertieften Demokratiedenkens mit hinunter zu steigen.

Hier „die Geschichte der Demokratie“ als Diskussionsvorlage aus einem gerade zur Hand befindlichen Lexikon mittlerer Größe. Der Umfang der Auskunft steht nicht einmal hinter dem des Welt-Nachschlagewerks, der *Enzyklopaedia Britannica*, zurück. Es übertrifft dieses sogar an Realismus und Präzision:

„Geschichtlich ist die D. verhältnismäßig jung, von einigen altgriech. Stadtstaaten abgesehen (demokrat. Verfassung in Athen, 508 v. Chr.). Aristoteles stellt die D. als dritte Staatsform neben die Herrschaft eines einzelnen (Monarchie) und die Herrschaft weniger(Oligarchie). Im 13. Jh. entstand eine bäuerl. D. in den schweizer. Urkantonen. Frühchristl. Gedankengut (Überzeugung von der Gotteskindschaft aller Menschen) wurde im 16. Jh. durch den linken Flügel des Calvinismus wirksam (Genf); in der engl. Revolution des 17 Jhs. wurde diese religiöse Dimension auf das polit. Leben bes. in den Gemeinden übertragen (Kongregationisten). Mit den Pilgervätern kamen diese Gedanken nach Amerika, wo sie am umfassendsten und dauerhaftesten in der Unabhängigkeitserklärung der USA (1776) und in der ‚Erklärung der Menschen- und Bürgerrechte‘ verwirklicht wurden. Zu diesen religiösen Einflüssen trat in Frankreich im Zeitalter der Aufklärung (Montesquieu, Rousseau), der Glaube an die menschl. Vernunft, der seinen polit. Niederschlag in der Franz. Revolution fand.
Die Ideen von 1789, durch die Forderung der Menschenrechte und der Humanität überbaut, breiteten sich rasch über Mittel- und Nordeuropa aus und führten zur Ausbildung konstitutioneller Monarchien mit demokratischen Verfassungen. Seitdem bildete sich das demokrat. Ideengut in Auseinandersetzung mit sozialist. Theorien und dem Streben der Massen nach sozialem Aufstieg und polit. Mitverantwortung ständig fort; gleichzeitig fiel die polit. Willensbildung den Parteien zu, die mehr und mehr Eigengewicht erhielten. Dadurch, daß diese zu oft Vertretungen bestimmter Wirtschafts- und Gesellschaftsgruppen wurden und deren Sonderinteressen Geltung verschafften, führten sie zwischen beiden Weltkriegen eine Krise der Demokratie herauf. Die werbende Kraft demokrat. Gedanken hat sich nach 1945 jedoch so verstärkt, daß sich heute die Mehrheit der Staaten trotz unterschiedlicher Ideologien und Staatsformen demokratisch nennt.“[28]

Als besonders bemerkenswert möchte ich zweierlei hervorheben:

Im ersten Satz schon wird herausgestellt, dass die Demokratie, abgesehen von den griechischen Anfängen, „verhältnismäßig jung“ sei. Das bezieht sich auf die moderne europäische Entwicklung, die sich unter calvinistischem Einfluss langsam in England anbahnte: Die *Bill of Rights*, gewisse Rechte des Parlaments, wurde 1689, hundert Jahre vor der amerikanischen Verfassung und der französischen Revolution genehmigt. Dies sind die ältesten neueuropäischen Ansätze. (Die schweizerische „bäuerliche Demokratie“ hat sowohl in vielen „freien Reichsstädten“ ihre Gegenstücke sowie viele allgemein-germanische Vorgänger. Sie kann nicht etwa als Geburtsstätte moderner Demokratie gelten.) Selbst wenn die *Bill of Rights* genau 100 Jahre vor der Französischen Revolution und genau 300 Jahre vor dem Fall der Berliner Mauer datiert – weder im 18. noch im 19. Jahrhundert konnte irgendein westlicher Staat „demokratisch" im heutigen Sinne genannt werden! Wobei wir bei „Demokratie" heute vor allem an allgemeine, freie und gleiche Wahlen denken. Das kommt allerdings weder in diesem Artikel noch gewöhnlich zum Ausdruck. Meist wird suggeriert, dass die westlichen Demokratien, wie sie sich im 20. Jahrhundert herausgebildet haben, schon mindestens 200 Jahre alt seien. Gegen diese Suggestion klingt das „verhältnismäßig jung" als wohltuende Andeutung einer vernachlässigten Tatsache.

Demokratie ist so jung, dass sie bis heute nicht als Fertiges gelten kann.

Demokratie – was immer im Lexikon genauer darunter zu verstehen sein mag – ist so jung, dass sie bis heute nicht als etwas Fertiges gelten kann. Sie ist drei Jahrhunderte hindurch bis heute noch immer in einem mühsamen Suchprozess begriffen! Dieser unabgeschlossene Suchprozess ist es, was auch von mir mit „jung" angezielt wird – und darin liegt ein bedeutsames Korrektiv gegenüber dem allgemeinen Demokratie-Triumphalismus.

Beispielsweise: Das allgemeine Wahlrecht unter Einschluss der Frauen wurde erst 1930 in England und erst 1971 in der Schweiz auf Bundesebene eingeführt! Wenn man also das Kriterium „allgemeines Wahlrecht" anlegt, wird deutlich: Die sich unter aller Ermahnungs-, Bejubelungs-, Erbauungs- und Detailabzählungs-Literatur zur Demokratie biegenden Bücherregale täuschen leicht darüber hinweg, in welch zartem Jugendalter sich demokratische Theorie und Praxis noch befinden. Die Aufbruchsstimmungen, besonders in Deutschland nach 1945, wie die leider nur sehr kurze von 1989, lassen das manchem, der nach dem jeweiligen Ende der Diktaturen in der frischen Luft der Freiheit aufgeatmet hat, unglaublich erscheinen. Ja, nach 1989 wurde reaktionär das Fertige und Vorbildliche der westlichen Verhältnisse gefeiert! Die Demokratie nach westlichem Bauplan schien statisch und vollendet.

Demokratie und freie Marktwirtschaft waren nach 1945, im westlichen Europa und besonders im befreiten Deutschland, in aller Munde. Jeder hatte selbst noch den Kontrast erlebt. Einige Grundgedanken wie freie Wahlen unter einer Mehrzahl echter Alternativen, repräsentiert durch die Parteien, Gewaltenteilung mit unabhängiger Justiz, freie Presse, freier Meinungsstreit in den Parlamenten usw. waren eindeutig. Aber Vorsicht: Wie sieht die Gewaltenteilung genauer aus? Welche Rolle spielen die Parteien?

Der Vergleich des Startes der Demokratie nach dem zweiten Weltkrieg mit der Währungsreform und dem Neubeginn einer freien Marktwirtschaft lässt sich ein wenig ausweiten. Da fingen alle unter gleichen Voraussetzungen neu an – allerdings manche unter viel „gleicheren" Voraussetzungen! Eine florierende Volkswirtschaft wird heute in wenigen Jahrzehnten marktgesättigt, d.h. die Wachstumschancen für ein laufendes Produkt nehmen ab. Der Markt wird alt, die in den Anfängen versteckten Probleme und Systemfehler wirken sich aus, z.B. die Selbstvermehrungseigenschaft des „arbeitenden" Geldes, wodurch die Scheren zwischen Wachstum der Vermögen und der Lohneinkünfte sowie zwischen Schulden und Sozialprodukt immer größer werden.[29] Dies sei hier nur vergleichsweise angeführt.

„Alt werden" heißt für soziale Wesen: die Verjüngungskraft, die spezifisch soziale Nachhaltigkeit oder Kreislauffähigkeit fehlt!

Für das politische System können dieselben Jahrzehnte nicht weniger Beispiele für entscheidende Alterungserscheinungen und Bewährungsproben bieten. Doch für die Grundgedanken der Demokratie sind das kurze, zu kurze Fristen. An historischen Maßstäben gemessen, sucht die Demokratie sich noch selbst, sowohl gedanklich wie praktisch-politisch.

Wir werden gleich an Definitionsversuchen wie an zeitgenössischen Demokratietheorien sehen, mit welchen Unsicherheiten die gedankliche Klärung dessen, was Demokratie heißen soll, noch immer ringt: Wie steht „Demokratie" zu „konstitutionellem Staat", „Rechtsstaat", „solidarischer Gesellschaft", Souveränität des Volkes, Repräsentation?

Ein zweiter bemerkenswerter Punkt in unserem Lexikon-Artikel ist die früh anklingende Skepsis gegenüber den Parteien. Wenn das Parteienproblem in den nächsten Kapiteln als zentral herausgestellt wird, erstmals jedoch zusammen mit einer konstruktiven Lösung des Problems, dann ist das keine Modeerscheinung. Das Problem war bereits in den sechziger Jahren erkennbar, wurde diskutiert, aber in keiner Weise gelöst.[30] Denn die, die es politisch hätten lösen sollen und können, waren selbst das Problem. Bis heute gibt es, außer dem hier im Folgenden vertretenen, nur *einen* ernsthaften, wenn auch einseitigen Lösungsvorschlag: Stärkung der direkten Demokratie.

Das Parteienproblem spielt in der ein wenig älteren anglo-amerikanischen Demokratie nicht die gleiche Rolle wie in Kontinentaleuropa, weil man dort im Wesentlichen ohnehin nur mit zwei großen Parteiblöcken rechnet, von denen einer die Regierung stellt, der andere die Opposition, je nach fluktuierender Stärke der beiden Lager.

Es wird später deutlich werden, was dies mit einem individualistisch-liberalistischen Menschenbild zu tun hat: Für den angelsächsischen Demokratietyp bedeutet der Konflikt zwischen zwei Machtblöcken etwas anderes als in Kontinentaleuropa: Er hat keine große weltanschauliche Bewandtnis, sondern gleicht dem „egoistischen" Machtkonflikt zwischen Individuen. Dabei geht es nicht um Gut oder Böse – dies haben Amerikaner heute heraus aus der Innenpolitik auf die globale Ebene projiziert: Reich des Guten und „Achse des Bösen". Es geht bei den zwei politischen Lagern nicht so sehr um Recht oder Unrecht haben, sondern primär um die Verteidigung des Eigenen, um die Durchsetzung der stärkeren Seite. In ähnlicher Weise formieren sich die dualen Parteiblöcke nicht um weltanschauliche Grundsatzfragen herum (wie etwa in Europa einst zwischen Christen und Sozialisten, heute zwischen Neoliberalen und Solidaritätsbeflissenen usw.), sondern um die pure Befähigung zum Regieren durch Machtakkumulation. Dies mag ein wenig erklären, wie gut sich die US-Amerikaner mit der dubiosen, vermutlich höchst undemokratischen Wahl des seit 2001 regierenden Präsidenten Bush jr. abfinden können: Ist es so wesentlich, welche der zwei Seiten eine Zeit lang den Job macht?

Unser Parteiensystem erfüllt die demokratischen Ansprüche auf Sachgerechtigkeit und Problemlösungsfähigkeit nicht!

In Kontinentaleuropa spielen weltanschauliche und sozialphilosophische Optionen eine ungleich größere Rolle für die Parteien, die sich nicht so einfach auf einen Dualismus reduzieren lassen. Bei einem derartigen Parteienpluralismus werden andere Ansprüche gestellt. Die Ansprüche auf Sachgerechtigkeit und Problemlösungsfähigkeit sind aber ebenso in dieser Art von Parteiensystem prinzipiell unerfüllbar, wie später genauer gezeigt werden soll. Die Erfüllung solcher Ansprüche kann und muss jedoch in einer reifer werdenden Demokratie gefordert werden. Je länger sie gestellt werden, desto mehr – und nicht desto weniger – muss deren Erfüllung eingeklagt werden. Das wird eines unserer Leitthemen sein.

Was die Reife der Demokratie überhaupt angeht, so ist als kleines Zwischenergebnis festzuhalten:

Die Mängel und die Unsicherheiten, die in der Einleitung (Kapitel I) zur Sprache kamen, sind nicht das Ergebnis eines Verfalls von etwas einmal großartig Etabliertem. Sie sind vielmehr die im Laufe der Zeit stärker sichtbar werdenden Leistungsgrenzen des nur bis zu einem gewissen Punkt entwickelten Systems.

Denken wir an jene schönen alten Autos, die heute nicht mehr gebaut werden, weil sie unseren Leistungsanforderungen nicht mehr entsprechen. Die Verdeutlichung der Leistungsgrenzen gehört zu dem mühsamen Suchprozess, in dem sich die moderne Demokratie noch befindet. Sie werden um so bedrückender, als einerseits die Ansprüche vom Bewusstsein der Bevölkerung her wachsen, anderseits zusätzlich Alterserscheinungen im Parteiensystem auftreten: Verkrustungen in der Personalstruktur, nicht erfüllte Wahlversprechen, der ständig zehrende und abstumpfende Konflikt zwischen eigenständigem Denken der Abgeordneten und Fraktionsdisziplin und dergleichen mehr. Wenn man nicht einfach-unhistorisch von Systemfehlern sprechen will, so ist doch ein Fehler auszumachen, der sich im Laufe der Zeit bemerkbar macht: mangelnde grundsätzliche Erneuerungsfähigkeit, d.h. fehlende reflexive „Nachhaltigkeit“.[31] Also handelt es sich nicht um eine bloße Zeitfrage, wenn hier von einerseits „junger“, anderseits „alt werdender“ Demokratie die Rede ist.

Dass es sich bei der „westlichen“, also neuzeitlichen Demokratie um einen in sich unsicheren Suchprozess handelt, wurde von Siegern und Befreiten nach 1945 wie auch 1989 übertönt und gar nicht erst zum Bewusstsein vorgelassen. Dieser Befund entspricht dem pragmatischen Geist, in dem sich die Demokratie etablierte. Und diese Etablierungsphase reicht bis weit ins 20. Jahrhundert hinein – selbst wenn die amerikanische Verfassung von 1789 im Wesentlichen dieselbe geblieben zu sein beansprucht. Doch vergessen wir nicht, dass die Sezessionskriege um die Sklavenhaltung und die Einheit der nordamerikanischen Staaten noch mitten ins 19. Jahrhundert fallen und die Rassenfrage – ein zentral demokratisches Problem – die USA bis weit ins 20. Jahrhundert und darüber hinaus bis heute beschäftigt, von der älteren Indianerfrage als „Leiche im Keller“ dieses „Mutterlandes der Demokratie“ ganz abgesehen. Auf die wegweisende Charakteristik der Demokratie durch Abraham Lincoln (1809-1865), der kurz nach siegreicher Beendigung jenes Sezessionskrieges ermordet wurde, werden wir noch zurückkommen. Kurz, die Demokratie in Amerika ist durchaus keine so frag- und fleckenlose Angelegenheit, wie sie sich in der ehernen Selbstdarstellung der Sieger darstellt, selbst wenn wir von den jüngsten alarmierenden Entwicklungen seit dem 11. September 2001 absehen.[32]

Aufgrund der pragmatischen, theoretisch wenig geklärten Grundlagen der Demokratie „westlichen“ Musters konnte z. B. Thomas Mann noch nach dem Ersten Weltkrieg in seinen *Betrachtungen eines Unpolitischen* (1919) gegen die Demokratie als Sache von „Zivilisationsliteraten“ polemisieren, die dem „unpolitischen“ Geist der Deutschen grundsätzlich nicht angemessen sei. Er selbst schreibt im Nachhinein über dieses sein Werk, das für die Weimarer Republik durchaus mit tonangebend und kennzeichnend war:

> „In diesem Werk habe ich mich dem, was ich ‚Demokratie' nannte, nämlich der Politisierung des Geistes, im Namen der Kultur und sogar der Freiheit aus allen Kräften widersetzt. Das Buch war ein Protest gegen die Nivellierungstendenzen der heraufkommenden mechanisierten Zivilisation mit ihrem ‚Aufstand der Massen', ein Protest gegen seelische Verödung, Geldherrschaft und Korruption der ‚politicians', ich kämpfte für das Deutschland, das ich kannte und liebte, für das Deutschland, das selbst in der Parvenue-Atmosphäre des Wilhelminischen Kaisertums noch gedeihen konnte: eine geistige Haltung, die sich zur Musik, Metaphysik, Psychologie, einer pessimistischen Ethik und einem individualistischen und humanistischen Idealismus bekannte, das politische Element aber geringschätzig ausschied. (...) Die ‚Betrachtungen' selbst schon waren der Ausdruck einer Krisis, das Produkt einer neuen, von tiefaufwühlenden geschichtlichen Ereignissen hervorgerufenen Situation: die Frage des Menschen, das Problem der Humanität stand in seiner Ganzheit und fordernd wie nie vor dem geistigen Gewissen, und das Bekenntnis, daß Geist und Politik nicht reinlich zu trennen sind; daß es ein Irrtum deutscher Bürgerlichkeit gewesen war, zu glauben, man könne ein unpolitischer Kulturmensch sein; daß die Kultur in schwerste Gefahr gerät, wenn es ihr am politischen Instinkt und Willen mangelt – kurzum, das demokratische Bekenntnis drängte sich auf die Lippen und wollte abgelegt sein. Ich danke es meinem guten Genius, daß ich es nicht zurückhielt."[33]

Thomas Mann hat sich trotzdem seit 1930 für dieses bereits im „Parteiengezänk" untergehende Gebilde ausgesprochen. Für ihn persönlich geschah dies noch rechtzeitig vor dem Anbruch der hochpolitischen Barbarei. Doch es war zu spät für die erste deutsche Demokratie. Wir sollten uns, dies von seiner alten Position mitnehmend, bewusst bleiben: Mit der Demokratiefrage steht das ganze Bild vom Menschen, die Frage der Humanität, der Gemeinschafts- und Gesellschaftsbildung überhaupt auf dem Spiel. Die Zurückhaltung vieler Kulturträger der Weimarer Republik gegenüber der Demokratie, an der sie unter anderem scheiterte,

Mit der Demokratiefrage steht das ganze Bild vom Menschen, die Frage der Humanität, der Gemeinschafts- und Gesellschaftsbildung überhaupt auf dem Spiel.

darf nicht die unbeantworteten damaligen Fragen an die Demokratie vergessen machen. Darunter besonders das Verhältnis von Kultur und Politik.

Die Frage der Demokratie ist nicht bloß eine pragmatische Frage der Staatsorganisation. Sie betrifft vielmehr die Grundfragen des Menschenbildes und der Vergesellschaftung des Menschen überhaupt. Es wird Zeit, dass wir Demokratie von einem Nachkriegs-Importartikel der Siegermächte zu etwas eigenständig Durchdachtem und Gelebtem gestalten! Dies würde die wiedergewonnene Souveränität Deutschlands ausmachen.

Trotz der folgenreichen kollektiven Psychose der bekannten zwölf Jahre[34] – nach den zwei verunglückten, blutig niedergeschlagenen demokratischen Revolutionen von 1848 und 1918![35] – sollte man den zumindest in ihrer kulturellen Elite noch immer philosophisch orientierten Deutschen zugestehen, was der junge Marx ihnen, vor dem ersten Scheitern von 1848, bescheinigte.

> „Das gründliche Deutschland kann nicht revolutionieren, ohne von Grund aus zu revolutionieren. Die Emanzipation des Deutschen ist die Emanzipation des Menschen. Der Kopf dieser Emanzipation ist die Philosophie, ihr Herz das Proletariat."

Wer allerdings meint, „die Philosophie" könne nur diejenige von 1968 sein, die zwar in erstaunlicher Weise die Öffentlichkeit bewegte, aber bloße Kritiktheorie blieb, indem sie – geradezu aus Methode – keine konstruktiven Entwürfe machte, dürfte sich irren. Nicht einmal deutlich gestellt sind bis heute vor allem folgende Grundfragen:

- Wie sollen Parteiblöcke (seien sie dualistische Lager wie im angelsächsischen Bereich, seien sie eher plural wie in Kontinentaleuropa) völlig verschiedene Probleme wie die von ethischen Grundwerten, Zukunftsfragen, Ökologie, Schul- und Universitätspolitik und andere Kulturfragen, Sicherheits- und Außenpolitik sowie Wirtschaftspolitik usw. so bündeln können, dass eine „sachliche", dem einzelnen Sachproblem gemäße Politik von ihnen vertreten werden kann? Mir scheint dies im jetzigen Parteiensystem unmöglich. Doch kenne ich keinen philosophisch-wissenschaftlichen oder sonst einen Lösungsvorschlag (außer der Bewegung für direkte Demokratie).
- Wie kann das Gemeinwesen als ganzes der derzeitigen, man muss sagen, heillosen Übermacht der Wirtschaft entgehen – ohne in so etwas wie Planwirtschaft zurückzufallen?

- Wie können demgegenüber ethische Grundwerte maßgebend werden, ohne dass das Gemeinwesen in altes theokratisches Gebaren zurückfällt?
- Wie können Freiheit der Kultur und der Wissenschaft gewährleistet werden – bei gleichzeitig öffentlicher Verantwortung und „kulturpolitischer", demokratischer Steuerung?

Weder eine adäquate, diese Probleme grundsätzlich lösende Theorie der Demokratie ist bisher hervorgetreten, noch hat sich – um auf das obige Marx-Zitat zurückzukommen – eine Nachfolgerin des einstigen Proletariats als „Herz der Emanzipation" formiert.

Merkwürdigkeiten der langen Geschichtsschreibung

Der Hauptmangel der angeführten kurzen Lexikon-Geschichte der Demokratie besteht indessen darin, dass die sehr junge und noch völlig unreife neuzeitliche Demokratie – wie fast überall üblich – als späte Frucht der Menschheitsentwicklung hingestellt wird, mit dem Vorspiel der griechischen Polis, das auf die Philosophen zurückgeht.

Müsste nicht die Geschichte der städtischen und freigemeinschaftlichen (religiösen, z. B. urchristlichen oder buddhistischen) Vorläufer moderner Demokratien berücksichtigt werden? Die alte Demokratie der Griechen war, wie im Lexikon bemerkt, die einiger Stadtstaaten (*poleis*) und empfindlich eingeschränkt durch ein Klassensystem (Freie/Sklaven, genauer meist vier Besitzklassen). Was ist im Vergleich damit beispielsweise über die freien Reichsstädte und ihre Selbstverwaltungen im alten deutschen Reich, vielleicht sogar über die altgermanischen und keltischen Siedlungen und Stämme zu sagen? Was über noch frühere Gemeinschafts- und Staatsformen? Was ich in den üblichen Nachschlagewerken und in zahllosen Handbüchern zur Demokratie nicht fand, liest sich in einer hervorragenden kurzen Dokumentation einer eher populären Broschüre[36], doch mit dem spürbaren Hintergrund seriöser Forschung auf selten begangenen Pfaden, auszugsweise so:

> „Demokratie kann mit ziemlicher Sicherheit als die älteste Regierungsform angesehen werden. Anthropologischer Ausgangspunkt dieser These ist, daß der Mensch von Anfang an in Gesellschaft lebt, die Regeln hatte. Vor allem dort, wo politische Organisationsformen bestanden, die bei gegenwärtigen primitiven Kulturen ‚Lokalgruppen' genannt werden, dürften Formen direkter Demokratie praktiziert worden sein –

ein autonomer Verband mit unscharf definierter Führerrolle ohne Amt; Normen wurden durch die Gesamtheit der Männer gesetzt."

Hier ist Mehreres bemerkenswert: Einmal die ungewöhnliche Behauptung, Demokratie sei die älteste Regierungsform. Das könnte sie nur sein, wenn sie die dem Menschen naturgemäße Form des Zusammenlebens, der Gemeinschaftsorganisation wäre, unter welchem Namen auch immer. Wir werden aus philosophisch-anthropologischer Betrachtungsweise, also vom Menschenbild her, untersuchen, in welchem genaueren Sinn dies tatsächlich zutrifft. Kann der Mensch ein auf Solidarität, auf Freiheit und Gleichheit, auf Einheit von Selbstbestimmung und Einfügung in Gemeinschaftsordnung hin angelegtes Wesen genannt werden?

Aber setzen selbst diese Autoren nicht schon zu spät an, nämlich in patriarchalischen Zeiten, wenn sie schreiben: „Normen wurden durch die Gesamtheit der Männer gesetzt"?[37] Immerhin setzen sie in der Frühzeit der bisher erforschten Geschichte an, um 3000 v. Chr.!

„Für den sumerischen Stadtstaat gilt das Vorkommen direkter Demokratie als erwiesen. Die letzte Entscheidung in politischen Fragen lag bei einer allgemeinen Bürgerversammlung (unkin); sie entschied über Krieg und Frieden. Gegenüber Rechtsbrechern übte sie richterliche Gewalt aus.(...) Hervorstechendstes Zeichen der primitiven Demokratie war ihr ad-hoc-Charakter."

Den Beginn – oder Wiederbeginn? – der Demokratie in Athen setzen von Löwis und Weilemann mit den Reformen des Kleisthenes 509 v. Chr. an – also zweieinhalb Jahrtausende später. Um die gleiche Zeit beginnen demokratische Elemente in die römische Republik einzudringen, die aber bis zur Kaiserzeit Aristokratie bleibt. Interessant, dass die Autoren unsere zunächst unabhängig gefasste Vermutung über die Germanen bestätigen, und zwar für die erste Hälfte des 1. Jahrtausends:

„Die primitiven politischen Ordnungen einiger germanischer Stämme, vor allem Westgermanen, zeigen urdemokratische Züge. Oberstes Organ ist die Landgemeinde (Thing, Ding), die in regelmäßigen Abständen zusammentritt. Im Ding entscheidet das ‚Volk' mittels Ablehnen oder Annahme über Anträge der Fürsten (Krieg und Frieden; Freilassung); gleichzeitig übt sie Gerichtsbarkeit aus. Der Adel war Verdienstadel. Königtum beruhte auf Wahl der Volksgemeinde – gemeinfreie Männer, die bewaffnet zusammentreten. Stimmrecht und Wehrpflicht gehören zusammen."

Es wäre interessant, weitere „primitive" politische Ordnungen zu erforschen. Wir brauchen nicht in einen Germanenkult zu verfallen, sollten aber das Recht in Anspruch nehmen, unsere eigenen Wurzeln zu erkunden. Die Autoren nennen weitere demokratische Entwicklungen, die in der gängigen Geschichtsschreibung der Sieger und Herrscher sowie der selbsternannten auserwählten Völker[38] unbekannt sind: 800/900 n.Chr. Mexiko, 930 Island, dann 11.-13. Jahrhundert die Stadtdemokratien in Süd-, West- und Mitteleuropa, 1300-1471 ein Freistaat Nowgorod in Russland, im 14. und 15. Jahrhundert die Zunftdemokratien in den Städten des nordwest- und mitteleuropäischen Raumes.

> „Kennzeichnend ist, daß die politische Macht bei ursprünglich wirtschaftlichen Vereinigungen und nicht bei einzelnen Individuen lag (in der Neuzeit als ‚organische Demokratie' idealisiert). Wo die Zünfte die totale Herrschaft übernehmen, entstehen politische Zünfte, denen jeder Vollbürger angehören muß; es gelang nicht, die Nichtselbständigen in Zünften zu organisieren. Jede Zunft entsandte entsprechend ihrer Bedeutung eine bestimmte Zahl von Vertretern in den Rat der Stadt, die oberste Instanz. (...) Zunft- und Patrizierherrschaft konnten oft und rasch miteinander wechseln. Die Zunftdemokratie scheiterte am wirtschaftlichen Egoismus und Hegemoniestreben eines Gewerbes" (ebd.).

Außer den bekannten Fakten über die Entstehung frühdemokratischer Strukturen in England führen die Autoren weiter die Entstehung von parlamentarischen, konstitutionellen Monarchien im Europa des 19. Jahrhunderts auf. Die parlamentarische Demokratie der III. Republik in Frankreich (1875-1940) wird dann Musterfall für Parlamentsherrschaft. Paradoxerweise hatte die französische Niederlage gegen Preußen den Aufstieg des Parlamentarismus in Frankreich zur Folge, während die Siegermacht in Deutschland bloß eine konstitutionelle Monarchie mit sehr begrenzten Rechten eines Ständeparlamentes zuließ.

Über die verspätete und dann noch kränkelnde Einführung der Demokratie im Deutschland der Weimarer Republik und deren Scheitern kann hier nicht näher gehandelt werden, ohne den Rahmen dieser geschichtlichen Vorbemerkungen über die „Demokratie von gestern" zu sprengen. Außerdem gibt es dazu eine reiche Literatur. Interessant könnte sein, wie am Beispiel Thomas Manns schon erwähnt, die sozialtheoretisch ernstzunehmende, womöglich konstruktive Opposition gegen die Demokratie nach westlichem Muster auf ihren bleibenden Gehalt hin zu untersuchen. Und zwar mit der Frage, ob diese „deutschen“ Vorbehalte und Forderungen im nachfolgend hier entwickelten, qualitativ weiterentwickelten Demokratiemodell Berücksichtigung finden.

Das wird, um es an dieser Stelle vorwegzunehmen, der Fall sein. Erstens finden sie Berücksichtigung bezüglich des Verhältnisses von Kulturstaat und politischem Staat: Gerade die Überfremdung des Kulturellen war in Deutschland die verhängnisvolle Crux. Das in Hunderte von Kleinstaaten und mehrere Konfessionen zerteilte erste Reich hatte immer seine kulturelle Einheit, bevor es rein machtpolitisch von oben her geeint wurde – unter Ausschluss des deutschen Österreich. Zweitens wird das Verhältnis von Religion und Politik eine neue Lösung finden. Keine veraltete konfessionalistische, geschweige denn theokratische, sondern eine moderne, die dem Mutterland der Reformation und dem religiös-metaphysischen Sinn der Deutschen gerecht werdende Lösung. Hegel hat bemerkt, es gebe keine dauerhafte Revolution ohne religiöse Reformation. Das wird auch für die Revolution der Demokratie gelten.

Das spezifisch deutsche Durchdenken und Praktizieren von Demokratie steht bis heute noch aus!

Die Hinweise auf die Merkwürdigkeiten der bisherigen Demokratie-Geschichtsschreibung wollen nochmals verdeutlichen, eine wie unfertige Angelegenheit die Demokratie ist. Welch ein Irrtum wäre es also anzunehmen, die Deutschen hätten nach Kriegsende die perfekte Demokratie von den westlichen Siegermächten übernehmen können und brauchten sich dieses Fertige nur noch innerlich anzueignen. Nein, das spezifisch deutsche Durchdenken und Praktizieren von Demokratie steht bis heute noch aus! Damit soll nicht geleugnet werden, dass die Bonner Republik positive pragmatische Beiträge für beides geliefert hat. Sie tat das allerdings als eifrige Konvertitin und Novizin im Rahmen der unglaublich anspruchsvollen Aufschrift der Dollarscheine, des bestehenden *novus ordo saeclorum*, der neuen Weltordnung.

Jede Nation muss ihre jeweils eigene Demokratiepraxis entwickeln.

Es soll zwar nicht impliziert sein, dass jede Nation ihre eigene Demokratietheorie entwickeln müsste, wohl allerdings ihre je eigene Demokratiepraxis. Wer aber eine Ahnung davon hat, eine wie essentielle Rolle das philosophische Denken der Deutschen spielte und dass dieses besonders von Kant bis Marx eine „wichtige, das ganze Menschengeschlecht betreffende Angelegenheit“ war (Heinrich Heine), der wird nicht annehmen können, dass dieses Land in der Mitte Europas auf Dauer mit einer

Import-Demokratie angelsächsischer Prägung zufrieden sein könnte. Nicht alles, was Heine vor wie nach der 1848er Revolution zur Geschichte der Religion und Philosophie in Deutschland von Paris aus schrieb, kann hundertfünfzig Jahre später noch gültig sein. Aber Sätze wie diese sollten nicht einfach vergessen bleiben:

> „Die deutsche Philosophie ist eine wichtige, das ganze Menschengeschlecht betreffende Angelegenheit, und erst die spätesten Enkel werden darüber entscheiden können, ob wir dafür zu tadeln oder zu loben sind, daß wir erst unsere Philosophie und hernach unsere Revolution ausarbeiteten. Mich dünkt, ein methodisches Volk wie wir, mußte mit der Reformation beginnen, konnte hierauf sich mit der Philosophie beschäftigen, und durfte nur nach deren Vollendung zur politischen Revolution übergehen."[39]

Heine ließ das stehen, als die 48er Revolution schon gescheitert war und als der damalige Vollender der deutschen Philosophie, Hegel, als „ein toter Hund" behandelt wurde, wie ein Freund des Dichters, Marx, später (1873) klagte. Sind jene Hoffnungen also ersatzlos zu streichen? Man müsste dann davon ausgehen, dass das Eigentümliche der deutschen Kultur durch Hitler einerseits, durch den Amerikanismus anderseits ein für allemal erledigt sei. Von dieser Annahme oder diesem Wunsch – „nie wieder Deutschland" – und von dieser naiv-kurzsichtigen Geschichtsauffassung wird hier keineswegs ausgegangen. Doch hängt der demokratietheoretische Beitrag anderseits nicht von dieser „nationalen" Kultureinschätzung ab.

Vielmehr soll gesagt sein, dass das gängige „westliche" Demokratieverständnis grundlegend unzulänglich ist, unabhängig von deutschen Positionen und Beiträgen: Welcher Europäer – um nicht von den derzeit besonders patriotischen US-Amerikanern selbst zu sprechen – vermag die amerikanischen Wahlkämpfe, mit ihrem Milliardenaufwand für nichtssagende Medienschlachten, noch ernst zu nehmen?[40]

In der wirtschaftsdominierten Demokratie scheint es tatsächlich wie in der Wirtschaft selbst zuzugehen: Die „Volkswirtschaften", sofern es solche in der globalisierten Welt überhaupt noch gibt, „altern", schon aufgrund der sich akkumulierenden Kapitalgewinne, die weit rascher steigen als die Löhne, ferner aufgrund der sich parallel akkumulierenden Staatsschulden. Eine Demokratie, die von solchen Wirtschaftsmechanismen beherrscht wird, altert natürlich selbst.[41] Ein vergleichbarer Alterungsprozess des politischen Systems ist der

Zynismus, die „Arroganz der Macht“[42], nicht sosehr auf Einzelne als auf das oligarchische Parteiensystem bezogen.

Unsere Überlegungen können sinnvollerweise nicht dahin gehen: Wie kann man das anfällige System von Zeit zu Zeit verjüngen? Selbst wenn dies gelänge, so ist die Fragestellung höchst unbefriedigend. Die Frage muss lauten: Wie können wir Demokratie als eine „nachhaltige“ konstruieren? Das hat jetzt nicht unmittelbar mit der hier durchaus untergeordneten, zum Überdruss beredeten ökologischen Nachhaltigkeit zu tun, sondern mit einer spezifisch sozialen Nachhaltigkeit: die Erneuerungsfähigkeit, womöglich Kreislauffähigkeit des politischen Systems als solchen. In einem erneuerungs- und kreislauffähigen politischen System gäbe es kein Altwerden oder Verkrusten, einfach deshalb, weil die Erneuerung ständig stattfände und ihre Mechanismen eingebaut würden.

Ist es nicht – nach den aufgezeigten Skurilitäten der Geschichtsschreibung in Sachen Demokratie – auch merkwürdig, wie wenig dieses „junge Ding“ fröhlich problematisiert, weitergedacht und weiterentwickelt wird? Warum gelten in der Öffentlichkeit die drei großen K: Krieg, Kriminalität und Konsum, generell als interessanter als die Entwicklung umfassender Mitbestimmung?

Man ruht sich auf den Lorbeeren überwundener Herrscher von Gottes Gnaden und der Diktatoren aus, schaltet Demokratie und kapitalistischen Konsum gleich und schläft dabei auf den sozialen Errungenschaften der demokratischen Systeme sanft ein – bis zum nächsten bösen Erwachen aus der Langeweile.

Viele Menschen, diesseits noch mehr als jenseits des Atlantiks, setzen den egalitären Zug an der Demokratie zumindest unbewusst mit materieller Gleichheit und somit Umverteilung gleich. Demokratie kann und soll zwar die Gerechtigkeitsfrage, über gerechtere Wirtschaftsstrukturen und mehr Chancengleichheit, entscheidend voranbringen, nicht jedoch das Leistungsprinzip außer Kraft setzen. Wirtschaftliche Turbulenzen könnten in naher Zukunft die Demokratie zusätzlich, und teilweise gar zu Unrecht, in Verruf bringen. Es ist leichter, Anhänger der Demokratie zu sein, solange sich das auszahlt.

Demokratie als bequemes Ruhekissen zu betrachten, wäre also in mehrfacher Hinsicht gefährlich. Wenn wir die Vergleiche des 11. September 2001 mit dem Reichstagsbrand von 1933 auch nur annähernd ernst nehmen müssen,[43] könnten wir vom Erwachen in einer imperialen „Demokratur“ nicht allzu weit entfernt sein!

Eine neutrale und angemessene Geschichtsschreibung der Demokratie wird erst möglich werden, wenn genügend Abstand von lokalem und nationalem Stolz genommen werden kann – und erst, wenn einmal von der annähernd vollständigen Verwirklichung von Demokratie geredet werden kann. Um noch einmal Marxens evolutionären Vergleich zu bemühen: „Die Anatomie des Menschen ist der Schlüssel zur Anatomie des Affen." Um dieses „menschliche" Zukunftsbild von Demokratie ist es uns hier letztlich zu tun. Zweierlei Vorbereitung steht in diesem Kapitel noch aus:

- Information über einen gegenwärtigen soziologischen Definitionsversuch bzw. die damit einhergehende Feststellung, dass keine Demokratie-Definition möglich sei. Dies dient als Vorlage und Herausforderung für eine eigene idealtypische Definition in Kapitel IX.
- Zweitens ein kurzer Überblick über derzeitige Theorien der Demokratie. Auch hier ist eine genauere Stellungnahme erst nach der Entfaltung der eigenen Theorie möglich. Aber Fragen lassen sich schon vorher stellen.

Ist eine Demokratiedefinition wirklich unmöglich?

Als „klassisch" gilt bis heute die Staatsformenlehre des Aristoteles (um 384-322 v. Chr.), der sich seinerseits schon auf Herodot (um 482-429 v. Chr.) und Platon (um 428-348 v. Chr.) stützen konnte. Von Platon ist die Ablehnung der *Demos*-, d.h. wörtlich Volks-Herrschaft als Pöbelherrschaft bekannt. Offensichtlich wird immer neben den wesentlichen Sachfragen auch um Worte gestritten. Daran möchte ich mich im allgemeinen nicht beteiligen und in Sachen Demokratie schon gar nicht, nachdem dieses Wort heute zum weltweiten Signal des Erstrebenswerten und Umstrittenen geworden ist. Klar, dass in der Geschichte mit Worten und gerade mit dem undurchschauten Unterschied von Worten und Begriffen Politik gemacht wurde. Platon und Aristoteles lehnten das Wort Demokratie ab, um einen anderen Begriff und eine andere Sache abzulehnen.

> „Aristoteles unterscheidet in seiner Politik die Staatsformen nach der Zahl derjenigen, die die Staatsgewalt ausüben: Alleinherrschaft, Herrschaft weniger, Herrschaft vieler. Der numerische Aspekt wird durch einen qualitativen ergänzt. Je nachdem, ob im Hinblick auf das Gemeinwohl oder den Eigennutz regiert wird, handelt es sich um positive Ausprägungen oder Entartungserscheinungen. Der positiven Form der

> Alleinherrschaft (Monarchie) steht die negative gegenüber (Tyrannis), der positiven Form der Herrschaft der wenigen (Aristokratie) die negative (Oligarchie), der positiven Ausprägung der Volksherrschaft (Politie) ihre Pervertierung (Demokratie). Was bei Aristoteles Politie heißt, wird heute als Demokratie verstanden. Und Aristoteles' Demokratie galt später als Ochlokratie, eine Form der Pöbelherrschaft."[44]

Wenn Aristoteles ebenso wie sein Lehrer Platon die „Pöbelherrschaft" ablehnte, so spricht sich darin also nicht allein ein unbefragter Aristokraten- und Klassengeist aus, sondern auch etwas bis heute Aktuelles: Mehrheit und Massengeschmack können nicht der sich fortpflanzende Maßstab aller Dinge sein – wie zum Beispiel heute im Großteil unserer Fernsehprogramme. Es bedarf in der Demokratie der qualifizierenden Elemente – auch um „die Masse" selbst zu qualifizieren oder sich qualifizieren zu lassen. Der Mensch mag von Hause aus, d. h. von seiner stammesgeschichtlichen Herkunft her, ein „Herdentier" sein. Das Mitlaufen ist, in seiner harmlosen Art, die bequeme Form von Solidarität.

⇦Masse, in etwa gleichbedeutend mit „Pöbel" in großer Zahl, ist jedoch nicht einfach Herde, sondern etwas kulturgeschichtlich Gewordenes. Die kulturelle Entwurzelung kann in einer Industriegesellschaft durchaus mit geregeltem Einkommen einhergehen. Es entsteht dann die „einsame Masse"[45] der anonym nebeneinander her Lebenden. Zum Pöbel gehören darunter die sozial Abrutschenden, die das Gefühl ihrer Würde und Verantwortung als Gesellschaftsmitglieder verlieren.

Die scheinbar harmlose Verwendung der Worte Masse und Massendemokratie enthält einen geheimen Zynismus und eine heimliche Überheblichkeit derer, die sich nicht zur Masse rechnen. Nach dem Menschenbild, das in Kapitel III erörtert werden wird, ist es ein Irrtum, das Phänomen Masse für unvermeidbar zu halten. Das war es allenfalls vorübergehend zur Zeit des sprunghaften Bevölkerungswachstums und der ungelösten sozialen Frage. In kleineren Ländern mit intakten Gemeinschaftsbezügen gibt es vielleicht Armut sowie einen kleinen außenseiterischen Pöbel, aber keine Masse von Entwurzelten. Mit Recht möchte kein Mensch zur Masse gerechnet werden, sowenig wie zum Pöbel – es sei denn aus trotziger Solidarität mit anderen sozial Resignierten. Es besteht in dieser Hinsicht eine Übereinstimmung mit jenen griechischen Philosophen-Aristokraten: Massenherrschaft wäre ebenso ein Graus wie Pöbelherrschaft, auch heute. Sollte dies der Sinn von „Massendemokratie" sein, wären daraus ernste Konsequenzen zu ziehen. Selbst der allgemein akzeptierte Ausdruck „Massenmedien“ ist nicht so harmlos, wie es scheint. Dies sind Beispiele von Politik mit Worten, deren fragwürdiger Begriffsgehalt verschleiert wird.

Der zitierte Autor, Eckhard Jesse, fügt dann die Unterscheidung von Machiavellis Zweiertypologie, der Einteilung der Staatsformen in Republiken und Monarchien, als ähnlich wirkmächtig an: In Monarchien liegt die Staatsgewalt bei einem, in Republiken herrschen viele. Das ist zwar etwas unbefriedigend für das Verständnis von mittlerweile konstitutionellen, gar halbwegs demokratischen Monarchien, wie sie sich inzwischen entwickelt haben. Deshalb gehen wir doch lieber auf Aristoteles zurück. Aber die Einteilung in Republiken und Monarchien erklärt z. B., dass ein aufgeklärter Autor wie Kant viel über Republik spricht, doch kaum über Demokratie. Diesem grundlegenden Rechtsphilosophen lagen mehr die Republik und vor allem die Entwicklung des Rechtsstaats am Herzen. Trotz Kants schwieriger Unterscheidung von Regierungs- und Staatsformen[46] konvergiert das Verständnis von Republik und Demokratie inzwischen bis zur Ununterscheidbarkeit der Begriffe. Wir haben hingegen noch nicht geklärt, wie Rechtsstaat und Demokratie zueinander stehen.

Zunächst sei ein aktueller und repräsentativer Quasi-Definitionsversuch der Demokratie aus der Feder des Politologen Bernd Guggenberger herangezogen:

> „Was Demokratie ist – dafür gibt es keine allseits akzeptierte Lehrmeinung, die sich in einer einzigen handfesten Definitionsformel verdichten ließe. Es existiert eine Fülle gleichermaßen unbefriedigender Definitionsversuche, die jeweils ein Element als in besonderer Weise kennzeichnend herausstellen:
>
> Volkssouveränität,
> Gleichheit,
> Partizipation,
> Mehrheitsherrschaft,
> Toleranz,
> Herrschaftslimitierung und -kontrolle,
> Grundrechte,
> Gewaltenteilung,
> Rechts- und Sozialstaatlichkeit,
> Mehrparteiensystem,
> allgemeine Wahlen,
> Öffentlichkeit,
> Meinungswettbewerb,
> Pluralismus u.a.m.
>
> (...) (Demokratie ist ‚Volksherrschaft‘ oder in der schon weitergehenden berühmten Gettysburg-Formel von *Lincoln* aus dem Jahr 1863: Demokratie ist ‚government of the people, by the people, for the people‘.

Alle drei hier enthaltenen Präpositionen weisen mit unterschiedlichem Nachdruck auf Wesensmerkmale der Demokratie hin: daß in der Demokratie die Herrschaft aus dem Volk hervorgeht (*of*), daß sie durch das Volk (*by*) und in seinem Interesse (*for*) ausgeübt wird."[47]

Ein Teil dieser Charakteristika oder Kriterien gehört offenbar dem Rechts(staats)prinzip an, das allgemeine Voraussetzung für Demokratie im modernen Sinne (logisch: *genus proximum*, die nächste übergeordnete Kategorie), doch keineswegs mit dieser identisch ist. Es ist offensichtlich ein Rechtsstaat denkbar, dessen regierende gesetzgebende Repräsentanten ebensowenig wie heute die Exekutive und Judikative demokratisch gewählt würden. Und es hat solche Rechtsstaaten als konstitutionelle Monarchien vielfach gegeben, die nicht zugleich Demokratien genannt werden können, weil die Mitwirkung des Volkes durch allgemeine und gleiche Wahlen fehlte. Andere Ausdrücke in der obigen Liste, z.B. Toleranz und Meinungswettbewerb, geben eher Folgemerkmale (logisch: *propria*) anstelle von Wesensmerkmalen (*essentialia*) an.

Bernd Guggenberger versucht eine Entwicklungstypologie zur geschichtlichen Verwirklichung der modernen Demokratie zu entwickeln. Als aufeinander aufbauende jeweilige Kernforderungen und dementsprechend dominante „Rechtstypen" stellt er heraus:

I.	Frieden	allgemeine Überlebens- und Sicherungsrechte
II.	Freiheit	persönliche Freiheitsrechte
III.	Gleichheit	politische Teilhabe- und Mitwirkungsrechte
IV.	Brüderlichkeit	soziale (Bürger-) Rechte
V.	ökolog. Unversehrtheit	ökolog. und globale Überlebensrechte, globaler Friedenszustand, Eigenrechte der Natur

Dies sind durchaus wertvolle Andeutungen zu einer Verwirklichungsgeschichte der neuzeitlichen Demokratie. Jedenfalls sind nicht etwa nur die, gemäß obiger Übersicht, heute anstehenden globalen Überlebensrechte und Eigenrechte der Natur (V), auch nicht nur die sozialen Rechte (IV), sondern sogar die politischen Teilhabe- und Mitwirkungsrechte (III) in den „alten" Demokratien recht jungen Datums, wenn man sich auf die neuere Geschichte beschränkt. Es ist ferner eine eher zu verneinende Frage, ob die Stufe V (ökologisches Bewusstsein) zur Wesensentfaltung der Demokratie als solcher gehört. Nicht solange die Ökologie bloß als weiterer materialer Bereich der Gesetzgebung und nicht als Teil des Grundwerte-Bewusstseins, überhaupt als Herausforderung für einen neuen Parlamentarismus begriffen wird. Die ganze Stufenfolge ist sowohl in geschichtlicher wie in systematischer Hinsicht alles andere als selbstverständlich und plausibel. Spätestens das Kapitel VII (Sozialprinzipien) wird implizit einen Gegenentwurf bringen.

Wir brauchen uns mit der definitorischen Großzügigkeit oder auch Ungenauigkeit jener Kriterienliste und dieser Entwicklungsschritte keineswegs abzufinden. Es müsste eine essentielle Minimaldefinition von den einzelnen Verwirklichungskriterien und -schritten, die in einer Maximaldefinition enthalten sein können, unterschieden werden. Als eine Minimaldefinition halte ich die im zitierten Text hervorgehobene Formel A. Lincolns durchaus für geeignet. Sie entspricht der hier anfangs schon verwendeten, noch kürzeren Formel von Demokratie als „Selbstregierung der Regierten“ oder „eines Volkes“. Sie bedarf allerdings der vertiefenden Erläuterung, sowohl für sich selbst wie im Hinblick auf Verwirklichungsschritte. Weil die Demokratiefrage jedoch zutiefst im Menschenbild und der gesamten Sozialphilosophie gründet, komme ich erst in Kapitel IX auf einen „maximalen“ und aktualisierten Definitionsversuch zurück.

Derzeitige Theorien der Demokratie

Gibt es eine Synthese von liberalistischer und direktdemokratischer Linie?

Zur weiteren Information über den Zustand der gegenwärtigen Demokratietheorien wie zur Vorbereitung auf meinen eigenen Gedankengang sei ein rascher Blick auf gegenwärtig relevante Demokratietheorien geworfen. Das derzeit umfassendste Kompendium *Demokratietheorien* von Manfred G. Schmidt stellt in seinem historischen Teil folgende „Vorläufer“ vor: Aristoteles, Locke, Hobbes, Montesquieu, Rousseau, Federalist Papers, Tocqueville, J. St. Mill, Marx.

Als wesentlich kann festgehalten werden: Die liberalistische, an Gewaltenteilung orientierte Linie Hobbes, Locke, Montesquieu, Federalist Papers[48], Tocqueville, Mill ist die für die Entwicklung westlicher Demokratien entscheidende. Sie wird auch in dieser Untersuchung aufgenommen und weitergeführt werden. Allerdings wird dabei die Gewaltenteilung in eine grundsätzlich neue Dimension hinein weitergedacht werden. Heißt dies aber, dass die andere, die direktdemokratische Linie von den frühgeschichtlichen direkten Demokratien über Rousseau, Marx und die bestehende Praxis direkter Demokratie (in den erwähnten altgeschichtlichen Gemeinschaften, heute in der Schweiz wie in kleineren Gemeinschaften) bis zu ihrer gegenwärtigen Befürwortung einfach hinfällig ist? Oder gibt es hier eine innere, nicht oberflächlich-diplomatisierend von außen herangetragene Synthese? Auf Marxens Konzept einer revolutionären Direktdemokratie (Rätedemokratie) möchte ich bei der Diskussion der direkten Demokratie und dem Syntheseversuch zu sprechen kommen (Kap. IX).

Doch folge, wer ein wissenschaftshistorisches Interesse hat und nicht gleich zum systematischen Ansatz des nächsten Kapitels übergehen will, zunächst Schmidts belesenem Referat und seiner Deutung der *Modernen Theorien der Demokratie*. Es ist vorteilhaft, auf eine solche umsichtige Vorarbeit zurückgreifen zu können, um mit unserer, auf die Gegenwart gerichteten Fragestellung nicht – was meist passiert – im historischen Stoff steckenzubleiben, den wir anderseits nicht ignorieren dürfen. Es werden bei jeder Position wichtige Fragen und Aspekte berührt, die in einer weitergeführten Demokratietheorie zumindest implizit berücksichtigt sein müssen. Diese Fragen möchte ich – nach kurzem kritischem Kommentar – jeweils an das Referat des von Schmidt Erarbeiteten anfügen. Es ergibt sich also, mehr oder weniger deutlich abgegrenzt, jeweils ein Dreierschritt von Kurzcharakteristik, kritischem Kommentar und weiterführender Frage.

Theorie der Führerdemokratie: Max Weber (1864-1920)

Demokratie wird in Webers führungsorientierter Demokratietheorie noch nicht als strikte Selbstregierung des Volkes betrachtet, sondern als „Regierung des Volkes durch eine aus dem Volk hervorgegangene Elite“. Der noch vor dem zweiten deutschen Kaiserreich geborene M. Weber sprach sich zwar entschieden für eine Demokratisierung Deutschlands aus, jedoch als Verfahren zur Auswahl einer führenden Elite – was der heutigen Situation realistischerweise entspricht, wenn man „Elite“ als Machtelite (nicht als Qualitätselite) versteht. Welch ein Unterschied zu den Ansprüchen der oben aufgeführten Definition Lincolns! Weber verstand die politische Elite als Gegengewicht zu der von ihm scharf gesehenen, in der klassischen Gewaltenteilungslehre gar nicht vorgesehenen Bürokratie. Dabei ist das „Recht der unmittelbaren Führerwahl“ für Weber die „Magna Charta der Demokratie“.

Wir wissen im Nachhinein, wie diese modern-direktdemokratisch klingende Forderung einer Direktwahl des Reichspräsidenten und Regierungschefs von Hitler missbraucht werden konnte. Es dürfte nur Webers großem Ansehen als bahnbrechendem und strukturkritischem Soziologen zu verdanken sein, dass ihm diese Verbindung – meines Wissens – kaum posthum vorgehalten wurde.

Die Frage, die sich für uns herauskristallisiert, lautet: Wie können demokratische Wahlen heute die Bildung und Beauftragung einer echten Leistungs- oder Verdienst-Elite gewährleisten, zu der jede/r gleiche Zugangschancen hat? Man wird sagen müssen, dass dies durch die gegenwärtige Parteiendemokratie keineswegs geleistet wird – auch wenn die Bildung einer „politischen Klasse" unbestritten ist. Elitäre Ansprüche bringen in einer Demokratie sowenig eine Leistungs-Elite und eine innerlich legitimierte Führungs-Elite hervor wie im alten Feudalismus.

Wie können demokratische Wahlen die Bildung einer echten Leistungs- und Verdienst-Elite gewährleisten?

Demokratie als Methode: Joseph Schumpeter (1883-1950)

Wie Weber rückt Schumpeter in *Kapitalismus, Sozialismus und Demokratie* (1942) das politische Führungspersonal ins Zentrum seiner Betrachtungen, betont aber stärker als Weber den quasi-ökonomischen Wettbewerb: „Die demokratische Methode ist diejenige Ordnung der Institutionen zur Erreichung politischer Entscheidungen, bei welcher der einzelne die Entscheidungsbefugnis vermittels eines Konkurrenzkampfs um die Stimmen des Volkes erwerben muß" (Ausgabe 1950, 428). Diese „realistische Demokratielehre" grenzt Schumpeter von der idealistischen, klassischen Demokratielehre ab, bei der es um Verwirklichung des Gemeinwohls gehe durch die „Wahl von Personen, die zusammenzutreten haben, um den Willen des Volkes auszuführen" (ebd. 397). Nicht das Gemeinwohl, sondern eine formale Methode – Legitimation als Verfahren – macht für ihn das Wesentliche an der Demokratie aus, die er ferner nicht als Ausführung eines Volkswillens, aber immerhin eines „Willen der Mehrheit" versteht.

Ein vor lauter gescheitem Realismus minimalistischer, resignativer Demokratiebegriff, der heute größten Einfluss hat. Man braucht nur im „Presseclub" darauf zu achten, mit welcher Herablassung manche journalistischen Zeitbeobachter von der Volksmeinung reden und dass diese, Gott sei Dank, selten zum Tragen komme, um sich nach einer Rechtfertigung solcher Verfahrens-Demokratie wieder bei Schumpeter umzusehen. Freilich ist die Beziehung zwischen demokratischen Verfahren und Mehrheitswillen – das wäre ja schon viel – bei diesem ökonomischen Denker m. E. nicht klarer gewährleistet als die zum Volkswillen.

Die demokratischen Mehrheiten bedürfen der Qualifizierung.

Frage: Wenn die demokratischen Mehrheiten nicht Zufallsmehrheiten – und oft die Summe von Minderheiten-Positionen – bleiben sollen, wenn sie eine Dignität in ihrer Verbindlichkeit und Akzeptanz erlangen sollen, bedürfen sie der Qualifizierung. Wir werden auf die qualifizierenden Elemente in den Mehrheitsverfahren achten. Wenn es diese aber gibt, muss dann der „Mehrheitswille" so herablassend von einem imaginären „Volkswillen" unterschieden werden wie bei Schumpeter?

Ökonomische Theorie der Demokratie: Anthony Downs An Economic Theory of Democracy (1957; dt. 1968)

Downs deutet die Demokratie mit Hilfe des methodologischen Individualismus der Ökonomie und der Theorie rationaler Wahl als einen Prozess, in dem individuelle Akteure (Wähler) und Kollektivakteure (Parteien, Regierungen) ihre Wahl nach der Maximierung des erwarteten Eigennutzens treffen. Er unterstellt den Bürgern – anders als sein Vorläufer Schumpeter – die Befähigung zur rationalen Wahl (im Sinne ihres Eigennutzes) zwischen Entscheidungsalternativen. Demokratie ist nach ihm „ein Markt für Nutzenmaximierer".[49]

Die stillschweigende Voraussetzung dieser nunmehr ausdrücklich ökonomischen Demokratietheorie ist, dass Gesellschaft als ganze wie ein „freier Markt" funktioniere – den sie, so sei gleich kritisch bemerkt, wenigstens erst einmal auf der Wirtschaftsebene herstellen müsste. Dass die Gesamtgesellschaft marktmäßig funktioniert, ist eine Wunschvorstellung, die in der quasi-kommunikativen Gegenseitigkeit des Marktes ihren Wahrheitskern hat. Dennoch ist nicht einmal die Wirtschaft der modernen Gesellschaft als freies, monopolentlastetes Geschehen irgendwo realisiert worden, viel weniger die „Gesellschaft der Gesellschaft" (Luhmann). Diese wird sich nimmer dem methodischen Individualismus einer rational choice theory fügen!

Welche Demokratie-Strukturen lassen die verschiedenen Arten von Eigeninteresse und individueller Wertung zum Zuge kommen?

Frage: Wenn wir dem Eigennutz, dem wohlverstandenen Eigeninteresse der Wähler freien Lauf lassen wollen, müssen nicht gerade dann die Strukturen so sein, dass sie einem gemeinsamen Nutzen dienen? In der Tat müssen rechtliche Strukturen der Demokratie so eingerichtet sein, dass sie unabhängig von Appellen an den Altruismus der Einzelnen, aber auch unabhängig von ihrer besonderen, fiktiven „Rationalität“ funktionieren und zu einer effektiven Gesamtwirkung führen. Welche Demokratie-Strukturen lassen die verschiedenen Arten von Eigeninteresse und individueller Wertung voll zum Zuge kommen?

Pluralistische Demokratietheorie (Interessenverbände)

Der Theorie des Gruppenpluralismus zufolge lassen sich Ablauf und Inhalt von Politik hauptsächlich auf Kooperation, Konflikt und Machtverteilung zwischen organisierten Interessen zurückführen. Zugrunde liegt die Annahme, dass prinzipiell alle Interessen artikuliert und organisiert werden könnten, und deshalb könne grundsätzlich ein Gleichgewicht zwischen allen Interessen herbeigeführt werden. Vor allem in den Beiträgen von Robert Dahl (1971, 1997) und Ernst Fraenkel (1991) wurde die ältere amerikanische Gruppenpluralismustheorie zu einer empirischen und normativen Theorie weiterentwickelt.[50] Die Basiseinheit dieser Theorie sind also organisierte Interessengruppen, nicht Individuen. Es geht ihr nicht um direkte Volksherrschaft, sondern um verantwortliche Parlaments- und Regierungsherrschaft, in der die Interessengruppen angemessen repräsentiert sind. Die zu schaffende Voraussetzung liege in „Kampfparität“ und Herstellung von „Waffengleichgewicht“ zwischen den Gruppen, z.B. Arbeitnehmern und Arbeitgebern.

Bei einer Versachlichung der Parteien dürften die Interessen offen hervortreten.

Kommentar: Derzeit bedienen sich die Interessenverbände der parlamentarischen Parteien. Das müsste eigentlich aus Sicht der Verbände „unpraktisch“, nämlich relativ ineffizient erscheinen. Der einzige Vorteil könnte darin erblickt werden, dass der Einfluss der Interessenverbände auf diese Weise ein verborgener bleibt. Ein sehr undemokratischer Vorteil! Bei einer Versachlichung der Parteien im darzulegenden Sinn, so meine vorläufige Stellungnahme, dürften die Interessenverbände offen hervortreten. Sie müssten ihre Interessen nicht mehr, dem Parteienspektrum gemäß, mit „christlich“, „sozial“, „liberal“ oder „ökologisch“ usw. verkleiden. Gegen einen demokratischen Interessenpluralismus ist nichts zu sagen, auch nicht gegen dessen parlamentarische Vertretung. Diese gehören zum demokratischen

Kräftespiel. Nicht aber die Verheimlichung, Verquickung und ideologische Verbrämung von Interessen, wie sie vom derzeitigen Parteiensystem unabtrennbar sind. Im Verhältnis von Interessengruppen und Parteien stimmt etwas Grundsätzliches nicht! Wie ist also eine größere Sachnähe der Parteien zu erreichen, dass sie für einen legitimen, organisierten Interessenpluralismus transparent werden – statt diesen verschleiern zu müssen?

Theorie der Sozialen Demokratie

Gemeint ist also die ehemals marxistische, inzwischen allzu domestizierte Sozialdemokratie. M. Schmidt unterscheidet denn auch die „radikalen Varianten" wie Marx' Lehre von der revolutionären Direktdemokratie von den reformpolitischen Strömungen, wie sie in den sozialdemokratischen Parteien Westeuropas repräsentiert sind, zu der er aber auch die „Sozialstaatslehre der katholischen Arbeiterbewegung" sowie die verfassungspolitische Theorie des „sozialen Rechtsstaats" zählen.[51] In all diesen sozial-demokratischen Strömungen wird Demokratie nicht als liberalistisch-individualistischer Interessenkampf von Individuen oder Gruppen verstanden, sondern ist wesentlich auf Herstellung sozialer Gerechtigkeit gerichtet.

Wie ist eine klare Inbezugsetzung von Wirtschaftlichem und Politischem realisierbar?

Aber wie steht der politische Demokratiegedanke (Selbstbestimmung der Regierten) grundsätzlich zum sozialen, sprich wirtschaftlichen Gerechtigkeitsgedanken? Kann überhaupt das Grundproblem der Dominanz der Wirtschaft in den westlichen Demokratien „sozialdemokratisch" auch nur klar artikuliert werden, ohne dass gleichzeitig ein Lösungsvorschlag unterbreitet wird?

Die heutige Sozialdemokratie hat manche Programmdenker und eine große Stiftung zu ihrer Verfügung. Dennoch sehe ich die Frage nicht deutlich gestellt, viel weniger deutlich beantwortet: Wie ist eine klare Inbezugsetzung von Wirtschaftlichem und Politischem (darüber hinaus dieser Ebenen zu Kultur und Weltanschauung) realisierbar, ohne der „freien" Wirtschaft die ihr zustehende Freiheit und Eigengesetzmäßigkeit zu rauben? Wie kommen wir aus der wechselweisen Herr-Knecht-Dialektik von Wirtschaft und Politik theoretisch und praktisch heraus?

Die an sich löbliche Gerechtigkeitsbeflissenheit darf sich nicht in gewerkschaftsartigem oder neuerdings auch gewerkschaftskritischem

Reformismus erschöpfen. Es gibt hier gewaltige Theoriedefizite von höchster praktischer Relevanz.

Partizipatorische Demokratie-Theorie

In der partizipatorischen Demokratietheorie steht, bei aller historischen Verwandtschaft mit der Sozialen Demokratie und im Unterschied zu deren wirtschaftlicher Akzentuierung, der Gedanke Teilhabe möglichst vieler an möglichst vielen Entscheidungen auf spezifisch politischer Ebene wie auch auf wirtschaftlichen und sonstigen Ebenen des Gemeinwesens im Mittelpunkt. Partizipatorische Demokratietheorie, expansive Demokratie, starke Demokratie, assoziative Demokratie, dialogische Demokratie oder deliberative Demokratie (J. Habermas) sind besonders häufig verwendete Etikettierungen.[52]

In diese Reihe gehört auch die von mir verwendete Bezeichnung „kommunikative Gesellschaft" (Heinrichs 1978). Diese ist weniger pleonastisch oder schmückend als die vorhergehenden Bezeichnungen, in denen Demokratie durch Demokratie plus Attribut charakterisiert wird, und vielleicht deshalb als Übersetzung und Kurzdefinition von Demokratie geeigneter. Es wird sich deutlicher zeigen: Demokratie ist nichts anderes als die gelingende strukturelle Organisation der gesellschaftlichen Kommunikation und von daher der Partizipation aller. Wir werden allerdings sehen, dass die „Deliberation", also gesellschaftlich-gemeinschaftliche Beratung, in der Weise der Kommunikation etwas anderes ist als in der Weise des Diskurses, wenn man darunter etwas Präzises und nicht Austausch und Rede überhaupt versteht.

Ist die „deliberative Demokratie" eine diskursive oder eine kommunikative?

Wie stehen „Kommunikation" und „Diskurs" zueinander, und ist die „deliberative Demokratie" eine diskursive oder eine kommunikative? Das sind alles andere als bloß akademische Fragen oder gar Wortklaubereien.

Kritische Theorien der Demokratie

„Kritische Demokratietheorien" stellt im Kompendium von M. Schmidt eine Sammelbezeichnung für Autoren dar, die bestimmte Strukturdefekte der Demokratie besonders thematisieren. Das Problem der Transformation individueller Präferenzen in Kollektiventscheidungen steht im Mittelpunkt, damit also das Problem der quantitativen Mehrheit, der „Tyrannis der Vielen“ (O. Höffe)[53]. Es wird ferner mit den Ansätzen der Ökonomischen Demokratietheorie ausführlich die Wirkung von Wahlsystemen auf die Mehrheitsbildung und überhaupt der fragliche Sinn von „Mehrheitswille“ problematisiert. In manchen Fällen, so bei ethnisch, konfessionell und klassenmäßiger Zerklüftung der Gesellschaft, sei die Mehrheitsregel „nicht einmal eine Verlegenheitslösung“ (N. Luhmann).[54]

Auf der anderen Seite gebe es nichts Besseres und unter den gegenwärtigen Bedingungen sei keine akzeptablere und effektivere Methode der Entscheidungsfindung als der Mehrheitsentscheid in Sicht, so gab Bernd Guggenberger zu bedenken. Andere hingegen erörtern Erweiterungen und Einschränkungen des Mehrheitsprinzips (Offe 1984, Weale 1999). „Das Mehrheitsprinzip könnte durch alternative Entscheidungsverfahren eingeschränkt werden, so durch föderale Staatsstrukturen, Dezentralisierung, Verhältniswahlrecht, Befestigung des Minderheitenschutzes, Grundrechte, Stärkung der Autonomie und Entscheidungskompetenz von Wählern und Abgeordneten, sowie durch Minderung des Einflusses privater Macht auf die Politik. Auch erwägt man (...) die Anwendung des Mehrheitsprinzips auf sich selbst, also durch ein reflexives Mehrheitsprinzip, so dass die Abgeordneten auch darüber entscheiden könnten, ob, wann und wie nach dem Mehrheitsprinzip entschieden werden soll.“[55]

Aus dem vorliegenden Entwurf wird sich eine Aufwertung des qualifizierenden Beratungsprinzips über das quantitative Mehrheitsprinzip ergeben.

Lässt sich vielleicht strukturell präzisieren, was „reflexives Mehrheitsprinzip“ heißen könnte? Aus dem vorliegenden Entwurf wird sich in klarerer Weise ein Kompetenzsystem nach Reflexionsstufen ergeben, ferner die Aufwertung des qualifizierenden Beratungsprinzips, das über das quantitative Mehrheitsprinzip hinausgeht. Es wird zu zeigen sein, dass das Mehrheitsprinzip nur ein Instrument der Demokratie darstellt, nicht jedoch deren Wesen ausmacht.[56]

Komplexe Demokratietheorie

M. Schmidt bringt sein sorgfältiges, aber etwas unkritisches Referat gegenwärtiger „Demokratietheorien“[57] zu Ende mit einer Skizze der sogenannten „komplexen Demokratietheorie“, deren Hauptvertreter der Kölner Soziologe Fritz Scharpf[58] ist.

„Die komplexe Demokratietheorie zielt auf eine anspruchsvolle Verknüpfung von empirischer und normativer Theorie. Ferner will sie sowohl die Eingabeseite des politischen Prozesses, den ‚Input', analysieren, wie auch seine Produktionsseite, den ‚Output'. Die Untersuchung soll über die Vorgänge und die Wertigkeit der Willensbildung und Entscheidungsfindung in der Demokratie informieren. Und die Analyse des Outputs dient dazu, die Qualität des Regierens oder der politischen Steuerung zu bestimmen."[59]

Wie müssen Verfassungen aussehen, die der Grundidee von Demokratie gerecht werden können

Die Input-Output-Fragestellung ist in der Tat komplex, verbleibt aber, auch bei den normativen Elementen, in einer sehr bescheidenen Ist-Analyse: Werden die Demokratien den in ihren Verfassungen selbst gesetzten Ansprüchen und den allgemeinen Erwartungen gerecht?

Es wird, soweit ich sehe, über aller empirischen Gelehrsamkeit, nicht die Frage gestellt: Ob diese selbst gestellten Ansprüche auf dem Boden der bisherigen Verfassungen grundsätzlich erfüllbar sind und wie Verfassungen aussehen müssten, die der Grundidee von Demokratie gerecht werden können.

Rückblick

Nur wenige der aufgeführten Ansätze verdienen voll den Namen „Theorie", mit dem man im heutigen Wissenschaftsbetrieb um so freigebiger ist, als man im Allgemeinen nur noch Vorhandenes anders akzentuiert oder modifiziert und grundsätzlichere Infragestellungen abdrängt. Die meisten der referierten und sonstigen Ansätze betonen lediglich einzelne Aspekte dessen, was als Demokratie bekannt und anscheinend hinreichend definiert ist.

Empirische Soziologie und Sozialphilosophie haben dabei verschiedene methodische Zugänge und Anforderungen: mehr deskriptive beziehungsweise stärker normative Definitionen und Verfahrensweisen.[60] Zur Überleitung auf den nun einsetzenden systematischen, stärker normativ akzentuierten Ansatz möchte ich nochmals eine Einsicht hervorheben, die durch alle referierten Ansätze bei näherem Hinsehen bestätigt wird:

Die Frage der Demokratie ist nicht bloß eine pragmatische Frage der Staatsorganisation, sondern betrifft die Grundfragen des Menschenbildes und der Vergesellschaftung des Menschen überhaupt. In ihr bündeln sich alle wichtigen Themen heute aktueller Sozialphilosophie.

Deshalb setzen wir nunmehr grundlegend und systematisch an, nicht unmittelbar pragmatisch-vordergründig.

Kapitel III

Der systematische Grundansatz: Vom handelnden Menschen zum sozialen System – das Missing Link

„Einsamkeit ist Endlichkeit und Beschränktheit, Gemeinschaftlichkeit ist Freiheit und Unendlichkeit. Der Mensch für sich allein ist Mensch (im gewöhnlichen Sinn); der Mensch mit Mensch – die Einheit von Ich und Du ist Gott." (Ludwig Feuerbach, Grundsätze der Philosophie der Zukunft)

Zum „Menschenbild": das Reflexionswesen Ich im Gefüge der Sinn-Elemente

Insbesondere konservative Sozialdenker fordern regelmäßig, die Prinzipien des Sozialen müssten sich aus dem „Menschenbild" ergeben. Dem ist im Grunde zuzustimmen, obwohl dabei oft an autoritäre Vorgaben über die menschliche „Person" gedacht wird. Es ist nicht leicht, ein Menschenbild ohne traditionell dogmatische Voraussetzungen zu entwickeln. In einem anderen, nämlich naturphilosophischen Zusammenhang habe ich indessen einen Ansatz von der Körper-Seele-Geist-Einheit des Menschen vorgelegt (Ökologik 1997). Dieser Ansatz greift streng erkenntnistheoretisch auf den Menschen als erkennenden und handelnden zurück. Der Mensch erkennt sich nur als Wirkender und in einem Beziehungsgefüge zu anderen Elementen. Das wird auch im Folgenden deutlich werden, obwohl auf das Menschenbild im Sinne einer philosophischen Anthropologie nur als Voraussetzung von Sozialtheorie eingegangen werden kann, nicht um seiner selbst willen und in aller an sich wünschenswerten Ausführlichkeit.

Das Menschenbild, die philosophische Anthropologie, als Voraussetzung einer Sozialtheorie.

Die politisch-soziale Ordnung – und um diese geht es uns hier – muss sich aus dem Gesichtspunkt der handelnden Freiheits-Subjekte selbst ergeben, um Ordnung der Freiheit zu sein. Denn eine erkenntniskritische Sozialtheorie muss seit den Pionierleistungen von Kant, Fichte, Hegel und Marx von der menschlichen Freiheitsbetätigung und allen daraus folgenden Strömungen, vom Handeln ausgehen, weil „Gesellschaft“ aus den inneren wie äußeren Handlungen der teilnehmenden Subjekte aufgebaut ist. Die Gesellschaft existiert nicht aus diesen Subjekten „mit Haut und Haaren“ selbst, sondern aus ihren Handlungen. Erst die Handlungsintentionen lassen das intentionale Sein der Gesellschaft entstehen. Deshalb sind folgende Fragen von enormer Wichtigkeit:

Welches ist das Prinzip, das mein Handeln mit dem der anderen verbindet? Wie kann es zu einer Ganzheit namens Gesellschaft vom erkennenden und sonstwie handelnden Menschen her kommen? Wie entsteht eine Einheit, die mehr ist, als die Summe ihrer Teile? Das sind die entscheidenden Fragen.

Eine Handlungs-Systemtheorie, genauer Reflexions-Systemtheorie des Sozialen, wurde von mir seit 1975 entwickelt. Sie erhebt den Anspruch, das in der Habermas-Luhmann-Kontroverse (um 1970) ungelöst gebliebene Problem des Übergangs vom individuellen Handeln zum sozialen System durch ein einfaches und einheitliches Prinzip zu lösen: die praktisch-soziale Reflexion. Diese Lösung wurde zwar unter der Herrschaft des „herrschaftsfreien Diskurses“ nicht zur Kenntnis genommen, bietet aber ein Modell für die Beantwortung der aufgeworfenen Fragen.

Reflexivität, die vollzogene volle Selbstbezüglichkeit, als fundamentale Struktur der menschlichen Subjektivität

Weder die *Theorie des kommunikativen Handelns* (Habermas 1981), in der Habermas zu keiner Handlungs-Systemtheorie findet, noch die Entwürfe des großen amerikanischen Soziologen Talcott Parsons (1902–79) zu einer Handlungs-Systemtheorie (*general theory of action systems*) vermochten das Prinzip Handlung befriedigend als systembildendes Prinzip aufzuzeigen. Dennoch verdanke ich Parsons’ Systematisierungsversuchen mehr als dem nachfolgenden Auseinanderbrechen von Handlung und System bei Habermas und Luhmann. Das Prinzip der wechselseitigen Reflexion der Handelnden aufeinander („Reziprozität der Perspektiven“) hat Parsons noch nicht soweit erkannt, dass die Stufung dieser Wechselseitigkeit jeweils neue Strukturen ergibt und auf der letzten, der vierten Reflexionsstufe zur Systembildung führt.[61] Um einer historischen Vorwegorientierung willen, ist damit jedoch weit vorgegriffen.

Die ⇦Reflexivität, d.h. die vollzogene volle Selbstbezüglichkeit, bildet das Prinzip, das zunächst die fundamentale Struktur der menschlichen Subjektivität – man mag auch „Person“ sagen – ausmacht und von daher ihr Handeln strukturiert. Reflexivität ist mit anderen Worten die Fähigkeit, „Ich" sagen zu können, das Selbstbewusstsein in einem vor-psychologischen Sinne. Es geht nicht um ein schwaches oder starkes „Selbstbewusstsein", vielmehr um das elementare, und all den psychologischen Unterschieden zugrunde liegende Faktum, dass ein Wesen sich zumindest in seinem „Dass" selbst erkennen kann[62].

Selbstbewusstsein in seiner reflexiven Struktur bedeutet hier, dass Erkennendes und Erkanntes, zumindest punktuell, eins sind und diese Einheit damit implizit gewusst wird.

⇦Selbstbewusstsein in seiner reflexiven Struktur bedeutet hier, dass Erkennendes und Erkanntes, zumindest punktuell, eins sind und diese Einheit damit implizit gewusst wird. Das ist strikte Voraussetzung des Ich-Gedankens. Sonst müssten wir ihn abschaffen und – um der Aufklärung über eine so fundamentale „Selbsttäuschung" über das Selbst willen – wieder zum Sprechen in der dritten Person zurückkehren, wie Kleinkinder es vor der Entdeckung ihres Ichs tun!

Dergleichen Selbstbezüglichkeit findet sich in der Natur nicht – und übrigens auch in der Technik nicht, so leistungsstark die Wissensspeicherung der Computer auch werden mag. Diese technischen Wunderwerke bleiben Hilfsmittel gegenüber dem Wunder der Subjektivität als *reditio completa in seipsum*, der vollständigen Rückkehr zu einem Selbst. Darin wurde schon in der mittelalterlichen Philosophie, bei Thomas von Aquin vor allem, das spezifische Wesen des Menschen erkannt, wenngleich noch nicht systematisch (im Sinne der neuzeitlichen Subjektreflexion aus Ausgangspunkt des philosophischen Denkens) ausgewertet. Im sozialen Zusammenhang wird später deutlicher werden, warum diese Selbigkeit und Gleichzeitigkeit von Erkennendem und Erkanntem keine Sache der technischen Effizienz und Wissensakkumulation sein kann.

Menschliches Wissen ist die Einheit von Sichselbst-Wissen und Gegenstands-Wissen.

Die Verwechslung von Wissensakkumulation und Datenverarbeitung mit eigentlicher, vollständiger Reflexionsfähigkeit oder vielmehr das Übersehen der letzteren kennzeichnet – paradoxerweise – heute den blinden Fleck unserer gesamten Wissens- und Informationsgesellschaft, die bisher nichts weiter als eine Fortsetzung der Industriegesellschaft mit anderen Mitteln ist.[63] Nur geht es in der heutigen Informationsindustrie nicht mehr bloß um die Ersetzung von Körperkraft durch Maschinen, sondern um Ersetzung von intelligenten Leistungen und Wissen durch physische „Information" im Sinne materieller Zustandsänderungen.[64] Die Verwechslung solcher Leistungen mit derjenigen von Subjekten übersieht, dass nur das Wissen, das sich in strikter Gleichzeitigkeit selbst weiß, Wissen im menschlichen Sinne von Subjektivität sein kann: Einheit von Sich-selbst-Wissen und Gegenstands-Wissen.

Solche Subjektivität setzt Leben voraus und ist selbst nichts anderes als eine Steigerung der Lebendigkeit.[65] Also müsste zunächst einmal Maschinen-Leben erzeugt werden – wovor uns die hohe „Zentrokomplexität" (Teilhard der Chardin) der lebendigen Organismen zumindest noch eine Zeit lang bewahren wird. Der Schritt von Leben mit unvollkommenen Selbstbezüglichkeitsstrukturen (*reditio incompleta*) zu Selbstbewusstsein mit vollkommener Selbstbezüglichkeit (*reditio completa*) wäre aber auch damit noch nicht gemacht. Zunächst mag es hier genügen, ehrgeizige Techniker auf Subjektivität als Problem der strikten Selbstreflexion, und das in Einheit mit Gegenstandswissen, hingewiesen zu haben.

Die ⇦gelebte Reflexion, welche die Ich-Subjektivität begründet, muss sorgfältig unterschieden werden von der nachträglichen Rück-Besinnung, die gewöhnlich „Reflexion" heißt. Diese ausdrückliche ⇦nachträgliche Rückbesinnung hat die gelebte, konstitutive Reflexion zur Bedingung der Möglichkeit. Das heißt, ich könnte niemals Ich sagen, wenn das Ich-Bewusstsein nicht schon in mir lebte. Eben deshalb hat es auch keinen Vorteil, die beiden Arten von Reflexion mit verschiedenen Namen zu benennen. Sie hängen innerlich zusammen.

Die Vertreter des „präreflexiven Ego" verwechseln prä-objektiv mit prä-reflexiv und gehen an der Pointe des Ich folgenreich vorbei.

Über diesen Zusammenhang wäre mit Vertretern eines so genannten „präreflexiven" Ego (Husserl, Sartre, Dieter Henrich, Manfred Frank) ausführlicher zu diskutieren.[66] Im Moment geht es mir darum, ein Ich vor der Selbstreflexion (präreflexives Ego) abzulehnen und stattdessen die gelebte, ich-konstituierende Reflexion von der nachträglichen, objektivierenden Reflexion zu unterscheiden. Es gäbe keine objektivierende, ausdrückliche Rede von Ich, wenn Ich nicht schon vorher reflexiv lebte. Die „Bedingung der Möglichkeit" (Kants Ausdrucksweise) für die Ich-Objektivierung ist das vor-objektive Ich. Dieses ist aber mitnichten „präreflexiv", sonst könnte es gar nicht durch ausdrückliche Reflexion objektiviert werden. Die Vertreter des „präreflexiven Ego" verwechseln prä-objektiv mit prä-reflexiv und gehen an der Pointe des Ich folgenreich

Ich ist das „Nicht-Ding", das sich erst durch Selbstbezug konstituiert.

vorbei. Folgenreich: Ein Großteil der Unfruchtbarkeit der gegenwärtigen akademischen Philosophie geht zurück auf dieses Ignorieren der gelebten, prä-objektiven Reflexivität, damit all der Phänomene der gelebten Reflexion.

⇦Ich ist das „Nicht-Ding“, das sich erst durch Selbstbezug konstituiert. Es ist ein Zirkel- oder Reflexionswesen, das wir in der Ding- und Naturwelt nie finden werden – es sei denn, es kommt uns als antwortfähiges Du entgegen.

> „Die meisten Menschen würden leichter dahin zu bringen seyn, sich für ein Stück Lava im Monde, als für ein Ich zu halten. Daher haben sie Kant nicht verstanden, und seinen Geist nicht geahndet; daher werden sie auch diese Darstellung, obgleich die Bedingung alles Philosophierens ihr an die Spitze gestellt ist, nicht verstehen.“[67]

Die Selbstbezüglichkeit der begleitenden, konstitutiven Reflexion hat allerdings keinen monologischen, sondern einen dialogischen Charakter. Die konstitutive Reflexion ist das Gegenteil von nachträglich, sie macht das Ich allererst aus. Sie ist nicht allein und ausschließlich Selbstbezug, sondern Selbstbezug-im-Fremdbezug. Es gibt kein „reines“ und „kleines“ Ich für sich allein, sondern nur als untergeordnetes Moment eines „großen“ Ich oder Selbst, das durch die Bezüge zu den Naturdingen und Objekten überhaupt vielfach vermittelt ist.

Vermittelt durch das Körperliche oder die *res extensa*, wie der heute zu Unrecht viel geschmähte Descartes es nannte, im Unterschied zur *res cogitans*, dem selbstbewussten Ich.

Natürlich war die von Descartes erst einmal geltend gemachte Zweiheit, der Dualismus dieser Elemente, noch zu wenig. Aber, was hinderte die Nachfolgenden daran, den genialen kritisch-philosophischen Neubeginner beim einzig Unbezweifelbaren, dem eigenen Bewusstseinsvollzug, weiter zu denken?

Das Du ist Quelle eigener Freiheit und eigener Erkenntnis-Offenbarung.

Erst die dialogischen Denkströmungen des neunzehnten und zwanzigsten Jahrhunderts (F.H. Jacobi, L. Feuerbach; M. Buber, F. Ebner usw.) brachten zur Geltung, dass das ⇦Du als die andere, antwortfähige Freiheit nicht unter die Objekte subsumiert werden darf, dass es vielmehr eine eigene Erkenntnis- und Freiheitsquelle darstellt. Damit wird der Selbstbezug-im-Fremdbezug zur Selbsterkenntnis-durch-Fremderkenntnis: Du ist Reflexions-Spiegel, worin das Ich sich selbst tiefer erkennt. Das Du ist Quelle eigener Freiheit und eigener

Erkenntnis-Offenbarung. Jede Erkenntnistheorie, die diese Erkenntnisquelle des sich offenbarenden Du übergeht und sich auf den Dualismus von Subjekt und Objekt versteift, greift zu kurz. Das muss man von jeder Subjekt-Objekt-Dialektik sagen, die nicht in eine Subjekt-Subjekt-Dialogik aufgehoben ist, und hier liegt ein nicht gelöstes Problem der großen „idealistischen" Philosophen[68] – aber auch des allgemeinen Gegenwartsdenkens.

Sinn meint die Einheit von Gehalt und Vollzug.

Konkretes Beispiel: Alle Ökologie-Bemühungen, die allein und einseitig objektivistisch-naturwissenschaftliche Belehrung bleiben, können nicht erfolgreich sein, weil die dialogische „Ökologie der Gesellschaft" als solche nicht berücksichtigt wird. „Nachhaltigen" Umgang mit der Natur kann nur eine in sich selbst „nachhaltige" Gesellschaft leisten. Was heißt das aber? Das ist komplizierter zu erkennen und vor allem zu realisieren als die Aufforstung des Abgeholzten.

Mit Ich, Du und Es haben wir schon drei verschiedene Sinn-Elemente angeführt, um einen Ausdruck des deutsch-amerikanischen Philosophen-Theologen Paul Tillich (1886-1965) aufzunehmen, aber zugleich allgemeiner zu fassen. Tillich unterscheidet nur „Wissen" und „Sein" als Sinn-Elemente, deren Einheit bei ihm „Sinn" heißt.

⇦Sinn meint auch hier nichts anderes als Bewusst-Sein: Gehalt, der im Bewusstsein gehabt, vollzogen wird, also die Einheit von Gehalt und Vollzug oder Bewusstseins-Aktivität.

Es gibt jedoch noch ein viertes, grundlegendes Sinn-Element. Dies zeigt sich zunächst in Gestalt der Sprache, die zwischen uns vermittelt und ohne die wir alltäglich Kommunizierenden uns nicht verständigen könnten. Die Sprache ist jedoch – trotz Wittgenstein und zahlreicher ihm nachfolgender Sprachvergötterer – keineswegs die Grenze meiner Welt, nicht einmal die Grenze unserer kommunikativen Welt. Oder wäre ein Blick, wäre eine zärtliche Berührung keine Kommunikation? Die Sprache ist nach allen Seiten offen. Statt „unhintergehbar" zu sein, ein Modeausdruck der *linguistic-turn*-Vertreter, hintergeht sie sich vielmehr selbst ständig selbst, indem sie das Medium der Reflexion des Menschen auf seine Wahrnehmungen, auf die Handlungen und Gesten, auch die nichtsprachlichen, des „Du" bietet. Man muss sich einmal klar machen, wie wir die Sprache nach allen Richtungen der vorsprachlichen Wahrnehmung und Tätigkeit überschreiten, um zu erfassen, was Sprache wirklich leistet: Eine semantische (d.h. gehalthafte) Objektivierung des Nicht-Sprachlichen.

Diese tiefe Dialektik der Sprache, ihrer Fähigkeit zur Selbstübersteigung und Selbsthintergehung, ignorieren alle, die Sprache als Grenze ihrer Welt ansehen – und sich damit in einen rationalistischen Lingua-Käfig einsperren. Womit sie am Wesen ihrer vorgeblich so geliebten Sprache vorbeigehen.

„Der Mensch ist das des Unendlichen fähige Wesen (homo est capax infiniti).“

Das trifft auf alle zu, die eine Ablösung der Bewusstseinsphilosophie durch Sprachphilosophie (*linguistic turn*) verkünden. Am meisten für diejenigen, die nicht nur Kommunikation auf Sprache, sondern auch noch sprachliche Kommunikation auf argumentativen Diskurs verkürzen wollen. Sie verwechseln ständig eine im Englischen und Französischen gängige Bedeutung von *discours(e)* mit „Diskurs“ im argumentativen Sinne. Wir müssen auf diesen irrationalsten und verschwommensten aller bisherigen Rationalismen, die sogenannte Diskurstheorie, noch öfter zurückkommen.

Offen ist die Sprache nicht zuletzt für den Gedanken des Unendlichen,[69] des Universalen, für „Alles“. Indem wir „Alles“ sprachlich artikulieren, meinen wir sicher unendlich viel mehr als einen bestimmten Gehalt. Nur diese sprachliche Benennung des Grenzenlosen könnte die „Grenze“ meiner Welt sein: eine Nicht-Grenze. Indem wir „Alles“ meinen, meinen wir etwas im strengen Sinn Unendliches, an keinerlei Ausdehnung und sonstige Grenze Gebundenes, auch mehr, als wir in diesem Augenblick ausdrücklich vorzustellen vermögen. Die etwaige räumliche (extensionale) Unendlichkeitsvorstellung, so ungeheuer sie uns werden kann, ist noch nicht der echte, intensionale Unendlichkeits-Gedanke, zu dem jeder Mensch mehr oder weniger ausdrücklich fähig ist. „Der Mensch ist das des Unendlichen fähige Wesen (*homo est capax infiniti*)“, wie Baruch Spinoza (1632-77) diesen schon antiken und mittelalterlichen Gedanken formulierte.

Gerade das punktuell selbst reflektierte Ich ist durch den Alles-Gedanken in eine unendliche Weite hineingestellt, die, unter anderem, die Bedingung dafür bietet, dass Menschen ganz unterschiedlicher Sprache sich verständigen und gemeinsam eine Sprache aufbauen können, eben weil ihre jeweiligen Sprachen sich jeweils selbst zu hintergehen fähig sind.

Ich nenne diesen Alles-Gedanken[70], insofern er mehr ist als bloßer Gedanke, gern Sinn-Medium. So wahr das Bewusstsein eine *res cogitans* ist, so wahr ist auch der Vollzug des Alles-Gedankens eine Realität. Realität ist ferner, dass wir gemeinsam diesen umfassenden Ge-

Der Alles-Gedanke ist Sinn-Medium.

danken haben und er deshalb weder bloß subjektiv noch bloß Gedanke ohne eigenen Realitätsstatus sein kann. Er ist reale „Bedingung der Möglichkeit", wie Kant solche Bewusstseinsimplikate nannte, für unsere reale sprachliche und sonstwie kommunikative Begegnung. Ja, er ist grundlegendstes, umfassendstes Medium für alle anderen Gehalte bzw. Gehalt-Vollzugs-Einheiten (Sinn-Einheiten).

Das Medium realer Begegnung hat daher selbst eine Art von *medialer Realität*, ganz so, wie Platon sie seinen „Ideen" zugesprochen hat. Es kann sich, das ist heute aus philosophischer Sicht deutlicher als bei Platon zu sagen, nicht um ein bloß subjektives Gedanken-Apriori handeln, weil diese Idee das Medium der Intersubjektivität bildet. Gedanke ist es zwar auch, aber doch mehr, auch mehr als bloß gedankliches „Apriori der Kommunikationsgemeinschaft" (K.-O. Apel): Vielleicht eine kollektive Zwangsprojektion? Doch wie könnte eine je-subjektive Zwangsprojektion, wie immer sie weiter zu erklären wäre, Gemeinsamkeit herstellen, genauer: diese als schon vorhanden aufdecken? Lässt sich gemeinsamer Zwang mit einem gemeinsam vorgegebenen Sinnraum verwechseln? Bei diesem „Sinnraum" handelt es sich um eine spezifisch mediale Realität, das grundlegendste „Zwischen" aller Begegnungen, um diese mediale Realität mit einem Ausdruck aus der Dialogphilosophie Martin Bubers zu verdeutlichen.[71]

Das universale, unendliche Sinn-Medium des nicht bloß je-subjektiven, sondern intersubjektiven Unendlichkeits- oder Alles-Gedankens bildet auch im Medienzeitalter das grundlegendste aller Medien, die mit Bewusstseinsleistungen zu tun haben.

Dieses, griechisch auch *Logos* genannt, ist das „Licht, das jeden Menschen erleuchtet, der in die Welt kommt" (Joh 1,9). Es könnte nach allen Seiten hin weiter hinterfragt werden: religionsphilosophisch, sprach- und zeichen- und medientheoretisch. Ich führe dieses Sinn-Medium hier als unabdingbares Sinn-Element des sozialen, des sprachlichen sowie vor- und übersprachlichen Miteinanders der Kommunikations- oder „Sozialpartner" ein. Es wird sich zeigen, dass es außer der umrissenen, umfassenden, apriorischen Bedeutung und Funktion, als Horizont menschlichen Bewusstseins wie zwischenmenschlicher Begegnung, weitere Schichten hat: eine kulturelle (wofür prototypisch die Sprache steht) sowie eine konkretere Schicht sozialer Interaktionssymbole und -normen und schließlich die Ebene des aktuellen „Zwischen" der einzelnen Begegnungs-Ereignisse.[72]

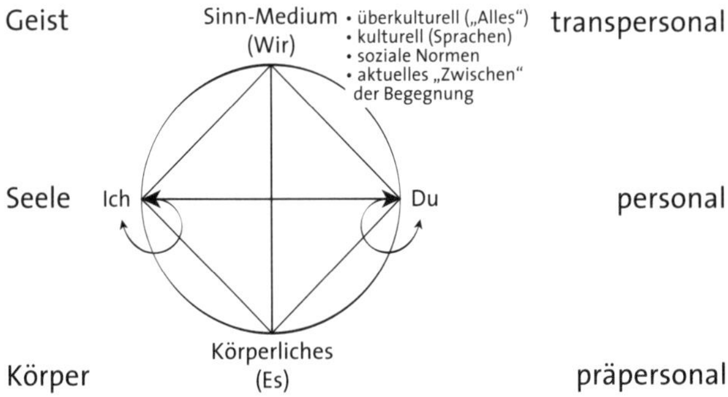

Figur 1: Die vier Sinnelemente des Handelns (und die drei Seinsebenen des Menschen)

Die drei Wesensbestandteile des Menschen ergeben sich, wie anfangs angedeutet und wie die Figur zeigt, als Körper (Ausgedehntes), Seele (die individuellen, reflexionsfähigen Instanzen des Ich und des Du – die beiden Sinnelemente, die sich in objektivierender Draufsicht auf eine Seinsstufe reduzieren) und Geist: das Über-Individuelle, Logische oder Logoshafte, das uns näher ist als das Tageslicht und unserem normalen, außengeleiteten, dingverhafteten Denken doch so fern, dass wir es normalerweise übersehen.

Der Mensch ist wesentlich leibhaftiges Selbstreflexions- und daher Freiheitswesen in Interaktion mit Natur und Dingen, mit Seinesgleichen und dem unendlichen Sinn-Medium.

Der Mensch ist wesentlich leibhaftiges Selbstreflexions- und daher Freiheitswesen in Interaktion mit Natur und Dingen, mit Seinesgleichen und dem unendlichen Sinn-Medium, wobei all diese Interaktions-Elemente Vermittlungsinstanzen der Selbstreflexion des Ich sind. Der große Kreis zeigt dieses durch die anderen Elemente hindurch vermittelte „große Ich“ oder Selbst. Die kleinen Kreise kennzeichnend Ich und Du als jeweils „kleine Iche“ – Du ist das andere Ich – im Hinblick auf ihre Fähigkeit zur ausdrücklichen, nachträglichen, objektivierenden Selbstreflexion.

Ob dieser kleine Kreis sonst noch eine Bedeutung für die „gelebte Reflexion“ hat, ferner, ob und wieweit es eine „reine“ gelebte Selbstreflexion des Ich auch ohne Vermittlung durch das Andere gibt, können wir hier nicht ausdiskutieren.

Ich möchte nicht auf die Schnelle entscheiden, ob dieser Ansatz nun „metaphysisch" und „ontologisch" ist oder nicht.

Es würde ein eigenes Buch erfordern, jedes dieser vier Sinn-Elemente – Ich, Du, Körperliches, Sinn-Medium -, den Sinn-Begriff selbst sowie das hier skizzierte Gefüge und seinen Zusammenhang zu den drei „ontologischen" Wesensbestandteilen – Geist, Seele, Körper – ausführlich erkenntnistheoretisch abzusichern und jeden der verwendeten Begriffe zu diskutieren. Vor allem, weil dem philosophiegeschichtlich Vorbelasteten kulturelle Versatzstücke wie „metaphysisch" und „postmetaphysisch" dazwischenkommen. Ich möchte nicht auf die Schnelle entscheiden, ob dieser Ansatz nun „metaphysisch" und „ontologisch" ist oder nicht. Dazu müsste diesen Kampfworten erst wieder ein genauer Sinn gegeben werden, der in vielen philosophischen Plaudereien gerade nicht gewollt wird.[73]

Philosophie selbst ist das Produzieren von Neuem, kein Antiquitätenhandel.

Alles das ist hier überflüssig, da wir nicht Kultur- und Geistesgeschichte betreiben wollen, jedenfalls nicht im Sinne eines geistigen Antiquitätenhandels. Philosophie selbst ist, um in diesem Vergleich zu bleiben, das Produzieren von Neuem. Es mag so kulturell vermittelt sein wie schon die einfachste handwerkliche Produktion. Und doch ist diese eine je neue Auseinandersetzung mit den Materialien und mit elementaren Gesetzmäßigkeiten. Das Abkommen vom Thema durch Verlassen des Elementaren, das Ausweichen in geistigen Antiquitätenhandel, wozu die wenigsten Plauderer und Wortfechter hinreichend genaue Kenntnisse haben, das Ausweichen aus Angst vor eigenem Denken und Ungeübtheit darin, ist heute mehr denn je Mode, auch in den Geisteswissenschaften. Sehr viel hat das mit dem Zustand unserer Gesellschaft zu tun.

In der Philosophie geht es, nicht weniger als in den Naturwissenschaften, primär um das genaue Hinsehen sowie das methodische Ziehen der Konsequenzen. Dass wir heute beim Selbstbewusstsein des Menschen und den elementarsten Grundgegebenheiten (Sinn-Elementen) seines Handelns ansetzen müssen, ist in der Tat durch lange philosophiegeschichtliche Entwicklungen, durch viele Wege und Irrwege vermittelt. Und doch ist es die Vermittlung einer neuen Unmittelbarkeit, wo jeder nur genau hinzusehen braucht, sofern einmal ein hinreichend elementarer und plausibler Vorschlag (womöglich mit geistesgeschichtlicher Hintergrundabsicherung) vorgelegt wird.

Das hier ganz umrisshaft skizzierte „Menschenbild", wie man selbst eine so anfängliche Strukturskizze schon nennen muss, ist hergeleitet erstens aus unbestreitbaren Urphänomenen des Bewusstseins (*phänomenologischer Schritt*), zusammen mit der Frage nach notwendigen Bedingungen der Möglichkeit solcher Bewusstseinsphänomene (*zweiter, logischer explizierender Schritt*). Es werden keine Vor-Urteile über den Menschen oder gar „das Sein" in Anspruch genommen. Es werden nur ausdrücklich die Implikationen von Begriffen wie Ich, Es, Du und den Wir-Raum des Sinn-Mediums und ihres Gefüges bedacht, in diesem Zusammenhang so kurz wie möglich, um zum Sozialen zu kommen und nicht in Anthropologie oder Ontologie (Seinslehre) hängen zu bleiben.

Es könnte darüber diskutiert werden, ob es noch andere, ebenso grundlegende Sinn-Elemente gibt, etwa Raum und Zeit. Raum aber ist schon mit *res extensa*, mit dem Ausgedehnten, gegeben. Ob und welche Realität er außer den ausgedehnten „Dingen" hat, braucht hier nicht Thema zu werden.

Die Zeit aber scheint selbst erst hervorzugehen aus der Wiederholung der Reflexionsakte. Sie geht daraus hervor, dass das endliche Ich sich nicht ein für alle Mal adäquat einholt und vollständig erkennt.

Das Vermitteltsein des Ich durch die drei Arten von Andersheit – Sinn-Medium, Du, Körperliches – bedeutet einen bleibenden „Wiederholungszwang" statt einer einmaligen Selbstreflexion. Denn es gibt eigentlich nur das große Ich oder Selbst als den ganzen Kreis und nicht die reflektierende Instanz Ich für sich alleine![74] Endliche Subjektivität besteht darin, den Akt der Selbstreflexion – vermittelt über die anderen Instanzen – ständig wiederholen zu müssen oder zu dürfen.

So entsteht Zeit, jedenfalls die psychologische Zeit, die subjektiv wahrnehmbare, sozusagen aus den Flügelschlägen des sich wiederholenden, nie fertigen Ich. Es ist aber wichtig zu sehen, dass „Ich" wiederum nicht das bloße Nachlaufen hinter sich selbst sein kann, dass es sich vielmehr formal immer schon selbst eingeholt hat.

Anders müssten wir den Selbstbezug, die Identität von Erkennendem und Erkanntem im Ich, wieder leugnen – und damit die Bedingung der Möglichkeit für jeden Gedanken von Ich. Gelegentlich werden wir auf diese und andere Aspekte des Reflexionswesen Ich zurückkommen.

Andere würden vielleicht gern Naturelemente sowie Tiere und Pflanzen gleich ursprünglich unter die Sinnelemente einreihen. Doch die Naturelemente stellen Zwischenstufen zwischen Objektivität und

Sprache ist das soziale Äußerungssystem eines dialogisch verstandenen Selbstbewusstseins.

Medialität und die Lebewesen solche zwischen Objektivität und Subjektivität dar, reflexiv gestuft durch wachsende Innerlichkeit oder Quasi-Subjektivität. Unsere Haustiere sind Quasi-Subjekte und Interaktionspartner, aber trotz einer unvollkommenen Bewusstseinstätigkeit (*reditio incompleta*) nicht zur Selbstreflexion (*reditio completa*) fähig. Das macht ihren Reiz und ihre Würde, aber auch ihre bleibende Unterlegenheit gegenüber den Wesen aus, die Kraft ihrer Selbstreflexion Sprache entwickeln können.

Niemals kann aber umgekehrt die volle Selbstreflexivität aus der Wechselseitigkeit der Äußerungen, beispielsweise singender Vögel, hergeleitet werden.

Die Sprache kann in ihren universalen Grundstrukturen aus der Selbstreflexivität abgeleitetet werden. Sie ist das zentrale, jeweils kulturell abgewandelte, soziale Äußerungssystem eines dialogisch verstandenen Selbstbewusstseins.[75] Niemals kann aber umgekehrt die volle Selbstreflexivität aus der Wechselseitigkeit der Äußerungen, beispielsweise singender Vögel, hergeleitet werden.[76] Zwischen der Halbreflexivität tierischer Äußerungen mit ihrer Sozialität und der Vollreflexivität des sprachfähigen Menschen mit seiner spezifischen Sozialität liegt ein ungeheurer evolutionärer Sprung. Menschliche Gesellschaft ist ebenso qualitativ unterschieden von tierischer Sozialität wie Tier-"Sprache" von menschlicher Sprache mit ihrer unvergleichlichen explosiven Leistungsfähigkeit – als Produkt wie Ausdrucksinstrument eigentlicher Selbst-Reflexion. Wir wollen hier indessen nicht auf Sprachtheorie, sowenig wie auf allgemeine Seinslehre, hinaus, vielmehr einzig auf menschliche Sozialität: interaktive Verbindungen vollreflexiver und leibhafter Wesen namens Menschen. Daher zurück zum Gedanken des Handelns. Das Gefüge der Sinn-Elemente stellt „nur" den Rahmen dar, in dem sich menschliches Handeln ereignet.

Handeln überhaupt: seine großen Stämme

⇦Handeln soll mehr heißen als Bewusstseinsvollzug, es meint Veränderung von Weltbestandteilen durch menschliche Intention, also aus Wille und Freiheit. ⇦Freiheit ist ein Aspekt jener Selbstbezüglichkeit der Selbstreflexion, nämlich der praktische Aspekt. Ein Wesen, das sich selbst zu erkennen imstande ist, kann kraft derselben Selbstbezüglichkeit auch über sich verfügen, zumindest über seinen Willen. In wie weit diese *Willensfreiheit* eine Macht zur Veränderung des Äußeren, des Anderen, damit also volle *Handlungsfreiheit* ist, zunächst gegenüber der eigenen Physis, dann gegenüber anderer Natur und anderer Subjektivität (soziale Freiheit), muss hier in dieser Allgemeinheit offen bleiben. *Soziale Freiheit* ist aber, nach dem Gesagten, sicher keine abstrakt monologische, vielmehr eine konkrete Freiheit (Hegel), eine dialogische Wir-Freiheit, bei der viele Einzelwillen mitspielen.

Ein Wesen, das sich selbst zu erkennen imstande ist, kann auch über sich verfügen, zumindest über seinen Willen.

Aus der Logik der „Sache“ heraus lässt sich Handeln gliedern gemäß der Dominanz der stets mitbeteiligten Faktoren (Sinn-Elemente), zwischen denen es sich abspielt:

Handeln meint Veränderungen von Weltbestandteilen durch menschliche Intentionen, also aus Willen und Freiheit.

1. Im ⇦*objektiv-physischen Handeln* verändert der Mensch physische Objekte, z.B. beim Holzhacken, Bauen, Herstellen, Transportieren, Sichbewegen, auch beim Handeln im kaufmännischen Sinne. Arbeit und Handel haben einen markanten Doppelstatus zwischen Sachbezug und Sozialbezug. Nur insofern sie dem objektiv-physischen Handeln angehören, sind sie sachorientiert.
2. Im ⇦*innersubjektiven Handeln* bezieht sich die Person ausdrücklich (nicht nur begleitend) auf sich selbst. Typisch für diese Handlungsart ist das Sich-Entscheiden, eine praktische, ausdrückliche Reflexion auf sich selbst. Es gibt gewaltige und zugleich äußerlich unscheinbare Entscheidungen, die zunächst einmal Selbstdeterminationen sind, bevor sie in äußerlich sichtbaren Handlungen zutage treten.
3. Im ⇦*sozialen Handeln* orientiert sich der Handelnde, wie Max Weber es formulierte, am Verhalten anderer Subjekte[77]. Hier ist der Ursprung der Gesellschaft, hier wird sie gebaut: Es werden – darin gehen wir über Webers Analyse hinaus – vom Einen die Intentionen des Anderen und dessen Erwartungen mitreflektiert, so dass eine reziproke und jeweils doppelte Reflexion erfolgt. Diese soziale Reflexion werden wir anschließend als systembildend näher unterscheiden.
4. Zunächst muss noch, der systematischen Vollständigkeit und Reihenfolge halber, das ⇦*Ausdruckshandeln* genannt werden: In ihm geht es nicht direkt um Veränderung des sachlich oder personal Anderen, sondern lediglich um Ausdruck für sich und andere in

Form von Gestik und Mimik, Höflichkeitsformen, Gemeinschaftsausdruck Riten usw. Auch Sprache und Kunst schließen an diese höchstreflektierte, mediale Handlungsart an, wenngleich sie höhere semiotische Ebenen (Ebenen des Sinntransports) als die des „einfachen Handelns" darstellen.[78]

Die genannten Hauptstämme des Handelns bedürfen der weiteren reflexionslogischen Untergliederung: Aus vier Stämmen ergeben sich vier hoch vier Handlungsarten gemäß der bloßen Intentionalität, noch abgesehen von ethischen und psychologischen Gesichtspunkten. Es ist der Menschheit längst gelungen, ein periodisches System der chemischen Elemente zu entdecken und sich darauf zu einigen – trotz oder aufgrund von Offenlassen der Frage nach dem „Warum".[79] Eine dem periodischen System vergleichbare Ordnung der Handlungsintentionen habe ich in *Reflexionstheoretische Semiotik. 1. Teil. Handlungstheorie* (Bonn 1980) in allzu nüchterner Form vorgelegt. Davon interessiert hier nur der Stamm „soziales Handeln" näher.

Es ging bei diesem kurzen Eingehen auf die Gesamtgliederung des Handelns um den übergeordneten Rahmen des sozialen Handelns. Ferner um die logische Analogie von Hauptgliederung und nachfolgender Untergliederung. Schließlich um den Hinweis, dass der reflexive Logos in allen „menschlichen Dingen" auf analoge Weise spielt. Das Faszinierende dieses Spiels ist das scheinbar irrationale Umspielen logischer (allerdings nicht bloß dinglogischer, sondern reflexionslogischer) Gesetzmäßigkeiten. Ich möchte den Leser gewinnen für das faszinierende Spiel des Logos im Sozialen. Was reflexiver „Logos" und Logik der Reflexion heißen, soll gerade im folgenden sozialen Kontext genauer aufgewiesen werden. Es geht nicht zuletzt um die strengere Rechtfertigung der bereits anhand der Sinnelemente vorgenommenen Reflexions-Stufung.

Soziales Handeln: seine Stufen

Das ⇦*soziale Handeln* (3) kennt als soziale (intersubjektiv-praktische) Reflexion, als „Orientierung am Verhalten anderer" (Max Weber), folgende Hauptstufen. Wobei ich Ausdrücke von Habermas zwar aufgreife[80], sie aber in eine bei ihm nicht vorhandene reflexionstheoretische Ordnung bringe:

3.1 ⇦*Instrumentales Behandeln* oder Instrumentalisierung Anderer: Das Du wird wie ein Objekt behandelt, was im sozialen Zusammenhang oft ein fragwürdiger Grenzfall ist, wie z.B. Behandeln durch den Arzt. Oder mit dem Anderen wird hauptsächlich in Bezug auf Objekte umgegangen, was im wirtschaftlichen Handeln an sich normal ist. Vorherrschen von Sachorientierung, die dann defizitär ist, wenn es auf das interpersonale Verhältnis ankommen soll und nicht bloß auf den Sachbezug, bei dem der andere Mensch wie gegenständlich mitspielt.

3.2 ⇦*Strategisches Handeln*: Ego macht sich das erwartbare Verhalten des Anderen zunutze. Vorherrschen von Interessenorientierung, wobei nicht bloß wirtschaftliche, sondern auch soziale Interessen wie Macht, Status, Ehre usw. gemeint sind.

3.3 ⇦*Kommunikatives Handeln*: Ego nimmt die Verhaltenserwartungen und Erwartungserwartungen des Anderen als solche wahr und geht um ihrer selbst willen auf diese ein. Vorherrschen von Verständigungsorientierung: Es geht primär um Verständigung und Einvernehmen mit dem Anderen.

3.4 ⇦*Metakommunikatives Handeln*: Die normalerweise stillschweigenden Voraussetzungen des intersubjektiven Handelns und der Beziehung werden thematisiert und gegebenenfalls abgewandelt: Normenorientierung. Die metakommunikative Komponente ist bei allem sozialen Handeln (Interaktion zwischen Menschen) implizit vorhanden.

Man muß sorgfältig zwischen der stets unausdrücklich mitvollzogenen und einer ausdrücklich gemachten Metakommunikation unterscheiden, auch in der Gesprächs- und Gruppenpraxis. Wann ist es angebracht und klärend, eine „Kommunikation über die Kommunikation“ herzustellen, wann stört und zerstört es eher? Wir kennen alle die Situation, dass in einer Gruppe jemand ohne zwingenden Anlass die metakommunikative Ebene betritt und eher aus Wichtigtuerei als aus Notwendigkeit die ganze Kommunikationssituation in Frage stellt. Manchmal aber entwirrt und hilft ein solches metakommunikatives Eingreifen tatsächlich.

Bei den beiden ersten Handlungsstufen kann man vereinfachend davon sprechen, dass die Sachebene im Vordergrund steht, bei den beiden letzteren dagegen, besonders bei der letzten, die Beziehungsebene.[81] Alle Handlungsstufen sind zunächst ethisch neutral. Ein dialogisch-ethischer Gesichtspunkt entsteht erst mit der Frage, ob angemessen auf den Anderen geantwortet oder eingegangen wird.

Es handelt sich um „idealtypisch“ zu unterscheidende Handlungsarten, von ihren dominierenden Komponenten her definiert. Im Konkreten haben die Handlungen jedoch oft, ja meist, eine gemischte Intentionalität.[82] Ein Verkäufer beispielsweise hat an sich eine sachbezogene, hauptsächlich sogar eine vom Eigeninteresse bestimmte (strategische) Beziehung zum Kunden. Dass er ihn „gut behandelt", „umwirbt", heißt aber gerade: Er bettet sein interessegeleitetes Handeln in einen kommunikativen, „menschlichen" Rahmen ein, der durchaus echt und charmant sein und das vorherrschende lapidare Interesse (*3.1*) „vergessen" machen kann. Ähnlich ließe sich das Lehrer-Schüler-Verhältnis analysieren usw. Solche praktisch angewandten Analysen relativieren paradoxerweise die getroffenen Unterscheidungen, gerade indem ihr Verständnis vorausgesetzt wird und mit ihnen kultiviert umgegangen wird.

Vom Handeln zum System: das Prinzip Reflexion als *missing link*

Die entscheidende Frage richtet sich nun auf das Hervorgehen eines sozialen Beziehungsgeflechts (Systems) aus der Perspektive dieser Handlungsarten. Die These lautet: Durch die Reflexionsstufung wird die praktische, soziale Reflexion als systembildende erkennbar.

Der Übergang von Handlung zu System stellt, wie erwähnt, zugleich mit der Präzisierung des Begriffs „soziales System", immer noch ein Hauptproblem der Sozialwissenschaften dar, wobei dies inzwischen vergessen und verleugnet wird. Warum soll man sich damit abplagen, nachdem Habermas einen so „schönen" Begriff wie Lebenswelt von Edmund Husserl (1859-1938) in die Sozialtheorie übernommen hat: das, was der Einzelne so in seiner je eigenen Umwelt unmittelbar erlebt? Ist das nicht viel konkreter und menschlicher, vor allem, wenn es die „kommunikative Lebenswelt" sein soll? Dieser steht die böse Systemwelt des Geldes, des Marktes und der rechtlichen Institutionen gegenüber. Mit solchen von Hause aus, per definitionem, unkommunikativen, unpersönlichen Systemen, mag sich der „sozialtechnologische" Kollege Luhmann weiter befassen. Marxens Systemanalyse des Kapitalismus war da bedeutend „handlungstheoretischer". Er vergaß nicht, wenigstens im wirtschaftlichen Bereich, wie eben diese systemische Wirklichkeit durchaus als entfremdete Wirklichkeit sich aus den agierenden Subjekten heraus konstruiert.

Habermas' Entgegensetzung von Lebenswelt und System, von der seine von endlosen Referaten undurchschaubar gemachte und dickleibige sogenannte *Theorie des kommunikativen Handelns* (2 Bände, 1981) wesentlich zehrt, ist im Grunde Fiktion und Willkür, ein Angebot für frustrierte, denkmüde Intellektuelle, die sich nach neuer Lebensnähe sehnen, für in traditionellen Fronten Verhaftete oder schlicht für überforderte Studenten.[83] Sie beruht auf einem Kategorienfehler: Der Begriff der „Lebenswelt“ hat von Husserl her eine ganz andere, beschreibende und individuelle Befindlichkeiten thematisierende, gerade keine analytische Funktion. Es ist, als wollte man die Äußerungen von Patienten über ihr persönliches Befinden der medizinischen Forschung, gleich welcher Art, entgegensetzen. Eine ziemlich unsinnige Alternative.

In seiner fingierten Entgegensetzung zu System verdeckt der Lebenswelt-Begriff ein bestimmtes Versagen: den Übergang von Handlung zu sozialer Einheit, das heißt die System- oder auch Organismusbildung, zu verstehen.

Luhmann hilft sich in derselben Sache umgekehrt und durchschneidet den gordischen Knoten andersherum, indem er schlichtweg Handeln und Subjekte als gar nicht wesentlich oder maßgebend für soziale Systeme erklärt.[84] Tatsächlich definiert er (Systeme je länger, desto prononcierter, als personlose Sinnzusammenhänge mit einer Innen-Außen-Differenz usw. Die von Biologen wie L. Bertalanffy (1901-1972) entwickelte *General Systems Theory* wird – natürlich unter gehörigem Abweis aller biologischen Organismusvorstellungen – formal auf die Gesellschaft projiziert. So ist Luhmann mit einem einzigen großen Satz mittendrin in der „Theorie sozialer Systeme“. Die handlungstheoretischen Ambitionen seines Lehrmeisters Parsons sind vergessen. Die gesellschaftliche Sinnwelt hat mit sinnhaftem Handeln im Sinne von Weber und Parsons nichts mehr zu tun.[85]

Personale Subjekte und ihre gibt es für Luhmann nur noch als „Umwelt“ des Systems – worüber sich nicht nur der Laie wundern muß. Sein Systembegriff ist aber für den sozialtheoretischen Bedarf heillos unbestimmt (Sinnzusammenhang mit Innen-Außen-Differenz überhaupt), aber dafür zu jeglichem Gedankenspiel offen. Die Luhmanns formaler Brillanz und einfallsreicher Beredsamkeit erlegenen Fans geben vor, damit Einsicht gewinnen oder gar arbeiten zu können. Ich gehöre nicht zu dieser Gruppe, obwohl ich mich seit gut 30 Jahren (seit Luhmanns Rede auf dem Hegel-Kongress 1970 zum zweihundertsten Geburtstag des Philosophen) in immer neuen Schüben um Verständnis und gerechtes Urteil bemühe, doch über ein zweifelhaftes Vergnügen an Gedankenspielen – „Kommunikation, die sich selbst kommuniziert“ und andere „reflexive Mechanismen“ – nicht wesentlich hinauskomme. Die Folgen der Luhmannschen Beredsamkeit für die Lösung irgendeines Grundproblems oder Strukturproblems unserer Gesellschaft konnte ich noch nicht beobachten, bei allem Sinn für die von Luhmann diagnostizierte Ausdifferenzierung von sozialen Subsystemen. Die Schwierigkeiten hängen an den Grundbegriffen von sozialem System und Subsystemen und verderben ungelöst jeden relevanten Fortschritt.

In vager Weise ist von „Reziprozität der Perspektiven" durchaus schon bei Parsons, Luhmann, Habermas und ihren Nachfolgern die Rede, wenn auch eben nicht von einem praktisch-sozialen Reflexionsprozess.[86] Diese Einsicht ist aber wichtig, um den Reflexionsbegriff aus der Engführung des theoretisch-nachträglichen „Reflektierens" zu befreien. Es geht also um ein praktisches Verständnis von Reflexion, das schon durch den Ausdruck „gelebte Reflexion" zur Charakterisierung des Selbstbewusstseins vorbereitet wurde. Doch erst in interpersonaler Hinsicht wird die Reflexion praktisch im Sinne von Handeln und Veränderung. Marx hätte seine Freude an diesem Begriff einer praktischen Reflexion, die „nicht bloß unter dem Hirnschädel wuchert".[87]

Dieser erste Schritt ist im Vorhergehenden bereits getan worden, indem der Webersche Begriff des sozialen Handelns als ein sozusagen horizontaler, das heißt interpersonaler Reflexionsprozess weiterdefiniert wurde.

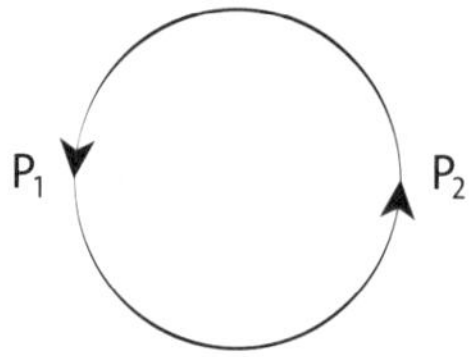

Figur 2a: horizontaler Reflexionskreis zwischen Person 1 und Person 2

Der zweite Schritt besteht nun darin, die vertikale Stufung der Reflexion als eine systembildende zu erkennen. Dazu diente die kleine Handlungstypologie als Vorbereitung. Sie wird mit der Untersuchung der Sytembildung aus interpersonalen Handlungen selbst strenger begründet.

Die interpersonal-horizontale und die vertikal strukturierende Dimension der Reflexion sind unterscheidbar, aber nicht trennbar. Praxisleben und Strukturierung sind zwei untrennbare Aspekte des *einen* Prinzips Reflexion!

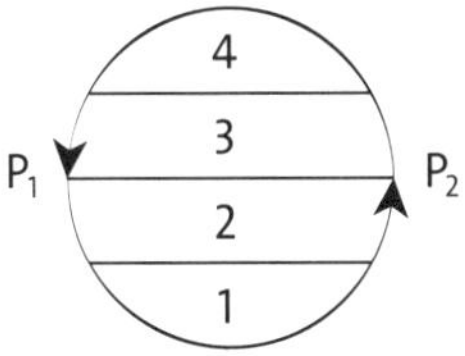

Figur 2b: die gleichzeitige vertikale Reflexionsstufung

Entscheidend ist nun das Zu-Ende-Kommen der Stufung, wodurch überhaupt erst ein systembildender Reflexionskreis zustande kommt.

Die wechselseitige praktisch-soziale Reflexion gelangt auf der metakommunikativen Ebene, der Verständigung über wechselweise gegebenen Erwartungen in Normen, zu einem strukturellen Abschluß, und dieser Abschluß hat systembildenden Charakter.

Schon zwei miteinander interagierende Partner bilden ein aktuelles (augen-blickliches) oder habituelles Kreislaufsystem mit eigener Gesetzmäßigkeit, wie dies in der systemischen und dialogischen Partner-Psychologie zu berücksichtigen versucht wird.

⇦Praktisch-soziale Reflexion bedeutet genauer: Ich nehme die Intentionen des Anderen in meine eigenen auf und umgekehrt, eine wechselweise Spiegelung, die natürlich weder symmetrisch noch harmonisch zu sein braucht. Es geht hier nur um die Erkenntnis von Strukturen, nicht um Fragen von Harmonie und Gelingen, die ja erst auf struktureller Grundlage analytisch behandelbar sind.

Das Durchlaufen der Strukturen, wie sie schon an der Stufung des Handelns gezeigt wurden, geschieht in jedem alltäglichen Blickwechsel, um das am meisten verbreitete und fundamentalste Beispiel zu nehmen[88]:

1. Einfache (instrumentelle) Intentionalität

Ich nehme den Anderen wahr, wie einen Gegenstand, mit braunen Augen usw. Ebenso möglicherweise umgekehrt. Die Symmetrie der Vergegenständlichung ändert nichts am Vergegenständlichungscharakter. Diesen und seine quälende Defizienz hat Jean-Paul Sartre in seiner Blick-Analyse scharf gesehen. Allerdings hat er die im Hintergrund vorhandene, viel wichtigere nicht-defiziente Struktur des Blickes nicht aufgezeigt.

Allgemein formuliert: Ein Subjekt bezieht sich einfach-unreflektiert auf einen Gegenstand bzw. auf den Anderen als einen Gegenstand.

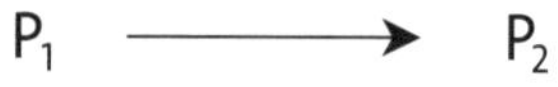

Figur 3a: unreflektierte Intentionalität

2. *Je einseitig reflektierte (strategische) Intentionalität*

Ich nehme den Anderen wahr als mich wahrnehmend: aufmerksam/zerstreut, freundlich/feindlich usw. Ebenso umgekehrt. Es kommt bereits ein „kybernetischer" Rückkoppelungskreis zustande. Es ist der Ego-Kreis der Berechnung, der Vorteilsnahme, der Strategie und Taktik vom Kindergarten bis zum Sterbebett.

In allgemeiner Formulierung: Ein Subjekt berücksichtigt, d.h. reflektiert, die Intentionalität des Anderen für die Zielverfolgung seiner eigenen Interessen. Wobei das durchaus gegenseitig geschehen kann, ohne dass aber die nachfolgende, kommunikative Gegenseitigkeit erreicht wird.

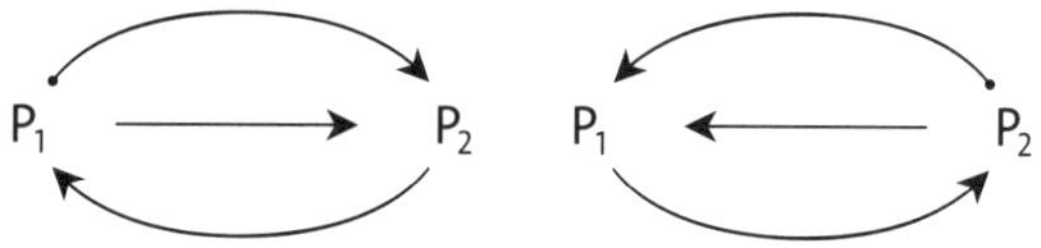

Figuren 3b und 3c: einseitige Interessenverfolgung unter Reflexion der Intentionen des Anderen.

3. *Doppelt gegenläufige, kommunikative Intentionalität*

Auf dieser Stufe reflektiert jeder die Erwartungen und Wünsche des Anderen um seiner selbst willen, als wären es seine eigenen Erwartungen und Wünsche. Es ist dies die Grundstruktur der Kommunikation im Unterschied zur bloß sachlichen Information (Stufe 1) oder zur strategischen Mitteilung (Stufe 2).

Durch diese, allgemein formuliert, doppelt gegenläufige Reflexion kommt ein – wenn auch noch instabiler – Systemkreis zustande: eine Gemeinsamkeit der Inhalte von wechselseitigen Erwartungen und Erwartungserwartungen. Vertrauen ist z.B. keine bloße Verhaltenserwartung, sondern eine Erwartungserwartung: Ich erwarte, dass der Andere von mir ein vertrauenswürdiges Verhalten erwartet, dass er mir also vertraut. Der andere erwartet umgekehrt mein Erwarten, dass also ich ihm vertraue, im Falle der Symmetrie, die aber nicht unbedingt gegeben sein muss; jeder kann die höhere Reflexionsstruktur auch strategisch missbrauchen.

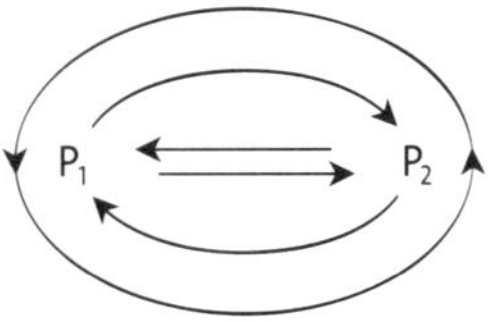

Figur 3d: vereinfachte Schematisierung der doppelt-gegenläufigen Reflexion

Aus der Einsicht in diese spezifische Struktur von Kommunikation ergibt sich nun ein Kommunikationsbegriff, wonach ⇦Kommunikation mehr als neutrale Informationsübermittlung (Reflexionsstufe 1) und mehr als solche Übermittlung zu bestimmten Zwecken ist (Reflexionsstufe 2): Eigentliche Kommunikation schließt doppelt-gegenseitige Reflexion ein, Eingehen auf die Wünsche und Erwartungen des Anderen um ihrer selbst willen.

Eine Hilfe, ein Dienst, eine zärtliche oder sonstwie kommunikative Geste vorsprachlicher Art sind kommunikativer als unkommunikativ verwendete Sprache.

Keineswegs aber schließt Kommunikation notwendig Sprache ein! Kommunikation ist nicht notwendig an Rede gebunden. Diese Differenz von ⇦*kommunikativem Handeln*, das handelnde Eingehen auf die Wünsche und Erwartungen des Anderen überhaupt, und *Sprachhandeln* fehlt bei Diskurstheoretikern wie Habermas und Apel. Sie muss fehlen, wenn Sprache (aus Vorurteil!) zum Inbegriff des menschlichen In-der-Welt-Seins erklärt wird. Alles Handeln wird dann kurzerhand zur Ersatzform von Sprache erklärt. Aber das Handeln kann seine (sprachanaloge) Reflexionsstruktur unabhängig von Sprache haben – wie die Beispiele zeigen.

Auf der anderen Seite erhebt die Sprache in der Tat von Hause aus einen kommunikativen Anspruch, weil sie interpersonales Handeln mit Verstehenserwartung ist. Manipulation durch Sprache ist also ein Missbrauch dieses Kommunikationsinstrumentes, der einer besonderen Rechtfertigung bedarf.

Ebenso wie Kommunikation eine viel komplexere Reflexionsstruktur hat als irgendeine bloß technische Informationsübertragung, ist Sprache auch komplexer als die Objektivierung von Gehalten durch ⇦Diskurs (von lat. *discurrere*, durchlaufen; die diskursive Erkenntnis wird von alters her der sinnlich-anschaulichen und geistig-intuitiven Erkenntnis entgegengesetzt).

Die Verabsolutierung des Sachdiskurses im Gesamt der sprachlichen Kommunikation führt tendenziell zu einer rationalistischen Barbarei.

Man kann, ja muss den argumentativ-objektivierenden Diskurs zwar als eine Unterart der sprachlichen Kommunikation verstehen, gekennzeichnet durch das Vorherrschen der lokutionären (sachlich-objektivierenden) Funktion des Sprachhandelns. Innerhalb des Sprachhandelns ist die diskursive Argumentation aber nur die erste, reflexionstheoretisch unterste, sachbezogene Reflexionsstufe. Es liegt tatsächlich eine kommunikative Kultur darin, die anderen (persönlichen und interpersonalen) Momente des Sprachhandelns um der Sachlichkeit willen zurückzustellen. Doch diese Rückstellung wird dialektischerweise wieder zurückgenommen, wenn der Diskurs zum Inbegriff der Kommunikation überhaupt erklärt wird![89] Die zwischenmenschlich wichtigsten Arten der Kommunikation (Freundschaftsgespräche, Liebesgespräche, aber auch Werbung und politische Rhetorik) sind gerade nicht bloß diskursiv! Die Verabsolutierung des Sachdiskurses im Gesamt der sprachlichen Kommunikation führt tendenziell zu einer rationalistischen Barbarei. Diese durch Verwechslung (mangels Denkdisziplin) oder Tendenz zustande kommende Ratio-Überfunktion aufgrund einer Vernunft-Unterfunktion wird allerdings von den Diskurstheoretikern abermals verschleiert: durch die oben schon angesprochene kulturelle Verunklarung des Diskursbegriffs selbst: „Argumentation" (nach philosophischem und deutschem Sprachgebrauch) oder „Rede überhaupt" im Sinne von *discour(s)* nach englischem und französischem Sprachgebrauch? Wenn aller Sprachgebrauch unausdrücklich als Diskurs gilt, ist jener verengende Rationalismus in allen Wertungsfragen zwar keineswegs beseitigt, stattdessen aber in ein allgemeines, verschwommes Diskurs-Gerede „aufgehoben". Das ist unsere derzeit tonangebende Situation im „öffentlichen Diskurs", der meist, z.B. als „politischer Diskurs", sowenig eigentlicher Diskurs ist wie eine Werberede oder ein Liebesgespräch! Kann solche Begriffsverwirrung unter unseren Intellektuellen harmlos sein? Müssen Englisch- und Französischsprechende nicht darüber lachen, zu welchen Diskurstheorie-Verrenkungen die für sie harmlose Rede von *discours(e)* bei uns führt?

4. *Abschlussreflexion: Stellungnahme zur Gemeinsamkeit*

Mit der kommunikativen Gegenseitigkeit ist das Geschehen des Blicks, wohlgemerkt implizit jedes Blickwechsels, noch nicht abgeschlossen. Die Kommunikation ist bei aller Gegenseitigkeit noch ein instabiles Hin und Her. War die strategische Stufe ein Übervorteilenwollen des Anderen für eigene Ziele, so ließe sich die Kommunikation als solche als ein Bevorteilenwollen des Anderen unter Zurückstellung der eigenen Ziele charakterisieren: Eine Karikatur dieser Situation ist die Höflichkeit, mit der jeder dem Anderen den Vortritt lassen will. In der echten Kommunikation kommt aber dieses Bevorteilenwollen des Anderen oft von Herzen, und dies schafft, wenn es gegenseitig ist, auch eine schwierige Instabilität. Die metakommunikative Reflexion schafft nun eine Stabilisierung in vernünftigen Normen, nach Möglichkeit zum Vorteil aller. Zunächst noch einmal auf den Blick bezogen:

Wir reflektieren nun unseren Blick auf eine Gemeinsamkeit hin. Ich nehme den Anderen wahr als mit mir zusammen Stellung nehmend zu der ganzen „intentionalen Verschlingung", zu dem vorher zustandegekommenen, noch instabilen kommunikativen Hin und Her. Die Stellungnahme des Blickes kann nun von jeder Seite her im freundlichen oder abweisenden, verstehenden oder rätselhaften Sinn erfolgen. Sie kann symmetrisch (beiderseits freundlich, beiderseits abweisend, beiderseits ungewiß) oder asymmetrisch sein. Sie kann die kommunikative Gemeinschaft bestätigen oder in Frage stellen, tendentiell auflösen. In jedem Fall ist sie metakommunikative Stellungnahme zu einer Kommunikation (in 3) und darin ein struktureller Abschluß.

Strukturell ist insoferns mit der Stellungnahme ein Abschluß erreicht: Es geht nicht mehr weiter über diese Reflexion auf die Gemeinsamkeit hinaus. Sie ist zwar inhaltlich je-subjektiv, deshalb möglicherweise inhaltlich asymmetrisch, aber strukturell gemeinsam und in dieser Hinsicht nicht mehr überbietbar.

Wohl kann der Vorgang wiederholt, iteriert werden. Es ist aber wichtig, dass zugleich mit der horizontalen, interpersonalen Spiegelung eine vertikale Reflexionsstruktur zu einem Ende kommt (Figuren 2a und 2b), auch wenn sie zeitlich unter neuen Voraussetzungen – wiederholt (iteriert) werden kann.

Beide Gesichtspunkte, der strukturell geschlossene und der zeitlich offene, werden oft verwechselt, weil gar nicht erst unterschieden. Durch die strukturelle Abschlußreflexion, die freilich jederzeit wieder in Frage gestellt werden kann, kommen Verabredungen, kollektive Intentionalität[90] und somit aufeinander abgestimmtes Handeln, soziale Verhaltensmuster (Institutionen) und nicht zuletzt Verständigung über Werte zustande.

Was also zur Stabilität (und gleichzeitig zur Dynamik!) eines Systemzirkels führt, ist die metakommunikative beiderseitige Reflexionsbewegung, die sich auf die Gemeinsamkeit von Verhaltensnormen oder sogar das darüber liegende, ganz offene Sinnmedium bezieht. Diese aus der Wechselseitigkeit entstehende systemische Einheit können wir durch das Gefüge der Sinnelemente verdeutlichen, von dem wir ausgegangen sind, wobei jetzt der Kreis eine neue, dynamisch-systemische Bedeutung erlangt. Wenn wir das Sinnmedium wie in Figur 1 aufgliedern, wird deutlich, auf wie vielen Ebenen dieser reflexionssystemische Kreis in Tausenden von Abwandlungen spielt:

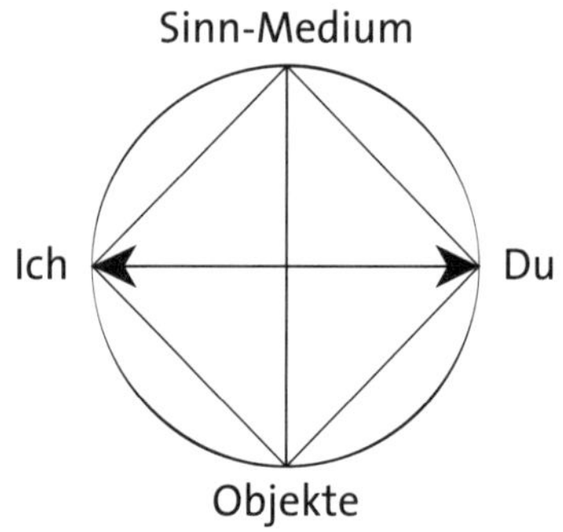

Figur 3e: der systembildende interpersonale Reflexionskreis

Die Wertstufen individuellen Handelns

Bevor wir die grundlegende Bedeutung dieser reflexionstheoretischen Strukturierung sozialer Systeme weiter verfolgen und die Darlegung der Struktur von Demokratie aus dem reflexiven Wesen Mensch und Gesellschaft beginnen, seien die Reflexionsstufen zunächst noch einmal als Wertstufen aus der Perspektive des Einzelnen betrachtet. Mein Bestreben ist zwar, von der gängigen, für die Sozialtheorie allzu bornierten Einzelperspektive wegzukommen und eine wirklich sozialsystemische Perspektive zu erlangen. Doch mag ein Stück Sozialpsychologie und sogar Ethik aus Einzelperspektive das Gesagte von einer anderen Seite konkreter verdeutlichen.

Werten bedeutet, die Beziehung zu etwas Anderem zu qualifizieren

Alles menschliche Handeln, nicht zuletzt das politische, ist nach Werten geordnet. ⇦Werte bilden, bewusst oder unbewusst, die Motivationsstruktur einer Persönlichkeit. Sie sind keine Dinge an sich, sondern Qualitäten, die allem, was es gibt, was erlebt wird oder was zu tun ist, beigelegt werden durch das menschliche Vermögen der Wertung. ⇦Werten bedeutet, etwas Anderes als erstrebenswert, genauer die Beziehung des Wertenden zu etwas Anderem als zuträglich/nicht zuträglich und erstrebenswert/nicht erstrebenswert anzuerkennen. In die Wertung gehen sowohl Erkenntnis- wie Willensakte ein. Das in der Geistesgeschichte viel übersehene Vermögen der Wertung folgt dem Erkennen, geht aber dem Wollen von Zielen und Mitteln voraus, ähnlich wie dieses dem Handeln, sodass die Reihenfolge lautet: Erkennen – Werten – Wollen – Handeln.[91]
Diese Wertstufen bilden sowohl im Einzelnen wie in der gemeinschaftlichen Intentionalität eine Hierarchie, die sich nur aus der vorhin besprochenen Reflexionsstufung anders als willkürlich begründen lässt.[92]

Figur 4: Die Wert-Stufen-Pyramide (in korrigierender Anlehnung an Abraham Maslow)

Ob der Einzelne und das jeweilige Kollektiv sich an diese reflexionslogisch vorgegebene Wertstufenfolge halten oder diese auf den Kopf stellen, ist eine ganz andere Frage. Beim Einzelnen nennt man dann das Auf-den-Kopf-Stellen, die Verleugnung höherer Werte zugunsten vordergründiger Vorteile im sozialen Zusammenhang ⇦Opportunismus.

Es versteht sich, dass jeder Einzelne es grundsätzlich mit der ganzen Wertstufenfolge zu tun hat. Doch er kann aktuell-kurzfristig oder habituell-langfristig eine Wertstufe, einen konkreten Wert in den Mittelpunkt seines Bewusstseins stellen, ihn hiermit als seinen erstrebten oder gehegten „Schatz“ betrachten. „Wo dein Schatz ist, da ist auch dein Herz“ (Mt 6, 21). Der Mensch definiert sich selbst, den Sitz seines Herzens, durch seine Wertoptionen.

Der Mensch definiert sich selbst, den Sitz seines Herzens, durch seine Wertoptionen.

Was das soziale Leben als ganzes angeht, stoßen wir hier schon auf die heutige Grundfrage der Demokratie: Wie ist Werte-Umsetzung gemäß der Wertstufen-Ordnung in einer offenen, pluralistischen Demokratie möglich? Also ohne Marsch zurück in eine theokratische Gesellschaft, in der Papst, Kaiser und Könige „von Gottes Gnaden“ bestimmen, welche Grundwerte gelten sollen und wie sie im kollektiven Alltag konkretisiert werden sollen, ohne somit auch die Eigengesetzmäßigkeit von Wirtschaft und Politik zu überrennen. Diese weitgehend verleugnete Grundfrage heutiger Demokratie wird uns im nächsten Kapitel beschäftigen. Vorweg noch ein paar begriffliche Klärungen und Standortbestimmungen.

Wie ist Werte-Umsetzung gemäß der Wertstufen-Ordnung in einer offenen, pluralistischen Demokratie möglich?

⇦Normen sind in kollektiver, besser gemeinschaftlicher Intentionalität als verbindlich gesetzte Werte. Normen bilden keine eigene Wertstufe, sondern beinhalten eine formale soziale (metakommunikative) Qualifikation von Werten: ihre soziale Verbindlichkeit. Werte aller Stufen können durch freie Verabredung oder aber durch obrigkeitliche Vorgabe als normativ verbindlich gesetzt werden, z.B. Grenzwerte von Chemikalien in Lebensmitteln oder einfach Verkehrsregeln – bis hin zu gesetzlichen Normen für die Erlaubtheit von Abtreibungen, unterschieden von moralischen Normen, die heute nicht mehr einheitlich festgesetzt werden können.

Normen bilden keine eigene Wertstufe, sondern beinhalten eine formale soziale (metakommunikative) Qualifikation von Werten: ihre soziale Verbindlichkeit.

Die Normen für alle sonstige Normenbildung, also Metanormen, sind die ⇦Letztwerte (Wahrheit, Gerechtigkeit, Liebe usw.), das „Nichtvertragliche am Vertrag“ (E. Durkheim)[93]: das, was bei aller Kommunikation vorausgesetzt werden muß, sofern es universale Letztwerte sind, oder faktisch vorausgesetzt wird, wenn eine Gemeinschaft partikulare Letztwerte für sich definiert. Eine reflexionstheoretische Systematik dieser Letztwerte, also dessen, was in der Wertpyramide alles auf der vierten Ebene zu stehen hätte, ist zwar möglich und auch wünschenswert, würde aber in diesem Rahmen zu weit führen.

Die öffentlich und rechtlich anerkannten, also nicht bloß persönlich oder in partikularen Gruppen geltenden Letztwerte, werden im deutschen Sprachbereich ⇦Grundwerte genannt. Die rechtlich anerkannten Grundwerte unseres Grundgesetzes sind, auch nach diesem selbst, letztlich in jenen sittlichen Letztwerten begründet. Darauf kommt der Staatsrechtler K. A. Schachtschneider in seinen großen rechtsphilosophischen Werken immer wieder zurück,[94] zumal „das Sittengesetz“ in Artikel 2 des Grundgesetzes wörtlich angeführt wird und es in Artikel 1 bereits heißt:

> „(1) Die Würde des Menschen ist unantastbar. Sie zu achten und zu schützen ist Verpflichtung aller staatlichen Gewalt. (2) Das Deutsche Volk bekennt sich darum zu unverletzlichen und unveräußerlichen Menschenrechten als Grundlage jeder menschlichen Gemeinschaft, des Friedens und der Gerechtigkeit in der Welt. (3) Die nachfolgenden Grundrechte binden Gesetzgebung, vollziehende Gewalt und Rechtsprechung als unmittelbar geltendes Recht.“

„Unveräußerliche Menschenrechte“ ist eine juristische Version von unverfügbaren Letztwerten, die den formulierten Grundwerten zugrunde liegen.

Allerdings hebt diese Verankerung der Grundwerte in sittlichen Letztwerten den von Kant herausgearbeiteten Unterschied zwischen Sittlichkeit und Recht nicht auf. Recht, sogar das heute als Vernunft- und Freiheitsrecht verstandene „Naturrecht“, nicht nur das „positiv“ geltende Recht, betrifft die Sphäre des äußeren Handelns, während Sittlichkeit die Gesinnung und mit ihr die innersten Wertoptionen eines Menschen einschließt. Die Umsetzung von sittlichen Maßstäben in geltendes Recht, damit auch eine dynamische Auslegung der Grundrechte, wird uns noch ausführlich beschäftigen – allerdings nur nach der Seite der institutionellen Ermöglichung hin: Wie kann eine

Demokratie dem Wandel sittlicher Wertungen der Menschen in einer sich wandelnden Welt Rechnung tragen?

Exkurs zu den Reflexionsstufen der Liebe

Liebe ist eine zwischenmenschliche Lebenseinheit.

Bevor wir vollends aus der privaten Sphäre in die öffentliche übergehen, sollen die Reflexionsstufen noch an einem anderen Thema erprobt werden, dem Thema Liebe.[95] Liebe ist eine zwischenmenschliche Lebenseinheit – um jetzt lieber nicht „System" zu sagen! – und das Streben und Begehren nach einer solchen Einheit. Sie ist – nach einer anerkannten Einsicht des alten Platon – nichts anders als das Streben nach Wiedervereinigung des Getrennten beziehungsweise der Genuss dieser gelingenden Einheit.

Wer sie in den Beispielen der Wertpyramide vermisst hat, der sei beruhigt: Sie gehört allen Wertstufen an, als unbedingte, leidenschaftliche und mystische Liebe den Letztwerten (4) – und viele werden sie vor allem da ansiedeln wollen, weil bei allen Spielarten der Liebe da ihr Herz sitzt. Als Freundschaft und Vertrauen zählt sie zentral zu den Kommunikationswerten (3). Als Sexualität gehört sie zweifellos zu den körperlichen Grundbedürfnissen (1). Die körperliche Liebe geht weit über Sexualität hinaus. Sie umfasst z.B. auch den vorgeburtlichen Mutter-Kind-Kontakt und andere Formen körperlichen Zusammenseins.

Bei den Interessenwerten scheint es dagegen zu haken. „Egoistisches" Interesse hat scheinbar mit Liebe nichts zu tun. Und doch gibt es eine Liebesart, und zwar eine sehr zentrale, die besteht im subjektiven Interessenehmen an der Erscheinung des Anderen, ist subjektive Spiegelung dieser Schönheit und Begehrungswürdigkeit: das erotische Begehren und seine Spielarten (2). Gerade hier hat die subjektive Phantasie freiesten Auslauf, während die anderen Formen der Liebe konkrete Einheitsformen darstellen: körperliche Einheit, kommunikative Wechselseitigkeit, Einheit im Unbedingten und Überpersönlichen, im Spirituellen. Diese Einheitsformen können imaginiert, vorgestellt werden, und dieser „kleine" Unterschied zwischen dem Imaginiertem und dem Realisierten eröffnet gerade dem erotischen „Interesse" weite Felder.

Das erotische Interessse beruht auf je subjektiver Spiegelung des ganzen Spannungsgefüges der Liebe. Der Eros ist ein Spiegelsaal, in welchem nicht sosehr die Wände, sondern die umeinander sich bewegenden Personen selbst allen Anderen ihren persönlichen Spiegel bieten. Zum Glück aber sind die Anziehungskräfte zwischen den Einzelnen nicht gleich. Auch herrschen dort (anders als im Raum der spirituellen Agape) arge Ungerechtigkeiten, aufgrund des Ansehens, sprich Aussehens der Person. Sie werden gemildert durch die Verschiedenheiten des Geschmacks. Welch ein Glück, dass wenigstens nicht alle dieselben ästhetisch-erotischen Vorlieben haben, daß es echte Geschmacksunterschiede im Ästhetischen ebenso wie im Kulinarischen gibt.

Eros ist Selbstgenuß-im-Fremdgenuß, ästhetischer Selbstbezug-im-Fremdbezug. Darin liegt seine Nähe zum Denken und dessen Freiheitserfahrung. Das gibt dem Eros seine spielerische Kühle, noch im Hingerissensein vom Anderen – solange er nicht zur Leidenschaft wird.

Platon kannte die Agape (die spirituelle Liebe) noch nicht für sich, wohl aber die Spiritualität des Eros selbst als eines ‚göttlichen Wahnsinns' und einer nicht endenden Sehnsucht nach dem Wahren. Derselbe Platon wußte aus Erfahrung, warum er das philosophierende Gespräch zwischen Meister und Jünger zum Muster der nicht ‚wahnsinnigen' erotischen Liebe machte. Da wurde Wahrheit gesucht, wie sie sich in der hinreißenden Frische jugendlicher Schönheit, der Grazie der Körper, der Gestik der Blicke, der Laute, der Gedankenbewegungen selbst zeigt. Jugend: soeben entdecktes Einzelsein, mit Schrecken, Kraft, Stolz. Nur ein Schritt ist es für die erotisch Forschenden zur Kommunikation im freundschaftlichen Vertrauen (zur nächsthöheren Liebe). Mag beides, die Freundschaft wie der Sexus, sich anschließen können – das Strukturgesetz des Eros selbst will sich als ein eigenes behaupten: die unendliche Faszination der Spiegelung ineinander, sinnliche Erscheinung und Ideensinn ganz ungetrennt.[96]

Die erotische Liebe für sich wäre zwar ein bloßer „Interessenwert". Aber sie steht normalerweise selten für sich, unterscheidbar, doch nicht – oder nur im pathologischen Fall wie beim *Bildnis des Dorian Gray* (Oscar Wilde) – trennbar von den anderen Liebesmotiven.

Wir haben im Verhältnis der Wertstufen zu den Liebesstufen ein gutes Beispiel, wie bei jeder Reflexionsstufung jedesmal sorgfältig der Gesichtspunkt zu beachten ist, unter welchem gestuft wird, um ein Abgleiten in äußerliche Schematik zu vermeiden: Bei den Werten sind es die erstrebbaren „Objekte" im Verhältnis zum fühlenden und strebenden, zum wertenden und wollenden Subjekt. Bei der Liebe sind es die grundsätzlichen Formen der Einheitsbildung zwischen Begehrendem und Begehrtem: Einheit im Körperlichen, Einheit in der subjektiven Imagination, Einheit im kommunikativen Reflexionsgeschehen, Einheit im metakommunikativen Sinn.

Zum Ort im aktuellen „Diskurs“

In den Geisteswissenschaften kennt man dergleichen Konstanten heute nicht – was nicht gegen das Vorhandensein von Konstanten, sondern gegen den Zustand der Geisteswissenschaften spricht.

Wir haben es bei dieser Vierfachheit der Wertstufen offenbar mit einer Konstante zu tun, vergleichbar der Erdanziehungskraft oder gar dem Planckschen Wirkungsquantum oder der damit zusammenhängenden Anordnung der Elektronen auf den Schalen nach dem Bohrschen Atommodell. Oder der Kreiszahl Pi. In der Naturwissenschaft und Mathematik sind solche Konstanten von ungeheurer Tragweite. In den Geisteswissenschaften kennt man dergleichen Konstanten heute nicht – was nicht gegen das Vorhandensein von Konstanten, sondern gegen den Zustand der Geisteswissenschaften spricht. Hier muss man sich derzeit eher entschuldigen, wenn man sich auf eine Gesetzmäßigkeit beruft. Das ist angeblich Dogmatismus. Würde man den Naturwissenschaftler oder Mathematiker, wenn er sich auf Konstanten beruft, des Dogmatismus zeihen? Hier stimmt offenbar etwas nicht, schon seit dem sogenannten „Zusammenbruch des deutschen Idealismus“ und der seitdem immer stärkeren, teils allerdings zunächst notwendigen Abkoppelung der einzelnen Geisteswissenschaften von ihrer Grundlagendisziplin, der Philosophie als transzendentaler (nicht nur formaler) Logik, was gleichbedeutend mit Reflexionslogik[97] ist. Danach sehen aber unsere sozialen Zustände aus, die nun einmal gedankenabhängig sind und sich nicht von allein machen wie eine ungestörte Natur, sondern eher mit der sozial gestörten Natur vergleichbar sind. Die soziale Störung steht ja auch an der Wurzel der vielberedeten Naturkrise.

Die Vierfachheit ist begründet in der Reflexionsstruktur des menschlichen Selbstbewusstseins. Dass auch das einzelne Selbstbewusstsein aus vierfach gestufter Reflexion hervorgeht, wurde zwar hier nicht gezeigt.[98] Doch die soziale Interaktion bildet ohnehin den Entdeckungszusammenhang auch für die subjektive Vierfachstufung.

Die Vierheit ist keineswegs die einzige Struktur, wie man bereits am Schema der Sinnelemente (Seite 67) erkennen kann. Darin zeigt sich auch die anthropologische Dreistufung von Körper (Ausgedehntem), Seele (Individuiertem) und Geist (überindividuelle Geltungssphäre).

Die Vierfachheit ist begründet in der Reflexionsstruktur des menschlichen Selbstbewusstseins.

Die Vier gilt jedoch für alle Zusammenhänge, die durch menschliches Handeln erst begründet werden: für die Handlungssystematik selbst, für die Sprache, im Bereich der Künste z.B deren große Genera: bildende (objektive), darstellende (subjektbewegte), sprachliche und musikalische Künste. Wobei Zwischenformen nie ausgeschlossen sind, aber von den Grundformen her analysiert werden müssen. Handlung, Sprache, Kunst, Mystik sind nach wohl begründeter, doch an dieser Stelle nicht zu begründenden Auffassung des Verfassers die großen „semiotischen" Ebenen des Sinntransports. Und in all diesen Bereichen spielt die Vier eine große Rolle als strukturelle Selbstbewusstseins-Konstante.

Vier – die strukturelle Selbstbewusstseinskonstante

J.G. Fichte hat sich – trotz seines unerhörten Scharfsinns – meines Erachtens vergeblich gemüht, die viergestufte Reflexionsstruktur für ein Subjekt allein, unabhängig vom interpersonalen Zusammenhang, aufzuzeigen. Führt die Selbstreflexion des Subjekts, so seine Frage und die vieler Nachfolgenden, nicht ins Unendliche fort, in einen *regressus* oder *progressus ad infinitum*? Kann ich nicht jeden Reflexionakt wieder neu reflektieren und so fort? Wenn das so wäre, dann würde das Ich *ad infinitum* hinter sich selbst herlaufen, ohne sich jemals einzuholen. Das, was wirkliches Selbstbewusstsein zu sein beansprucht, würde sich doch als Täuschung erweisen. Skeptizismus und Relativismus wären die unausbleiblichen Folgen. Aber der eigentliche Entdeckungs- und Beweiszusammenhang für die Viererstruktur ist das interpersonale Verhältnis, das Fichte für die Selbstbewusstseinsstruktur selbst noch nicht in Betracht zog, wohl für die Grundlegung von Sittlichkeit und Recht.

Der Bonner Philosoph Hans Wagner suchte das Problem der sich wiederholenden Reflexionsakte erneut auf folgende Weise, ebenfalls rein subjektbezogen, zu lösen, indem er einen „gegenstandsbezogenen" Bewusstseinsakt zur Grundlage seines Gedankengangs nimmt:

> „Zweifellos sinnhaft sind die ersten vier Schritte, zweifellos sinnlos sind alle folgenden. Ergibt der erste Reflexionsschritt die Möglichkeit, Struktur und Gesetzlichkeit eines gegenstandsbezogenen Aktes zu erfassen und zu bedenken (1), so ergibt der zweite Reflexionsschritt die Möglichkeit, die zweifellos andersgeartete Struktur und Gesetzlichkeit eines auf einen gegenstandsbezogenen Akt gerichteten Reflexionsaktes zu bedenken (2), so ergibt weiterhin der dritte Reflexionsschritt die Möglich-

> keit, die wiederum etwas anders geartete Struktur und Gesetzlichkeit eines Reflexionsaktes, der sich auf einen Akt richtet, welcher auch selbst bloß mehr ein Reflexionsakt ist, zu erfassen und zu bedenken (3), und so ergibt schließlich der vierte Reflexionsschritt die Möglichkeit, daß der von ihm betrachtete und bedachte Reflexionsakt (...) genau dieselbe Struktur und Gesetzlichkeit hat wie der im dritten Reflexionsschritt betrachtete und bedachte Reflexionsakt (4), was natürlich nichts anderes besagt, als daß jeder weitere, gewiß formal mögliche, Schritt uninteressant und müßig bleiben müßte. Nur drei verschiedene Reflexionsakte können eben inhaltlich sinnvoll und theoretisch relevant, weil in Struktur und Gesetzlichkeit unterscheidbar sein. (...) Vom vierten Reflexionsschritt kann kein neuer Typus von Reflexionsakt mehr auftreten."[99]

Unklar bleibt, was die jeweilige „Struktur und Gesetzlichkeit" der Reflexionsakte meinen soll. Vor allem aber bleibt die Frage offen, ob die Sinnlosigkeit aller weiteren Schritte nicht die Bodenlosigkeit der Reflexion überhaupt erweist. Allein das Angst-Argument, wir würden sonst im Bodenlosen von Skeptizismus und Relativismus landen, ist kein gutes: Warum sollen wir da nicht landen und uns mit einer der derzeit gängigen Minimalphilosophien begnügen, jenen Drahtseilakten über dem Bodenlosen, die mit der Endlichkeit und Vorläufigkeit aller menschlichen Erkenntnis kokettieren?

Warum der an sich niveauvolle Reflexionsphilosoph Wagner hier zitiert wurde? Um zu zeigen, dass auch er die heute[100] fast allgemein übliche Verwechslung begeht von:

- Reflexion des Philosophen (ausdrückliche, objektivierende Reflexion)
- mit der des sich alltäglich vollziehenden Subjekts (gelebte Reflexion).
- Gar nicht bekannt ist die gelebte Reflexion als soziale.

Unsere philosophische Reflexion muss sich auf die gelebte, besonders auf die dialogische, interpersonal gelebte Reflexion richten. Es sind völlig verschiedene, wenn auch aufeinander bezogene Reflexionsarten.

Allein die dialogische Reflexion kennt und manifestiert den aufgezeigten strukturellen Abschluss. Unsere theoretische Reflexion kennt ihn nur am „Objekt" (am dialogischen Leben), nicht als theoretischer Vollzug allein. Wäre unsere theoretische Reflexion maßgebend, könnten wir uns bis ans Ende unserer Tage oder vielmehr ganz schnell in den Wahnsinn hinein reflektieren oder willkürlich abbrechen.

Aufgrund der elementaren Verwechslung der beiden Reflexionsarten, theoretische Reflexion und dialogisch, interpersonal gelebte Reflexion, ist ein Großteil der zeitgenössischen Philosophie mehr oder weniger gut getarnte Wahnsinnsvermeidungs-Anstrengung.

Wenngleich nochmals unbewusst, eben weil die beiden Reflexionsarten – theoretische und gelebte, darunter die praktisch-soziale Reflexion – allgemein gar nicht unterschieden werden.

Zwischen Systemjargon und Organismus-Beschwörung

Die beiden vorhin unterschiedenen Reflexionsarten begründen auch den gewaltigen Unterschied zwischen theoretischen Systemen bzw. theoretischer Systematik einerseits und realen, dynamischen Systemen anderseits. Über beides gibt es sogenannte Systemtheorien.

Systemtheorie als Theorie über gedankliche Systeme, wie sie in den vergangenen Jahrzehnten manchmal als scheinbar selbst standpunktenthobene Metatheorie und Wissenschaftstheorie über (meist gar nicht entwickelte) Sachtheorien und Systeme versucht wurde, hätte der bedeutendste und verrufenste moderne Systematiker unter den Philosophen, Hegel, mit Recht ironisch verbucht unter jene erkenntnistheoretische „Furcht zu irren, die schon der Irrtum selbst ist.“[101] Auf der anderen Seite müsste Hegel sich von dem um mehr als ein Jahrhundert klügeren Jaspers sagen lassen, dass jedes theoretische System nur den Charakter einer annäherungsweisen Systematik haben kann:

> „Das System will fälschlich das Sein einfangen, die Systematik will die methodische Bereitstellung der jeweils erreichten Mittel für den weiteren Gang des Philosophierens.“[102]

Allerdings muss man dem Systemdenker Hegel zugute halten, dass er zum erstenmal in der europäischen Geistesgeschichte zumindest implizit den Gedanken der realen dynamischen Systeme fasste, die durch Reflexion konstituiert werden. Was das heißt, dürfte im Vorhergehenden deutlich geworden sein. Hegel wollte das „immanente Leben“ der Sachen, besonders der sozialen Sachen, durch seine theoretische Reflexion nachkonstruieren. Dennoch wollte Hegel nicht „Reflexionsphilosoph“ genannt werden, weil er die äußerlich-theoretische „Reflexion ins Ich“ beim frühen Fichte und anderen abwehrte. Es gelang ihm aber selbst noch nicht voll, die „äußere“, theoretische Reflexion von der „inneren“, sachimmanenten als einer praktisch-sozialen Reflexion zu unterscheiden.

Ebendeshalb konnte er auch den Standpunkt des Denkers für den höchsten halten, worin ihm sein „Schüler“, wie Marx sich später selbst bezeichnete, mit Recht widersprach. Kurz, Hegel fasste zwar den Gedanken einer immanenten Reflexion als der Lebendigkeit der Dinge, jedoch nur nach dem Muster der theoretischen Reflexion. Er begriff noch nicht die praktisch-soziale Reflexion als eine realsystemische im Unterschied zu „unserer“ theoretischen Reflexion.[103] Marx hat demgegenüber immer wieder den Primat der Praxis betont, dabei jedoch seinerseits – reflexionstheoretisch gesprochen – die grundsätzliche Differenz zwischen theoretischer und praktischer Reflexion eingeebnet.[104]Es handelt sich, wie man erkennt, um hochbedeutsame Grundentscheidungen, die nicht allein innerphilosophische Auswirkungen haben.

Der Fehler, den Hegel mit dieser Überschätzung des Denkers beging, als sei dieser regelmäßig der Sprecher und wichtigste Agent des lebendigen Weltgeistes, wird heutzutage von den Diskurstheoretikern auf ihrem bescheidenerem Niveau wiederholt, wenn sie den theoretischen Diskurs über die gelebte Kommunikation stellen. Der „Gegenstand“ der theoretischen Reflexion (das ist der Diskurs im Sinne von Argumentation) steht keineswegs „unter“ dieser, nur weil die theoretische Reflexion „über“ sie reflektiert und nicht anders kann, als lebendige Zusammenhänge wie etwa Liebe oder Göttliches oder Gemeinschaft zu Denk-Objekten zu machen.

Doch nun zur Theorie realer Systeme. Diese wurde im zwanzigsten Jahrhundert, nachdem man Hegel (und Marx) als implizite Theoretiker realer Systeme ignoriert hatte, vor allem unter biologischem, aber auch technologisch-kybernetischem Vorzeichen als *General Systems Theory* (Ludwig von Bertalanffy, 1968) entfaltet. Hier bekommt nun das Wort „System“ den Klang von Lebendigkeit, von realer Interdependenz aller Systemelemente mit allen. Wir können jedoch hier nicht zu einer Untersuchung ausholen, wie weit diese Allgemeine Systemtheorie auf welchen Gebieten führt. Es besteht eine gewisse Analogie zwischen kybernetischen Rückkoppelungssystemen und der Reflexivität des Bewusstseins.

Im Bereich des Sozialen bekommt Systemtheorie bei Niklas Luhmann einen ausgesprochen „sozialtechnologischen“ Klang und leidet, wie schon erwähnt, unter enormer gedankenspielerischer Abstraktheit. Aber nicht nur das. Auch wenn Luhmann von „reflexiven Mechanismen“[105] redet, kann man nicht sagen, dass er die innere, gestufte Reflexivität, die im personalen Handlungssubjekt kulminiert, als systemkonstitutiv erkannt hätte. Was er mit Reflexion im Sinne hat, erschließt sich eher im Bild des Wasserstrudels, der sich auf sich selbst bezieht, indem er seine Umwelt in Innenwelt zu verwandeln vermag: ein dynamischer, flexibler Mechanismus, aber in der Tat nur eine gehobene Art von – Mechanismus. Mit mechanistischen Analogien, auch so erstaunlichen und gewissermaßen „selbstbezüglichen" wie denen eines Wasserstrudels, kommt man jedoch dem Sozialen als solchen nicht auf die Spur. Dieses stellt vielmehr eine geordnete Ineinanderverschlingung von lauter Subjektivitäten dar! Luhmann versteigt sich demgegenüber zu Formulierungen wie „Kommunikation, die mit sich selbst kommuniziert", subjektfrei. Hier wird mit technokratischen Werkzeugen in die Heiligtümer von Selbstbezüglichkeits-Wesen eingedrungen, indem deren pure Anwesenheit ignoriert wird. Sie sind den Augen der Technokraten in der Tat nicht sichtbar.

> „Die Systemtheorie (...) hat keine Verwendung für den Subjektbegriff. Sie ersetzt ihn durch den Begriff des selbstreferentiellen Systems."
> „Wir werden vor allem den nichtpsychischen Charakter sozialer Systeme zu betonen haben. (...) In diesem Sinne orientieren wir die allgemeine Theorie sozialer Systeme an einer allgemeinen Systemtheorie und begründen damit die Verwendung des Begriffs ‚System'. (...) Jeder soziale Kontakt wird als System begriffen bis hin zur Gesellschaft als Gesamtheit der Berücksichtigung aller möglichen Kontakte. Die allgemeine Theorie der Systeme erhebt, mit anderen Worten, den Anspruch, den gesamten Gegenstandsbereich der Soziologie zu erfassen und in diesem Sinne universelle soziologische Theorie zu sein. Ein solcher Universalitätsanspruch ist ein Selektionsprinzip. Er bedeutet, daß man Gedankengut, Anregungen und Kritik nur akzeptiert, wenn und soweit sie sich ihrerseits dieses Prinzip zu eigen machen."[106]

Im letzten Satz wird eindeutig zugestanden, dass es sich hier um eine Selbstimmunisierung handelt, auch wenn eine Seite später der durchaus erhobene „Anspruch auf Universalität" als „Anspruch auf ausschließliche Richtigkeit, auf Alleingeltung und in diesem Sinne auf Notwendigkeit" dementiert wird: Wer in das Spiel eintritt und seine Regeln akzeptiert, kann mitspielen. Mit „Wirklichkeitserkenntnis" hat das kaum noch etwas zu tun. Mit alteuropäischer Argumentation auch nicht mehr. Derartige alteuropäische Naivitäten sind denen, die in die Luhmannsche Spielhölle eintreten, verwehrt. Dass damit allerdings nicht mehr über unsere wirklichen sozialen Verhältnisse ausgemacht werden kann als etwa vermittels des Monopoly-Spiels, ist ein hoher Preis. Ihn zahlt die Allgemeinheit in jeder Form. Argumentation wird durch Spielanleitung ersetzt.

Zwar könnte man die Lust am Spiel mit dem Anspruch auf Realgeltung und soziale Relevanz verbinden. Damit berühren wir schon einmal den Gedanken des sozialen Kunstwerks. Das Spiel hat übrigens bestes Ansehen in der alteuropäischen Geistesgeschichte, wenn wir etwa an Schiller denken, dort allerdings mit höchsten sozialen Ansprüchen verbunden.

Luhmann hat das Subjekt mehr oder weniger elegant aus den sozialen Systemen hinauskomplimentiert. Er bezieht sich nur oberflächlich gelegentlich auf den Hegelianer, Logiker und Kybernetiker Gotthard Günther (1900-1984), der zuerst die innere Analogie zwischen Subjektreflexion und kybernetischer Reflexion thematisiert hat.[107] Dieser bedeutende Denker des 20. Jahrhunderts, dessen Brückenschläge zwischen formaler Logik und dialektischer (d.h. reflexionstheoretischer!) Philosophie seine Schüler bisher leider kaum weiterzuführen vermögen, hat allerdings selbst nicht klar ausgesprochen, dass noch so raffinierte und vertausendfachte „Vermaschung" kybernetischer Regelkreise nur mit derjenigen Reflexionsstufe arbeiten, die im sozialen Bereich die strategische genannt wurde.

Sowohl Subjektivität wie Soziales zeichnen sich aber – von allen Wiederholungen (Iterationen) abgesehen, wofür die Maschinen die geborenen Spezialisten sind – durch die Gleichzeitigkeit einer Vierstufung der Reflexion aus. Wenn Computer diese nachbauen könnten, wären sie eben intelligente Subjekte und Sozialwesen. Sie werden es aber nie können. Es wurde hier in technokratischer Sprache gekennzeichnet, wo das Problem liegt. Es handelt sich jedoch in Wahrheit nicht um ein technisches Problem, sondern um das der Subjektivität und damit der sozialen Transsubjektivität als solcher: das Problem der Selbstbezüglichkeit.

Ken Wilber will Bewusstsein ohne Selbstbezüglichkeit, Luhmann hingegen Selbstbezüglichkeitsstrukturen ohne Bewusstsein, Subjektivität.

Ohne Rekurs auf das „alteuropäische" Subjekt von Selbstbezüglichkeit nach dem Muster des Wasserstrudels zu reden, ist ein aller genauen Phänomenologie und Logik entbehrender Missbrauch des intellektuellen Spieltriebs. Das ist ebenso skurril wie umgekehrt von „Bewusstsein" oder gar „Selbstbewusstsein" zu reden und gleichzeitig Argumente aufzufahren von der Art „Ein Messer kann sich nicht selbst schneiden" oder „Das Auge kann sich nicht selbst sehen", wie es der amerikanische „Einstein der Bewusstseinsforschung“ tut, der New-Age-Philosoph Ken Wilber.[108] Dieser will Bewusstsein ohne Selbstbezüglichkeit, Luhmann hingegen Selbstbezüglichkeitsstrukturen ohne Bewusstsein, gar Subjektivität. Der gemeinsame Nenner ist die Ausschließung des Dritten, um das es Hegel wie Günther beständig bei der Aufhebung festgefahrener Gegensätze zu tun war, die selbstbezügliche Subjektivität, das „Wunder in der Erscheinungswelt“, wie Kant die Freiheit nennt.

Dies sind Herausforderungen, die dem Fachphilosophen eine noch genauere Analyse von Subjektivität abverlangen, als dies in diesem Rahmen möglich ist: Wodurch unterscheidet sich diese von der „Selbstbezüglichkeit“ eines Wasserstrudels? Wir haben oben ⇦Ich oder Subjekt als wenigstens punktuelle Identität von Erkennendem und Erkanntem definiert, dabei hier ein intuitives Verständnis von „Erkennen“ vorausgesetzt. Ginge es auch ohne solchen Rückgriff? Wir brauchen dieser Frage hier nicht weiter nachzugehen.

Welche sprachlichen Alternativen bieten sich, um ein Reflexions-System, ein System der Selbstbezüglichkeits-Instanzen, zu bezeichnen, worin die selbstbezüglichen Subjektivitäten, die handelnden und erlebenden Subjekte, die aktiven Elemente der Veränderung darstellen?

Die Bezeichnungen: „Sozialleben“, „soziale Lebenseinheit“ und im selben Sinne auch „Organismus“ liegen nahe und sind an sich sehr geeignet dafür. Selbstreflexive Subjektivität wurde bereits als Analogon zu Leben gekennzeichnet, das ebenfalls eine Reflexionsstruktur hat (eine *reditio incompleta*, wie Thomas von Aquin an der bereits angeführten Stelle treffend ausführt). Ebenso sind die aus der interpersonalen Reflexivität hervorgehenden ⇦sozialen Reflexionssysteme Analoga zu lebendigen Organismen – gleich ob man bei Sozialsystemen etwa von einer eigenen, quasi subjektiven Selbstreflexivität sprechen kann oder nicht, was zu untersuchen sein wird.

Tatsächlich hat die Organismus-Vorstellung in der Sozialphilosophie bereits eine lange Tradition, in der mit unzutreffenden, meist konservativ-“naturrechtlichen“ und biologischen Vergleichen gearbeitet wurde. Der system- oder organismusbegründende Charakter der sozialen Reflexion wurde in diesen Organismustheorien gerade nicht erkannt. Auch Rudolf Steiner (1861-1925) hat sich seinerzeit bei seiner Rede vom „Sozialen Organismus“ gegen die biologistische Analogiebildung verwahrt:

> „Es ist nun, seit Schäffle sein Buch geschrieben hat über den Bau des sozialen Organismus, versucht worden, Analogien aufzusuchen zwischen

der Organisation eines Naturwesens – sagen wir, der Organisation des Menschen – und der menschlichen Gesellschaft als solcher. Man hat feststellen wollen, was im sozialen Organismus die Zelle ist, was Zellengefüge sind, was Gewebe sind und so weiter! (...) Mit all diesen Dingen, mit all diesen Analogie-Spielereien hat dasjenige, was hier gemeint ist, absolut nichts zu tun. Und wer meint, auch in diesen Betrachtungen werde ein solches Analogiespiel zwischen dem natürlichen Organismus und dem gesellschaftlichen getrieben, der wird dadurch nur beweisen, daß er nicht in den Geist des hier Gemeinten eingedrungen ist."[109]

Soweit, so gut. Leider hält Steiner sein Programm und Versprechen wider Willen nicht ein und arbeitet dennoch mit der Analogie dreier physischer Systeme im Menschen, um seine sogenannte „Dreigliederung des sozialen Organismus" zu begründen:

„Das Kopfsystem durch die Sinne, das Zirkulationssystem oder rhythmische System durch die Atmung, und das Stoffwechselsystem durch die Ernährungs- und Bewegungsorgane" (ebd).

Der in Bewusstsein und Freiheit gestaltete soziale Organismus ist ein Kunstwerk.

Wenngleich er offensichtlich danach suchte, fehlt seiner Intuition über die „Dreigliederung" eine handlungs- und reflexionstheoretische Begründung, daher fehlen auch Vollständigkeit und konkrete Anwendungsbezüge – außer einer vagen „Freiheit des Geisteslebens" vom Staat, als habe dieser nichts mit Kultur und Weltanschauung zu tun. Dabei hat gerade der Staat, als wirtschaftlicher und politischer, als Kultur- und Grundwerte-Staat, diese Freiheit aktiv zu gewährleisten.

Eine andere als eine spezifisch soziale Begründung, und damit die handlungs- und reflexionstheoretische, lässt sich für den sozialen Organismus nicht geben. Dementsprechend kann man den Umgang anthroposophischer Autoren mit dem Begriff „sozialer Organismus" nur mystifizierend nennen.[110] Ihr Meister würde solche Mystifizierung zweifellos heute nicht billigen.

Doch Steiner hat mit dem Gedanken einer organismusartigen „Gliederung" schon gegen Ende des Ersten Weltkriegs ein Thema anklingen lassen, das mich sechzig Jahre später – noch ohne Kenntnis Steiners und von ganz anderen Denkvoraussetzungen her – von der aufgezeigten Vierstufung des interpersonalen Reflexionsverhältnisses zur „Viergliederung" des sozialen Organismus – geführt hat. Dieses

Hauptthema unseres ⇦sozialen Kunstwerks – und ein solches ist zweifellos der in Bewusstsein und Freiheit gestaltete soziale Organismus, der kein unbewusster Naturorganismus sein kann – steht nunmehr an.

Wenn wir dabei die Rede vom Organismus durchaus auch übernehmen, dann deshalb, weil „System" einmal für einen sozialtechnokratisch verdünnten, subjektfreien Systembegriff in Anspruch genommen wurde; ferner weil der Ausdruck „System" weithin verstanden wird als Titel für das jeweils herrschende Regime – vom nazistischen und bolschewistischen über das von Bananenrepubliken bis zu unseren eigenen, westlichen, zu Scheindemokratien veralterten Systemen der politischen Klassen und der Bürokratien.[111] Das geheimnisvolle intentionale „Sein" von Gemeinschaft und Gesellschaft, dieses im Werden begriffene Kunstwerk eines aus Freiheit und Bewusstheit gestalteten Miteinanders der Menschen hat wirklich andere Namen verdient als den vielfach verhassten, zumindest aber kalten Namen eines Systems. Bessere als „Sozialleben", „soziale Lebenseinheit" und „Organismus" stehen kaum zur Verfügung, wenn wir nicht etwas altfränkisch von „Sozialgestalt" sprechen wollen.

Oder eben vom „sozialen Kunstwerk". Das aber ist ein wertender, anspruchsvoller Name. Was unterscheidet, so kann unsere weitere Leitfrage lauten, das soziale Kunstwerk vom sozialen Machwerk und von der Megamaschine (Lewis Mumford, Herbert Marcuse, Rudolf Bahro)? Noch einmal: mit „Organismus" kommt der Gedanke der gelebten sozialen Reflexion zum Ausdruck. Diese führt tatsächlich zu einer organismusartigen Lebenseinheit, mit allen möglichen Spannungen und Belastungen, die auch biologische Organismen erleiden. In „Kunstwerk" liegt das Gestaltetsein aus Freiheit und Wissen heraus, jedoch unter Berücksichtigung unzähliger unbewusster und spontaner Faktoren. Doch mag dieses Wort im Vergleich zu „Organismus" wiederum zu verspielt und willkürlich klingen.

Es besteht keine Notwendigkeit, uns auf ein einziges Wort festzulegen, wohl aber die Notwendigkeit zu begreifen, dass die soziale Lebenseinheit Züge von beidem hat: von der Nicht-Machbarkeit des Organismus wie von der Bewusstheit geistiger, auch theoretischer Gestaltung.

KAPITEL IV

SPRUNG IN DEN GROßEN ORGANISMUS

DIFFERENZIERUNG VON SUBSYSTEMEN

„Politik kann man in diesem Land definieren als die Durchsetzung wirtschaftlicher Zwecke mit Hilfe der Gesetzgebung." (Kurt Tucholsky 1919)[112]

Der vorangestellte Satz Tucholskys ist in den Jahrzehnten danach sicher nicht weniger wahr geworden. Doch der Sinn für den strukturellen Skandal, der darin ausgesprochen wird, hat sich inzwischen noch viel stärker abgestumpft als nach der zweiten gescheiterten deutschen Revolution (1918), weil Fachleute wie „Laien" meinen, man müsse sich halt mit einer Demokratie dieses Typs abfinden.

Reflexion als Bindestoff und Konstruktionsprinzip des Sozialen

Resümieren wir noch einmal das Wichtigste, mit einigen Ergänzungen. Die Gegenseitigkeit der Reflexion, die Verschränkung der Intentionen der Handelnden, liefert sowohl das vermisste Prinzip des Übergangs vom Handeln zu sozialen Einheiten quasi-kybernetischer Kreislaufnatur wie auch das Stufungsprinzip. Die horizontale interpersonale oder soziale Reflexion strukturiert zugleich vertikal.

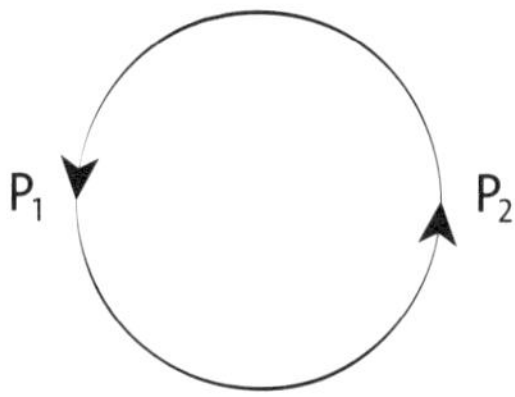

Figur 5a: Reflexionskreis von Person 1 und 2

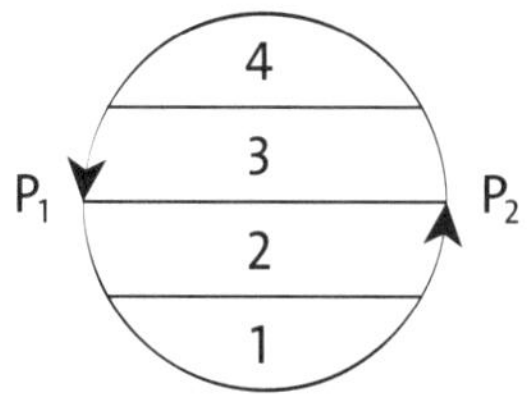

Figur 5b: derselbe Reflexionskreis mit vier horizontalen Segmenten

Die aufgezeigte Vierstufigkeit stellt ein Grundgesetz der menschlichen und zwischenmenschlichen Reflexion dar. Wer fürchtet, die Welt würde dadurch zu planquadratisch, wird im Folgenden durchaus noch vielfältigere Formen finden.[113] Die Vierheit wird sich selbst vervielfältigen und z. B. mit der Dreiheit kombinieren (Kapitel VIII). Zudem muss zwischen den Aspekten Struktur und Prozess unterschieden werden. Jeder Kartenspieler weiß, wie unendlich viele spannende Partien mit den vier Grundfarben eines Kartensatzes gespielt werden können.

Am zwischenmenschlichen Blick ließ sich die Vierstufigkeit der Reflexion deutlich machen. Sie kann in vier unterschiedlichen Intentionen zusammengefasst werden:

1. *einfache (interpersonal unreflektierte) Intention (des Erkennens oder Wollens)*
2. *jeweils einseitig reflektierte, strategische Intention*
3. *jeweils doppelt gegenläufige, einbeziehende oder kommunikative Intentionen*
4. *jeweilige Stellungnahme oder Reflexion in die Einheit der Intentionen*

Wenn wir etwa von „Gegenseitigkeit" sprechen, kann dies dementsprechend ganz verschiedene Bedeutungen haben:

1. *gleicher Beitrag zu einer gemeinsamen Sache (sachlicher Ausgleich)*
2. *Austarierung jeweiliger „egoistischer" Interessen (Interessenausgleich)*
3. *kommunikative Gegenseitigkeit des Vertrauens und Helfens*
4. *überkommunikative Einheit, Anerkennung gemeinsamer Sinnzusammenhänge und Normen*

Reflexive Organismustheorie des Sozialen

Es geht hier um das Strukturprinzip und seine Folgen, worüber ein Naturwissenschaftler bis an sein Lebensende staunen würde, während Sozialwissenschaftler auf dergleichen einfach nicht gefasst sind. Man kann wegen der Bedeutung dieses vierstufigen Reflexionsprinzips für alles, was aus menschlichem Bewußtsein und Handeln hervorgeht, auch von einer Reflexions-Systemtheorie sprechen. Um das Lebendige am Sozialen zu unterstreichen, spreche ich im Folgenden von einer reflexiven Organismustheorie des Sozialen. Nochmals, indem ich den Begriff des Systems auf den des Organismus hin erweitere, möchte ich das Lebendige am System zur Geltung kommen lassen. Organismus war schon seit Kant, ebenso wie in der heutigen Evolutionstheorie (Varela/Maturana), der Name für etwas Selbstbezügliches, Selbstzweckhaftes, sich aus sich selbst Entwickelndes (Autopoetisches).

Ohne Berücksichtigung der sozialen Reflexion und ihrer gestuften Intentionalität bleibt jedoch im Sozialen alles unklar, gleich ob man von System oder von Organismus spricht.

Die These, die in diesem Kapitel entfaltet werden soll, ist letztlich ganz einfach, aber die grundlegende des ganzen Buches und für die Verteidiger der gegenwärtigen Pseudodemokratie als des non plus ultra von Demokratie dementsprechend schwer verdaulich. Denn sie bringt einen aus philosophischen Tiefen, aus der innerlichsten Innerlichkeit des Menschen fundierten, aber praktisch-politisch brisanten Vorschlag für große soziale Systeme (Organismen). Sie lautet:

Wir müssen diese Vierstufung für soziale Organismen auf jeder Ebene ernst nehmen und institutionell verwirklichen, und zwar je größer die Organismen werden, um so konsequenter.

Wenn es jemals ein soziales Kunstwerk, eine Sozialgestalt der Freiheit, geben soll, dann muss die Vierstufung der interpersonalen Reflexion sich auch im großen Organismus und seinen Institutionen auswirken. Auf umfassenderen Ebenen des Sozialen bringt die soziale Reflexion alle Arten von dynamischen, im Prinzip offenen, selbstregulierenden, wenn auch zugleich regulierungsbedürftigen Systemen hervor. Alle Gruppen, Organisationen mit ihren Institutionen und Ämtern sind mehr oder minder frei hervorgebrachte, nur scheinbar naturwüchsig oder unter Zwang gebildete Produkte der sozialen Handlungen aller, die durch wechselseitige, praktische „Spiegelung" ineinander ein Ganzes bilden.

Das Paar liefert die Urzelle des sozialen Organismus.

Jede bereits etablierte Gemeinschaft/-Gesellschaft ist nichts anderes als ein vielzelliger Organismus von paarweisen Elementarbeziehungen – um das technisch klingende Wort „Elementarsysteme" zu vermeiden. Nicht erst die Familie, sondern das Paar – im weiten Verständnis dyadischer (paariger) Beziehungen, diese gehen von Liebe über Kameradschaft und Geschäftsbeziehungen bis hin zum gesellschaftlich hoch vermittelten Gegenüber von Preisträger und Preisverleiher – liefert die Urzelle der Gesellschaft! Selbst die Kleinstfamilie bildet bereits ein Geflecht von drei Elementarbeziehungen, und das Geflecht ist viel mehr als die Summe von Kind, Mutter, Vater, auch mehr als die Summe der drei Beziehungen Vater-Mutter, Mutter-Kind, Vater-Kind! Wirklich elementar ist nur die Ich-Du-Beziehung – freilich unter unvermeidlicher

Einbeziehung von Ich-Es- und Ich-Wir-Relationen, wie schon das ursprüngliche Gefüge der Sinnelemente zeigt. Denn niemals stehe Ich dem Du ganz losgelöst, ohne einen es-haften Inhalt und ohne Einflüsse aus einem kulturell usw. vorgeprägten Wir gegenüber. Das Elementare der paarweisen (dyadischen) Beziehung bedeutet nicht Ausblendung der anderen Bezüge – sondern dass Ich und Du, die jeweiligen Subjektivitäten, die einzigen aktiven „Motoren" des gesamten Beziehungslebens ständig darstellen. Selbst wenn Ich zu einer Gruppe von Menschen spreche, ist die jeweilige Aufnahme des Gesagten durch den einzelnen Anderen das Primäre. Alles Weitere, und das ist viel und kompliziert, knüpft an diese Elementarbeziehung an. Auf den paarweisen Elementarbeziehungen bauen sich alle voluminöseren Sozialgebilde auf: Familien, Gruppen... bis hin zu Nationen und „Vereinten Nationen", bis hin zur Menschheitsfamilie.

⇦Menschliche Sozialität unterscheidet sich von einer materiellen Ansammlung, aber auch von einem Ökosystem mit Lebewesen dadurch, dass Bewusstseinsrelationen zwischen den Individuen das Wesentliche ausmachen, und zwar solche, die von selbstbewussten Wesen erzeugt werden. Das Selbstbewusstsein bringt den spezifischen Unterschied auch zu so komplexen Einheiten wie einem Bienenschwarm, einer Schafsherde oder einem Wolfsrudel hervor. Selbst bei den höheren Lebewesen kommen schon faszinierende „soziale Beziehungen" aufgrund von Bewusstsein zustande, die nicht allein ein festgelegtes Instinktprogramm sind. Die einzelnen Bewegungen spielender Hunde sind keineswegs durch Instinkt festgelegt! Hier kommt so etwas wie Freiheit bereits beim tierischen Bewusstsein ins Spiel.[114] Die unvollkommene Reflexion des tierischen Bewusstseins bringt es durchaus schon zu einer „Orientierung am Verhalten anderer" (Max Webers Definition von sozialem Handeln). Dennoch ist das Sozialverhalten eines Wolfes wie eines an eine Menschengruppe angepassten Hundes ebenso verschieden vom menschlichen Sozialverhalten wie sich ihre „Sprachfähigkeit" unterscheiden. Beide Fähigkeiten wurzeln eben im vorhandenen bzw. nicht vorhandenen Selbstbewusstsein.

Es wäre durchaus interessant, bei diesen Unterschieden zu verweilen, doch wollen wir nicht die Sozialität von Wölfen, sondern von Menschen analysieren. Auch wäre es wegen des grundlegenden Unterschieds von tierischem und menschlichem Sozialverhalten (mit bzw. ohne Selbstbewusstsein und damit einhergehender Gestaltungsfreiheit) völlig verfehlt, direkte Lehren aus tierischer Sozialität für die menschliche Sozialgestaltung ziehen zu wollen. Dergleichen „natürliches" Denken, das in der Vergangenheit von naturwissenschaftlich

Denkenden oft für einen ⇦Sozialdarwinismus (Kampf um Überleben und Vorteilsnahme als Prinzip der Gesellschaft), von vielen Theologen[115] nach Bedarf für ein biologistisches „Naturrecht" herangezogen wurde, führt regelmäßig zu falschen Ergebnissen. Vor allem hat das biologistisch verkürzte „Naturrecht" das spezifisch menschliche Naturrecht als ein Vernunft- und Freiheitsrecht bis heute zu Unrecht in Misskredit gebracht. Es ist ein Unterschied, ob menschliche Sozialität sich in die umgebende Natur „naturgemäß" einfügt, was ihr heute dringender als je zu raten ist, oder ob sie es zulässt, sich verkürzend (reduktionistisch) von ihrer Naturumgebung her zu definieren.

Thomas Hobbes' berühmter Ausspruch „*Homo homini lupus*: Der Mensch ist dem Menschen ein Wolf" beruht nicht nur auf mangelnder Beobachtung der Wölfe untereinander[116], sondern auf einer leichtsinnigen Übertragung, letztlich aber auf einem schlechten, nämlich durch seine miserable zeitgeschichtliche Erfahrung einseitig begründeten Menschenbild. Der arme Hobbes (1588-1679) hatte die religiös aufgeheizten, gerade das natürliche menschliche Empfinden im Namen des Übernatürlichen entstellenden Bürgerkriege in ganz Europa vor Augen und am eigenen Leib erfahren. Er wollte in diesem nicht besonders „natürlichen" Gesellschaftszustand endlich Ruhe und Frieden: durch die Herrschaft einer starken Ordnungsmacht. Der Unterschied zwischen Recht und sonstiger Ordnungsmacht war ihm dabei noch nicht so wichtig. Hobbes' ganzes Denken leitende Frage nach friedensstiftender Ordnung (*the Hobbesian problem of order*) muss aber viel grundlegender und frei von allzu direkten religiösen Bürgerkriegen gestellt werden: Wie ist Gemeinsamkeit von freien Individuen, also Freiheit-in-Gemeinschaft, möglich? Eben darauf will die Analyse der sozialen Reflexion mit dem Reflexionsstufenprinzip hier fortschreitend Antwort geben.

Die Reflexionsstufenlehre als Reduktion von Komplexität

Es ging mir bei jenen Abgrenzungen zu tierischer Sozialität hauptsächlich um die Einsicht, dass menschliche Sozialität, auf der Grundlage natürlicher Voraussetzungen selbstverständlich, ausschließlich durch mehr oder minder hoch reflektierte Bewusstseinsrelationen, also durch die soziale Reflexion, zustande kommt. Diese ist der Motor und Bindestoff des Sozialen als solchen, der Mörtel, der natürliche Gegebenheiten erst zu einem sozialen Bau zusammenfügt, so das Geschlechterverhältnis und die biologische Fortpflanzung, noch stärker geprägt vom eigentlich Sozialen als der Nahrungstrieb und klimatisch-geografische Gegebenheiten. All diese ganz natürlichen Voraussetzungen werden erst durch Regeln für Sexualität und Heirat, Verwandtschaftsbeziehungen oder Essenssitten usw. in spezifisch soziale Zusammenhänge eingefügt. Alle Regeln aber gehen auf soziale Reflexion zurück.

Die soziale Wirklichkeit ist außerordentlich komplex und übersteigt jedes menschliche Vorstellungsvermögen, zumal sie äußerlich zumeist unsichtbar ist. Auch die Luhmannsche Formel von der „Komplexitätsreduktion" hilft für deren wirkliche Erkenntnis wenig weiter. Eher täte dies eine Strukturformel für die jeweilige Art der Relationen. Genau eine solche bietet die Reflexionsstufenlehre. Sie leistet tatsächlich Reduktion von Komplexität, indem aus der Fülle der Einzelrelationen nur deren wesentliche Stufen namhaft gemacht werden, nur ein Gerippe des konkreten sozialen Lebens, aber immerhin: Etwas anderes tun Naturwissenschaftler auch nicht, und gerade dies ist ihr Erfolgsrezept. Galileis Entdeckung der Fallgesetze etwa beruhte auf der Aussonderung unwesentlicher Umstände von den wesentlichen Gesetzen des freien Falls.

Die analytische These: Die latente Reflexionsstruktur des großen Organismus

Wenn es jemals ein soziales Kunstwerk, eine Sozialgestalt der Freiheit, geben soll, dann muss die Vierstufung der interpersonalen Reflexion sich auch im großen Organismus und seinen Institutionen auswirken. Die zentrale These dazu lautet:

Die Reflexionsstufen der kleinen sozialen Handlungs-Systeme prägen sich im modernen Staat als die Subsysteme (1) Wirtschaft, (2) Politik, (3) Kultur und (4) Grundwertesystem aus.

Dieser Satz beinhaltet zunächst eine *quaestio facti*, eine Tatsachenfrage, eine Aufgabe der Analyse. Wir könnten uns auch mit der gängigen, wenngleich folgenlosen Politikerrede von „Wirtschaft, Politik und Kultur" zufrieden geben, wollen es aber analytisch genauer wissen. Danach werden wir zur Praxisfrage übergehen: Wenn der soziale Organismus an sich so strukturiert ist, welche Handlungsimperative folgen dann daraus?

Der Übergang von der handlungstheoretischen zur systemtheoretischen Betrachtungsweise ist wie das Umschalten in einem der bekannten Vexierbilder. Wir haben diesen Übergang schon am Beispiel des Blicks gemacht. Wenn wir jetzt so etwas Großes wie Staat in Betracht ziehen, dann ist das ein gewaltiger Sprung. Doch Staat ist heute und auf lange Sicht die maßgebende, dominierende Sozialform. Staat ist – wenngleich ihn manche Soziologen als Nationalstaat in Frage stellen – die heute immer noch vordringlich zu gestaltende Gesellschaftsform. Selbst anarchistisch sein wollende Gruppen, und gerade sie, stehen in beständiger Auseinandersetzung mit dem Staat.

Ich verstehe unter ⇦Staat (etwa mit Max Weber) einen umfassenden Rechtsverband, in den die Individuen und Familien normalerweise hineingeboren werden, mit dementsprechend relativ fest umrissener Bevölkerung (Staatsvolk) und eigenem Territorium. Das entscheidende Definitionselement ist hier „Rechtsverband". Das Element „Recht" muss allerdings später erläutert werden. Der Rechtsverband braucht nicht zugleich Rechtsstaat im modernen Sinne von Verfassungsstaat mit Gewaltenteilung zu sein. Im Moment geht es nur darum, den relativ umfassenden, dominierenden, deutlich organisierten sozialen Organismus zu benennen.

Handlungsstufen werden zu Systemebenen.

Kein Mensch würde bestreiten, dass es in einem staatlichen Gebilde „so etwas wie" Wirtschaft, Politik, Kultur und Grundwerte/Weltanschauung gibt. Neu ist, dass diese Vierheit hier eine organismuslogische Bedeutung bekommt: Die aufgezeigten Stufen des sozialen Handelns werden zu Systemebenen. Die ⇦Systemebenen bilden ihrerseits Subsysteme, das heißt solche Teilsysteme, die eine relative Eigenständigkeit, ein Innenleben, gewinnen, indem die anderen Teilsysteme für sie zu Außenwelten werden. So werden, um erst einmal thesenartig voranzuschicken, was dann ausführlich erläutert wird,

1. das Sachbezogene, Instrumentelle am Handeln
   zum Subsystem *Wirtschaft*
2. das Machtbezogene, Strategische am Handeln
   zum Subsystem *Politik*
3. das Kommunikative am Handeln
   zum Subsystem *Kultur*
4. das Metakommunikative am Handeln
   zum Subsystem *Grundwerte.*

Wie kommt es, dass individuelle Handlungsarten, genauer, die Reflexionsstufen des Handelns, sich zu Systemebenen ausprägen? Dass überhaupt ein systemischer Abschluss und Zirkel durch Stufen hindurch zustande kommt, wurde am Beispiel des Blickes gezeigt. Es

Die Ebenen oder sozialen Großräume bilden sich mittels symbolischer, zeichenhafter Medien.

bleibt aber die Frage: Unter welchen Bedingungen differenzieren sich die Ebenen wechselseitigen Handelns, der sozialen Reflexion, zu Systemstufen aus? Beim Blick und in der normalen Kommunikation ist das ja keineswegs der Fall. Obwohl wir auch bei den Einzelbegegnungen sehr wohl und ziemlich genau spüren, dass wir uns jeweils in ganz anderen sozialen Großräumen befinden.

Die Antwort darauf lautet: Die Ebenen oder sozialen Großräume bilden sich unter der Bedingung, dass es symbolische, zeichenhafte Medien oder Interaktionsmedien[117] gibt, dass sich solche für die einzelnen Handlungsstufen herausbilden. Wenn solche Transaktionsmedien von den interagierenden Menschen in Anspruch genommen werden, manifestieren sich die latenten Handlungsstufen, indem sie sich gleichzeitig voneinander differenzieren. Diese ⇦Interaktionsmedien sind einer Währung vergleichbar, in der jeder Interaktionspartner „zahlt". Sie sind Zeichensysteme, wie das Geld, mit größter praktischer Wirkung. Der Vergleich liegt anstelle einer komplizierteren Definition deshalb so nahe, weil das Geld selbst eine dieser „Währungen" ist, und zwar in systemischer (nicht zeitlicher) Hinsicht die erste. Die anderen sind: Recht, Sprache und Axiome/Riten. Diese sollen jetzt nacheinander näher erörtert werden. Dabei wird jeder Bereich der Gesellschaft berührt.

Der Stellenwert der einzelnen Phänomene im Ganzen ist das eigentlich Wichtige,

Letztlich geht es aber „nur" um die systemische Gliederung, die sich aus den Handlungsstufen ergibt. Alle Einzelerörterungen dienen hauptsächlich der Verdeutlichung dieser „Viergliederung", dabei allerdings auch schon der Eigenart der einzelnen Subsysteme. Der Stellenwert der einzelnen Phänomene im Ganzen ist das eigentlich Wichtige, nicht die diskutablen Abwandlungen der Einzelphänomene. Diese Achtsamkeit auf das Ganze, welches allein das Wahre ist (Hegel), macht systemisches, organisches und integrales Denken aus. Eine Demokratietheorie ohne diesen Blick auf das geordnete Ganze kann nicht befriedigen – weil Demokratie eben nicht bloß eine äußerliche, formelle Verfahrensweise ist.

1. Das Medium der Wirtschaft: Geld

Bekanntlich hat sich als gemeinsamer Wertmaßstab des wirtschaftlichen Handelns überall in irgendeiner Form das Geld herausgestellt.

Geld können wir als das formale (ausdrücklich dazu bestimmte und genormte) Interaktionsmedium dieser wirtschaftlichen Ebene ausmachen. Mit ihm werden wirtschaftliche Werte gemessen und verglichen. Es dient als Wertmaßstab, Tauschmittel und Wertaufbewahrungsmittel. Die sachbezogene und instrumentelle Handlungsebene formt sich mittels des Mediums Geld zu einer eigenen sozialen Handlungs- und Systemebene. Wenn Menschen ihre Beziehungen über das Geld definieren, gehen sie nicht mehr undifferenziert „ganzheitlich" miteinander um, sondern differenziert als Wirtschaftsteilnehmer. Wirtschaften hat es immer schon gegeben, z.B. in einer frühgeschichtlichen Gruppe oder Hofgemeinschaft, die „ganzheitlich" zugleich Wirtschafts- und Wehrgemeinschaft, Liebesgemeinschaft und Religionsgemeinschaft war. Im Laufe der Sozialgeschichte differenzieren sich diese Funktionen. Doch erst durch das alle wirtschaftlichen Handlungen vereinheitlichende und versachlichende Geldwesen werden die Beziehungen der Einzelnen zueinander mehr oder weniger „reine" Wirtschaftsbeziehungen (mag auch ein Pferdekauf noch mit einem kameradschaftlichen Umtrunk verbunden sein) und wird das Wirtschaften zu einer einheitlichen und eigenständigen Untergliederung des sozialen Organismus.

Sollen wir dieses Subsystem des Wirtschaftens „Markt" nennen? ⇦Markt meint ein offenes, multilaterales Tauschsystem. Es wird nicht mehr bilateral Kuh gegen Schuhe oder Unterrichtsstunden getauscht, sondern multilateral über ein Medium, ein Mittleres und die vielfältigen Kaufakte Vermittelndes und Vereinfachendes. Wie offen dieser Markt bleiben kann, oder wieweit unter Rechtsregeln gestellt und von diesen zurechtgestutzt oder geschützt wird, das sind wichtige Fragen. Eins dürfte feststehen: Einen kontinuierlichen Markt ohne regulierendes Macht- und/oder Rechtssystem überhaupt hat es noch nie gegeben und kann es nicht geben.[118] Sobald eine Machtkomponente den freien, d.h. rein güterbezogenen Tausch beeinflußt, wird der „freie Markt" bereits verfälscht, und jede Verfälschung potenziert sich fort wie in einer falschen Rechnung.

Einen kontinuierlichen Markt ohne regulierendes Macht- und/oder Rechtssystem überhaupt hat es noch nie gegeben und kann es nicht geben.

Neoliberale Anwälte des freien Marktes beklagen bis heute alle Eingriffe der Politik, das heißt des Rechtssystems, ins Marktgeschehen. Was in der Diskussion vernachlässigt wird, ist die Unterscheidung von willkürlichen Ad-Hoc-Maßnahmen und dauerhaften Rahmensetzungen durch die Politik. Eine der wichtigsten und folgenreichsten Rahmensetzungen bildet die staatliche Sanktionierung des Zinswesens (vgl. BGB § 608). Diese staatlich-rechtliche Durchsetzung des Zinses, vor allem als Rendite, d.h. als Lohn für das „arbeitende Geld", wird von „Liberalen" selbstverständlich gefordert, womit sie sich aber vom „freien Markt" verabschieden, zugunsten eines Marktes unter speziellen zinskapitalistischen Bedingungen, die im Zweifelsfall staatlich durchzusetzen sind. Bis ins 20. Jahrhundert wurde der Zins von der katholischen Kirche offiziell, wenn auch inkonsequent, verboten. Vom offiziellen Islam wird bis heute die Zinsnahme verboten. Allerdings kann hier über das heikle Thema Zins und seine Bestandteile nicht ausführlich gehandelt werden.[119]

Der heutige ⇦Kapitalismus ist keineswegs mit Marktwirtschaft überhaupt gleichzusetzen, sondern läßt sich definieren als ein solches Marktsystem, das auf einem sich durch Zins (Rendite) selbst vermehrenden Geld (Kapital) und damit auf dem Unterschied zwischen Gewinnern und Verlierern dieser Selbstvermehrung beruht.[120]

Er ist keineswegs eine rein wirtschaftliche Angelegenheit des „freien Marktes", sondern kommt erst durch jene staatlich sanktionierte Eigenschaft des Geldes, sich durch „Mitarbeit" im Produktionsprozess oder als sonstwie zinsträchtiges Darlehn selbst zu vermehren, zustande. Die Selbstvermehrungseigenschaft erst gibt dem Geld eine Monopolstellung. Noch deutlicher kommt sie dem privaten Eigentum am Boden zu, diesem unvermehrbaren Gemeingut der Menschen.[121]

Der Wirtschaftsstaat ist die rechtliche Rahmenbedingung für die Wirtschaft und ihren Markt.

Da Markt in keinem Fall macht- und rechtsfrei ist, prägt sich hier eine eigene Ebene von Staatlichkeit heraus, die wir „Wirtschaftsstaat" nennen können und die vom politischen Staat unterschieden werden muss. ⇦Wirtschaftsstaat ist der Inbegriff der rechtlichen Rahmenbedingungen für die Wirtschaft und ihren mehr oder weniger freien Markt. Das Subsystem Wirtschaft ist also nicht einfach der Markt, sondern das Zusammen von Wirtschaftsstaat und Markt. Das kann, wie im bekannten Grenzfall, eine staatliche Planwirtschaft sein, aber auch – woran hier eher gedacht ist und was etwas völlig Verschiedenes ist – die staatlich-rechtliche Rahmensetzung einer scheinbar oder wirklich freien Marktwirtschaft.

Es fragt sich, ob an dem Subsystem Wirtschaft eine weitere „organische", das heißt reflexionssystemische, Untergliederung auszumachen ist, wie wir sie in den folgenden Ebenen des Gesamtorganismus (Politik, Kultur, Grundwerte) notwendig thematisieren müssen. In aller Kürze möchte ich einen solchen Gesichtspunkt der Untergliederung angeben, ohne mich auf diese philosophischen und ethischen Grundlagen der Wirtschaftstheorie länger einzulassen. Auch hier ist die aufgewiesene Reflexionsstufung des Handelns wieder maßgebend.

1.1 Konsum oder primärer Sektor: Landwirtschaft und Viehzucht

Die erste Form des menschlichen Wirtschaftens besteht im Sammeln und Jagen, also in der bloßen Aneignung dessen, was die Natur von allein bietet. Die eigentliche Landwirtschaft beginnt allerdings – vor etwa 10000 Jahren – damit, dass der Mensch zur planmäßigen Produktion seiner Nahrung durch Feldbewirtschaftung und Viehzucht übergeht. Dieser Übergang stellt eine große, wenn auch langsam vor sich gehende „agrarische Revolution“ dar. Sie ist bereits der Übergang zur Produktion, jedoch noch im Rahmen der Aneignung des in der Natur „objektiv“ Vorgefundenen (unterste Reflexionsstufe).

1.2 Produktion oder sekundärer Sektor: Handwerk und Industrie

Schon zur Landwirtschaft wurden einfache Werkzeuge verwendet. Doch nun wird die Werkzeugherstellung selbst zum Thema. Mit dieser „reflektierten“, das heißt selbstbezüglichen, auf die Herstellungsmittel selbst gerichteten, Werkzeugherstellung lassen sich viel anspruchsvollere Bedürfnisse der Kleidung und Wohnung, dann des Verkehrs, des Schmuckes, dann der Rohstoffgewinnung befriedigen. Das Werkzeug wird höher entwickelt zum Funktionszusammenhang einer Maschine, die dem Menschen körperliche Arbeit wesentlich erleichtert oder abnimmt, dann zur Maschine, die ihm die geistige Arbeit erleichtert – oder womöglich das Denken abnimmt?

1.3 Handel oder tertiärer Sektor: Dienstleistung

Der Handel ergibt sich zunächst aus geographischen Unterschieden der Naturgüterversorgung (z.B. „Südfrüchte“) sowie aus kulturellen Unterschieden (chinesisches Porzellan), dann aus der wachsenden handwerklichen und vor allem industriellen Arbeitsteilung. Der Handel ist eine Dienstleistung der materiellen Kommunikation. Tausch war immer schon (unvollkommenes) Bild der kommunikativen Gegenseitigkeit. Weitere Dienstleistungen erweitern diesen Dienst um mehr oder weniger immaterielle Produkte wie Informations- und Kulturleistungen, z. B. Lehre und Training, Gesundheitsdienste, Rechtshilfe, Versicherungen.

1.4 Geldsystem oder quartärer Sektor

Im Unterschied zu den bisher genannten volkswirtschaftlichen Sektoren[122] kennt die Volkswirtschaftslehre keinen quartären Sektor. Sie zählt zum Beispiel Banken und Börsen zu den zuvor genannten Dienstleistern. Der Handel mit Geld ist jedoch qualitativ von jedem anderen Handel sowie jeder anderen Dienstleistung verschieden. Denn in ihm wird das Medium der ganzen wirtschaftlichen Sphäre selbst zum Tauschobjekt gemacht.[123] Das war zwar in alten Wechselstuben auch schon der Fall, jedoch bestand dort die Dienstleistung in der bloßen Übersetzung einer Währung in eine andere und verdiente als solche eine Vergütung. Die Tauschmedien wurden lediglich aus Gründen der eigenen Tauschbarkeit sekundär zu Objekten gemacht.

Eine ganz andere Qualität erreicht die Objektivierung des Mediums, wenn die Geldwährungen zu Objekten der Spekulation gemacht werden. Manche neoliberale Ökonomen wollen die Börsenspekulation zur bloßen hilfreichen Dienstleistung für die Wertermittlung einer Währung deklarieren, aber das geht offensichtlich am Kern der spekulativ erzielten Gewinne durch Handel mit verschiedenen Geld-Objekt-Arten vorbei.

Dass das Medium auf verschiedene Weise zum Objekt gemacht werden kann, zeigt, dass es der reflexiven Regulierung, unter anderem der Messung der Währungen an einer Meta-Währung bedarf: Aufgabe einer Nationalbank bzw. der Europäischen Zentralbank, die das Geld ausgibt und den Geldmengen-Umlauf nach Bedarf und Gemeinwohl-Gesichtspunkten regulieren sollte; international wäre dies Aufgabe einer neutralen(!) Stelle, die den Wert einer Währung in Bezug auf eine internationale Meta-Währung taxiert. Es sollen hier nicht im Vorübergehen wirtschaftsethische Postulate aufgestellt werden. Lediglich auf die systemische oder organismische Bedeutung dieses „quartären Sektors", auf die so entscheidende geldsystemische Dimension der Wirtschaft, sollte hingewiesen werden. Und allgemein darauf, dass hier eine reflexive Handlungslogik waltet, gleich ob man sie beachtet oder nicht.

Das Geld ist oft mit dem Blut des sozialen Organismus gleichgesetzt worden. Das ist übertrieben, insofern der Gesamtorganismus nicht mit dem Subsystem Wirtschaft gleichgesetzt werden darf. Den

Gesamtorganismus mit dem Subsystem Wirtschaft gleichzusetzen, wäre Ökonomismus. Für den Basis-Kreislauf Wirtschaft aber geht die Regulierungs- oder Bestimmungsmacht des Geldsystems über den des physischen Blutkreislaufs noch hinaus: Eine so direkte Verfügung über das Blut ist im natürlichen Organismus normalerweise nicht möglich wie in der Wirtschaft über das Geld.

2. *Das Medium der Politik: Recht*

Als spezifisches Interaktionsmedium der Handlungs- und Systemebene Politik gibt es das Recht. ⇦Politik ist Handeln aus Macht bzw. in Bezug auf Macht. Die Willkür der Macht wird durch das Recht eingeschränkt, im Rechtsstaat ausdrücklich allein auf Grund von Rechtsregeln.

Recht ist die Kanalisierung von Macht nach Regeln, eine „Währung" der Macht, die scheinbare oder wirkliche Gewaltfreiheit bezweckt. Wo es kein gemeinsames Recht gibt, gilt nur das „Faustrecht" oder das „Recht" des Stärkeren. Ob es als vernünftiges Freiheitsrecht, als „Naturrecht" im Sinne eines Vernunftrechts, gestaltet ist, oder ob es einfach das faktisch überlieferte und pragmatisch verschleierte Recht des Stärkeren ist, macht natürlich einen Riesenunterschied aus.

Das Recht ist damit ähnlich das formelle Interaktionsmedium der politischen Sphäre wie das Geld dasjenige des Wirtschaftslebens. Nur wenn der Rechtsgedanke sich vom Gedanken des Heiligen und der Sittlichkeit der Gesinnung emanzipiert hat, kann sich die ⇦politische Sphäre als die der (mehr oder weniger) rechtlich regulierten Machtkompetenzen von Sittlichkeit und Religion absetzen – was in der abendländischen Neuzeit (seit der Reformation) äußerst mühsam, wahrhaftig unter viel Blut und Tränen geschehen ist. Der entsprechende Prozess steht der islamischen Welt zum großen Teil noch bevor, unter ganz anderen historischen Bedingungen.

⇦Recht kann näherhin verstanden werden als eine Freiheitsregelung, nach einer weitergehenden, normativen Definition von Kant, die Regel des Miteinanders von Freiheiten, sofern sie sich gegenseitig begrenzen.[124] Wir müssen hier – nur grundbegrifflich einfach! – ein normatives Vernunftrecht vom positiven, geschichtlich gewordenen und faktisch sanktionierten Recht unterscheiden. Diese Unterscheidung ist übrigens allen Juristen geläufig, mit dem stillschweigenden oder

Recht kann als die Regel des Miteinanders von Freiheiten verstanden werden.

ausdrücklichen Zusatz: „Wir müssen uns ans positive, geltende Recht halten." Hier haben die juristischen Verwalter und Anwender der bestehenden Gesetze in der alltäglichen Rechtspraxis naturgemäß weniger Spielraum als die Weiterschöpfer dieser Gesetze (Legislative). Doch das Bewusstsein für Sinn und Unsinn bestehender Gesetze, gemessen an Vernunft und gesundem Menschenverstand, erwartet die Bevölkerung auch von den Rechtspraktikern immer wieder – mit Recht.

Schon lange vor der formellen Fundierung des Staates im Prinzip Recht waren die Staaten „Rechtsverbände": Es galt ein Recht nach innen und außen. Kaiser, Könige und Fürsten „von Gottes Gnaden" sprachen Recht. Wieviel dies mit heutigen Rechtsvorstellungen oder auch damaliger Gerechtigkeit zu tun hatte, das sind ganz andere Fragen. Aber die staatlich-obrigkeitliche Organisation sollte einen Rechtsschutz nach innen und außen und klare Verhaltensregeln, eben das Recht, gewährleisten.

⇦Rechtsstaat aber ist mehr als ein Rechtsverband überhaupt. Er bedeutet: die Fundierung des Staates ausschließlich im Recht als Grundlage, nicht mehr in Religion, Sittlichkeit und sonstigen weltanschaulichen Wertgrundlagen – jedenfalls nicht mehr unmittelbar.[125] In dieser Einschränkung liegt ein riesengroßes Problem, das uns noch mehrfach beschäftigen muss: das Verhältnis des Rechtes zu Ethik und Religion.

Jedenfalls bedeutete die Fundierung des Staates im Recht einen gewaltigen weltgeschichtlichen Einschnitt und Fortschritt, für den die französischen und amerikanischen Revolutionen stehen: der „laizistische" Staat (Laienstaat im Unterschied zum Klerikerstaat), der zugleich mit der Idee der Teilung der Gewalten (ausübende, gesetzgebende, rechtsprechende) geboren wurde. Wenn nämlich der Herrscher nicht mehr selbst der Gesetzgeber und Richter ist, dann deshalb, weil er all das nicht mehr „von Gottes Gnaden" ist – und umgekehrt: Die Trennung der Gewalten erfordert einen anderen Maßstab als das Handeln aus heiliger Vollmacht: eben den Maßstab des Rechtes. In demselben Moment, wo ein eigenes, nicht mehr religiöses Interaktionsmedium Recht anerkannt wird, ist die Politik im Prinzip differenziert von Religion und Weltanschauung. Freilich bis heute erst „im Prinzip", sehr unvollkommen.

Es gab allerorten in der Welt und gibt vielfach noch heute eine Rechtlichkeit und rechtlich sehr wohl geregelte Staaten, die keine Rechtsstaaten im modernen Sinne sind. Denken wir an die heute noch aktuelle islamische Scharia. Mit ihr ist ein theokratisches Recht

Die Differenzierung von Politik und Religion, von Kultur und Religion ist eine abendländische Errungenschaft, die zum Begriff „Rechtsstaat" gehört.

gemeint, eine Einheit von Religion und rechtlicher Regelung des Alltagshandelns, welche diese Differenzierung von religiöser Weltanschauung mit ihren religiös-ethischen Pflichten zum „weltlichen" Recht vermissen lässt, die wir mit Rechtsstaat meinen. Es fehlt demgemäß auch die Differenzierung von Politik und Religion, ebenso von „weltlicher" Kultur und Religion. Eben diese Differenzierung ist eine abendländische Errungenschaft, die zum Begriff „Rechtsstaat" gehört. Hier liegt eine grundlegende Differenz zwischen islamischen Staaten und europäischer Moderne, über die nicht in falscher Diplomatie hinweggeredet werden darf. Einzig die Türkei hat, seit Kemal Atatürk (1881-1938), ihr Staatswesen offiziell nicht mehr auf die islamische Scharia, sondern auf Recht im modernen westlichen Sinn gegründet.

Dass trotzdem, auch im Rechtsstaat, Weltanschauung, Sittlichkeit und Religion eine irgendwie fundamentale Rolle im Gemeinwesen spielen, liegt auf der Hand. Aber welche Rolle genauer? Und wie ist diese rechtlich zu fassen? Bis heute gibt es dazu allerorten nur Kompromisse, selbst in „laizistischen" Staaten wie USA und Frankreich, erst recht in Deutschland, das nicht ganz aufgehört hat, ein Weltanschauungsstaat in einem inkonsequenten Sinne zu sein. In England beispielsweise ist die Königin bis heute formell das Oberhaupt der anglikanischen Kirche! Es kann in diesem Rahmen allerdings nicht darum gehen, das faktische Verhältnis von Rechtsstaat und Kirche (Religion) in den Demokratien dieser Welt zu untersuchen, sondern einen konstruktiven strukturellen Vorschlag zur Lösung dieses grundsätzlich ungelösten Problems von Recht und Weltanschauung im Sinne von Ethik und Religion zu machen. Das ganze, von Pragmatikern aus Wirtschaft und Politik so gern verleugnete Problem wird uns beim Grundwertesystem (4) noch einmal beschäftigen. Der bloße Hinweis auf Recht und Rechtsstaat genügt nicht, weil beide unmöglich ohne Fundamente in überrechtlichen Grundwerten auskommen, die ihrerseits schon eine verfassungsrechtliche Formalisierung der tieferen Fundamente menschlicher Vergemeinschaftung in Weltanschauung, Ethik, Religion darstellen.

Dabei mache ich die begründete Voraussetzung, dass die „moderne" Differenzierung von Recht und Religion eine vernünftig-allgemeingültige und keine bloß historisch zufällige Entwicklung ist[126]. Sie macht den evolutiven Aspekt der Viergliederungsanalyse und -theorie aus. Wir sollten uns nicht wundern, dass auch die islamische Welt lange dafür braucht. Wenn diese noch religiös fundierte Staatenwelt den Westen in Bezug auf Trennung von Politik und Religion zum Vorbild nehmen soll, hat sie alles Recht darauf zu erfahren, wie Religion und Weltanschauung eine zwar legitime, aber nicht theokratische und auch nicht auf inkonsequenten, rechtswidrigen Privilegien beruhende Rolle spielen können. Diese Frage ist im Westen bisher nirgendwo befriedigend gelöst worden. Etwa in den derzeit fundamentalistisch regierten USA? Ohne zureichende Antwort darauf wird die Demokratie für die islamischen Länder nicht attraktiv werden können! Statt schlicht den *Clash of Civilizations* zu diagnostizieren und mit herbei zu reden, sollte Herr Huntington also für seine weltpolitischen Analysen über diese Grundlagenfragen des Verhältnisses von Recht, Politik, Kultur und Religion nachdenken, um über tendenziöse Oberflächenberieselung hinauszukommen.

Wenn man die Gewaltenteilung auf ihre Gründe hin durchdenkt, kommt man mit der Reflexionstheorie zu einer logisch stringenten Viergliederung, die zugleich deren klassische Dreigliederung sinnvoll erweitert.

Exkurs zur Gewaltenteilung

Die klassisch-europäische Gewaltenteilungslehre ist nichts anderes als der Ausdruck jener Ausdifferenzierung des Rechts. Montesquieu (1689-1755)[127] will in seinem Werk *Der Geist der Gesetze* (frz. 1748, dt. 1753) allgemein nachweisen, dass nicht nur den physikalischen, sondern auch den politischen und sozialen Phänomenen Gesetze und Konstanten zugrunde liegen. Das entspricht erstaunlicherweise schon dem Geist und Anliegen dieses vorliegenden Buches. Die Unterscheidung von Exekutive, Legislative und Judikative ist bei Montesquieu aber nicht systematisch begründet, sondern antwortet einfach einem dringenden Zeitbedürfnis: der Trennung von ausführender, gesetzgebender und richterlicher Gewalt, die früher alle im sakralen Königtum von Gottes Gnaden gebündelt waren. Die Gewaltenteilung bedeutete dann zugleich die Verweltlichung dieser Vollmachten und ging mit der Trennung von Religion und Politik Hand in Hand. Die Lehre wurde entsprechend wirksam für die amerikanische und französische Verfassung.

Eine systematische Begründung gerade der Dreiheit ist auch später nicht zu erkennen. Die Dreiheit hatte eine große Tradition, schon wegen der christlichen Trinität. Fast alle Nationalflaggen nach der französischen Revolution sind Trikoloren (im weiteren, ursprünglichen Sinn von „Dreifarbigen"). Seltsamerweise scheinen sich aber auch spätere verfassungsrechtliche Autoren mit der bloßen Aufzählung der drei Gewalten zu begnügen. Eine sachlogische Herleitung der drei Gewalten ist mir, trotz einiger Nachforschung, nicht bekannt geworden.

Der logische Gesichtspunkt der Gewaltenteilung

Aus reflexionstheoretischer Perspektive ergibt sich eine systematische Begründung gemäß den Reflexionsstufen des Handelns, und es dürfte die einzig stichhaltige sein, wenn man bedenkt, dass der Gesichtspunkt einer Teilung der politischen Gewalten nur derjenige ihrer jeweiligen Stellung zu Recht und Gesetz sein kann. Das bedeutet nicht nur pragmatische, wechselweise Kontrolle der Macht, *balance of powers*, sondern rechtlich-logisch begrenzte Zuteilung der Machtbefugnisse:

2.1 *Die Verwaltungsexekutive* wendet vorhandene Gesetze an. Zu ihr dürfte auch die einfache Rechtssprechung als Gesetzesanwendung gehören: Reflexionsstufe des *sachorientierten* Handelns, hier der technischen Anwendung von Gesetzen.
2.2 *Die politische Exekutive* hat einen Spielraum für eigene Machtentscheidungen. Sie muss diesen Spielraum zum Regieren haben und nutzen: Reflexionsstufe des *strategisch-machtorientierten* Handelns.
2.3 *Die Legislative* berät über Gesetze und beschließt sie: offensichtlich die *kommunikative* Reflexionsform der staatlichen „Gewalten".
2.4 *Die Judikative* wacht über die Verfassungs- und Gesetzeskonformität der Tätigkeit und Ergebnisse aller anderen Gewalten, insbesondere über neue Gesetze der Legislative, aber auch über deren Anwendung, einschließlich in Form der Kontrolle der unteren Gerichtsbarkeit: die *metakommunikative* „Gewalt".

In dieser Stufung der Gewalten zeigt sich nicht nur eine – im Kontrast zur politischen Realisierung! – auffallende Logik, sondern auch größere Vollständigkeit durch die Unterscheidung zweier Formen von Exekutive. Dass diese in der Tat unterschieden werden müssen, lehrt jeder unbefangene Blick in die politische Realität. Jedem ist intuitiv der Unterschied zwischen Regieren aus eigener (beauftragter) Entscheidungsmacht und Verwalten im Rahmen der gesetzlichen Vorgaben klar. Die Verwaltungsexekutive, auch Bürokratie genannt, fristet jedoch ein Stiefkinddasein im gesamten verfassungstheoretischen Denken.[128] Normalerweise wird Verwaltung als verlängerter Arm der

Regierung verstanden. Im amerikanischen Sprachgebrauch heißt die Regierung vornehmlich *administration*, was von einer ursprünglich-unbewussten Gleichsetzung der beiden Exekutiven im amerikanischen Sprachgebrauch spricht, nicht aber von der systematischen Angemessenheit dieser Gleichsetzung im Rahmen moderner Gewaltenteilung. Regieren heißt wesentlich Entscheiden und Macht frei ausüben im offenen Rahmen der Gesetze und wird bezeichnenderweise heute nicht mehr durch Beamte vollzogen. Verwalten bedeutet dagegen im Deutschen nichts Anderes als Gesetze korrekt anwenden, und zwar nicht da, wo sie offen sind, sondern insofern sie Rechte und Pflichten festlegen, wobei den Beamteten leider auch viel Spielraum für Eigenwilligkeiten oder Überkorrektheiten oder sturen „Dienst nach Vorschrift" gegen den gesunden Menschenverstand bleibt. Der Spielraum für Freundlichkeit wird erfahrungsgemäß weniger genutzt. Eben deshalb bedarf auch die Verwaltung einer demokratischen Kontrolle, der sie heute weitgehend entzogen ist.

„Gewalten" als die vier Funktionen des Staates.

Aus systematischer Sicht ergeben sich also vier „Gewalten" oder besser: Funktionen des Staates. Wenn sonst von „vierter Gewalt" die Rede ist, vornehmlich im Hinblick auf die Massenmedien, handelt es sich um einen für das Niveau unserer Unlogik in öffentlichen Dingen kennzeichnenden Denkfehler. Nicht weil die Medien keine gewaltige Macht, im günstigen Fall auch eine demokratisch ausbalancierende Macht, hätten. Das haben die Wirtschaftskonzerne, Verbände und ihre Lobbyisten in anderer Weise ebenfalls. Ebenso wenig wie diese sind aber die Medien – solange wir „Demokratie" haben jedenfalls – eine staatliche Grundfunktion (es sei denn als Regierungsanhängsel wie „Presse- und Informationsamt" der Bundesregierung). Staatliche Grundfunktionen allein waren und sind jedoch mit „Gewalten" und „Teilung der Gewalten" gemeint. Wir sollten also das unüberlegte Reden von den Medien als vierter Gewalt einstellen, zumal die tatsächliche Abhängigkeitsproblematik der Medien damit überdeckt wird (dazu gleich unter „Kultur").

Legislative und politische Exekutive sind getrennt, aber die Regierung sitzt im Parlament.

Die tatsächliche Realisierung von Gewaltenteilung fällt in der Praxis noch schwächer aus als in der Theorie. Sicher freuen wir uns alle sehr darüber, dass die Regierenden nicht zusätzlich Richter sind. Aber die Regierenden sitzen im Parlament, bei angeblicher Trennung dieser Gewalten. Nur die Grünen leisten sich noch eine – endgültig erst durch das Folgende überholte – Diskussion über die Trennung von „Amt und Mandat“, wobei mit „Amt“ sowohl Regierungsamt wie Parteiamt gemeint sein kann. Eine Einheit von Parteiamt und Mandat ist vom Gesichtspunkt der Gewaltenteilung her gar nicht zu beanstanden und wird von den deutschen Grünen gemäß jüngsten Beschlüssen (Mai 2003) nicht mehr abgelehnt.

Gravierender dürfte am Maßstab der klassischen Gewaltenteilung sein, dass Richter, gar die obersten, vom Parlament und seiner Regierung bestimmt werden, also notgedrungen nach ihrem Parteibuch mindestens eben sosehr wie nach ihrer fachlichen „unparteiischen“ Qualifikation. Das ist eine Kompromittierung ihrer Neutralität und in der Konsequenz ihrer fachlichen Kompetenz. Die pensionierten Verfasssungs- und Bundesrichter sollten helfen, wenigstens hier der parteipolitischen Kungelei am Kopf der Judikative Abhilfe zu schaffen, damit „ein Ruck“ durch Deutschland gehe. Theorie und Praxis der Gewaltenteilung werden dazu grundlegend erweitert werden müssen.

Das Parteibuch als Steigbügelhalter für die Ämterkarriere

3. *Das Medium der Kultur: Sprache*

Wenn die Wirtschaft sich aus dem güterorientierten Handeln bzw. sachorientierten Behandeln des Anderen ergibt und sich durch das Medium Geld zu einer eigenen Sphäre des sozialen Organismus ausdifferenziert, wenn ferner die politische Sphäre durch das Interaktionsmedium Recht das strategisch-machtorientierte Handeln der Individuen zu einem Subsystem des Sozialen bündelt, dann stellt sich jetzt die Frage, welche Sphäre des sozialen Organismus sich aus dem kommunikativen, verständigungsorientierten Handeln ergibt und durch welches Interaktionsmedium es zusammengefasst wird.

Der Inbegriff der gesellschaftlichen Gegenseitigkeit ist das, was wir Kultur nennen. ⇦Kultur ist nicht einfach alles durch menschliches Handeln Hervorgebrachte (weitester Kulturbegriff), sondern vor allem das Gemeinsame an Sitten und Gebräuchen, an sozial erlernbarer und weitergegebener Lebensart. Sie ist in einem spezifischen, nicht biologischen Sinne das „Vererbbare am Sozialen“[129]. Vererbt wird das, was bleibt, also nicht auf eine einzelne Handlung beschränkt ist, sondern ein Handlungsmuster darstellt,

Kultur ist das Gemeinsame an Sitten und Gebräuchen, an sozial erlernbarer und weitergegebener Lebensart.

und was als bleibend von einer Gemeinschaft anerkannt ist (kommunikativer Kulturbegriff). Es ist wichtig, diesen normativen, ins Leben greifenden Alltagsbegriff von Kultur zu verinnerlichen – und sie nicht erst bei bei der Kunst, womöglich bei Opern und Ausstellungen klassischer Meister, anfangen zu lassen, nicht erst bei der hochkulturellen Schicht (engster Kulturbegriff).

Natürlich gehören zum Vererbbaren am Sozialen, zum sozialen Kulturerbe, auch die institutionellen Errungenschaften in Wirtschaft, Politik und Religion. Wie überhaupt die Sphären oder Subsysteme des sozialen Organismus sich gegenseitig durchdringen (interpenetrieren). Man kann von einer ⇦Dimension des Kulturellen in all diesen Bereichen sprechen, von Wirtschaftskultur, politischer Kultur usw.[130] Umso sorgfältiger muss die eigene, je spezifische Logik „der Kultur" herausgearbeitet werden. Gemeint ist hier also die Kultur als eigene Systemebene und Selbstzweck, nicht nur „das Kulturelle" als notwendiger Bestandteil und Beiwerk des Wirtschaftlichen, Politischen und Religiösen. Wir vereinfachen die zugestandenermaßen komplizierten Zusammenhänge, indem wir erneut nach dem formellen oder formalisierten Medium dieser spezifisch kommunikativen Ebene des Sozialen, Kultur genannt, fragen. Welches ist die „Währung" der kommunikativen Gegenseitigkeit zwischen Menschen?

Als wir früher über diese Stufe der doppelt-gegenläufigen Reflexion der Kommunikation handelten, mussten wir eine Grenze ziehen zur Alleingeltung der Sprache, zu den Sprachvergötterern. Es gibt auch vorsprachliches kommunikatives Handeln wie Zärtlichkeit oder Hilfe. Es gibt jede Menge, wenn auch selten genügend, nonverbale Kommunikation. Die Substanz von Kultur ist Kommunikation, ist Liebe im kommunikativen Sinn (Freundschaft), ist Gemeinschaftlichkeit – nicht etwa erst der schöne Schein der Kunst. Wo die Kunst die primäre Kultur, ihre Grundsubstanz, nicht bereichern und überhöhen, sondern ersetzen will, verliert sie ihre Bodenhaftung und die eigene Substanz.

Die Substanz der Kultur ist Kommunikation, Liebe im kommunikativen Sinne.

Keineswegs umfaßt also die Sprache, wenngleich von Hause aus kommunikatives Medium, alle Kommunikationshandlungen, sowenig wie alles wirtschaftliche Handeln direkter Umgang mit Geld wäre. Dennoch ist sie das einzige Interaktionsmedium, das in der Lage ist, diesen ganzen Bereich der spezifisch kommunikativen Werte, die Kultur im eigentlichen Sinne, zu bündeln. Und wie sie ihn bündelt! Wenn wir auf Reisen einen einzigen Satz eines Fremden hören, wissen wir unglaublich viel über seine kollektive und individuelle Kultur. Natürlich ist das umso mehr der Fall, je mehr wir von diesem Satz verstehen und ob wir überhaupt unterscheiden können, ob es sich um Indonesisch oder Chinesisch, Japanisch oder Mongolisch handelt. Oder in kleinerem Maßstab: ob es sich um rheinisches, bayerisches oder sächsisches Deutsch handelt und auf welcher Sprachebene sich der Sprecher bewegt. Es hängt von unseren eigenen Kenntnissen ab, in welchem Maße wir die geballte Kultur-Information, die in einem einzigen Satz liegt, zu entziffern vermögen.

Deshalb sind Kulturgemeinschaften in erster Linie Sprachgemeinschaften. Die Grenzen der Kulturen sind die Sprachgrenzen, nicht etwa die Grenzen des McDonald-Reiches, auch nicht des Microsoft-Reiches. Deshalb müsste Kulturpolitik heute in erster Linie bewusste Sprachpolitik sein. Das gilt nicht allein für die berühmte „Integration" der Zuwanderer, als deren Essenz man inzwischen[131] das Sprachproblem erkannt hat. Für eine kulturelle Identifikation reicht allerdings nicht das korrekte Bedienen der Sprache. Dieses reicht nur formell, nicht innerlich. Selbstverständlich muss man sich im rechtlichen Bereich, wenn es um Staatsbürgerschaft und dergleichen geht, an formelle juristische Kriterien halten und darf nicht in eine Art kultureller Gesinnungsschnüffelei verfallen.

Kulturelle Identifikation über Sprache, nicht Über „Blut"

Doch gedanklich ist kulturelle Identifikation als der eigentliche Kern des sogenannten „Ausländerproblems" auszumachen, an dem mit wirtschaftlichen, politischen, gar religiösen Argumenten lange vorbeidiskutiert wurde und noch immer gern wird. Angeblich aufgeklärte Menschen und angesehene Journalisten identifizieren das Kulturelle noch immer mit dem Ethnisch-Abstammungsmäßigen, um es deshalb als *jus sanguinis* (Recht des Blutes) zu diffamieren. Dagegen wurde die Abstammung schon seit den Zeiten Herders (1744-1803) und Fichtes (1762-1814) von Sprache und Kultur klar und deutlich unterschieden. Zahlreiche „multikulturelle" Pseudoaufklärer etikettieren diese großen kosmopolitischen Humanisten jedoch bis heute – im „Lichte" der Nazidoktrin – als Nationalisten und Rassisten! Eine Nation, die auf Dauer so banausenhaft mit ihrem kulturellen Erbe umgeht, ist in der Tat dem Untergang geweiht, nicht unbedingt sofort als Wirtschaftsstandort, aber als kulturelle Größe. Es kann kaum genügend betont werden, dass der Begriff ⇦Nation nicht bloß Wirtschaftsstandort und auch nicht bloße Rechtsgemeinschaft (von kühlen „Verfassungspatrioten"), sondern gerade die kulturelle Dimension und Ebene einer staatlichen Gemeinschaft anspricht.

Wenn eine Nationalsprache wie das amerikanische Englisch informell zur Weltsprache aufrückt, obwohl sie weder neutral noch etwa leicht zu erlernen ist, müssten die Alarmglocken bei den Vertretern aller anderen Kultursprachen läuten. Aber sie läuten merkwürdig leise. Nur wenige Sprachforscher sprechen über „Sprachimperialismus“[132] und das gegenwärtige Sprachensterben. Der „Verein Deutsche Sprache“[133] (schon 16.000 Mitglieder) beschränkt sich derzeit auf das Anprangern des „Denglisch“, ohne dass die Mehrzahl der Mitglieder das Ausmaß des Kulturproblems zu thematisieren wagte, das sich in diesen unseren Jahrzehnten stellt. So dringlich und unwiderruflich wie niemals in der bekannten Weltgeschichte. Wir könnten uns für Englisch als europäische *Lingua franca* und als Weltsprache entscheiden. Doch müsste es eine bewusste, legitimierte Entscheidung sein, während das Hineinschlittern in angeblich jetzt schon unumkehrbare Entwicklungen dem Bewusstseinsstand der heutigen Menschheit unwürdig ist.

Was die Untergliederung des Kultursystems angeht, so ist zu bedenken, dass ein Großteil des kulturellen Verhaltens der Menschen informell ist: Menschen sind in allen ihren Verhaltensweisen kulturell geprägt. Die „rein natürlichen“ Verhaltensweisen des Menschen sind bloß die vegetativen. Jede Verhaltensweise des Menschen, die frei regulierbar ist, trägt deshalb auch ein kulturelles Gepräge, von der Nahrungsaufnahme und -ausscheidung über alle Bewegungsarten, in gewissem Maße sogar das Atmen, über das Kleiden, Wohnen, Produzieren, Instrumentebenutzen bis hin zu allen Formen des Sprechens und Schreibens, also des direkten Umgangs mit dem Medium Sprache und seinen Derivaten wie Zahlensprache, Notenschrift und anderen Zeichensystemen.

Grundformen des Umgangs mit dem kollektiven Erbe

Deshalb folgt eine weitere organische (reflexionslogische) Untergliederung der Kultursphäre nicht einfach den Handlungsbereichen, sondern dem Gesichtspunkt: Was sind die Grundformen des Umgangs mit dem kollektiven Erbe, das die Kultur ja definitionsgemäß darstellt? Aus dieser Fragestellung ergeben sich folgende wichtigen und bekannten Systeme des Überlieferns – wobei mir bereits ein staatlich-rechtlicher Gesamtrahmen vor Augen steht:

3.1 *Objektive Stufe:* Kultur als Überlieferung des vorhandenen Erbes = das Lernen und Lehren im weitesten Sinne, die von der Wiege und der primären Sozialisation über die Schulen bis zur Bahre reichen: der lebenslange kulturelle Lernprozess eines jeden, dessen markante, öffentlich beeinflusste Seite das ist, was wir *Pädagogik* nennen.

3.2 *Die subjektabhängige Form und Stufe,* die aufgrund eigener Anstrengung neue Felder des Wissens und Könnens erschließt: *Forschung und Wissenschaft.*

3.3 *Der kulturgemeinschaftliche, öffentliche Prozess der Kommunikation.* Seine institutionelle Form ist die *Publizistik.* Wie in den anderen Formen auch, gibt es hier Produzenten und Rezipienten, und diese Rollen wechseln im Idealfall der kommunikativen Gegenseitigkeit ständig bzw. werden gleichzeitig ausgeübt.

Die gesellschaftliche Kommunikation wird heute in hohem Maße, jedoch keineswegs ausschließlich, vermittelt durch Medien: sowohl die bekannten Massenmedien (Fernsehen, Rundfunk, Presse) wie technische Medien mit eigener Kommunikationsgemeinde (Internet). Diese mediale Kommunikation muß aber auch im Zeitalter der Massenmedien unterschieden werden von der gesamtgesellschaftlichen Kommunikation im Allgemeinen. Was sich in Familien, Betrieben, Freundes- und Kollegengruppen, auch am berühmten Stammtisch an Kommunikation abspielt, ist selbst heute bei weitem nicht identisch mit der publizistischen Prägung und Manipulation der Meinungen. Nicht zu unrecht wird die Unterscheidung von öffentlicher und veröffentlichter Meinung getroffen – eine Unterscheidung, die vor allem so lange von größter Bedeutung ist, als die Wirtschaftsabhängigkeit der Kulturprozesse, insbesondere der Publizistik, nicht abgefedert ist. Wie wäre das möglich?

3.4 Auch wenn die Massenmedien heute als Inbegriff des medial vermittelten Kommunikations- und Kulturprozesses erscheinen, wird die eigentlich mediale Stufe der öffentlichen Kommunikation nach wie vor durch die *künstlerischen Medien* gebildet. Wir können hier leider nicht in größere kunsttheoretische Betrachtungen eintreten, um eine Abgrenzung der künstlerischen Medialität von nicht-künstlerischer Medialität vorzunehmen.

Kunst ist eine Meta-Sprache.

Es geht aber darum: Kunst ist eine Meta-Sprache, eine zweite Sprache jenseits der Sprache.[134] Diese an sich semiotische (zeichentheoretische) These meint im sozialen Zusammenhang: Der künstlerische Ausdruck ist nicht primär als Meinungsäußerung und einfache Kommunikation, sondern als Erschließung neuer Ausdrucksmöglichkeiten durch Meta-Kommunikation zu sehen, dies nicht bloß als endlose Kette von Kommunikation über Kommunikationen, sondern als qualitativ höhere, im Handlungsvollzug der gelebten Reflexion höher reflektierte Ebene.

Das mag ein sehr westlicher und neuzeitlicher Kunstbegriff sein, der zum Beispiel in dieser Ausdrücklichkeit die Emanzipation einer autonomen Kunst von der Religion zur Voraussetzung hat. Doch sollten wir uns daran gewöhnen, dass der „Westen" durchaus einen weltgeschichtlichen Beitrag zu leisten hat – von Kapitalismus, Kulturimperialismus und geschichtsfremdem Plattwälzen anderer Kulturen mit abweichenden Entwicklungsphasen doch bitte zu unterscheiden.

Heute handelt es sich primär um Ausdrucksmöglichkeiten des isolierten Subjekts, in früheren – möglicherweise auf neuer Ebene wiederkommenden – Zeiten um Ausdruck des vergemeinschafteten Subjekts, insofern als Ausdruck von Gemeinschaft selbst, vermittels der individuellen Ausdrucksfähigkeiten des Künstlers. Das Paradox des Künstlers war aber stets schon mehr oder weniger deutlich dies, in Kommunikationsgemeinschaften oder Traditionszusammenhängen verwurzelt zu sein – und doch innovativ das Noch-nicht-Gesagte zum Ausdruck zu bringen. Und dies in einer über-sprachlichen Sprache, welche die normale Sprache jedoch voraussetzt.

Der Künstler ist herausragender Träger des Kulturprozesses nur da, wo er die tieferen Aspirationen dieses geistigen Erbes und Verarbeitungsvorgangs erfaßt und seine persönliche Subjektivität, jenseits subjektivistischer Willkür, in deren Dienst zu stellen vermag. Was ihm in der derzeitigen, in jeder Hinsicht gebrochenen Gesellschaft und Kultursituation nicht gerade leicht gemacht wird. Die Dominanz der Wirtschaft über das Kultursystem tut ein Übriges. Womit wir wieder auf die Hauptspur unseres Gedankengangs zurückgekehrt sind.

4. *Das Medium des Grundwertesystems: Axiome/Riten*

Man kennt in der Soziologie den Begriff des Legitimationssystems oder auch des in der Verfassung erkennbaren Grundwerte-Systems. Die moderne Differenzierung von Kultur und Religion ist dabei jedoch organismustheoretisch – also außerhalb von schöngeistigen, immanent kulturell bleibenden Kunst- und Kulturgeschichten – kaum je erfaßt worden.[135] In dem schon erwähnten Werk von S. Huntington *Clash of Civilizations* zum Beispiel wird diese wesentliche – etwa auf

Dauer nur westliche? – Unterscheidung fast durchgängig ignoriert, sehr zum Schaden der Aussagekraft des Buches.

Dabei ist offensichtlich, dass die neuzeitliche Differenzierung zwischen Religion und Politik gleichzeitig auch eine solche zwischen religiöser Bindung und autonomer, wissenschaftlich und künstlerisch emanzipierter Kultur war. Konkreter, die Kämpfe um die Trennung von Thron und Altar, von geistlicher und weltlicher Gewalt, die seit der Reformation das Bild Europas bestimmten, wurden begleitet von den nicht minder spannenden Kämpfen zwischen Kirche und autonomer Wissenschaft sowie vom Ringen um eine autonome Kunst. Diese Emanzipation wird zwar oft als Faktum thematisiert, jedoch nicht systemtheoretisch, nicht in ihrer großen Tragweite für die Gliederung des sozialen Organismus.[136]

Es ist zweifellos richtig, dass jede Kultur ihre religiösen Voraussetzungen hat und dass umgekehrt jede traditionelle und institutionalisierte Religion sich kulturell „inkarniert". Dies lässt die Unterscheidung zwischen Religion und Kultur im Konkreten wieder schwieriger werden und macht die Begriffsbildung einer spezifisch religiösen Kultur notwendig: die kulturelle Dimension einer Religion, d.h. alles was an kultureller Überlieferung und Brauchtum unmittelbar zu einer überlieferten Religion gehört.

Das Transreligiöse ist die überkonfessionelle Legitimation für die Grundwerte einer pluralistischen Gesellschaft.

Von dieser kulturellen (kulturschöpferischen oder auch kulturvernichtenden) Seite der Religion ist aber ihre eigentliche Essenz zu unterscheiden: „das, was uns unbedingt angeht" (Paul Tillich)[137]. Diese eigentliche Essenz der Religionen ist – das klingt paradox und ist es auch – etwas ⇦Transreligiöses, das heißt in allen Religionen und Spiritualitäten, auch in einer spirituellen Philosophie, lebender gemeinsamer Geist. Wäre es nicht so, hätte eine religiös-weltanschaulich pluralistische, erst recht eine vollständig „säkularisierte" Gesellschaft auch kein gemeinsames Wertfundament außer dem rechtlich Fixierten, das heißt: Sie hätte kein eigene, konfessionsübergreifende Legitimation für ihre Grundwerte.

Religiöse Traditionalisten, auch christliche, werden mehr oder minder offen behaupten, dass nur ihre jeweilige Religion die letzten Wertfundamente der Gesellschaft liefern könne. Sie untergraben jedoch mit der Behauptung, letztlich gäbe es nur eine christliche oder beispielsweise eine islamische Begründung des gesellschaftlichen Zusammenhalts in einer Sinn-Einheit, die Fundierung der pluralistischen Gesellschaft durch deren eigene, humanistische Letztwerte und

Grundwerte. Sie verstehen Pluralismus nur als notwendiges Übel, da sie leider die jeweils Ungläubigen nicht töten, vertreiben, einsperren oder wenigstens bekehren können und lehnen die vollzogene Säkularisation ab. Bis zum II. Vatikanischen Konzil (1962–1965) war die offizielle Lehre der katholischen Kirche, dass die Unwahrheit eigentlich kein öffentliches Recht habe und man nur notgedrungen minimale Abstriche von der einen wahren Lehre machen müsse. Das ist das Gegenteil von ⇦pluralistischem Denken, das darin besteht, einen Standpunkt jenseits der speziellen Glaubenspositionen zu suchen, selbst wenn man persönlich einen bestimmten Glauben oder philosophisch-spirituelle Einsichten hat.

Die Vertreter einer sogenannten „postmodernen" Gesellschaft meinen anderseits, auf eine gemeinsame Legitimation der Gesellschaft durch Letztwerte verzichten zu können. Von einem Übergang der Moderne in eine vage geahnte „Postmoderne" zu sprechen, „beweist nur, wie wenig Gedanken man sich über den Sinn des Begriffs der Moderne gemacht hat"[138]. Die tieferen, selbstgestellten evolutiven Aufgaben der Moderne, namentlich die Differenzierung der Subsysteme des sozialen Organismus, sind in der Tat noch keineswegs verstanden, geschweige denn erfüllt. Wir arbeiten hier an nichts anderem, als zunächst der Moderne voll Rechnung zu tragen. Was dann einmal die „Postmoderne" heißen könnte, wird erst dann zu sehen sein: sicherlich kein gedankliches Wischiwaschi, in das sich diejenigen (deutschen wie französischen) Autoren hinein flüchten, die sich nicht die Mühe der gedanklichen Durchdringung der Moderne machen. „Modern" und „Moderne" heißt soziologisch nichts Anderes als: arbeitsteilige Differenzierung der Aufgaben und damit verbunden die Ausdifferenzierung der „Wertsphären", das sind im Klartext vor allem die Systemebenen und deren Untergliederungen, die wir hier besprechen.

Wir arbeiten hier an nichts anderem, als zunächst der Moderne voll Rechnung zu tragen.

Worauf gründen sich Menschenwürde sowie persönliche und politische Grundrechte, wie sie in unserem Grundgesetz (Artikel 1–19 GG) aufgelistet sind? Beruhen sie auf einer religiös offenbarten „Gottesebenbildlichkeit" des Menschen? Müssen wir also auf Altes und Neues Testament zurückgreifen, um unsere Grundwerte legitimieren zu können, etwa, weil es in Genesis 1, 27 heißt: „Gott schuf also den Menschen nach seinem Abbild?" Wir wären arm dran, wenn wir uns auf derartige alte Schriftzeugnisse mit Offenbarungsanspruch stützen müssten, wenn wir nicht unabhängig von äußeren Autoritäten einen (wie immer näher auszudeutenden) göttlichen oder unbedingten Kern des Menschen erkennen könnten, seine Beziehung zum Unbedingten, das als Sinn-Medium alle zwischenmenschliche Begegnung ermöglicht (Kapitel III).

Eine Fundierung der Letztwerte der Menschenwürde ist keine Sache bloßer Vereinbarung und Setzung.

Selbst ein eher konservativer Sozialethiker wie Vittorio Hösle arbeitet in seiner umfänglichen politischen Ethik[139] mit historischer Akribie heraus, dass vor allem die stoische Philosophie der späten Antike (eine spirituelle Philosophie und nicht bloß eine Ethik), die Menschenwürde zu begründen vermochte. Wir bedürfen hierzu wie auch zur Grundlegung der Ethik zwar nicht unbedingt der Offenbarungsreligionen – anders, als selbst der kritische Theologe Hans Küng noch 1990 in der Tradition theologischen Exklusivitätsanspruchs auszuführen versuchte[140]; aber soweit hat Küng Recht: Wir bedürfen eines ontologischen, seinshaften Fundamentes für Ethik sowie motivierender Energien für das Ethos. Diese Fundamente und Motivationen sind weltanschaulicher, religiöser oder spiritueller Natur. Wir werden diese Ausdrücke im Folgenden genauer gegeneinander abgrenzen und ihre ethikbegründende Notwendigkeit aufzeigen.

Worauf es zunächst ankommt, ist: Dass die tradierten Religionen nur eine Möglichkeit zur Begründung der Grundwerte darstellen, und wegen der Autoritätsbindung möglicherweise nicht die beste für „freie Geister". Zumal die westlichen Menschenrechte, z. B. Religions- und Gewissensfreiheit und politischen Rechte, bis ins 20. Jahrhundert hinein gegen den hartnäckigen, früher oft blutigen Widerstand der Kirche(n) durchgesetzt werden mussten. Natürlich wissen Theologen dann zu betonen, dass dennoch der christliche, personal-individuelle Impuls auch in profaner, selbst antikirchlicher Gestalt wirksam war. Womit sie sogar Recht haben – nur dass dies keinerlei Rehabilitierung autoritärer Institutionen begründet.

Dies ist die eine Seite, die der Befreiung von äußeren Autoritäten. Die andere Seite ist aber die, dass eine Fundierung der Letztwerte, sagen wir zusammenfassend einfach der Menschenwürde, keine Sache bloßer Vereinbarung und Setzung ist. Nicht nur bedarf das Recht der ethischen Fundierung, auch Ethos und Ethik bedürfen nochmals der Fundierung im Nichtwillkürlichen. Wenn ⇦Ethos oder Moral (im Unterschied zur gedanklich objektivierten Ethik, der Ethik-Lehre) bloß so etwas wie ein Vertragsverhältnis zwischen Menschen wäre, sich anständig oder menschlich zu verhalten, entstünde sofort die Frage: Warum soll ich im

Zweifelsfall oder in einer Belastungssituation diesen Vertrag halten? Worin ist er selbst begründet? Was ist das *Übervertragliche am Vertrag* (Emile Durkheim), an der gemeinsamen ethischen Setzung und Vereinbarung? Kant begründete die Ethik und seinen berühmten kategorischen (= unbedingten) Imperativ im Vernunftgedanken: Handle so, dass sich die Vernunft in dir und in den anderen nicht widerspricht. Aber warum soll sie es nicht? Warum soll die Menschheit sich nicht durch Vernunftwidrigkeit und Selbstwidersprüchlichkeit ruinieren? Weil Vernunft und Menschheit ihm, Kant, „heilig" sind.

Jede Ethik, auch wenn sie sich humanistisch, atheistisch, existentialistisch oder sonstwie nennt, muss erklären, auf welchen Letztwerten sie ethische Unbedingtheit gründet oder ob es gar keine Unbedingtheit für sie gibt. Wenn es sich nur um einen bedingten Vorsatz handelt, etwa nach Wahrheit und Gerechtigkeit zu handeln oder die Würde des anderen Menschen zu achten oder sich selbst treu zu bleiben, ist dieser Vorsatz nur soviel wert, wie der betreffende Eigenwille zu sich selbst zu stehen beliebt. Herauskommt dabei in der Praxis eine opportunistische Ethik. Opportunismus wurde früher als die Bereitschaft definiert, höhere Werte vordergründigen Vorteilen zu opfern. Opportunismus und Egoismus sind eng verwandt. Eine Gesellschaft von Egoisten wäre nur durch Zwangsmaßnahmen, durch pure Macht, unabhängig von jeder Gerechtigkeit, aufrecht zu erhalten. Gerechtigkeit beinhaltet bereits gemeinsam annerkannte Wertgrundlagen, ein gemeinsames, nicht bloß egoistisches Ethos.

Ethos oder Moral schließt das Unbedingtheitsmoment ein, und dies nicht als eigenwillige, willkürliche Setzung, sondern als Anerkennen von etwas, was mir heilig ist. Ohne solche Anerkennung gibt es kein Ethos und keine Ethik, sondern nur Willkür – mag diese sich auch als Treue zu seinem eigenen Willen gebärden wie bei dem großen Friedrich Nietzsche:

> „Kannst du dir selber dein Böses und dein Gutes geben und deinen Willen über dich aufhängen wie ein Gesetz? Kannst du dir selber Richter sein und Rächer deines Gesetzes? – Furchtbar ist das Alleinsein mit dem Richter und Rächer des eigenen Gesetzes. Also wird ein Stern hinausgeworfen in den öden Raum und in den eisigen Atem des Alleinseins." (Also sprach Zarathustra, Vom Wege des Schaffenden).

Nietzsche wusste noch, wovon er redete, als er eine Ethik des heroischen Eigensinns erprobte. Die meisten kleineren Nachfolger wissen es nicht und kaschieren ihren Opportunismus oder Zynismus oder ihren Hass gegen die Anerkennung von irgendetwas ihrem eigenen kleinen Willen Vorausgesetztes als Heroismus.

Hinzukommt aber, dass der ethische Standpunkt sinnlogisch keineswegs der höchste ist, wie in der nachfolgenden Gliederung verdeutlicht werden wird. Die ethische Frage lautet immer: „Was soll ich tun" bzw. sozialethisch „Was sollen wir als Gemeinschaft und Gesellschaft tun?" Nicht nur, dass die obige Frage entsteht: Warum soll ich, warum sollen wir überhaupt? Grundsätzlich darüber hinaus führt die Frage: „Was kann ich, was können wir hoffen" (in der Formulierung Kants) oder stärker auf das Jetzt als auf ein Zukünftiges bezogen: Wofür lohnt es sich zu leben? Wie kann man trotz aller Negativität leben? Was ist erfüllend? Wie kann ich, wie können wir leben? Diese Frage geht tiefer als die ethische Frage.

Was ist erfüllend? Wie kann ich, wie können wir leben? Diese Frage geht tiefer als die ethische Frage.

Die Antwort darauf ist, formal gesprochen: das, was mich nicht nur unbedingt angeht, sondern auch absolut erfüllt.[141] Das, was nicht langweilig wird. Es wird hier „das (mir) Heilige" genannt. Wer nichts Heiliges kennen würde, brauchte es sich auch hier nicht andemonstrieren zu lassen. Aber er täte mir leid. Auf der anderen Seite möchte ich mit einem solchen Menschen nichts zu tun haben, ebensowenig wie mit einem fundamentalistischen Fanatiker. Beide sind potentielle Bombenleger. Der Nihilist, dem nichts heilig ist, legt die Bomben primär im Geistigen, sofern er die Potenz dazu hat, und nur bei Bedarf auch in stofflicher Form.

Das, was nicht langweilig wird.

Warum das alles, diese gerafften „Abschweifungen" zum Stellenwert von Ethik und Religion, hier im demokratietheoretischen Rahmen? Das Heilige hat mit Gemeinschaft und Gesellschaft nicht nur am Rande irgendetwas tun. Vielmehr spielt es eine zentrale Rolle für Gesellschaften. Die Erfahrungen der Gemeinschaft und des Heiligen gehören unabtrennbar zusammen. Davon zeugt nicht allein die gesamte Sozial- und Geistesgeschichte der Menschheit, sondern auch einfache systematische Folgerungen aus elementaren Bewusstseinsanalysen: Jenes im III. Kapitel ausgemachte Sinnmedium kennzeichnet nicht nur die „unbedingte" oder „unendliche" Reichweite des je individuellen Bewusstseins, sondern gerade die ursprüngliche Übereinkunft in einem gemeinschaftlichen Bewusstsein. Diese gemeinschaftliche Unbedingtheit

Gemeinschaft und Heiliges gehören unabtrennbar zusammen.

oder Verbundenheit im Heiligen (in dem, was uns als heilig gilt) potenziert das mir als Einzelnem unbedingt Geltende oder Heilige. Das ist es, was das Phänomen Religion in seiner letzten Essenz die Jahrtausende hindurch ausmachte und auch in Zukunft ausmachen wird. Daran ändern weder sich selbst entwerfende Existentialisten des 20. noch heimlich verzweifelte Zyniker des 21. Jahrhunderts etwas.

In genau dem Sinne hat der frühe Dialogiker und „Atheist" Ludwig Feuerbach (1804-72), jener, von dem Marx seinerzeit bemerkte, durch diesen Feuerbach müsse jeder erst einmal gegangen sein, das zwischenmenschliche Verhältnis und die Gemeinschaft als etwas Heiliges, ja Göttliches deklariert:

> „Einsamkeit ist Endlichkeit und Beschränktheit, Gemeinschaftlichkeit ist Freiheit und Unendlichkeit. Der Mensch für sich allein ist Mensch (im gewöhnlichen Sinn); Mensch mit Mensch – die Einheit von Ich und Du ist Gott" (Grundsätze der Philosophie der Zukunft, § 60).

Feuerbach gibt hier, wie ausführlicher in seinen großen Werken *Das Wesen des Christentums* (1841) und *Das Wesen der Religion* (1846), eine „linkshegelianische" Interpretation der Religion, indem er die Mysterien der Religion als die Wesenstiefe des vergemeinschafteten Menschen darstellt. „Atheistisch" kann man diesen Humanismus nur in Kontrast zu einem bornierten Theismus nennen, der das Göttliche in schlechter Weise personifiziert[142], nämlich verdinglicht. Man kann diese Werke auch als Dokumente eines theonomen, d.h. spirituellen Humanismus lesen: Die Tiefe des Menschen und insbesondere des Zwischenmenschlichen, ist das Göttliche oder Heilige, unter Einbeziehung übrigens der Natur, welcher der Mensch zugehört.

Mögen Religionsvertreter und Theologen noch viel mehr über dieses Heilige und Göttliche sagen wollen, mögen sie von einem Gott ganz außerhalb der Menschengemeinschaft und der Natur sprechen. Mögen verdinglichende, naive und autoritäre Vorstellungen dabei bis heute eine schauerlich große Rolle spielen. Wir haben darüber hier nicht weiter zu entscheiden, wie die Menschen das Heilige und Göttliche erfahren bzw. interpretieren. Wir müssen einem religiösen Pluralismus als einer sozialen Tatsache Rechnung tragen und dabei soviel sozialphilosophisches Verständnis haben, dass wir in einem theonomen Humanismus im Sinne Feuerbachs die Brücke sehen zu anderen, uns mehr oder weniger fremden Ausdeutungen des Heiligen. Wir dürfen nicht so tun, als könnten wir etwa mit der Zauberformel „humanistische Ethik" alle religiösen Fragen abschneiden und für sozial irrelevant erklären. Eine solche Aufklärung oder Modernität wäre ebenso flach wie wirklichkeitsfremd. Erstens, weil der Humanismus selbst Mensch und Zwischenmenschliches für etwas Heiliges erklärt und der Ethik ein Seinsfundament gibt, zweitens weil weitergehende Deutungen des Heiligen zumindest soziale Tatsachen sind, und zwar in Vergangenheit, Gegenwart und Zukunft gleichermaßen mächtige Tatsachen. Reflexionslogische Organismustheorie des Sozialen muss diese wesentlichen Positionen der Grundwerte-Legitimation (des Weltanschaulichen im weiteren Sinne) frei halten, ohne sich selbst auf eine festzulegen.

Viel mehr an Religionsphilosophie ist in diesem sozialphilosophischen Zusammenhang nicht erforderlich. Aber es sollte deutlich geworden sein, warum soviel erforderlich war und noch ein Weniges erforderlich sein wird. Es kann keine irgendwie zureichende Sozialphilosophie und Demokratietheorie geben, die dieser ungeheuren Bedeutung des Heiligen im Zwischenmenschlichen und Gesellschaftlichen nicht professionell, mit etwas geschulter religiöser oder spiritueller Musikalität, Rechnung trägt.[143]

Was sich nun nahelegt, ja erforderlich wird, ist eine Untergliederung des Legitimations- oder Letztwertesystems der Gesellschaft, ihrer tragenden Sinnwelt. Das rechtliche Grundwertesystem, als faktisch gegebenes, stellt keinerlei Antwort dar, sondern vielmehr eine Frage. Es bedarf selbst der Begründung, sofern man überhaupt auf Gründe Wert legt.[144] Es lassen sich, wiederum nach dem Reflexionsstufenprinzip, deutlich folgende Stufen von Ebene 4 unterscheiden:

4.1 *Objektive Stufe:* Wissenschaftlich-philosophische Weltanschauung. Die Philosophie hat eine integrale, weltanschauungsbildende Komponente. Als solche gehört sie nicht mehr nur unter die primären Wissenschaften (Ebene 3) sondern ist universale Wissenschaftslehre bzw. Metaphysiklehre.[145]

4.2 *Subjektiv-handlungsbezogene Stufe:* Ethik, reflektiert die Frage: Was soll ich bzw. was sollen wir tun? Auch unabhängig von der reflektierten Ethik gibt es ein gelebtes Ethos.

4.3 *Kommunikativ-gemeinschaftliche Stufe:* Die Bindung an ein Göttliches wie an die überliefernde Gemeinschaft wird in den Symbolen für eine gemeinsame Sinnwelt, traditionell meist in einer überlieferten Religion, ausgedrückt.

4.4 *Das Transreligiöse:* In der Mystik oder dem transreligiösen Ganzheitsbezug wird die Menschenwürde aus eigenster, persönlicher Erfahrung des „Ganzen“ von Sinn begründet.

Diese Systematik bedarf zu ihrer Verständlichkeit und zur Verdeutlichung ihrer Tragweite einiger Erläuterungen.

Zu 4.1: Weltanschauung muss betont werden, dass natürlich auch den Naturwissenschaften nicht der Versuch zur Weltanschauungsbildung abgesprochen werden darf, wenngleich sie bei diesem Versuch philosophisch, d.h. universal(wissenschaftlich) werden. Es geht hier nicht um Bewertung, sondern um bloße Unterscheidung der Begründungsquellen von Weltanschauung, also von Orientierung im Ganzen der Wirklichkeit.

Wer Wissenschaft als ganze dem Legitimationssystem zurechnen will, sie damit also zur neuen Weltanschauung und Religion erklären will, hat zwar das Selbstverständnis vieler wenig besonnener und grenzüberschreitender Wissenschaftler auf seiner Seite, muss sich aber sagen lassen, dass die neuzeitliche Einzelwissenschaft ein begrenztes Kultur-Geschehen ist, das seine Autonomie nur um den Preis strengen Methoden- und damit Grenzbewusstseins verdient.

Es ist Zeit, methodisch deutlicher als bisher zu unterscheiden zwischen der primären wissenschaftlichen Forschung und ihrer weltanschauungsbildenden Reflexion und Komponente, die früher der Philosophie als „Universalwissenschaft“ vorbehalten war. Gerade eine „vereinheitlichende Wissenschaft“[146] wird diese weltanschauungsbildende Reflexionsbewegung über das primäre Wissenschafttreiben als solche scharf ins Auge fassen müssen, um nicht erneut in eine traditionelle unwissenschaftliche Willkür der Weltanschauungsbildung zu geraten. Diese Willkür ist oft das Werk von Dilettanten, die nicht wissen, was methodisch saubere wissenschaftliche Arbeit ist, oft aber auch das Werk überschießender, aber einseitiger Leidenschaft echter Wissenschaftler und Entdecker.

Wenn z.B. eine astronomische Urknalltheorie, die auch innerwissenschaftlich umstritten ist, kurzerhand als eine Schöpfungstheologie (Hervorgang der Welt aus dem Ursprung) interpretiert wird, ist dies eine philosophisch allzu unreflektierte Grenzüberschreitung. Auch darf der „unendliche“ Weltraum (das Immer-weiter unserer räumlichen Vorstellung) nicht mit einer philosophischen Unendlichkeit gleichgesetzt werden. Auf der anderen Seite stellt jedes erkannte naturwissenschaftliche Gesetz ein Zeugnis für den in der Welt waltenden Logos dar. Leichter ist es, in der Kürze auf Grenzüberschreitungen hinzuweisen, als positive Beispiele für weltanschauungsbildende Elemente zu bringen. Dazu gehören zweifellos das Evolutionsdenken, die Sätze von der Erhaltung der Masse und Energie, die Relativierung von Raum und Zeit (als Anschauungsformen) usw.

Zu 4.2: Auf der objektiv-sachbezogenen Stufe folgt die Weltanschauungsbildung der Kantischen Frage „Was kann ich wissen?“, auf der subjektiv-handlungsbezogenen Stufe der Ethik ist die Frage leitend: „Was soll ich tun?“ Kant selbst liefert ein markantes Beispiel für eine niveauvolle Ethik. Während der zweite Teil der Metaphysik der Sitten (1797), die Tugendlehre, ebenso wie die grundlegende Kritik der praktischen Vernunft der individualethischen Frage gewidmet ist, bietet er im ersten Teil der Metaphysik der Sitten, der *Rechtslehre,* zugleich Grundzüge von Sozialethik. Auch hier müssen wir die Bewertung dieser und anderer Ethik-Entwürfe dahingestellt sein lassen. Wie schon erwähnt, beruht Kants Ethik auf dem Postulat, dass „die Vernunft“ sich in ihren einzelnen Trägern nicht widersprechen kann. Sie hat ein minimales seinsmäßiges Fundament und wird sowohl durch die „Postulate der praktischen Vernunft“ wie durch seine Religionslehre (Religion innerhalb der Grenzen der bloßen Vernunft) weiter fundiert. Von einer willkürlichen oder heroisch-existentialistischen Setzungsethik („Das soll sein, weil ich es will“) ist Kant wie jede realistische Ethik weit entfernt.

Zu 4.3: Für die kommunikativ-gemeinschaftliche Stufe ist eine historische Perspektive hilfreich. Historisch definieren sich Gemeinschaften mit ihrer „Sittlichkeit“ (wie das Wort zeigt: ursprünglich noch nicht differenziert von kulturellen „Sitten“!) stets religiös, das bedeutet von einem Göttlichen sowie von einer überlieferten gemeinsamen Sinnwelt her. Die im Wort *religio* ausgedrückte Bindung bedeutet immer und ununterscheidbar sowohl Bindung an ein Göttliches wie an die überliefernde Gemeinschaft. Der Zusammenhang von Religion und Gemeinschaft kann historisch wie auch systematisch, besonders von einer dialogischen Philosophie her, gar nicht eng genug gesehen werden. Die inhaltlich-weltanschauliche Komponente der Religion ist von daher stets mit ihrer Komponente als soziales Regelsystem verbunden.[147]

Wir haben hier mit den historisch überlieferten Religionen die kommunikative (gemeinschaftliche) Stufe der insgesamt metakommunikativen sozialen Normenbegründung vor uns. Natürlich kann gerade diese an sich kommunikative Quelle arg autoritär und ungenießbar ausfallen, besonders wenn ihre lebensfördernde Zeit abgelaufen ist und sie sich nicht zeitgemäß, also nicht gemeinschaftsgemäß, erneuert. Wegen dieses an sich kommunikativen Charakters von Religion ist die Auseinandersetzung mit ihr gerade vom Standpunkt der Demokratie als kommunikativer Gesellschaft kein Luxus. Besonders, wenn unzeitgemäß gewordene Religionen rechtlich überprivilegiert werden.

Auf der anderen Seite erfordert Demokratie als kommunikative Gesellschaft eine gelebte Gemeinsamkeit in dem, was uns heilig ist. Dies ist die Lebens-Basis eines formellen Grundwertekonsensus, der sonst kalt und unwirklich bleibt. Man spricht deshalb in der Soziologie auch von „Zivilreligion“ als eine Art Minimal-Verschnitt der religiösen Auffassungen, die sich heute etwa in den Vereinigten Staaten mit nationalen Gefühlen vermischen.

Wie schon gesagt, war es ein gewagtes Projekt der Moderne, die Grundregeln menschlicher Sozialität von der Religion im Sinne der Überlieferung abzulösen und auf das Recht als Basis des Staates abzustellen. Wenn die „postmodern“ sein Wollenden das begreifen würden, hätten sie mehr von dem kühnen Projekt der modernen Differenzierung verstanden, das noch längst nicht zu Ende geführt ist.

Staat ist, wie am Ende dieses Kapitels stärker verdeutlicht wird, nur die rechtliche Bündelung eines kommunikativen Lebens, das weit über die bloße Rechtseinheit hinausgeht. Der Staat lebt auch als Rechtsstaat von seinen vorrechtlichen Voraussetzungen. Dazu gehört nicht zuletzt die religiöse Vergemeinschaftung. Wohl wird die Verbindung dieser religiösen Elemente zum Rechtsstaat künftig bedeutend freier sein müssen. Die Reste von Staatskirchentum in Deutschland werden noch kritisch zur Sprache kommen.

Manche Leser mögen sich wundern, dass in einer gegenwärtigen oder gar künftigen „säkularisierten“ Gesellschaft überhaupt noch von Religion die Rede sein soll. Säkularisierte Gesellschaft ist jedoch ein äußerst mehrdeutiger Ausdruck, mit dem gern nach Belieben und jeweiliger Tendenz umgegangen wird.[148] Abgesehen von der historischen „Säkularisation“ von Kirchengütern oder der „Säkularisierung“ von Geistlichen kann er etwa meinen:

- Rechtsstaatliche Trennung von Religion und Staat: Diese wurde oben in ihrer grundsätzlichen Bedeutung erläutert und wird im Hinblick auf gewichtige „Feinheiten“ noch Thema bleiben müssen.
- Abbau der Macht der historischen Konfessionen: Entkonfessionalisierung. Diese wird von den Konfessionen meist tendenziös als „Entchristlichung“, ja als Religionsverlust überhaupt gedeutet.[149] In dieser Deutung stimmen sie gerade mit Nichtreligiösen komplizenhaft überein: entweder konfessionszugehörig oder „gar nichts“.

- Schwund des religiösen Gemeindelebens: ein internes Problem der Konfessionen, aber auch ein oft krisenhafter Gemeinschaftsverlust für die kritischen Einzelnen.
- Schwund der persönlichen Religiosität: schwer statistisch fassbar. Dazu bedürfte es neutraler Kategorien von „Religiosität". Vor allem wäre das zu berücksichtigen, was oben als „theonomer Humanismus" bezeichnet wurde.
- Schwund eines religiösen Gruppenlebens. Die neue spirituelle („esoterische") Bewegung seit den 80er Jahren spricht aber eher für eine Verlagerung in freie Gruppen als für Schwund.
- Übernahme/Ersatz religiöser Symbole und Riten in nicht traditionell religiöse Zusammenhänge. Dabei ist zu beachten, dass ein Großteil der Symbole und Riten, vor allem in Zusammenhang mit Naturfesten altes Menschheitsgut sind, die einst von den Konfessionen übernommen wurden.
- Ersatz religiöser Sinndeutung durch innerweltliche Ethik und areligiösen Humanismus. Diese Äquivalenzformen gibt es in intellektuellen Kreisen ausdrücklich, in weniger gebildeten Kreisen unausdrücklich. Doch sie stehen keinesfalls prototypisch für die Zukunft der Religion, wie S. Freud in *Die Zukunft einer Illusion* (1927) im Stil der alten Aufklärung meinte psychologisch analysieren zu können. C.G. Jung (1875-1961) und Erich Fromm (1900-1980) vertraten schon in der nächsten Psychoanalytiker-Generation beispielhaft jenen theonomen Humanismus, der sich jenseits der alten Frontlinien bewegt, also einen spirituell geprägten Humanismus ohne feste Bindung an eine Tradition. Wenn ich richtig sehe, gehen die „Gebildeteren unter den Verächtern der Religion"[150] im traditionellen Sinn bei weitem mehrheitlich in diese Richtung einer konfessionsfreien „säkularisierten Religion" – womit die Rede von Säkularisierung vollends paradox geworden ist und ausdrücklich auf die Religion selber Anwendung findet.

Eine Nachbermerkung zum Terrorismus

Der gegenwärtige islamisch-fundamentalistische Terrorismus richtet sich vermutlich nicht in erster Linie gegen den Kapitalismus als vielmehr gegen einen „Demokratismus", welcher der Dimension des Heiligen nicht gerecht wird, weder in der traditionell-theokratischen in moderner Form. Die terroristischen Selbstmordattentäter[151] nehmen ja das Göttliche für sich in Anspruch und morden um dieses unbedingten „Zwischen" von Ich und Du willen, das hier „Sinnmedium" genannt wurde. Sie morden den Anderen wie ihr Ich selbst, weil der Andere wie die Gemeinschaft nicht mehr in ihrer göttlichen Dimension erlebt werden können. Sie bezeugen in destruktiver Weise eine Sehnsucht nach dem Göttlichen, worin sie sich paradoxerweise nochmals im leidenschaftlichen, fanatischen Morden geborgen fühlen. Aus diesen grauenhaften Zeugnissen wird erkennbar: wer die formale Rechtsgemeinschaft vom Heiligen differenziert und somit das ehemals Ganze löst, wie das westliche Abendland, sollte die Rechtsgemeinschaft auch wieder zum Heiligen in Beziehung setzen – allerdings nicht durch einen weiteren religiösen Fundamentalismus (mag er auch „Staatskirchenrecht" heißen, dazu mehr in Kap. VII). Ebensowenig durch die nihilistisch fundamentale Leugnung des Heiligen in seiner unlösbaren Verbindung mit Gemeinschaft.

Zu 4.4: Die metakommunikative Stufe der Grundwerte vollendet sich im Tansreligiösen. Spiritualität und ihr Zentrum, die Mystik, sind in dem Sinne transreligiös, dass sie sich nicht mehr wesentlich auf ein Gemeinschaftsleben stützen wie die Religionen, selbst wenn die meisten Spirituellen eine Überlieferung im Hintergrund haben und nicht von vornherein allein aus eigener Erfahrung schöpfen. Es geht an dieser Stelle nicht um eine, m. E. sehr wohl mögliche Strukturanalyse von Mystik, sondern einfach um den Hinweis auf eine Art des Bezugs zum Universum, der „spirituell" ist, weil er die Ganzheit des menschlichen Bewusstseins betrifft und aufs Ganze geht: auf jenen Alles-Gedanken, der eben kein bloßer Gedanke ist, sondern das Sinn-Medium des je-subjektiven wie intersubjektiv-gemeinsamen Bewusstseins. Spiritualität und Mystik zeichnen sich dadurch aus, dass der Sinn in ihnen kein bloßer Gedanke (theoretische Reflexion) bleibt, sondern auch erlebnismäßig (in gelebter Reflexion) vollzogen wird. In einem gewissen Sinn ist zwar jeder Mensch ein Mystiker, mindestens sosehr wie ein Künstler (Joseph Beuys). Nur dass es auch hier unendlich viele Grade gibt, Grade der spirituellen Erfahrung.

Lediglich um die soziale Funktion dieser transreligiös-mystischen Position geht es hier: Die Begründung von Menschenwürde, das heißt Freiheitswürde, und allem, was daraus für das Gemeinwesen folgt, hat im transreligiösen Ganzheitsbezug, eine je persönliche Quelle, die auf keine heilige oder unheilige Überlieferung notwendig angewiesen bleibt. Dies ist also die nochmals metakommunikative Stufe der Begründung der insgesamt schon metakommunikativen Voraussetzungen und Höchstwerte des Gemeinwesens, seines „Legitimationssystems". Wenn wir dieses als Grundwerteebene ansprechen, ist dies schon eine rechtliche Ausdrucksweise für etwas Vor- und Überrechtliches.

Wie sind diese Energien für den demokratischen Pluralismus fruchtbar zu machen?

Was wir – rückblickend – auf jeden Fall zu verzeichnen haben, ist eine enorme Pluralisierung der weltanschaulichen, ethischen, religiösen und transreligiösen „Positionen", die sich – bis auf kämpferisch traditionelle oder antireligiöse Positionen – keineswegs gegenseitig ausschließen. Die Frage, die sich demokratietheoretisch aus dieser Zersplitterung ergibt, lautet: Wie sind diese Energien in einem fairen Miteinander zu vereinigen und für den demokratischen Pluralismus, für die Begründung und Konkretisierung der Grundwerte fruchtbar zu machen?

Begründung soll in diesem Zusammenhang heißen: Erfahrungsmäßige und gedankliche Quellen, die in die gesellschaftliche Kommunikation über Grundwerte und ihre Konkretisierung einfließen. Wenn jemand nichts von Religion oder Spiritualität hält, fehlt es ihm nicht etwa an Menschenwürde. (Er wirft diese allenfalls für sich selbst weg in Form eines zynischen Nihilismus, dem nichts heilig ist.) Er hat aber eine andere Auffassung von dieser Menschenwürde und wird sie anders konkretisieren wollen, in anderer Gesetzgebung. Genau diesem Pluralismus ist in der gesellschaftlichen Kommunikation über Werte sowie für die Gesetzgebung in einem Grundwerteparlament (nächstes Kapitel) in fairer Weise Rechnung zu tragen.

Die Frage nach dem formellen Medium des Legitimationssystems

Noch aber ist die Frage nach dem formellen Medium des Legitimationssystems nicht beantwortet. Es sind Grundprinzipien oder einfach Prinzipien oder *Axiome*, z. B. religiöse Dogmen mit ihren Symbolen[152] und *Riten*. (Auch in der Juristerei spricht man von „Rechtsdogmatik", wo es um die letztlich weltanschaulichen Grundlagen und ihre rechtliche Ausdeutung geht.) Am besten scheint mir der Ausdruck „Axiome" heute für die Grundprinzipien geeignet, weil er mit Axiologie (Wertlehre) zusammenhängt und es hier in der Tat um nicht weiter rückführbare Letztwerte der Menschenwürde geht. Nur muss man die Willkür der Festsetzung fernhalten, die in der Mathematik etwa mit einem axiomatischen im Unterschied zu einem konstruierenden Ansatz in Kauf genommen wird.

Beispiele für religiöse Axiome, und zwar in paarweisen Gegensätzen:

- Die menschliche Person ist Abbild Gottes. (Deshalb ist seine Würde unantastbar.)

- Die menschliche Erscheinung ist zwar Abbild des göttlichen Selbst, aber doch nur vorübergehender Schein, weil es letztlich nur das Eine, große Selbst gibt.

- Die menschliche Person besteht vom Augenblick der Zeugung an. Eine evolutive Betrachtungsweise – erst potentiell menschliches Lebewesen, dann Person – ist ausgeschlossen.
- Die menschliche Person und Seele ist an ein ausgebildetes Gehirn gebunden. Deshalb verdient der werdende Mensch zwar einen gewissen, aber keinen absoluten Rechtsschutz.

- Jesus Christus ist Gottmensch, und zwar der einzige, die einzige Inkarnation Gottes.
- Es gibt viele göttliche Menschen, im Prinzip ist das die Aufgabe der Selbstverwirklichung aller.

- Die menschliche Seele hat zwar einen zeitlichen Anfang, aber kein Ende. Sie ist unsterblich, auch wenn der Körper vergeht. Es gibt nur eine einmalige irdische Existenz für eine menschliche Seele.
- Eine menschliche Seele hat weder einen zeitlichen Anfang noch ein Ende. Es gibt viele irdische Reinkarnationen eines menschlichen Wesens und eine „karmische" Entwicklungslogik in ihrer Abfolge.

Diese wenigen Axiome aus dem Bereich der überlieferten Religionen (3) sind weder katechismusartig noch mit heiligen Schriften formuliert, eher philosophisch. Das macht sie vergleichbarer mit wissenschaftlich-philosophischer Weltanschauung (1) und Ethik (2). Aber es bleibt trotz der extremen Wichtigkeit der Inhalte ein großer Interpretationsspielraum. Dies mag zumindest einer der Gründe dafür sein, dass mit den Axiomen Riten als deren formalisierte Ausdruckshandlungen einher gehen, die Offenheit und Bestimmtheit gleichzeitig darzustellen vermögen. Der verbale Ausdruck über diese „Dinge" scheint viel zu grob und zu mühsam. Er verträgt sich nicht mit der Innerlichkeit des Erlebens dessen, was einem heilig ist. Er wird umgekehrt von der nachträglichen Reflexion notwendigerweise als das zu Vordergründige oder Naive des Symbolischen empfunden.

Symbol ist uneigentlicher, zeichenhafter Ausdruck für etwas eigentlich Gemeintes. Deshalb kommen dem symbolischen Sprechen die Riten als formalisierte Ausdruckshandlungen zu Hilfe. Diese sind leichter als feste Handlungsmuster formalisierbar als die verbalen Axiome. Wir haben im Bereich der Letztwerte, besonders aber im Bereich der überlieferten Religionen, daher stets die Zweiheit von verbaler Lehre und außerverbalem, handlungsmäßigen Ausdruck.

Riten gibt es auch in der profanen Gesellschaft, vom Alltagsritus des Grüßens über das Blumenschenken und Schenken überhaupt bis hin zum „letzten Gruß" oder der „letzten Ehre". In der Öffentlichkeit gibt es ebenso vielfältige Formen von Ehrbezeugungen und Zeremonien: Taufen, Hochzeiten, Eröffnung der Olympischen Spiele, „Jubiläen, Nadelansteckungen, Vereidigungen oder „weltliche" Feiertage. Die profanen Riten sind im privaten wie im öffentlichen Leben viel zahlreicher, als wir es uns gewöhnlich bewusst machen. In all diesen Ausdruckshandlungen geht es immer auch um eine sprachlose Dimension, die durch Worte allein nicht befriedigend ausgedrückt werden kann.

Zusammenfassung und Ergänzungen

Wir können das Ergebnis dieser Gliederungs-Analysen zum sozialen Organismus zunächst in folgendem sozialökologischen *Oikos* (griechisch für *Haus*) zusammenfassen:

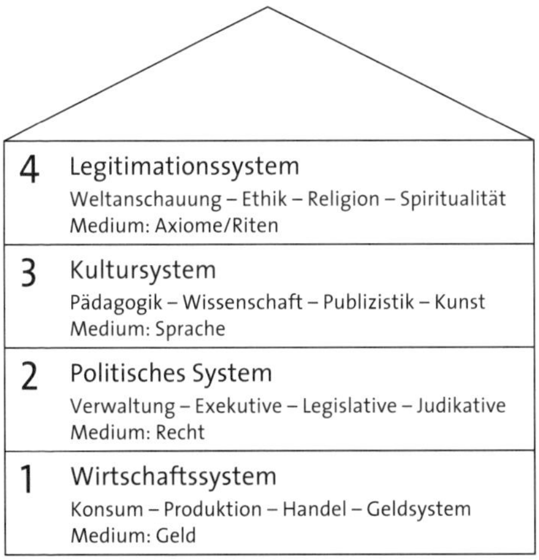

Figur 6: Das Viergliederungs-Haus (Oikos) in zweidimensionaler Ansicht

Selbstverständlich ist das hierarchisch gestufte Bild eines Hauses allein zu statisch, um die Wechselbeziehungen zwischen den Systemebenen und zwischen deren Unterabteilungen adäquat wiedergeben zu können. Es wird Vieles noch weitergeführt und in Bewegung gebracht werden. Die Systemebenen bilden zugleich – unter Beibehaltung der reflexiven, logischen und real notwendigen Hierarchie – einen Kreislauf, entweder einen heilen oder einen kurzschlüssigen Teufelskreis.

Jedes dieser Subsysteme muß stets als Funktion des Ganzen berücksichtigt werden (*Integrationsprinzip*). Jedes differenziert sich aber in einer „modernen" Gesellschaft, mehr oder minder konsequent, real von den anderen Subsystemen (*Differenzierungsprinzip*). Was diese reale Differenzierung genauer heißt und mit sich bringt, gerade das muss uns weiter ausführlich beschäftigen.

Die latente Stufung wird durch Evolution manifest

Die Antwort auf die gestellte Frage, warum oder unter welchen Bedingungen sich die auf jeden Fall mindestens latent vorhandenen Handlungsstufen der Individuen zu Systemstufen oder Subsystemen ausformen, lautet also: Die latente Stufung wird in der sozialen Evolution umso manifester, als sich die besagten formellen Interaktionsmedien Geld, Recht, Sprache und Axiome/Riten als unterschiedene ausformen.

Man kann einwenden, dass die aufgeführten Medien schon jahrtausendelang vorhanden seien. Dass sie irgendwie vorhanden sind, heißt aber nicht, sie sind voneinander differenziert ausgeprägt und – von verschiedenen Instanzen gesteuert. Für die Differenzierung von Recht einerseits und ethisch-religiösen Axiomen anderseits hat es über die Aufklärungszeit und Kant hinaus auch im Westen bis ins 20. Jahrhundert gebraucht. Sie ist noch immer nicht abgeschlossen, wenn wir z. B. an den religiösen Eifer denken, mit dem kirchenchristliche Wertungen über die „unverbrüchliche Personwürde vom Moment der Zeugung an" unbedingt zu staatlichem Recht erhoben werden. Es hindert keiner die Gläubigen, ihren sittlichen Grundsätzen zu folgen. Doch ihre Hirten verwechseln noch immer Sittlichkeit (Moral) mit staatlichem Recht.

Es stellt sich das allgemeine Problem, wie es zu einem für alle hinnehmbaren Grundwerte-Konsens kommen kann und wie dieser ins Recht, sozusagen von Ebene 4 auf Ebene 2, übersetzt werden kann. Diese Frage wird im nächsten Kapitel mit dem „Grundwerteparlament" beantwortet werden. Hier gilt es zu erfassen, dass es sich um eine weltgeschichtliche Entwicklung handelt, um eine geistige Evolution: etwas logisch Latentes wird zu institutioneller Ausdrücklichkeit und Wirksamkeit entfaltet.

Ein Teil des Relativismus, der angeblich postmodernen Beliebigkeit und des damit einhergehenden Durcheinanders unserer Epoche ist auf die mangelnde Unterscheidung von Kultur und Grundwerten zurückzuführen. Man zerrt noch immer an den Ketten weltanschaulicher Bevormundung, ohne diese aber dingfest machen zu können oder zu wollen. Folglich flüchtet man sich in eine „Freiheit" von Wahrheit und struktureller Logik, unter der Pädagogik, Wissenschaft und Kunst schwer leiden, weil Freiheit des Denkens und der Gestaltung mit Unsinn und Beliebigkeit verwechselt werden.

Umgekehrt führen Konservative die „Werte" ins Feld, um gegen die Freiheit des kulturellen Spiels zu polemisieren, das eben anderen Gesetzen folgt als der weltanschaulich-religiöse Ernst. Sie selbst versäumen allerdings, ihren offiziell geltenden Werte-Himmel (Würde des Menschen, Recht auf Arbeit usw.) auf die Erde von Wirtschaft und Politik herunter zu transformieren.

Das praktische Postulat: Manifestierung der latenten Viergliederung

Wir haben keine „Wertekrise", aber eine „Wertverwirklichungskrise."

Wir haben keine „Wertekrise" in dem Sinne, als würden große Bevölkerungsteile die offiziell geltenden Werte des Grundgesetzes und die dahinter stehenden Letztwerte als solche bestreiten. Was wir aber in skandalösem Maße haben, ist eine Wertverwirklichungskrise. Das heißt, die hehren Werte des Grundgesetzes werden realpolitisch nicht eingelöst.

Eine Liste all der hohen Werte, die geduldig auf dem Papier stehen, ist nicht beabsichtigt. Das Problem ist immer nur das eine: Wie werden diese Werte (z.B. das Recht auf Arbeit), die sogar offiziellen rechtlichen Status als Grundwerte haben, zur Wirklichkeit? Es wäre wichtig, die „Wertekrise" als eine Werteverwirklichungskrise und als Grundproblem der Demokratie zu durchschauen und zu benennen. Die Tragweite gerade dieser Schlüsselfrage wird erst deutlich werden, wenn wir jene individuelle Wertstufenordnung (vgl. Figur 4, Seite 97) ins Politische übersetzt haben.

Aus lauter Verzweiflung über die demokratische Theorie-Praxis-Kluft verteidigen wir unwillkürlich gern das Scheinleben. Was bliebe uns sonst? So betreiben wir mit Fleiß die Sinngebung des Sinnlosen, weil wir den Schlüssel zum Sinnvollen nicht finden. Eine Vielzahl an Menschen neigt dazu, wenn ihr Gewissen freien Auslauf hat, zu moralisieren und auf diese Weise zu dem schon besprochenen Ethik-Boom beizutragen.

Doch hat diese ganze Theorie-Praxis-Kluft überwiegend strukturelle Gründe: Dass wir die aufgezeigten Ebenen des sozialen Organismus nicht konsequent unterscheiden und sinngemäß aufeinander beziehen, dass wir uns modern geben, es aber mit der institutionellen Differenzierung als Kennzeichen der Moderne gar nicht genau nehmen. Kein technisches Gerät würde bei der Ungenauigkeit funktionieren, die wir uns für den sozialen Organismus leisten.

Aus all dem ergibt sich nun die Forderung mit nicht nur analytischem, sondern praktischem Anspruch:

Nur durch konsequente institutionelle Differenzierung der Ebenen des sozialen Organismus ist Verwirklichung der offiziell geltenden Werte möglich. Eine ausdrückliche Viergliederung stellt ein Verfassungspostulat ersten Ranges dar.

Dieses praktische Vierstufungs-Postulat bedeutet, der in jedem Fall latent vorhandenen Differenzierung konsequent durch Institutionen Rechnung zu tragen, so dass die unheilvolle, scheinbar naturwüchsige Prägung des sozialen Ganzen von unten nach oben, also von der Wirtschaft über die Politik in den „Überbau“, umgekehrt werden kann zu einer vernunftbestimmten Regulierung von oben nach unten: von den Grundwerten über die kulturellen Werte zu den politischen Zielsetzungen bis zu den wirtschaftlichen Zielen und Mitteln.

Wie ist diese hierarchische Wertverwirklichung aber möglich ohne Rückfall in eine Theokratie? Wir sollten uns noch einmal vergegenwärtigen, dass Theokratie nichts Fernes, Hergeholtes bedeutet, sondern dass diese Bestimmung des Gemeinwesens von göttlichen Ansprüchen her die gesamte menschliche Geschichte, auch in Europa bis ins 20. Jahrhundert hinein, bestimmt hat und noch immer informell bestimmt. Man hat dies gut verdrängt und ist in einen praktischen Materialismus, Werte-Nihilismus und Werte-Opportunismus aufgrund der totalen Ökonomiedominanz der westlichen Gesellschaften verfallen.

Die etwa im deutschen Grundgesetz ausgedrückten Grundwerte bleiben weitgehend theoretischer Überbau über einer vom Vordergründigen dominierten, ungerechten und zerrissenen Gesellschaft, deren Parteiensystem kaum den Namen „Demokratie“ verdient.

Wenn hier nun gefordert wird, das Gemeinwesen müsse von den Grundwerten her geordnet werden, könnte dies konservativ, ja rückschrittlich, klingen. Besser, es klingt zunächst so, als dass die Tragweite einer neuen systemtheoretischen Ordnung des Gemeinwesens überhaupt nicht erfasst würde.

Es geht aber nicht um etwas Rückwärtsgewandtes, sondern darum, die aufgezeigten Ebenen oder Subsysteme des Sozialen zugleich zu unterscheiden und in Bezug zu setzen – durch ein und dasselbe Prinzip der Reflexionsstufung. Und dies nicht nur theoretisch, sondern konkret und institutionell. Für die Demokratie kann dies nichts anderes bedeuten, als dass die öffentlichen Funktionen, allen voran die Legislative, für jedes Subsystem des Sozialen (Wirtschaftssystem, politisches System, Kultursystem, Legitimationssystem) gesondert zum Tragen kommen müssen, sich also als Ordnungselemente in Potenz multiplizieren, freilich in Hinordnung auf die anderen Ebenen, weil Hinordnung aufeinander ja durch das Reflexionsstufungsprinzip gesetzt wird.

„Allen voran die Legislative“: Deren Viergliederung ist das Herzstück der Neuerung. Ihr wird das nächste Kapitel gewidmet sein.

Zuvor soll ein besonderer Aspekt des soeben aufgestellten Viergliederungspostulats eigens hervorgehoben werden, der sozial-ökologische.

Die Frage nach spezifisch sozialer Nachhaltigkeit (Kreislauffähigkeit)

Prägend für soziales Leben sind die geltenden Normen, die wir als system- oder organismusbildend erkannten. Jede Gemeinschaft/Gesellschaft hat ihre mehr oder weniger althergebrachten, mehr oder weniger frisch selbst geschöpften Normen, die von den Einzelnen bestätigt oder in Frage gestellt und abgewandelt werden. Das ist ein ständiger metakommunikativer Prozess von Setzung, Bestätigung und Infragestellung, Veränderung von Normen durch neue Setzung und so fort. Für jedes Temperament zwischen Bewahrung und Aufruhr, zwischen Blauäugigkeit und Intrige, ist stets etwas dabei, bei diesem metakommunikativen Geschehen.

Wie flexibel und freiheitskonform dieser Prozess der dynamischen Normenabwandlung ist, das macht einen wesentlichen Aspekt einer spezifisch sozialen „Nachhaltigkeit“ oder Kreislauffähigkeit aus.

Demokratie müsste sich, das liegt auf der Hand, durch soziale Nachhaltigkeit oder Kreislauffähigkeit auszeichnen.

Bisher wurde über den Ursprung der Nachhaltigkeit oder die eigentümlich soziale Nachhaltigkeit, trotz der heute ungeheuren, modischen Verbreitung dieses Wortes, nirgends diskutiert, es sei denn im partikularen Zusammenhang des Verbrauches materieller Resourcen und des Generationenkonfliktes. Der Begriff wurde in der Fachwelt kaum irgendwo als solcher, als eigentümlich sozialer, gefasst. Der Anschein ist zwar ein anderer: Ständig werden „ökologische, ökonomische und soziale Nachhaltigkeit" im Munde geführt bzw. das Papier damit geschwärzt.

Unterdrückung einer ganzen Fragerichtung durch Ungenauigkeit

Diese geläufige Dreiheit ist aber in hohem Grade unlogisch und ideologisch-interessegeleitet. Erstens, wenn auch nur flüchtig: Ist Ökologie keine Ökonomie? Ohne uns auf das große Problem der faktischen gegenwärtigen Spannung zwischen beiden näher einzulassen, können wir sagen: Vernünftige Ökonomie (Haushaltslehre) ist zugleich Ökologie (auch Haushaltslehre, aber mit besonderem Hinblick auf die natürlichen Ressourcen). Auf keinen Fall kann bei der faktisch zustande gekommenen Spannung zwischen (gesellschaftlichem) Naturhaushalt und gesellschaftlichem Haushalt (mit Naturresourcen) eine begriffliche Trennung als normal anerkannt werden – als sei nicht das Auseinanderdriften beider bereits Ausdruck einer unnatürlichen Krise. Die beiden können nur in der Akzentuierung, nicht im begrifflichen Grundgehalt, voneinander unterschieden werden. Es sei denn, man würde „Ökologie" als reinen Naturhaushalt, unter Absehen von Eingriffen des wirtschaftenden Menschen, verstehen, was aber nicht das übliche Verständnis ist.

Ist Ökologie keine Ökonomie?

Ist Ökonomie nichts Soziales?

Zweitens, ist Ökonomie nichts Soziales, nicht eine Funktion zusammenarbeitender Menschen? Natürlich versuchen Ökonomen immer wieder, aus ihrem Fach so etwas wie angewandte Mathematik zu machen. Allein, worauf angewandt? Auf Waren- und Geldströme unabhängig von menschlichem Sozialverhalten? Es ist symptomatisch für unsere derzeitige Ökonomielehre, dass sie nicht mehr oder höchst selten als Teil der Gesellschaftslehre betrieben wird.[153]

Selbst wenn man aber die logische Schwäche dieses heute berühmten Dreiecks von „Ökonomie, Ökologie und Sozialem", das eher ein Wort- als ein Begriffsdreieck ist und auf einen Amerikaner namens Robert E. Park zurückzugehen scheint,[154] nicht gar so ernst nimmt, bleibt Folgendes am heutigen Sprachgebrauch von „sozialer Nachhaltigkeit" zu bemängeln: Sie erscheint nur jeweils als untergeordneter oder allenfalls nebengeordneter Aspekt der ökologischen Nachhaltigkeit, z.B. ob der Umstieg von einer Technologie zur anderen oder von konventionellem auf ökologischen Landbau „sozialverträglich" sei.

Heute ist mit „sozialer Nachhaltigkeit“ oft schlicht gewerkschaftlich die Erhaltung der Arbeitsplätze im Rahmen einer ökonomischen und ökologischen Initiative gemeint. Etwas stärker in Richtung eigentlicher sozialer Nachhaltigkeit geht schon eher die Berücksichtigung der Alterspyramide sowie das heute eklatant gewordene Problem der Staatsschulden auf Kosten der künftigen Generationen.

Nach einer Kreislauffähigkeit der politischen Institutionen, nach ihrer Erneuerungskraft, ihrer eigenen Entwicklungsfähigkeit, wird nicht in nennenswertem Maße gefragt. Es ist dies ein gutes Beispiel dafür, wie durch eine scheinbar kleine gedankliche Ungenauigkeit eine ganze Fragerichtung unterdrückt wird. Mit „Sozialverträglichkeit“ materialer ökologisch-ökonomischer Maßnahmen ist noch längst nicht das angesprochen, was hier mit ⇦sozialer Nachhaltigkeit angezielt wird: die grundsätzliche, auch formal geregelte Kreislauffähigkeit eines sozialen Systems selbst mitsamt seinen Steuerungsorganen.

Zur sozialen Nachhaltigkeit gehört: die Kreislauffähigkeit politischer Institutionen, deren Erneuerungs- und Entwicklungsfähigkeit.

Die Demokratie einer „politischen Klasse“ etwa kann geradezu definitionsgemäß nicht kreislauffähig sein – selbst wenn die betreffende „politische Klasse“ sich physisch selbst regenerieren könnte wie vielleicht einst das preußische Junkertum und sein Offizierskorps mit Familienanhang. Heute wird sich keine „politische Klasse“ ohne Nachschub aus allen Bevölkerungsschichten physisch oder geistig regenerieren können. Unabhängig von ihrer Rekrutierung ist die heutige „politische Klasse“ eine Verhärtungs- und Herrschaftserscheinung, genau das Gegenteil von ständigem kreislaufartigem Einbezug aller Bevölkerungsteile bei der Steuerung des Gemeinwesens. So nämlich lässt sich soziale Nachhaltigkeit (als soziale, nicht als untergeordneter Aspekt der ökologischen) vom Gesichtspunkt der Klassenbildung her beschreiben.

KAPITEL V

DIE PRAKTISCHE KERNFORDERUNG

VIER „HERZKAMMERN“ DER DEMOKRATIE: VIER PARLAMENTE

„Partei ergreifen ist: ein besonderes Interesse haben, eine einseitige Sache vertreten.“
(G.W.F. Hegel, Vorlesungen 1829/30)

„Der Parlamentarismus ist die Kasernierung der politischen Prostitution.“
(Karl Kraus, Aphorismen I, 44)

Kommunikation als Schlüsselfrage und der soziale Blutkreislauf

Die Bemerkungen zur Nachhaltigkeit des sozialen Organismus schienen am Platze, da wir nun zum praktischen Kern der Sache kommen: zum institutionellen Herzen einer neuen „kommunikativen Gesellschaft“. Ein blasses Wort für die künftige Demokratie? Nicht, wenn man bedenkt, wie anspruchsvoll Kommunikation in dem hier entwickelten Sinne ist – und wie noch anspruchsvoller ihre institutionelle Ermöglichung durch öffentliche „Gewalten“ (Funktionen) sich gestaltet.

Die Demokratiefrage: Wer kommt zu Wort, und wie können die Wortmeldungen geordnet aufeinander bezogen werden?

Alle, aber auch wirklich alle Probleme unserer Gesellschaft hängen an der einfachen Frage: Wer kommt zu Wort, und wie können die Wortmeldungen geordnet aufeinander bezogen werden? Die Probleme der Gerechtigkeit, also von Arm und Reich, die Ernährungsprobleme der Welt, die Probleme mit der Natur und ihren Schätzen, Arbeitslosigkeit und Verkehr, Frieden und gerechte Grenzen, Gerechtigkeit auch in den Bildungschancen – alles das ist sachlich lösbar, hängt aber von der einen Schlüsselfrage ab: Wie können die Menschen sachlich und friedlich, womöglich verständnis- und vertrauensvoll diese Lösungen aushandeln? Und zwar indem alle Betroffenen, das sind alle, zu Wort kommen? Dies scheint eine Frage der persönlichen Anständigkeit und Friedfertigkeit zu sein, aber gerade das ist eine naive oder bewusste Täuschung: Es ist vor allem eine Frage der öffentlichen Institutionen.

Millionenfach kocht die unbändige Wut, in dieser Gesellschaft überhaupt nicht gehört zu werden.

Das fatale Gefühl, in der Gesellschaft gar nicht erst gehört zu werden, das ist auf der anderen Seite der Kern des Ohnmachtgefühls, das die große Mehrheit unserer Mitbürger beschleicht, und zwar durch alle Schichten hindurch: Vom Obdachlosen, der aus der angeblichen Leistungsgesellschaft heraus gefallen ist und sich nur noch geduldet und mitgeschleppt fühlt, zum sozial eng benachbarten Sozialhilfeempfänger und zum Arbeitslosen, über den „einfachen Arbeiter" bis hin zum kreativen Selbstdenker und hochkarätigen Spezialisten, Erfinder, Wissenschaftler, Schriftsteller: unzählige Männer und Frauen, welche die Dinge klarer zu sehen glauben, als sie in der veröffentlichten Meinung zur Sprache kommen – millionenfach kocht die unbändige Wut, in dieser Gesellschaft überhaupt nicht gehört zu werden. Das hat offensichtlich viel mit unserer „Kulturindustrie" (Th. W. Adorno) und der Wirtschaftsabhängigkeit des Ganzen zu tun. Aber eine Beziehung zur parlamentarischen Demokratie? Ist das nicht etwas weit hergeholt?

Wer so denkt, für den ist Demokratie etwas dem wirklichen gesellschaftlichen Leben Äußerliches und Fremdes, etwas bloß Formelles. Man kann es ihm/ihr nicht übel nehmen. Denn auf dieses Denken werden wir notgedrungen, vom „System" her, zurecht gestutzt – natürlich mit moralischen Appellen und Ruckreden verschleiert, die alle behaupten „Es kommt auf dich an" – während die Wahrheit ist, dass all jene Genannten nicht zu Gehör kommen, was die Grundvoraussetzung wäre, wenn es auf jemand ankommen soll. Das heißt, dass die gesellschaftliche Kommunikation über die offiziellen Kanäle nicht zureichend funktioniert. Das ist die schon vielfach verdrängte Verbindung von diesem so weit, gerade auch bei den Wachsten und Tüchtigsten, verbreiteten Ohnmachtgefühl zum Demokratieproblem.

Die institutionalisierte Kommunikation muss alle sonstige, nicht-institutionellen, informellen Kommunikationsprozesse ermöglichen, schützen, stützen und freisetzen.

Diese institutionelle Kommunikation kann in größeren gesellschaftlichen Gebilden, also sobald wir über eine Dorf- oder Betriebsversammlung hinausgehen, nur ein parlamentarisches System leisten, wenn auch nicht allein. Volksabstimmungen können und sollten ebenfalls eine Rolle spielen. Doch keine Demokratie kommt ohne beratende und gesetzgebende Versammlungen aus, die einen das ganze

Repräsentation und direkte Demokratie stehen wie Erde und Wasser oder Luft und Wasser zueinander.

Volk vertretenden, das heißt „repräsentativen" Charakter haben wollen. Wie der Repräsentationsgedanke zum Gedanken der direkten Demokratie steht, wird noch zur Sprache kommen. Auch wenn dies zwei unterschiedliche Prinzipien sind, können sie unmöglich in ausschließendem Gegensatz zueinander stehen. Sie stehen nicht wie Feuer und Wasser, sondern wie Erde und Wasser oder Luft und Wasser zueinander – um die „feurigen" Debatten über direkte Demokratie von vornherein aus falscher Gegensatzbildung heraus zu halten.

Parlament kommt vom Französischen *parler = sprechen, als Gleiche* (lat. *pares*) *miteinander reden* und hat über das englische *parliament* im 17. Jahrhundert die heutige Bedeutung von Volksvertretung angenommen.

Ein Parlament will also Organ des gesamtgesellschaftlichen Miteinanderredens, der Kommunikation in ihrer gestuften, gegenläufigen Reflexionsstruktur, sein. Wenn wir heute wieder einmal nicht allzuviel vom Parlament halten, nicht viel mehr, als von der „Quatschbude" zu Kaisers und Diktators Zeiten gehalten wurde, dann ist das Anzeichen einer gravierenden Fehlkonstruktion bzw. eines inzwischen alarmierenden Entwicklungsstillstandes. Nicht allein in Deutschland. Andere Länder haben ihre Präsidenten gleich unabhängiger gemacht von dieser offenbar krisenanfälligen, labilen Einrichtung. Es scheint in einer Demokratie nicht ohne sie, aber auch nicht so ganz mit ihr zu gehen.

Die Kommunikation ist das Herzblut der Gesellschaft – nicht das Geld, ihr Ökonomisten aller Couleurs!

A propos Herz: Um das Blut durch einen großen Organismus zu pumpen, bedarf es des Herzens. Das ist noch gar nicht so lange bekannt. Das Herz wurde durch Jahrtausende hindurch irgendwie als mysteriöse Mitte des Organismus, nicht aber zugleich als treibender Motor eines Kreislaufsystems erkannt. Dies wurde erst im 17. Jahrhundert durch den englischen Arzt William Harvey (1578-1657) entdeckt, und zwar zugleich mit dem doppelten Blutkreislauf und dem Vier-Kammer-System des Herzens. Durch diese zunächst, wie üblich, bekämpfte wissenschaftliche Großtat änderten sich alle möglichen Grundvorstellungen (Paradigmen) der Medizin. Dabei griff Harvey mit seiner Hypothese auf eine alte, aristotelische Grundvorstellung von Naturkreisläufen zurück.[155] Nur war diese noch nicht auf den Blutkreislauf des Menschen bezogen worden, und dazu bedurfte es genauester Beobachtung, einschließlich Sektionen an Tier und Mensch.

Wer heute sagen würde: „Was nützt es zu wissen, dass das Herz eine rechte und eine linke Hälfte mit je einer Haupt- und einer Vorkammer hat?“, würde nicht nur als intellektuell desinteressiert, sondern als minderbemittelt und destruktiv, einfach als verrückt angesehen. Das heißt nicht, dass jeder den Blutkreislauf und die Funktionsweise des Herzens im Einzelnen erklären können muss. Es geht um die Respektierung einer Erkenntnisrevolution und der vielen praktischen Fortschritte, die sich daraus ergeben.

Übrigens hat das Ungeborene zunächst nur eine einzige Herzkammer. Der Differenzierungsprozess findet bis zur Geburt statt und muss gelingen, wenn das Herz des Neugeborenen gesund sein soll. Hieß es nicht in der Einleitung – zunächst rein rhetorisch –, dass unsere Demokratien eigentlich erst Embyos sind? „Pubertierende“ wäre, wenn es auf die Differenzierung der Herzkammern ankommt, schon zuviel gesagt.

Ohne etwa die Biologie des Herzens für die Funktionsweise unseres Parlamentarismus argumentativ in Anspruch zu nehmen, möchte ich doch die Notwendigkeit eines ähnlichen Umdenkens in Sachen Demokratie nahelegen. Zu argumentieren „Es ist ja schon mit einem Parlament schwierig genug – wie soll es dann erst mit vieren klappen?“ könnte der Argumentation von Harveys Zeitgenossen gleichen: „Zu bewundern, wie der Schöpfer eine lebendige Blutpumpe unterhält, ist schon genug der Neuerung. Warum müssen es denn gleich zwei Blutkreisläufe und vier Kammern sein? Entweihen wir mit solcher Spitzfindigkeit und überhaupt mit dieser teuflischen Anatomie nicht das göttliche Geheimnis des Lebens?“

Die Erkenntnis des sozialen Blutkreislaufs und seines Herzens, des Parlamentarismus, steht nun vierhundert Jahre später auch an! Genauer, diesmal geht es nicht um Erkenntnis vorgefundener biologischer Evolutionsprodukte und um ihre mühsame Rekonstruktion, sondern um Erkenntnis von Gesetzen zur Konstruktion der gesellschaftlichen Wirklichkeit aus Freiheit und Einsicht.

Heutige Parteien: das Problem statt der Lösung

Sobald man die Nachhaltigkeits-Frage in Bezug auf unser derzeitiges demokratisches System und die Machtverteilung in ihr zulässt, zeichnet sich Folgendes ab: Politische Macht wird heute mittels der Parteien verteilt. Das ist allgemein bekannt und geduldet.

Weniger bekannt ist, dass nur etwa zwei Prozent der erwachsenen Bevölkerung in diesen Selbstbedienungsläden der Machtverteilung organisiert und aktiv sind. Manche – wie der eher konservative „Arbeitskreis Demokratiereform"[156] – behaupten gar, dies sei eine Negativauslese. Am verdienstaristokratischen (meritokratischen) Maßstab, die Allerbesten des Volkes auszuwählen, mag dieses harte Urteil zutreffen. Doch lassen wir unseren Parteimitgliedern, dass sie überdurchschnittlich interessiert sind an öffentlichen Dingen, und dass diejenigen, die Parteiämter übernehmen, auch überdurchschnittlich einsatzbereit, wenngleich sicher auch überdurchschnittlich ehrgeizig, an Macht interessiert sind.

Zu dem geringen Prozentsatz an Parteimitgliedern erklären die Parteiaktiven regelmäßig und immer wieder frisch drauflos: „Ja, wer nicht mitmacht, kann natürlich auch nicht mitbestimmen. Wenn du eine partizipative, eine Beteiligungsdemokratie willst statt einer Zuschauerdemokratie – dann musst du eben mitmachen. Das geschieht natürlich zwangsläufig in einer der Parteien. Theoretisch könnte man auch neue gründen. Aber du weißt, wie schlecht die Chancen stehen, die 5-Prozent-Klausel zu überwinden." So einfach ist das also!

Wir können darauf verzichten, nun über das Für und Wider der 5-Prozent-Klausel zu diskutieren, z.B. über die mehr als fragwürdige Standardbehauptung, dass „Weimar" an der Vielzahl der kleinen Parteien zugrunde gegangen sei. Die ganze Diskussion träfe nicht den Kern des Problems und führte zu einer jener zahlreichen Alibi-Diskussionen, die garantieren, dass sowieso alles beim Alten bleibt.

Der im Grundgesetz formulierte Auftrag an die Parteien, kann unmöglich ein Machtverteilungsmonopol meinen.

Eine andere, bei Intellektuellen und Politologen beliebte Fragestellung ist die, was unser Grundgesetz mit der „Mitwirkung" der Parteien meint: „Die Parteien wirken bei der politischen Willensbildung des Volkes mit" (Artikel 21,1 GG). Auch diesen Gelehrtendisput brauchen wir nicht ausführlich auszubreiten. Es genügt die schlichte Einsicht, dass „Mitwirkung" unmöglich ein Machtverteilungsmonopol beinhalten kann.

Aus jenem vom Grundgesetz formulierten Auftrag an die Parteien zur „Mitwirkung" ist eine Parteienherrschaft geworden. Und dies nicht allein über Parlament und Regierung, sondern bis weit in die Verwaltung und Rechtsprechung, ja bis in scheinbar unparteiliche Ämter an Institutionen wie Schulen und Universitäten hinein. Der Missstand[157] wird nicht dadurch geringer, dass es nicht mehr einfach eine der großen Parteien ist, die ihre Leute in die Ämter hineinpatroniert, dass dies viel-

Darf „Mitwirkung" de facto Parteienherrschaft beinhalten?

mehr im stillschweigenden Proporz geschieht, eine Komplizenschaft der politischen Rivalen. Und dies auf Kosten der politischen Vernunft gerade da, wo sie am meisten zu erwarten und unbedingt zu fordern ist, im Bereich der Wissenschaft: Um ein erfolgreicher Wissenschaftler zu werden, sollte man besser einer Partei und/oder einer Gewerkschaft oder wenigstens einer der beiden großen Kirchen angehören.

„Naturgemäß“ gibt es keine verfügbaren Zahlen über die Zahl der Stellenbesetzungen an den Universitäten sowie im öffentlichen Dienst allgemein, die mit dem Parteibuch innigst zu tun haben. Wer diese üblichen Verfahrensweisen für unvermeidlich und natürlich hält, hat einen irgendwie normativen Begriff von gewaltenteiliger und transparenter Demokratie zugunsten einer Klüngelwirtschaft längst aufgegeben. Unbehagen und Resignation, mangels Alternativen, sitzen tief bei vielen Millionen, ja bei der großen Mehrheit unserer „Demokraten“. Eine schweigende Mehrheit! Denn wo käme sie zur Sprache? Selbst Meinungsumfragen geben zweifellos ein geschöntes Bild, weil die Befragten sich das ganze Ausmaß ihrer Resignation bei direkter Befragung nicht eingestehen wollen. Die Demokratiemüdigkeit unterliegt der berühmten Schweigespirale: „Die Verlierer tendieren zum Schweigen.“[158] Und in Bezug auf das Funktionieren der Demokratie sind wir alle, die wir uns als Demokraten verstehen, derzeit Verlierer, ob wir es zugeben oder nicht.

Die Demokratiemüdigkeit unterliegt der berühmten Schweigespirale: „Die Verlierer tendieren zum Schweigen.“

Die getroffenen Feststellungen werden kaum dadurch abgeschwächt, dass unser Parteienstaat zugleich ein Verbände-Staat ist. Auf jeden Bundestagsabgeordneten zählt die informierte Presse rund drei honorige Lobbyisten, also mit Druck und Lockungen (z.B. auf lukrative Nebenposten für die Abgeordneten) arbeitende Vertreter von wirtschaftlichen und gesellschaftlichen Interessengruppen. Diese ständige Vertretung der mächtigen Verbände hat ungleich mehr Einfluss als jene andere, ganz inoffizielle „ständige Vertretung des Volkes“, die sich Tag für Tag in die Schlange vor dem Reichstagsgebäude reiht, um dessen herrliche neue Kuppel zu sehen und ein wenig Glanz und Elend deutscher Geschichte zu spüren. Vor allem aber fühlen sie den Unterschied zwischen Macht und Ohnmacht: die Macht der Wenigen unten im Plenarsaal und die Ohnmacht der Vielen oben in der Spirale der Machtlosigkeit.

Aber das eben sei repräsentative Demokratie, wird uns gesagt: dass der Einzelne in Wirklichkeit so mächtig sei, obwohl er sich scheinbar so furchtbar ohnmächtig fühle.

Sehen wir uns den politischen Alltag an, so behält das Ohnmachtgefühl des Einzelnen mehr Recht, als die meisten ahnen. Macht haben nur die Parteien und die mit ihnen liierten Verbände.

> „Dabei ist die kollektive Verbändekritik kein Novum in der Geschichte der Bundesrepublik. Der große deutsche Staatsrechtler Theodor Eschenburg prangerte schon in den 50er- Jahren die Herrschaft der Verbände an. Seitdem feiert das deutsche Modell des Korporatismus in immer kürzeren Abständen eine Renaissance. Dass die Macht der Verbandslobbyisten das eigentliche Staats- und Gesellschaftproblem sei, weil sie zu einer Art Neben- oder Gegenregierung werden können, wurde auch in den 60er- und 70er-Jahren beklagt. Damals diskutierten Politiker aller Fraktionen sogar über ein Verbändegesetz, das den Einfluss der Lobbyisten ein für alle Mal beschneiden sollte.
> Von Beschneidung kann heute keine Rede mehr sein. Dass professionelle Interessenvertreten hat trotz Kanzlerschelte Konjunktur. Mehr als 4000 Verbände sitzen rund um den Reichstag, rund 1700 von ihnen sind in der sogenannten Lobbyisten-Liste des Deutschen Bundestages eingetragen. 1974 waren es gerade mal 635 Organisationen. Demnach kommen heute auf jeden Abgeordneten des Bundestages mehr als drei Interessenverbände, die auf sie einwirken. Die offizielle Lobby-Liste umfasst 59 Din-A-4-Seiten und reicht von ABDA – Bundesvereinigung Deutscher Apothekenverbände bis zur Zukunftsaktion Kohlegebiet, deren Zukunftsaktion allerdings darin besteht, die Kohlevergangenheit möglichst lange zu konservieren."[159]

Den sogenannten Fraktionszwang gibt es nach dem Grundgesetz gar nicht.

Die Abgeordneten haben scheinbar eingesehen, dass die Vertreter der Interessenverbände ihrer Macht gar nichts anhaben können, denn sie allein sind ja schließlich „die Vertreter des ganzen Volkes, an Aufträge und Weisungen nicht gebunden und nur ihrem Gewissen unterworfen" (Artikel 38, 1 GG). Es wäre zuwenig, wenn ihre unabhängigen Gewissen allein durch den sogenannten Fraktionszwang Nachhilfe erfahren würden. Den gibt es zwar nach dem Grundgesetz gar nicht. So mancher Generalsekretär musste schon daran erinnern – und für die Dummen im Lande erklären, dass diese Disziplin mit Beschneidung der Gewissensfreiheit des einzelnen Abgeordneten absolut nichts zu tun habe und dass ohne „Fraktionsdiziplin", wie es schöner heißt, parlamentarische Arbeit unmöglich würde. Schließlich könne ja jeder seinem Gewissen folgen, müsse nur die Konsequenzen ziehen, was die nächste Aufstellung auf einen Listenplatz oder gar zum Direktkandidaten angehe.

Disziplin wäre eine schöne deutsche Eigenschaft – doch nur, wenn sie Disziplin primär gegenüber Vernunft und Gewisseneinsicht und dadurch Dienst am Gemeinwohl wäre. Die obrigkeitlich missbrauchte Disziplin ist jedoch schlimmer als keine. Deshalb genießt die deutsche Disziplin keinen guten Ruf mehr, mögen die Parteisekretäre die Fraktionsdisziplin noch so jesuitisch mit dem freien Gewissen des Abgeordneten in Übereinstimmung bringen. Sein funktionierendes Urteil und Gewissen wäre die einzige Rechtfertigung für repräsentative Demokratie. Diese beruht allein auf dem Vertrauen der Wähler auf Einsichtsfähigkeit und Gewissen ihrer Vertreter. Der unabweisbare Konflikt zwischen freiem Urteil und Gewissen der Abgeordneten und Fraktionszwang wird vertuscht! Das Argument, sonst sei keine „parlamentarische Arbeit“ mehr möglich, gemeint ist die Mehrheitsbeschaffung für die Regierung durch ihren Parteienblock, schafft diesen Konflikt in keiner Weise aus der Welt. Es ist nur ein pragmatisches Argument, dass Regieren sonst nicht gehe. Bei näherer Hinsicht ist es jedoch ein gewaltiges Argument gegen diese Art von Parteiendemokratie: Diese funktioniert nur, wenn der Abgeordnete sein ihm grundgesetzlich zugesichertes eigenes Gewissensurteil bei der Parteiführung abgibt. Dieses Dilemma zu leugnen, ist eine der vielen strukturellen Unehrlichkeiten unseres gegenwärtigen parlamentarischen Systems.

Schon suchen sich die Regierenden besser wieder die ihnen genehmen Geheimräte aus – wie es derzeit in Form von Ethikrat, Nachhaltigkeitsrat von Kanzlers Gnaden geschieht. Es entsteht so eine neue „Konsultative“, weil die alte, legitimierte Konsultative, die parlamentarische Legislative, überfordert ist. Das ist, unter dem Vorwand von Ethik, ein struktureller Rückschritt in einen neuen Feudalismus! Es stünde jedem Abgeordneten zu, sich Ratgeber hinzuziehen, erst recht dem Parlament als ganzem steht es zu. Der Regierung steht es dagegen nicht zu, neue Verfassungsorgane zu schaffen, die das Parlament, ohnehin schon Spielball der Parteienblöcke, weiter entmachten. Entweder ist das Parlament, mit allen zur Hilfe herangezogenen Experten, selbst ein konsultatives und dann aus eigener Verantwortung beschlussfassendes Gremium – oder es hat bereits geistig ausgedient. Letzteres ist leider der Fall! Unser Parlamentarismus gerät mehr und mehr zur Fassade.

Eine neue „Räterepublik“, weil die alte, legitimierte Konsultative, die parlamentarische Legislative, überfordert ist.

Sicher, unsere Abgeordneten und Parlamente sind derzeit strukturell überfordert, weil sie sich mit allen Politikbereichen befassen sollen, dies aber unmöglich qualifiziert können. Eben dafür gibt es eine echt parlamentarische Lösung, die in diesem Kapitel entfaltet wird.

Das Wort „strukturell" soll hier einem falschen Moralisieren und persönlichem an den Pranger Stellen vorbeugen. Wir sprechen eben nicht von persönlichen Defekten der Abgeordneten. Die mögen noch hinzukommen wie in jedem Lebensbereich. Die Abgeordneten wie auch die überwiegende Mehrheit der Parteimitglieder sind ehrenwerte und intelligente, oft sehr fähige und fleißige Menschen. Der Fleiß und die Fachkenntnisse, auch der gute Wille unserer Abgeordneten sollen hier ausdrücklich nicht in Frage gestellt, sondern im Gegenteil anerkannt werden. Man kann auch sie großenteils als Opfer unserer nervenaufreibenden Halbdemokratie betrachten. Ob die Höhe der Vergütung vergleichsweise gerechtfertigt ist, darf hier zunächst offen gelassen werden, um nicht vom Wesentlichsten abzulenken.

Es ist von etwas Strukturellem die Rede. Im Unterschied zum gängigen Moralisieren und zu appellierenden Ruck-Reden. Gäbe es nicht schon hervorragende Bücher zur Parteiendemokratie wie die von Hans Herbert von Arnim, der akribisch auch auf die finanziellen Aspekte des „Systems" eingeht, oder Erwin Scheuch, der es besonders auf Macht- und Ämterverfilzung abgesehen hat, sowie von weniger bekannten, aber gut informierenden und nachdenklichen Autoren, dann müsste hier viel ausführlicher über diese Missstände gehandelt werden. Wir dürfen aber die Verfalls- und Missbrauchserscheinungen an allen Enden und Ecken, die genau mit dem Parteienklüngel zusammenhängen, als im Prinzip bekannt, ja insgeheim auch von der politischen Klasse anerkannt voraussetzen, um darüber hinaus zu gehen.

Das Grundübel: strukturelle Unsachlichkeit

Ein Stück weiterer Vertiefung der Analyse führt schon fast selbst zur Lösung. Über einen Grundzug unseres gegenwärtigen Parteienwesens wird kaum irgendwo gehandelt: Dass mit Fleiß Fronten aufgebaut werden, die nicht entlang den Sachfragen verlaufen.

Historisch sind die Parteien in Deutschland aus Weltanschauungsgruppen hervorgegangen: die marxistisch geprägte SPD, das katholische Zentrum usw. Dieser Weltanschauungsstreit war damals aktuell, obwohl in sich schon Symptom eines Unglücks von historischen Ausmaßen: dass die soziale Frage mit antireligiösen Affekten und Missverständnissen aufgeladen und umgekehrt ein religiöser Konservatismus weitgehend die soziale und demokratische Frage untergrub. Die brennenden sozial-demokratischen Probleme wurden von weltanschaulichen Gegensätzen („Marxismus“ und Christentum) überhöht und vernebelt.

In England und besonders in den USA bildete sich der harmlosere Gegensatz von Konservativen und Fortschrittlichen als ein allgemein menschlicher Mentalitäts- und Haltungsunterschied heraus. Auch dieser hatte aber mit den wirklichen Sachproblemen meist nur wenig zu tun.

Die Politik hat sich unter der Wucht zweier heißer und eines kalten Weltkrieges, einer wie auch immer gelungenen (1989) wie mehrerer niedergeschlagener Revolutionen (in Deutschland die von 1848 wie von 1918) und den damit zusammenhängenden wirtschaftlichen, politischen und kulturellen Katastrophen relativ versachlicht.

Was unsere großen Parteien heute wollen, ist weltanschaulich kaum noch unterscheidbar. Geblieben ist die sachfremde Blockmentalität.

Sie herrscht auch dann noch, wenn es einer Bewegung wie den Grünen gelingt, sich als Parlamentspartei zwischen den großen Blöcken zu etablieren. Aber auch die Grünen bilden inzwischen eine Partei alten Stiles. Was der Unterschied zwischen Bewegung und Partei hätte bleiben können, wurde nicht auf den Begriff gebracht, wie überhaupt die mangelnde Denkarbeit zugunsten von gerade nicht „ganzheitlicher“, emotionaler Spontaneität ein schwerwiegender Mangel der Grünen war.

Es ist nicht der Unterschied zwischen außerparlamentarischem und innerparlamentarischem Auftreten, sondern: zwischen offener Bewegung und fester Blockbildung, was den entscheidenden Unterschied ausmacht und wodurch die Grünen in die alte Parteienfalle geraten sind. – Attac könnte diese Falle vermeiden. Es ist bisher zum Glück keine thematische Allround-Bewegung, sondern eine wirtschaftspolitische Bewegung gegen die neokapitalistische Art der Globalisierung. Attac könnte eine Sachpartei neuen, später näher zu charakterisierenden Stiles werden – wenn dies institutionell ermöglicht wird.

Attac könnte eine Sachpartei neuen Stiles werden.

Es geht mir an dieser Stelle nicht um die Inhalte, sondern einzig um die Art der politischen Gruppenbildung. Feste Blockbildung führt zur Zusammenbindung von Themen, die gar nicht zusammengehören.

Hierin liegt das wenig thematisierte Grundproblem der Parteien alten Stiles.

Was hat zum Beispiel der Schutz der Natur, Hauptthema der Grünen, mit ihrer mehr oder weniger offiziellen These zu tun, dass Nationen und ihre Sprachen Gebilde von gestern sind, die eigentlich aufgelöst gehören? Wenn man das mit Vernunft betrachtet, kann man eher einen Gegensatz zwischen beiden Positionen finden: Biotope sollen geschützt werden, doch in Jahrtausenden gewachsene kulturelle Einheiten wie die Nationen und deren Sprachen nicht, jedenfalls nicht unbedingt die deutsche. Die Grünen binden heute beide Themen geradezu widersprüchlich zusammen. Was soll nun der Wähler tun, wenn er für ökologischen Landbau im Sinne der Grünen, jedoch auch für Erhalt der Nationen und eine dementsprechende Zuwanderungspolitik, etwa im Sinne einer „Gastfreundschaft der Kulturen“ (Heinrichs 1994) votieren will, das am ehesten noch (wenn auch gedanklich unklar genug) von CDU/CSU vertreten wird. Er befindet sich im Dilemma und schließt sich, da er einfach weder sachgemäß noch emotional „sauber“ entscheiden kann, am liebsten der großen Partei der Nichtwähler an.

Ebenso befindet sich im Dilemma, wer eine bestimmte Wirtschaftspolitik der CDU oder auch der FDP gutheißt, aber keineswegs deren gegenwärtige Haltung gegenüber den USA und in der Friedensfrage.

Das sind strukturelle Dilemmata, die auf ein sehr grundsätzliches Demokratiedefizit hinweisen!

Eine andere Variante: Das Jahr 2003 hindurch musste der SPD-Kanzler mehrfach mit Rücktritt drohen, obwohl die überwältigende Mehrheit der Opposition seine Agenda 2010 gutheißen würde – nur ein paar eigene Genossen, aus sehr ehrenwerten Gründen übrigens, nicht. Er braucht aber seine eigene „Kanzlermehrheit“, um nicht gestürzt zu werden. So blockiert das derzeitige Parteiensystem die Handlungsfähigkeit der Regierung, nicht aus sachlichen, sondern aus parteitaktischen Gründen.

(Es geht an dieser Stelle nicht um das tiefreichende sachliche Paradox, dass die SPD eine neoliberale Politik gegen die gewerkschaftlichen Besitzstände betreiben muss, solange sie, ebensowenig wie die Gewerkschaften selbst, im Gegensatz zu ihrer eigenen Vergangenheit nicht den Mut hat, fundamentale Alternativen zum Zins- oder Rendite-Kapitalismus zu entwickeln. Hier liegt der fast allseits tabuisierte, eigentliche Wahrheitsstau in der Wirtschaft.)

Dies sind zwei Beispiele aus Hunderten von Dilemmata nach dem Muster: In Bezug auf A ist die Partei X besser, bezüglich B aber die

Partei Y. Die eigentliche Frage lautet: Warum ist es nicht möglich, präzise für A zu votieren, nicht aber für Parteien, die alle Probleme von A bis Z zu einem unsachgemäßen Konglomerat zusammenbinden? Die angedeutete historische Antwort ist nur eine, wahrscheinlich nicht die wichtigste. Wichtiger scheint mir die Art unseres Parlamentarismus: ein Einheitsparlament für alle Fragen (auf nationaler Ebene), im Unterschied zu einem differenzierten Parlamentarismus, auf den unserer Gedankengang hinauslaufen wird.

Die Einheitsregierung muss sich, im derzeitigen System, auf feste Mehrheiten stützen können. Also bedarf es im Einheitsparlament der Parteifraktionen nach Art von Kriegslagern, bei denen es möglichst keine Überläufer geben sollte. Obwohl der „Krieg" jeweils um ganz verschiedene Streitfragen geführt wird. Das alles ist nichts anderes als programmierte Unsachlichkeit! Eine schwere, kaum als solche erkannte Kinderkrankheit der Demokratie.

Programmierte Unsachlichkeit des derzeitigen Systems: feste Mehrheitsbildung trotz unterschiedlicher Streitfragen

Für die Allround-Parteiblöcke oder auch Blockparteien[160] als ganze entsteht der strukturelle Zwang zur Rechthaberei in Allem und Jedem. Das soll „deliberative Demokratie" sein: eine Kultur des Miteinander-Beratens und Suchen nach jeweils sachgemäßen Lösungen? Man verwechselt die behelfsmäßige Kunst des Kompromisse-Schließens mit dem möglichst unbefangenen, beratenden Suchen nach optimalen Sachlösungen! Die ganze Art des Schlagabtausches nennt man dann zu allem Überfluss noch „politischen Diskurs".

Dabei ist das Wort Diskurs für die meisten politischen Entscheidungsfragen so lächerlich wie für das Liebesgeflüster, weil die Sachfragen bei näherem Hinsehen alle auch Wertungsfragen sind. Eine feurige Parlamentsrede als „Diskurs" zu bezeichnen, spottet jeder klaren Verwendung der deutschen Sprache und jeder alltäglich wie sprachwissenschaftlichen Kenntnis von Redetypen.

Es wäre berechtigt, Wertungs-Parteien in einzelnen Sachfragen zu bilden, z.B. Konfessionsschule oder nicht, Englisch als europäische und Welt-Verkehrssprache auf Kosten aller anderen Kultursprachen oder eine einfache, neutrale Weltverkehrssprache? Dergleichen sind nicht allein argumentative Entscheidungen, sondern Wertungen. Auch Wertungen und deren Abgleichung aber müssen sachspezifisch sein. Sachspezifisch ist es dagegen nicht gerade, wenn ich den Kurs deutscher Gesamtpolitik davon abhängig machen muss, ob Herr Stoiber oder Herr Schröder mir sympathischer ist, obwohl ich Herrn Stoiber in A zustimme, Herrn Schröder aber in B. Letztlich lassen wir die Haarfarbe, die männliche Ausstrahlung, die Dialektfärbung oder immer noch die traditionelle Parteienbindung über Wohl und Wehe der deutschen Politik entscheiden. Das ist die gegenwärtige Demokratie! Wie soll man darüber nachdenken und nicht zum Zyniker werden?

Den Blockparteien entsprechen Kandidaten und Abgeordnete, die im Prinzip das ganze Spektrum eines jeweiligen Programmbündels bedienen müssen. Selbst wenn sie sich auf bestimmte Sachfragen spezialisieren, müssen sie Allround-Politiker spielen. Es entsteht beim Einzelnen der verlogene Zwang zum Möchtegern-Allround-Talent. Auch wenn ich persönlich wenig Ahnung von Nato-Politik, Wirtschaftspolitik, Kulturpolitik, medizinischer Ethik habe, die Partei hat diese und diese Positionen, und die müssen stimmen, weil sie halt meine Partei ist. Mit solcher Nibelungentreue von Pseudo-Allround-Talenten kann unmöglich sachliche Politik gemacht werden.

Um nicht länger bei der deprimierenden Analyse des Bestehenden zu verweilen, stelle ich folgende zusammenfassenden wie weiterführenden Fragen:

- Sind unsere gegenwärtigen Parteien-Demokratien strukturell in der Lage, sachgemäße und zugleich mehrheitlich legitimierte Wertentscheidungen zu treffen, und dies zum Wohl des Gemeinwesens? Welche gentechnischen Eingriffe in den Menschen sollen beispielsweise demokratisch legitimiert werden? Sollen dergleichen immer diffizilere Grundwertentscheidungen etwa entlang der Grenzen von Blockparteien, gestützt auf Fraktionsdisziplin, entschieden werden?
- Sind unsere heutigen Demokratien so verfasst, dass andere als ökonomische Werte, andere als schlichte Wirtschaftsinteressen, sich in der Gesamtgestaltung durchsetzen können? Wenn es so etwas wie eine Werteordnung nicht allein im persönlichen Leben, sondern gerade auch im öffentlichen Leben gibt: Wie soll der garstige Graben zwischen dem, was über Menschenwürde, z.B. Recht auf Arbeit, auf dem Papier steht, und der Realität der Machtverhältnisse geschlossen werden?
- Wie soll die häufig angemahnte natur-ökologische Nachhaltigkeit, politisch durchgesetzt werden können, wenn eine Kreislauffähigkeit des politischen Entscheidungssystems, also eine wirkliche Basisanbindung und Sachgemäßheit darin nicht gegeben ist? Wollen wir lieber eine Öko-Diktatur oder eine selbst nachhaltige Demokratie?

- Es ist abzusehen, dass hier ganz neue Verfassungsprobleme aufgeworfen werden. Können sie in der gegenwärtigen europäischen Verfassungsdiskussion noch eine weitere Chance bekommen?

Die tiefsitzende Angst der theoretisch unerfahrenen Leser vor dem denkenden Weiterbohren, die Angst, sich ins Theoretisch-Unverbindliche zu verlieren, sollte angesichts des Parteienproblems endlich ausgeräumt werden, wenn es gelingt, eine praktikable Lösung zu finden. Wir steigen jetzt erst einmal heraus aus dem Theorie-Stollen.

Der Lösungsansatz: Ein gestuftes Kompetenzensystem von vier Parlamenten

Die latent vorhandenen vier Ebenen oder Hauptglieder des sozialen Organismus müssen durch reale Institutionen differenziert werden, nicht nur in Gedanken. Dazu reicht nicht die für damals umstürzende, für heute dürftige, in sich schon unvollständige „trikolorische" Gewaltenteilung aus den Zeiten der Französischen Revolution.

Die kommunikative = beratende = gesetzgebende Gewalt ist zunächst einmal die entscheidende. Die erste institutionelle Konsequenz lautet daher im Klartext: Wir brauchen jeweils fachkompetente, unabhängig voneinander gewählte Parlamente für jede Systemebene. Die Legislative muss sich selbst gliedern nach dem Reflexionsstufenprinzip in:

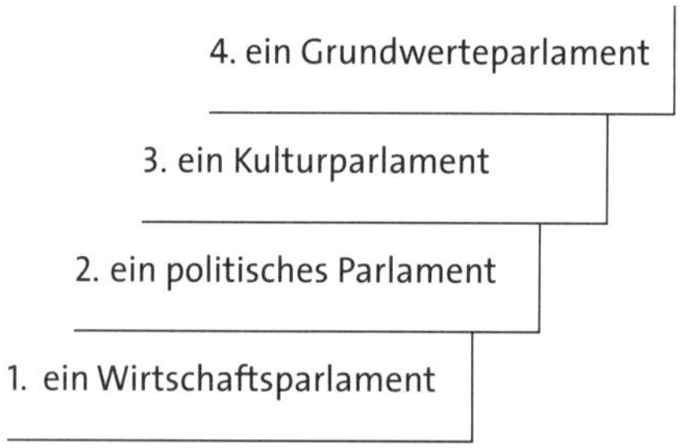

Figur 7: Gliederung der Legislative nach dem Reflexionsstufenprinzip

Der hierarchische Aspekt, wie er in dieser Art der Notierung zum Ausdruck kommt, ergibt sich unmittelbar aus der Reflexionsstufung, die ja eine logische Hierarchie darstellt. Zu behaupten, hierarchisches

Denken sei grundsätzlich überholt, beruht auf Verwechslung. Hierarchie heißt wörtlich heilige Ordnung. In den bis vor kurzem überall vorherrschenden und noch lange nicht ganz überwundenen theokratischen Verhältnissen wurden meist willkürliche Machtansprüche mit der Heiligkeit einer Ordnung bemäntelt. Solche Machthierarchien sind nicht gemeint, auch nicht relativ willkürliche organisatorische funktionelle Hierarchien, wie sie im Militär und Ämtern oder in Wirtschaftsbetrieben für eine klare Weisungsstruktur notwendig sein mögen. Mit ⇦logischer bzw. sachlogischer Hierarchie ist die schon in jeder Zahlenreihe liegende Reihenfolge sowie die in jeder Ebenenstufung liegende Rangfolge gemeint, ob dies nun eine einfache räumliche Stufung ist oder die aufgezeigte Reflexionsstufung.[161] Solche Reihenfolgen und Stufungen zu leugnen, käme einem logischen Selbstmord gleich. Der krasse geschichtliche Missbrauch des Wortes Hierarchie darf dessen vernünftigen Gebrauch nicht verhindern. Wir kommen allerdings mit den Worten Stufung und logische Stufung weitgehend aus.

Die obige Reihenfolge der Parlamente ist hierarchisch im Sinne von sachlogisch gestuft – ebenso wie die Reihenfolge der allgemeinen Systemebenen (Kapitel IV). Allerdings ist die zirkuläre Rückkoppelung ebenso wichtig wie die Stufung. Bevor wir die hierarchische Stufung mit der zirkulären Rückkoppelung verbinden, sollen zunächst die Aufgaben der einzelnen Parlamente für sich charakterisiert werden. Die angegebene Stufung ist dabei immer schon mit zu beachten. Wir beginnen von oben, nachdem früher schon deutlich wurde: Ein Grundproblem der jetzigen kapitalistischen Demokratien besteht darin, dass das soziale Ganze derzeit fast gänzlich von unten, von der Wirtschaft her, determiniert ist. Wie lässt sich das umkehren – ohne in eine Theokratie zurückzumarschieren? Oder in eine neue „humanistische" Planwirtschaft (für die Marx übrigens nicht verantwortlich zu machen ist)? Wir haben es uns mit solchen grobschlächtigen Alternativen jahrzehntelang zu einfach gemacht und uns das differenzierende Denken im Sozialen erspart.

Das Grundwerteparlament

Das Grundwerteparlament stellt die wichtigste Instanz für eine Erneuerung der Demokratie von Grund auf dar. Es hat sich mit der konkreten Ausdeutung und Anwendung der im Grundgesetz angesprochenen Grundwerte zu befassen, wie sie bisher in den Artikeln 1 bis 19 des Grundgesetzes der Bundesrepublik Deutschland niedergelegt sind, und zwar gesetzgebend, dynamisch rahmensetzend für alle anderen Ebenen.

Eine Verfahrensethik der demokratischen Wertekommunikation

Der Ausdruck Wertekommunikation ist ungewohnt, ja neu. Aber er kennzeichnet den hier vertretenen Ansatz, von dem die Notwendigkeit eines Grundwerteparlamentes am zwingendsten deutlich wird. Doch selbst Vertreter einer anderen „deliberativen" (beratenden) Ethik und Demokratie wie Diskurstheoretiker müssten dem Gedanken des Grundwerteparlamentes zustimmen können.

Der Bedarf an Ethik ist in unseren Gemeinwesen weniger als je zu verleugnen. Gemeint sind nicht nur die Gerechtigkeitsfragen der eigentlichen Sozialethik, also der Ethik der Institutionen. Da gibt es allerdings größte, ungelöste Altlasten. Zwar wird z.B. vom Leistungsprinzip in unserer angeblichen Leistungsgesellschaft noch immer viel geredet. Aber angesichts der Massenarbeitslosigkeit wird deutlich, dass Millionen Leistungswillige und -fähige von ihrer Leistung ausgeschlossen sind. Dies spottet dem Leistungsgesichtspunkt als einem wesentlichen Gerechtigkeitsprinzip Hohn. Es ist unmittelbare Folge des Rendite- oder Zins-Kapitalismus: Geld fließt als leistungsfreies Einkommen, als sich selbst vermehrendes Kapital dahin, wo nicht mehr gearbeitet zu werden braucht und fehlt dort, wo Arbeit in Hülle und Fülle wäre – aber nicht bezahlt werden kann. Die Maschinen und das hinter dem teueren, Menschenarbeit ersetzenden Sachkapitel stehende Geldkapital fordern renditeträchtige „Vollbeschäftigung"[162] – des Kapitals, wohlgemerkt, nicht des Menschen! Menschliche Dienstleistungen dagegen, die nicht auf Kapitaleinsatz basieren, beispielsweise Reparaturen und Wartungen gekaufter Geräte, werden in unserer „Dienstleistungsgesellschaft" immer teurer, sofern sie überhaupt noch zu bekommen sind. Nicht etwa wegen der ungeheuren Wertschätzung der menschlichen Arbeit, wie man meinen könnte, sondern wegen einer einzigen Wertschätzung: der Kapitalrendite! Es genügt hier, an dergleichen Grundlagen unserer „freien" Wirtschaft als beispielhafte Strukturaufgaben des Grundwerteparlamentes zu erinnern, die sofort von Ebene 4 auf Ebene 1 durchgreifen müssten.

Ebenso angesprochen seien mit Ethik und Grundwerten aber auch all die Menschenbild-Grundlagen, also die kollektiven Wertentscheidungen für die Erlaubtheit individueller Handlungen, die der Gesetzgebung zugrunde liegen: heute besonders die Stellungnahmen zu Leben und Sterben des Menschen, wie sie uns besonders durch die neuen Möglichkeiten der Gentechnologie wie auch der künstlichen Lebensverlängerung abgenötigt werden.

Gemeint sind ferner die ökologischen Fragen: Wie tragen wir der Würde und Schönheit der Natur auch in einer industriellen und postindustriellen Konsumgesellschaft wieder Rechnung? Wie sorgen wir für gesunde Ernährung, also unvergiftete Nahrung – gegen die ökonomischen Kapitalverwertungszwänge? Es ist offensichtlich, dass ein großer, grundlegender Teil der Wirtschaftsfragen und ein noch größerer Teil der ökologischen Fragen ethischer Art sind.

Auf der anderen Seite ist sehr zu bezweifeln, dass die derzeitige Art von Ethik-Betriebsamkeit fruchtbar ist und weiter führt – ganz besonders, wenn diese Bemühungen sich im Rahmen einer angeblich rationalen Diskursethik abspielen. Diese ganze Kasuistik (wie muss ich handeln, im Falle dass...) führt nicht nur meist zu keinem theoretischen Konsens, sondern ist lebensfremd. Das gilt für den persönlichen wie noch mehr für den kollektiven Bereich. Zwar braucht es für Entscheidungen einige Einsicht in die Faktenlage. Doch das Wesentliche an Entscheidungen, besonders an ethischen, also hohe Werte betreffenden wie Personwürde, Leben von Kindern und Alten, Rettung für sonst unheilbar Kranke usw., ist: Sie gehen prinzipiell über die rationale Faktenkenntnis hinaus, soweit diese Erkenntnis überhaupt im Normalfall vollständig ist, also ob etwa einem Nierenkranken das Leben durch eine Transplantation einer gesunden Niere wesentlich verlängert werden kann.

Menschliche Wertentscheidungen leben von einem persönlichen Freiheitskalkül.

Was ethische Kasuisten und insbesondere Diskursethiker mit ihrem prinzipiell überzogenen pseudo-rationalen Anspruch regelmäßig übersehen, ist dies: Menschliche Wertentscheidungen leben von einem persönlichen Freiheitsüberschuss oder Freiheitskalkül. Gerade das macht die Entscheidungen zu Akten der persönlichen Freiheitsprofilierung, worauf es ja im Leben ankommen dürfte. Gerade das gibt ihnen einen höchsten Wert, dieses: So habe ich es gewollt und bewertet. Das menschliche Vermögen der Wertung geht weit über das der rationalen Erkenntnis und über Erkenntnis überhaupt hinaus.[163]

Zum Erkenntnismäßigen an der ⇦Wertung gehört als die spezifisch wertende Erkenntnisart das, was wir „Gefühl" nennen: eine Erkenntnisart, in der die Stimmigkeit von Beziehungsgefügen erwogen wird. Die Wertung geht aber auch über die gefühlsmäßige Erkenntnis nochmals hinaus. Es ist ein Zielwollen in ihr, eine Anziehung oder eine Abstoßung, sei es von Menschen, sei es von Gemeinschaften, von einer Landschaft, von nicht-menschlichen Lebewesen oder geistigen Wesenheiten und Sinnzusammenhängen. Diese Anziehung oder Liebe, um bei der positiven Seite zu bleiben, sucht sich die Mittel zu ihrer Verwirklichung. Sowohl die meist unbewusste Zielsetzung wie die Mittelsuche sind Wertungen. Das ⇦Gewissen ist nichts anderes als der Inbegriff dieser Wertungen – sofern sie frei sind und nicht autoritär fremdbestimmt. Es gibt Religionsgemeinschaften, die betonen zwar sehr das „freie“ Gewissen, machen aber stillschweigend die Voraussetzung, dass es mit der päpstlichen oder sonstigen Weisung übereinstimmt. Im Fall der Nichtübereinstimmung kann es wohl nicht frei sein. Eine ziemlich verlogene Art, Gewissensfreiheit zu betonen.

Das zentral menschliche Freiheitsgeschehen der ethischen Fallbewertung von „wissenschaftlichen“ oder sonstwie professionellen Ethikern auszuliefern, ist eine Barbarei im Namen von Wissenschaft, die hinter der klerikalen Bevormundung kaum zurücksteht. Was man sinnvoll tun sollte, ist, sich über die Fakten zu informieren, um eine persönliche Entscheidung zu treffen. Sogenannte Ethiker, die über diese Tatsachenerkenntnis hinausgehen und dem Einzelnen Entscheidungsvorschriften machen, vergehen sich an der menschlichen Freiheit. Das Meiste an heutiger Ethik-Theorie ist bei näherer Betrachtung ein schmutziges Geschäft, solange sie sich nicht bescheiden einstuft als das, was sie sein kann: etwas strukturierende (Selbst-)Verständigungshilfe für die Wertentscheidungen des Einzelnen sowie für die Wertekommunikation zwischen den sich beratenden Menschen. Am schmutzigsten ist die Behauptung der Diskurs-Ideologen, die Wertentscheidungen seien rational-argumentativ ableitbar, ein Anspruch, der freilich gleich wieder im Nebel der (mehrmals besprochenen) betrügerischen Doppeldeutigkeit von „Diskurs“ versinkt: Ist eigentlich Argumentation oder Rede überhaupt gemeint?[164]

Soweit wurde über ethische Entscheidungen des Einzelnen gesprochen. Das Ganze potenziert sich nun, wo es um kollektive Entscheidungen geht, wo eine gemeinsame Wertekommunikation ins Spiel kommt. ⇦Wertekommunikation ist Kommunikation (doppelt gegenläufige interpersonale Reflexion!) über einzelne Wertungen und Wert-Abwägungen, oft ununterscheidbar gefühlsmäßiger wie verstandesmäßiger Art. Damit sind wir bei der Funktion des Grundwerteparlaments.

Das Grundwerteparlament ist der Ort der Umsetzung kollektiver, konvergierender Wertentscheidungen in geltendes Recht. Zwar ist das Ziel Gesetzesschöpfung, nicht Feststellung der gemeinsamen Werte als solcher. Doch die Werte stehen hinter der Gesetzgebung.

Das Grundwerteparlament ist der Ort der Umsetzung kollektiver, konvergierender Wertentscheidungen in geltendes Recht.

Es spricht nichts dagegen, dass die Gemeinsamkeit der Wertung formuliert wird, soweit dies möglich ist. Oft werden sich die Beratenden aber auf einen praktischen Kompromiss mit ganz unterschiedlichen Werthintergründen beschränken müssen, z.B. eine Fristenlösung für die erlaubte Abtreibung – auch wenn bestimmte Religionsvertreter von ihren Voraussetzungen her (etwa: personales Leben von der Zeugung an) das am liebsten noch für Mord erklären wollen, wie sie vor wenigen Jahrzehnten noch sexuellen Verkehr ohne Zeugungsabsicht als Sünde diffamierten und heute gleichgeschlechtliche Sexualität leider nicht mehr strafrechtlich verfolgen können. Die Menschen nehmen dergleichen hin, geduldig wie Schafe, die scheinbar keine anderen Hirten haben. Doch in einer pluralistischen Wertedebatte mit praktischer Absicht würde solche Schafsgeduld aufhören. Die Karten gewisser Hintergrundwertungen müssten auf den Tisch des Grundwerteparlamentes.

Dieses ist zu verstehen als eine vom Wähler beauftragte Versammlung, die trotz unterschiedlicher theoretischer Auffassungen einen pragmatischen Konsens über rechtbegründende Wertentscheidungen herbeiführt, die sich in Gesetzen niederschlagen. Ein paar willkürliche Beispiele für theoretisch unterschiedliche Auffassungen: Beginn personalen Lebens, die Bedeutung des Todes, Einmaligkeit des Lebens oder Wiedergeburt, Sinn menschlichen Leidens und der Ungleichheit zwischen den Menschen, Sinn von Ehe und anderen Partnerschaften, Recht auf bzw. Zwang zur Arbeit, Recht auf Heimat und Gastrechte, das Maß der Verkehrsmobilität für jedermann und vieles mehr.

Zwar sollte, der menschlichen Wichtigkeit oder der Höhe der anstehenden Werte entsprechend, ein ⇦Konsens im strengen Sinne angezielt werden, das heißt Einmütigkeit. Doch wenn diese nicht zustande kommt, besteht der Konsens in einem weiteren Sinne in Mehrheitsentscheidungen, die von allen zwar nicht aktiv mitgetragen, aber doch von allen akzeptiert werden können. Fast alle demokratischen Entscheidungen sind Wertentscheidungen in dem vorher erläuterten Sinn, dass subjektive Willensmomente in die Bewertung von Sachverhalten und Entscheidungsfragen eingehen, und das gilt in erster Linie für das Grundwerteparlament, für die Transformierung weltanschaulicher, ethischer und religiöser Letztwerte in rechtsverbindliche Gesetze, wobei die schon formulierten Grundwerte der Verfassung interpretiert, im Grenzfall auch zur Neuformulierung vorgeschlagen werden. Für Verfassungsänderungen wäre sinnvollerweise eine Verfassungsversammlung aus allen vier Parlamenten zuständig.

Im Grundwerteparlament spielt sich Wertekommunikation als Grundlage von gesetzgebender Entscheidung auf höchstem Niveau ab. Die demokratischen Grundwerte von Menschenwürde und Freiheit werden nicht zum Gegenstand theoretischer Dogmatik, sondern werden einem dynamischen Verfahren anheimgestellt, dem der Beratung und Mehrheitsabstimmung. Niemals wäre Wahrheitsfindung eine Sache des demokratischen Procedere, wohl aber die Entscheidung über Wertoptionen: Soll Abtreibung unter bestimmten Bedingungen erlaubt sein? Wie halten wir es mit der Euthanasie? Und wie mit den Fragen um die Entstehung des Lebens (Klonen, künstliche Befruchtung, Präimplantationsdiagnostik)? Dergleichen ist Sache parlamentarischer Entscheidungen nach Mehrheit (wenn Einstimmigkeit nicht gelingt) – nicht des argumentativen Diskurses, der keine Mehrheitsentscheidungen zulassen dürfte.[165]

Wertekommunikation als dynamisches Verfahren der Beratung und Beschlussfassung

Die Verfahren der Beratung und Entscheidung haben in dialogischer Sicht allerhöchste ethische Bedeutung, viel höhere als die ethischen Meinungen, die von professionellen Ethikern als streng einsichtige Dogmen ausgegeben werden. Es handelt sich um eine kommunikative Verfahrensethik, die durch keinerlei theoretische Professorenethik vorweggenommen, ersetzt oder überboten werden kann. Die kollektive Wertung kann durch Tatsachen und diskursive Elemente nur vorbereitet werden und durch fachgerechte juristische Formulierung abgesichert werden.

Die Grundwerte-Versammlung ist also die Institutionalisierung von Wertekommunikation (Beratung) mit dem pragmatischen Ziel einer konsensorientierten Entscheidungsfindung, d.h. Gesetzgebung. Die Entscheidungen selbst sind keine ewigen und unfehlbaren Wahrheiten, sondern situationsbedingte Optionen, die jederzeit neu angepasst werden können. Ein solches flexibles Verfahren fehlt unserer gegenwärtigen „Demokratie“ für die Fülle der anstehenden Wertentscheidungen, genauer: für die Umsetzung von Wertentscheidungen in geltendes Recht, seien es Einzelgesetze oder gar Grundgesetze mit Verfassungsrang. Es fehlt damit eine effektive Durchsetzungsfähigkeit der viel beredeten Werte, die auf diese Weise weitgehend Feiertagswerte bleiben: Der oft beklagte Werteverfall mit seiner ideologischen Funktion der Ablenkung davon, worum es eigentlich geht, um die Schließung der Theorie-Praxis-Kluft im Leben der Gemeinwesen.

Ein nicht-konfessionelles Wertefundamentät

Bis heute fühlen sich die traditionellen Religionen oder Konfessionen als die von höchster Stelle beauftragten Lieferanten für Ethik – wovon die kriegerische Vergangenheit des christlichen Abendlandes, die Hilflosigkeit vor den Themen Liebe, Sexualität sowie das lange, noch längst nicht überwundene Versagen vor den grundlegenden sozialen Gerechtigkeitsfragen (wie Bodeneigentum, Zinsfrage und damit die Frage, ob Kapital als „mitarbeitendes" Lohn verdient oder nur Instrument ist[166]) ein lebendiges Zeugnis ablegen. Allerdings wird das jahrhundertelange Versagen stets den schwachen Herdenmitgliedern und anderen bösen Verführern zugeschrieben, niemals ihren mächtigen Hirten selbst, die selbst heute noch 67 Prozent der deutschen Bevölkerung als Kirchensteuerzahler hinter sich zu scharen vermögen.

Deshalb ist an ein paar einfache Wahrheiten zu erinnern, auch im Hinblick auf die Besetzung des bisher demokratiefremden „Nationalen Ethikrates" von Kanzlers Gnaden. In einer weltanschaulich-religiös pluralistisch gewordenen Gesellschaft kann selbstverständlich keine traditionell integrierende Einheitsreligion mehr verschrieben werden. Eine solche darf aber auch nicht mehr privilegiert werden. Nicht einmal eine Mehrheits-Komplizenschaft organisatorisch rivalisierender Konfessionen kann die aus feudalen und theokratischen Zeiten stammenden Privilegien rechtfertigen. Die Transformation der jeweiligen Letztwerte in allgemein anerkannte Grundwerte (Wahrheit, Gerechtigkeit, Menschenwürde, Liebe...) kann und muss sich auf einen humanistischen und darin spirituellen Grundkonsens aller Menschen guten Willens stützen. Diese humanistische Grundlage gibt es, zumindest in den westlichen Ländern. Die pluralistische Gesellschaft hat allen Anlass, diese und keine konfessionellen Sondervorstellungen zu einer Grundlage zu machen. Dies geht jedoch, ohne falsch-aufklärerisches Ignorieren der jeweils fundierenden Letztwert-Vorstellungen oder Privilegierung starker Konfessionen, nur durch ein solches Kommunikationsgremium.

Einen humanistischen spirituellen Wertkonsens aler Menschen guten Willens gibt es.

Es ist eine klerikalistische Verfälschung, den weltanschaulichen Pluralismus entweder von vornherein durch spezifisch „christliche" (sprich: kirchliche), jüdische, islamische und sonstige traditionalistische Wertinterpretationen zu verengen oder aber ihn als wertfreies Sammelsurium zu erklären, der dringend der kirchlichen Definition bedarf. In beiden Fällen wird der breite humanistisch-philosophische und überkonfessionelle Wertekonsens geleugnet, der implizit bereits da ist und durch weitere konsensbildende Arbeit – eben im Grundwerteparlament – ausdrücklich hergestellt werden kann und muss. Theologen wären gut beraten, ihre Religionen als theonom vertieften Humanismus zu interpretieren statt die im Menschlichen und Zwischenmenschlichen selbst liegende, wenngleich transpersonale Menschenwürde weiterhin als unzureichend abzukanzeln. Zum Menschenbild selbst gehört nach der in Kap. III begründeten Auffassung das Sinn-Medium des Unbedingten.

Konfessionelle Dogmen und Gebote dürfen den humanistischen Grundkonsens wohl modifizieren, vertiefen und mit stärkerer spiritueller und gemeinschaftlicher Motivation beseelen, jedoch nicht untergraben (z.B. durch religiöse Schlachtvorschriften für Tiere wie die Schächtung) und zum geistigen Privatkapital der religiösen Gemeinschaften entfremden. Am konfessionellen Eigensinn ist die Demokratie in Deutschland schon mehr als einmal gescheitert!

Trotz weit verbreiteten und lang gepflegten Missbrauchs der religiösen Energien sind diese unentbehrlich für den Aufbau des Gemeinwesens. Sie müssen der Gemeinschaft positiv zugeführt werden und dürfen nicht in Fundamentalismus und Konfessionsegoismus verzettelt werden. Daher bedarf das faire Miteinander der Religionen und Weltanschauungen im religiös und weltanschaulich neutralen Staat (Art. 2 und 140 GG) der aktiven parlamentarischen und exekutiven Kontrolle. Die Tendenz zur abwertenden Etikettierung aller spirituellen Gruppen als „Sekten" von Seiten der Großkirchen setzt die undemokratische und pluralismusfeindliche Tradition der Kirchen, besonders lange der katholischen, mit anderen, formal legalen Mitteln fort.

Die Hauptfunktionen des Grundwerteparlaments sind:

- Die Grundwerte möglichst allgemein akzeptabel zu artikulieren.
- Die Transparenz des religiös-weltanschaulichen Kräftespiels herzustellen.
- Die Grundwerte im Blick auf anstehende neue Gesetzesentscheidungen dynamisch zu konkretisieren.

Konfessionen und Gruppen, die jene Transparenz scheuen, haben wohl Grund dazu. Sie betreiben einen mehr oder weniger sanften Fundamentalismus. Wir können dem terroristischen Fundamentalismus geistig aber nur durch eigene Konsequenz wirksam entgegentreten.

Warum nicht gleich ein philosophisch-humanistisches Wertfundament?

Mir wurde eingewendet: Warum nicht gleich ein philosophisch-humanistisches Wertfundament statt ständiger Berücksichtigung religiöser Bekenntnisse? Die Antwort lautet: Erstens, im demokratischen Sinn wären auch die Philosophen und bereichsspezifischen Ethiker (z.B. Medizinethiker) nur eine „Konfession" neben anderen – sofern sie sich untereinander überhaupt diskursiv einig werden könnten. Hier spielt – zweitens – wieder der Unterschied zwischen Diskurs und Werte-Kommunikation eine Rolle. Auch philosophisch-wissenschaftliche Experten sind von außerwissenschaftlichen Wertungen abhängig. (Je weniger sie das wissen, umso unreflektiertere Wissenschaftler sind sie.) Wir brauchen – drittens – keine Philosophenaristokratie im Sinne Platons, sondern eine philosophisch-humanistisch fundierte Demokratie. Diese zeichnet sich jedoch dadurch aus, dass sie keine Diskurs-Experten-Republik ist, sondern auf tieferer Philosophie beruht: auf der dialogischen Zulassung der Wertung von jedermann. Den jeweiligen Konsens philosophisch-humanistisch allgemein (im Unterschied zu konfessionalistisch) zu artikulieren, ist der Anteil der Philosophie und macht das Philosophische des Wertfundamentes aus, nicht die Diktatur von philosophischen Experten. Viertens, selbst wenn ein „philosophisch-humanistisches Wertfundament" einmal formuliert wäre, stünde seine der jeweiligen Situation angemessene Anwendung auf konkrete Fragen noch aus. Genau diese dynamische Anpassung aufgrund dialogischer Beratung ist Funktion des Grundwerteparlamentes. Und in dieser Beratung haben alle weltanschaulichen Wertungen, auch die religiösen, ein volles Recht – je nach Wahl und Vertrauen der Bevölkerung. Doch eben kein undemokratisches Vorrecht.

Es wird hier also wohlüberlegt ein Weg zwischen Konfessionalismus (traditionell offener oder neuer heimlicher Spielart) und Expertendiktatur (rationalistisch-diskurstheoretischer Spielart) beschritten, von postmoderner Beliebigkeit und Rechtspositivismus zu schweigen.

Die Wahl der „Experten"

Deutschland war noch nie so ethisch wie derzeit: Unter „www.nationalerethikrat.de" findet der Interessierte die Namen der 15 Erwählten, meist Professoren und Bischöfe, die derzeit diesem erlauchten Gremium angehören – deren Sitzungen inzwischen gar öffentlich sind. Unter derselben Adresse findet man auch eine Liste weiterer staatlich-öffentlicher, meist von den Ländern getragener Gremien, die sich der

Ethik, ganz besonders der Bioethik, verschrieben haben. Unter der nur durch einen Bindestrich abweichenden Adresse „www.nationaler-ethikrat.de“ findet sich eine Informations- und Protestseite der „InteressenGemeinschaft Kritische Bioethik Bayern“: Diese vertritt nicht nur andere, eher konservativere Positionen in der Bioethik, sondern – was hier mehr interessiert – eine durchaus fortschrittliche Position, was die mangelnde Repräsentativität und Willkür jener Auswahl betrifft.

Die in diesem Buch entwickelte Position geht entschieden weiter in dieser Richtung: Gerade die ethischen und weltanschaulichen Grundlagen für die Gesetzgebung des Gemeinwesens müssen durch ein Gremium beraten und beschlossen werden, das keinem Parteien-, Kirchen-, Gewerkschafts- und sonstigem Proporz zu folgen hat, sondern einzig der Wahl durch das Vertrauen der Bürger unterliegt.

Und worauf sollen die Bürger vertrauen? Worauf stützt sich ihre eigene Kompetenz, diese Abgeordneten im Grundwerteparlament zu wählen? Sollen sie etwa besser über Präimplantationsdiagnostik oder gentechnische Heilungsverfahren entscheiden können als Herr Prof. Dr. phil. Dr. med. XY? Die Frage so zu stellen, hieße, noch nicht verstanden zu haben, worum es im Grundwerteparlament und seiner Wahl dazu geht. Die Faktenkenntnisse sind eine Sache, ihre ethische Bewertung eine andere. Die Wissenschaftler können umso unbeschwerter und korrekter ihre Sacherkenntnisse unterbreiten, als sie wissen, dass deren ethische Bewertung nicht ihre eigene Kompetenz ist. Das bedeutet nicht etwa wertfreie, sozial unverantwortliche Wissenschaft, sondern lediglich Unterscheidung der Kompetenzen in Tatsachenerhebung und deren Bewertung.

Die Faktenkenntnisse sind eine Sache, ihre ethische Bewertung eine andere.

Wer verstanden hat, was oben unter Wertekommunikation dargelegt wurde, dass in der Wertung ein über die Tatsachenerkenntnis hinausgehender Freiheitsakt liegt, wird auch verstehen, dass die öffentliche Bewertung gerade in anderen Händen liegen muss als in denen der Fach-Experten. Wir brauchen Bewertungs-Experten, die in Kenntnis der Tatsachen und sachlichen Möglichkeiten in gemeinsamer Beratung, genauer Wertekommunikation, zu einem Urteil über die Anwendung dieser und jener Technik gelangen. Diese Reflexions-Weisheit ist mit der in dieser Hinsicht unreflektierten, sachlichen Leidenschaft des Spitzenwissenschaftlers, erst recht mit der Engstirnigkeit eines „Fachidioten“, unvereinbar.

Was folgt daraus für das Profil der Kandidaten zum Grundwerteparlament? Sie brauchen keine medizinischen und sonstwie fachlichen

Experten zu sein. Sie brauchen auch keine Fach-Ethiker zu sein, deren Kompetenz für die gelebte Moral umso zweifelhafter ist, als sie meinen, aus ihrer Kompetenz, ethische Fragen zu sortieren, ergäbe sich eine Kompetenz für ethische Entscheidungen. Eine solche Kompetenz hat einzig der sachlich Informierte, aber vor allem zur Wertekommunikation fähige Mensch, und zwar als Teil eines beratenden, wertekommunizierenden Gremiums.

Das Grundwerteparlament braucht also kein Ältestenrat der Republik zu werden, sowenig wie ein Oberhaus von Nobelpreisträgern. Doch es würde schon so etwas herauskommen wie ein Rat der Weisen, die sich nichts darauf einbilden, es zu sein. Kennt nicht jeder den einen oder anderen solchen Menschen? Man sollte dazu nicht allein in die Richtung der bisherigen Berufspolitiker blicken. Unsere künftigen Demokratien brauchen effektive, nicht allein Rat gebende, sondern gesetzgebende ethische Führung – ohne allerdings dem integrierenden Grundwerteparlament alles anzulasten! Wir sind noch nicht am Ende mit den Parlamenten.

Unterschied zum Verfassungsgericht

Wir haben uns an den Gedanken gewöhnt, dass für die Auslegung der Grundwerte und Grundrechte das Bundesverfassungsgericht zuständig sei. Das ist insofern eine falsche Gedankengewohnheit, als das oberste Gericht nur für die ⇦Normen- und Verfahrenskontrolle zuständig ist, also für die Kontrolle darüber, ob die anderen Organe die Gesetze und das Grundgesetz (unsere vorläufige Verfassung) in einem zulässigen Spielraum auslegen und ob die Verfahren korrekt sind.

> *Zwischen Normenkontrolle und Normenentwicklung besteht der Unterschied von Metakommunikation und Kommunikation mit normativem Resultat.*

Wenn die sozialen, wirtschaftlichen und vor allem technologischen Voraussetzungen sich derart rasch und sprunghaft ändern wie in unseren Jahrzehnten, ist eine ständige Normenauslegung im Sinne einer Weiterentwicklung und Konkretisierung jedoch unerlässlich. Denken wir beispielsweise an die neuen Fragestellungen bezüglich Pflanzenerzeugung, Tiererzeugung und, ja, Menschenerzeugung, die mit der Gentechnologie aufgekommen sind.

Die situative Anwendung, Konkretisierung und Weiterentwicklung der Verfassung muss, wie es über die bloße Kontrolle der Normbefolgung sowie der Normgebung hinausgeht, durch die Legislative selbst geschehen. Allein der Souverän, das Volk, das allein in der Legislative direkt repräsentiert ist, hat die Befugnis zu neuer situativer Anwendung und Auslegung von Grundwerten, soll dieser Souverän überhaupt Befugnisse haben. Das Verfassungsgericht hat nur eine Kontrollbefugnis und ist wie jedes Gericht nur ein Behelf in Streitfragen.

Wir begegnen dem Problem inzwischen zur Genüge im politischen Alltag der vergangenen Jahrzehnte: Da sollen immer häufiger Gesetze des Bundestages (Beispiele: bewaffneter Dienst von Frauen in der Bundeswehr, das Kopftuch von Lehrerinnen), zu unterscheiden von Verfahrensentscheidungen (Beispiel: das einheitliche Abstimmungsverhalten im Bundesrat) vom Bundesverfassungsgericht entschieden werden – obwohl das Grundgesetz Entscheidungsspielraum lässt. Für die situationsangepasste Auslegung dieses im Grundgesetz verbliebenen Spielraums wäre aber das Parlament zuständig, jedenfalls eine künftige Grundlagen-Legislative, das Grundwerteparlament.

Auf der anderen Seite aber werden weittragende Entscheidungen wie die über DM und Euro sowie die ganze Frage der Verfassungsstruktur Europas von Regierungsorganen entschieden oder zumindest vorentschieden, die keineswegs die Legitimation zu solchen dauerhaften Strukturentscheidungen haben. Es kann sich hierbei nicht um bloße Regierungsmaßnahmen handeln.

Künftig sollte ein Verfassungsgericht die normale situative Verfassungsauslegung der Legislative, besonders dem Grundwerteparlament, überlassen und nur einschreiten, wenn der Spielraum der Verfassung überschritten ist. Es sollte sich jedoch befassen mit möglichen Kompetenzstreitigkeiten zwischen den Parlamenten bzw. zwischen diesen und den anderen Gewalten. Solche Kompetenzunklarheiten sind bei einem stärker differenzierten System nicht auszuschließen. Diese potentielle Aufgabe darf aber nicht übertrieben dargestellt und zum allzu billigen Argument gegen den notwendigen Differenzierungsprozess missbraucht werden. Kompetenzengerangel besteht auch jetzt. Nur wird es meist nicht rechtlich, sondern machtmäßig und durch wechselweise Gefälligkeiten ausgetragen.

Etwaige Kompetenzstreitigkeiten zwischen den Parlamenten können künftig sachdienlich verdeutlichen, worum es überhaupt bei einer Gesetzesinitiative geht.

Wir werden diese Frage bei der Betrachtung des Kreislaufs zwischen den Parlamenten nochmals berühren.

Das Kulturparlament

Für das Parlament auf Ebene 3 können wir uns kürzer fassen. Eigentlich ist das Wesentliche schon damit gesagt, dass für die großen Untergliederungen Pädagogik, Wissenschaft, Publizistik und Kunst geeignete Vertreter – nicht unbedingt die Verbandslobbyisten! – vom Volk gewählt werden, die diese Bereiche der Kultur gesetzgebend organisieren, völlig unabhängig von der im engeren Sinn politischen Ebene 2. Diese Unabhängigkeit ist ein Gedanke, in den wir uns erst einmal hineindenken müssen.

Was das Verhältnis zur Grundwerte-Gesetzgebung angeht, sei an einigen Beispielen verdeutlicht: Wenn von den Grundwerten her das Gesetz gilt, dass in den öffentlichen Medien keine unnötigen Gewaltdarstellungen erlaubt sind, dann ist das eine Bestimmung, die wahrscheinlich vom Kultur-Parlament noch zu konkretisieren ist. Aber die Vorgabe von Seiten der Grundwerte ist da: Durch ein solches Verbot von Gewaltdarstellungen würde unsere Film- und Fernsehlandschaft enorm verändert. Dass damit die Freiheit der Kunst in einzelnen Bildwerken nicht beschnitten werden darf, steht auf einem anderen Blatt, und eben dazu bedürfte es der kulturparlamentarischen Präzisierung, ähnlich wie etwa für die Konkretisierung des schon bestehenden Verbots, religiöse Anschauungen zu diffamieren, das sogenannte Blasphemie-Verbot. (Ob ein Gewaltdarstellungsverbot je beschlossen würde, ist eine andere Frage. Es ging hier lediglich um ein Beispiel für ethische Rahmenvorgaben für Kulturelles.)

Wegen der Kulturhoheit der Länder wäre in Deutschland ein Teil der Kulturgesetzgebung den Bundesländern zu überlassen, eine im Ansatz heute schon vorhandene Differenzierung, aber es muss zweifellos eine bundesübergreifende Gesetzgebung geben, wie die obigen Beispiele schon zeigen. Ein anderes Beispiel dürfte die Gestaltung der Schulpflicht sein.

Wir berühren mit diesem Beispiel und mit der Kultursphäre überhaupt eine Frage, der das Kapitel VII gewidmet sein soll: die Verteilung der Aufgaben auf Staat, private Träger und auf öffentliche Einrichtungen. Deshalb soll die Betrachtung an dieser Stelle auf das eingeschränkt werden, was zweifellos Sache des Staates ist, genauer des Gesamtstaats oder besser der Nation als Kulturstaat.

Nation ist, wie schon ausgeführt, der kulturelle Aspekt für den Gesamtorganismus, der sich rechtlich als Staat organisiert, wobei Staat und Nation nicht immer territorial deckungsgleich sein müssen, wie das Beispiel der beiden ehemaligen deutschen Staaten auf dem Gebiet der heutigen Bundesrepublik am deutlichsten zeigt.

Über den Zusammenhang von Nation und Sprache wurde schon gehandelt. Eine Aufgabe der nationalen Kulturgesetzgebung wäre die Sprachpflege, und zwar nicht bloß im Sinne eines defensiven Purismus wie der Abwehr gegen das „Neudeutsche" oder „Denglisch". Die Rechtschreibreform beispielsweise, die diesen Namen kaum verdient, ist ein typisches Produkt nicht vorhandener kulturstaatlicher Organe der nationalen Sprachentwicklung. Die Philologen, die hinter dieser Reform stecken, mögen „Fachleute" gewesen sein. Eine Wertekommunikation, um dieses entscheidende Stichwort nun in kulturellen Angelegenheiten wieder aufzunehmen, hat hier sicher nicht stattgefunden, jedenfalls nicht bei den letztlich entscheidenden „einheitspolitischen" Instanzen. Von einer Liebe zur Sprache und deren lebendiger Weiterentwicklung ist da nichts zu spüren. Einem eigens dazu beauftragten Kulturparlament wäre dergleichen jedoch zuzumuten.

Nicht die vergangene ist die beste deutsche Kultur, sondern die schöpferisch weiterlebende.

Es wäre überhaupt Aufgabe dieses Parlamentes, über nationale Kulturschätze, deren Bewahrung und Fortentwicklung mit Anteilnahme, aber ohne nationalistischen Zungenschlag zu sprechen.

Hierzu gehört auch die Frage der Zuwanderung, die sicher ihre ökonomischen Aspekte hat, die aber primär eine kulturelle ist. Weil sie früher so gut wie nie und heute nur am Rande („Integration" durch Deutschkenntnisse) als eine zentral kulturelle behandelt wurde, konnte es darüber so viele falsche Emotionen geben. Für eine Gastfreundschaft der Kulturen muss es die wechselseitige Unterscheidung der jeweils gastgebenden Kultur eines gegebenen Territoriums von den Gastkulturen geben. Die einzelnen Zuwanderer müssen sich entscheiden, ob sie auch als Einzelne nur Gäste mit Rückkehroption bleiben wollen oder Deutsche werden wollen.[167] Das Letztere bedeutet nicht, dass sie ihre Herkunftskultur nicht in landsmannschaftlichen Gruppen weiterpflegen, wie es manche Deutsche und andere Europäer heute noch in den Vereinigten Staaten tun. A propos: Die Vereinigten Staaten sind mitnichten eine „multikulturelle Gesellschaft". Europa kann dies werden, sofern man von einer einheitlichen Gesellschaft sprechen will: Europa wird jedoch, wenn die Allround-Politiker nicht zuviel Unheil gegen den Willen der betroffenen Völker anrichten, ein Zusammenschluss vieler nationaler Kulturen bleiben. Darauf beruht sein einzigartiger Reichtum.

Hätten wir so etwas wie ein Kulturparlament gehabt, wären darin solche Dinge klarer ausgesprochen worden. Im Hohen Haus der Allround-Politiker war aber nicht eine einzige Rede zu hören, in denen diese wenigen hier in Kürze getroffenen, national lebenswichtigen Unterscheidungen im Zusammenhang zur Sprache gekommen wären.

Was die Besetzung eines Kultur-Parlaments angeht, so würde ich nicht die Befürchtung hegen, dass die rationalistischen Flachland-Wissenschaftler[168] sich als Hauptrepräsentanten der (in beachtlichen Resten noch immer nicht totgekriegten) deutschen Kultur empfehlen könnten. Spannend wird ein solcher Wahlkampf über Kulturfragen jedenfalls.

Ich vermute, die Künstler-Kandidaten würden am besten ankommen. Sie sind auch am besten geeignet, mit den alten Parteien-Klischees schnell aufzuräumen. Dann wird nicht mehr nach Links und Rechts, nach „christlich" und „sozialistisch" Kulturpolitik betrieben, sondern nach Vernunft und Kreativität – und mit Liebe zum kulturellen Erbe von Jahrtausenden. Allerdings, die beste Kultur ist nicht die in Museen, Bibliotheken und alten Denkmälern konservierte. Nicht die vergangene ist die beste deutsche Kultur, sondern die schöpferisch weiterlebende. Noch hat unsere Sprache, die des „Vaterlands der Dichter und Denker"[169], eine Gnadenfrist, nicht vollends zum Provinzdialekt eines angloamerikanischen Kulturimperiums, einer Welteinheitskultur, herabzusinken. Jeder anderen gewachsenen Kultur Europas und der Welt möchte ich dasselbe wünschen. Dafür ist ein Kultur-Parlament dringend notwendig. Dazu gehören Aufteilung des Kulturetats, Unterhalt von Kulturinstituten im In- und Ausland, von nationalen Stiftungen, Bibliotheken, Museen, Theatern, Orchestern, soweit diese nicht in die Kompetenz der Bundesländer fallen.

Schon lange allerdings ist Nationalismus, die pseudoreligiöse Hochjubelung der eigenen Nation auf Kosten der Wertschätzung anderer Nationen, der andere, noch ärgere Feind nationaler Kultur als die nivellierende Multikulti-Mentalität, womit gemeint sein soll, den Primat einer Kultur und Sprache auf einem gegebenen Territorium aufzugeben. Nicht dass dergleichen (außer in „internationalen" Städten[170] bzw. Politiker-Arealen) schon irgendwo erfolgreich verwirklicht wäre. Nur dass diese Mentalität in Deutschland auf unklare Weise immer noch so tonangebend ist wie sonst nirgends in der Welt. So dass man sie paradoxerweise zum nationalen Markenzeichen erklären könnte. In einem Kulturparlament käme es, neben vieler konkreter Kulturpolitik, zum kontinuierlichen Schlagabtausch auch über diese wenig ausdrücklichen, „untergründigen" Positionen. Das käme einer wohltuenden nationalen Dauer-Psychoanalyse gleich.

Die wichtige Zumessung des Etats für die vier Ebenen staatlichen Lebens dürfte am besten Sache einer gesamtparlamentarischen Versammlung sein!

Das Politikparlament

Scheinbar hatten wir das, was hier gemeint ist, schon immer, seit wir Parlamente haben. Das wäre ein Trugschluss und ein Mangel an Phantasie. Stellen wir uns einmal vor, dass statt der bisherigen Einheits- und Weltanschauungsparteien künftig Parteien neuen Typs auftreten, die sich ausschließlich mit den Themen der Politik in einem engeren Sinne befassen. Deren materiale Untergliederung wurde bisher noch nicht angegeben, weil im obigen *Oikos* die formale Aufteilung der Gewalten oder Staatsfunktionen für „Politik" stand (die zwei Exekutiven, Legislative und Judikative). Es würde den „parlamentarischen" Gedankengang zu sehr unterbrechen, dies an dieser Stelle nachzuholen. Stattdessen wird dies zu Beginn des nächsten Kapitels geschehen. Hier seien lediglich in Kürze die Themen des politischen Parlamentes angekündigt:

1. territoriale Gliederung, Bodenpolitik, Verkehrspolitik,
2. innere und äußere Sicherheit,
3. Außenpolitik und europäische Abstimmung darin,
4. Rechts- und Verfassungsentwicklung, sofern das Recht nicht von den anderen Parlamenten gesetzt wird, also Zivil- und Strafrecht.

Aufschieben ist der Tod der demokratischen Partizipation.

Das sind noch immer riesengroße Themen, aber durch die Entlastung vom „Ideologischen" (Kultur und Grundwerte) wie von der Wirtschaftspolitik, ferner durch die Versachlichung der Parteiengrenzen, werden diese Themen nunmehr zu bewältigen sein, die derzeit – wie die Wirtschaftsthemen – ständig in Reformstaus stecken bleiben. Wir sind es nicht anders gewohnt, als dass viele Themen auf die lange Bank geschoben werden. Das ist gegen jede politische Hygiene. Es lässt das Interesse der Bürger an ihrem Gemeinwesen im bewussten oder unbewussten Frust ersticken. Das Aufschieben ist der Tod der demokratischen Partizipation. Es kann abgestellt, die demokratische Hygiene kann durch die Differenzierung der Parlamente hergestellt werden!

Das Wirtschaftsparlament

Ein eigenständiges Wirtschaftsparlament ist in seiner Dringlichkeit mit dem Grundwertparlament vergleichbar. Es überschneidet sich mit diesem in ökologischen und vielen anderen Grundsatzfragen.

Die Bevölkerung wählt direkt Beauftragte für die ganze Wirtschaftssphäre in ein Wirtschaftsparlament.

Es wurden oben schon im Zusammenhang mit dem Medium Geld einige wesentliche Alternativen der Wirtschaftsstruktur genannt. Jetzt muss nur noch der eine, wichtige Gedanke hinzugefügt werden, vielmehr der Leser selbst muss ihn in seiner Phantasie erblühen lassen: Dass es von der Bevölkerung direkt gewählte Beauftragte für die ganze Wirtschaftssphäre gibt, Vertrauensleute, die nichts anderes zu tun haben, als ihre wirtschaftlichen Kenntnisse in eine parlamentarische Sachdiskussion einzugeben, um die beste Grundarchitektur sowie die besten aktuellen Maßnahmen zu beschließen. Diese Sachdiskussion ist gleichzeitig immer Kommunikation über Wertungen und Wertentscheidungen.

Die einzigen Grenzen dieser großen parlamentarischen Vollmacht einer Wirtschaftsgesetzgebung und aktuellen Steuerung wären einige Vorgaben aus dem politischen Bereich, z.B. die Frage des Bodeneigentums und der Verkehrsplanung. Ferner allerdings entscheidende Vorgaben aus dem Grundwertebereich, was die ökologischen und Gesundheitsfragen sowie die Frage der Gesamtgerechtigkeit, z.B. Leistungsgerechtigkeit, angeht. Hierin kommt effektiv zum Ausdruck, dass Wirtschaft ein dienender Teil des gesellschaftlichen Lebens zu sein hat, nicht mehr deren alles beherrschender Faktor.

Im Übrigen hätte dieses Wirtschaftsparlament eine Freiheit der sachspezifischen Gestaltung mit allem verfügbaren Expertenwissen, wie es sie wahrscheinlich noch nie auf der Welt gegeben hat, jedenfalls nicht zugleich mit solcher Entscheidungsvollmacht. Immer wurden die Kompetenzen vermischt, Weltanschauungs-Ideologie mit Wirtschaft, politische Ambitionen und Rivalitäten mit Wirtschaft usw. Ein John Maynard Keynes (1883-1946) zog sich aus der Gestaltung der von Rache geprägten Nachkriegsordnung 1919 bezeichnenderweise und mit guten Gründen zurück.

Was nützen Experten wie die bundesrepublikanischen „Wirtschaftsweisen“, wenn sie – abgesehen von fehlender demokratischer Legitimation – doch nicht die wirtschaftspolitisch Gestaltenden sein können, wenn die Politiker, als Allround-Politiker, Rücksicht auf alles

Mögliche nehmen müssen, wenn eine sachliche Wirtschaftspolitik strukturell gar nicht möglich ist? Das ist die normale *conditio politica*. Wir nehmen sie schon gar nicht mehr als solche tragisch, weil sie uns unvermeidlich vorkommt. Aber sie ist es nicht: Experten können Wirtschaftspolitik gestalten, ohne unsachliche Einsprüche, nur in einem bestimmten gesetzlichen Rahmen von den anderen Ebenen des Gesamtorganismus her.

Allerdings, die „Experten", wie sie hier gemeint sind, dürfen nicht ausschließlich Wirtschaftsprofessoren sein. Das Wirtschaftsparlament ist kein akademisches Seminar, sondern ein Parlament, das Gesetze erlassen und Regierungsmaßnahmen genehmigen bzw. ablehnen muss. Zu sachlichem Diskurs und Kommunikation über wirtschaftliche Werturteile müssen die wirtschaftspolitischen Vertrauensleute vom Wahlvolk für fähig befunden werden, nicht zu endlosen und unverständlichen Monologen über „Was wäre, wenn…". Es gilt zu gestalten.

Wirtschaftsstaat und Markt sind komplementäre Größen.

Die Wirtschaftspolitiker müssen etwas von Unternehmern haben. Sie können auch zum Teil solche sein. Der Wirtschaftsstaat, das heißt die gesetzgeberische, staatliche Seite der Wirtschaft, ist wie ein großes Unternehmen, aber nur (oder fast nur) als der rahmensetzende Widerpart der vielen kleineren und größeren Unternehmen des Marktes. Staat, genauer Wirtschaftsstaat, und Markt sind komplementäre Größen. Sie gegeneinander auszuspielen, ist Unsinn: Die staatlichen Rahmensetzer setzen den Rahmen für den Markt und für nichts anderes, und umgekehrt ist (das wurde schon erwähnt) ein Markt gar nicht ohne politische Macht denkbar.

Soviel mag hier zum Wirtschaftsparlament genügen. Dessen Entscheidungsinhalte sind hier nicht vorweg zu besprechen. Entscheidend ist die Idee einer von unsachlichen Rücksichten entlasteten, wirtschaftsgerechten Gesetzgebung durch eigens dazu gewählte und ausschließlich darüber streitende Experten. Die realutopische Phantasie kann nur durch speziellen Leidensdruck und Blick für das Ganze entfesselt werden.

Die zahlreichen Wirtschafts- und Geldreformer im Lande mit ihrem speziellen, theoretischen und praktischen Leidensdruck sollten sich klar machen, dass ihre Ideen – sei es von einem renditefreien (zinsfreien) Geld, sei es von einem großen Barter-Verrechnungssystem,[171] das die offiziellen Währungen unterläuft – auf Dauer nur in einem solchen wirtschaftsparlamentarischen Gesamtrahmen ihre Realisierungschancen haben. Eine auf politischen Optionen beruhende

Bodenreform ohnehin nur im gesamtdemokratischen Rahmen. Da allerdings hätten die besten Ideen ihre volle Chance!

Zirkuläre Rückkoppelung

Durch Umkehrung der Bestimmungsrichtung, selbst wenn man sie einmal als etabliert voraussetzt, ist allerdings noch kein Kreislauf erreicht. Soziale Kreislauffähigkeit ist, wie ausgeführt, ein anderes, besseres Wort für „Nachhaltigkeit" in einem bisher unbekannten, spezifisch sozialökologischen, nicht bloß naturökologischen Verständnis.

Ethisch-weltanschauliche Integration oder Kreislauf- und Regenerationsfähigkeit bedeuten zunächst verbindliches Einbringen der ethisch-weltanschaulichen Normen in Kultur, Politik und Wirtschaft. Der Kreislauffähigkeit des Gesamtorganismus ist nicht durch einseitige Bestimmung von oben nach unten allein Rechnung getragen. Dann stünde ein nicht realisierbarer ethischer Idealismus dem jetzigen ökonomischen Materialismus gegenüber, mit ähnlichem Erfolg, wie er jetzt schon etwa beim „Menschenrecht auf Arbeit" sichtbar ist. Was sich wirtschaftlich nicht machen lässt wie im derzeitigen Wirtschaftssystem die allseitige Verteilung der Arbeit, bleibt im Reich der Wunschvorstellungen, mögen diese noch sooft internationales „Menschenrecht" sein. Die Frage ist: Welches Wirtschaftssystem ist imstande, ein gesetzlich ernst genommennes Menschenrecht auf Arbeit zu befriedigen? Entsprechendes gilt in den Dritte-Welt-Ländern für das Menschenrecht auf ausreichende Ernährung, Gesundheit, Wohnung und Bildung. Idealistische Überforderung führt zu materialistischer Abstumpfung.

Idealistische Überforderung führt zu materialistischer Abstumpfung.

Also muss auch das Umgekehrte geschehen: Berücksichtigung der wirtschaftlichen und politischen Sachzwänge in den höheren Ebenen des Organismus. Das heißt, dass die einseitige hierarchische Stufung durch ein zirkuläres Verhältnis zwischen den Systemebenen ergänzt, allerdings nicht ersetzt werden muss.

Greifen wir zur Illustration drei Beispiele heraus:

1. Gentechnologie für Pflanzen: Da gibt es den grundsätzlichen ethisch-ökologischen Gesichtspunkt und die Frage: Wird die Ernährungslage der Menschheit auf ethischere Weise durch diese neue Technologie oder etwa durch Hilfe für kleinflächigen, ökologischen

Anbau gefördert (Ebene 4)? Dann der kulturelle Aspekt: Erhaltung einheimischer Vegetation und Artenvielfalt sowie Anbauweisen, auf der anderen Seite Zulassung und Förderung der wissenschaftlichen Forschung (Ebene 3). Ferner der Gesichtspunkt der innenpolitischen Auswirkungen sowie der außenpolitischen Opportunität und Durchsetzbarkeit der Ablehnung von Gentechnologie (Ebene 2). Schließlich den Aspekt der Wirtschaftlichkeit und ausreichenden Ernährung, der gewöhnlich allein ausschlaggebend ist. Wobei zu fragen ist: wirtschaftlich für wen, für die betroffenen Länder selbst oder für internationale Konzerne (Ebene 1)?

2. Vorgeburtliche Diagnostik und genetische Züchtung von Menschen bis hin zum Klonen: Auch hier lassen sich alle vier Ebenen unterscheiden, die grundsätzliche des Menschenbildes und der Ethik (Ebene 4); die der kulturellen Maßstäbe und Auswirkungen sowie der Forschungspolitik (Ebene 3); die der innen- und außenpolitischen Rücksichten wie auch die Gefahr einer nationalen und internationalen Klassenmedizin neuen Stils (Ebene 2); und schließlich rein wirtschaftliche Gesichtspunkte, die sich einerseits mit Forschungspolitik verbinden (medizintechnischer Fortschritt), anderseits Ersparnisse und Kosten im Gesundheitswesen (Ebene 1).

3. Grundlagen des Wirtschaftssystems: Die ethische Frage richtet sich vor allem auf die im Kapitalismus verdrängte Frage der Erlaubtheit von Zins als „Liquiditätsverzichtsgebühr" (J.M. Keynes) und vor allem als Rendite, also als Lohn für „arbeitendes Kapital" und die damit verbundenen Gerechtigkeitsfragen(Ebene 1). In kultureller Hinsicht mag sich die Frage nach einem gewissen Gewohnheitsrecht stellen: Ob auch das streng sittlich Unerlaubte als Sitte hingenommen werden kann, wo in der Geschichte das üblich war und wo nicht (Ebene 3). In politischer Hinsicht stellt sich die Frage nach der Möglichkeit und den Folgen etwaiger Umstellung des Wirtschaftssystems für eine einzige Nation (Ebene 2). Die ökonomischen Fragen dazu lauten etwa: Ist eine Wirtschaft ohne Rendite als Kapitallohn überhaupt möglich oder sogar viel besser und krisenfreier möglich? Wie regelt sich die Allokation (Verwendung) freier Gelder ohne das Rendite- und Zinssystem? Welche Folgen hat das für das Eigentum an Boden (auch eine Frage der Ethik), welche für Mietzins, welche für das Verhältnis von Unternehmern und Lohnabhängigen usw. (Ebene 1).

Wie schon diese Beispiele zeigen, ist die Ebenenunterscheidung nicht immer einfach, weil sich manche Gesichtspunkte unwillkürlich verbinden. Unterscheiden von Problemebenen heißt keineswegs trennen. Das spricht jedoch nochmals für und nicht gegen die Behandlung des jeweiligen Gesamtproblems durch personell unterschiedene Gremien mit unterschiedlichem Auftrag. Das hier aufgeworfene Problem lautet: Lösung aller Probleme von oben nach unten allein wäre fast genauso unzureichend wie die bisherige oder derzeitige „naturwüchsige Lösung" von unten nach oben, also durch Wirtschaftsdominanz.

Unterscheiden von Problemebenen heißt keineswegs trennen.

Das hierarchische Prinzip durch ein zirkuläres einfach zu ersetzen und von einer schlichten „Wechselseitigkeit" und „Durchdringung" in einem Kreislauf zu sprechen, wäre wieder zu wenig, weil die Hierarchie nach dem Reflexionsstufenprinzip den praktischen Maßstab für die jeweilige Entscheidungsbefugnis hergibt: Die Befugnis zur übergeordneten Rahmengesetzgebung von oben nach unten ist das Erste und darf nicht abgeschwächt werden. In folgender Figur ist diese schon zu Beginn des Kapitels skizzierte Hierarchie als ein System ineinander liegender Rahmen dargestellt, wobei der äußerste, umfassende Rahmen der übergeordnete ist und das Grundwerteparlament symbolisiert:

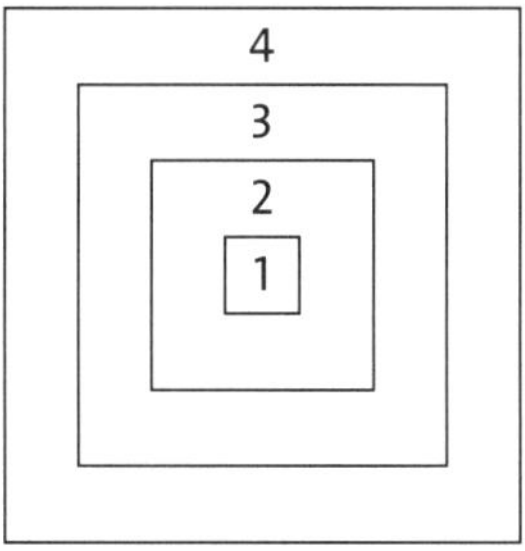

Figur 8: Schema der Rahmengesetzgebung

Wie ist die quasi-kybernetische Rückkopplung der weltanschaulich-ethischen und kulturellen Maßstäbe an die wirtschaftlichen Gegebenheiten zu gewährleisten? Wie kann jene reine ethische Vernunft sich z.B. mit wirtschaftlicher Knappheit arrangieren? Einfacher gesprochen: Was an ethischen und kulturellen Maßstäben ist wirtschaftlich machbar, was ist bezahlbar? Die Antwort auf alle Einwände gegen eine hierarchische Stufung liegt darin, dass eine zirkuläre Rückkoppelung in das aufgezeigte gestufte Kompetenzensystem eingebaut werden muß, ohne die hierarchische Wertstufung wieder preiszugeben. Beide sind festzuhalten: Stufung und Kreislauf.

Die allgemeine systemische Lösung für diese Art von Problemen ist gar nicht so schwer, wie es zunächst aussieht, solange man nicht gewohnt ist, logisches und systemtheoretisches Denken auch auf soziale Verhältnisse und nicht bloß auf Maschinenbau und Computersoftware anzuwenden. Wir haben schon in unseren gegenwärtigen, anfänglich demokratischen Verhältnissen einen kleinen Rückkoppelungsmechanismus zwischen den beiden parlamentarischen Kammern Bundestag und Bundesrat. Zwischen erster, zweiter und (meist) dritter „Lesung" einer parlamentarischen Gesetzgebungsdebatte steht die Stellungnahme des Bundesrates sowie vor allem die Arbeit von parlamentarischen Untergliederungen (Kommissionen). Diese versuchen, die Forderungen der Interessenverbände und anderer gesellschaftlicher Gruppen in das Gesetz einzubringen (soweit sie mit Einsicht und Gewissen der Abgeordneten vereinbar sind?).

Formal analog dazu wäre, jedoch mit ungleich gesteigerter Bedeutsamkeit, für jedes Parlament die Beratung und Abstimmung der jeweils anderen drei Parlamente verbindlich zu berücksichtigen, wobei zur Abkürzung des Verfahrens die Kommissionen aus allen Parlamenten möglicherweise gemischt zusammengesetzt sein können. (Die konkrete Ausformung der Grundgedanken lässt manche Variationen zu.) Was sich zunächst kompliziert anhört, reduziert sich auf folgende einfachen dualen Verhältnisse:

Das *Grundwerteparlament* (4)
berücksichtigt die externen Stellungnahmen von: ... Parlament 1, 2, 3
Das *Kulturparlament* (3) berücksichtigt: .... Parlament 1, 2, 4
Das *Politikparlament* (2) berücksichtigt: .... Parlament 1, 3, 4
Das *Wirtschaftsparlament* (1) berücksichtigt: ...... Parlament 2, 3, 4

Abgesehen von der wechselseitigen Berücksichtigung der Voten der jeweils anderen Parlamente in zweiter und dritter Lesung hat jedes Parlament für seinen Bereich ein endgültiges Beschlussrecht – allerdings mit dem Unterschied, dass zwar keine fallweise Weisungsgebundenheit, jedoch ein Rahmengesetzgebungsrecht von 4 nach 1 gilt. ⇦Rahmengesetzgebung beinhaltet den hierarchischen Aspekt und bedeutet: Gegen das Gesetz einer übergeordneten legislativen Instanz darf die untere mit ihrer Gesetzgebung nicht verstoßen.

Berücksichtigung der Voten der anderen Parlamente – wie auch anderer gesellschaftlicher Gruppen – beinhaltet die zirkuläre Rückkoppelung und bedeutet einfach, dass die Abgeordneten des betreffenden Parlamentes den Sichtweisen und Stellungnahmen der anderen Rechnung tragen, ohne dass daraus eine Weisungsgebundenheit folgt. Wenn jedoch eine eindeutige Mehrheit aller drei anderen Parlamente konvergierende Bedenken gegen eine Gesetzesvorlage vorbringen, wäre es unklug, diese Bedenken einfach beiseite zu schieben. Die Stellungnahmen der Parlamente 1, 2, 3 wird zweifellos Einfluss auf die Abgeordneten in Parlament 4 haben und umgekehrt – auch ohne dass Weisungsgebundenheit besteht. Hier muss und kann nunmehr auf bestes Wissen und Gewissen der Abgeordneten gesetzt werden.

Wenn wir die hierarchische Reihenfolge mit der zirkulären kombinieren, ergibt sich folgendes Bild, bei dem allerdings die Beziehungen wechselseitiger Berücksichtigung der Voten in erster bis dritter, im Konfliktfall vielleicht sogar vierter Lesung, wegen der Übersichtlichkeit nicht eingetragen sind:

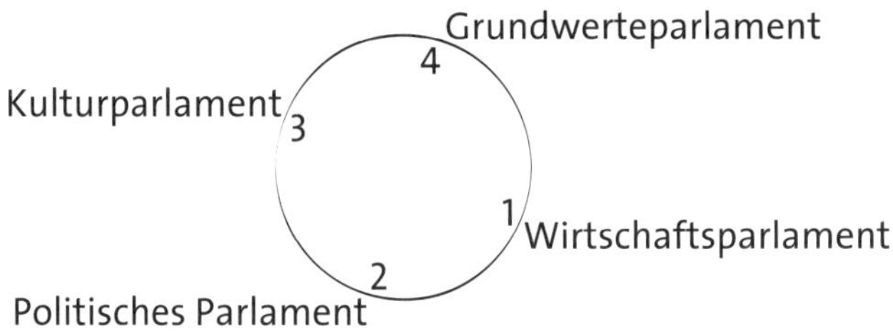

Figur 9: Die Subsysteme bzw. ihre Parlamente als Kreislauf

Entscheidend ist die bereichsspezifische Wahl der Parlamentarier durch die Bürger

Entscheidender aber als alle technischen Verfahrensregelungen, die schon die Geschäftsordnungen der Parlamente betrifft, ist die bereichsspezifische Wahl der Parlamentarier durch die Bürger anstelle von Einheitswahlen von „Einheitsparteien“. Der bereichsspezifischen Wahl entspricht die bereichsspezifische Verantwortung. Das ist es, was die neue parlamentarische Arbeit von der bisherigen in Kommissionen wesentlich unterscheiden würde: Die jeweiligen Parlamentarier sind für ihren Bereich, für eine Ebene des sozialen Organismus, gewählt und für diesen im Hinblick auf das Gemeinwohl verantwortlich – auch wenn sie sich mit den Vorlagen der jeweils anderen Parlamente, also mit dem Ganzen, unter ihrer jeweiligen Perspektive befassen müssen. Wegen dieses gewaltigen Unterschieds zur bisherigen parlamentarischen Praxis ist es auch richtiger, von vier Parlamenten als von vier Kammern oder Sektionen des Parlamentes zu sprechen.

Selbstverständlich ist hier nicht an eine Vervierfachung unserer etwa 672 Abgeordneten gedacht.

Es genügt vollauf eine auch quantitative Vierteilung des bisherigen Einheitsparlaments, also vielleicht 4 mal 150 Abgeordnete. Es würden vielleicht auch viermal 120 oder 100 genügen.

Die Zahl ist unerheblich, die sachbestimmte Rückbindung an die jeweiligen Wahlkreise wäre entscheidend. Ferner die Effektivität und Sachlichkeit der Beratung, die allemal in kleineren Gremien wächst. Dazu ist die Zahl geradezu unter beratungspsychologischem Gesichtspunkt festzulegen. Bei der Zahl der Abgeordneten ist übrigens zu berücksichtigen, dass die Vertreter der exekutiven Gremien von Regierung und Verwaltung nicht mitgezählt werden. Wir werden auf die Möglichkeit einer konsequenten Durchführung von Gewaltenteilung zurückkommen.

Die hier vorgeschlagene Parlamentsreform macht das Parlament also kostengünstiger und nicht etwa teurer! Dies nicht allein im Hinblick auf die Zahl der Abgeordneten, sondern auch im Hinblick auf die Effizienz ihrer Arbeit. Der Überlastungszuschlag in den Diäten kann entfallen. Denn natürlich wird nicht jeder Abgeordnete die Vorlagen aller Parlamente studieren müssen. In der allgemeinen Gesetzgebung wird das Gerangel zwischen den Parlamenten nicht groß sein, nur in einigen entscheidenden Weichenstellungen.

Die völlige Unabhängigkeit der Beauftragung und Verantwortung in den vier Parlamenten kommt am besten darin zum Ausdruck, dass nicht etwa an einem einzigen Wahltag vier Wahllisten angekreuzt werden, sondern dass angemessener Weise auf Bundesebene vier Wahlen in vier verschiedenen Jahren stattfinden. Denn Grundwerte-, Kultur-, politische und Wirtschafts-Fragen haben alle ein völlig eigenes Gepräge und Gewicht. Sie verdienen und erfordern eine jeweils eigene öffentliche Diskussion, eine außerparlamentarische Wertekommunikation mit argumentativen, strukturierenden Elementen. Es ist also abzusehen, dass jeweils ein Jahr der Öffentlichkeitsprozess vornehmlich einem dieser Politikbereiche gewidmet sein wird. Was

Warum nicht jedes Jahr ein Wahlsonntag auf Bundesebene?

aber nicht heißt, dass die parlamentarischen Debatten und Beschlüsse in den anderen Bereichen derweil unbeachtet ablaufen dürften.

Warum nicht jedes Jahr ein Wahlsonntag auf Bundesebene? Das kann einer Beteiligungs-Demokratie nur gut tun. Man sollte angesichts der neuen technischen Hilfsmittel – eventuell Einsatz einer elektronischen Wählerkarte – nur keine scheinbaren Kostenargumente zur Ausflucht nehmen! (Über mögliche, aber vom Inhaltlichen her nicht so wünschenswerte, zeitliche Zusammenlegungen mit Kommunal-, Landes und Europawahlen braucht hier nicht diskutiert zu werden.) Die Bürger spüren nur bei regelmäßiger und bereichsspezifischer Wahl zu Sachfragen, dass ihre Stimme ins Gewicht fällt. Es sind Stimmen für Experten ihres Vertrauens. Vermutlich wird eine Listenwahl (Verhältniswahl) durch die mehrfache sachbereichs-spezifische Abstimmungsweise überflüssig. Selbst wenn man sich dennoch für eine Verhältniswahl nach Parteienlisten entscheiden sollte, haben diese – wie die Parteien selbst – einen völlig veränderten Charakter: Es stehen nunmehr Sachparteien zur Wahl.

Es stehen nunmehr Sachparteien zur Wahl.

Mir wurde der Einwand gemacht, vor allem die Abgeordneten des Wirtschaftsparlamentes würden von der Wirtschaft gekauft. Solange eine Parteienfinanzierung offengelegt wird, wie es schon jetzt Gesetz ist, wäre ein Kaufen unter transparenten (bereichsspezifischen) Verhältnissen nur noch mit Zustimmung der Wähler möglich, wenn also der Wähler selbst seine Zustimmung zur Spenderfirma und ihrer Politik gäbe. Diese Freiheit braucht dem Wähler nicht genommen zu werden. Aber er wüsste nun, wen und was er wofür wählte. Die Käuflichkeit würde mit der allgemein wachsenden Transparenz im Verhältnis von Interessenvertretern und Parlamentariern abnehmen! Auf die gesamte Frage der Parteienfinanzierung und Wahlkampfkostenerstattung unter grundlegend veränderten Verhältnissen brauchen wir uns hier (noch) nicht einzulassen.

Dem Anliegen direkter Demokratie, nämlich wesentlich stärkere und sachbezogene Beteiligung der Bürger, wird durch diese häufigen, bereichsspezifischen Wahlen bereits in hohem Maße Rechnung getragen, ohne dass aber die Nachteile direkter Demokratie gegenüber der repräsentativen in großen Gemeinwesen in Kauf genommen werden müssen. Im Übrigen schließt diese sprunghafte Verbesserung des Repräsentationssystems besondere Direktwahlen für einzelne Bürgermeister, Ministerpräsidenten, Bundespräsidenten, selbst Regierungschefs keineswegs aus, auch nicht zusätzliche einzelne Sachabstimmungen über gut vorbereitete, einfache Entscheidungsfragen. Wir werden auf das Verhältnis von direkter und repräsentativer Demokratie noch ausführlicher zurückkommen (in Kapitel IX).

Diese organische Viergliederung kann auch als eine differenzierende Weiterentwicklung der Marxschen Basis-Überbau-Lehre aufgefaßt werden: eine solche aber, die den bisher unheilvollen Zirkel zwischen Basis und Überbau (wie er im gegenwärtigen Kapitalismus tatsächlich herrscht) zu einem geregelten Systemkreislauf macht. In gewissem Sinn stellt das Postulat einer Vergliederung sowie einer Regulierung des Ganzen von oben nach unten (mit Rückkoppelung) die radikale Umkehrung der ökonomistischen Sicht – der groben Interpretation Marxens im Sinne einer einseitigen Determinierung des Überbaus durch die ökonomische Basis – dar, jedoch keine symmetrische Umkehrung, weil jedem Subsystem zugleich ausdrücklich seine Eigengesetzlichkeit zugestanden wird. Dem vereinfachten Materialismus der „ökonomistischen" Sicht wird dadurch kein neuer, einseitiger Idealismus entgegengesetzt.

⇦Ökonomismus nenne ich, dem allgemeinen Sprachgebrauch entsprechend, die Sichtweise, dass die Gesamtgesellschaft einseitig durch die Wirtschaft determiniert wird, dass folglich eine Gesellschaftsreform allein von der Reform der wirtschaftlichen Basis abhängt. In dieser irrtümlichen Sichtweise sind sich so gegensätzliche Strömungen wie der Vulgärmarxismus, die Gesellsche „Freiwirtschaftslehre" in ihrer üblichen Vortragsweise und der derzeitige Neoliberalismus eigentümlicherweise einig. Marx selbst hat wohl, trotz ökonomistischer Tendenz seines Materialismus, eine dialektische, also keine einseitige Beziehung zwischen Basis und Überbau vertreten.

Integration-durch-Differenzierung als Evolutionsprinzip

Auflösung der Aporien der modernen Gesellschaft.

Über den modernen Differenzierungsprozess durch Arbeitsteilung und durch Trennung der „Wertsphären" (Max Weber) ist in der soziologischen Fachliteratur viel geschrieben worden.[172] Die großen Soziologen der Pioniergeneration, als dieses Fach noch nicht von der philosophischen Sozialtheorie getrennt war (Georg Simmel, Herbert Spencer, Emile Durkheim, Max Weber), haben alle erkannt, dass „Modernität" geradezu durch Differenzierungsprozesse verschiedener, aber zusammenhängender Art definiert werden kann. Die Differenzierung der Wertsphären ist die entscheidende, sofern man in ihnen die Subsysteme des Organismus erkennt. Die Frage, wie gerade die Differenzierung der Wertebenen zu höherer Integration führen kann, wurde allerdings auch von Max Weber nicht beantwortet. Er sah das dinosaurierartige Wachstum einer bürokratischen Organisation als unvermeidliche Entwicklung kommen, ohne in seiner bemessenen Lebenszeit (1864-1920) eine Abhilfe vorschlagen zu können.

Die hier vertretene ⇦Integration-durch-Differenzierung nach dem Reflexionsprinzip bedeutet: Indem die aufgezeigten Handlungs- und Wertsphären, die Subsysteme des sozialen Organismus, sich gestuft, also mit logischem Bezug aufeinander, ausdifferenzieren, gewinnen die Gemeinwesen erst eine neue, höhere Form der Integration. Man kann dann, aber nur dann, wenn das Prinzip der Unterscheidung gleichzeitig auch das der Bezugsetzung ist, auch umgekehrt von „Differenzierung durch Integration“[173] sprechen. Das ist nur bei der bewussten Konstruktion des Sozialen nach dem Reflexionsstufenprinzip der Fall. ⇦Integration einer Gesellschaft bedeutet dann:

- Effektive Steuerung geschieht von oben nach unten – wobei auch Rückkoppelung von unten nach oben zugelassen werden muss.
- Jeder Ebene des sozialen w wird ihre spontane Eigengesetzlichkeit gelassen. Jedoch nicht in Form einer wildwüchsigen Automatik von unten nach oben (vom Wirtschaftssystem bis zum weltanschaulichen Subsystem), wie dies heute faktisch geschieht.
- Im Unterschied zu einem religiösen „Integralismus“ bedeutet Integration daher nicht, dass jede Ebene des Sozialen direkt und ausschließlich von den Grundwerten her gesteuert werden dürfte, selbst in der aufgeklärtesten Form nicht,[174] sondern nur indirekt, durch Rahmengesetzgebung.

Hierin liegt die Auflösung der Aporien der modernen Gesellschaft:

- „Säkularisiert“ und weltanschaulich pluralistisch zu sein, aber doch auf eine weltanschaulich-religiöse Grundwerte-Fundierung nicht verzichten zu können.
- Autonome Kultur ohne jede klerikale und sonstige Bevormundung zu pflegen, aber im einklagbaren Rahmen der Grundwerte, die dynamisch-situationsangepasst definiert werden.
- Eine transparente Politik der Gruppen- und Machtinteressen zuzulassen, die das Gemeinwesen jedoch nicht auseinanderreißen, sondern beleben.
- Freie Marktwirtschaft nach gänzlich wirtschaftlichen Gesichtspunkten zuzulassen, jedoch einen Rahmen sozialethischer Gerech-

tigkeit und ökologischer Vernunft zu gewährleisten (was der mit technischer Effizienz verwechselte Kapitalismus von seinen Prinzipien her nicht kann).

Eine integrale Gesellschaft ist, unter modernen Bedingungen, ein Ebenen-Pluralismus von Pluralismen auf jeder Ebene, möglich aufgrund der hier vorgeschlagenen Differenzierung.

Integration durch Differenzierung als Evolutionsprinzip

In einem analogen, nicht auf das Prinzip der sozialen Reflexion begrenzten Sinn, ist Integration-durch-Differenzierung als Evolutionsprinzip auch bei biologischen Organismen ablesbar: Je mehr sich Zellen und Organe spezialisieren, eine umso höhere Gesamtorganisation durch ein Nervensystem und Gehirn ist erforderlich bzw. umgekehrt: Durch höhere Nerven- und Gehirnorganisation wird stärkere Ausdifferenzierung der Organe möglich. Wie schon erwähnt, hat der Evolutionsforscher Teilhard de Chardin (1881-1955) den Begriff *Zentrokomplexität* als Kurzformel für ein Grundgesetz der Evolution geprägt: Komplexität entspricht der Ausdifferenzierung. Diese muss jedoch durch „Zentrierung" ermöglicht wie zugleich ausgeglichen werden, damit eine Evolutionslinie nicht zur Sackgasse wird. Der Dinosaurier hatte vermutlich ein viel zu kleines Gehirn und ein viel zu wenig differenziertes Nervensystem für seine Körpermasse, sodass sein Aussterben nicht allein durch äußere Katastrophen herbeigeführt wurde. Ein treffendes Bild für unsere derzeitigen „Einheitsstaaten" mit Einheitsparlamenten und Blockparteien.

Es geht nicht an, wie schon mit den Stichworten „Allround-Politiker" und „Allround-Parteien" erörtert, dass dieselben Politiker, die für nationale Sicherheit, Verkehr und Außenpolitik zuständig sind, über Bildung und Kultur, gar über Inhalte der schulischen Ausbildung usw. bestimmen, genauso wenig wie über religiös-weltanschauliche Belange. Ihrerseits muß die Politik nochmals der Wirtschaft Rahmenbedingungen setzen. Viele angeblich technologisch-wirtschaftlich von selbst geschehende Fehlentwicklungen (z.B. in der Verkehrspolitik oder in der Ökologie) beruhen auf Versagen oder Verheimlichen politischer Steuerung, auf der anfangs konstatierten, unkontrollierten, im Grunde illegalen Dominanz der Wirtschaft über die Politik.

Die Dominanz der Wirtschaft über die Politik aufgrund einer Nicht-Differenzierung der staatlichen Ebenen bedeutet nichts weniger als eine strukturelle Korruption, der gegenüber die einzelnen Fälle von Korruption, einschließlich der Parteispenden-Skandale, relativ harmlose Symptome sind. Die derzeitige Aufklärungsbeflissenheit auf dieser Ebene folgt dem kollektiven tiefenpsychologischen Verdrängungsreflex: lieber an den Symptomen ansetzen, um die eigentlichen strukturellen Ursachen im Unbewussten belassen zu können.

Der Verdrängungsreflex: lieber an den Symptomen ansetzen, um die eigentlichen strukturellen Ursachen im Unbewussten belassen zu können.

Um einem Standardeinwand abschließend zuvorzukommen: Politische Steuerung der Wirtschaft durch Rahmengesetzgebung hat mit Planwirtschaft nicht das Geringste zu tun, sondern heißt gesetzliche Festlegung, in welchem Rahmen sich die pluralistisch freie Wirtschaft nach ihren eigenen Marktgesetzen entfalten kann. Der freie Markt ist eine politisch herzustellende Institution. Die derzeitige Herr-Knecht-Dialektik (wechselweise Verknechtung und Beherrschung) zwischen Ökonomie und Politik muss einer bewussten und freiheitlichen Strukturlogik Platz machen.

Welche Wirtschaftsweise aber ist imstande, ein menschenwürdiges Leben aller zu gewährleisten? Ist dieser permanente, strukturelle Verstoß gegen ethische Standards eine unabwendbare Tragik der *condition humaine* oder ein Versagen der derzeitigen neokapitalistischen Wirtschaftsideologie und ihrer Praxis? Diese wichtige Frage ist zwar nicht das Hauptthema dieses Buches. Doch durchaus zum Hauptthema gehört die Feststellung: Die Wirtschaft ist ein zu fundamentaler gesamtgesellschaftlicher Prozess, als dass dessen Beschreibung und Steuerung „Fachökonomen" überlassen werden dürfte, die meinen, das Denken durch Rechnen ersetzen zu können! Das kann nicht besser sein als die einstige Steuerung der Gesellschaft durch das Personal von Gottes Gnaden, welche die Erwerbswirtschaft zwar gern zum Bereich von Egoismus und Habsucht[175] herabsetzten, aber gleichwohl in ihrem Sinne zu nutzen verstanden.

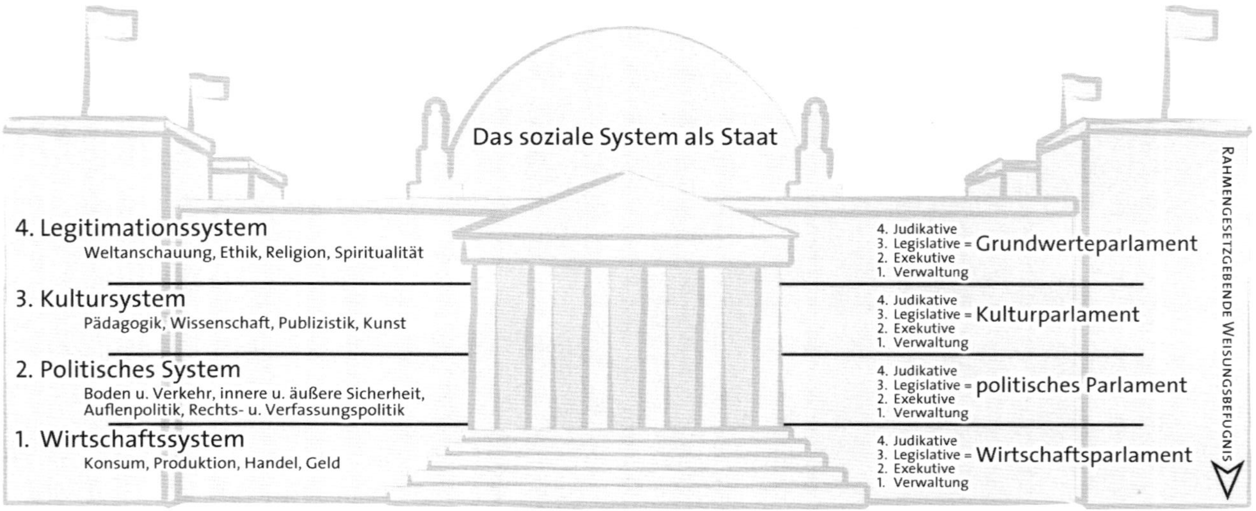

Figur 10: Das Viergliederungs-Haus (Oikos) mit weiterentwickelter Gewaltenteilung

KAPITEL VI

DIE NICHT-PARLAMENTARISCHEN FUNKTIONEN

Erst wenn man den Zynismus überwinden wollte, wird es schwierig. Wenn es heute jemandem gelingen sollte, einen sowohl ehrlichen wie auch positiven Diskurs zu entwickeln, wird er den Lauf der Welt verändern. (Michel Houellebecq, Die Welt als Supermarkt, Hamburg 2002)

Die potenzierte Gewaltenteilung: Viergliederung aller Staatsfunktionen

Im Vorhergehenden wurde die Legislative in die vier Ebenen des sozialen Organismus gegliedert. Es stellt sich logischerweise die einfache Frage: Sind die anderen „Gewalten" oder staatlichen Funktionen in gleicher Weise zu gliedern?

Die Antwort lautet: Im Prinzip ja, nur ist deren Gliederung eine sekundäre Folge, eben weil der Parlamentarismus, die kommunikative Funktion der Beratung und Gesetzgebung, das entscheidende Herzstück der Demokratie ausmacht. Unter dem Vorbehalt, dass die anscheinende Komplexität zunächst eine theoretische ist und in der Praxis wieder reduziert werden kann, ist dies in Figur 10 durch eine nunmehr dreidimensionale Darstellung des bisher zweidimensionalen *Oikos* oder Viergliederungshauses dargestellt.

Nachdem wir uns im vorigen Kapitel mit den vier Parlamenten und ihrer Beziehung zueinander befassten, sind nun einige Folgerungen für die nicht-parlamentarischen Funktionen zu ziehen.

Zuvor aber muss eine andere Konsequenz, nicht allein für den theoretisch besonders interessierten Leser, begrifflich geklärt werden, die auch optisch durch die neue Untergliederung der politischen Ebene sofort ins Auge fällt (die ja im ersten, zweidimensionalen *Oikos* (Figur 6) durch die vier „Gewalten" ausgefüllt war). Die neue Unterteilung der politischen Ebene war im vorigen Kapitel schon kommentarlos angegeben worden. Sie verdient aber nähere Erläuterung und Begründung.

Der engere Politikbegriff und seine Bereiche

Die Gewaltenteilung wurde bisher als eine historische Errungenschaft der politischen Sphäre betrachtet und demgemäß als die organische Unterteilung des Subsystems Politik. Wenn sie nun zur formalen (funktionellen) Unterteilung aller vier Ebenen des Organismus wird, wenn also der politische Gedanke der Gewaltenteilung alle diese Ebenen strukturiert, dann müssen wir nach einer anderen materialen (inhaltlichen) Unterteilung der politischen Sphäre im engeren Sinn fragen. Diese im engeren Sinn politische Ebene umfaßt in reflexionslogischer Rekonstruktion der Erfahrungswirklichkeit[176] folgende inhaltlichen Politikbereiche.

2.1 Territorial-, Boden-, Verkehrspolitik

Eine transparente öffentliche Bodenpolitik ist unerlässlich.

Es geht auf dieser objektbezogenen Stufe einmal darum, das Definitionselement Territorium, das zu „Staat" gehört, abzugrenzen, real zu definieren. Was diese Abgrenzung im Leben der Staaten und ihrer Völker bedeutet, lehrt deren leider oft blutige Geschichte. Noch längst sind die Grenz- und Territorialkämpfe auf der Erde nicht überall abgeschlossen, selbst in so alten Gemeinwesen wie Indien nicht, das mit Pakistan (eine aus religiösen Gründen abgespaltete Staatsgründung) um das Kaschmir-Gebiet streitet.

Derselbe Boden muss aber auch innerstaatlich zur Nutzung oder gar zum Eigentum aufgeteilt werden: die Frage des Eigentums an Grund und Boden. Soll privates Bodeneigentum überhaupt zugelassen werden oder nur Gemeineigentum, was durchaus private Nutzung nicht ausschließt? Diese sehr wesentliche Frage politischer Wertentscheidung könnte auch dann nicht im Vorübergehen adäquat behandelt werden, wenn das hier meine Aufgabe wäre. Wegen des engen Zusammenhangs effektiv demokratischer Strukturen mit der Bodenfrage sei jedoch darauf hingewiesen, dass die Unterbindung von privatem Bodenbesitz nichts mit Kommunismus, gar Planwirtschaft zu tun hat. Gemeineigentum kann mit privater Nutzung und Bewirtschaftung bestens zusammengehen.[177] Umgekehrt ist die monopolartige Inbesitznahme der (in bevölkerungsreichen Gebieten) knappen und unvermehrbaren „Ressource" Boden die Quelle zahlreicher Ungleichheiten und Ungerechtigkeiten. „Ressource" – welch ein hässliches Wort für dieses Geschenk der Natur, das die Erde ist. Für die meisten hinzukommenden Erdenbürger ist sie aufgeteilt, monopolisiert, gerade nicht zur individuellen Nutzung und Tüchtigkeit offen, wie die liberale Ökonomie doch voraussetzen will. Wenn nicht gewichtige ethische Gründe gegen privatisiertes Bodeneigentum sprächen – am deutlichsten bei den „Landlosen“ Lateinamerikas zu erkennen –, dann müßten es die Gebote der „freien“ Marktwirtschaft selbst sein. Doch deren „Freiheit“ ist derzeit die der Monopolisten und Privilegierten.

Eine öffentliche Bodenpolitik ist auch ohne die ethischen Maßstäbe der seit dem 19. Jahrhundert so genannten „Bodenreformer“, wie sie hier anklangen, unerlässlich: Die Öffentlichkeit muss darüber entscheiden, wie Boden verwendet wird, z.B. als privates öder öffentliches Bauland, für die Landwirtschaft, als Erholungsgebiet, als Naturschutzgebiet oder für Verkehrswege. Die Verkehrspolitik wird man deshalb zu diesem elementaren, den Boden betreffenden Bereich der Politik hinzuzählen müssen. Das betrifft dann allerdings nicht allein die Verkehrswege, sondern auch die Verkehrsmittel: Die Frage individueller Autoverkehr oder öffentliche Verkehrsmittel ist keine innerwirtschaftliche, sondern eine höchst politische Entscheidung. Wie immer man sachlich entscheiden will:

> *Freiheit kann sich jedenfalls hier wie sonst nicht im Nebel der kollektiven Unbewusstheit entfalten, unter dem Vorwand „freie Marktwirtschaft“.*

Gemeinschaftsgeist – Subsidaritätsprinzip

Ein weiterer Aspekt der Territorialpolitik ist die Gliederung des Staatsgebietes in Untereinheiten, wie der Länder in der Bundesrepublik Deutschland, aber auch die kommunale Gliederung. Das Bestehen der kleinen Bundesländer wie des Saarlands liegt – vielleicht – mehr im Interesse der dort Regierenden und Verwaltenden, sogar Gesetzgebenden, als im Interesse der Bevölkerung. Bei Stadtstaaten wie Hamburg und Bremen als Nachfahren alter „freier Reichsstädte“ mögen die Bürgerherzen selbst höher mitschlagen. Trotzdem ist die Frage, ob sie um ihrer Eigenart willen den Status als Bundesländer brauchen.

Die Zusammenlegung von Gemeinden mit eigenem Bürger- und Geschichtsbewusstsein in mehr oder weniger anonyme Verwaltungsgemeinden zwecks Erleichterung, oft gleichzeitiger Verteuerung der Müllabfuhr und dergleichen zeigt, was hier unbedingt zu berücksichtigen wäre, was aber bei den derzeit federführenden „aufgeklärten“ Soziologen ein Fremdwort ist: Gemeinschaftsgeist oder – um es wissenschaftskonformer auszudrücken: das ⇦Subsidiaritätsprinzip, das schlichte Prinzip des Aufbaus des sozialen Ganzen von unten nach oben. Wir werden dieses Prinzip im Reigen der anderen Sozialprinzipien in Kapitel VII diskutieren. Gesunden Menschenverstand bei Soziologen und Verwaltungsexperten kann es allerdings auch nicht ersetzen.

2.2 *Innere und äußere Sicherheit*

Sicherheit ist elementarste Staatspflicht.

Der zweite, subjekt- und machtbezogene Bereich der politischen Ebene ist die Sicherheit. Als äußere Sicherheit war sie ursprünglich von der Territorialpolitik unabtrennbar und hängt auch heute noch eng mit dieser zusammen. Innere Sicherheit ist eine ganz elementare, oft wird gesagt, die erste Aufgabe eines Staates als „Rechtsverbund“. Mit Recht reagieren die Bürger heute empfindlich, wenn ihre schlichten, elementarsten Sicherheitsbedürfnisse nicht mehr befriedigt werden, etwa weil die Polizei – im Rahmen von „Sparmaßnahmen“ – weit weg von möglichen Übergriffen auf Personen und Sachen in einer großen, kasinoartigen Zentrale Skat spielt (oder auch fleißig die Computer beobachtet), jedenfalls ohne Kontrakt zu den Bürgern, und es halbe und ganze Stunden braucht, Hilfe bei Gewalttätigkeit und Diebstahl zu erhalten, besonders an Wochenenden. Der kleine Prozentsatz der Kriminellen macht bekanntlich an Wochenenden nicht frei. Es geht hier nicht darum, den Fleiß der Polizeibeamten, wohl aber z.B. einen Zentralisierungs- und Technisierungswahn aus angeblichen Kostengründen in Frage zu stellen. Nicht Ruhe ist die erste Bürgerpflicht, aber Sicherheit ist elementarste Staatspflicht. Anders ist auch sein Gewaltmonopol nicht aufrecht zu erhalten.

Ein Polizei-Abwesenheits-Staat ist nicht viel besser als ein Polizeistaat, und beide Extreme berühren sich durch den gemeinsamen Nenner Anonymität der Sicherheitsdienste und der Sicherheitsbedürftigen im Verhältnis zueinander. Ist es ein altmodischer Gedanke, dass Sicherheit und Schutz auch mit persönlichem Kennen zu tun haben? Im Zeichen der angeblichen „Dienstleistungsgesellschaft“ wird alles karger, großflächiger und anonymer, am meisten die öffentlichen Dienstleistungen, die nicht renditeträchtig für das Kapital sind.

Der einseitige Ruf nach Polizei um der Sicherheit willen ist allerdings auch ein Symptom dieser übermäßigen Anonymisierung. Die Menschen meinen, wenn sie schon nicht die Herkunft, die Religion und die Moral der Anderen kennen, brauchten sie sich auch nicht darum zu kümmern, ob diese lebend und unversehrt durch Straßen und U-Bahnen kommen. Bürger-Solidarität ist in unseren „Demokratien“ erst wieder zu erlernen. Sie hat, im Hinblick auf die Mitbürger ausländischer Herkunft, viel mit dem früher berührten Thema „Gastfreundschaft der Kulturen“ zu tun. Wo keiner mehr „Gastgeber“ sein will und anderseits keiner „Gast“, gibt es auch keine Gastfreundschaft mehr.

2.3 *Außenpolitik*

Das Militär gehört zum Bereich der äußeren Sicherheit wie die Polizei zur inneren. Tatsächlich war es lange das wichtigste Instrumentarium der Außenpolitik, solange der Krieg als Fortsetzung der Politik mit anderen Mitteln galt.

Heutige Außenpolitik sollte inzwischen nicht mehr als bloß strategischer Machtpoker zu verstehen sein, sondern als die kommunikative Stufe der Politik auf der Ebene der Völker. Sie entwickelt sich derzeit, so dürfen wir hoffen, vom „reinen“ Machtarrangement zur Verständigungspolitik bis dahin, dass die Freundschaft zwischen den Völkern die im engeren Sinn politischen Machtspiele vergessen lässt. Nachdem das militärische Denken manchesmal dem friedlich-politischen Platz gemacht hat, muss die Politik sich in den Dienst einer Kommunikation zwischen den Völkern stellen, die diesen Namen verdient. Außenminister müssten Genies der Kommunikation mit realistischem Sinn für die alten Machtfragen sein, nicht mehr vornehmlich Machtmenschen, die bloß das diplomatische *keep smiling* beherrschen und vor Undurchsichtigkeit strotzen.

2.4 *Rechts- und Verfassungspolitik*

Nichts kann der Verfügung des einzigen Souveräns grundsätzlich entzogen werden.

Der vornehmste, sozusagen metakommunikative Bereich der politischen Sphäre ist die Fortentwicklung des Rechtes: der einzelnen Gesetze wie auch des Verfassungsrahmens. Es wäre eigens darüber zu handeln, dass nicht allein die Gesetzbücher, sondern auch die Verfassung selbst ständig der Vervollkommnung bedürfen und in Bewegung bleiben müssen. Der Staat ist gerade im Hinblick auf seine Verfassung „Staat auf Bewährung“, wie ein soziologischer Außenseiter dies ausgedrückt hat.[178] Sein Anliegen ist, die sogenannten Ewigkeitsklauseln in unserem Grundgesetz durch einen Auftrag zur dynamischen Weiterentwicklung zu ersetzen. Nichts kann der Verfügung des einzigen Souveräns grundsätzlich entzogen werden. Muss dieser vor sich selbst geschützt werden? Im deutschen Grundgesetz gibt es aus historischen Gründen zudem den schon erwähnten Artikel 146, der nach wie vor fordert, dass dieses Grundgesetz in eine reguläre Verfassung zu überführen sei. Selbst zu einer „regulären“ Verfassung würde aber ein „Nachhaltigkeitsgebot“ gehören: ein Auftrag zur Weiterentwicklung und Selbsterneuerung.

Rechtsstaat: dialektisches Skelett eines größeren Ganzen

Soviel zur Erörterung der Ebene 2 des nunmehr dreidimensionalen *Oikos* oder Viergliederungshauses. Da hierbei öfter von Politik im engeren Sinn die Rede war, muss noch einmal erörtert werden, inwiefern das Gemeinwesen als ganzes politisch im weiteren Sinn ist.

Gleichzeitig bedarf es der Erläuterung, warum im zweiten, weiter ausgebauten Viergliederungshaus der soziale Organismus ausdrücklich als „Staat“ bezeichnet wird. Das heißt als Rechtsverbund und darüber hinaus als Rechtsstaat, nicht etwa als primär weltanschaulich oder kulturell geprägte Vergemeinschaftung. Dass all diese Ebenen – ebenso wie das Wirtschaftliche – auch eine staatliche Seite haben, ist intuitiv klar und muss weiter präzisiert werden.

Das Interaktionsmedium, das der moderne Staat definitorisch zur Grundlage hat, ist allein das Recht. Dadurch allein ist er, wie bei der Erläuterung des Mediums Recht (Kap. IV) schon betont wurde, moderner Rechtsstaat und nicht ein religiöser Verbund wie ein Kirchenstaat oder Gottesstaat – wie noch das Heilige Römische Reich Deutscher Nation seligen Angedenkens, im Alter von rund 1000 Jahren an Altersschwäche verstorben anno 1806, aber unter den Schlägen des Napoleonischen Rechts- und Machteifers.

Es wurde schon Verständnis dafür bekundet, dass Vergemeinschaftung seit Urzeiten der Menschheit durch Götter und Religion geschah: Das war einfach die gemeinsame Sinnwelt, das Legitimationssystem und alles andere zugleich. Die moderne Differenzierung beruht auf revolutionärer Evolution: Latent war sie im Christentum durch den Bruch ihres Gründers mit der damals nicht spezifisch jüdischen, sondern allgemein tradierten Einheit von Volk und Glaubensgemeinschaft vorhanden. In der Differenzierung von Religion und Volksgemeinschaft liegt eine bisher kaum gesehene weltgeschichtliche Rolle des Christentums, in Verbindung mit dem römischen Rechtsdenken. Das Christentum lebte als religi-

Die Differenzierung von Religion und Volksgemeinschaft ist eine bis heute unabgeschlossene revolutionäre Evolution.

öse Subkultur in der pluralistischen Sinnwelt des Römischen Reiches, das auf eine frühe, unsichere Weise schon rechtliche Grundlagen hatte, die aber mit Gottkaiser-Vorstellungen vermischt blieben. Seit dem römischen Kaiser Konstantin im Zuge der Konstantinischen Wende (313 n. Chr.) kam das vorher subversive Christentum als Staatsreligion hoch zu Ehren – was aber seinem Wesen, der Trennung von Religion als Sache des Einzelnen und dem, „was des Kaisers ist", im Grunde ganz zuwiderlief. Es gibt also gewichtige innerchristliche Gründe, die Mustergültigkeit der mittelalterlichen Ausprägung des Christentums, grundsätzlich in Frage zu stellen, von den Auswüchsen ganz abgesehen.

Die erste weltgeschichtliche Revolution in der westlichen Welt, die Reformation, brachte den latenten Zwiespalt, der sich in der Doppelspitze von Papst und Kaiser doch immer noch erhalten hatte, wider Willen und über die Absichten Luthers hinaus, neu zum Durchbruch: Die Fundierung des Reiches geschah fortan nicht mehr in einheitlicher Religion. Der Kompromiss des Augsburger Religionsfriedens (1555) lautete: *Cuius regio, ejus religio*, das heißt, der jeweilige Fürst bestimmt die Religion seines Gebietes. Die einfachen Gläubigen und Untertanen dürfen allenfalls auswandern. Es brauchte noch lange Jahrhunderte blutigster Kämpfe, um eine gewisse Trennung von Staat und Religion, ebenso von Religion und autonomer Kultur, durchzusetzen. Der Dreißigjährige Krieg, der die Mitte Europas schon damals unsäglich verwüstete, gehört in diese gar nicht so geistige Geistesgeschichte. Der moderne Staat bahnt sich nicht erst mit der französisch-amerikanischen Revolution, sondern mit der Reformation an. Wie Hegel mit Recht betont hat, indem er sagte, es gebe keine Revolution ohne religiöse Reformation.[179] Nur blieb diese Reformation im Hinblick auf das Staat-Kirche-Verhältnis etwas äußerst Halbherziges. Die Trennung unterlief bloß. Sie wurde noch nicht in ihrem humanen, auch christlichen Wert erfasst.

„Rechtsstaat" bedeutet seit den politischen Revolutionen aber Begründung des Gemeinwesens primär auf dem Recht. Deshalb wurde im Giebel unseres Hauses „Staat" vermerkt – eigentlich müsste es genauer „Rechtsstaat" heißen. Es ist keine Selbstverständlichkeit, dass der soziale Gesamtorganismus – von den Kontinent und Welt umspannenden Zusatzstaatlichkeiten wollen wir zunächst einmal absehen – ein staatlich-rechtlicher ist. Warum das hier mehrfach betont wird?

Diese Unterscheidung von Recht und geistigem Legitimationssystem bedeutet keine simple Trennung, sondern zugleich Inbezugsetzung: Das Verbindende ist die Grundwerte-Ebene: einerseits schon rechtlich, bei Staaten mit Grundwerte-Kodex, anderseits bleibend weltanschaulich-ethisch-religiös fundiert. Insofern behält Hegel mit seiner Forderung einer religiösen Fundierung von Revolution völlig Recht – wenngleich er den modernen weltanschaulich pluralistischen Staat noch nicht vorgedacht hat, sondern auf eine allgemeinverbindliche religiöse oder spirituelle Philosophie hinaus wollte.

Weil Recht das Prinzip des Subsystems Politik wie aber auch des staatlichen Gesamtorganismus ist, ergibt sich der doppelte Politikbegriff: als rechtlich-machtmäßige Organisation des Ganzen im Staat wie als besonderes, untergeordnetes System in diesem staatlichen Organismus.

Deshalb ist es kein Widersinn, von Wirtschaftspolitik eines Wirtschaftsstaates, Kulturpolitik eines Kulturstaates sowie von Grundwertepolitik eines Staates als Wertegemeinschaft zu sprechen – obwohl das Ganze als Rechtsstaat integriert ist. Logisch gesprochen: die anderen Ebenen und Medien sind unter das Recht subsumiert. Auf dialektische Weise subsumiert, das heißt: nicht nur das Einzelne wird unter ein Allgemeineres untergeordnet (die normale, formallogische Subsumtion). Vielmehr wird nach der ⇦dialektischen Subsumtion ein umfassenderes Ganzes unter eine seiner spezielleren Seiten, hier die des Rechtes, gefasst. Dies geschieht realsystemisch und nicht nur gedanklich.[180]

Ein anderer wichtiger Aspekt desselben Sachverhalts: Staat stellt zwar den umfangsmäßig umfassenden, rechtlich organisierten Organismus auf einem jeweiligen Territorium dar, aber das heißt nicht, dass er als Rechtsstaat in jeder Hinsicht allumfassend oder „total“ wäre. Bei dem Wort „total“ schrecken wir mit Recht auf: Eben weil Staat nur die rechtliche Organisation oder Bündelung des sozialen Lebens auf einem gegebenen Territorium ist, ist er nicht der totale Inbegriff allen sozialen Lebens auf diesem Territorium.

⇦Recht ist eine begrenzte, ja beschränkte Form der Sozialität: Regel der Begrenzung von Freiheiten (Kant), und zwar in dem, worin sie sich begrenzen, z.B. in ihren materiellen Bedürfnissen und Machtinteressen, bloß in ihrem äußerlich regulierbarem Handeln. Die Kommunikation als solche ist nicht begrenzend. Dadurch, dass ich mich mitteile, verliere ich nicht, sondern gewinne selbst.

Die dem Recht innewohnenden Grenzen zu sehen, bedeutet: dem Ganzen des sozialen Lebens freien Raum zu gewähren. Freiheit ist primär eine dialogische, bei dem das Du entgrenzt, nicht begrenzt, ein Miteinander-Wirken wie in der Gegenläufigkeit von Sprechen und Hören: Ohne einen Hörer ist mein Sprechen sinnlos, allenfalls eine innersubjektive Gedankenstütze oder Vorübung, noch kein dialogisches Sprechen. Liebe, Erkenntnis, soziales Miteinander in Gespräch, Tanz und Feier und sonstiger Kultur, auch im Spirituellen, das alles hat mit Recht und Staat unmittelbar nichts zu tun. Mittelbar allerdings viel, sonst brauchten wir uns über staatliche Demokratie nicht soviel Gedanken machen.

Die Rechtsgemeinschaft Staat ist nur das Skelett.

Aus dieser größeren Fülle des Gemeinschaftlichen ergibt sich bei Vielen Ablehnung gegenüber Staat und Staatsdenken. Spontanes soziales Leben, Gemeinschaften, Freundschaften, Selbsthilfegruppen und sonstige „Lebenswelt" sollen mit Staat absolut nichts zu tun haben. Einesteils ist richtig: Der Staat darf nur als bündelnde Rechtsgemeinschaft gesehen werden. Das eigentliche soziale Leben darin „steht über" in jeder Richtung: wirtschaftlich, kulturell und ethisch-spirituell. Und doch hat Staat eine enorm wichtige Funktion, nicht nur als Bündelschnur, sondern als Schützer und Förderer (manchmal als Zerstörer) des sozialen Lebens. Am Beispiel der Weimarer Republik wurde einleitend schon darauf hingewiesen: Die Kultivierung privater und vorrechtlicher öffentlicher Gemeinschaften aller Art darf kein Kopf-in-den-Sand-Stecken sein.

Die Rechtsgemeinschaft Staat ist nur das Skelett. Doch ohne Skelett funktionieren höhere Organismen nicht. Und was im Staat gebündelt wird, ist wahrhaftig ein höherer Organismus: ein kulturelles und metakulturelles Gemeinwesen. Früher standen den Menschen Worte wie „Vaterland" und „Volksgemeinschaft" zur Verfügung. Heute haben wir, aus besonderen historischen Gründen, selbst bei „Nation" schon Hemmungen, weil leicht Nationalismus assoziiert wird. Der Staat jedenfalls ist nur ein Hilfsmittel für ein von ihm zu bündelndes, zu organisierendes soziales Leben.

Das Wertvollste ist am schwersten vor Missbrauch zu schützen.

Wenn wir diese soziale Lebenseinheit in ihrem wirklichen, erst recht in ihrem möglichen Reichtum zu erfassen vermöchten, kämen uns die Tränen wie unseren Vorfahren bei bestimmten Anlässen von „Volk" „Vaterland" und „Deutschland". Das war kein bloßer Irrtum, sondern tiefere, leider furchtbar missbrauchte Wahrheit. Gespürt wurde etwas Unbedingtes in der Gemeinschaft von sprachlich, geschichtlich, schicksalsmäßig Verbundenen, wie wir es nur für wenige Monate nach dem Fall der Berliner Mauer mehr oder weniger nachvollziehen konnten. Nicht allein die spirituelle Gemeinschaft hat einen Bezug zum Heiligen (der noch leichter missbraucht werden kann!), sondern auch die kulturelle

Gemeinschaft einer staatlichen Nation, da sie immer selbst eine spirituelle Dimension in dem Lauf ihrer Geschichte ausgebildet hat. Genau deshalb kann das Nationale durch egoistisches Auftrumpfen leicht zu einem falschen Patriotismus und Nationalismus abgleiten.

Die wertvollsten „Dinge" sind am schwersten vor Missbrauch zu schützen. Deshalb muß in einer redlichen Betrachtung der volle Umfang dessen, was Nation und Sprache ausmacht, zugelassen werden. Danach erst können Perversionen und Beschädigungen durch geschichtlich vollzogenes Handeln einer Nation und Korrekturen ermessen, abgewogen und eventuell aus Ursachen heraus verständlicher werden.

Fazit: Wenn wir im Folgenden über Strukturen der Staatlichkeit reden, dürfen wir nicht vergessen, dass dabei ein Gerippe von etwas Größerem angesprochen wird, welches wir wegen fortdauerndem und auch traurigem Missbrauch vielfach nicht mehr wahrnehmen.

Das Skelett selbst könnte schon ein Kunstwerk sein. Wieviel mehr der gesamte Organismus.

Regieren und Verwalten

Der grundlegend veränderte Parlamentarismus ist sicher der Kern, das Herz- oder auch Kopfstück einer Demokratiereform. Nur helfen die besten Beschlüsse und Gesetze nicht, wenn sie nicht sinngemäß ausgeführt werden. Welche Folgen sind nun für die ausführenden Organe aus dieser Differenzierung – nicht Aufblähung! – der Parlamente zu ziehen? Brauchen wir eine entsprechende Vierteilung der Regierungsinstanzen und Verwaltungsinstanzen?

In Kapitel IV. wurde gezeigt, dass die klassische Gewaltenteilungslehre schon in sich, mangels systematischer Grundlegung, unvollständig ist, weil sie bei „Exekutive" nicht deren beiden grundlegend verschiedenen Formen Regierung und Verwaltung unterscheidet. Die beiden sind auch lebensweltlich oder phänomenologisch, d.h. auch ohne Rückgriff auf die systemische Reflexionsstufung klar zu unterscheiden.

Demokratisches ⇦Regieren heißt, auf der Grundlage der bestehenden Gesetze, aber weit über diese hinausgehend, amtlich beauftragte Entscheidungen zu fällen und zu handeln. Eine Regierung, die nicht ihre Handlungsmacht nutzt, also eben handelt, regiert nicht. ⇦Verwalten meint dagegen lediglich, bestehende Gesetze im Rahmen des amtlichen Kompetenzensystems in korrekter Weise anzuwenden. Zwar besteht hier oft ein Entscheidungsspielraum, doch es wird nur sinngemäße und geschickte Gesetzesausführung erwartet. Wie befindet ein Finanzbeamter über die Steuererklärung? Wie soll sich gar ein Polizeichef bei einem Banküberfall verhalten? – Mehr wäre Kompetenzüberschreitung.

In Notsituationen gibt es Übergänge. Dann wenden sich bezeichnenderweise Polizeichefs und militärische Vorgesetzte an die politisch Verantwortlichen. Doch in der alltäglichen Verwaltung ist der Unterscheidung klar und wichtig. Greifen Regierungsmitglieder in Verwaltungsgeschäfte ein, ist das eine Spielart der Korruption.

Die Regierungsgewalt hat zwar auch ihre Bürokratie, die sogenannte Ministerialbürokratie. Aber diese ist *ihr* ausführendes Organ – nicht das ausführende Organ der vorhandenen Gesetze und damit gewissermaßen des Volkes selbst. Letzteres eben ist die Aufgabe der Verwaltungs-Exekutive oder Administrative. Diese „Gewalt“ oder besser Staatsfunktion, wie wir die alten „Gewalten“ einfach nennen können, hat eine ganz andere organismustheoretische Beziehung zur Öffentlichkeit als die Ministerialbürokratie.

Doch jetzt zuerst zur Regierungsexekutive, immer mitsamt ihrem Ausführungsorgan, der Ministerialbürokratie, die bekanntlich oft die Kontinuität sowie die akkumulierte Sachkenntnis für die Regierungsarbeit mitbringt, so dass die eigentlich politischen Köpfe nach wie vor ruhig rollen dürfen. Solche unblutigen „Exekutionen“ werden auch in Zukunft zur politischen Exekutive gehören, aber vielleicht auch zur Verwaltungsexekutive, wenn diese bürokratische Gewalt(!) einmal unter demokratische Kontrolle kommen sollte.

Es entsteht die wichtige Verfassungsfrage, welche Kontrollgewalt das Parlament über einzelne Maßnahmen der Regierung, nicht allein über die Gesetzgebung, beanspruchen kann. Diese Frage liefert ein Beispiel für die Variationsbreite der Strukturen, die hier besprochen werden, für künftige Verfassungen. Durch die Grundstrukturen ist nicht alles schon festgelegt.

Wie soll das Parlament Einfluss auf das Regierungshandeln nehmen?

In Deutschland kann das Parlament jeden Schritt der Regierung kritisch kommentieren, z.B. in der moralischen Unterstützung des Irak-Kriegs, auch bevor über eine eigene Teilnahme im Parlament abgestimmt würde. Wann solche Mitsprache des Parlaments erforderlich ist, dafür gibt es im Falle des militärischen Einsatzes gesetzliche Regeln, bei anderen Regierungsentscheidungen besteht dagegen nur die allgemeine Kontrollmöglichkeit des Parlaments. Dessen Macht besteht letztlich darin, die Regierung mehrheitlich zu stützen – oder zu stürzen. Diese Macht wird entlang der Grenzen der Parteiblöcke ausgeübt, weshalb „Abweichler“ in den Regierungsparteien stets besonders problemträchtig sind.

Unfähigkeit der bisherigen Parteiendemokratie für eine Friedenspolitik

Am Beispiel des Irak-Krieges kann man gut erkennen, wie hier die Parteitaktik im Unterschied zu etwaigen Überzeugungen eine Riesenrolle spielt: Die regierende Koalition von SPD und Grünen gewann die Bundestagswahl im September 2002 trotz gegenteiliger Tendenzen noch einmal knapp, weil sie mit einem Nein zum Krieg der Bush-„Administration“ – gemeint ist die Regierung der USA – die Volksstimmung auf ihrer Seite hatte. Dass die Antikriegs-Überzeugung der Regierungsparteien im Verhältnis zur Bündnistreue diesmal stärker war als im Bosnien-Krieg der Nato von 1999, musste sich erst noch zeigen. Wahltaktisch war diese Entscheidung jedoch schon einmal erfolgreich und brachte, auch noch im Nachhinein, den Oppositionsblock in eine heikle Situation, ob sie an die Volksstimmung oder ihre legendäre Amerika-Treue anknüpfen sollte: die typischen blockdemokratischen Dilemmata. Diese wurden hier besonders brisant, weil es ja auch international nicht allein um die Frage „Kriegsführung oder nicht“, sondern um die taktische Frage „Kriegsdrohung oder nicht“ ging. Es überkreuzten sich also parteitaktische Überlegungen mit internationaler Taktik: Die deutsche Opposition konnte mit einigem Recht argumentieren, die Kriegsdrohung wäre friedensstiftender gewesen als die glatte Kriegsablehnung durch den deutschen Bundeskanzler. Welche weltpolitischen Gefahren und Katastrophen sich aus solcher Kombination von innenpolitischer Parteitaktik und internationaler Taktik ergeben, dafür bietet die Geschichte reiches Anschauungsmaterial. Das Beispiel belegt auch unter außenpolitischem Aspekt die Unfähigkeit der bisherigen Parteiendemokratie für eine Friedenspolitik.

Verlassen wir diese mehr für die Demokratie von gestern als für die von morgen ergiebige Front der „Parteienforschung“! Die allgemeinere Frage war, wieweit das Parlament nicht allein Einfluss auf die Gesetzgebung, sondern auch auf das laufende Regierungshandeln nehmen kann. Diese Frage betrifft grundsätzlich das Verhältnis zwischen parlamentarischer und Regierungs-Funktion. Dieses Verhältnis ist derzeit einerseits ziemlich langweilig, weil es im Allgemeinen getreu den Stärken der Partei-Bataillone verläuft. Anderseits wird es spannend, wenn die „Fraktions-Disziplin“ nicht gewährleistet ist. Da braucht es denn hauptsächlich die Arbeit der Partei-Generäle, die diese Disziplin der „freien“ Abgeordneten-Gewissen herstellen. Eine

Unsachlichkeit (Parteiblöcke) soll durch eine zweite (die gewissensfremde Disziplinierung) ausgeglichen werden. Das ist der Schnee von heute, der morgen hoffentlich von gestern sein wird.

Wir müssen uns vorstellen, wie in differenzierten Parlamenten spezifizierte Sachparteien mit Sachproblemen umgehen und sich Mehrheiten entlang dieser Fragen bilden, nicht entlang von Einheitsblöcken mit weltanschaulichen und sonstigen Traditionen und Loyalitäten der Blockparteien zu ihren Wählern und umgekehrt. Es stellen sich also die Fragen ganz neu, wie welche Sachparteien welche Regierung nicht nur gesetzgebend, sondern auch in Einzelmaßnahmen und Regierungsentscheidungen kontrollieren können. Wir müssen hier wirklich unsere gedankliche Phantasie spielen lassen, weil das Verhältnis zwischen Legislative und Regierungs-Exekutive dadurch total verändert ist, dass sich zunächst einmal eine Seite, die parlamentarische, evolutionslogisch verwandelt hat.

Wir müssen hier unsere gedankliche Phantasie spielen lassen.

Der Begriff ⇦Sachparteien meint Parteiungen, die sich entlang der großen (manchmal auch kleineren) Sachfragen einer Systemebene bilden. Er entspringt nicht meiner Wunschvorstellung, sondern der ebenenspezifischen Wahl zu einem der vier Parlamente.

Auf der wirtschaftlichen Ebene wird sich z.B. sofort eine neoliberal-kapitalistische Partei von einer zins- und renditekritischen Partei unterscheiden. Würde der alte Gegensatz zwischen „Arbeitgebern“ und „Arbeitnehmern“ dabei weiterhin eine maßgebende Rolle spielen? Zwischen derartigen großen Lagern könnten sich weitere Gruppen bilden. Der Prozess der wahrscheinlich viel wechselvolleren Parteibildung ist aber – trotz aller Menschlichkeiten – notwendig eine Herausbildung von Sachpositionen. Was kann anderes geschehen, als dass auf einmal die großen Entscheidungsfragen des Wirtschaftslebens zum Thema des Parteienstreits werden? Während diese bisher mit allen möglichen anderen Fragen vermischt und dadurch verschleiert wurden.

Entscheidend für die Bildung von Sachparteien: dass wirtschaftliche, politische, kulturelle und weltanschauliche Fragen nicht vermischt zur Wahl stehen.

Für die Entscheidung pro und contra privates Bodeneigentum etwa werden sich auf der politischen Ebene entsprechende Parteien bilden, sofern festgelegt ist, dass es sich hierbei um politische Rahmenbedingungen des Wirtschaftens handelt. In diesem Fall könnten die beiden Lager sich im Wählerpotential mit denen der wirtschaftlichen Lager decken. Doch in anderen politischen Fragen, sagen wir EU-Erweiterung oder EU-Verfassung oder amerikanische „Friedenspolitik“ werden sich ganz andere Grenzen, möglicherweise große Lager, möglicherweise kleine rivalisierende Gruppen, herausbilden. Wie immer sich die Parteigrenzen und -bündnisse herausbilden: Entscheidend ist, dass diese politischen Fragen und die entsprechenden Gruppen nicht gleichzeitig zur Wahl stehen wie die wirtschaftlichen. Also gibt es keine andere Möglichkeit, als dass bei allen wechselnden Fronten um Sachfragen gestritten wird. Das heißt auch, dass die neuen Fronten flexibler bleiben können als die der alten Blöcke.

Dabei ist die Wahrscheinlichkeit extrem hoch, wie das erste Beispiel zeigt, dass sich Bündnisse entlang den entscheidenden Sachfragen bilden. Entlang welchen Grenzen sonst? Vielleicht vereinen sich unterschiedliche Positionen zunächst in der Opposition zu einer gemeinsam bekämpften. Wenn aber diese Bündnisse nicht von außen, von ganz sachfremden Fragen gestört werden, können sie nicht anders, als sich bald wiederum nach Sachalternativen zu sortieren.

Der Zweifel daran entspringt unserer jahrzehntelangen Erfahrung der Vermischung aller Fragen und ihrer Reduktion auf Blockparteien.

Eine Regierung oder deren vier?

Es stellt sich weiter die Frage, ob die Regierung in Zukunft ebenso nach den Subsystemen oder den großen Sachsphären viergegliedert sein sollte wie das Parlament. Die richtige Antwort dürfte sein: Sie kann es, und es wäre vorteilhaft. Aber sie muss es nicht. Der wesentliche Schlüssel zur demokratischen Werteverwirklichung liegt bei der Vierteilung des Parlamentes.

Malen wir uns die Unterschiede aus. Auch eine Einheits-Regierung wird ihre Ministerien zwangsläufig stärker nach den organismischen Stufen gliedern als bisher:

4. *ein Grundwerte-Ministerium oder „Kultus-Ministerium“* im ursprünglichen, alten Sinne, welches für das gesetzliche faire Miteinander der Religionen, Kulte und Weltanschauungen und die Einhaltung der ethischen Standards in allen öffentlich relevanten Bereichen, z.B. auch der Ökologie, der Ernährung und der Bioethik sorgt,
3. *die Kultur-Ministerien*, zuständig für die Bereiche Pädagogik (einschließlich Sport), Schule, Forschung und Wissenschaft, Publizistik und Kunst,

2. *die politischen Ministerien* für die früher angeführten Bereiche der Politik im engeren Sinne,
1. *die wirtschaftlichen Ministerien*, wie immer diese weiter aufgegliedert sein mögen, z.B. nach der sachlogischen Untergliederung des Wirtschaftssystems: Konsum (Verbraucherschutz, Abfallwirtschaft, Gesundheit), Produktion (Technologie), Handel, Finanzsystem.

Zu den Aufgaben dieser Regierungsexekutive soll später, im Zusammenhang mit staatlicher, privater und öffentlicher Sphäre, mehr gesagt werden. Im Moment möchte ich nur den Gesichtspunkt Gliederung der Exekutive und deren Verhältnis zur Legislative weiterverfolgen. Was macht den Unterschied aus, ob diese großen Aufgabenbereiche weiterhin, wenn auch etwas logischer gegliedert, die Untergliederung einer einzigen Regierung bilden – oder etwa vier Regierungen?

Die Unterschiede liegen, soweit ich sehe, in Zweierlei: Einmal in der Frage, ob es sich um eine klassisch vereinheitlichte Regierung unter einem einzigen Regierungschef oder um eine kollegiale Regierung mehrerer voneinander unabhängiger Chefs handeln soll. Bisher gehen alle Vorstellungen über demokratische Regierung von der insofern „monarchischen"[181] Auffassung aus, alle Fäden müssten letztlich in einer Hand verknüpft sein, um der einheitlichen Abstimmung des Regierungshandelns wegen. Eine Ausnahme macht nur die ausgelagerte Funktion der Repräsentation, die in alten Monarchien wie Großbritannien dem Monarchen/der Monarchin, in neuen Republiken wie der Bundesrepublik Deutschland dem Bundespräsidenten überlassen wird. Präsidialrepubliken wie Frankreich und die USA vereinen Repräsentations- und reale politische Führungsaufgabe allerdings, mit Modifikationen wie dem Amt des französischen Premierministers, weiter in einer Hand. Der Wunsch nach einer Führungspersönlichkeit, in deren Händen die Fäden letztlich in einer Hand und einer Verantwortlichkeit zusammenlaufen, spielt offenbar in „einheitsstaatlichen" nicht viergegliederten Demokratievorstellungen eine wichtige Rolle.

Wie sehr der Macht diese Vereinheitlichung nötig ist, zeigt innerhalb des deutschen Parteiensystems die Tatsache, dass das Modell der „Doppelspitze" bei den Grünen oder gar die Trennung von Partei- und Fraktionsvorsitz in den großen Parteien als problematisch empfunden wird, jedenfalls wenn der/die Parteivorsitzende nicht auch Regierungschef ist.

Diese kollegiale Regierungsform könnte den großen Vorteil einer Machtentflechtung mit sich bringen

Dennoch, eine Vereinheitlichung der Regierungsmacht wäre auch in einem neuen Stil, innerhalb eines Viererkollegiums gegeben, sofern dieses Kollegium festumrissene Kompetenzen, also Verantwortlichkeiten, für die Bereiche hat und diese in einer Rangordnung zueinander stünden. Es würde dann das Vetorecht des jeweils funktional höherrangigen Regierungschefs – mit Berufung auf seinen Kompetenzbereich – für das einheitliche und effektive Funktionieren der Regierung genügen. Es müsste dabei allerdings für die Vereinheitlichung innerhalb der einzelnen Subsysteme gesorgt sein: Aufgrund von Richtlinienkompetenz müsste einer der Minister jeweils für den Kulturbereich, einer für den Politik-, einer für den Wirtschaftsbereich (für den Grundwertebereich ohnehin) der jeweilige Regierungschef sein.

Diese kollegiale Regierungsform könnte den großen Vorteil einer Machtentflechtung, damit den Abbau des mit einer einzigen Führungsspitze regelmäßig gegebenen sachfremden Machtkults, mit sich bringen, ohne dass Effektivität und Transparenz der Entscheidungen darunter leiden müssten. Ob man sich nun für den kollegialen anstelle des traditionellen monistischen (quasi-monarchischen) Führungsstils entscheidet oder bei diesem letzteren bleibt, in jedem Fall ist die Regierung eine: im letzteren Fall wegen der von vornherein personell vereinheitlichten Führung, im Falle des Kollegiums von Regierungschefs aufgrund der sachlogischen Koordination und Hierarchie von vier relativ selbständigen Regierungen.

Vielleicht wäre es eindrucksvoller, trotz der besagten reflexionshierarchischen Koordination und Vereinheitlichung einfach von vier Regierungen zu sprechen, um das Neue gegenüber dem alten, monistischen Führungsstil hervorzuheben. Doch dies sind Sprachregelungen, die hier ohnehin nicht festgelegt werden können. Um Missverstehen (Vergröberung) zu vermeiden, spreche ich lieber von „kollegialer Regierung“ oder „Regierungs-Kollegium“.

Verhältnis einer gegliederten Regierung zur gegliederten Legislative

In jedem der beiden zuletzt beschriebenen Fälle steht eine Regierung der viergegliederten Legislative, also den vier Parlamenten gegenüber. Es ist selbstverständlich, dass jede Regierungsebene im Normalfall nur mit dem ihr entsprechenden Parlament korrespondiert. Möglich ist nun präzise, auf Sachbereiche begrenzte und auf Sachfragen gerichtete parlamentarische Arbeit, und zwar nicht in Kommissions-"Hinterzimmern" mit dem untergründigen, alten Parteigerangel, sondern in sachlichem Suchen und Streit, weitestgehend vor den Augen und Ohren der Öffentlichkeit. Die fast leeren Regierungsbänke vor einem fast leeren Parlament im parlamentarischen Alltagsgeschäft gehören damit der Vergangenheit an!

Die „differenzierte" Zusammenarbeit zwischen Regierung und Parlamenten führt zur Verschlankung.

Für eine stärker kollegiale Regierung mit weit stärker differenzierter Verantwortung heißt dies: Jede Teilregierung geht aus ihrem Parlament hervor. Nur bei Diskussion und Koordinationsschwierigkeiten im Regierungskollegium selbst werden andere Regierungsmitglieder Anlass haben, in ein anderes als „ihr" Parlament zu gehen, sei es zu ihrer Information wie auch umgekehrt zur Befragung und Rechtfertigung ihres Handelns. Es wäre naheliegend, allen Regierungsmitgliedern grundsätzlich Zutritt und Rederecht zu allen Parlamenten zu geben, um die Verzahnung der Subsysteme zu verstärken. Aller Voraussicht nach würde davon allerdings selten außerhalb der jeweils zugeordneten Parlamente Gebrauch gemacht.

Die gesamte Zusammenarbeit zwischen Regierung und Parlament sowie die Kabinettssitzungen der Regierung verschlanken sich aufgrund der logisch koordinierten Arbeitsteiligkeit.

Was schließlich die klassisch behauptete, aber kaum irgendwo durchgeführte Gewaltenteilung zwischen Legislative und Exekutive angeht, so wäre diese unter Voraussetzung der Gliederung beider Seiten viel leichter durchzuführen und zugleich sinnvoller: Durch Fortfall der ebenenübergreifenden Einheitsparteien ergeben sich Sachparteien mit leichter wechselnden Fronten. Die Regierungsmitglieder sollten nicht mehr solchen Fronten angehören, sondern von ihrem Amtsantritt an über den Parteien stehen, zwar sachlich kontrollierbar, aber nicht abstempelbar sein. Die bleibende Zugehörigkeit zu einer der Parteien neuen Stils, sofern diese überhaupt kontinuierliche Existenz haben, stört die sachliche Neutralität und Flexibilität. Ein Regierungsmitglied sollte für ein Sachprogramm stehen, nicht für eine Parteiloyalität. Wenn es Parteimitglied war, so sollte für die Zeit seiner

Trennung von Regierungsamt und Parlamentsmandat.

Regierungsverantwortung zumindest seine Parteimitgliedschaft, Fraktionsmitgliedschaft und parlamentarische Mitgliedschaft ruhen. Denn die Regierung ist streng für alle zuständig und dem ganzen Volk verantwortlich, keiner Partei, wie es faktisch derzeit noch der Fall ist.

Eine konsequentere Gewaltenteilung (personelle Funktionstrennung) von Parlamenten und Regierungsexekutive ergibt sich somit aus der Auflösung der Blockparteien fast von selbst. (Die Trennung von Parteiamt und Parlamentsmandat ist dagegen eine ehemals grüne Spezialität, die auf der Verwechslung von Parteiamt und Regierungsamt beruht.)

Hier stellt sich ferner die wesentliche Frage: Wie rekrutiert sich das Regierungspersonal und die Regierungskompetenz? Sie würde sich künftig nicht mehr aus einer fixen Gruppenzugehörigkeit (Parteizugehörigkeit alten Stils) rekrutieren, sondern aus Sachkompetenz und einem bestimmten, situationsorientierten Sachprogramm. Diese Behauptung ist wiederum kein bloßes Wunschdenken, sondern ergibt sich aus dem neuen Stil von nach Ebenen gegliederten Parteien: Diese können nicht anders existieren, jedenfalls nicht anders florieren: sie müssen sich nach optimaler Sachkompetenz umsehen. Das eben ist die zwingende Logik von Sachparteien.

Demgegenüber waren die alten Parteien die Erweiterung von Freundescliquen nach dem Muster von Studentenverbindungen und anderen Kameradschaften, denen man ein Leben lang Treue zu halten verpflichtet und bemüht ist. Mit solchen Loyalitätscliquen lässt sich unmöglich moderne Politik machen. Der politische Bereich (im weiteren Sinn) muss von privaten Freundschafts- und Kameradschaftsloyalitäten völlig abgekoppelt werden. Das Gegenteil bedeutet im Grunde, nicht nur nach künftigen Maßstäben, eine strukturelle Korruption, die sich auf jeden Politikbereich verheerend auswirkt.[182]

Selbstverständlich müssen fähige potentielle Regierungsmitglieder ihre Gruppe finden, die sie vorschlägt und auswählt. Aber diese Gruppen werden nicht mehr die Allround-Parteien alten Stils sein, die von fachlich hochqualifizierten Menschen instinktiv gemieden werden, sondern Gruppen oder Bewegungen mit einem bereichsspezifischen Sachprogramm. Da mitzumachen, ist auch für junge Talente eine reizvolle Sache. Wer sich da profiliert, braucht nicht mehr die berühmte, jahrzehntelange „Ochsentour" durch eine der Allround-Weltanschauungs- oder Cliquen-Partei zu machen, sondern muss Sachurteil und Redetalent zeigen. Der fachlich qualifizierte Kandidat einer Partei neuen Stils gewinnt damit auch eine Vorzeigbarkeit, eine Attraktivität für Bündnisgruppen.

Nicht mehr die „Ochsentour" entscheidet.

Leitend für meine Argumentation sind einzig und allein die strukturlogischen Überlegungen, die ich mit der reflexiven Organismustheorie der breiteren Öffentlichkeit für eine Diskussion zugänglich machen möchte. Ich erhebe in keiner Weise den Anspruch, alles zu Ende gedacht zu haben. Im Gegenteil besteht, besonders in Sachen Parlamentarismus, aber auch Parteienbildung neuen Stils, meine Behauptung darin, dass prinzipiell weder eine vorgesetzte Ethiklehre noch festgefügte Weltanschauungs- oder Interessengruppen den Anforderungen der gesellschaftlichen Wertekommunikation und damit einer künftigen kommunikativen Gesellschaft gewachsen sein können. Auch wenn hier einige Minimalstrukturen als allein vernunftgemäß sozusagen festgeklopft werden, so bleibt doch sehr vieles offen und den Entscheidungen der Wertekommunikation in den vorparlamentarischen Gruppen (Parteien neuen Stils) sowie in den Parlamenten überlassen, den Entscheidungen in den Regierungsgremien ohnehin, die ja nicht mit wissenschaftlichem Diskurs, sondern primär mit praktischer Urteilskraft regieren sollen.

Die Verwaltungs-Exekutive als Selbstverwaltung des Volkes („Bürgergesellschaft")

Für die meisten Bürger, die nicht zu den 2% Parteimitgliedern oder gar zu denen gehören, die von ihrer Parteimitgliedschaft im „Dienst" an der Allgemeinheit leben können, sind Parteien, Parlament und Regierung eher etwas zur Unterhaltung. Der „eigentliche" Staat begegnet ihnen ganz anders, z.B. als Finanzamt. Sie erheben etwa Einspruch gegen einen Steuerbescheid, übersehen aber das Kleingedruckte, dass damit kein Zahlungsaufschub gewährt wird. Die somit unerwartete Abbuchung des Finanzamtes wird wegen Nichtdeckung des Kontos zurückgewiesen. Wenige Tage später schon kommt der nächste Bescheid, mit achtzehn Euro Mahngebühr obendrauf und dem Hinweis, dass nach weiterem Verzug von einer Woche mit Zwangseinzug gerechnet werden muss. Ist der Betroffene in dieser Zeit verreist, kann es leicht sein, dass er unmittelbar nach seiner Rückkehr mit dem Staat in Gestalt eines Gerichtsvollziehers Bekanntschaft macht. So verläuft unser Leben mit dem Staat als ganz unpolitischem Verwaltungsapparat: Meldestellen, Finanzamt, Gerichtsvollzieher, Polizei. Was sonst, vielleicht an Erfreulicherem, z.B. kulturellen Einrichtungen?

Im Berliner Telefonbuch werden Sie unter „Stadtverwaltung" gar nichts, unter „Gemeindeverwaltungen" nicht viel finden wie bei gewöhnlichen Städten, nur ein paar Außenbezirke. Das Gros der Ver-

Hier lebt unsere Geschichte als Untertanen ungebrochen fort.

waltungsadressen finden Sie unter „Landesregierung“. Das wohlklingende Stichwort zeigt lebhafter als bei anderen Gemeinden, wie man bei der klassischen Gewaltenteilungslehre stehen geblieben ist: keine Trennung zwischen den Büros der Regierungs- und Verwaltungsexekutive. Das, was im Bund die Ministerialbürokratie ist, heißt im Land Berlin offenbar „Senatsverwaltung“, und deren Ämter mischen sich mit Landesverwaltungsamt, verschiedenen Landesämtern, der Fachhochschule für Verwaltung und Rechtspflege, der Verwaltungsakademie Berlin, der Berliner Feuerwehr, dem Landeseinwohneramt. Wie steht dieses zu den Meldestellen in den anschließenden Bezirksämtern mit durchschnittlich je einer Seite Untergliederungen für jedes Bezirksamt? Man brauchte womöglich eine Ausbildung in einer der genannten Verwaltungshochschulen, um das schlüssig beantworten zu können in der Art: Das kann man nicht logisch schlüssig beantworten, da ist soviel historisch gewachsen. Hier lebt also unsere Geschichte – als Untertanen – ungebrochen fort.

Der Staat als Bund, Land, Kreis, Gemeinde – alles das sind „gebietskörperschaftliche“ Unterformationen der Rechtsgemeinschaft Staat – begegnet uns also alltäglich mit erfreulichen Einrichtungen wie Schwimmbädern, Stadt- und Staatsbibliotheken, Museen oder weniger erfreulichen wie Finanzämtern, Gewerbeämtern, Arbeitsämtern bis hin zu Haftanstalten, alles körperschaftliche Institutionen, in etwa dasselbe wie Organisationen, mit konkreten Gebäuden, und mit strukturellen Institutionen wie Steuerpflicht, Meldepflicht und Recht auf freien Wohnungswechsel.

Die „klassisch“ übersehene Vierte Gewalt

Das ist nicht der politische Staat, sondern der Staat als Verwaltung, eine eigene Staatsgewalt oder Staatsfunktion. Sie ist die „klassisch“ übersehene Vierte Gewalt.[183] Dass man sie in der Gewaltenteilungslehre als solche übersah und mit der Regierungsgewalt verwechselte, hat zur Folge, dass sie nie einer echten, durchdachten demokratischen Kontrolle unterworfen wurde, jedenfalls keiner direkten. Sie wurde gedanklich auf die gleiche Ebene gestellt wie die Ministerialbürokratie und deren Entsprechungen auf kommunaler Ebene. Irgendwann müssen sich die Bürgermeister – nicht der Regierende! – schon drum kümmern, wie ihre Bezirksämter aufgebaut sind. Aber im Allgemeinen funktioniert das „von selbst“. Dafür gibt's eine gute Beamtenhierarchie.

Allen Ernstes: Wie wird der ungeheure Verwaltungsbau auf allen Ebenen demokratisch reguliert und kontrolliert? Das ist keine bloße

Frage der historischen Theorie zur Gewaltenteilung. Das betrifft uns. Mit uns allen kann das Finanzamt in der beschriebenen Weise umgehen, dass es nicht weit ist zur Rufschädigung oder gar zur Haftanstalt. Wir alle kennen den tiefen Frust oder die leichte Depression, die mit Behördengängen verbunden sind. Arbeitslose können ein besonderes Lied davon singen: Je höher sie qualifiziert sind, desto weniger Stellenvermittlungen, aber Schikanen. Eine verzögerte Überweisung aufgrund irgendeiner Personalienänderung, schon können sie ihre Miete nicht regulär zahlen, da Sparkassen und Postbanken ebenfalls Behörde spielen und gerade da keine Kontoüberziehung zulassen, wo sie existenznotwendig wäre. Zynischerweise kämpfen da von Amts wegen beamtete oder quasi-beamtete Arbeitsplatzbesitzer gegen teilweise viel höher qualifizierte Arbeitslose und Arbeitswillige, die in der Ungleichstellung bezüglich der Arbeitsplatzgarantie naturgemäß – sonst müßten sie diese Behördenflure erst gar nicht betreten – gegenüber dem sie bearbeitenden Sachbearbeiter benachteiligt sind. Hier entwickelt sich emotionaler Protest zurecht, insbesondere dann, wenn Arbeitslosigkeit immer mehr zum Makel wird und erzieherische Maßnahmen mit sich bringt. So behandeln sich Menschen in einem „modernen", „aufgeklärten" Gemeinwesen! Muss das sein?

Oben hieß es, die Ministerialbürokratie sei der ausführende Arm der Regierung. Jetzt ist mit allem Nachdruck festzuhalten:

Die wirkliche Administrative, die bloß gesetz-anwendende Verwaltungs-Exekutive, ist das ausführende Organ des in Gesetzen formulierten Volkswillens selbst – und hat sich dementsprechend aufzuführen: in der Tendenz als Selbstverwaltung des Volkes, nicht als Fremdverwaltung einer Besatzungsmacht namens Staat! Millionen von Menschen erleben aber diese Verwaltung: als feindliche Macht.

Hier ins Einzelne zu gehen, erforderte ein eigenes Buch, eine faire Auswertung der schon vorhandenen Literatur wie vor allem der Zeugnisse der Betroffenen unter der neuen reflexionstheoretischen Perspektive: dass hier eine alte, vom traditionell triadischen oder „trikolorischen" Denken nur abseits der hohen Staatstheorie betrachtete, im Windschatten der Regierungsexekutive stehende Vierte Gewalt eine angemessene demokratietheoretische und – vor allem dann – demokratiepraktische Einordnung fordert.

Auch die Behandlung der verwalteten Bevölkerung als „Kunden" – wie dies neuerdings die offensichtlich fehlkonstruierten Post- und Bahnbetriebe in doppeltem Sinne „vorzumachen" suchen – geht in die falsche Richtung. Es ist falsch gedacht und daher auch praktisch verlogen:

> *Die Bevölkerung ist nicht ein zu umwerbender und zu bedienender „König Kunde“ für die von ihm selbst bezahlten Verwaltungseinrichtungen.*

Diese Konstruktion vom „König Kunden“ klingt schon im Geschäftsleben leider selten glaubhaft, weil die übliche Geschäftskultur noch lange nicht darin besteht, sich gegenseitig zu dienen, sondern sich zum Geldmachen strategisch zu nutzen.[184]

Dienst an der Bevölkerung ist jedoch von der öffentlichen Verwaltung zu verlangen. Aus diesem Dienst haben sich Post und Bahn in den letzten Jahrzehnten herausgestohlen, vielmehr: Sie sind dem Bürger – oft unter Verkauf von altererbtem „Tafelsilber“ des Gemeinwesens zur Hinauszögerung des Staatsbankrotts – herausgestohlen worden – zugunsten einer neoliberalen Ideologie des freien Unternehmertums, die im Bereich der öffentlichen Dienstleistungen gar nicht anwendbar ist und zu einer lächerlichen Fehlleistung nach der anderen führt, zu Nachteilen und Kosten für alle.

Das teils zurückgenommene neue Preis-“System“ der Bahn vom Winter 2002/3 ist nur die Spitze eines Eisbergs von bürgerfremden Fehlfunktionen. In diesem Fall konnte sich der Bürger einmal sofort durch Kaufverhalten wehren und eine neue Reform erzwingen. Solange die Bahn sich nicht wirklich als öffentlicher Dienstleister versteht und verstehen darf, wird sie den Individualverkehr mit allen ökologischen und medizinischen Folgeschäden nicht eindämmen können.

Wie in anderen Fällen der Scheinprivatisierung (Deregulierung) wird der Bürger selbst nicht gefragt und kann sich auch durch sein Kaufverhalten selten wehren. Er begegnete der neoliberalen Deregulierung ursprünglich deshalb mit einigem Wohlwollen, weil er hoffte, dadurch dem Griff der demokratisch unkontrollierten Verwaltungsmaschinerie zu entkommen. Doch neokapitalistische Deregulierung oder Privatisierung öffentlicher Dienstleistungen – bis zur Strom- und Wasserversorgung! – sind der falsche Weg zur demokratischen Befreiung. Wir werden im nächsten Kapitel das Thema „staatlich – privat – öffentlich“ unter anderem Gesichtspunkt weiterführen. Hier geht es erst einmal um ein demokratisches Konzept von Verwaltung als der Vierten Gewalt, die bisher nicht als solche thematisiert wurde.

Wenn wir mit Recht von Selbstverwaltung der Bürgerschaft sprechen dürfen, muss das Bewusstsein und Gefühl aufkommen, das wir bisher nur von sporadischen Volksfesten kennen: Einige haben eine Funktion, einen Dienst übernommen und versehen diesen mit Freude zur Freude aller. Wenn dieser ehrenamtliche Dienst nun hauptamtlicher, bezahlter wird, ist das kein Grund, die Mitbürger griesgrämig und herablassend zu behandeln – genau im Gegenteil. Weder König noch Sklave und Untertan sollte der Bürger vor der Verwaltung sein. Vielmehr Gesellschaftsmitglied wie der Beamte oder Angestellte selbst, dem dieser in bezahlter Weise Dienste erweisen darf. Hier liegen also psychologische Aufgaben fürs Management- und Mitarbeitertraining der öffentlichen Verwaltung.

Einige strukturelle Forderungen an die Institutionen der öffentlichen Verwaltung lauten konkret und praktisch:

- An der Spitze einer jeden Verwaltungsbehörde müssen entweder direkt gewählte oder von den zuständigen Parlamenten *gewählte Chefs/Chefinnen* stehen, die für die Effizienz wie Bürgerfreundlichkeit der Behörden verantwortlich sind. Das gilt auf allen Ebenen der Staatlichkeit: Kommunen, Kreise, Länder, Bund.
- Die *Bürgerbeauftragten*, die es für manche Bereiche wie Datenschutz, Europäische Union sowie hier und da bereits gibt, muss es für jede Behörde geben. Sie müssen öffentlich bekannt gemacht werden. Sie sind zu unterscheiden von den Behördenleitern. Zwischen beiden Instanzen kann eine gesunde Spannung – nicht unbedingt ein Verhältnis wie zwischen Regierung und Opposition, aber wie zwischen Regierung und Parlament – bestehen.
- Die *Beauftragten des Parlamentes*, die es für Bereiche wie Bundeswehr und Ausländerfragen bereits gibt, sind auf alle, auch auf solche Behörden auszudehnen, die nicht unmittelbar mit großem Publikumsverkehr zu tun haben. Wie die vorher genannten Bürgerbeauftragten zu den parlamentarischen Referenten stehen, kann hier offen bleiben.
- In jedes Amt gehört obligatorisch ein *Schaubild* (Organigramm), welcher Behörde dieses Amt direkt und indirekt untersteht und wie die Behörde ins Gesamte des Gemeinwesens einzuordnen ist. Dergleichen ist für den demokratie-bewussten Bürger wichtiger als die meist wenig informativen Selbstbelobigungs-Glanzdrucke der einzelnen Behörden.[185]

Die hier getroffenen Unterscheidungen (zweierlei Exekutive, zweierlei Verwaltung, öffentliche und private Dienstleistungsbetriebe usw.) könnten und müssten zum demokratischen Allgemeinwissen gehören, vorausgesetzt, dass die Bürger, die Gelehrten und Gesetzgeber sich selbst darüber einig wären. Sie sind es nicht, und darin liegt ein demokratischer Notstand!

Verhaltene Bemerkungen zur Judikative

Welcher, auch „staatsbürgerlich gebildete", Bürger könnte erklären, wie und von wem die Richter der Amtsgerichte, der Landesgerichte usw. bestimmt und ernannt werden? Bei solchen staatbürgerlichen Kenntnissen geht es noch nicht darum, im Sinne der hier reflexionstheoretisch aufgeklärten Gewaltenteilungslehre den Unterschied zwischen unterer Gerichtsbarkeit von der eigentlichen Judikative zu erfassen. Die untere Gerichtsbarkeit besteht in bloßer Gesetzesanwendung mit einem Minimum an Auslegung und gehört der Verwaltungsexekutive an.

Die eigentliche Judikative ist nicht eine Beurteilung der Gesetzeskonformität privaten Handelns, sondern eine Kontrolle der Gesetzeskonformität öffentlich beauftragten, amtlichen Handelns.

Es ist allerdings gut verständlich, dass diese Unterscheidung zu Beginn der Gewaltenteilungslehre noch nicht getroffen wurde. Damals ging es zunächst einmal darum, überhaupt jegliche Rechtssprechung den Regierenden aus der Hand zu nehmen. Doch inzwischen sind mehr als zweihundert Jahre vergangen!

Die Hauptsache wäre, dass überhaupt klare gedankliche Konzeptionen leitend wären.

Auch will die hier noch einmal getroffene systematische Unterscheidung nur eine Anregung sein, deren Tragweite sich derzeit noch nicht voll zu diskutieren lohnt, weil wir dabei zu tief ins Gestrüpp historisch gewachsener Unterscheidungen geraten würden, und dies in Diskussion mit den professionellen Rechtsgelehrten. Man könnte durchaus schon die untere Gerichtsbarkeit als „metakommunikative" Normenkontrolle, bezogen auf das private Handeln, betrachten, so dass die Judikative, wie im heute landläufigen Verständnis, alle Gerichtsfunktionen umfassen würde. Die unteren Gerichte hingegen der Verwaltung zuzurechnen, ähnlich wie die polizeilichen Gesetzesanwendungen und Gesetzesahndungen, würde bedeuten: Die eigentliche Judikative beginnt erst bei den Berufungs- oder Revisionsverfahren, also bei der öffentlichen Rechtskontrolle. Bei diesem Konzeptionsunterschied spielen kulturelle und geschichtliche Unterschiede hinein. Die Hauptsache wäre, dass überhaupt klare gedankliche Konzeptionen leitend wären.

Einige Überlegungen zu der oberen, genauer obersten Gerichtsbarkeit. Das deutsche Grundgesetz unterscheidet neben dem Bundesverfassungsgericht fünf andere „Oberste Gerichtshöfe des Bundes“:

> (1) Für die Gebiete der ordentlichen, der Verwaltungs-, der Finanz-, der Arbeits- und der Sozialgerichtsbarkeit errichtet der Bund als oberste Gerichtshöfe den Bundesgerichtshof, das Bundesverwaltungsgericht, den Bundesfinanzhof, das Bundesarbeitsgericht und das Bundessozialgericht.
> (2) Über die Berufung der Richter dieser Gerichte entscheidet der für das jeweilige Sachgebiet zuständige Bundesminister gemeinsam mit einem Richterwahlausschuss, der aus den für das jeweilige Sachgebiet zuständigen Ministern der Ländern und einer gleichen Anzahl von Mitgliedern besteht, die vom Bundestage gewählt werden.
> (3) Zur Wahrung der Einheitlichkeit der Rechtssprechung ist ein Gemeinsamer Senat der in Absatz 1 genannten Gerichte zu bilden. Das Nähere regelt ein Bundesgesetz“ (Artikel 95 GG).

Zur dieser Idee einer Einheitlichkeit der materialen Rechtsbereiche heißt es im Staatslexikon:

> „Gleichwohl ließ sich bisher und läßt sich auch in Zukunft die Vorstellung eines ‚Einheitsgerichts‘, innerhalb dessen die Gerichtsbarkeit in verschiedenen Abteilungen entspr. den typischen Gruppen von Rechtsstreitigkeiten ausgeübt wird, nicht verwirklichen. Es bleibt also bei der traditionellen Gliederung der dt. Gerichtsbarkeit in (im wesentlichen) fünf selbständige Gerichtszweige (...). Außerhalb und oberhalb dieser Gerichtsordnung steht als höchstes Gericht das Bundesverfassungsgericht.“[186]

Man erkennt deutlich, wie selbst die obersten Einteilungen der Judikative bloß historisch gewachsen sind und kaum einer begrifflichen Ordnung folgen. Das gibt einen Eindruck davon, wie sehr gerade viele Juristen und Verfassungsjuristen, deren logisch-systematische Hilfe in Zukunft gebraucht wird, sich gegen Neugliederungen aus systematischem Denken heraus sträuben könnten – auf Kosten allerdings der Transparenz und Bürgerfreundlichkeit wie Kostengünstigkeit dieser Verfassungsorgane. Hat solcher potentielle Widerstand hauptsächlich wissenschaftlich-juristische Gründe – oder nicht vielmehr die altgewohnte Kompromittierung von Logik und Systematik durch historische und Macht-Rücksichten? Ausgerechnet im Bereich der Juristerei, von der man logische Transparenz erwarten dürfte! Der Einblick in diese Paradoxe ließ einen gelernten Juristen namens Goethe schon vor zweihundert Jahren, zur Zeit des glorreichen *Code Napoléon*, klagen, wenngleich er sich dazu klugerweise des Mephisto bediente:

„Es erben sich Gesetz' und Rechte
Wie eine ew'ge Krankheit fort.
Vernunft wird Unsinn, Wohltat Plage;
Weh dir, daß du ein Enkel bist!
Vom Rechte, das mit uns geboren ist,
Von dem ist leider nie die Frage."
(Faust I, Schülerszene)

Das ist nicht allein die Erfahrung einzelner Rechtsuchender, sondern nicht minder der verfassungstheoretisch Nachdenkenden mit dem an sich wunderbaren, gewalteindämmenden Medium Recht. Über die Art der Bestellung des Bundesverfassungsgerichts schreibt das Grundgesetz fest:

> „Das Bundesverfassungsgericht besteht aus Bundesrichtern und anderen Mitgliedern. Die Mitglieder des Bundesverfassungsgerichtes werden je zur Hälfte vom Bundestage und vom Bundesrate gewählt. Sie dürfen weder dem Bundestage, dem Bundesrate, der Bundesregierung noch entsprechenden Organen eines Landes angehören" (Artikel 95,1 GG).

Wir sehen also, was bei früherer Gelegenheit schon allgemein zu erkennen war: Dass sowohl das Bundesverfassungsgericht wie die anderen obersten Gerichte auf Bundesebene voll im Griff der Parteienblöcke sind. Auch wenn die Richter den besagten anderen Verfassungsorganen (Bundestag usw.) nicht angehören dürfen, so steht ihnen doch die parteipolitische Betätigung frei. Nähere empirische Untersuchung würde zweifellos zeigen, dass diese keineswegs unwesentlich ist für ihre Bestellung zu Richtern. Ein parteiunabhängiger Richter ist so aus Karrieregründen kaum vorstellbar.

Die Herstellung sowohl von Transparenz des ganzen Rechtssystems wie von parteipolitischer Unabhängigkeit bei der Richterbestellung kann nur über die gegliederten Parlamente und den völlig veränderten Status von bereichsspezifischen Sachparteien erfolgen. Es legt sich sehr nahe, dass die Mitglieder des Bundesverfassungsgerichtes von der „weisen" Grundwerteversammlung gewählt werden oder von der Versammlung aller Parlamente, denn diese Gremien sind den sonstigen politischen Streitfragen am meisten enthoben.

Die Bestellung der anderen obersten Gerichte, sofern sie weiterbestünden, könnte durchaus von den entsprechenden Parlamenten, möglicherweise unter Mitwirkung des Grundwerteparlaments, erfolgen. Auch in den anderen Parlamenten ist ja das Einheitsparteiensystem aufgelöst. Der Regierungsexekutive im wesentlichen die Berufung der obersten Richter zu überlassen, dürfte dagegen künftig wie heute wenig Vertrauen stiften.

Die Kompliziertheit, der wir bei der Judikative begegnen, allein schon bei deren oberster Ausprägung, von der Ernennung der Länder-Judikative sowie der verwaltungsmäßigen Rechtssprechung im unteren Bereich zu schweigen, hat viel mehr Gründe in historischer Rücksichtnahme auf Gewachsenes als in der vorgeschlagenen Systematik.

Ein beliebter Einwand: für die Praxis zu kompliziert

Meist von resignierten oder saturierten Anwälten des Bestehenden oder frustrierten Fleißarbeitern ihres wissenschaftlichen Fachs, die sich von den neuen Perspektiven kalt erwischt statt plötzlich bereichert fühlen – bezeichnenderweise kaum je von den noch wissbegierigen Studenten oder den oft noch problembewussteren, im praktischen Leben Stehenden und Suchenden – wurde mir nach Vorträgen öfter entgegengehalten, diese ganze Viergliederungstheorie mit ihren Unterscheidungen sei zwar theoretisch gut zu durchschauen und „gut gemeint", aber „für die Praxis zu kompliziert".

„Kompliziert" kann zweierlei heißen: undurchsichtig oder höher organisiert. Höhere Organisation bedeutet dann einen Fortschritt, wenn durch sie undurchsichtige, unlogische Komplexität abgebaut wird. In der Gegenwart haben wir eine undurchsichtige, völlig unlogische Kompliziertheit der Behördenstruktur, deren auch nur annäherungweise Nachzeichnung ich mir selbst und dem Leser wohlweislich ersparen wollte. Was wir allerdings – bis auf die allerelementarste Politikunabhängigkeit der Justiz – nicht haben, ist eine irgendwie konsequente Gewaltenteilung. Ein fairer Vergleich müßte den jetzigen, zumindest für einen Laien undurchschaubaren Behörden-Dschungel mit einer logisch geleiteten, reformierten Struktur vergleichen. Der Vergleich fiele zweifellos zugunsten einer logisch durchsichtigen Struktur aus.

Höhere Organisation bedeutet dann einen Fortschritt, wenn durch sie undurchsichtige, unlogische Komplexität abgebaut wird.

Der Einwand, dass die Viergliederung meiner Organismustheorie „für die Praxis zu kompliziert sei", beruht also darauf, dass die bestehende, undurchsichtige Komplexität nicht wahrgenommen und eine logische Reduktion verweigert wird.

Der Abbau existierender undurchsichtiger Kompliziertheit wird durch eine logische Strukturierung aus einem einzigen Prinzip erreicht. Der Unterscheidungsgrund der Systemebenen im Organismus enthält bereits die Art, wie sie aufeinander bezogen sind und wie die Kompetenzen sich verteilen. Es ist zwar weitere Umsetzung in Verwaltungsrecht und Behördensatzungen erforderlich, kaum aber mit irgendwo hergeholten willkürlichen Zusatz-Regelungen vergleichbar.

Wir sehen es deutlich an der technischen Entwicklung: Die neueren Geräte, z.B. die Computer wie andere elektronisch gesteuerte Geräte, sind nicht deshalb benutzerfreundlicher, weil logische Komplexität abgebaut, sondern weil sie bedeutend erhöht wurde. Es besteht eine positive Korrespondenz von höherer Logik und Benutzerfreundlichkeit und Durchschaubarkeit, bei genügend hoher Entwicklung gerade auch für den Laien.

Im ganzen Bereich der Verwaltungsexekutive brauchen die verfassungsmäßigen Unterscheidungen nicht gebäudeartig und äußerlich-organisatorisch durchgeführt zu werden. Entscheidend ist die innere Organisation, die Kompetenzen- und Weisungsstruktur, wie dies übrigens auch jetzt der Fall ist, nur in wenig durchschaubarer Form. Die Prinzipien brauchen auf der Ebene der äußeren Organisation nicht zu Tode geritten zu werden, sofern sie keine Bedeutung für Gewaltenteilung haben. Kurz: Der pragmatische Gesichtspunkt der äußeren, manifesten Verwaltungsorganisation muß von dem Gesichtspunkt der inneren, latenten Organisation, des politisch-rechtlichen Kompetenzen- oder Zuständigkeitsweges abgekoppelt werden. Konkreter, wir brauchen nicht für jede juristisch selbstständige Funktion eigene Gebäude, vielleicht nicht einmal eigene Bürokosten-Abrechnungen.

Es sei noch einmal eigens betont, dass das Organigramm (die innere Architektur) einer Verwaltungsbehörde der Bevölkerung ständig vor Augen geführt werden muss und kann – was heute nicht geleistet wird und möglicherweise zu manchen unliebsamen Fragen führen würde.

In einem Satz: Höhere Logik ja, größere Kompliziertheit im Sinne von undurchschaubaren Strukturen nein!

Diese Überlegung gilt für den ganzen Rest unserer Meditation über das soziale Kunstwerk. Hat man schon einmal ein „genial einfaches

Kunstwerk" gesehen, das von vornherein simpel war? Hat man schon einmal etwas von den Qualen eines Künstlers gehört, vielfältige Elemente zu einer einfachen, aber höheren Synthese zu bringen? Wir können es uns mit dem gemeinsamen sozialen Kunstwerk unmöglich einfach machen, wenn es am Ende diese höhere Einfachheit ausstrahlen soll. So bleibt es auch in dieser Hinsicht bei der Behauptung Kants:

„Was aus Vernunftgründen für die Theorie gilt,
das gilt auch für die Praxis."[187]

KAPITEL VII

EINE ZUSÄTZLICHE ARCHITEKTONISCHE DIMENSION

DIE DREIHEIT VON STAAT – PRIVATEM – ÖFFENTLICHEM

„Frei nennst du dich?
Deinen herrschenden Gedanken will ich hören
und nicht, daß du einem Joche entronnen bist.
Bist du ein solcher, der einem Joche entrinnen
durfte?“
(Friedrich Nietzsche, Also sprach Zarathustra)

Staat und Bürgergesellschaft

Man feiert derzeit die „Bürgergesellschaft“ oder, angelsächsisch ausgedrückt, die „Zivilgesellschaft“ als eine große Entdeckung. Dabei ist der Antagonismus von Staat und Gesellschaft alteuropäisches, liberales Erbe. Wilhelm von Humboldt hat ihn schon seinen erwähnten *Ideen zu einem Versuch, die Grenzen der Wirksamkeit des Staates zu bestimmen* (1792) zugrunde gelegt, als es noch riskant war, selbst aufgeklärte Herrscher in die Schranken zu weisen.

Hegel arbeitet dann in seinen *Grundlinien der Philosophie des Rechts* (1821) mit der Dreiheit von Familie (unmittelbare „sittliche“, d.h. soziale Einheit), bürgerlicher Gesellschaft (entzweite sittliche Einheit) und Staat: Dieser letztere ist ihm die höchste Verwirklichung der sittlichen Idee auf Erden, jene das „System der Bedürfnisse“, das heißt der egoistischen Bedürfnisse, die zwar alles Recht haben, sich – mit Adam Smith – auszutoben, jedoch nicht von allein – gegen Adam Smith und seine unsichtbare Hand – zu einer Harmonie finden. Dies können sie nur durch einen aus den Gedanken bewusst erbauten, einen in diesem Sinne „sittlichen“, das heißt nicht etwa moralisierenden, sondern einem nach Prinzipien der sozialen Vernunft folgenden Staat.

In diesem Buch wird insofern die Hegelsche Linie weiterentwickelt, als der Glaube an einen von sich aus freien Markt mit der Erfahrung weiterer zweier Jahrhunderte schwerster sozialer Kämpfe als Irrglaube zurückgewiesen wird, zumal Markt und Ökonomie überhaupt nur Teilsystem der Gesellschaft sind, zwar ein derzeit illegitim dominierendes, aber doch nur ein Teilsystem.

Auf der anderen Seite sieht die Gesellschaftstheorie und Staatsgliederung hier grundsätzlich anders aus als bei Hegel – selbst wenn man Hegel schon so etwas wie eine latente Reflexions-Systemtheorie des Sozialen zubilligen will. Vor allem sind die strukturellen Systeme nicht zugleich personalisierte Stände, was das vorliegende Konzept von allen Klassen- und Ständestaatsvorstellungen – auch der altindischen[188] – grundlegend unterscheidet. In einer viergegliederten Differenzierung der Gesellschaft gibt es keine konstante Personalzuteilung, auch keine auf Verdienst beruhende. Vielmehr gehört jeder Einzelne allen Ebenen des sozialen Organismus an. Wenn man überhaupt sagen kann, dass jemand dem Wirtschaftssystem angehöre und nicht sosehr dem politischen oder dem kulturellen oder weltanschaulichen System, dann durch freie berufliche Schwerpunktsetzung, die niemals eine ausschließliche ist.

Unsere Probleme sind heute ganz andere als die einer ständischen und klassenmäßigen Zuordnung des „Personals" an die strukturellen Subsysteme. Ein Hauptproblem der Gegenwart wurde in den vorhergehenden Kapiteln in der mangelnden institutionellen Differenzierung geortet. Eine hochgradig arbeitsteilige Gesellschaft hat es bis heute noch nicht geschafft, sich entsprechend differenzierte politische Institutionen im Sinne der vorgelegten „Viergliederung" des sozialen Organismus zu schaffen und verbleibt zu lange und unbewusst – gemessen am Maßstab der drängenden Weltprobleme – in einem Dinosaurier-Stadium von Demokratie.

Ein Hauptproblem liegt jedoch im Verhältnis dieser staatlich-politischen Sphäre überhaupt zum freigesellschaftlichen Leben. Wir treffen hier auf die ganze „bürgergesellschaftliche" oder „zivilgesellschaftliche" Denkströmung unserer Tage. Allerdings können beide Ausdrücke nur in Bezug auf die staatliche Sphäre definiert werden. Sie verlieren sonst ihren Sinn. Und oft, wenn nicht meist, haben sie dann auch im populären wie wissenschaftlichen Sprachgebrauch wenig greifbaren Sinn.

Ich verstehe unter dem ⇦"bürgergesellschaftlichen" (oder „zivilgesellschaftlichen") Anteil genau das am gesamtgesellschaftlichen Leben, was nicht staatlich festgelegt ist und nicht durch amtliches Handeln ausgeführt wird. Dies ist auch der Sinn von zivil: nicht-amtlich, auch wenn wir Deutschen unwillkürlich nicht-militärisch denken. Der Aversion gegen das Militärisch-Amtliche verdankt der Ausdruck Zivilgesellschaft – neben der transatlantischen Herkunft – wohl einen Teil seiner Beliebtheit, obwohl der alteuropäische Ausdruck frei-gesellschaftlich reichen würde. Einigen wir uns also auf bürgergesellschaftlich.

Das Tun des Staates ist dialektischerweise das Tun der Bürgergesellschaft und umgekehrt.

Wobei der nicht-amtliche Anteil offensichtlich nochmals eine Funktion des Staatsverständnisses sowie der staatlich-amtlichen Einrichtungen darstellt! Es gibt hier kein einfaches Nebeneinander, nicht einfache Abgrenzung, sondern nur eine dialektische Bezogenheit: „Das Tun des einen ist das Tun des anderen“[189]. Was bürgergesellschaftlich geschieht, ist durchaus staatlich vorgesehen, sei es gefördert (wie Geburten und das Leben von gemeinnützigen Vereinen), vielleicht zugelassen (wie das Rauchen und privates Autofahren).

Und umgekehrt: was staatlich geschieht, ist von der Bürgergesellschaft zugelassen, wenn auch nur teils gewollt und beauftragt. So lassen die Bürger es selbst zu, parteienstaatlich an der Nase herumgeführt und gegängelt zu werden – wohl nur zu erklären durch bisher fehlende Alternativen. Ob es die Hemdsärmeligeren unter den Vertretern der Bürgergesellschaft nun gern hören oder nicht: Sobald eine (staatliche) Rechtsordnung da ist, ist das Tun der freien Bürger das des Staates und umgekehrt. Es fragt sich nur, wie die Aufgabenteilung in dieser Dialektik näher auszugestalten ist, sinnvoll und effektiv oder unsinnig und eulenspieglerisch.

Eher von der letzteren Art ist zum Beispiel der „bürgergesellschaftliche“ Vorschlag, man sollte unserem jetzt bestehenden Einheitsparlament – etwa unter dem schönen Namen „Konsultative“ – ein Parlament von NGOs, zu deutsch von Nichtregierungsorganisationen (NROs), an die Seite stellen. Das brächte sicher Bewegung in die Republik. Denn dann käme die Frage auf, was „NROs“ eigentlich sind, ob die Konzerne vielleicht dazugehören oder nur der „Bund der Steuerzahler“ und der Ärztebund oder solche wie Greenpeace und die Bewegung für direkte Demokratie usw. Hinzu käme das Problem, wer wen mit welchem Recht wählte, was für eine Repräsentation da eigentlich zustande käme.

Das alles wäre gut im Sinne einer „Revolution der Demokratie“ – solange man sich darüber im Klaren wäre, dass es sich hierbei nur um revolutionäre Übergangserscheinungen handeln könnte, nicht um eine bleibende „Vierte Gewalt“ oder dergleichen. Sonst würde man ein neues Gebäude neben das alte, gedanklich morsche unseres jetzigen Einheitsparlamentes stellen, ja direkt daneben lehnen. Was soll das, ein neues Gebäude durch ein zusammenfallendes abstützen oder umgekehrt? Ich würde noch einen Schritt weiter gehen und sagen: Was soll ein weiteres, geistig zusammenbrechendes Gebäude neben ein altes, zusammenbrechendes gebaut werden?

Was die „Konsultative" angeht, ist nach der Skizzierung eines neuen Parlamentswesens vielleicht einsichtiger: entweder ist unsere Legislative selbst bald eine Konsultative (mit herangezogenen Experten als Hilfskräften der Abgeordneten) – oder wir können uns weitere Konsultativen sparen.

Unser schönes altes, mit allem Aufwand und Erfolg restauriertes Reichstagsgebäude könnte jedoch mit seinen vier Türmen Vorreiter eines neuen, viergegliederten Parlamentarismus und damit einer „neuen Sachlichkeit" werden! Was geschieht dann mit der Bürgergesellschaft? Das ist nun unsere Frage: Wie verändert sich die Bürgergesellschaft, wie kann sie sich verändern, wenn unsere „gute" alte staatliche Obrigkeit sich dermaßen zum Kern einer kommunikativen und deliberativen (beratschlagenden) Gesellschaft verändert? Es müsste sich lohnen, über Bürgergesellschaft auf neue Weise, unter Voraussetzung der viergliedrig erweiterten „Gewaltenteilung" (Staatsfunktionen) nachzudenken, und zwar auf allen vier Ebenen des Sozialen.

Unser schönes altes Reichstagsgebäude könnte mit seinen vier Türmen Vorreiter eines neuen, viergegliederten Parlamentarismus werden.

Ein Drittes: das Öffentliche

Zuvor müssen wir uns jedoch vergewissern, ob die Alternative „staatlich-bürgergesellschaftlich" in dieser Weise vollständig ist. Bisher haben wir das Bürgergesellschaftliche als den Bereich der privaten Bedürfnisse und Zusammenschlüsse verstanden. Es gibt jedoch Organisationsformen der Bürgerschaft, die weder bloß privat noch einfach staatlich sind, denken wir an gemeinnützige Vereine, an Verbände, an Gesellschaften, Anstalten und Stiftungen des „öffentlichen Rechts". Nun ist „öffentliches Recht" ein juristisch schwieriger Begriff, unter Juristen ebenso problematisch wie unentbehrlich:

> „Über das öffentliche Recht läßt sich mit Gewißheit nur aussagen, daß es sämtliche Rechtsnormen, Rechtsverhältnisse und Rechtsinstitute umfaßt, die nicht zum Privatrecht gehören. Alle positiven Definitionsversuche dagegen sind gescheitert. Da für das Privatrecht dasselbe gilt, bleiben Grenzverlauf und Begriff unklar. Gleichwohl durchzieht der Dualismus der beiden Rechtsmassen das Rechtssystem."[190]

Es wäre vermessen, dieser begrifflichen Notstandssituation hier kurzerhand mit reflexionstheoretischen Denkmitteln Abhilfe schaffen zu

Das Öffentliche ist ein Drittes zwischen privater und staatlicher Sphäre und kommt in Zwischen-Formen zum Ausdruck.

wollen, obwohl dies grundsätzlich möglich scheint. Es geht mir aber nicht um Rechtssystematik, auch nicht um den vielschichtigen Begriff der Öffentlichkeit[191] überhaupt, sondern lediglich um das mit dem Begriff des ⇦Öffentlichen anvisierte Phänomen, dass es ein Mittleres, ein Drittes zwischen privater und staatlicher Sphäre gibt, die gesellschaftlich-öffentliche Sphäre, und zwar in organisatorischer Hinsicht, im Unterschied etwa zur öffentlichen Meinung oder zur Öffentlichkeit als Kommunikationsraum. Es handelt sich um Zwischen-Formen der Begegnung von Oben (gesellschaftliche Einheit) und Unten (individuelle Einheit). Die Alternative privat oder staatlich ist offensichtlich nicht ausreichend. Es gibt Mischformen, um es pragmatisch auszudrücken: Mischformen im Hinblick auf die Finanzierung (Mischfinanzierung) oder im Hinblick auf die Trägerschaft (gemischte Trägerschaft).

Der gemeinsame Nenner der Sozialgebilde in der öffentlichen Sphäre ist, dass erstens die Perspektive des Individuums zu ihrer Charakterisierung nicht genügt, vielmehr eine kollektive Perspektive maßgebend ist. Dies trifft aber auch für Wirtschaftsorganisationen sowie für andere, nicht-wirtschaftliche Gruppen zu, die wir trotzdem nicht als „öffentliche" bezeichnen würden: Interessenverbände. Als zweites, notwendiges Charakteristikum der Sozialeinheiten der öffentlichen Sphäre dürfte ihre jeweilige Hinordnung auf das soziale Ganze (sei es Kommune oder Gesamtrepublik) gelten, das, was teilweise als „Gemeinnützigkeit" amtlich bescheinigt wird: Hinordnung auf das Gemeinwohl. Im Übrigen bedarf dieser, wenngleich unentbehrliche, Begriff der öffentlichen Sphäre – nicht identisch mit der Öffentlichkeit im Sinne der bloßen Meinungsöffentlichkeit! – der weiteren Erforschung und Präzisierung. Wie immer dieser „dritte Sektor" näher zu definieren sein mag, er existiert in vielen, schwer zu definierenden Mischformen. Aber er ist wichtig, um den bloßen Dualismus von Staatlich und Privat zu überwinden und den bürgergesellschaftlichen Anteil durch den erweiterten und bewussteren „öffentlichen Sektor" zu verstärken.

Bei den bekanntesten Anstalten öffentlichen Rechts, den Rundfunkanstalten, ist die Finanzierung quasi-privatwirtschaftlich, durch Gebührenerhebung, die Trägerschaft jedoch gemischt, indem alle Parteien(!) und die „gesellschaftlichen relevanten" Großgruppen wie Kirchen und Gewerkschaften ein proportionales Mitspracherecht haben und für die sogenannte Ausgewogenheit der Inhalte sorgen. – Bei vielen Privatschulen und Krankenhäusern ist dagegen die Trägerschaft privat, die Finanzierung dagegen geschieht aus „öffentlichen", sprich staatlichen Steuermitteln. Gemeinnützige Vereine, auch kleine, würden wir der Öffentlichkeitssphäre, dem dritten Sektor, also zwischen privater und staatlicher Sphäre, zurechnen, während große Wirtschaftsunternehmen und Konzerne offiziell dem privaten Sektor zugerechnet werden.

Oft begegnet die Dreiheit Staat, Markt, Gemeinschaft, wobei „Gemeinschaft" für gegenseitige Selbsthilfe durch Nachbarschaft oder formell organisierte Selbsthilfegruppen steht. Lebensweltlich, das heißt für unser unmittelbares Erleben, gibt es diese Dreiheit: Der Einzelne findet sich zwischen dem juristischen Machtsystem Staat und seinen Behörden einerseits, den Kräften der Wirtschaft anderseits und sucht Zuflucht in bergenden, helfenden Gemeinschaften, wie es früher die Großfamilien waren, heute andere mehr oder weniger organisierte Gruppen.

Wie können bürgerschaftliche Initiativen mehr als Reparaturbetriebe bei Versagen von Staat und Privatem sein?

In ähnlichem Sinn wird auch von einem „dritten Sektor" des Arbeitsmarkts gesprochen. Von ihm erwarten manche Autoren das Heil, nachdem die privatwirtschaftlichen und die staatlichen Systeme versagen.[192] Es stellt sich aber die generelle Frage, ob dieser „dritte Sektor" des Arbeitsmarkts wie bürgerschaftlicher Initiativen überhaupt nicht zu Reparaturbetrieben und Trostpflastern des versagenden Arbeitsmarktes mitsamt den staatlichen Regulierungsversuchen werden. Bei aller großen Hochachtung vor Trostpflastern und Reparaturbetrieben in Notsituationen zielen die nachfolgenden Überlegungen doch auf ein von vornherein befriedigenderes Miteinander von privater, staatlicher und öffentlicher Sphäre. Dies ist die Dreiheit, die bei aller Variationsbreite von „öffentlich" analytisch brauchbar ist, während bei „Staat – Markt – Gemeinschaft" die uns bekannten Subsysteme (Wirtschaft, Politik, kulturelle Kommunikation, Grundwerte) auf unklare Weise mit angesprochen und mit den „Sektoren" vermischt werden. Entweder müsste die Dreiheit zur Vierheit „Staat – Markt – kulturelle Gemeinschaft – Letztwerte-Gemeinschaft erweitert werden oder „Markt" (das Wirtschaftlich-Private) steht für private Initiative überhaupt und „Gemeinschaft" für das weder Private noch Staatliche.

Ich möchte bei dieser Dreiheit von *organisatorischen Sektoren* sprechen. Denn es handelt sich in der Tat um die Verschiedenheit der Organisationsform: von „oben", von der staatlich organisierten Gesellschaft her, von „unten", vom Einzelnen her oder aber „gemischt", wobei dieser Ausdruck eine eher vorläufige, bloß pragmatische Charakterisierung von „öffentlich" ist, weil in dieser Sphäre andere, sub- oder auch transstaatliche Sozialgebilde eine große, gemeinschaftliche oder gesellschaftliche[193] Rolle spielen. Wenn wir nun versuchen, die drei organisatorischen Sektoren mit den Ebenen des Viergliederungs-Organismus zusammen zu denken und zusammenzuschauen, ergibt sich folgendes Bild:

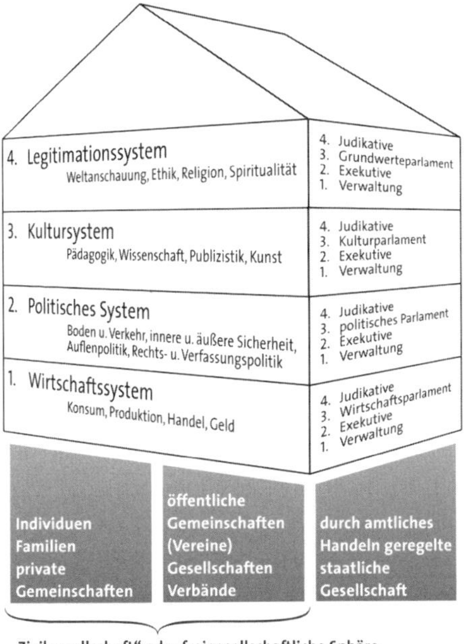

Figur 11: Das Viergliederungs-Oikos mit vertikaler Dreigliederung der Organisationssphären[194]

Es geht um die Synthese von systemisch-organismischem Viergliederungsdenken mit der organisatorischen „Dreigliederung" von Staatlich – Privat – Öffentlich.

Der Bereich der frei- oder bürgergesellschaftlichen Sphäre kann im weiteren Sinne verstanden werden und umfasst dann sowohl das private wie das öffentlich organisierte Handeln. Es könnte freilich auch in einem engeren Sinn verstanden und nur auf die private Sphäre bezogen werden. Ich ziehe die erste, die weitere Begriffsverwendung vor, um dem tradierten Dualismus von „staatlich – freigesellschaftlich“ Rechnung zu tragen und weil das Öffentliche eine Organisationsform ist, die weitgehend auf freigesellschaftliche oder bürgergesellschaftliche Initiativen zurückgeht.

Wir haben jetzt das begriffliche Handwerkszeug zusammen, um konkreter werden zu können. Es handelt sich um alles Andere als um müßige Begriffsklaubereien, vielmehr um sehr vitale Fragen des sozialen Lebens, um dessen Befreiung von einem Staat, der zwar nicht das Ungeheuer Leviathan, aber doch das kalte, undurchschaubare Labyrinth geblieben ist.

Es geht um die Synthese von systemisch-organismischem Viergliederungsdenken mit der organisatorischen „Dreigliederung“ von Staatlich – Privat – Öffentlich.

Die vier neuen Freiheiten von und zu

Die Sozialgeschichte der letzten vierhundert Jahre kann als die Geschichte der Befreiung vom absoluten Staat gelesen werden.

Es ist dabei ein Kuriosum der abendländischen Geschichte, dass gerade erst nach der Reformation, dieser ersten weltbewegenden, grundsätzlichen Trennung von Reich und Kirche, von Recht und Geist, der Absolutismus der Könige und Fürsten zum Höhepunkt kam: eben wegen der noch nicht wirklich gedanklich und real vollzogenen, wenngleich schon unterlaufenen und weiter anstehenden Differenzierung von weltlicher und geistlicher Gewalt, von Politik und Religion wie von Kultur und Religion. Das Prinzip *Cuius regio, ejus religio* (1555), also regionale Bestimmung der Fürsten über die Religion, war das Muster eines Kompromisses der Halbherzigkeit mit allen Folgen des Unfriedens (Dreißigjähriger Krieg und viele kürzere) schwerster Unterdrückungen der elementarsten Menschenrechte wie Gedanken-, Religions- und Meinungsfreiheit, von weitergehenden bürgerlichen Freiheiten zu schweigen. In einer Zeit, in der Europa angeblich noch „christlich“, noch nicht „säkularisiert“[195] war!

Die Revolutionen in Amerika und Frankreich führten die anstehenden Differenzierungen durch die klassische Gewaltenteilung einen bedeutenden Schritt weiter. Die ganze liberalistische Bewegung wurde oft und mit Recht als ein Kampf um die bürgerlichen Freiheiten als Schutz vor dem übermächtigen Staat gekennzeichnet.

Das Muster einer schlechten Kompromisses

Auch heute besteht, besonders in Kontinentaleuropa und Deutschland, bedingt durch die Diktaturen und Kriege des zwanzigsten Jahrhunderts, noch immer ein Übergewicht des Staates bei gleichzeitig sich immer deutlicher abzeichnendem Staatsversagen, genauer, ein ungeklärtes Verhältnis zwischen den drei besprochenen Organisationsformen des Sozialen.

> „Wir brauchen aber nicht ‚weniger Staat' oder ‚mehr Markt' oder wieder ‚mehr Gemeinschaft', sondern eine Gesellschaftsordnung, in der Staat, Wirtschaft und bürgerliche Gemeinschaft – in Antagonismen ebenso wie in Synergismen – sich optimal aufeinander beziehen und zusammenwirken (...): die optimale Koordination, Korelationierung und Kodirektionalität der Gliederungen von Staat, Wirtschaft und Gesellschaft."[196]

Dieser Befund des Soziologen Joseph Huber verdient grundsätzlich große Zustimmung. In der oben entwickelten Sichtweise sind allerdings „Staat, Wirtschaft und Gesellschaft" keine gegeneinander auf gleicher Ebene unterscheidbaren Kategorien. Sie verhalten sich logisch ganz anders zueinander als die drei dargelegten Organisationsformen staatlich, privat, öffentlich, und diese begrifflichen Grundlagen sind von großer praktischer Tragweite. Trotzdem hat Joseph Huber sehr anregende Vorschläge zum Problem der Befreiung der Gesellschaft von ihrem Staat entwickelt, und zwar unter dem Titel „Retribution":

> „Retribution heißt Rückgabe oder Rückverlagerung von Kompetenzen, Kapazitäten und Ressourcen, insbesondere finanziellen Mitteln, von der öffentlichen Hand in die privaten Hände der Haushalte und Unternehmen. Es geht darum, die Rollen- und Mittelverteilung zwischen Staat, Wirtschaft und Gesellschaft neu auszutarieren" (a.a.O., 286).

Für uns geht es also darum, die Rollen- und Mittelverteilung zwischen Staat – privaten Initiativen (wirtschaftlicher wie kultureller oder sonstiger Art) und öffentlichem Sektor neu auszutarieren – und zwar unter der Voraussetzung der hier erarbeiteten Viergliederung, wonach es einen Wirtschafts-, einen politischen, einen Kultur- und einen Grundwerte-Staat gibt. Das soll eben nicht bedeuten, dass die Hydra Staat nunmehr vier Köpfe bekommen hat, nachdem wir ihr den einen abschlagen wollten. Sondern dass auf jeder Ebene des staatlich organisierten gesellschaftlichen Organismus klar unterschieden werden kann, was daran staatlich zu regeln ist, was privat und was öffentlich. Ohne die Ebenen-Unterscheidung würde auch die Dreiheit notwendig im Unklaren bleiben.

Die Übersicht hat hypothetischen Charakter.

Um das aktive Mitdenken des Lesers zu ermöglichen, möchte ich nun der schrittweisen Erörterung der vier Ebenen eine Übersicht über die jeweils vorgeschlagene Staatstätigkeit voranschicken. Sie hat hypothetischen, versuchsweisen Charakter. Wir sind im Bereich von Zuordnungen, die sich nicht streng herleiten, logisch rekonstruieren lassen, die vielmehr Ermessensfragen und somit Angelegenheiten der öffentlichen Wertekommunikation sind. In der nüchtern wirkenden tabellarischen Übersicht steckt viel Zündstoff, von dem nur ein kleiner Teil hier gezündet werden kann.

Es geht mir dabei, erstens, mehr um die qualitative Vor-Strukturierung des gesellschaftlichen Lebens als um den daraus folgenden, von vielen Umständen abhängigen, quantitativen Umfang von Staatsleistungen.[197] Natürlich muss diese sogenannte Staatsquote im Bruttoinlandsprodukt, das Maß für die Staatstätigkeit, die durch Steuern finanziert wird, begrenzt werden, um die freie wirtschaftliche und bürgerschaftliche Aktivität nicht zu erdrücken. Doch die qualitative Aufgabenbestimmung muss allen quantitativen Forderungen vorgeschaltet bleiben. Es ist hier nicht um Handlungsanleitung in der verfahrenen Parteienstaats-Politik zu tun, sondern um Grundlagenbesinnung.

Zweitens, es sind hier zunächst die Staatsanteile positiv dargestellt, nicht das, was dem Staat an Kompetenzen gegenüber dem Jetztzustand entzogen ist. Viel schwieriger wäre es, das vielfältigere Private und Öffentliche, kurz das bürgergesellschaftliche Leben, in einer ähnlichen Übersicht zusammenzufassen. Früher nannten wir das Staatlich-Rechtliche das Skelett des gesellschaftlichen Lebens. Nur dieses Gerippe will das folgende Haus zur Darstellung bringen. Das „Fleisch" ist im Folgenden hinzuzudenken.

Figur 12: Der Staatsanteil am gesellschaftlichen Leben (folgende Doppelseite)

3

Der Staats-Anteil ar

(Bundes-, Länder- und

KULTURSYSTEM

Appellationsinstanz für Freiheit und Subsidiarität von Erziehung/tradierende Lehre, Forschung/forschende Lehre, Publizistik und Kunst; gewährleistet annähernde Gleichheit der Bildungs- und Kommunikationschancen sowie die (nationale/internationale) Gleichheit von Diplomen	Judikative
entscheidet über zeitgemäße Notwendigkeit von subsidiärem staatlichem Engagement (Trägerschaft und/oder Finanzierung) in den genannten Bereichen	Legislative = Kulturparlament
Kulturminister des Bundes und der Länder; Kuturdezernenten der Kommunen	Entscheidungsexekutive (Regierung) = Kulturministerien
nur subsidiär, d.h., soweit die bürgerschaftlichen Initiativen nicht ausreichen: Kindergärten, Grundschulen, weiterführende Schulen, Hochschulen, Forschungseinrichtungen: Rundfunk- und Fernsehanstalten öffentlichen Rechts, einige repräsentative Staatstheater, Orchester, Museen und öffentliche Bibliotheken (Staatsbibliotheken bis hin zu Gemeindebibliotheken)	Verwaltungsexekutive

4

LEGITIMATIONSSYS

3

KULTURSYSTEM

2

POLITISCHES SYSTE

1

WIRTSCHAFTSSYST

2

POLITISCHES SYSTEM

Appellationsinstanz für Freiheit und Chancengleichheit politischer Gruppierungen, Überwachung der Verfassungskonformität i.e. Sinn politischer Gesetze und Handlungen der Amtsträger; Strafgerichtsbarkeit und Verwaltungsgerichtsbarkeit	Judikative
im engeren Sinn der nebenstehend aufgeführten Sachbereiche	Legislative = politisches Parlament
ein Teil der jetzigen Ministerien gemäß den Sachbereichen; ein im engeren Sinn politischer Regierungschef (Premierminister oder Kanzler) für die Koordination und Richtlinienbestimmung der politischen Aufgaben	Entscheidungsexekutive (Regierung) = politische Ministerien
Polizei, Militär, Grenzschutz; Strafvollzugsanstalten; Katasteramt; Wasserbehörden; Verwaltung der öffentlichen Liegenschaften (im Idealfall und auf Dauer des gesamten Staatsterritoriums, auch wo es privatwirtschaftlich genutzt wird); Straßenbau, Wegenetz der Bahnen; Kanalisation; Staatswälder und Naturschutzgebiete, Stadtparks, öffentliche Grünanlagen	Verwaltungsexekutive

lschaftlichen Leben

le Ebene umfassend)

4

LEGITIMATIONSSYSTEM

Judikative	Appellationsinstanz für fairen Umgang zwischen Weltanschauungen und Überprüfung der Verfassungsmäßigkeit von Wertentscheidungen
Legislative = Grundwerteparlament	pluralistischer Konsens über Grundwerte und deren verbindliche Verwirklichung in den nachgeordneten Subsystemen
Entscheidungsexekutive (Regierung) = Grundwerteministerien	Staatsoberhaupt mit nicht nur repräsentativen, sondern bewusstseinsbildenden, werteprägenden Entscheidungsbefugnissen oder Repräsentationsaufgaben des Präsidenten des Grundwerteparlamentes; Kultusministerium im eigentl. Sinn
Verwaltungsexekutive	Ordnungsamt für faire Spielregeln zwischen Weltanschauungs- und Religionsgruppen, sowie alle Aktivitäten in Bezug auf Grundwerte

Weltanschauungen – Ethik – Religionen – Spiritualität

Pädagogik – Wissenschaft – Publizistik – Kunst

en- und Verkehrspolitik samt umplanung und kommunale/ erale Gliederung – Innere und re Sicherheit – Außenpolitik – Vefassungs- und Rechtspolitik

Konsum – Produktion – Handel – Geldsystem

1

WIRTSCHAFTSSYSTEM

Judikative	Wirtschaftsgerichtsbarkeit; Zivilgerichtsbarkeit
Legislative = Wirtschaftsparlament	Rahmengesetzgebung für das freie Wirtschaftsleben
Entscheidungsexekutive (Regierung) = Wirtschaftsministerien	staatliche Wirtschaftspolitik im Sinne der flexiblen Anpassung der Witschaftsgesetzgebung; minimale eigene Unternehmertätigkeit des Staates; Finanz- und Wirtschafsministerium; Gesundheits- und Sozialministerien
Verwaltungsexekutive	Zentralbank; kommunale Banken und Landesbanken (?), Finanzämter, Ordnungsämter (u.a. Gewerbeaufsicht), Sozialämter; öffentlicher Verwaltungsbau und sozialer Wohnungsbau; subsidiär einige öffentliche Verkehrsgesellschaften

Befreiung vom Klassenstaat zu wirtschaftlicher Chancengleichheit

Beginnen wir die Erörterung der in dieser Übersicht noch nicht sichtbaren Probleme im Verhältnis von Staat und freigesellschaftlichem Handeln, diesmal bei der Basis, beim wirtschaftlichen Subsystem. Es hat nach der früher entwickelten Organismus-Logik seine eigenen, unabhängigen, staatlichen Institutionen zu entwickeln, vor allem eine völlig unabhängige parlamentarische Vertretung, das Wirtschaftsparlament. Dieses braucht lediglich die Rahmensetzung der übergeordneten Parlamente zu berücksichtigen. Hier ist also der Ort für die dringend erforderliche, grundlegende Neuordnung einer „freien Marktwirtschaft", die diesen Namen verdient.

Die staatlich geschützten Privilegien

Privater Bodenbesitz und Kapital, d.h. Geld mit eingebautem Selbstvermehrungsmechanismus, sind staatlich geschützte Monopole, wie Franz Oppenheimer, der schon erwähnte Doktorvater Ludwig Erhards, sie nannte. Denn sie stellen uneinholbare Vorrechte, d.h. Privilegien, dar: beim Boden die Sperrung eines unvermehrbaren Gutes, beim Geld die Privilegierung eines vermehrbaren Gutes.[198] Sie ermöglichen die freie Marktwirtschaft nicht etwa, sondern verzerren und zerstören sie letztlich. Deshalb müssen wir hier noch einmal auf dieses heikle Thema eingehen.

Der Staat ist bisher der Protektor der besitzenden Klassen. Er sanktioniert nicht nur den Privatbesitz des unvermehrbaren Gutes Boden und die Spekulation mit ihm, er sanktioniert auch die Selbstvermehrung des Geldes, das eigentlich ein neutrales Tauschmittel sein sollte: durch die Sanktionierung des Darlehnzinses, nicht etwa bloß im Sinne einer berechtigten Bankgebühr oder einer bemessenen Risikoprämie, sondern im Sinne des abgründigen Gedankens, der scheinbar nur eine Metapher ist: das Geld arbeitet mit. Diese Metapher beinhaltet mitsamt ihrer Scheinbarkeit, nur eine Metapher zu sein, die größte Lüge der kapitalistischen Welt. Obwohl alle sich darüber lustig machen, dass man das Geld noch nie hat arbeiten sehen, zahlt man ihm seinen Lohn, unter staatlicher Zwangsdrohung, wohlgemerkt!

Obwohl alle sich darüber lustig machen, dass man das Geld noch nie hat arbeiten sehen, zahlt man ihm seinen Lohn

Der Zusammenhang mit dem allseits anerkannt vordringlichsten Problem, der Arbeitslosigkeit, ist letztlich ganz einfach: Entweder fließt das Geld dahin, wo Menschen arbeiten, oder es fließt, scheinbar selbst arbeitend und sich selbst vermehrend, zu sich selbst und zu den schon Besitzenden zurück. Im zweiten Fall – es ist der unseres globalen Kapitalismus – ist die Arbeitslosigkeit vorprogrammiert. Nicht etwa die Arbeit geht aus, sondern ihre Bezahlung wird unmöglich. Sie wird zu teuer gegenüber der kapitalintensiven Maschinenarbeit, also dem in Form von Maschinen „arbeitenden Kapital". In der scheinbaren Konkurrenz zwischen „Kapitalarbeit" und Menschenarbeit muss der Mensch verlieren. Das kapitalistische Renditesystem beruht genau auf jener von Grund auf unethischen, weil anti-humanen Fiktion, der Aufwertung des Kapitals vom Produktionsmittel zum scheinbaren Produzenten, zum „produktiven Faktor", wie es verschleiernd heißt.

Bloße Instrumentalursachen wie die Werkzeuge würden ihren Verschleiß kosten, allerdings auch die Entdeckerleistung, die in ihnen steckt. Das alles sei ausdrücklich zugestanden, ja gefordert: Jede technische wie sonstige Erfindung braucht ihre angemessene Vergütung durch den Preis der Maschinen. Worin aber liegt der Verschleiß, worin die Entdeckerarbeit bloß für das zur Verfügung gestellte Geld?

Das Motiv zum Verleihen des Geldes kann ein Negativzins, eine Umlaufgebühr auf bloß zurückgehaltenes, d.h. nicht als öffentliches Hilfsmittel zur Verfügung gestelltes Geld ermöglichen, denn Geld ist öffentliches, staatliches Zahlungsmittel.

Das Motiv zum Verleihen des Geldes sowohl zu privaten Zwecken wie vor allem zur Produktion, darf nicht darin liegen, dass es sich durch Verleihen vermehrt, sondern darin, dass es in seinem Wert erhalten bleibt. Dies kann ein Negativzins, eine Umlaufgebühr auf bloß zurückgehaltenes, d.h. nicht als öffentliches Hilfsmittel zur Verfügung gestelltes, Geld ermöglichen im Sinne einer notwendigen Bedingung. Denn Geld ist öffentliches, staatliches Zahlungsmittel. Hierin liegt der zwar einseitige, aber bleibend aktuelle Gedanke von Silvio Gesell (1862-1930) und seiner *Natürlichen Wirtschaftsordnung durch Freiland und Freigeld* (1917).

Die Einseitigkeit Gesells liegt darin, dass er die notwendige Bedingung der Umlaufgebühr für eine hinreichende erklärte: dass er – unter Voraussetzung von Umlaufgebühr oder Negativzins – an einen „freien", sich selbst regulierenden Geldmarkt glaubt, der dann keinen Positivzins für das „mitarbeitende" Geld mehr zuließe. Dieser Marktglaube widerspricht u.a. der Beobachtung, dass auch in Inflationszeiten (wo also der Geldumlauf durch einen unfreiwilligen Negativzins gesichert ist) noch der Positivzins, die Rendite, durchgesetzt werden kann. Der größte Zinsanteil und die massivste ideologische Begründung ist heute die Rendite für „arbeitendes Geld“, nicht eine bloße Liquiditätsentschädigung (J. M. Keynes) für Verzicht auf Geldzurückhaltung.

In dem Moment, wo ein Negativzins einen Wertverfall für bloß zurückgehaltenes Geld bewirken wird, erweist sich der Unternehmer (mit seinen Mitarbeitern) als der Werterhalter des Geldes ebenso wie der Wertschöpfer von Gütern. Ihm Geld zur Verfügung zu stellen, bedeutet dann für den Verleiher, es vor Wertverfall durch den Negativzins zu bewahren.

Aber der Unternehmer ist nicht mehr der Tributpflichtige der Geldkapitalisten bzw. ihrer Vermittler, der Banken. Er könnte diese Rolle nur wieder durch die Weitergabe der Tributpflicht an die Werteschaffenden, an die für ihn oder mit ihm Arbeitenden, spielen. In dieser Hinsicht hat Marx völlig klar gesehen, einschließlich der Unterscheidung des Geldkapitalisten vom produktiv arbeitenden Unternehmer.[199]

Die derzeit (2003) auf dem vorläufigen Höhepunkt befindliche Pleitewelle für kleinere und mittlere Unternehmen sollte den neokapitalistischen Ideologen des arbeitenden Geldes, also des Rendite-Systems, endlich zu denken geben, und zwar von Grund auf!

Der Antagonismus von Geldkapitalisten, Unternehmern und Mitarbeitern wird dagegen in einer Bürgergesellschaft durch die Aufhebung der beiden Privilegien oder Vorrechte, Boden und Kapital, allmählich hinfällig. Die bürgerschaftlich organisierte Arbeitswelt entwickelt sich auf ein freies Miteinander von Mitunternehmern verschiedenen Grades hin. Das Maß der qualitativen Verantwortung und des finanziellen wie arbeitsmäßigen Engagements wird die Mitbestimmungsstrukturen in Betrieben der Zukunft vorgeben.

Zu einer sanften Rückführung des nicht vermehrbaren, daher nicht der privaten Spekulation auszuliefernden Bodens in ein Gut der öffentlichen Hand, des Staates, gibt es Modelle, sei es durch Besteuerung, sei es durch Entschädigung.[200] Die Vergemeinschaftung der nicht vermehrbaren Erdoberfläche ist nicht allein dringendes Gebot der Solidarität, sondern ermöglicht erstmals die freie marktwirtschaftliche Nut-

In einer bürgerschaftlich organisierten Arbeitswelt gibt es ein freies Miteinander von Mitunternehmern verschiedenen Grades.

zung des Bodens – freilich nach politischer Maßgabe, gemäß einer Boden- und Verkehrsordnung, die im Wesentlichen vom übergeordneten politischen Parlament zu beschließen ist. Es muss zuerst im Denken der sehr einfache, aber doch fundamentale Unterschied zwischen Privateigentum und privater Nutzung des Bodens eingeübt werden. Dass diese eigentlich selbstverständliche Unterscheidung derzeit nicht geläufig ist, geht auf interessegeleitete Indoktrination zurück. Immerhin sieht unser jetziges Grundgesetz die Vergesellschaftung von Grund und Boden bereits als Möglichkeit vor:

> „Grund und Boden, Naturschätze und Produktionsmittel können zum Zwecke der Vergesellschaftung durch ein Gesetz, das Art und Ausmaß der Entschädigung regelt, in Gemeineigentum oder in andere Formen der Gemeinwirtschaft überführt werden" (Artikel 15 GG).

Durch die Kann-Regelung, die in vielen Gesetzesregelungen bereits ausgeformt ist, wäre eine grundsätzlich andere Boden- und damit Wirtschaftspolitik juristisch schon möglich. Was sie bisher verhindert, ist nicht der Staat als solcher, sondern der „Vater" Staat als parteiischer Garant des Boden- und Geldvermehrungsprivilegs.

Es handelt sich um die Grundfrage: Gilt der Mensch und seine Leistung oder gelten jene Boden- und Geldvermehrungsprivilegien im Sinne von Klassenprivilegien?

Durch den allmählichen Abbau dieser Klassenprivilegien ergibt sich ein „freigesellschaftliches Leben", das übrigens dann kleine Kreisläufe mit geringem Ressourcenverbrauch begünstigt.[201] Dies zu ermöglichen, ist Aufgabe des neuen „Wirtschaftsstaates", der wirtschaftlichen Ebene des viergegliederten Staates. Das freie Unternehmertum erlebt eine neue Gründerzeit: „Wir-AGs" werden nun gegründet werden. Aktionäre der „Wir-AGs" werden all diejenigen, die von den unternehmerischen Assoziationen mit Recht die Werterhaltung ihrer Ersparnisse erwarten.

Der Sinn der Aktienbeteiligung wird künftig ein völlig anderer sein, ebenso wie der Sinn des Wirtschaftens im Ganzen. Wirtschaften wird dann als dienende Funktion einer solidarischen Gesellschaft verstanden. Die Gesellschaft widmet sich kultureller, also zwischenmenschlicher, und spiritueller Wertverwirklichung. Die solidarische Gesellschaft wird zugleich eine „Leistungsgesellschaft" neuen Stils sein, in der gesellschaftliche Leistung (Arbeit) jeder Art zählt und in ihrem eigentümlichen Wert wirklich gewürdigt wird – außerhalb der falschen Konkurrenz zu Maschinen, die als Vertreter des Kapitals scheinbar eigenursächlich „mitarbeiten".

Leistungsbewertung durch den Markt allein?

Das Leistungsprinzip wird nicht abgeschafft, sondern von seinen groben Entstellungen befreit.

Nicht verschwinden werden die Leistungsunterschiede und die Bestimmungsrechte. Wir werden in eine humane Leistungsgesellschaft übergehen müssen, in der die Leistungen, die qualifizierten Arbeits- und Geldbeiträge der einzelnen Mitarbeiter, für ihre Mitbestimmungsmacht über Kurs und Schicksal des Unternehmens allein ins Gewicht fallen. Heute wird von Leistungsgesellschaft immer noch viel geredet, obwohl ganz offensichtlich ist, dass die vorhandenen Einkommensunterschiede mit Leistung wenig zu tun haben, wohl aber mit der Selbstvermehrungsmacht des Geldes und anderer Vorteilsnahme. Spitzenmanager stellen sich gern als Funktionäre anonymer Kapitalisten und Kapitalgesellschaften zur Verfügung. Ob ihre Leistung, vor allem als gesellschaftlicher Dienst betrachtet, irgendwie proportional ihrem Einkommen ist, darf sehr bezweifelt werden.

Ähnlich verdienen sogenannte Spitzensportler unverhältnismäßig mehr als die nicht sogenannten Spitzenkrankenschwestern, Spitzenlehrer, unbekannten Spitzenerfinder und -entdecker, Spitzenschriftsteller, Spitzenkünstler, schwindelfreie Spitzenmonteure oder was immer an großen gesellschaftlichen Arbeitsleistungen erbracht wird. Ob der freie Markt, selbst bei Befreiung vom Boden- und Geldvermehrungsprivileg, allein zu einer gerechten Bewertung der gesellschaftlichen Leistungs- oder Dienstbeiträge – nichts anderes ist ⇦Arbeit im sozialen Sinne – fähig ist?

Die Frage stellen heißt, sie zu verneinen! Deshalb bedarf es einer *Arbeitsbewertungsinstanz*, die ihrerseits unter kulturellen Vorgaben arbeitet. Während der Markt allein die Trivial- und Durchschnittsliteratur favorisieren würde, muss ein Ausgleich für kreative Leistungen hergestellt werden.[202] Dies gilt nicht allein im kulturellen Bereich, sondern schon für die Herstellung und Bewertung gesunder Nahrung im Unterschied zu der derzeit üblichen, halbgiftigen Nahrung, die gerade noch irgendwelchen „Grenzwerten" gerecht wird.

Demokratie ist nicht gleich Marktwirtschaft, erst recht nicht gleich kapitalistisch entstellter Marktwirtschaft. Wir müssen das Band zwischen Kapitalismus und Demokratie energisch lösen!

Das bedeutet in diesem Zusammenhang: Der Markt als das freie, kommunikationsähnliche Miteinander soll zwar funktionieren, kann dies jedoch sinnvoll nur unter bestimmten Sollwert-Vorgaben. Von einem Markt ohne solche Wertvorgaben als freiem Markt zu sprechen, hieße soviel wie „freien" Autoverkehr ohne Ampeln und sonstige Regelungen einzurichten. Bei solcherart Freiheit würden nicht nur zahllose Einzelne die Opfer sein, sondern auch der Verkehrsfluss als ganzer. Ähnlich wie der Verkehr nur unter Sollwert-Vorgaben „frei" fließen kann, so ist es mit dem Markt. Alles Reden vom „Markt an sich", vor allem das derzeitige neoliberale, ist ziemlich gedankenlos bzw. versteckt interessegebunden.

Wenn wir also an die Stelle der gegenwärtig erfolgenden Bewertung der Leistungen eine demokratisch kontrollierte, vernünftige Bewertungsinstanz setzen wollen, gehört diese in das Wirtschaftsparlament hinein, vielleicht in einen speziellen Ausschuss desselben. Die Bewertung der gesellschaftlichen Dienst-Leistungen wird dereinst so selbstverständlich sein wie heute das Besteuerungssystem – natürlich weiterhin eine Funktion des Wirtschaftsstaates – nur weit durchschaubarer als dieses heute. Man mag künftig ebenso von „Leistungsbewertungstabellen" sprechen wie heute von Lohnsteuertabellen, weil der Markt allein unmöglich eine Leistungsgerechtigkeit erzeugen kann.

A propos Steuern: Deren Vereinfachung und Transparenz wird mit Recht seit langem gefordert. Es gibt dazu hervorragende Vorschläge.[203]

Hinzukommen müsste im Sinne der Bürgergesellschaft die Möglichkeit der Bürger, über die Verwendung der von ihnen gezahlten Steuern in ihrer Steuererklärung zum Teil selbst mitzubestimmen (Bürgerhaushalte).

Zur Regulierung der Deregulierung

Noch ein Wort zu der seit Jahrzehnten in Gang gesetzten „Deregulierung", die zunächst eine Entstaatlichung bestimmter wirtschaftlicher Dienstleistungssektoren wie Post- und Verkehrswesen sein sollte. Darüber wurden im Zusammenhang mit „Verwaltung" (Kapitel VI) schon einige Bemerkungen gemacht. Entstanden sind bei solcher Privatisierung bisher nur Zwitterwesen, die, weil der Staat sich die Mehrheitsanteile hält und weil in wesentlichen Bereichen keine Konkurrenz möglich ist, weder einem wie auch immer freien Markt unterliegen, noch einer transparenten öffentlichen, politischen Kontrolle zugänglich sind. Der Benutzer dieser Dienstleistungen fühlt sich als scheinbarer Kunde umschmeichelt, auf der anderen Seite aber den alten Monopoldiktaten von Behörden ausgesetzt – im Normalfall ohne nennenswerte Einspruchmöglichkeiten des „Kunden". Viele Bahnhöfe schließen ihre Schalter und Schließfächer um 18 Uhr abends oder schon ganz – im Namen des freien Wirtschaftsbetriebes und in Zeiten der Massenarbeitslosigkeit. Die Poststellen schmilzen dereit wie Schnee in der prallen Sonne dahin. Der Kunde kann jedoch keineswegs zu einer vergleichbaren Konkurrenz gehen. Es ist ein falsches Doppelspiel, das auf dem Rücken der Bürger, womöglich noch im Namen von „Bürgergesellschaft", ausgetragen wird – die sich ohnehin kompensierend (um auf die Bahn zurückzukommen) immer mehr zur freien Autofahrergesellschaft entwickelt. Die Schweizer, die in ihrem kleinen Land dreimal soviel Bahn fahren wie die Bundesdeutschen, sind gut beraten, dem kapitalistischen Deregulierungsdruck ihrer Staatsbahnen zu widerstehen.

Was fehlt, ist eine dem Normalbürger durchschaubare und wirklich dienende Kultur öffentlicher Unternehmungen.[204]

Gemeint ist statt der neuerdings sich breit machenden Zwitterexistenzen wie Post und Bahn, welche die Nachteile von Behörden (Schwerfälligkeit) mit den Nachteilen von privaten Wirtschaftsbetrieben (reine wirtschaftliche Opportunität) verbinden, eine Synthese von staatlicher Unabhängigkeit und Zuverlässigkeit mit der Flexibilität des Unternehmertums, eine Synthese von politischer Kontrolle und Steuerung durch die Bürgerbedürfnisse. Hier sei nochmals an die Überlegungen zur parlamentarischen Kontrolle der Verwaltungsexekutive erinnert. Die beiden Fragestellungen sind ja sehr verwandt.

Die falsche, privatwirtschaftliche „Deregulierung" soll nun womöglich – nach amerikanischem Vorbild – nicht nur im Bereich der Energie- und sogar Wasserversorgung, sondern auch auf dem Bildungs- und Gesundheitssektor stattfinden und zum Gegenstand eines internationalen „Allgemeinen Abkommens über Handeln mit Dienstleistungen (GATS: General Agreement on Trade in Services)" werden. Also bezogen auf Dienstleistungen, die sich der rein wirtschaftlichen Kalkulation wesensgemäß entziehen. Solche Entfesselung der ohnehin verzerrten, weil monopolisierten Marktkräfte, genannt Deregulierung, in internationaler Vereinbarung! Es wird allerhöchste Zeit, dass die Bürger ihre Interessen und Rechte gegen diese neokapitalistischen

Auswüchse im zynischen Gewande der Rationalität, Modernität, gar Bürgernähe wahrnehmen.[205]

Bevor weitreichende internationale Verträge über solch heikle Materien geschlossen werden, sollten wir grundsätzliche Fortschritte in Solidarität und Subsidiarität des Wirtschaftslebens zu verzeichnen haben. (Über diese Sozialprinzipien handelt das nächste Kapitel.) Mit Subsidiarität des Wirtschaftens klingt auch regionale Subsistenz-Wirtschaft an, also Tendenz zur regionalen Selbstversorgung mit Lebensmitteln: ein rahmensprengendes Thema.[206]

Starker, aber schlanker Staat

Die wirtschaftspolitischen Reformen, die hier umrissen wurden, gehen an die Wurzel der derzeitigen kapitalistischen Denkgewohnheiten. Sie sind nur durch ein starkes, demokratiebewusstes Gemeinwesen durchsetzbar. Selbst der zu erwartende Börsencrash sowie das derzeit schon zu beobachtende Versinken unserer Gemeinwesen in der Schuldenfalle, ebenfalls eine offensichtliche Wirkung des angeblich so unvermeidlichen Zinssystems, kann die konstruktive Erneuerung allein nicht bringen, wie überhaupt kein rein wirtschaftlicher Automatismus. In solchen Illusionen vereinen sich die Ökonomisten aller Schattierungen, wenngleich mit unterschiedlichen Zielvorstellungen. Aber Wirtschaft ist Teil des bewusst zu steuernden gesellschaftlichen Lebens, deshalb Teil einer gesamtdemokratischen Erneuerung. Andernfalls bleibt Wirtschaft weiterhin ein Unterdrückungsinstrument, dieser oder jener Couleur.

Es wird also insofern für einen starken Staat im Sinne starker Rechtsstrukturen mit starker demokratischer Mitbestimmung plädiert. Etwas anderes ist der heutigen Bewusstseinsentwicklung der Menschheit unwürdig, besonders in den „entwickelten" Ländern.

Ein in diesem Sinn starker Staat bedeutet aber nicht unbedingt hohe Staatsquote, als Anteil der „öffentlichen Hand" am Wirtschaftsgeschehen. Der Staat kann zugleich schlank sein – ähnlich wie ein starker Mensch nicht dick zu sein braucht. Der starke Staat muss das bürgergesellschaftliche Leben mit starker Hand und transparenten Gerechtigkeitsstrukturen organisieren – jedoch nicht dieses freie gesellschaftliche Leben in eigene Regie übernehmen. Wiederum der noch zu besprechende Gesichtspunkt der Subsidiarität. Selbst der

Der Staat kann zugleich schlank sein – ähnlich wie ein starker Mensch nicht dick zu sein braucht.

öffentliche Sektor kann ein weitgehend bürgerschaftlich organisierter Sektor sein – unterstützt, aber nicht absorbiert durch die starke Hand des demokratisch legitimierten Rechtssystems.

Das alles wird leicht möglich sein, wenn die gewöhnlich nicht diskutierten, staatlich gestützten Privilege Renditekapital und Bodeneigentum beseitigt sind. Es ist kennzeichnend für unsere „staatstragenden" Parteien, dass keine von ihnen diese elementaren Fesseln für eine freie und bürgernahe Wirtschaft überhaupt thematisiert. Lieber ergeht man sich in todgeweihter Ausweglosigkeit – und die „freie Presse" weidet sich an diesen Todeskämpfen. Unübliche Einsichten und Mut, gegen den Strom zu schwimmen, können in diesen Strukturen nicht gedeihen. Selbst wenn die gegebene wirtschaftliche Analyse nur teilweise zutreffend wäre, wäre sie es nicht wert, einmal öffentlich diskutiert zu werden? Dazu haben wir eben nicht die „demokratische Kultur" und die geeigneten Institutionen, wie es ein Wirtschaftsparlament wäre. Das ist mein *ceterum censeo*, mein eigentlicher Kehrreim.

Befreiung vom Schulmeisterstaat zu kultureller Kreativität

Für den eigentlich kulturellen Bereich gilt nun im Prinzip dasselbe wie für die Wirtschaft. Nur sind die Traditionen sehr unterschiedliche. Während das freie unternehmerische Wirken, vom Bauernhof und Handwerksbetrieb bis zum Konzern, sich naturwüchsig von unten entwickelte und – im Westen jedenfalls – niemals in Frage gestellt wurde, war „Kultur" im alten Europa ursprünglich eine Sache der geistlichen und weltlichen Feudalherren. Gemeint ist jetzt nicht die Alltagskultur des Volkes, sondern das Schulwesen sowie die Pflege von Wissenschaft und Künsten.

Die Einführung der allgemeinen Schulpflicht durch die weltliche Obrigkeit im Laufe des 19. Jahrhunderts hatte viel Emanzipatorisches gegenüber den Privilegien der Kirche, gegenüber der hergekommenen Nicht-Differenzierung von geistlicher und weltlicher Kultur. Ebenso die Einrichtung weltlicher, königlicher Universitäten. Insofern ist es verständlich, ja war es geschichtlich notwendig, dem Staat zunächst einmal eine überragende Stellung für die Einrichtung von Volksschulen, weiterführenden Schulen, Universitäten usw. einzuräumen.

Heute stehen wir vor der Frage, wieweit diese Kulturhoheit des Staates reichen soll, genauer: Wie das Verhältnis kulturstaatlicher und von bürgergesellschaftlicher Aktivität gestaltet werden sollte. Unter Voraussetzung der organischen Viergliederung verbietet sich uns die recht unerleuchtete Entgegensetzung von Staat und Kultur, ebenso wie die von Staat und Wirtschaft: Der Staat bündelt oder organisiert in rechtlicher Hinsicht alle diese Sphären. Es kann sich immer nur um die Frage handeln: Was ist der Staatsanteil, was ist der private und was der „gemischte“ oder öffentliche Anteil an diesen Ebenen, hier also der Kultur?

Pädagogik

Es versteht sich von selbst, dass die vorschulische Erziehung in Elternhaus und Kindergarten nicht viel mit dem Staat zu tun haben sollte. Die Rechtsgemeinschaft Staat hat wohl ein gewisses Aufsichtsrecht und eine Aufsichtspflicht, sozusagen als Rechts-Anwalt der Kinder. Es ist Sache der Eltern, zu entscheiden, ob sie ihre Kinder einem konfessionellen Kindergarten anvertrauen wollen, Sache des Staates aber: eine Überprivilegierung von Konfessionen, die sich staatsähnliche Rechte – auf Kosten der Steuerzahler – anmaßen, zu verhindern. Auf dieses Thema der konfessionellen Überprivilegierung werden wir im nächsten Hauptabschnitt über die weltanschaulich-religiöse Sphäre zurückkommen.

Was heißt Freiheit der Kultur im Schulwesen?

Was nun die Schule angeht, so ist es zweifellos ein historisches Verdienst des Staates, selbst des obrigkeitlichen, eine allgemeine Schulpflicht und ein allgemeines Schulrecht der Kinder eingeführt zu haben. Die Frage entsteht, ob daraus heute die Pflicht zum Besuch einer staatlichen oder einer freien, aber öffentlichen Schule resultiert. Es gibt zudem nicht wenige Eltern, die ihre Kinder gern selbst unterrichten würden und dies für besser halten – wie weiland etwa der Vater von Cornelia und Wolfgang Goethe, ein recht gebildeter, strenger, aber auch kunstliebender Mensch, der ja keine so schlechten Ergebnisse erzielt hat.[207] Hier müsste sich folglich der Staat zurücknehmen und auf eine bloße Aufsichts- und vernunftgeprägte Prüfungspflicht zurückziehen. Das lässt sich zweifellos einrichten, bei etwas gutem Willen der Beteiligten.

Bei den höheren Schulen ist es im Prinzip nicht viel anders, nur dass sich hier weniger die Elternhäuser als vielmehr konfessionelle Gesellschaften um die freien Indoktrinierungsrechte von Zöglingen bewerben. Ob nun sozialliberal, katholisch, evangelisch, freireligiös oder anthroposophisch, vielleicht sogar freimaurerisch-rosenkreuzerisch, wenn das in öffentlichen Schulen ginge, indoktriniert wird, muss wohl dem Werturteil der Eltern und Schüler selbst überlassen bleiben. Es ist nur immer die Frage der Kosten. Denn eine Schule kostet. Gutgestellte Eltern werden das nicht tragisch nehmen. Aber es bleibt die Frage, wohin die *allgemeinen Steuergelder* fließen dürfen.

Mein Urteil hierzu lautet, dass die staatlichen Gelder nur in konfessionell und parteipolitisch neutrale Schulen fließen dürften. Alles andere verletzt die weltanschauliche und parteipolitische Neutralität des Kulturstaates in seinen Verwaltungseinrichtungen. Politisch und konfessionell neutral sind Schulen, wenn der einzelne Lehrer verkünden darf, was er will – ähnlich den Eltern -, dies aber nicht die Meinung und Linie „der Schule“ ist, die ja auch nach dem gesunden Menschenverstand gar keine Meinung haben kann. Auf diese Weise werden die SchülerInnen dazu provoziert, sich in dialogischer Freiheit selbst eigene Urteile zu bilden, soweit möglich und nötig. Mit anderen Worten: Weiterführende Schulen mögen konfessionell sein, aber nicht mit staatlichen Mitteln, wie es gegenwärtig in Deutschland geschieht.

Im Übrigen haben wir das hier nicht zu entscheiden. Solche Entscheidungen liegen beim künftigen Kulturparlament! Und das ist das Wesentlichste: ein dynamisches, transparentes Entscheidungsverfahren, bei dem Kultur und religiöse Weltanschauung als Zweierlei behandelt werden, ein Teil der gemeinten Transparenz. Ein Lehrer braucht deshalb auch nicht auf seinen Weltanschauungs-, sondern nur auf seinen Kulturgehalt getestet zu werden. „Wer Wissenschaft und Kunst besitzt, der hat auch Religion. Wer jene beiden nicht besitzt, der habe Religion“(J.W. Goethe).

Wofür ebenfalls hier plädiert wird, ist die Unabhängigkeit der Lehrpläne von ministerieller Bevormundung, die Freiheit der inhaltlichen Unterrichtsgestaltung für die Lehrer. Diese können keine staatlichen Verwaltungsbeamten sein, sondern sind freie Kulturträger und Vermittler einer Bürgergesellschaft! Das Einzige, was den Staat zu kümmern braucht, ist die formale Gleichwertigkeit der Abschlüsse, also vor allem des Abiturs in Deutschland. Gleichwertigkeit bedeutet aber nicht Gleichartigkeit! Nur ist die nicht gleichartige Gleichwertigkeit ein wenig schwieriger, etwas weniger schematisch, zu bestimmen.

Der Staat hat nicht länger selbst zu schulmeistern, sondern eine pluralistisch freie, wenngleich bewertbare „Schul-Meisterschaft“ innerhalb der Bürgerschaft zu gewährleisten.

Nur so kann es wieder in größerer Anzahl Lehrerpersönlichkeiten geben, die Meister ihres pädagogischen Faches sind – und wieder weniger Lehrer, die ihren Unterrricht wegen Depressionen aufgeben.

Wissenschaft und Forschung

Noch schwieriger, wirklich schwierig, wird es bei den Universitäten und Hochschulen. Auf der einen Seite hängt an Wissenschaft und Forschung heute das Wohl und Wehe des ganzen Gemeinwesens, und zwar nicht nur im Sinne des Bruttoinlandsprodukts einschließlich internationalem Ansehen. Selbst die Politiker fragen heute ständig bei den Wissenschaftlern an. Die Wissenschaften haben eine ungeheure soziale und politische Relevanz, weil das Argumentative Grundlage von Wertentscheidungen ist. Es fängt bei der Landwirtschaft an – wieviel Gift oder Landverseuchung verträgt der Mensch?, geht über die Fragen ökologischer Stadtkultur und hört bei der Gentechnologie noch lange nicht auf.

Das alte Problem stellt sich mit verstärkter Vehemenz: Die Wissenschaften haben eine enorme soziale Verantwortung. Deshalb müssen sie dem Gemeinwesen rechenschaftspflichtig, aber inhaltlich frei sein.

Nun stellt sich das Problem der Freiheit der Wissenschaften allerdings grundsätzlich anders unter parteistaatlichen Verhältnissen bisherigen Zuschnitts als unter den hier anvisierten Bedingungen. Wenn er Aussichten haben will, kann sich bisher – nur leicht übertrieben gesprochen – kaum ein Privatdozent erlauben, sich ohne Partei- und Verbindungszugehörigkeit irgendwo zu bewerben. Wenn die Parteien allerdings einmal durch Viergliederung neutralisiert sind, geht es ja um Sachfragen und den mehr oder weniger diskursiven Streit um diese. Also hört die untergründige Parteibuchwirtschaft an den Universitäten auf. Wenn dann auch die Konkordats- und Konfessionswirtschaft beseitigt sein wird, stellt sich immer noch die eigentliche Frage: Wie vereinbaren sich öffentliche Verantwortung der Wissenschaft und Freiheit der Wissenschaft? Schließlich trägt die Wissenschaft auch Verantwortung dafür, dass sie Milliarden von Steuergeldern verschluckt. Das Verhältnis von Verantwortung und Freiheit ist gerade im Zusammenhang mit Forschung und Lehre von entscheidender Bedeutung. Wie kann die Qualität von Lehre und Forschung so gemessen werden, dass die Verantwortbarkeit der Ausgaben für Wissenschaft und Forschung gegenüber den Bürgern sichergestellt wird? Wie ist eine Qualitätssicherung bei aller Freiheit herzustellen?

Diese Frage nach der Qualität und Auswahl der Lehrer und Forscher ist viel wichtiger als die festgelegter Lehrpläne und Studienabschlüsse.[208] Aber noch einmal: Wie ist öffentliche Qualitäts- und Relevanzkontrolle mit der notwendigen Freiheit von Lehre und Forschung in Einklang zu bringen? In den USA sorgt ein traditionell ungleich weiter ausgebautes öffentliches Stiftungswesen für relative Unabhängigkeit der Lehr- und Forschungsinstitute von staatlicher und parteilicher Bevormundung. Hier besteht eher die andere Gefahr der Abhängigkeit von ökonomischen Interessen. Solange diese wenigstens transparent, durchschaubar ist, stört sie die wissenschaftliche Wahrheitsfindung möglicherweise weniger als verdeckte politische und sonstige Interessen. Erwiesen ist das derzeit für die amerikanische Forschung im Hinblick auf ihren Erfolg in ökonomischer Verwertbarkeit von Wissenschaft, nicht unbedingt für Wahrheitsfindung.

Wie ist öffentliche Qualitäts- und Relevanzkontrolle mit der notwendigen Freiheit von Lehre und Forschung in Einklang zu bringen?

Das Problem von Freiheit und Effizienz der Wissenschaften geht viel tiefer, als es in der derzeitigen Diskussion um das *Ranking*, also die Leistungsbewertung der universitären Fachbereiche, erkennbar wird.[209] Auch die Deutsche Forschungsgemeinschaft (DFG) kann keineswegs als neutraler Wertmesser für wissenschaftliche Leistungen betrachtet werden. Es sind Fälle bekannt, in denen Forschungsanträge von solchen Gutachtern der DFG negativ beschieden wurden, die von den Antragstellern vorher sachlich kritisiert worden waren – ein schwerer Mangel an Neutralität der Bewertung. Hochqualifizierte Forscher bezeichneten dem Autor gegenüber das Auswahlsystem der DFG als eine „Mafia".

Der derzeit kultivierte Glaube an meistzitierte Autoren oder Autorengruppen verkennt vollkommen sowohl die Eigenart des wissenschaftlichen Erkenntnisprozesses wie das Gewicht der jetzigen Rahmenbedingungen. Er favorisiert das Mittelmaß, für das Wissenschaft ein Job zum Lebenserwerb wie jeder andere ist und läßt die hochkreativen Pioniere, die oft jahrzehntelang um Anerkennung ungewohnter Sichtweisen ringenden Forscher, auf der Strecke, und zwar sowohl in Geistes- wie Naturwissenschaften.

Der Glaube an meistzitierte Autoren oder Autorengruppen läßt die hochkreativen Pioniere auf der Strecke.

Es gibt nicht umsonst heute einen Boom kleinerer Akademiegründungen bzw. Versuche dazu, die wirklich inter- oder transdisziplinäre, gar „vereinheitlichende" und integrale Forschung ermöglichen wollen – weil dazu an den alten Universitäten zu wenig Platz und zu wenig Förderung gefunden wird.

Bei dem originellen, ökonomisch orientierten Sozialtheoretiker Burkhard Wehner (der selbst gute Gründe hat, das universitäre Leben zu meiden) wird diese ganze Wissenschaftsproblematik zunächst nach amerikanischem Vorbild ökonomisiert. Grundlegendes Merkmal der von ihm vorgeschlagenen Alternative ist dann aber,

> „daß die Wissenschaft aus der gesamtstaatlichen Zuständigkeit ausgegliedert und in ein eigenständiges, politisch und finanziell unabhängiges, aber gleichwohl öffentlich finanziertes Institutionengefüge überführt wird.“[210]

Wehner schlägt ein eigenes „Wissenschaftsparlament“ vor. Dieses Wissenschaftsparlament wäre nach meiner Auffassung eine Untergliederung eines tatsächlich demokratisch gewählten Kulturparlaments. Ein Wissenschaftsausschuss des Kulturparlamentes würde das Grundproblem von öffentlicher Effizienzkontrolle und Freiheit der Forschung und Lehre durch die Autonomie des gesamten Kulturlebens bereits in wesentlichen Punkten lösen. Denn die Freiheit der Wissenschaften – und gleichzeitig ihre fachliche Kompetenz – ist nicht bedroht durch öffentliche Kontrolle überhaupt, sondern durch die parteipolitische und sonstige Unsachgemäßheit der Einflussnahme.

Auch innerlich ist das heutige Wissenschaftssystem, wie kurz aufgezeigt, alles andere als immun gegen Verkrustungen und gegen die Tendenz, die kreativen Spitzen den Gesetzen des Mittelmaßes zu unterwerfen. In dieser Hinsicht sowie in Bezug auf die Frage, was überhaupt für die Öffentlichkeit als erforschenswert gelten kann, welche Akzente also gesetzt werden, brauchen die wissenschaftlichen Institutionen selbst das Korrektiv eines demokratisch legitimierten Wissenschaftsparlamentes (als Teil oder Kommission des Kulturparlamentes insgesamt).

Die heute bestehende Vorform des Wissenschaftsrates[211] *hat weder eigentliche demokratische Legitimation noch die Unabhängigkeit noch die Handlungsvollmacht noch Verantwortung vor der Bevölkerung.*

Es braucht ferner parlamentarische Beauftragte bzw. akademische Bürgerbeauftragte, an den sich einzelne Wissenschaftler mit Beschwerden oder besonderen Anliegen wenden können.

Der bürgergesellschaftliche Einschlag, wie er im amerikanischen Stiftungswesen ausgeprägt ist, bringt in der Tat eine pragmatische Freiheit und Leistungsorientierung der Forschung hinzu. Die beiden Komponenten, die kulturstaatliche und die bürgerschaftliche, zu kombinieren, wäre m. E. ein erstrebenswertes Ziel für die Universitäten und Hochschulen als öffentlich-rechtliche Einrichtungen. Hier wie in allen Bereichen wäre schon das Meiste damit gewonnen, dass die Fragen von traditionellen parteipolitischen Kalkülen, also von der Einflussnahme sachfremder Mächte entlastet, öffentlich diskutiert werden könnten. Aber nicht alles ist damit schon gewonnen: Auch das fachliche eigentliche Kräftespiel braucht ungleich größere Transparenz und Korrekturmöglichkeiten.

Der hier verfolgte Ansatz für das zentral wichtige Problem der Wissenschaftsförderung lautet gegenüber allen derzeitigen Versuchen: Die Aufgabe der Wissenschaftsförderung wird sich nur von der weiter entwickelten Demokratiekonzeption her befriedigend lösen lassen.

Publizistik

Im Grundgesetz wird unter dem noch frischen Eindruck der Nazi-Herrschaft formuliert:

> „(1) Jeder hat das Recht, seine Meinung in Wort, Schrift und Bild frei zu äußern und zu verbreiten und sich aus allgemein zugänglichen Quellen ungehindert zu unterrichten. Die Pressefreiheit und die Freiheit der Berichterstattung durch Rundfunk und Film werden gewährleistet. Eine Zensur findet nicht statt.
> (2) Diese Rechte finden ihre Schranken in den Vorschriften der allgemeinen Gesetze, den gesetzlichen Bestimmungen zum Schutze der Jugend und in dem Recht der persönlichen Ehre" (Artikel 5 GG).

Bis heute gibt es in Deutschland wenig Anlass, eine Mißachtung dieser publizistischen Grundrechte von Seiten der Obrigkeit zu beklagen. In den USA scheint dies nach dem 11. September 2001 nicht mehr so selbstverständlich zu sein. Der Versuch einer Einschränkung der Pressefreiheit wie in der Spiegel-Affäre von 1960 schlägt eher zum Nachteil der Regierungsseite aus.

Gefahr droht der freien Publizistik aber von einer ganz anderen, von der ökonomischen Seite, genauer von der ökonomisch gesteuerten *political correctness*. Unerhört ist heute die Selbstgleichschaltung der Medien aufgrund von wirtschaftlichem Opportunismus, dem allerdings im Tieferen ein fundamental gestörtes Verhältnis zur Wahrheit zugrunde liegt. Welcher Journalist oder freie Autor hat derzeit Chancen, inopportune oder ungewohnte Sachverhalte in einem größeren Blatt zur Sprache zu bringen, sagen wir über den Unterschied zwischen gastgebender Kultur und Gastkulturen, über die Anglisierung der deutschen Sprache, über das Zinseszinssystem, womöglich über die Idee einer Viergliederung unseres Parlamentarismus? Das ist nur in Nischen-Zeitschriften möglich, nach linksaußen oder rechtsaußen geordnet. Es geht also nicht um extreme oder radikale Haltungen, sondern nur um ein Verlassen des Gewohnheitsspektrums, was Denkenden ja leicht unterlaufen kann. Gemeint sind allerdings Ausdrucksformen, die nicht von vornherein die Narrenfreiheit des Künstlers in Anspruch nehmen.

Eine Kulturkrankheit größten Ausmaßes: die Dominanz wirtschaftlicher und parteipolitischer Erwägungen.

Das alles mag Tradition in den Weltanschauungsblättern des Kaiserreiches haben, von dem späteren Reich zu schweigen. Für eine demokratische Gesellschaft ist hier jedoch eine Kulturkrankheit größten Ausmaßes zu diagnostizieren: Die Dominanz wirtschaftlicher und parteipolitischer Erwägungen führt zur Selbstgleichschaltung. Von „Gleichschaltung" wird auch anderswo öfter wieder gesprochen, aber „Selbstgleichschaltung" benennt das Maß an Opportunismus und mangelnder Zivilcourage. Die genannten Beispiele sind Symptome einer Kultur, die man im Verhältnis zur Wirtschaft ⇦reaktiv-resignative Kultur nennen muss:[212] Eine Kultur, die von außerkulturellen Faktoren, vor allem von wirtschaftlichen Faktoren, geprägt wird, aber kaum selbst aktiv-schöpferisch Wirtschaft und Politik mehr prägt. Das Gros der Sender und Verlage ist derart auf Käufer- und Einschaltquoten fixiert, dass die spezifisch kulturellen Werte, geschweige denn Letztwerte wie Wahrheit und Gerechtigkeit, den wirtschaftlichen gewohnheitsmäßig untergeordnet werden. Diese Institutionen werden augrund einer Parodie von Mehrheitsdemokratie ihrem Auftrag nicht mehr gerecht.

Der Widerspruch zwischen der Überfülle unqualifizierbarer Information, und dem Fehlen von verlässlicher Schlüsselinformation

Hinzutritt als Kennzeichnen dieser Kultur in wachsendem Maße der Widerspruch zwischen dem süßen Brei, der Überfülle unqualifizierbarer Information, und dem Fehlen von verlässlicher Schlüsselinformation: dem Fehlen einer reflexiven Auswertung der Überfülle. Solche Reflexionsleistung wird der Freiheit des Einzelnen vorgeblich zugemutet, der damit einfach überfordert ist. Die Spiele intelligent durchgeführter Verblödung werden unter dem prätentiösen Verblendungstitel einer „Informationsgesellschaft" gefeiert. Es handelt sich aber um die Erscheinungsform einer spätindustriellen Gesellschaft, der die Hilfsmittel über den Kopf gewachsen sind: eine mit kaum beherrschbaren, sich technisch jedes Jahr überbietenden Informationsmaschinen arbeitende Design- und Desinformationsgesellschaft.

Der Kulturstaat müsste wohl in ganz anderer Weise auf den Plan treten, nicht um zu zensieren und inhaltlich zu reglementieren, sondern um die bürgergesellschaftliche Kommunikation in neuer Weise anzuregen. Wie, ist diesmal schwerer zu sagen als sonst, weil von dieser bürgergesellschaftlichen Kommunikation traurigerweise nur wenig Leben noch zu spüren ist und es sich um den zentralsten Bereich der Freiheit handelt. Hier kann die öffentliche Hand nur ermöglichen, nicht steuern. Vergessen wir nicht: Bisher haben wir – trotz „KulturstaatsministerIn" von des Kanzlers Gnaden – keine von der sonstigen Politik differenzierten kulturpolitischen Institutionen, nicht einmal auf Länderebene, sondern nur einen Einheitsstaat. Die öffentlichen und erst recht die freien Kulturträger – unzählige Vereine mit ehrenamtlichem Engagement – sollen mit diesem Verlangen nach spezifisch kulturstaatlicher Profilierung nicht etwa herabgesetzt werden. Nur machen tausend Nischen noch keinen öffentlichen Kulturraum aus, in welchem auch eine gewissermaßen allgemeine „öffentliche Kommunikation" stattfindet. Die Massenmedien geben uns manchmal durch eine Fußballweltmeisterschaft einen Eindruck von dem, was ein öffentlicher Kulturprozess sein könnte, an dem alle in je verschiedenem Maße und auf je verschiedene Weise teilnehmen würden.

Kunst

Das Thema ist zu groß, um hier noch eigens behandelt werden zu können. Wer nähme Kunst noch oder schon ernst als Ebene eigentlicher öffentlicher Kommunikation, das ist ja Kultur? Da man die Bedeutung der Kunst dafür ahnt, „nicht an der Wahrheit zugrunde zu gehen" (F. Nietzsche), entsteht der Widerspruch zwischen Schicky-Micky-Ästhetisierung des offiziellen gesellschaftlichen Lebens mit nie dagewesenen Ausgaben für die Künste einerseits – bei fast völligem Unverständnis und Ratlosigkeit des größeren Publikums anderseits. Dazwischen die Verzweiflung sowohl der nicht subventionierten echten Künstler eigenen Rechts wie derer, die es gern sein wollen und könnten, denen aber die öffentlichen Maßstäbe und inneren Hilfen dazu fehlen.

Die künstlerischen Institutionen einer Bürgergesellschaft gibt es sicher zahlreich in Deutschland, besonders nach wie vor in der Musik. Aber dieser kunstliebende Teil der Gesellschaft hat sein Gegenüber in einem Kulturstaat neuen Stils noch nicht gefunden. Das gesamte Gemeinwesen bedarf der Künste für einen „öffentlichen Geist" jenseits der tausend Nischen.

Fazit

Hier den Weg zu finden ist Sache eines Kulturparlamentes.

Es wurde hier für den kulturellen Bereich nirgends – noch weniger als im wirtschaftlichen – nach dem Staat als Übervater gerufen. Wohl aber nach dem strukturgebenden, fördernden und verknüpfenden Gegenüber der privaten Initiativen. Der Bürger als Steuerzahler will zweifellos einen freigebigen Kulturstaat und ist eher bereit, diesen zu tragen, erst recht bei einer von besagten Privilegien befreiten Wirtschaft. Doch keineswegs nur für eine politische oder sonstige Klasse.

In der Tat geht es – unter finanziellem Aspekt – sehr wohl um reichliche öffentliche Kultur- und Kunstförderung, nicht jedoch exklusive Förderung der alten Oberschicht-Kultur mit ihren klassischen Opern- und Konzertsälen. Auch nicht vordringlich der „Bratwurst-Kultur" der Volksbelustigungen. Hier den Weg zu finden, das gerade ist Aufgabe eines Kulturparlaments. Es reguliert die Rahmenbedingungen sowie die finanziellen Zuwendungen an bürgerschaftliche Initiativen, im Schulbereich weitgehend an „freie", aber pluralismusfähige öffentlich-rechtliche Träger des Schulwesens. In der Wissenschaft ebenso an öffentlich-rechtliche Träger der Lehre und Forschung.

Es wird einen parlamentarischen Beauftragten für Freiheit der Publizistik geben müssen. Das Kulturministerium auf nationaler Ebene wird ein ganz anderes Gewicht als bisher bekommen, nicht um die kulturellen Aktivitäten zu verstaatlichen, sondern um die bürgerschaftlichen Initiativen zu fördern und zu koordinieren.

Der nationalen Staatstheater, Staatsorchester und Staatsmuseen und Staatsbibliotheken brauchen wir nur wenige – selbst bei Kulturhoheit der Bundesländer. Doch viele kommunale Einrichtungen dieser Art und viel öffentliche Förderung der bürgerschaftlichen Kulturinitiativen. Die kulturelle Kreativität wird ungeahnte Ausmaße annehmen, ist sie erst von den Zwängen einer systemisch erzeugten wirtschaftlichen Knappheit aufgrund der undurchschauten Klassenprivilegien befreit. Wirtschaftliche Chancengleichheit und Gleichheit der Bildungschancen, also Chancen zu kultureller Teilnahme, gehen bekanntlich zusammen. Das ist aber nicht unbedingt die „Gleichheit" staatlicher Schulpläne.

Befreiung vom Konfessions-Staat zu bürgerschaftlicher Religiosität

Ein subtiler religiöser Fundamentalismus besteht überall da, wo die moderne Differenzierung von religiöser und staatlich-rechtlicher Gemeinschaft noch nicht konsequent durchgeführt wurde. Solange dies nicht der Fall ist, solange die alte integralistische Nicht-Differenzierung, das Gegenteil von Integration durch Differenzierung, fortbesteht, kann es kein freies politisches, kulturelles noch religiöses Leben geben.

Keine freie Politik und Kultur

Kaum zu überblicken noch zu überschätzen ist die Abhängigkeit, ja Entstellung von Politik und Kultur via Einheitsparteien, Medienproporz usw. von den überprivilegierten Kirchen, die außer ihrer rechtlichen und finanziellen Privilegierung (staatlicher Religionsunterricht und eigene konfessionelle Fakultäten an den staatlichen Hochschulen!) und außer dem zugestandenen Steuererhebungsrecht[213] zusätzlich erhebliche, traditionsbedingte staatliche Zuwendungen erhalten, z.B. staatliche Vergütung der Bischöfe und eines Großteils der Geistlichen, alte Staatsleistungen für die einstige „Säkularisation" von Kirchengütern unter Napoleon.[214] Nach Eingehen auf einige bundesweite Ausgaben, etwa für die Militärseelsorge, die den Kirchen nicht etwa nur erlaubt, sondern aktiv durch Pfarrerbesoldung usw. vergütet wird, führt Horst Herrmann das Beispiel eines einzigen Bundeslandes mit den damaligen Zahlen an:

> „Allein das Land Nordrhein-Westfalen zahlt der katholischen Kirche aufgrund seiner ‚ererbten' Verpflichtungen jährlich die stattliche Summe von rund 350 Millionen Mark. Darüber hinaus erläßt das Land der Kirche Steuern, Gebühren und Abgaben in geschätzter Höhe von jährlich etwa 150 Millionen Mark. Und nochmals, weil es so unglaublich klingt: Die halbe Milliarde stammt nicht aus Kirchensteuern, sondern aus den normalen Steuermitteln des Staates. Sie wird von Katholiken wie Protestanten, von Gläubigen wie Ungläubigen aufgebracht. Ohne es zu wissen, hat jeder nordrhein-westfälische Steuerzahler im Jahre 1987 mitfinanziert:
> - 7,8 Millionen DM an ‚Dotationen für die Erzdiözesen und Diözesen' – der Unterhalt für fünf katholische Bischöfe des Landes und ihre Domherren.
> - 25 Millionen DM für die Bezahlung von etwa 200 Dozenten der Theologie an staatlichen Universitäten und für die entsprechenden Investitions- und Verbrauchsmittel.

- 292 Millionen DM für die Gehälter der Religionslehrer an den Schulen des Landes – die Arbeitsmittel und die Raumkosten nicht mitgerechnet. (...)
Über diese Zahlungen hinaus werden die Kirchen auch indirekt mitfinanziert. Mit Hilfe der sogenannten ‚negativen Staatsleistungen', die im großen Verzicht der Bundesländer auf ihnen zustehende Steuereinnahmen bestehen. Die Kirchen brauchen nämlich keine Grunderwerbs-, Grund-, Schenkungs- und Erbschaftssteuern zu bezahlen. Auch haben sie Vorzugsrechte in Sachen Verwaltungs- und Notariatsgebühren. Wegen der Schenkungsfreudigkeit manch frommer Bürgerinnen und Bürger handelt es sich dabei um Steuerausfälle in Millionenhöhe, die der Steuerzahler ausgleichen muß. Das Land (...) bezahlt zudem: 11,8 Millionen Mark jährlich an Beihilfen zur Pfarrerbesoldung', weitere 11,8 Millionen zur Finanzierung katholischer Privatschulen oder zur Renovierung alter Kirchen. (...) Zusätzlich kassierte die katholische Kirche 1991 allein in Nordrhein-Westfalen 2,7 Milliarden Mark Kirchensteuer. Tendenz steigend."[215]

Die Gewerkschaften – sie werden bezeichnenderweise stets mit den Kirchen zusammen als öffentliche Mächte genannt – haben sich damit wohlweislich abgefunden, auch die „nicht-christlichen" Parteien. Gerade sie fürchten nach wie vor Hirtenbriefe und andere Stellungnahmen zugunsten der „christlichen" Parteien. Also bewegt sich innerhalb dieses Spektrums der weltanschaulichen Blockparteien auf lange Sicht nichts. Mögen die Missstände, die aktive einseitige Parteinahme der staatstragenden Parteien und ihrer Ableger-Kräfte zugunsten der alten christlichen Konfessionen jedem Unbefangenen auch noch so offensichtlich erscheinen. Auf dem geduldigen Papier steht: „Es gibt keine Staatskirche" (übernommener Artikel 137 aus der Weimarer Verfassung). Jeder „Staatskirchenrechtler", meist Theologen mit juristischer Zusatzausbildung und Angehörige der theologischen Fakultäten, wird das selbstverständlich bekräftigen. Denn er profitiert selbst ganz existentiell von diesen Privilegien. Die meisten, auch „neutralen" Staatsrechtler, versuchen nach Kräften, die faktischen Zustände mit der grundgesetzlich gebotenen Neutralität des Staates in Religionsdingen irgendwie in Einklang zu bringen sowie mit der individuellen „Freiheit des Glaubens, des Gewissens und des religiösen und weltanschaulichen Bekenntnisses" (Artikel 4,1 GG).

Politische Kritik an den bestehenden staatlich-kirchlichen Zuständen gilt gegenwärtig als irgendwie frivol oder unfein, als inopportun, weil die Kenntnis über die Finanzierungen und die Privilegien wenig verbreitet ist und die Menschen spüren, dass die Einzelnen wie das Gemeinwesen irgendeinen religiösen Halt brauchen. Gerade diejenigen, die sich mit Religion, als „Privatsache", bitte nicht näher beschäftigen wollen, scheuen eine Diskussion, welche die „altehrwürdigen" Institutionen in Frage stellen könnte.

Die Wenigsten wissen zudem oder nehmen als Universitätsangehörige gebührend zur Kenntnis, dass neben den theologischen Fakultäten[216] auch die „freie Philosophie", also immerhin die Grundlagendisziplin der Geistes- und Sozialwissenschaften, durch die Kirchen untergraben wird, indem nach wie vor einige Lehrstühle an den meisten Universitäten in ihrer personellen Besetzung von der Zustimmung des örtlich „zuständigen" Bischofs abhängen: das schon einmal erwähnte Privileg aus dem Hitler-Konkordat mit dem Heiligen Stuhl (1933). Freilich ist dieser akademische Klerikalismus nicht überall gleich ausgeprägt. Er hängt in seiner Stärke vom Charakter einzelner Lokalgrößen und ihrer Handlanger ab. Benachteiligte machen gewöhnlich den Mund nicht auf, solange sie noch irgendetwas zu verlieren haben. Die ganz wenigen Ausnahmen machen sich akademisch unmöglich, indem sie derart aus der hohen Schule des „Diskurses" plaudern.

Keine freie Religiosität

Geistige Freiheit würde die Kirchen mit ihrer Monopolstellung grundlegend verändern.

Was hier für den akademischen Bereich des „freien" wissenschaftlichen und kulturellen Lebens bemerkt wurde, ließe sich unschwer ausdehnen auf den Gewissensdruck, den die Kirchen als Arbeitgeber durch ihre – meist noch zum Großteil staatlich finanzierten – öffentlichen Einrichtungen wie Kindergärten, Schulen, Krankenanstalten, Akademien usw. ausüben. Es wird heute nicht mehr so oft vorkommen, dass eine Scheidung oder ein außereheliches Verhältnis zur Kündigung durch den kirchlichen Arbeitgeber führt. Als „Tendenzbetriebe" erfreuen sich die Kirchen jedoch juristisch noch immer derartiger Eigenrechte in ihrem Einflussbereich. Geblieben ist das Faktum, dass diese Großarbeitgeber der Republik faktisch die Kirchenmitgliedschaft von Angestellten erzwingen. Natürlich meist nur indirekt und stillschweigend: Angestellte in katholischen Krankenhäusern etwa müssen im Normalfall Kirchenmitglieder sein, die Kirchensteuer zahlen. Ausnahmen sind die Aushängeschilder der neuen „ökumenischen" Toleranz. Es gilt als ausgesprochen tolerant und fortschrittlich, dass nicht einmal nach der inneren Haltung gefragt wird, sondern nur nach dem äußeren Verhalten der Kirchensteuerzahlung.

Über Einzelschicksale hinaus geht es um etwas ganz Grundsätzliches von äußerster allgemeiner Tragweite: Nicht allein Kultur und Politik sind durch die quasi-staatskirchliche Überprivilegierung der „großen" deutschen Kirchen verfälscht. Es entsteht auch größter Schaden für eine freie Religiosität, wenn die Kirchen, gestützt auf den weltlichen Arm, ihre Stellung zu einem geistigen Monopolismus mißbrauchen, indem sie andere religiöse Gruppierungen fast unterschiedslos als Sekten diffamieren. Was einst die Freimaurer, Rosenkreuzer usw. – von den sogenannten Hexen zu schweigen[217] – individuell tödlich, später in ihrer sozialen Existenz bedrohte, hat noch heute gewaltige Auswirkungen auf das „freie Geistesleben" im religiösen Sinne. Kirchen, die sich dermaßen noch heute nicht dem freien geistigen Dialog auszusetzen wagen, verdienen – nach den Maßstäben ihres eigenen Stifters – eigentlich nicht das Attribut „christlich".

Religion ist eigentlich, entgegen der gewalttätigen Tradition der abendländischen Kirchen, gerade der Bereich der geistigen Freiheit.[218] Die Kirchen können auf ihre institutionellen Monopolstellungen nicht verzichten, ohne selbst Mut zum Geist und damit zum freien Austausch zu zeigen. Geistige Freiheit würde sie grundlegend verändern und Strömungen zulassen, die jetzt als Sektiererei gelten, beispielsweise die hinduistische, buddhistische wie theosophische Lehre, dass es eine Mehrzahl von Meistern, d.h. vergöttlichte Menschen wie Jesus gibt. In dem Moment, wo das als mögliche Erfahrung von Menschen zugestanden würde, würden die Kirchen „aufgehoben" in dem bekannten dreifachen Hegelschen Sinn: in ihrer alten herrschaftlichen Exklusivität abgeschafft, in ihrer verborgenen Essenz bewahrt und auf eine höhere Ebene gehoben. Vorausgesetzt wäre ein Minimum an geistiger Konsequenz.

Es wird Zeit, dass die Kirchen wenigstens zum geringen Prozentsatz die Einkehr (theologisch: *Metanoia*!) für Jahrhunderte ihrer dunklen Geschichte vollzögen, die man in Deutschland für gewisse zwölf Jahre zu leisten nicht müde wird. Was wir jetzt haben und was sich auf dem Ökumenischen Kirchentag Berlin 2003 zeigte, hatte mit Einkehr und Umkehr nichts zu tun, sondern mit Komplizenschaft der großen Kirchen in der Trennung.[219] Getrennt regieren und kassieren (z.B. je zwei theologische Fakultäten auf Staatskosten), aber vereint die Privilegien verteidigen.

Pluralistisch-religiöse Auflösung von Fundamentalismen

Die selbstverständliche Gleichsetzung von Religion überhaupt mit den Kirchen ist latenter Fundamentalismus.

Eine der wirksamsten Abwehrstrategien gegen Kritik an der Okkupation des religiösen Lebens durch die bestehenden Konfessionen besteht darin, immer noch eine stillschweigende Gleichsetzung von Religion mit unseren Kirchen zu suggerieren. Die Kritik am latenten Fundamentalismus in dieser Gleichsetzung kommt heute nicht mehr primär von irreligiöser, sondern von religiös motivierter Seite. Es muss eingestanden werden, dass das traditionelle orthodox christliche (ebenso das jüdische und muslimische) Religionsverständnis seit der Konstantinischen Wende (313 n. Chr.) von seinem kodifizierten, dogmatisierten Wesen her, nicht etwa bloß in seinen traditionalistischen Auswüchsen, bis weit ins 20. Jahrhundert hinein stark fundamentalistische Züge trug und Reste davon noch immer trägt.

⇦Fundamentalismus sei definiert durch folgende Merkmale: 1. Wörtlichnehmen alter religiöser, symbolischer Schriften als durchgehend inspiriert und unfehlbar. 2. Fehlen einer historischen Relativierung und einer zeitgenössisch angepassten Interpretation. 3. Ablehnung eines religiös-weltanschaulichen Pluralismus im Gemeinwesen. 4. Tendenz zur Theokratie, d.h. zur Nichtunterscheidung zwischen weltlichem und geistlichem Bereich, zwischen Rechtsordnung und religiös begründeter Ethik. 5. Vorteilnahme einer Religionsgemeinschaft aus historisch überholten staatlich-rechtlichen Privilegien (aus vorpluralistischen Zeiten). 6. Immunisierung in der Abwehr von Kritik. 7. Fanatismus im praktischen Verfolgen der eigenen Ziele.

Wir finden auch in den christlichen Großkirchen erhebliche Reste von Fundamentalismus: Im Protestantismus etwa das Umgehen mit dem „papiernen Papst“, der autoritär verwendeten Bibel. Wie lange wurden und werden noch Bibelsprüche wie der folgende für die moderne Zeit wortwörtlich genommen?

> „Jedermann soll sich denen unterordnen, die die Regierungsgewalt ausüben. Denn es gibt keine staatliche Gewalt, die nicht von Gott kommt; die bestehenden Gewalten sind von Gott eingesetzt. Wer sich also der staatlichen Anordnung widersetzt, der widerstrebt der Anordnung Gottes“ (Römer 13,1 f).

Gerade die Aufnahme dieser Worte hat sehr viel mit der deutschen Obrigkeitsmentalität und dem verhältnismäßig geringen Widerstand des deutschen Protestantismus zur Zeit des Dritten Reiches zu tun. Wird heute auf grundsätzlich aufgeklärtere Weise mit der „Heiligen Schrift“ – eher als Hilfe zur Interpretation der eigenen Sinnerfahrung denn als autoritäres Dokument, worin sich Gott schwarz auf Weiß, direkt in Menschensprache, ausspricht – umgegangen?

In der katholischen Kirche ist es neben der „flexiblen Treue“ zu heiligen wie unheiligen Dokumenten der Tradition das bigotte Verhältnis zu den monarchischen Kirchenoberen, voran zum Papst, dessen „Unfehlbarkeit“ noch immer als offizielle Lehre gilt. Es ist aber das gesamte ideologisch überhöhte Kirchenverständnis, das die real existierende Kirche – angeblich alternativlos und in Kontinuität seit den Aposteln! – als *societas perfecta* neben und über den Staat stellt, und damit ein Staatskirchen-Recht hervortreibt, welches in vielen Punkten nichts als abgemildertes, heruntertransformiertes Staatskirchentum darstellt.[220]

Das alles wird auch von den „kritischen Christen“ und Kirchensteuerzahlern trotz besserer Einsicht durch viele Jahrzehnte mitgetragen, weil man mit einer Kontinuitätsideologie einem kollektiven Ödipuskomplex in Bezug auf „Mutter Kirche“ huldigt.

Zwar waren die theokratischen Ansprüche der geistlichen Gewalten in vorpluralistischen und vormodernen Zeiten (vor der Differenzierung der Systemebenen Religion, Kultur, Politik, Wirtschaft) fast unvermeidlich. Doch eben nur fast: Denn die christlichen Ursprünge fallen in die Zeit eines vormodernen religiösen Pluralismus im Römischen Reich. Insofern waren dem Christentum – aufgrund der revolutionären Unterscheidung von Volksgemeinschaft und Gottesverhältnis – weltgeschichtlich neue Aufgaben gestellt. Diese sind bis heute gerade vom Großteil der Vertreter und „Gläubigen“ des Staatskirchenrechts nicht begriffen worden.

Die religiösen Fundamentalisten im engeren, militanten Sinne, die heute vor allem aus traditioneller islamischer Volksreligiosität herauswachsen und diese verzweifelt gegen die Modernisierung schützen wollen, lassen sich dagegen durch eine oberflächliche Mitläufer-Religiosität nicht von ihrem berechtigten Willen zu religiöser Intensität abbringen. Insofern stellt Halbreligiösität eine Provokation des Unglaubens für die Intensiven oder Fanatiker dar. Der praktische Materialismus der religiösen Mitläufer kann keine Antwort auf den religiös motivierten, wenngleich fehlgeleiteten Fundamentalismus der religiösen Fanatiker geben. Erst recht nicht der gemäßigte, missionarische Fundamentalismus des amerikanischen Präsidenten Bush, der es nicht nötig hat, eigenhändig Bomben für die Verbreitung der westlichen Demokratie zu legen. Er lässt sie im großen Stile werfen.

Zum religiösen Fundamentalismus der Fanatiker gibt es glaubhaft nur die Alternative einer pluralistisch-religiösen Integration des Gemeinwesens: die Befreiung der weltanschaulich-religiösen Energien bei Eigenständigkeit der anderen, sozialen Subsysteme, d.h. ohne religiösen Integralismus. Dessen staatskirchenrechtliche Variante herrscht in Mitteleuropa vor, während die USA ein Hauptbeispiel dafür liefern, dass auch die formelle Trennung von Staat und Kirchen noch keine zureichende Lösung sind, solange die Viergliederung des demokratischen Systems noch keine geordnete Kanalisierung der religiösen und ethischen Energien gewährleistet.

Kein freies Gemeinwesen ohne Befreiung der religiösen Energien

Der klerikale Schnee von gestern liefert die Überschwemmungen und Verwüstungen von heute und morgen.

Mancher Leser mag sich über das ausführliche Eingehen auf die Kirchenfrage, genauer die Staats-Kirchen-Rechts-Frage, in diesem demokratietheoretischen Zusammenhang wundern. Ist das nicht für kritische und junge Leute alles Schnee von gestern? Hat sich in den weitgehend entchristlichten ostdeutschen Ländern nicht alles schon erledigt? Mag sein, aber der Schnee von gestern kann die Überschwemmungen und Verwüstungen von heute und morgen liefern. Was die Verwüstungen des geistigen und öffentlichen Lebens von heute angeht, so können diese nur erheblich unterschätzt werden, wenn die öffentliche Einflussnahme der großen Kirchen ignoriert oder mit deren geistiger Überzeugungskraft verwechselt wird!

Im Hinblick auf morgen möchte ich unterstreichen, worum es letztlich in diesem Zusammenhang des demokratischen Kunstwerks geht. Es handelt sich nicht allein um einige der größten „öffentlichen" Arbeitgeber der Republik. Das wäre zwar schon Grund genug, deren so eigentümliche „Künstlerfreiheit" auf Kosten der Allgemeinheit zu hinterfragen.

Doch letztlich geht es darum, wir brauchen die Freisetzung dieser ethischen, religiösen und spirituellen Energien für den lebendigen Bau einer sich vertiefenden Demokratie. Deshalb kann der „staatskirchenrechtliche" ebenso wie der naiv-fundamentalistische Missbrauch dieser Energien durch Führungspersönlichkeiten gar nicht deutlich genug enthüllt und gebranntmarkt werden. Es wurde oben – im Zusammenhang mit dem Grundwerteparlament – hervorgehoben, dass dieses Gremium das faire Miteinander der Religionen und Weltanschauungen selbst zu praktizieren und gesetzlich zu regeln haben wird. Damit es jedoch überhaupt dahin kommt, muss die Blockade auch im religiösem Bereich der Privilegierten gebrochen werden.

Auch heute gilt – abgewandelt – das zitierte Wort Hegels, es gebe keine Revolution ohne Reformation. Der junge Karl Marx irrte sich in einem Punkte gewaltig, als er 1843/44 seine Kritik der Hegelschen Rechtsphilosophie[221] folgendermaßen begann: „Für Deutschland ist die Kritik der Religion im wesentlichen beendigt", obwohl richtig bleibt: „Die Kritik der Religion ist die Voraussetzung aller Kritik."

Ohne Kritik des Legitimationssystems – und das sind schätzungsweise zu 80 Prozent Religion und transreligiöse Spiritualität, und sie werden es bleiben! – kann das auf ihm gebaute Staatswesen nicht gründlich erfasst und kritisiert werden. Die Kritik der real existierenden Religion war zu Marx'Zeiten noch lange, lange nicht beendet. Sie war und ist überhaupt nicht zu beenden, am wenigsten durch einen „aufgeklärten" Sprung in Atheismus, was immer das heißen mag. Für religiös musikalische Menschen war solch ein Sprung schon zu Marx Zeiten, bei allem Wunsch nach sozialer Gerechtigkeit, ein unzumutbares Unding. Marx hat sich – mag sein Zorn auf die historische Religion noch so berechtigt gewesen sein – viele Hilfskräfte verprellt durch seine (anscheinende) Irreligiosität. Deshalb sind auch seine weiteren, sprachlich und dialektisch grandiosen Sätze ebenso falsch wie wahr. Wir müssen heute die Wahrheit aus ihnen herauskeltern und sie gleichzeitig gründlich korrigieren:

> „Der Mensch, das ist die Welt des Menschen, Staat, Sozietät. Dieser Staat, diese Sozietät produzieren die Religion, ein verkehrtes Weltbewußtsein, weil sie eine verkehrte Welt sind. Die Religion ist die allgemeine Theorie dieser Welt, ihr enzyklopädisches Kompendium, ihre Logik in populärer Form, ihr spiritualistischer point d'honneur, ihr Enthusiasmus, ihre moralische Sanktion, ihre feierliche Ergänzung, ihr allgemeiner Trost- und Rechtfertigungsgrund."

Wer so über die gesellschaftliche Sinnwelt des Menschen als Religion schreiben kann, einen Großteil der religionssoziologischen Literatur bis heute vorwegnehmend, der ist erwiesenermaßen kein religiös unmusikalischer Mensch. Wenn wir uns weiterhin Religion als den „Geist geistloser Zustände," als Opium der Betäubung in einer eigentlich nicht auszuhaltenden kapitalistisch-„demokratischen" Welt leisten, kann aus dieser Gesellschaft und Demokratie nichts werden.

Wir brauchen diese Energien, die in den religiösen Institutionen gebunden und zu einem beträchtlichen Teil "verkehrt" sind. Wir brau-

Kirchen werden bürgergesellschaftliche Religions- und Weltanschauungsgemeinschaften werden: fundamentalismusfreie Foren spirituellen Austausches.

chen die Energien der sich abkehrenden Einzelnen, aber auch die Energien dieser sich bekehrenden Institutionen selbst. Sie werden dabei nicht diese Institutionen der Unfehlbarkeit und Fast-Unfehlbarkeit, des Doppelspiels und der unfairen Vorteilsnahme bleiben können. Sie werden bürgergesellschaftliche Religions- und Weltanschauungsgemeinschaften werden und solche fördern müssen, Foren des Austausches in und über Wahrheit, die über den Diskurs der Universitäten, besonders über den nicht stattfindenden, den unterdrückten und entstellten Diskurs, entschieden hinausgehen. In anderer Weise nochmals, als die Parlamente über die bloße Argumentation hinaus zur Wertkommunikation kommen müssen. Die Wertekommunikation ist der religiösen Metakommunikation eng benachbart.

Für die Befreiung dieser ungeheuren, gebundenen Kräfte und ihre Fruchtbarmachung für eine neue, notwendig auch religiöse Bürgergesellschaft habe ich auf diesen Seiten plädiert – nicht einfach gegen die Kirchen, sondern gegen das aus sozialphilosophischer Sicht heute schier unerträgliche Quasi-Staatskirchentum, mit seinem geistlichen und weltlichen – leider zudem noch „typisch deutschen" – Staatskirchen-Unrecht.

Wer als Einzelner seine Sinnfindung ohne Religion, allein mit wissenschaftlich-philosophischer Weltanschauung, „besorgen" will, dem soll hier nichts Anderes andemonstriert werden. Es geht darum, sozialtheoretisch-neutral den Platz für die kommunikativen, d.h. religiösen Sozialformen von Weltanschauung und Spiritualität offen zu halten.

Bildlich gesprochen: Heute ist es das selbstverständliche Privileg der Großkirchen vor dem Reichstagsgebäude, auf dem neuen „Platz der Republik", einen Abschlussgottesdienst zum ökumenischen Kirchentag zu halten (wie am 1. Juni 2003). Sie verhalten sich mit der Besetzung dieses symbolisch zentralen Ortes für die Republik wie Staatskirchen. Vor dem Sitz der Volksvertreter, die „dem deutschen Volke" dienen, setzen sich evangelische und katholische Kirche gleichermaßen in Szene. Der demokratische Skandal, der sich in dieser Inszenierung offenbarte, lässt nur noch auf eine bürgerschaftliche Lösung hoffen. Einst wird allenfalls das künftige Grundwerteparlament zu einem wirklich „ökumenischen", d.h. für alle akzeptablen „Gottesdienst" einladen. Es gibt zwar kein Zurück zu einer einheitlichen Volksreligion, wohl aber ein Vorwärts zu einer pluralen, transreligiösen Gemeinsamkeit, die sehr wohl auch neue allgemeine Feste feiern kann.[222]

Befreiung vom Parteienstaat: zum „konstruktiven Misstrauensvotum“ der Bürgergesellschaft

Dem Leser wird nicht entgangen sein, dass die zweite Ebene des sozialen Organismus, die spezifisch politische, in dieser Betrachtung über die drei Organisationsformen (staatlich, privat und öffentlich) nach der ersten, wirtschaftlichen Sphäre übersprungen wurde. Dies aus zwei Gründen: Erstens ist über die politische Ebene alles Entscheidende schon gesagt worden. Zweitens soll nun diese im engeren Sinn politische Betrachtung den Übergang zu den Themen der beiden nächsten Kapitel bilden.

Das Entscheidende zur politischen Ebene lässt sich in wenigen Sätzen resümieren:

- Das spezifisch Politische umfasst „nur“ noch die Sachbereiche Bodenpolitik, Sicherheitspolitik, Außenpolitik und Rechtsentwicklung.
- Alle zuletzt besprochenen Bereiche sind zwar politisch im weiteren Sinn der staatlich-rechtlichen Organisation, umfassen aber in ihrer Materie Sachbereiche, für die heutige Allround-Politiker selten genügende Qualifikation mitbringen – und niemals eigens gewählt wurden.
- Die Entflechtung des „Politischen“ bedeutet konkret die Auflösung der Einheitsparteien oder Parteienblöcke (auch „Blockparteien“ genannt). Diese Parteien alten Stils müssen zwingend notwendig neuen Sachlichkeits-Parteien für jede Ebene des sozialen Organismus Platz machen. Hierin liegt der entscheidende gesamtpolitische Befreiungsschritt. Er erfolgt „automatisch“ bei getrennten Wahlen zu den vier Parlamenten, so dass in diesem Schritt das Entscheidende liegen wird. Es ist von untergeordneter Bedeutung, ob diese getrennten Wahlen auch zeitlich getrennt stattfinden, was aber wegen der wünschenswerten jeweiligen Konzentration der öffentlichen Aufmerksamkeit auf einen der Bereiche sehr empfohlen wurde.

Die neuen Sachlichkeitsparteien bilden sich von selbst bei getrennten Wahlen zu den vier Parlamenten.

- Was nun zusätzlich das Verhältnis von staatlich – privat – öffentlich angeht, so dürfen die Parteien auf keinen Fall länger als Staatsparteien oder staatsdominierende Parteien verstanden werden, wozu sich die „Mitwirkung“ der Parteien nach Artikel 21 GG in der Nachkriegszeit in skandalösem Maße entwickelt hat – von illegalen Parteispendenaffären ganz abgesehen. Diese Affären haben beinahe die Funktion, von der viel tieferen Dysfunktionalität der jetzigen Parteien und der ganz legalen strukturellen Korruption abzulenken. Nur durch wachsendes Misstrauen und Parteienverdrossenheit bereiten sie dem Konstruktiven den Boden. Die künftigen Parteien sind zunächst private Vereinigungen, sei es religiös-weltanschaulichen, kulturellen, wirtschaftspolitischen oder spezifisch politischen Charakters (für Boden-, Sicherheits-, Außen- und Rechtspolitik). Ihnen unter gewissen Bedingungen einen Status als Gesellschaften öffentlichen Rechts (mehr als gemeinnützige Vereine?) zu verleihen, darf nicht zu Diskriminierungen anderer Gruppierungen führen.

- Eine etwaige öffentliche finanzielle Förderung der künftigen Sachparteien ist nicht zwingend erforderlich, wohl eine Form der (erfolgsabhängigen?) Wahlkampfvergütung. Falls öffentliche Parteiförderung stattfindet, versteht sich, dass nähere Regelungen, ein Parteiengesetz neuen Typs, erforderlich sind.
- Vermutlich ist keine Quoten-Klausel wie die derzeit in Deutschland bestehende 5%-Klausel für die künftigen Sachparteien sinnvoll, zumal kein Verhältnis-Wahlrecht mehr erforderlich sein dürfte (wegen der sachspezifischen Aufgliederung des Parteienspektrums).
- Ein neues Parteiengesetz müsste vorsichtshalber bestimmen, dass Parteien keine ebenenübergreifende rechtliche Identität alten Stils (als Blockparteien) haben dürfen. Das heißt, verschiedene Sachparteien dürfen nicht bloß organisatorisch ausgelagerte Zweige einer einheitlichen Organisation sein. Zwar ergibt sich die sachliche Differenzierung bereits durch die bereichsspezifische Wahl. Doch könnte sie durch politische Kartellbildung unterlaufen werden.

Das Entscheidende für unseren genauen Zusammenhang (staatlich – privat – öffentlich) liegt also darin, dass die Sachparteien neuen Stils durch die Aufgliederung in Sachbereiche bürgergesellschaftlichen Charakter bekommen und aufhören, quasi Staatsorgane zu sein. Doch als ebenenspezifische Sachparteien auf den Plan treten können sie mit Erfolg erst, wenn die parlamentarische Differenzierung eingeführt ist. Attac z.B. als eine wirtschaftspolitische Bewegung tut gut daran, keine Partei alten, ebenenübergreifenden Stils zu werden. In einem gegliederten Parlament aber muss sie Platz finden. Denn die entscheidende Wirksamkeit läuft letztlich über die parlamentarische Gesetzgebung.

Was diese wenigen Grundsätze für das politische Leben im weiteren Sinn wie im engeren Sinn bedeutet, lässt sich unter der bislang selten gegebenen Voraussetzung realutopischer Phantasie ganz gut absehen: Es wird ein reges öffentliches Vereinsleben politischer Art (im weiteren Sinn) entstehen, das nicht mit der Frustration belastet ist, dass zwischen Skylla und Charybdis, auf Deutsch zwischen Pest und Cholera wählen muss, wer sich in diesem Lande politisch betätigen will. Genau das aber wäre „Bürgergesellschaft", die nicht von den Blockparteien instrumentalisiert, in Dienst genommen, zu Spielwiesenfunktionen missbraucht und ausgepowert werden kann!

Konstruktives misstrauensvotum gegen die „Einheitsparteien"

Wer für Bürgergesellschaft ist und dabei nicht nur Phrasen dreschen will, muss sich an diesem „konstruktiven Misstrauensvotum gegen das bestehende Parteiensystem" beteiligen. Eine Auflösung mit ganz friedlichen Mitteln: Man geht nicht mehr hinein in diese 2%-Hürden[223] und tut und fordert Sinnvolleres. Allerdings gemeinsam. Hierin liegt das einzige noch bestehende Problem (zu unterscheiden von zahlreichen bloß technischen Ausführungsbestimmungen).

So einfach ist also die ersehnte Bürgerpartizipation und Erneuerung unserer Demokratie. Man gebrauche den Kopf, um aus der selbstverschuldeten, freilich vielfach erwünschten Unmündigkeit herauszugehen. Und dann Mund, Schreibzeug, Füße, um genau dementsprechend zu handeln.

KAPITEL VIII

DER SOZIALETHISCHE GESICHTSPUNKT

SOZIALPRINZIPIEN UND IHRE EVOLUTION

„Ich kann nicht verstehen, warum sich die Menschen vor neuen Ideen fürchten. Mir machen die alten Angst.“ (John Cage)

Blick zurück: Was fehlt?

Die Moderne ist noch nicht verwirklicht. An dieser Stelle wären wir imstande, einen Entwurf für eine staatliche Verfassung vorzulegen, die den Namen einer „vollmodernen“ – eher als „postmodernen“ – demokratischen Verfassung verdient, mit einer grundsätzlichen Ebenen-Differenzierung des Gemeinwesens. Dabei stellt die Vierstufung des Parlamentarismus den primären Kern der Erneuerung dar. Die bisher geltende blinde Determinierung des Gesellschaftsganzen von unten nach oben, von der Wirtschaft hinauf durch alle, nicht unterschiedenen Ebenen des Organismus hindurch macht einer vernunft- und ethikbestimmten Regulierung von oben nach unten Platz, ohne dass dies aber in einen theokratischen Integralismus hineinführen würde. Denn jede Ebene des Organismus behält ihr Eigenleben und macht ihre Anforderungen an das Ganze durch zirkuläre Rückkoppelung geltend. Das derzeit noch herrschende Grundproblem – eben die Herrschaft der Ökonomie, und zwar einer nicht demokratisch gewollten Art von Ökonomie – ist damit verfassungsmäßig gelöst.

Dabei bilden die staatlich-rechtlichen Strukturen nur ein Skelett, nur die Rahmenbedingungen für das Ganze von gesellschaftlich-gemeinschaftlichem Leben, das nach allen Seiten hin überschießt: Ob es die persönliche Ethik und Lebensführung der Einzelnen ist oder das soziale Leben in Gruppen, kulturellen und religiösen Gemeinschaften oder Zweckverbänden (Gesellschaften). Gottseidank ist das nicht alles Staat, obwohl dieser überall mitgestaltet. Weshalb es ja eine Illusion wäre, gemeinschaftliches und gesellschaftliches Leben von dem Rechtsverbund namens Staat abgekoppelt leben oder theoretisch behandeln zu wollen. Aber die vorstaatliche Sphäre der Gemeinschaftsbildung, die um Jahrhunderttausende älter ist als der Staat, meldet ihre uralten Ansprüche an. Die behandelte Dreiheit von Staat – Öffentlich – Privat und damit die Bürgergesellschaft liegt als gewaltige, sekundäre Reformaufgabe vor uns. Diese Fortbewegung vom alten, autoritären Zwangsinstitut kann aber auf Dauer nicht auf der Basis von Staats- und Politikverdrossenheit gelöst werden, sondern nur auf der Grundlage konstruktiver Kompetenzenklärungen.

Der wichtigste Punkt in Bezug auf Ethik war im Vorhergehenden: Die Grundwerte werden vom Grundwerteparlament jeweils neu an die wechselnden Situationen und Fragestellungen angepasst. Die dann geltende Ethik ist keine herrschende Doktrin, sondern ein kommunikatives Verfahren, die Wertekommunikation. Dieses Verfahren gilt auch auf den anderen parlamentarischen Ebenen. Denn alle politischen Fragen (im weiteren Sinne) sind solche der Vorzugswertung und der konkreten Wertverwirklichung. Insofern scheint der Bedarf an Ethik für das Gemeinwesen grundsätzlich gedeckt zu sein. Trotzdem müssen wir noch einmal auf die anfängliche Definition der Sozialethik als einer Institutionenethik, im Unterschied zu einer Ethik des individuellen Handelns, zurückkommen. Was dementsprechend noch fehlt, sind spezifisch sozialethische Grundprinzipien oder Sozialaxiome.

Sozialprinzipien allgemein

Axiome für eine Sozialethik

Bisher haben wir Axiome von Letztwerten in unbestimmter Anzahl geltend gemacht, als das Medium der Legitimations- oder Grundwerteebene der Gesellschaft. Es waren die Menschenwürde und die sogenannten bürgerlichen Freiheiten, wie sie in den Grundrechte-Artikeln unseres Grundgesetzes (Artikel 1-19) und nun auch in einer Grundwerte-Charta als Teil der künftigen Europäischen Verfassung kodifiziert sind. Diese Grundwerte und Grundrechte betreffen das Verhältnis des Einzelnen zum Rechtstaat. Sie sind individualistisch, einschließlich der Versammlungsfreiheit: ein Recht aller Einzelnen (Artikel 8).

Diese Tatsache entspricht dem schon öfter – besonders im Zusammenhang mit dem ablenkungsideologischen Ethik-Boom des Moralisierens und Appellierens – erwähnten Befund, dass unsere ganze westliche Sichtweise individualistisch ist. Nun stellt der Individualismus in mancherlei Hinsicht eine Errungenschaft dar. Griechisches, römisches, auch germanisches, in religiöser Hinsicht christliches Denken haben zu ihm beigetragen. Erinnern wir uns an die Trennung von

Religion und Politik sowie Religion und Kultur zu Beginn der Neuzeit und seine urchristlichen Wurzeln: die revolutionäre Unterscheidung zwischen Volksgemeinschaft und Religion als Gottesverhältnis des Einzelnen, wofür allein schon jener Nazarener das Kreuz „verdient" hätte. Um das Revolutionäre an dieser Entzweiung zwischen persönlichem Gottesverhältnis und Volkszugehörigkeit zu erkennen, genügen keine individualethischen Kategorien, und auch nicht bloß spirituelle. Man muss das religionssoziologisch oder religions-sozialphilosophisch betrachten.[224]

Sozialprinzipien sind Baugesetze der Gesellschaft, nicht nur individualistische Normen.

Doch hat die durchaus notwendige individualistische Geistesströmung des Westens traditionell in starken volksgemeinschaftlichen Bindungen, ferner in einer höchst autoritären Kirche und – weit über französische und amerikanische Revolutionen hinaus – in nicht minder autoritären Staaten einen Ausgleich gefunden. Das traditionelle Gemeinschaftsdenken religiöser Art („heilige Mutter Kirche") und weltlich-kultureller Art („Kaiser, Volk und Vaterland") muss ersetzt werden durch ein modernes Sozialdenken, wodurch der berechtigte moderne Individualismus in die notwendige Balance gebracht wird. Hier sind wir bei den Sozialaxiomen oder ⇦Sozialprinzipien: das sind ontologisch (in gesellschaftlichen Seinsstrukturen) begründete Sollensprinzipien für den Aufbau der Gesellschaft als solcher, also nicht nur individualethische Normen.

> „Sozialprinzipien sind die ethische Grammatik für den Strukturaufbau der Gesellschaftsordnung."[225]

Solche Sätze findet man nicht in der Nachfolge der sogenannten Kritischen Theorie der Gesellschaft, die ursprünglich eine „Kritiktheorie"[226], keine konstruktiv-systematische Theorie mit kritischer Wirkung war. Inzwischen hat sie sich zwar – durch Habermas – zur Theorie mit systematischen Ansprüchen entwickelt. Eine andere Frage ist allerdings, ob diese Ansprüche von ihr selbst erfüllt werden. Jedes zweite Buch aus dieser Richtung trägt zwar heute die „Moral" im Titel. Aber das ist eher Ersatz für ontologische Sozialtheorie (Lehre von Seinsstrukturen der Gesellschaft) und zugleich für Theologie – und dabei sehr amerikanisch, schon im Wortgebrauch „Moral".[227]

Wir müssen uns daher für so etwas wie Sozialprinzipien in der eher konservativen Richtung umsehen. In der nach dem Krieg berühmt und in der Bundesrepublik hoffähig gewordenen Katholischen Soziallehre werden gewöhnlich unterschieden: das Solidaritätsprinzip, mit unklarer, wechselnder Beziehung zu einem Personalitätsprinzip, und das Subsidiaritätsprinzip. Von einem systematischen Zusammenhang dieser Prinzipien kann dort jedoch nicht die Rede sein, viel weniger von einer nachgewiesenen Vollständigkeit, wie es zu einer „ethischen Grammatik für den Strukturaufbau der Gesellschaftsordnung" unbedingt erforderlich wäre. Dazu bedürfte es auch einer Lehre vom Sein der Gesellschaft (Sozialontologie). Diese ist mit der mittelalterlichen Seinslehre, die trotz der erwähnten Lichtblicke des Thomas von Aquin bezüglich Reflexion am naturhaft vorhandenen Sein ausgerichtet ist, nicht zu machen.

Auf modernem Niveau gibt es mehr als Ansätze dazu bei Fichte und Hegel, deren zeitgemäße, reflexionstheoretische Weiterführung jedoch wegen der Feier des „Zusammenbruchs des deutschen Idealismus" ausfiel, bei welcher sich Kirchen und atheistische Naturwissenschaft traut zusammenfanden. Idealismus als Beitrag Deutschlands zur potentiell revolutionären Zeitwende in der Mitte des 19. Jahrhunderts wäre aber, wenn sie eine Fortentwicklung erfahren hätte, eine weltgeschichtliche Angelegenheit gewesen, wie Heinrich Heine klar erkannt hatte. Sein Freund Marx konnte das allein nicht weiterführen und auch nicht vom Kopf auf die Füße stellen, ohne dass es alles noch heftig wackelte.

Es ist nach all dem heute – im Zeitalter einer rein empirisch sein wollenden Soziologie[228] – etwas Ungewöhnliches und zugegebenermaßen Gewagtes, nicht nur eine Handlungs-Systemtheorie aus dem Prinzip der sozialen Reflexion (Kapitel III-VI), sondern darauf aufbauend auch eine knappe sozialethische Prinzipienlehre – im Sinne eines offenen, stets der Konkretisierung bedürftigen Gefüges – zu formulieren. Es scheint aber möglich – und notwendig für die Weiterentwicklung von Gerechtigkeit und Recht, auch auf europäischer Ebene.

Innenarchitektur der Gesellschaft

Die hier bisher entwickelte Organismustheorie thematisiert reale dynamische Systeme aus ihrem Ursprung, aus dem menschlichen Reflexionsvermögen. Als Realsystematik befasst sie sich mit Ist-Werten, mögen sie in der tatsächlichen Gesellschaft noch so unentwickelt oder entstellt realisiert sein wie etwa die bisherige Gewaltenteilung oder die relative Eigenständigkeit der besprochenen Subsysteme.

Demgegenüber thematisieren die jetzt anstehenden Sozialprinzipien Soll-Werte. Ihre Systematik ist eine idelle, eine gedankliche und ethische. Deshalb braucht und darf sie aber keineswegs willkürlich sein. Das war einer der Hauptgründe, neben dem Unterschied zwischen Ethik des individuellen Handelns und Sozialethik als Institutionenethik, weshalb ein unvermitteltes Zugehen auf Ethik anfangs abgelehnt wurde für eine vorrangige Behandlung des Demokratieproblems.[229]

Eine Sozialethik ohne Sozialontologie ist willkürlich – selbst wenn sie nicht zum bloßen Appellieren an individuelle Akteure gerät.

Wenn die Subsysteme den Rohbau oder die „Außenarchitektur" der Gesellschaft darstellen, dann bilden nun die Sozialprinzipien die Grundzüge der „Innenarchitektur": Innerhalb der gegebenen Seins- und Vernunftstrukturen ergeben sich die Sozialprinzipien als Maßstäbe des Denkens und Handelns im Sinne des Gemeinwohls, für den einzelnen Bürger in seinem Verhältnis zur Allgemeinheit wie vor allem für den Gesetzgeber. Nach diesen Maßstäben sollte die weitere soziale Innenarchitektur (Sitten und Gesetze) den zeitlichen und anderen Umständen gemäß gestaltet werden. Ohne solche Maßstäbe würden selbst den künftigen vier Parlamenten die notwendigen Leitlinien, eben die Prinzipien für die Konkretisierung in Gesetzen, fehlen – geschweige denn den heutigen Einheitsparlamenten. Demokratische Gesellschaft bildet sich, sich selbst reflektierend und vergewissernd, als dynamischer Lebensprozess weiter. Für diesen Lebensprozess ist ein Minimum an allgemein akzeptierten Prinzipien hilfreich, ja notwendig.

Je nach den geschichtlichen Entwicklungsstadien der Gesellschaft beanspruchen diese wenigen Sozialprinzipien universale Geltung, bei allen vielfältigen Abwandlungen der Einzelgesellschaften. Der geschichtlich-evolutive Gesichtspunkt, liegt, wie wir sehen werden, schon in der systematischen Abfolge der vier großen Sozialprinzipien selbst. Er soll anschließend eigens Thema werden.

Das Reflexionsstufenprinzip als Meta-Prinzip (Übersicht)

Durch das Metaprinzip der Reflexionsstufung werden Zusammenhang und Vollständigkeit der Sozialprinzipien erkennbar.

Wir gehen also nicht auf ein völlig anderes architektonisches Prinzip über. Das dargelegte Reflexionsstufenprinzip wurde zunächst an der Außenarchitektur oder – wenn man will – *hardware* der Gesellschaft aufgezeigt, an der ontologisch notwendigen (von unseren ethischen Einstellungen nicht abhängigen) sozialen Reflexion, die zu einem sozialen Realsystem oder Organismus sowie zu dessen Untergliederungen führt, ob diese latent bleiben oder konsequent institutionell manifest werden. Sie setzt sich jetzt in der ethischen Innenarchitektur oder *software* fort, die natürlich der Außenarchitektur oder *hardware* entsprechen muss.

Das Reflexionsstufenprinzip ist nicht allein das Prinzip der Außenarchitektur, also der Gesellschaftsebenen und ihrer Untergliederungen, sondern hat auch eine formale Seite, eine allgemeinere Bedeutung als Meta-Prinzip von „Außen" und „Innen" sowie der jetzt zu umreißenden innenarchitektonischen Prinzipien. Durch das Meta-Prinzip der Reflexionsstufung wird der innere logische Sinnzusammenhang sowie die Vollständigkeit der folgenden vier Sozialprinzipien erkennbar. Denn die vier Prinzipien stehen ebenfalls in einem Reflexionsstufenzusammenhang. Das Prinzip der Reflexion oder der gestuften Selbstbezüglichkeit ist ja nicht irgendeines, sondern kennzeichnet Bewusstsein, menschliche Personalität und Handeln wie kein zweites. Es macht die Natur all dieser Entitäten aus, und deshalb haben wir keinen Grund, uns nach etwas Anderem umzusehen, vielmehr allen Grund, tiefer in diese wunderlichen Reflexionswesen Ich und Gesellschaft hineinzudenken.

Ich möchte mich hier zunächst der Formulierung der Kantischen Reflexionsbegriffspaare bedienen[230], um einen ersten Vorblick auf die Systematik der Sozialprinzipien zu geben:

1. *„Einerleiheit und Verschiedenheit"* der Personen: Prinzip der solidarischen Personalität oder Solidaritätsprinzip.
2. *„Einstimmung und Widerstreit"* der individuellen Interessen und Freiheiten, die durch das Recht geregelt werden. Insofern der Staat wesentlich und primär Garant des Rechtes ist, entwickelt sich das Rechtsprinzip zum Rechtsstaatsprinzip, sobald der Staat diesen seinen Charakter erfasst.
3. *„Inneres und Äußeres"* oder Aufbau der Gesellschaft von unten (innen) nach oben (außen), wobei dialektischerweise die oberen Einheiten den unteren „subsidiär" zu dieser Selbstständigkeit verhelfen müssen: Subsidiaritätsprinzip oder demokratisch verstandenes Souveränitätsprinzip.
4. *„Inhalt und Form"*: jede Gemeinschaft und Gesellschaft hat latent unterschiedene inhaltliche Ebenen des Handelns. Diesem Inhalt der potentiellen Subsysteme trägt ihre tatsächliche Unterscheidung auch der Form nach Rechnung: bewusste Viergliederung des sozialen Systems, das damit erst selbstreflexiv wird.

Selbstverständlich ist die folgende Systematik ein hypothetischer Versuch wie alle Wissenschaft. Ihre Falisifizierung – im Sinne Poppers – läge darin, dass andere Prinzipien als ebenso umfassend, nicht abgeleitet (!) und ebenso plausibel, einschließlich des systematischen Zusammenhangs, aufgezeigt werden könnten. Selbstverständlich dürften die sprachlichen Ausdrücke variieren. Es geht weder hier noch irgendwo darum, auf den so variablen sprachlichen Ausdrucksweisen herumzuhacken – wenngleich dies ein äußerst beliebter Sport bei Gelehrten wie Ungelehrten ist –, sondern darum, Zusammenhänge zu verstehen. Wir könnten auch alles ganz anders benennen und werden dies der Übung halber gelegentlich tun. Stellt nicht der soeben erfolgte Rückgriff auf den Altmeister Kant ein Beispiel dafür da, auch einmal ganz andere Ausdrücke zu verwenden? Die Ausdrucksweise dieses Professors für Logik und Metaphysik mag uns heute ein wenig seltsam vorkommen. Die begrifflichen Zusammenhänge hinter den Worten sind jedoch nicht so variabel und modeabhängig.

1. Das Solidaritätsprinzip (solidarische Gerechtigkeit)

Jede menschliche Person ist Selbstbezug-im-Fremdbezug. Ziehen wir das Schema der Sinnelemente aus Kapitel III heran, können wir den Gehalt des Solidaritätsprinzips nach diesen Sinnelementen gliedern und durch die folgenden Bestandteile definieren:

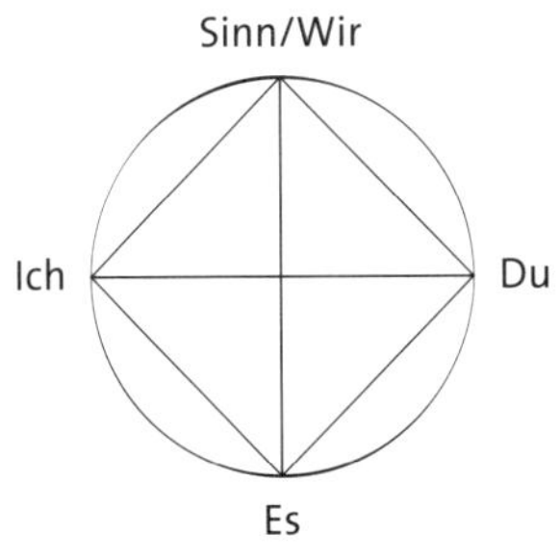

Figur 13: Die Sinnelemente

- den naturalen Aspekt der gattungsmäßigen, biologischen Gleichheit und elementaren Geschwisterlichkeit (O)
- den personalen Aspekt der persönlichen Entscheidungsfreiheit (praktische Selbstbezüglichkeit) sowie der Gleichwertigkeit (Ich)

- den interpersonalen Aspekt der austauschenden Gerechtigkeit als Gegenseitigkeit sowie der dialogischen Freiheit (Ich-Du)
- den institutionellen Aspekt der verteilenden Gerechtigkeit und des Gemeinwohls (das seinerseits gestufte Sinn-Medium)

Das alles sind Aspekte eines einzigen sozialethischen Axioms oder eines „Baugesetzes der Gesellschaft“[231], die hier reflexionstheoretisch aufgegliedert wurden. Alle Aspekte wären als Untergliederungen der Solidarität eigens zu behandeln. Ich kann hier nur das Wichtigste ansprechen, um den demokratietheoretischen Rahmen nicht zu sprengen und den Leser nicht mit philosophischen Abgrund-Meditationen zu überfordern.

⇦Dialogische Personalität, wie wir sie früher analysierten, als Selbstbezug-im-Fremdbezug, ist im Grunde gleichbedeutend mit natürlicher solidarischer Verbundenheit mit Anderen sowie mit der Gemeinschaft als ganzer. Das Du ist nicht etwas Nachträgliches zu einem zunächst rein in sich abgeschlossenen Individuum. Ein solches individualistisches Personverständnis ging in der abendländischen Tradition mit der problembeladenen, ausweglosen Idee von Freiheit als reiner Selbstbestimmung einher. Mit dieser plagen sich noch heute viele ab, sofern sie überhaupt denken und nicht einfach einen Ego-Trip mit „Individualismus, Freiheit, Selbstbestimmung, Liberalismus“ usw. rechtfertigen, also mit dem Problem: Wie denn meine Selbstbestimmung vereinbar sei mit derjenigen der anderen: nur durch Begrenzung. Das ergibt ein rechtliches Freiheitsverständnis, das allein einen gesamtmenschlichen Anspruch nicht befriedigen kann: Wenn Freiheit von vornherein das zu begrenzende, durch Bindung, Pflichten usw. Auszugleichende, zu Neutralisierende wäre – wer erinnert sich nicht an diese unbefriedigenden Sprüche in Schule und Politikerreden? – dann könnte es mit diesem Grundwert gar nicht so weit her sein.[232] Er wäre – und ist leider – etwas von vornherein Kompromittiertes.

Erst ein dialogisches Freiheitsverständnis liefert die Grundlage für die alte Solidaritätsidee.

Auflösung bringt erst ein dialogisches Freiheitsverständnis[233]: Mein Tun ist auch das Tun des Anderen. Der Andere ist positive Ermöglichung für mein freies Wirken. Ich hätte zwar auch die Möglichkeit, „frei“ gegen die Wand zu sprechen. Aber es ist doch irgendwie sinnvoller, wenn jemand zuhört, und das heißt mitspricht und mithandelt. Anders wäre ich auch niemals zum Sprechen gekommen und stünde mir keine Sprache zur Verfügung.

Freiheit ist also von Grund auf nicht einseitiges Wirken und Bestimmen, sondern dialogische Gegenseitigkeit: Bestimmen-im-Bestimmtwerden. Dieses sehr neue (nach-hegelsche, nach-dialektische) Verständnis von Freiheit bietet eine zeitgemäße Erklärung und Grundlage für eine uralte Idee: die naturgemäße Solidarität des Menschen, zunächst mit denen seiner Gruppe, seines Stammes, seines Volkes, schließlich mit allen Menschen.

Der historische Lernprozess betrifft die Universalisierung, die Ausweitung der Solidarität auf alles, was Menschenantlitz trägt. Die Solidaritätsidee ist aber so alt wie die Menschheit selbst.

Solidarität betrifft zuerst den Menschen als Naturwesen, das ohne Gemeinschaft als ausgesprochenes „Herdentier" in keiner Weise lebensfähig wäre. Jahrhunderttausende hindurch wusste der Urmensch, dass er ohne die Gruppe keine Überlebenschance hatte. Eine etwaige Ausstoßung kam einem Todesurteil gleich. Die Gruppen wussten umgekehrt, je mehr sie auf Neuland gingen, dass es auf jeden Einzelnen ankam.

Gleichheit der Freien und Verschiedenen

Aus Solidarität als ursprünglicher Verbundenheit ergibt sich keine Gleichmacherei (vgl. „Einerleiheit und Verschiedenheit"), sondern das Gerechtigkeitsprinzip „Jedem das Seine". Da alle Personen verschieden sind, ist das jeweils Ihre auch etwas je Verschiedenes.

Gleichheit kann, sowohl im Biologischen wie vor allem im Seelischen, nur die funktionale Gleichheit Verschiedener meinen, keine quasi-dingliche Gleichheit, aus welcher Gleichmacherei folgen würde. Sie beinhaltet in Bezug auf den Freiheitsgebrauch den Gedanken der Gegenseitigkeit der Freiheits-Leistung: Gerechtigkeit als Gegenseitigkeit des Gebens und Nehmens. Gerechtigkeit aber als Gleichheit der Verschiedenen (funktionale Gleichheit) bezieht sich auf alle Ebenen des sozialen Organismus: auf die kulturellen Chancen ebenso wie auf die wirtschaftlichen.

Unterschieden werden schon in den christlichen Soziallehren: der Gedanke der gerechten Verteilung von oben gesehen (⇦distributive oder Verteilungsgerechtigkeit) von dem der zwischenmenschlichen Fairness, des gerechten Tausches und kommunikativen Austausches sowie des Verzichts auf ungerechtfertigte Vorteilsnahme (⇦kommutative oder Tauschgerechtigkeit).

Ebenso wie Gerechtigkeit den unmittelbar interpersonalen Tauschaspekt sowie den distributiven, das Verhältnis des Ganzen zum Einzelnen betreffenden Aspekt hat, so gilt dies auch vom ⇦Solidaritätsdenken als ganzem: als unmittelbar interpersonale heißt Solidarität traditionell „Brüderlichkeit“, heute „Geschwisterlichkeit“, im Hinblick auf das Verhältnis des Einzelnen zum Ganzen heißt sie: Gemeinwohldenken.

Die Hinordnung des Einzelnen auf das Ganze („Einer für Alle“) wird ausbalanciert durch Schutz, Wertschätzung und Förderung des Einzelnen durch das Ganze („Alle für Einen“).

Heute ist dieses Bewusstsein für die elementare Verbundenheit der Menschen, sowohl als naturhaftes Aufeinanderangewiesensein wie als Steigerung der Lebensqualität durch Kultur – die Gemeinsamkeit im Medium Sprache und deren zahlreichen Abkömmlingen – meist enorm abgeschwächt durch die primäre Erziehung in einem kleinfamiliären Pseudokosmos. Die Botschaft der größeren Gesellschaft „draußen“ aber lautet: „Du musst Dich anpassen.“

Anpassung, Konformität, Opportunismus sind die Entstellungsformen der urtümlichen, lebensnotwendigen und lebensspendenden Solidarität.

Diese Fehlformen verhalten sich zum zur solidarischen Freiheit wie McDonalds zum Erlebnis der fruchtspendenden Natur in Feld und Wald. Mein Interesse ist aber an dieser Stelle kein primär pädagogisches: Was können wir da z.B. an der Erziehung und Sozialisation ändern? Sondern ein sozialphilosophisches und sozialethisches: Wie muss das soziale Haus gestaltet werden, dass Solidarität zum Zuge kommt – als Gerechtigkeit?

Person und soziales System („Interperson“) sind ferner im Hinblick auf die Sinnelemente des Handelns – bei allen sonstigen Unterschieden – gleichartig, ja „materialidentisch“, bei verschiedenen Systemreferenzen: Für die Person ist sein einzelnes Ich-Bewusstsein die Systemreferenz, für das soziale System die Gemeinsamkeit. Diese *Deckungsgleichheit von Person und „Interperson“* (Gemeinschaft) bedeutet existentiell: „Einer für alle, Alle für Einen“. Das soziale Ganze ist nicht allein ein Beobachter-Konstrukt der Soziologen, wie einst Lady Margret Thatcher sich zu äußern nicht anstand, um dem neoliberalen Individualismus Auftrieb zu geben, sondern ein mediales Gemeinschafts- oder Gesellschaftsbewusstsein, das vom Einzelnen auf je seine Weise partizipiert wird. Darüberhinaus ist dieses Soziale ein

Ganzes mit eigenen Gesetzmäßigkeiten, das wesentlich mehr ist als die Summe der Einzelnen. Es darf allerdings nicht als ein „Großsubjekt" angesehen werden. Handeln kann es nur durch individuelle Amtsträger, wie immer diese beauftragt sein mögen.

Die in der politischen Auseinandersetzung des Westens traditionelle Entgegensetzung von Freiheit und Gleichheit, damit von Liberalismus und Sozialismus, ist nicht mehr als eine Kinderkrankheit aus der Zeit der weltanschaulichen Parteiblöcke und war von Anfang an schief. Gleichheit kann ja in einem vernünftigen sozialen Sinn nur eine Gleichheit der Freien, eine Gleichheit an Freiheit, somit eine funktionale Gleichheit sein, keine naturale Gleichheit, aus der Gleichmacherei folgen würde. Sie ist also materialiter gleichbedeutend mit Gerechtigkeit. Die Worte heben nur verschiedene formale Aspekte eines Ganzen hervor.

Die liberalistische Strömung des Westens konvergierte in der Betonung der Freiheit von der Sache her stets mit dem demokratischen „Sozialismus". Insofern sie aber Freiheit individualistisch interpretierte[234], bestand und besteht sie noch immer in einer irrigen Einseitigkeit – wie umgekehrt der „Sozialismus" (sofern das Wort noch tauglich ist) irrig wird, wenn er mit Kollektivismus und Gleichmacherei assoziiert wird. Aber ist es eine fruchtbare Diskussion, von den von Anfang an unhaltbaren Einseitigkeiten auszugehen? Trotzdem soll ein Exkurs zu diesen traditionellen Einseitigkeiten folgen.

Exkurs: Freiheits- und Gleichheitsvorstellungen gemäß den Handlungsebenen

Erinnern wir uns an die früher aufgeführten Ebenen menschlicher Praxis, näherhin des sozialen Handelns:

1. *physisch-technisches, instrumentelles Behandeln und güterbezogenes Handeln (sachorientiert)*[235]
2. *strategisch-selbstinteressiertes Handeln (interessenorientiert)*
3. *kommunikativ-soziales Handeln (verständigungsorientiert)*
4. *metakommunikatives Handeln, aus sozialer Einheit heraus und auf solche hin (normenorientiert)*

Behauptet wird: Die Verselbständigung jeder dieser Handlungsebenen, genauer, die Interpretation des sozialen Ganzen von einer einzigen oder nur zweien dieser Handlungsebenen her, bedeutet eine unheilvolle ideologische Vereinseitigung. Diese Einseitigkeiten sind das

Gegenteil der hier vertretenen strukturellen Differenzierungen. Sie sind deren Kompensation, positiv interpretiert: Sie sind die historischen Suchprozesse auf echte Differenzierung hin.

1. Die Dominanz des physisch-technischen Handelns führt zu einer immer noch aktuellen Gefahr, die mit den Stichworten *Technokratie, Sozialtechnologie, technologische Ideologie* bezeichnet werden kann. Hierüber, über die angebliche technologische Machbarkeit und Regulierbarkeit der Gesellschaft, über die angebliche Ersetzbarkeit politischer Entscheidungen und gesellschaftlicher Wertentscheidungen durch „Sachlogik", über die Ersetzung des persönlichen Wertkalküls durch das der Computer, wäre lang und breit zu handeln, wenn für den Sach-Verständigen in Sachen Mensch nicht schon alles Wesentliche gesagt worden wäre. Die politischen Entscheidungen werden um so mehr anonyme Machtentscheidungen, als die hinter ihnen stehenden unvermeidlichen Wertentscheidungen durch angebliche Sachzwänge verschleiert werden:

„Technik und Wissenschaft als ‚Ideologie'"[236]*, als Verschleierungs- und Ablenkungsideologie.*

„Es steht zu erwarten, daß das Verhältnis zwischen technischen und politischen Entscheidungen in den kommenden Jahrzehnten zu einem der wichtigsten Probleme der öffentlichen Politik aufrücken wird", schrieb der amerikanische Soziologie Daniel Bell in den siebziger Jahren.[237] Inzwischen gibt es zwar Gesellschaften und Kommissionen für Technikfolgenbewertung. Doch von solcher „Bewertung" ist die Öffentlichkeit, der fälschlich sogenannte „öffentliche Diskurs", ausgeschlossen, weil sie selbst technokratisch vonstatten geht.

Die wirtschaftliche Version der Technokratie ist der derzeit noch vorherrschende Neoliberalismus. Hier wird Wirtschaft nicht als Teil des sozialen Lebens verstanden, sondern als eine Art von Eigenbereich, dem Schachspiel vergleichbar, in das man sich bekanntlich auch mit Begeisterung hineinsteigern kann. Allerdings hat das neoliberale Wirtschaftsspiel verheerende praktische Folgen für die gesamte Menschheit.[238]

Der Neoliberalismus verbindet den scheinbar ganz sachorientierten mit dem individualistisch-interessenorientierten Impuls.

Das Richtige daran ist die Verteidigung einer gewissen Eigengesetzlichkeit der Wirtschaft und des freien Marktes als einer durchaus wichtigen Art von Gegenseitigkeit und Quasi-Kommunikation. Nur ist die

Freiheit des Marktes, wie schon öfter ausgeführt, gerade etwas politisch zu Gewährleistendes – oder ein Gedankenspiel, eine Wunschvorstellung passionierter Ökonomen, die ihr Schachbrett mit der Wirklichkeit verwechseln – und sich dann über die Dissonanz bei dieser Wirklichkeit und bei den Politikern über deren „Primatsanspruch" beschweren.[239]

2. Die Interpretation des sozialen Ganzen vom strategisch-selbstinteressierten, individuellen Handeln her führt zu einem *individualistischen Liberalismus*. Dieser kann die unbegründete Annahme einer verborgenen Harmonie der widerstreitenden Egoismen machen wie in der Frühzeit liberalistischen Denkens (Adam Smith), er kann aus der Not der sozialen Konflikte eine Tugend machen und ihn, den Konflikt, zum Vater allen Fortschritts und aller sozialer Freiheit erklären (R. Dahrendorf u.a.[240]), er kann auch als sogenannter Ordo-Liberalismus einen Kompromiß zwischen dem Gedanken einer vorgefaßten sozialen Ordnung mit dem der individuellen Freiheit schließen. Solange der individualistische Freiheitsbegriff für das Ganze der Gesellschaft allein maßgebend bleibt, wird es sich immer um faule Kompromisse mit dem Gleichheits- oder Ordnungsgedanken handeln.

3. Der *Sozialismus* ferner, der den an sich wichtigen Gedanken einer kommunikativen, mehr als rechtlich-individualistischen „Einheit des Menschen mit dem Menschen" zu realisieren sucht, wollte oft allzugern die zuvor genannten Handlungsebenen mit ihrem Eigenrecht überspringen. Aber es ist ebenso utopisch, daß der Mensch das strategisch-selbstinteressierte Handeln überspringen sollte deshalb, weil es als solches nicht die höchste Handlungsstufe ist, wie es utopisch und wenig wünschenswert ist, daß er mit dem Essen und anderen Genüssen aufhört, weil diese als solche noch nicht gemeinschaftlich sind. Die moralische Entrüstung über das „egoistische"' Handeln der Menschen dort, wo es um die jeweiligen materiellen und sonstigen Interessen von Individuen und Gruppen geht, stellt einen utopischen „Idealismus" dar – auch und gerade wenn solche Entrüstung von „materialistischer" Seite kommt. Nicht darauf kommt es an, dem Menschen das selbstinteressierte, strategische Handeln abzugewöhnen, sondern dieses „egoistische" Handeln sowohl je persönlich (der ethische Aspekt) wie gesellschaftlich in die höheren Handlungs- und sozialen Einheitsebenen zu integrieren.

Integration in diesem sozialphilosophischen Sinn bedeutet für den Einzelnen: Einordnung des sozial unreflektierten, auf Genußwerte und sachliche Nutzwerte ausgerichteten Handelns sowie des einseitig reflektierten, am individuellen Interesse ausgerichteten sozialen Handelns in das kommunikative und dialogische, an Normen der Gegenseitigkeit ausgerichtete Handeln. Ob und in welchem Maße dies gelingt, ist aber keine Sache moralischer Appelle, sondern vielmehr sozialer Strukturen.

4. Schließlich sei noch die falsche Dominanz der Metakommunikation, d.h. der Orientierung an der sozialen Einheit bei Unterdrückung der anderen Handlungsebenen erwähnt. Obwohl auch wir Integration der vorher genannten Handlungsstufen unter die der Metakommunikation, die Ebene der Verständigung über die Gemeinsamkeit des Handelns, Wertens und Wollens fordern, darf Integration nicht Absorbierung dieser vorausgehenden Handlungsebenen beinhalten, sondern deren Freisetzung: Differenzierung. Was sonst herauskommt, ist entweder *Integralismus kollektivistischer Prägung* nämlich dann, wenn zugleich eine Option für soziale Gleichheit getroffen bzw. auferlegt wird, und zwar für eine Gleichheit im abstrakten Sinn, die mit Freiheit nicht vereinbar ist. Hier treffen wir auf die Ausprägung des Sozialismus, die geschichtlich als Kommunismus und Staatskapitalismus aufgetreten ist und sich zu Unrecht auf Marx berufen hat.

Die andere Form der Betonung sozialer Einheit geht mit der Verteidigung angeblich gottgewollter oder „naturrechtlicher" Unterschiede zusammen. Daraus folgt ein *Ordnungsdenken konservativer und religiös integralistischer Prägung*, in dessen Dienst immer wieder das christliche Gemeinwohldenken gestellt wurde.[241] Ein modernes Naturrecht kann dagegen nur Freiheitsrecht sein, d.h. solche Normen beinhalten, die aus Sinnstrukturen der menschlichen Freiheit folgen.

Wir sind das alte Thema „Freiheit und Gleichheit" hier unter dem Gesichtspunkt der Handlungsebenen der Individuen angegangen, weil die Begriffe Freiheit und Gleichheit daher stammen. Der Kehrreim dieser Überlegungen lautet: *Die traditionelle Entgegensetzung beider ist im Grunde oberflächlich und nur historisch verständlich.* Sie beruht darauf, dass unhaltbar abstrakte und einseitige Begriffe von Freiheit und Gleichheit zugrunde gelegt werden und dass eine Ebene menschlichen Handelns auf Kosten der anderen als allein maßgeblich angesetzt wird. Selbst die höchstreflektierte Handlungsebene kann allein nicht „herrschen", wenn es um Freiheit gehen soll. Sie muß die vorhergehenden in ihr Eigenrecht, in ihre „Freiheit" entlassen.

Die Formel „Integration durch Differenzierung" wendet sich gegen solche Einseitigkeiten, womit sich die Menschheit in der historischen

Entwicklung politischen Denkens abmühen musste. Sie muss es inzwischen längst nicht mehr.

Die alten Straßengräben-Kämpfe zwischen Liberalismus und Sozialismus sind geistesgeschichtlich überholt.

Der kalte Krieg der Halbgedanken ist ebenso zu beenden wie der politische! Er ist ein pseudo-philosophischer Krieg von machtbessenen Nicht-Denkern, die niemals auf der Höhe des „liberalen“ Hegel und des „sozialistischen“ Marx gestanden haben. Leider fanden die Machtmenschen stets ihre wissenschaftlichen Helfershelfer. Die alten Straßengräben-Kämpfe zwischen Liberalismus und Sozialismus (heute von in seiner amerikanischen Version von Liberalismus und Kommunitarismus!) sind geistesgeschichtlich überholt – am evidentesten unter den angegebenen systemischen Voraussetzungen der erkannten Integration durch Differenzierung.

Es ist eigentümlich: Die vorhergehende Betrachtungsart von den Handlungsebenen her liegt vielen näher, sie scheint anschaulicher und einleuchtender als die systemische oder organismische. In Wahrheit ist sie aber für sich allein abstrakter, weil die Frage unbeantwortet bleibt, wie denn die gewünschte Differenzierung und Integration der Handlungsebenen in ihrem jeweiligen Recht, mit ihrer jeweiligen Einseitigkeit, konkret vonstatten gehen soll. Von den Handlungen und Einstellungen der Einzelnen her läßt sich immer nur postulieren und wünschen. Das unterscheidet nicht z.B. von der Betrachtungsweise des kürzlichen verstorbenen John Rawls, der vertragstheoretischen Fiktion, dem Non-plus-ultra der heutigen akademischen Gerechtigkeitstheorie.[242]

Vorteil der organismischen Betrachtungsweise

Aus diesem Grund betone ich noch einmal die vorrangige Notwendigkeit der oben gemachten systemtheoretischen Vorschläge. Nur unter Voraussetzung der institutionellen Differenzierung der Systemebenen bleiben auch die Postulate des Solidaritätsprinzips zu personaler Freiheit und Gleichheit, zu Geschwisterlichkeit und Gerechtigkeit nicht mehr bloße Wunsch-Theorie, nach dem Muster „Man könnte, man sollte eigentlich“. Dann geht es nicht mehr um Wünsche, sondern um kontrollierbare Maßstäbe des sozialen Handelns und der Gesetzgebung.

Das Solidaritätsprinzip ist das alles Weitere fundierende Sozialprinzip schlechthin. In der Frühzeit der Menschen reichte es völlig aus. Für Predigernaturen, die meinen, mit dem „Liebet einander“

könne man eine komplexe Gesellschaft bauen und mehr als sechs Milliarden Menschen friedlich organisieren, reicht es scheinbar noch immer. In dieser Hinsicht habe ich aber Verständnis für den Slogan: Warum es besser ist, nicht gut zu sein.[243] Niemals kann ein einfaches, nicht dialektisch durch sein Gegenteil durchgespieltes Postulat für die Wirklichkeit ausreichen.

> „Hüte dich auch vor der heiligen Einfalt! Alles ist ihr unheilig, was nicht einfältig ist; sie spielt auch gerne mit dem Feuer – der Scheiterhaufen."[244]

2. Das Rechts(staats)prinzip

Der latente philosophische Individualismus (Monologismus) des Abendlandes kommt im neuzeitlichen Liberalismus zur vollen Entfaltung. Das Berechtigte an ihm ist das Rechtsprinzip. Als umfassend sein wollender anthropologisch-sozialer Ansatz ist er zwar viel zu kurz, aber geistesgeschichtlich unentbehrlich, ein notwendiger Schritt der Menschheit. Es wäre unmöglich, hier die Evolution auch nur des formalen Rechtsbegriffs (abgesehen von seinen jeweiligen zeitgeschichtlichen Füllungen) nachzeichnen zu wollen. Dies ist deshalb ein schwieriges Unterfangen, weil Recht erst spät von Sitte (kulturellen Gebräuchen) und diese wiederum von universalisierbarer Sittlichkeit (Moral) unterschieden wird. Dieser Prozess ist bis heute noch nicht abgeschlossen, wenn Gruppen und ganze Großkirchen versuchen, ihre Moralvorstellungen (z.B. über Abtreibung) im pluralistischen Staat zu verbindlichem Recht machen zu wollen bzw. bleiben zu lassen.

Dieser Differenzierungsprozess hat viel, ja alles, mit der Differenzierung der reflexiven Subsysteme zu tun. Allerdings kann er gedanklich von Einzelnen erfasst werden, schon bevor Gesellschaft und Staat diesem fundamentalen Unterschied Rechnung tragen. So war Kant mit seiner Definition des Rechts – als „Inbegriff der Bedingungen, unter denen die Willkür des einen mit der Willkür des anderen nach einem allgemeinen Gesetz der Freiheit vereinbart werden kann"[245] – der Wirklichkeit in Staat und Kirche seiner Zeit weit voraus, gerade in puncto Unterscheidung von Recht und Sittlichkeit:

> „Der Begriff des Rechts (...) betrifft erstlich nur das äußere und zwar praktische Verhältnis einer Person gegen eine andere (...). Aber zweitens bedeutet er nicht das Verhältnis der Willkür auf den Wunsch (folg-

lich auch auf das bloße Bedürfnis) des anderen, wie etwa in den Handlungen der Wohltätigkeit oder Hartherzigkeit, sondern lediglich auf die Willkür des anderen" (ebd.).

Es ist wichtig, die individualistische, an äußere Güter gebundene Rechtsperson, die zuerst im antiken Rom voll zur Geltung kam, als ein abgeleitetes, dialektisches Gegenmoment zur dialogischen oder solidarischen Person zu erkennen – nicht etwa umgekehrt die dialogische Solidarität als Aufweichung, Konzession usw. eines von Hause aus monologischen und egoistischen Individuums anzusehen.

Dies letztere ist die übliche Sicht auch heutiger Liberaler, insbesondere Wirtschaftsliberaler, für die solidarisches Teilen der Chancen, Rücksichtnahme und dergleichen etwas der freien Marktwirtschaft Zuwiderlaufendes darstellt. Abgeleitet ist der Rechtsgedanke von der ursprünglichen solidarischen Verbundenheit insofern, als die „Einschränkung der Freiheit eines jeden auf die Bedingung ihrer Zusammenstimmung mit der Freiheit von jedermann" (Kant, ebd.) erst greift, sofern Freiheiten sich äußerlich begrenzen. Genau das ist aber nicht das ursprüngliche Verhältnis der Freiheiten zueinander.

Im Solidaritätsprinzip kann primär nicht von Begrenzung die Rede sein, sondern von gegenseitiger Entgrenzung der dialogischen Freiheit. Auch wenn wir in der Neuzeit geneigt sind, den Menschen als des Menschen Wolf (*homo homini lupus*: Hobbes, 1588-1679) anzusehen. Wir projizieren dieses ursprüngliche Feindschaftsverhältnis gern auch in die Urzeit des Menschen. Ich lasse mich nicht auf die archäologische Diskussion ein, ob die Menschen der Vorgeschichte im Gegenteil friedlich waren und Hass und Gewalt erst spät – etwa im Zusammenhang mit Wüstenbildung und Knappheit – aufkamen.[246] Diese Frage des Menschenbildes ist gar nicht primär geschichtlich und vermutlich nicht einheitlich zu entscheiden. Unabhängig von der sozialgeschichtlichen Entwicklung muss jeder Mensch primär ein gewisses Maß an kommunikativer Solidarität, zumindest in seiner Familie und Gruppe, erfahren, um überhaupt ein sprach- und handlungsfähiger Artgenosse zu werden. Es gibt auch keine hinreichenden philosophisch-anthropologischen Gründe, den Menschen als in seiner Natur „total verderbt" anzusehen, wie es vielen ethischen Eiferern eher protestantischer Prägung in den Sinn kam, damit die ungeschuldete, rettende Gnade umso leuchtender hervortreten könne.

Der Mensch ist ursprünglich weder gut noch böse, vielmehr ein versuchbares Freiheitswesen.

Was sich philosophisch sicher – ohne Drohungen und Kniefälle – sagen lässt, ist dies: dass der Mensch ein versuchbares, zum negativen Freiheitsgebrauch und zum Irrtum versuchtes Wesen ist: Das ergibt sich geradezu streng aus dem Begriff der endlichen Freiheit. Sie ist eine Möglichkeit zum Guten oder Bösen, wenn wir unter dem Bösen einen negativen, destruktiven Freiheitsgebrauch verstehen. Eine solche anthropologische Freiheits-Möglichkeit wird geradezu notwendig teilweise zur Wirklichkeit.

Die Abgrenzung eines handelnden Freiheitswesens gegen das andere liegt wegen dieser möglichen und mehr oder weniger oft tatsächlichen Destruktivität ebenso nahe wie der negative Freiheitsgebrauch. Freiheit heißt daher auch Sich-Abgrenzen. Dennoch ist Abgrenzung unmöglich das erste und grundlegendste Moment gemeinsamer Freiheit.

Obwohl Freiheit ursprünglich eine gemeinsame ist, ein dialogisches Sichbestimmen-im-Bestimmenlassen, hat sie also sekundär und davon abgeleitet oder abgezweigt auch den rein individualistischen Aspekt der Selbstbestimmung gegen alle Fremdbestimmung an sich. Damit ist noch nicht Negativität im Sinne eines Missbrauchs verbunden. Die Abgrenzung kann im Gegenteil Ablehnung von Missbrauch in Form von Unterdrückung und Vereinnahmung sein.

Die volle geschichtliche Ausprägung des Rechtsprinzips war wesentlich.

Diesem subjektiv-individualistischen Aspekt der „reinen" Selbstbestimmung nicht voll Rechnung zu tragen, würde auf eine Unterdrückung des Individuums zugunsten des mehr oder auch weniger (!) solidarischen und freien Gemeinschaftsgefüges hinauslaufen. Deshalb und zur Eindämmung der Gewalt, die sich so schnell einschleicht, war die volle Ausprägung des Rechtsprinzips und weiter des Rechtsstaatsprinzips in der Neuzeit wesentlich: Dies ist das Meine, dies das Deine, hier unsere Grenze.

Hier verläuft auch die Grenze zum Leviathan Staat. Der neuzeitliche Kampf um die bürgerlichen Freiheiten gegenüber dem Staat war nichts anderes als praktische *Ideen zu einem Versuch, die Grenzen der Wirksamkeit des Staats zu bestimmen*, wie Wilhelm von Humboldts (erst verspätet als Ganzes erschienene und berühmt gewordene) Jugendschrift von 1792 lautete. Besser ein Nachtwächterstaat, der nur die Sicherheit der Bürger gewährleistet, als ein Sittenwächter- und Gesinnungsschnüffler-Staat, einem Religions- oder Weltanschauungsstaat, ein „Tankwart für Lebensinhalt", wie Gottfried Benn den Nazi-Staat apostrophierte.

Selbst das römische Reich war – wegen der nur untergeordneten Geltung von Rechtsregeln in ihm – grundlegend noch nicht im Recht, sondern in religiösen Vorstellungen fundiert, erst recht dann wieder, auf Offenbarungsreligion gegründet, das „Heilige Römische Reich Deutscher Nation". Die Verabschiedung alles Gottesgnadentums und die Fundierung des Gemeinwesens prinzipiell im Recht bedeutet, wie wir schon ausführlich bedachten, Rechtsstaat – wie gerecht oder ungerecht es im Einzelnen darin auch zugehen mag. Damit wird Staat immer klarer gleichbedeutend mit Rechtsgarant und Rechtsgemeinschaft. In diesem, aber nur in diesem Sinne gibt es zum Staat (von der Kommune über den Nationalstaat und Staatenbünde wie Europa bis hin zu Welt-Rechtsstrukturen) keine Alternative. „Anarchismus", die vage Vorstellung von Herrschaftsfreiheit, mag mit gewisser Aussicht die Abschaffung von Staat als unkontrollierbarem Ungeheuer (*Leviathan*, Hobbes 1651) propagieren. Er wird aber vollkommen illusorisch, ja destruktiv und regressiv, wenn die Idee eines umfassenden Rechtsverbandes verworfen wird.

Recht, notwendige Minimalstruktur des Sozialen.

Das Recht ist zwar bei weitem nicht gleichbedeutend mit menschlicher Vergemeinschaftung, weshalb die systematische Vorrangstellung der Solidarität betont wurde, aber doch deren Minimalstruktur oder Skelett, wo immer menschliches Miteinander über primäre und spontane Gemeinschaftsbildung hinausgeht. Statt regressiv in sozialromantische Idyllen zurückzustreben, sollten „Anarchisten" die Energien besser produktiv auf die konsequentere Weiterentwicklung unserer rechtsstaatlichen Institutionen verwenden: dass sie Raum lassen für ein Maximum an freiem Gemeinschaftsleben.

Auf die Gefahr hin, mich erneut mit Rechtsgelehrten anzulegen, jedoch abgesichert durch genügenden Einblick in deren internen Streit[247], möchte ich *en passant*, nur zur Veranschaulichung dessen, was hier alles berührt ist, folgende reflexionstheoretische Einteilung der Rechtsgebiete zur Diskussion stellen:

2.1 auf Objektives (z.B. Eigentum, Nutzung, Geschäfte) bezogen: *Zivilrecht*
2.2 auf die Qualität von Handlungen bezogen: *Strafrecht*
2.3 auf soziale Hoheitsgewalt bezogen: *öffentliches Recht*[248](z.B.Verwaltungsrechte, u.a. Steuer- und Sozialrecht, sowie Verfahrensrechte)
2.4 auf die grundlegende Rechtsordnung selbst bezogen: *Verfassungsrecht*

Diese Einteilung ist zunächst innerstaatlich gedacht. Da es eine Vielfalt von Staaten (rechtlicher Organisationen von Völkern) gibt, ergibt sich zusätzlich ein Völkerrecht, und zwar, wie schon Kant scharf unterscheidet, als Völkerstaatsrecht (*ius gentium*), wozu heute auch ein internationales Umweltrecht[249] gehört, und als Weltbürgerrecht (*ius cosmopoliticum*), also als zwischenstaatliches Recht und als Recht der einzelnen Erdenbürger unmittelbar zur Weltgemeinschaft.[250] Weiter sollten wir hier nicht in die heikle Rechtssystematik eindringen.

Nochmals zur Einordnung des Rechts- und Rechtsstaatsprinzips in die systematische Reihenfolge: Das Recht ist der subjektiv-individualistische, außerdem auf das Haben – nicht auf das innere „Sein" – gerichtete Typ von Sozialität, das unter den Reflexionsbegriffen „Einstimmung und Widerstreit" steht. Nach der noch undifferenzierten, grundlegenden Solidarität („Einerleiheit und Verschiedenheit") und vor der bewussten Verhältnisbestimmung der Gemeinschaftskompetenzen in bezug auf „Innen und Außen", dem Thema der Subsidiarität.

3. Das Subsidiaritätsprinzip (demokratische Souveränität)

Stellt also das Rechts(staats)prinzip das individualistische Korrektiv zu einer noch nicht näher strukturierten Solidarität dar, so meint ⇦Subsidiarität den Vorrang des bereits vergemeinschafteten Einzelnen sowie der elementaren Gemeinschaften im Verhältnis zum staatlichen Rechtsverbund und anderen umfassenden Sozialgebilden. Es beinhaltet nichts Geringeres als den Aufbau der Gesellschaft von unten nach oben, von den kleineren zu den größeren, komplexeren Gebilden – mit der Maßgabe, dass die kleineren von den größeren Einheiten nicht erdrückt und aufgesogen, sondern unterstützt werden (lat. *subsidium* = Hilfe).

Im deutschen Grundgesetz ist dieser Gedanke implizit enthalten in dem Satz: „Alle Staatsgewalt geht vom Volke aus" (Artikel 20,2 GG). Zwar ist diese Verbindung zwischen dem ursprünglichen Souverän der Demokratie und dem historischen Werden des Subsidiaritätsgedanken nicht geläufig. Um so mehr soll gleich auf diese Pointe und ihre Tragweite abgehoben werden. Das Subsidiaritätsprinzip handelt – wenn man es in seiner philosophischen Allgemeinheit erfasst – nicht von irgendeiner Spezialität, z.B. Familienförderung, sondern vom Ursprung und Aufbau der großen Gesellschaft sowie der Souveränität, der Handlungsvollmacht in ihr.

„Der Name und die genaue Formulierung des Subsidiaritätsprinzips findet sich erstmals in der Enzyklika ‚Quadragesimo anno' vom 15.5.1931. Die darin ausgesprochene Erkenntnis aber ist, wie gesagt, uralt", beginnt Oswald von Nell-Breuning seine historische Erläuterung, um dann bald diese klassische Fundstelle, Ziffer 71 der Enzyklika, anzuführen:

„Wie dasjenige, was der Einzelmensch aus eigener Initiative und mit seinen eigenen Kräften leisten kann, ihm nicht entzogen und der Gesellschaftstätigkeit zugewiesen werden darf, so verstößt es gegen die Gerechtigkeit, das, was die kleineren und untergeordneten Gemeinwesen leisten und zum guten Ende führen können, für die weitere und übergeordnete Gemeinschaft in Anspruch zu nehmen; zugleich ist es überaus nachteilig und verwirrt die ganze Gesellschaftsordnung. Jedwede Gesellschaftstätigkeit ist ja ihrem Wesen und Begriff nach subsidiär; sie soll die Glieder des Sozialkörpers unterstützen, darf sie aber niemals zerschlagen oder aufsaugen."[251]

Dass dieses in der Tat fundamentale Prinzip in neuerer Zeit von der katholischen Soziallehre geltend gemacht wurde, geschah ursprünglich durchaus im kirchlichen Eigeninteresse. Nicht etwa dass die katholische Kirche sich bereits bescheiden „pluralistisch" unter die weltanschaulich-religiösen Gruppen innerhalb des Rechtsstaats reihen wollte. Der weltanschauliche Pluralismus wurde von ihr erst im II. Vatikanischen Konzil (1963/64) in seiner Berechtigung zugestanden. Nicht dass die Kirche gar Subsidiarität als Gegenprinzip zur eigenen hierarchischen Ordnung von oben hätte gelten lassen! Ursprünglich ging es vielmehr darum, vor allem Ehe und Familie, aber auch andere Gemeinschaften als Einflusssphären der Kirche gegenüber dem zunehmend totalitär werdenden Staat zu reservieren. Heute besteht geradezu die Gefahr, das Subsidiarität als eine katholische Sache entweder hochgejubelt oder relativiert wird. Deshalb ist es bemerkenswert, bei Nell-Breuning selbst zu lesen: „Die darin ausgesprochene Erkenntnis ist aber, wie gesagt uralt"!

Der Gedanke der Subsidiarität ist revolutionär.

Wie immer die Interessen historisch gelagert waren, es kam der wichtige Gedanke zum Tragen, dass der moderne Rechtsstaat zwar eine umfassende Gesellschaftsform darstellt, jedoch keine in jeder Hinsicht vorrangige Einheit, welche die unteren Einheiten menschlicher Vergemeinschaftung in sich absorbieren dürfte. Der Rechtsstaat hat vielmehr den von unten her aufblühenden Gemeinschaften und Gesellschaften nur „hilfreichen Beistand" (*subsidium*) zu leisten, weil diese – soweit sie nur mit der Verfassung vereinbar sind – ihre Legitimität durch sich selbst haben. Sie sind keineswegs vom Staat abgeleitet, daher diesem auch nicht in jeder Hinsicht untergeordnet, es sei denn, rein formal-rechtlich, z.B. durch Ehe-, Familien- oder Vereinsrecht.

Wie schon mehrfach betont wurde, geht das gesamte soziale Leben sowohl in wirtschaftlicher wie kultureller und weltanschaulicher, sogar in politischer Hinsicht weit über das staatliche hinaus. Das Subsidiaritätsprinzip ist in dieser Hinsicht der dialektische Gegenschlag zum Rechtsstaatsprinzip wie zugleich dessen Komplettierung oder weitere Ausdeutung.

Doch zu diesem *prinzipienlogischen* Gesichtspunkt, „Recht ist nicht das ganze soziale Leben", kommt nun ein *umfanglogischer*, ganz elementarer Gesichtspunkt hinzu:

Das Untere ist im Sozialen nicht von Gnaden des Oberen, des Umfassenderen, sondern aus eigenem Recht. Im Gegenteil: Das Umfassendere muss seine Berechtigung (Legitimität) rechtfertigen, nicht das Elementare.

Dieser Gedanke hat etwas Revolutionäres im Verhältnis zur Jahrtausende alten theokratischen Kirchen- und Staatsbildung, insbesondere auch zur neuzeitlichen Herausbildung der großen, immer durchrationalisierteren Staaten. Er beinhaltet eine Gegenströmung zum Immergrößer der neuzeitlichen Vereinheitlichung der Sozialgebilde und vor allem zur gegenwärtigen Globalisierung.

Subsidiarität beinhaltet eine Gegenströmung zur Vereinheitlichung und Globalisierung.

Oswald von Nell-Breuning und sein diesbezügliches Sprachrohr, Papst Pius XI., waren sich über diese latente revolutionäre Brisanz und bis heute unausgeschöpfteTragweite des Subsidiaritätsprinzips zweifellos nicht voll im Klaren, selbst wenn von Nell-Breuning im Bewusstsein von etwas ganz elementar Menschlichem als „tragende Grundlage" den allgemeinen Satz noch einmal wiederholt:

> „Jedwede Gesellschaftstätigkeit ist ja ihrem Wesen und Begriff nach subsidiär; sie soll die Glieder des Sozialkörpers unterstützen, darf sie aber niemals zerschlagen oder aufsaugen" (a.a.O.).

Das freigesellschaftliche Leben beansprucht gerade in der alles dominierenden, weil fehlgeleiteten Rechtsstaats-Maschinerie heute gebieterisch eigene Anerkennung, wovon im vorigen Kapitel die Rede war.

Das Spezifische des Subsidiaritätsprinzips aber ist die Umfangslogik von kleineren und umfassenderen Gemeinschaften:

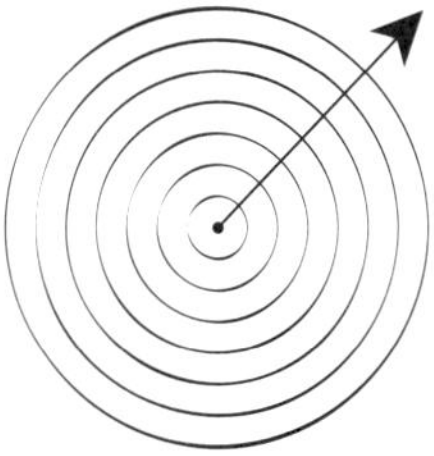

Figur 14: Konzentrische Kreise als Schema für subsidiarischen Aufbau

Das nur Umfangslogische scheint zu einfach, um wahr zu sein – und deshalb wird es auch nicht beachtet, solange es nicht differenziert verstanden wird. Solange gleiche Prinzipien herrschen, also der gleiche Typ von Gemeinschafts- oder Gesellschaftsbildung vorliegt, gilt die Umfangslogik und ihre einfache Regel: Was unten geregelt werden kann, braucht und darf nicht oben geregelt werden.

Es gibt subsidiäre Vergemeinschaftungen nicht-rechtlichen Typs wie Familien, kulturelle und religiöse Gemeinschaften, deren Lebensrecht zwar in keiner Hinsicht von Staates Gnaden besteht, obwohl dieser sie als ihr Schutzherr oder auch „Nachtwächter" umfaßt und sogar in formal-rechtlicher Hinsicht beaufsichtigt. Diese Einschränkung ist wichtig: In formal-rechtlicher Hinsicht hat der Staat ein Aufsichtsrecht auch über das, was diesbezüglich in den Familien oder Gruppen vor sich geht, ob z.B. Gewalt oder sexueller Missbrauch ausgeübt wird. Er ist der primäre Rechtsgarant, aber auch nur dies.

Daneben gibt es aber Untergliederungen des Staates selbst (Gemeinden, Kreise, Länder, für die europäische Rechtsgemeinschaft die Nationalstaaten selbst), die nichts anderes als Teile des Staates bzw. der Staatengemeinschaft sind. Hier besteht eine formale Kontinuität im Charakter der Staatlichkeit, des hoheitlichen Rechtsverbundes. Und doch hat es auch hier Sinn, ja, ist es äußerst wichtig, von Subsidiarität zu sprechen: Auch die Staatsteile (was jene vorhin genannten Gemeinschaften nicht sind!) sind subsidiär zu behandeln. Das wird für Europa wie für Deutschland oft postuliert, aber wenig beherzigt, obwohl das Prinzip für ein künftiges Europa von entscheidender Bedeutung ist: Dass nur das gesamteuropäisch geregelt wird, was notwendig ist und dass soviel wie möglich auf den unteren Ebenen, bürgernah, entschieden wird.

Um zunächst die bisherigen Unterscheidungen durch einen vorsichtigen Versuch einer reflexionstheoretischen Gliederung zu vervollständigen:

3.1 *Umfangslogische oder quantitative Subsidiarität* im Verhältnis gleichartiger Sozialgebilde von verschiedenem Umfang (z.B. die Untergliederungen von Staat: von der Gemeinde bis hin zum Staatenverbund). Die unteren Einheiten sind nur weisungsgebunden, sofern sie ihre Aufgaben und Verantwortungen nicht selbständig wahrnehmen können.

3.2 *Prinzipienlogische oder qualitative Subsidiarität* im Verhältnis von sozialen Einheiten mit verschiedenen Prinzipien (z.B. Familie, Kultur- und Religionsgemeinschaften im Verhältnis zum Staat). In den genannten Beispielen ist der Staat nur partiell umfassend, insofern die Mitglieder der anderen sozialen Einheiten auch Staatsbürger und die sozialen Einheiten auch einen rechtlichen, dem Staat unterworfenen Aspekt haben.

3.3 *Kommutative Subsidiarität* im Verhältnis von gegeneinander „souveränen“ oder voneinander unabhängigen sozialen Einheiten mit gleichen oder verschiedenen Prinzipiengrundlagen (sozialen Zwecken), die miteinander kooperieren und sich zu einer Arbeitsgemeinschaft zusammenschließen, z.B. Nationen in Wirtschafts- und Rechtsgemeinschaften oder Staat und Religionsgemeinschaften oder diese mit wissenschaftlichen Vereinigungen. Ohne den kooperativen Zusammenschluss würde man gar nicht von Subsidiarität, sondern nur von Unabhängigkeit oder Souveränität sprechen.

3.4 *Distributive Subsidiarität* im Verhältnis von Einheiten eines Ganzen, die innerhalb dieses Gesamtkörpers oder einer strukturellen Institution bestimmte Aufgaben oder Rollen übernehmen, ohne dabei aber ihre Eigenständigkeit (Selbstbestimmung) aufzugeben. In diesem Fall kann die übergreifende Institution sehr stark sein – und dennoch keine eigene Körperschaft, außer bestimmten beauftragten Organen. Für die Vereinten Nationen wie auch für Europa wäre m.E. diese Art von distributiver Subsidiarität anzustreben. Die einzelnen Nationen würden ihre Rollen und Aufgaben in einem Rechtsverbund spielen, dadurch auch vertragliche Verpflichtungen übernehmen, ohne aber bloß weisungsgebundene Teile eines Ganzen im Sinne der quantitativen Subsidiarität zu sein.

Wir wollen uns nicht verlocken lassen, auf den ganzen Wirrwarr des europäischen Kompetenzensystems eingehen zu wollen oder uns auch nur erklären zu lassen, warum einzelne Bauern oder landwirtschaftliche Regionen nicht mehr selbst darüber entscheiden dürfen, ob ihre Kühe gegen Maul- und Klauenseuche geimpft werden – soviel sinnvoller dies auch sein mag als die wahnsinnigen Massenschlachtungen bei aufgetretenen Symptomen.

Die Schweiz als Beispiel für Erhaltung der Eigenart und der eigenen Entscheidungsfähigkeit

Nehmen wir der Einfachheit halber das Beispiel einer standhaften Insel im derzeitigen Europa: die Schweiz. Es gibt hier zwar auch die eher heuchlerische Komponente, dass ein Land seine „Neutralität" oder machtpolitische Bedeutungslosigkeit dazu nutzt, das Kapital der halben Welt als Bankier auf seine Mühlen zu leiten und an dem ohnehin mehr als fragwürdigen Geldsystem legal wie illegal zu verdienen.[252] Es ist so – neben Luxemburg – das bei weitem reichste Land Europas, ohne dass etwa mehr als anderswo gearbeitet oder gar erfunden würde. Dies gilt auch dann, wenn wir den Tourismus und die Vermarktung der erhabenen Natur als harte Dienstleistungsarbeit ansehen. Wohl scheint in der Schweiz ein traditionelles Arbeitsethos fortzuleben, das hierzulande zerstört ist. Und das hat durchaus etwas mit Subsidiarität zu tun.

Die Seite, die hier unter „Subsidiarität" zur Sprache kommen soll, ist aber vor allem: Die Erhaltung der Eigenart und der eigenen Entscheidungsfähigkeit der Schweiz. Dies gilt auch für andere, besonders kleinere Länder und Regionen Europas, doch am Beispiel der bisher widerständigen Schweiz wird es besonders greifbar: Was soll die Bewohner dieses schönen Landes, das sich eine Eigenart zwischen drei großen europäischen Kulturen (der deutschen, französischen und italienischen) sowohl als einheitliche politische Willensgemeinschaft wie jeweils in den kulturellen Regionen bewahrt hat, was soll diese Menschen motivieren, sich Brüsseler Normen zu unterwerfen und ihre Souveränität „aufzugeben", solange sie nicht wirtschaftlich dazu genötigt werden?

Dieser weiße Fleck auf der Landkarte des EU-Europas stellt auf anschauliche Weise die Frage: Wie effektiv und glaubhaft ist die so gängig gewordene Rede von der Subsidiarität in Europa allgemein[253], wenn ein Land wie die Schweiz fürchten muss, durch einen Beitritt seine Eigenart zu verlieren, indem es sich einem Staatenverbund wie der Europäischen Union eingliedert? Die Antwort erübrigt sich und führt zu der Feststellung:

Es ist ein Unding, Europa weiterhin den Parteipolitikern und Bürokraten (im bisherigen Sinn) zu überlassen. Sie werden das Leben von unten, den Aufbau der Gemeinwesen von unten nach oben nicht organisieren, weil sie dazu weder die generelle Einsicht, noch die außerbürokratischen Kenntnisse noch die Motivation noch die Freiheit des Handelns innerhalb der bestehenden Zwänge haben.

Man kann die Schweizer Freunde und Europäer nur dazu ermuntern, das Faustpfand ihrer nationalen „Souveränität" solange fest in den Händen zu behalten, wie Europa nicht bewiesen hat, dass es das Subsidiaritätsprinzip ernster nimmt als bisher. Dazu aber gehört eine Grundbesinnung auf den demokratischen Begriff der Volkssouveränität.

Der Bundesrat wurde zu einer zweiten Kammer des Parteienpokers.

Das Subsidiaritätsprinzip stellt nichts anderes als das Prinzip einer demokratisch interpretierten, d.h. von unten nach oben legitimierten Souveränität dar: „Alle Staatsgewalt geht vom Volke aus" (Art. 20, 2 GG). Wobei man „das Volk" nicht von vornherein als kollektives Einheitswesen verstehen darf, sondern zunächst als Gesamtheit der Einzelnen, die ihre Souveränität, d.h. Verfügungsmacht von unten nach oben organisieren.

Subsidiarität hat viel mit Föderalismus zu tun, der in Deutschland eine besondere Tradition hat. Längst leidet der beabsichtigte Föderalismus der Länder aber unter der parteipolitischen Auszehrung und Instrumentalisierung. Während der Bundesrat eine Einrichtung des Föderalismus sein sollte (Artikel 50 GG), wurde er längst zu einer zweiten Kammer des Parteienpokers – mit der allseits bekannten Möglichkeit, aus parteipolitischem Kalkül die Gesetzgebung zu blockieren.[254] Auch gibt es kaum noch Wahlen und Koalitionsverhandlungen in den Ländern, die nicht im parteipolitischen Schatten der Bundespolitik stehen. Das zeigt einmal mehr die Unhaltbarkeit des jetzigen Parteiensystems, in der besonderen deutschen Variante. Aus diesem Grund wurde in diesem Buch „Bundesrat" kein großes Thema. Eine Länderkammer könnte erst unter ganz anderen demokratischen Voraussetzungen eine ernsthafte Bedeutung für die föderale Struktur der Bundesrepublik gewinnen.

Alle Diskussionen über Souveränität der Nationalstaaten sind müßig, wenn sie von den Nationen als ursprünglichen Trägern der Souveränität ausgehen. Das ist eine veraltete Auffassung aus den Zeiten des Feudalismus und Absolutismus, wo sich die Staaten in der Person ihrer Herrscher als – nach außen – absolut souverän in ihrem Tun und Lassen betrachteten.[255] Nicht dass „Nation" – die Kulturgemeinschaft im Unterschied zur Rechtsgemeinschaft Staat – hier gering veranschlagt würde. Im Gegenteil. Doch sie sind nicht der Ursprung der Souveränität in einem modernen, nachfeudalistischen Sinn. In vordemokratischen Staaten schien dies so, weil sich die Souveränität als Staatsgewalt in der Hand des Monarchen „von Gottes Gnaden" konzentrierte. Heute von nationaler Souveränität zu reden, ist ein zweischneidiges Ding, weil die Staatsführer darüber verhandeln, als sei es noch immer die ihre.

Das Verständnis der vereinigten Individuen als des ersten und alleinigen Souveräns ist ein wesentlicher Bestandteil von Demokratie.

Wenn und sofern die Souveränität von unten nach oben organisiert wird, kann man nicht von „abgeben" sprechen – es sei denn in einem zynischen Sinn, in dem man auch vom „Abgeben der Stimme" am Wahltag sprechen kann. Abgegeben werden dürfen Machtbefugnisse, jedoch auf Widerruf: Nur so bleibt die Souveränität bei ihrem demokratischen Ursprung.

Sowenig die Individuen ihre ursprüngliche Souveränität an ihre Repräsentanten abgeben, so wenig geben auch die Nationalstaaten ihre Souveränität an Europa ab, sofern es mit rechten Dingen zugeht. Die ganze Vorstellung von Souveränitätsabtretung geht auf obrigkeitsstaatliches bzw. individualistisches Denken zurück, worin Kaiser und Könige die Souveräne waren. Staaten wie Individuen suchen vielmehr eine optimale Form der Organisation und Ausübung ihrer unveräußerlichen Souveränität durch umfangsmäßig umfassendere und qualitativ bessere Institutionen.

Sowenig ein Individuum seine Eigenständigkeit verlieren muss und darf, wenn es einer Gemeinschaft angehört, sosehr der Freiheitsgrad einer Gemeinschaft gerade daran gemessen wird, dass Gemeinsamkeit die Freiheit aller als konkrete, gemeinsame, dialogische statt monologische, erst realisiert, sowenig darf übernationale Organisation die Freiheit der Nationalstaaten einschränken, besonders nicht ohne Befragung des Souveräns vor irreversiblen Entscheidungen.[256]

Demokratische Souveränität und Subsidiarität sind also in der Sache (materialiter) identisch und akzentuieren nur formaliter, aufgrund der Wortgeschichten, zwei verschiedene Gesichtspunkte: die Souveränität den qualitativen Ursprung der legitimen Macht, die Subsidiarität das umfangsmäßige Verhältnis von Oben und Unten.

Demokratische Souveränität und Subsidiarität meinen dasselbe bei unterschiedlichem Akzent.

Die Würde des Unten, wo die Menschenwürde sitzt, verleitet heute viele dazu, in einer falschen, scheinbaren Konkretheit sich um die umfassenden Rechtsstrukturen wie sonstigen Sozialstrukturen nicht zu kümmern. Diese Haltung hat schon einmal die vielen blühenden Ansätze von Lebensreform in der Weimarer Republik zunichte werden lassen! Das soziale Leben von Unten bleibt nur lebendig, im Unterschied zu einer abstrakten Beharrung, wenn es sich um seine Bedingtheit „von Oben" kümmert. Sosehr also der Satz unterschrieben wird, dass soziales Leben von Unten lebt, so sehr muss hinzugefügt werden: Die Lebendigkeit und Freiheit des Lebens von Unten besteht nicht zuletzt darin, das Obere, Umfassendere einfließen zu lassen, sowohl im spirituellen wie im sozialen Sinne.

Wenn heute Sozialromantiker sagen, das ganze soziale Leben sei von der Familie über die Sippe, die Gemeinde, den Stamm mit seinen Regionen usw. in konzentrischen Kreisen her aufzubauen, so ist das naive Schwärmerei – mit einem Körnchen Wahrheit. Das Wahrheitselement liegt vor allem darin, dass wir einen neuen Typ von Kommunen brauchen, die auf freiem Zusammenschluss von Menschen mit gemeinsamen Idealen der Wirtschaftsweise, des Umgangs mit der Natur, der demokratischen Wertekommunikation und der Spiritualität beruht. Wie er bereits in zahlreichen Ökodörfern mit mehr oder minder großem Erfolg realisiert wird.[257]

Das Thema Subsidiarität erweist sich als schwieriger, aber auch reichhaltiger, als von diesem Schlagwort zum Feiertagsgebrauch zu erwarten war. Halten wir folgende Leitgedanken fest, die zugleich sozialethische Maßstäbe in Fülle hergeben:

- Der Aufbau der Gesellschaft geschieht ständig von unten nach oben, was die Legitimität ihrer Einrichtungen angeht.
- Subsidiarität und demokratische Souveränität sind in der Sache identisch.
- Demokratische Souveränität wird verstanden und ernst genommen im Sinne des Verfassungsgebotes: „Alle Staatsgewalt geht vom Volke aus" (Artikel 20,2 GG).
- Demokratisch legitimierte Souveränität darf niemals „abgegeben", sondern muss in scheinbarer Einschränkung in effektiveren Freiheitsgestalten organisiert werden. Das gilt für den einzelnen „Souverän" wie für Nationen: Die abgegebene Machtbefugnis muss daher prinzipiell rückrufbar sein.

Aus diesen Subsidiaritäts- und Souveränitäts-Grundsätzen folgt, wie man leicht erkennt, allerhand Anderes, als derzeit üblich, vor allem für Europa. Die „Realpolitiker" werden die vorstehenden Überlegungen als „hoffnungslos idealistisch" abtun. Es wird sich zeigen, auf welcher Seite auf Dauer der größere Realismus und das Interesse der Menschen liegt.

4. Das Viergliederungsprinzip

Da dieses Prinzip, die Forderung der ausdrücklichen institutionellen Ausgliederung der Systemebenen des sozialen Organismus, in den vorhergehenden Kapiteln ausführlich dargelegt wurde, genügt nun eine kurze Besinnung auf seine Stellung im Gefüge der Sozialprinzipien. Anschließend soll der evolutionäre Gesichtspunkt, die Entwicklung des Bewusstseins für die Sozialprinzipien, ausführlicher zur Sprache kommen.

Zunächst einmal wird erkennbar, dass der bisher leitende Grundgedanke einer reflexionstheoretischen Organismustheorie (Viergliederung) nicht verabsolutiert, sondern selbst in ein umfassenderes Prinzipiengefüge eingeordnet wird. In ein Gefüge von Sozialprinzipien, das teils traditionell bekannt ist, allerdings bisher nicht als ein systematisches Ganzes erfasst wurde.

Im öffentlichen Bewusstsein sowie im Politikerjargon spielt „Subsidiarität" heute eine ebenso selbstverständliche Rolle wie „Solidarität/Gerechtigkeit" und „Rechtsstaat", während „Viergliederung", unter dieser oder einer anderen Benennung, unbekannt ist – wenn man von der häufigen, unklaren Aufzählung von „Politik, Wirtschaft und Kultur" absieht. Das heißt nicht, dass auch nur eines jener Prinzipien annähernd adäquat durchgeführt wäre. Die Sozialprinzipien lassen sich nämlich – unter den Bedingungen moderner Differenzierung – nur gleichzeitig voll verwirklichen, nämlich von der klaren Erkenntnis ihres systematischen Zusammenhangs her.

Solidaritäts-, Rechts(staats)-, Subsidiaritäts- und Viergliederungs-Prinzip bauen reflexionsstufig und auch genetisch-entwicklungslogisch aufeinander auf.

Das soll umseitige grafische Übersicht über die Sozialprinzipien veranschaulichen:

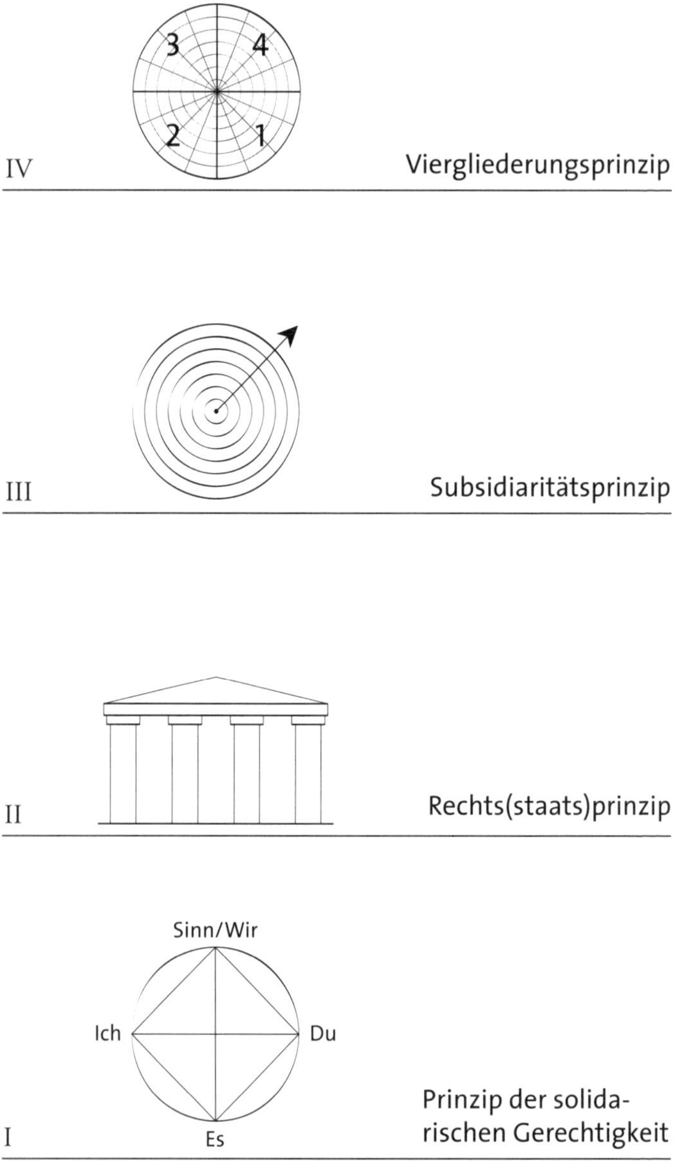

Figur 15: Das Gefüge der Sozialprinzipien

Erst von der primären „materialen" Erkenntnis der sozialen Reflexionsstufen, von der „Außenarchitektur" her, ist eine Thematisierung der ⇦Viergliederung zusätzlich als „innenarchitektonisches", sozialethisches Prinzip möglich und mit ihm zugleich das Gefüge der Sozialprinzipien begründbar.[258]

Was heißt es, dass Viergliederung auch ein sozialethisches Prinzip wird? Es heißt nichts anderes, als dass sie aus ihrer An-sich-Geltung seit Menschheitsbeginn, besonders aber in der Differenzierungsstufe, die wir Moderne nennen, zu einem Fürsichsein kommt, um einmal ganz hegelisch zu sprechen. Sie wird von uns ausdrücklich reflektiert, wird „für uns"; und da wir Teil dessen sind, was diese Sozialtheorie beschreibt, kommen die ansich geltenden Gesellschaftsstrukturen darin zu einem Fürsichsein, das heißt zu einer ausdrücklich gewussten Geltung.

Das außenarchitektonische Baugesetz wird auch zum innenarchitektonischen, sozialethischen Prinzip. Nicht nur, dass es ausdrücklich gewusst wird, sondern: dass es als sozialethischer Maßstab fungiert. Nach diesem Maßstab ist nicht allein die große Viergliederung im dargelegten Sinne zu fordern und zu verwirklichen, vielmehr bemessen sich nach ihm auch nach der Verwirklichung des „Rohbaus" viele sozialethische Probleme. Viergliederung wird zum Prinzip der alltäglichen Zuordnung und Gewichtung unzähliger Fragen des laufenden politischen Lebens.

Viergliederung auch Ordnungsprinzip zur Komplexitätsreduktion

Da wird um Kruzifixe und Kopftücher in den Schulen diskutiert, um Schulrichtlinien und Kulturausgaben von Bund und Ländern, um „Souveränität" der Staaten von Europa und Zuständigkeit der europäischen Organe, um Boden- und Verkehrspolitik, um ökologische Ökonomie. Und, und, und. Es gibt kein gesamtpolitisches und auch kein im engeren Sinn politisches Problem, das nicht im „ordnungspolitischen Rahmen" der Viergliederung zu entscheiden wäre, damit es überhaupt mit Vernunft und Sachgerechtigkeit entschieden werden kann. Wer noch mehr „Beispiele" will, muss aufgefordert werden, sich nicht allein an das „Beiherspielen" der Phänomene oder Symptome zu halten, sondern einmal vom Wesentlichen her zu denken. Es ist unmoderne Politik im Rahmen der sogenannten Informations- und Wissensgesellschaft, ohne solche Ordnungsgesichtspunkte auskommen zu wollen! Ein wenig von der Komplexität, die wir unseren Computerprogrammen zubilligen, sollten wir endlich auch in unseren Gesellschaftsprogrammen akzeptieren: zumindest die schon vorgeordnete, reduzierte Komplexität, die gar nicht mehr kompliziert, sondern einfach logisch ist.

Die Grundvoraussetzung für die politisch-institutionelle Durchführung der Viergliederung (Reflexions-Systemtheorie) ist ihre theoretische Erfassung in einem „maßgebenden" Teil der Öffentlichkeit.

Zur Bewusstseinsevolution: das neue Paradigma des Konstruktiven

Der Leser sei eingeladen, anhand des obigen Mandalas von vier Mandalas (Figur 14) meditativ den durchlaufenen Gedankengang zu rekapitulieren und seine Tiefenlogik ganzheitlich zu erfassen. Es ist eine Bewegung

- von der ursprünglichen Ganzheit des eigentlich selbstverständlichen solidarischen Miteinanders der Menschen,
- über das „bornierte" Rechtsprinzip, das zuerst die scheinbaren „Rechte" der Feudalherren schützt und als exquisites Unterdrückungsinstrument geeignet ist, aber dann gewalteindämmende, rettende und versachlichende Bedeutung im Rechtsstaat bekommt,
- hin zu neuer Betonung der Spontaneität des sozialen Lebens, seines subsidiären Aufbaus von unten nach oben,
- welche Spontaneität jedoch nur in der evolutionären Synthese der klar erkannten und verwirklichten Reflexionsordnung im Großen zum Zuge kommen kann.

Johann Gottlieb Fichte (1762-1814), der erste gewählte Rektor der Berliner Universität, formulierte 1804 unter der Überschrift *Grundzüge des gegenwärtigen Zeitalters* ein bemerkenswertes 5-Phasen-Modell der Geschichte. Sein Ausgangspunkt ist eine handfeste freiheits- und vernunftrechtliche These, die zugleich ein Handlungspostulat darstellt:

> „Der Zweck des Erdenlebens der Menschheit ist der, dass sie in demselben alle ihre Verhältnisse mit Freiheit nach der Vernunft einrichte."[259]

Aus diesem Grundbegriff von Vernunftgeschichte ergeben sich nach Fichte fünf ganz großflächige Menschheitsepochen:

1. Die Epoche des noch natürlichen, aber blinden *Vernunftinstinktes*.
2. Die Zerteilung dieser ursprünglichen („paradiesischen") Einheit von Natur und Vernunft in äußerlich gebietende Autoritäten von Machthabern versus unterwürfigen Gehorsam von unterworfenen,

dienenden Menschen: *autoritäre Herrschaft* wie Feudalismus in allen Spielarten.

3. Die *revolutionäre Befreiung* vom feudalen, geistlich-weltlichen Autoritätsregime, welche aber zugleich wegen mangelnder Konstruktivität der Vernunft vollendete Vernunftblindheit und Willkür bleibt: Hier haben wir die ganzen Phänomene des „feuilletonistischen“ Zeitalters mit seinen zahlreichen Ismen des Zerrens an den alten Ketten, bis hin zu Existentialismus, Konstruktivismus, Dekonstruktivismus und wie sie alle heißen, in denen sich die noch halb feudal-klassenbewussten, halb revolutionären Franzosen bis heute besonders hervortun.
4. Eine ganzheitliche *Vernunftwissenschaft.* Fichte denkt hier an seine eigene, auf den Schultern Kants geleistete „Wissenschaftslehre“, die er aber erst (ebenso wie Hegel es von seiner Weiterentwicklung tun wird) als Silberstreif am Horizont einer vernunftbestimmteren Zukunft versteht.
5. *Vernunftkunst* im Sinne der praktischen und ganzheitlichen Verwirklichung von Vernunft in allen Bereichen.

Fichtes Grundvorstellung[260] ist die einer Parabel, in deren Tief- und Wendepunkt er seine eigene Zeit sieht:

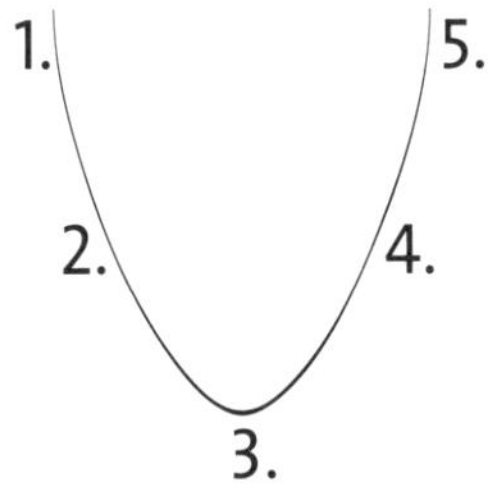

Figur 16: Parabel mit Punkt 3 als Tief- und Wendepunkt

Geschichte als Fortschritt im Bewustsein der Freiheit

Fichte ist offen für die mannigfachen Abwandlungen und Ungleichzeitigkeiten dieser Epochen in den verschiedenen Weltteilen, setzt aber bereits eine sich vereinheitlichende, „globalisierte“ Menschheit voraus. Er formuliert mit den fünf Epochen nichts anderes als das oben schon erwähnte Evolutionsprinzip „Integration-durch-Differenzierung“ auf der Ebene der Geschichte, das im Naturbereich der wachsenden „Zentrokomplexität" entspricht. Menschliche Geschichte muss in der Tat, wenn ein spezifischer Unterschied zur biologischen Evolution angegeben werden soll, als Geschichte der Freiheits- und Bewusstseinsentfaltung gelesen werden. G.W.F. Hegel (1770-1831) sprach wenig später von der Weltgeschichte als „Fortschritt im Bewusstsein der Freiheit – ein Fortschritt, den wir in seiner Notwendigkeit zu erkennen haben".[261]

Wir erkennen unschwer die Parallele zur Reflexionsstufung der Sozialprinzipien, die also als geschichtliche Evolutionsstufen menschlichen Sozialbewusstseins gelesen werden dürfen. ⇦Geschichte selbst ist ja nichts anderes als ein kollektiver Reflexionsprozess, eine Reflexions-Schichtung: eine Gemeinschaft bezieht sich auf sich selbst als eine sich zeitlich wandelnde, aber identisch bleibende, also eine kollektive Selbstbezüglichkeit.[262] Deshalb ist es auch nicht besonders geistreich, sich ohne irgendeinen eigenen Begriff von Geschichte im Namen empirischer Datenansammlungen über solche Begriffsbestimmungen erhaben zu dünken.

Was bringt nun das geschichtlich-evolutive Verständnis der Sozialprinzipien zusätzlich für die Erhellung unserer Gegenwartssituation? Ich möchte dazu ein paar kurze, thesenhafte Bemerkungen wagen, wohl wissend, mich damit bei lieber im Zeitgeist mitschwimmenden Zeitgenossen nicht beliebter zu machen. Dasselbe widerfuhr Fichte mit seiner parabelartigen, äußerst gegenwartskritischen und zugleich hoffnungsvollen Konstruktion seiner Epochen.

Wir stehen noch immer am Ende derselben Epoche, in deren Mitte sich Fichte und Hegel vor 200 Jahren sahen, nämlich immer noch im Stadium der negativen Befreiung von äußerlichen Autoritäten. Doch sind wir darin entschieden weiter fortgeschritten, nach dem Sponti-Motto: „Gestern standen wir vor dem Abgrund. Heute sind wir einen Schritt weiter." Wir sind tatsächlich in vielfacher Hinsicht mit der globalisierten Entwicklung des Kapitalismus und der zugehörigen Kulturindustrie entschieden tiefer gesunken, doch dialektischer Weise auch entschieden näher dem vierten Zeitalter.

Negativ bleibt die bisherige Befreiungsbewegung von alten Autoritäten aber nicht aufgrund einer immanenten „Dialektik der Aufklärung" (Adorno/Horkheimer), als könnten wir zuviel an Aufklärung haben, die mit Reformation und Französischer Revolution das autoritäre Zeitalter (in Europa) ablöste. Sondern aufgrund einer noch immer „unbefriedigten", weil halben, bloß verstandesmäßigen, nicht vernunftmäßigen Aufklärung (Hegel). Auch ohne die Fichtesche Geschichtsdeutung sprach sein Zeitgenosse Friedrich Schiller vom „tintenklecksenden Säkulum", Hermann Hesse später von einem „feuilletonistischen Zeitalter". Hätten sie geahnt, wie lange dieses Zeitalter, gestützt nicht nur auf die klassische Industrie, sondern auf die Bewusstseinsindustrie mit der sogenannten Informationslawine noch dauern und wieweit dieses es am Ende noch bringen würde!

Die Pseudo-Aufklärung, die in Wissenschaften und Journalismus mehrheitlich weiterbetrieben wird, leidet unter rationalistisch-empiristischer Flachheit. Wer dies ausspricht, wird leicht zum Querulanten und Außenseiter, der sich an der wunderbaren Idee von abendländischer Wissenschaft vergreift – selbst wenn er nicht (wie bloße Querulanten) an Disziplin hinter den wissenschaftlichen Standards zurückbleibt. Ken Wilber spricht mutig und unverblümt von modernistischem „Flachland", demgegenüber die großen Meister des deutschen Idealismus bereits eine „Postmoderne" vorweggenommen hätten.[263] Auch wenn der Ausdruck „Postmoderne" längst zum Inbegriff gerade des unverbindlichen, feuilletonistischen Unbestimmtheitsgeschwätzes unserer Zeit wurde, so ist dieser Sicht Wilbers der Sache nach zuzustimmen.

Ob die prophetischen Ansätze Einzelner zum wesentlichen „Fortschritt im Bewußtsein der Freiheit" (Hegel) und der Vernunft zu früh kamen? Mussten sich die kolonialen Mächte des „dritten Zeitalters" erst zur vollständigen Weltbeherrschung austoben? Marx sagte dies vom Kapitalismus, ohne aber zu ahnen, wie lange relativ zur revolutionären Ungeduld seine Zusammenbruchs-Prognose noch brauchen würde – bis zur vollständigen globalen Verifizierung, wie sie sich heute allmählich abzeichnet. Aber auch Marx blieb die konstruktive Sozialtheorie schuldig. Er meinte, das Aufzeigen der Widersprüche des Kapitalismus würde im Wesentlichen genügen.

Mußten sich die kolonialen Mächte des „dritten Zeitalters" erst zur vollständigen Weltbeherrschung austoben?

Die Neomarxisten der „kritischen Theorie" der Gesellschaft versuchten, aus der Not dieser „negativen Dialektik" eine Tugend zu machen. Sie und damit die ganze 68er Bewegung des vorigen Jahrhunderts blieben aber gerade darin dem Geist des dritten Zeitalters Fichtes, der bloß negativen Befreiung, noch total verhaftet. Von einem Großteil der so geistreichen französischen Philosophie und Gesellschaftstheorie wäre dasselbe zu sagen, während die angelsächsische Philosophie im Wesentlichen „empirisch-bescheidene" Sprachanalyse betreibt, welche die sich als pragmatisch verstehenden Politiker nicht stört.[264] Auch das ist drittes Zeitalter.

Die zum wirkungslosen Nebeneinanderher führende Spezialisierung unserer Wissenschaften, die sich an Geistreichigkeit überschlagenden Feuilletons, die Hektik des Lechzens nach dem neuesten Schrei um der ökonomischen Verwertung und/oder des publizistischen Ruhms willen – unsere gesamte Kultur ist fast noch total drittes Zeitalter. Nietzsche hat dies, wie vieles, vorausgesehen, als er seinen Zarathustra sprechen ließ:

> „Frei wovon? Was schiert das Zarathustra? Hell aber soll mir dein Auge künden: Frei wozu?“[265]

Man kann Nietzsches gesamtes Werk als einen verzweifelten, aber doch misslingenden Versuch lesen, konstruktiv neue Werte zu setzen und aus dem Nihilismus als Erscheinung des dritten Zeitalters herauszufinden. Aber es geht hier nicht um Nietzsche, noch um sonst eine historische Größe. Gerade der Historismus, dieses ständige Sichfesthaltenwollen an der Flucht der geschichtlichen Erscheinungen, ist wiederum drittes Zeitalter (wie Nietzsche am besten wusste[266]).

In der großen Öffentlichkeit wird seit den 80er Jahren das *New Age*, astrologisch gesprochen das Wassermannzeitalter, angekündigt, von dem echte Esoteriker schon länger sprachen. Doch ein Großteil der Esoterik ist längst selbst „exoterisch“, d.h. veräußerlicht worden. Allerdings brauchen wir dergleichen als eine kommende Vereinigung von Spiritualität und Denken, von uralter kosmischer Menschheitsweisheit und diszipliniertestem, integralem Denken, von Innerlichkeit und weltlich-handfester Umgestaltung. Was bisher den Anspruch auf integrales Denken erhebt, leisten m.E. gerade diese Synthesen meist nicht.[267] Auf diese geistesgeschichtlichen Perspektiven voll einzugehen und Fichtes viertes/fünftes Zeitalter der Vernunftwissenschaft/Vernunftkunst voller auszudeuten, würde unseren demokratietheoretischen Rahmen sprengen. Das Thema Demokratie hängt jedoch mit integralem Denken engstens zusammen.

Die neue Geistigkeit darf sich jedenfalls nicht in die Nischen zurückziehen, sondern muss in die Öffentlichkeit gehen, nicht zuletzt als Revolution der Demokratie. Sie muss auch die „alten“ Wissenschaften umgestalten und zu einem integralen Denken gewinnen – wenngleich viele Betonköpfe sich vor ihrem Abtritt nicht mehr bekehren lassen. Die neuen Paradigmen setzen sich in den Wissenschaften bekanntlich nicht sosehr durch Überzeugtwerden der Vertreter des Alten durch, sondern durch deren Aussterben. Im politisch-demokratischen Feld haben wir allerdings so lange nicht Zeit – wenn ich nicht ebenfalls einer Täuschung der Ungeduld unterliege.

In diesem geistesgeschichtlichen Zusammenhang ist es also zu sehen, dass mit der Viergliederung des Sozialen das Paradigma des Konstruktiven, eine konstruktive Gesellschafts- und Demokratietheorie, vorgelegt wird, die sich in Kontinuität, jedoch nicht in autoritätsmäßiger und historisierender Abhängigkeit zur großen deutschen Sozialphilosophie von Fichte, Hegel und Marx sieht.

Wenn nun Fichte in seinen fünf[268] (nicht vier) Geschichtsepochen „Vernunftwissenschaft" und „Vernunftkunst" als zwei verschiedene Stufen unterscheidet, dann deshalb, weil er die Kluft zwischen Theorie und Praxis als gewaltig wahrnahm. Diese kleinste Kluft zwischen Theorie und Praxis ist allerdings am schwersten zu überwinden.

Das Theorie-Praxis-Verhältnis ist im Laufe der letzten Jahrhunderte selbst ein anderes geworden. Wenn man akzeptiert, dass Wissen und Forschung heute eine Produktivkraft ersten Ranges für eine Wirtschaftsnation darstellt – und diese Erkenntnis hat sich bereits herumgesprochen –, darf man vielleicht davon ausgehen, dass wesentliche praktische Fortschritte im sozialen Bereich, ja im staatlichen Zusammenleben namens Demokratie, nicht ohne eine ausdrückliche ww, nicht ohne Theorie, möglich sind.

Ein hemdsärmeliger Pragmatismus hilft uns künftig in der politisch-sozialen Praxis ebensowenig weiter wie in der technischen Praxis!

Im technischen Bereich gibt es eine rasant schnelle Umsetzung von Neuerfindungen oder Neuentwicklungen. Von der Schnelligkeit dieser Umsetzung lebt der Vorsprung im Wohlstand der sogenannten Wissensnationen untereinander.

Im sozialen, genauer sozialwissenschaftlich fundierten Bereich scheint man bisher weder die Genauigkeit des Entdeckens noch die Schnelligkeit der Umsetzung zu schätzen. Ein hemdsärmeliger Pragmatismus hilft uns jedoch künftig in der politisch-sozialen Praxis ebensowenig weiter wie in der technischen Praxis! Müssen wir noch länger abwarten, um zu erleben, wie uns die politisch-sozialen Probleme schier über den Kopf wachsen? Theorieloser Pragmatismus hilft heute schon sowenig weiter wie das bloße Gutmenschentum des Appellierens an Solidarität usw. (vgl. die Schlussbemerkungen zum Solidaritätsprinzip). Heute mehr denn je gilt Marxens Satz:

> „Ihr könnt die Philosophie nicht aufheben (scil. in Praxis), ohne sie zu verwirklichen (scil. als Theorie der Praxis ernst zu nehmen)."[269]

Freilich gilt auch sein umgekehrter Satz:

„Ihr könnt die Philosophie nicht verwirklichen, ohne sie aufzuheben.“

Manche theoretischen Einsichten können erst dadurch klar werden, dass es an ihre praktische Realisierung geht. „Viergliederung“ beginnt nun im Hinblick auf Verwirklichung, also in praktischer Absicht, diskutiert zu werden. Sie bleibt dabei keine bloße Theorie mehr, sondern wird zur politischen Aktion und wird sich im Laufe dieser Aktion selbst in der Theorie noch weiterentwickeln.

Das gibt Hoffnung, dass mit der neuen, unverkennbaren Krise der Demokratien ein Entwicklungssprung bevorsteht, worauf viele andere Zeichen der Zeit ebenfalls hindeuten.

Die zahlreichen Krisenerscheinungen machen viel Hoffnung.

Beispielsweise die immer offensichtlicher werdende nationalökonomische wie weltwirtschaftliche Sackgasse des Neokapitalismus, der Zusammenbruch der öffentlichen Finanzen aufgrund der systemimmanenten Schuldenfalle; vom Gerechtigkeitsproblem zu schweigen; ferner die immer bedrohlicher werdende Politik- und Parteienverdrossenheit. Das alles macht paradoxerweise viel Hoffnung: die Chance des Konstruktiven.

Wenn oben von einem „maßgebenden Teil der Öffentlichkeit“ die Rede war, so muss das präzisiert werden: Maßgebend ist nicht die bisherige politische Klasse in ihrer Anmaßung, sondern die Wir-sind-das-Volk-Vertreter, die deshalb praktisch werden und führend werden, weil sie etwas begriffen haben. Über theoretische Aufklärung als notwendige, wenngleich nicht hinreichende Bedingung für die Demokratiereform soll im Strategie-Kapitel, dem übernächsten, nochmals nachgedacht werden.

KAPITEL IX

EINE ZUKUNFTSGERICHTETE SYNTHESE

DEMOKRATIE VON MORGEN

> *„Die Macht des Volkes und die Macht der Vernunft sind eins." (Georg Büchner, Dantons Tod)*
>
> *„Nichts ist so unwiderstehlich wie eine Idee, deren Zeit gekommen ist." (Victor Hugo)*

Eine neue idealtypische Demokratiedefinition

Das organische Kunstwerk der künftigen Demokratie muss zu Ende gedacht werden. Die Zeit für einen Syntheseversuch im Hinblick auf den Demokratie-Begriff ist gekommen, nachdem die Architektonik der Viergliederung (Kapitel IV-VI), die ergänzende architektonische Dimension der Dreiheit (VII) sowie zuletzt die innenarchitektonischen Sozialprinzipien in ihrer Evolution (VIII) dargelegt worden sind. Wir können nunmehr an Kapitel II (Demokratie von gestern) direkt anknüpfen und ins Morgen der Demokratie gehen. Wie lange die heutige, marode Demokratie noch dauern soll, wird im Zuge von Strategieansätzen für mehr Demokratie im hierauf folgenden Kapitel bedacht.

Eigentlich hat es Abraham Lincoln (1809-1865) in der in Kap. II schon zitierten Gettysburg-Formel von 1863 unübertrefflich und gut verständlich gesagt:

Democracy is government
- *of the people*
- *by the people*
- *for the people.*

Der schon zitierte Soziologe Guggenberger hat das soweit bereits treffend interpretiert,
- dass in der Demokratie die Herrschaft aus dem Volk hervorgeht (*of*),
- dass sie durch das Volk (*by*);
- und in seinem Interesse (*for*) ausgeübt wird.[270]

Im Vergleich zu dieser griffigen Formel des 16. Präsidenten der Vereinigten Staaten, der offenbar im idealgeleiteten Denken ebenfalls seiner Zeit vorrauseilte und nicht von ungefähr auf dem Gipfel seines Erfolges, sechs Tage nach Friedensschluss, erschossen wurde, verblassen die in Kapitel II referierten, mehr oder weniger gelehrten, mehr oder eher weniger von Praxis ungesättigten „Demokratietheorien".

Was wollen wir also noch? Wir können es nicht besser sagen, aber etwas vollständiger, entwickelter, auf dem Boden einer expliziten Sozialphilosophie – und mit 150 Jahren mehr geschichtlicher Erfahrung. ⇦Evolution besagt hier wie im Geistigen überhaupt: Was vorher schon implizit da war, wird gedanklich ausdrücklich; was unvollständig war, wird systematisch vervollständigt.

Die Präpositionen – *of, for, by* – kennzeichen das genaue Verhältnis der Menschen zur Regierung in der Demokratie. In der Präposition *of* spricht sich der Ursprung aller demokratisch legitimierten Macht und Souveränität aus. Jeder einzelne Bürger in der Gemeinschaft eines Volkes muss als Ursprung einer demokratischen Regierung gedacht werden. In der Sache steht das *of* für das Subsidiaritätsprinzip. Mit den Worten des Grundgesetzes der Bundesrepublik Deutschland: „Alle Staatsgewalt geht vom Volke aus" (Artikel 20, 2 GG).

In dem *for* spricht sich das grundlegende Solidaritätsprinzip aus, das der solidarischen Gerechtigkeit. In der Demokratie soll diese und nichts anderes „herrschen". Die Gesetze sind, nebenbei gesagt, nur als Hilfsmittel der Gerechtigkeit anzusetzen, nicht selbst als das Herrschende. Herrschen sollen Vernunft, Gerechtigkeit, Liebe.

In dem *by* spricht sich aus, dass Demokratie „Volksherrschaft" sein soll, dass das Volk „herrschen" soll – und zwar durch es selbst: Einheit der Regierenden und der Regierten, wie derselbe Lincoln es ebenfalls irgendwo zur Sprache gebracht hat. Darin liegt implizit die Idee eines Kreislaufs, wie er hier durch das Viergliederungsprinzip explizit gemacht wurde. Eine solche „Herrschaft" ist nicht mehr Herrschaft als z.B. die Selbstbeherrschung. In diesem Sinne wurde anfangs schon von Demokratie als „Selbstherrschaft" der Bevölkerung gesprochen. Mit alten Herren und Herrschaften hat dies freilich nur von ferne – dem Wortanklang nach – noch etwas zu tun, wenngleich es zweifellos einzelner, beauftragter Personen bedarf, durch die das Volk sich selbst beherrscht.

Die Idee der Selbstbezüglichkeit und des Kreislaufs werden durch das Viergliederungsprinzip explizit

Widersprechen muss ich einem Autor des Staatslexikons, wenn er nicht an dem „Herrschen", sondern ausgerechnet an dem „Selbst" Anstoß nimmt:

„Auf der Basis des heutigen politischen Volksbegriffes gibt die wörtliche Übersetzung keinen Sinn, weil dem Begriff das Objekt fehlt: Das Volk kann nicht über sich selbst ‚herrschen'."[271]

Es gibt hier eine Selbigkeit von Wollendem und Gewolltem, eine strenge Selbstorganisation.

Das Argument erinnert an diejenigen, die ein Ich, zumindest als ein Reflexionswesen, leugnen, weil es nicht sein könne, dass Subjekt und Objekt der Erkenntnis und des Wollens zusammenfallen (Kapitel III). Dieses falsche, objektivistische Flachland-Argument weist also indirekt trefflich darauf hin, dass das Volk (die Gesellschaft) auch ein Reflexionswesen und damit ein Kreislaufwesen ist, in einem viel strengeren Sinn als dem eines ökologischen Kreislaufs: Es gibt hier eine Selbigkeit von Wollendem und Gewolltem, eine strenge Selbstorganisation.

Der Kreislauf kommt in der Reihenfolge der Präpositionen *of* (Ursprung der Macht), *by* (Sitz der Macht) und *for* (Ziel der Machtausübung) zum Ausdruck.

Von den vier Sozialprinzipien sind also drei durch die Präpositionen angesprochen, und diese möchte ich gleichzeitig den vier Ursachen bei Aristoteles zuordnen: Solidarität/Gerechtigkeit als Zielursächlichkeit (*for*) der Macht, Subsidiarität/Souveränität als „materiale" Ursprungsbestimmung oder Materialursächlichkeit (*of*), Viergliederung als Ursachenbestimmung oder Wirkursächlichkeit: Die erweiterte Gliederung der „Gewalten" ist es, wodurch der legitime Kreislauf der Macht möglich wird (*by the people*).

Was im Reigen der vier Ursachen des Aristoteles fehlt, ist die Formursächlichkeit. Und diese liegt hier in der Rechts(staat)lichkeit, im Rechtsprinzip, in der Form des Rechts.

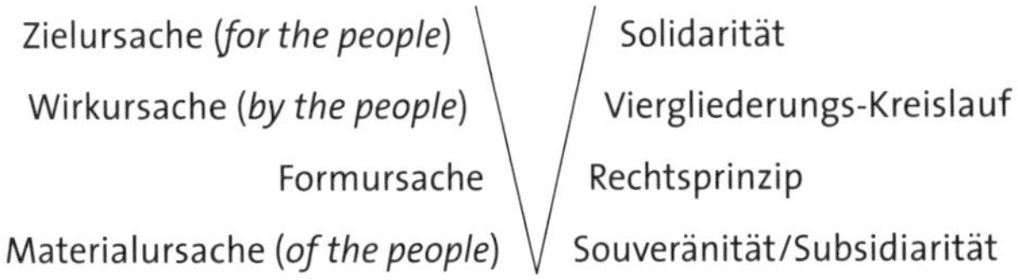

Figur 17: Die Sozialprinzipien in der Anordnung der Aristotelischen Ursachenlehre

Manchem mag nun diese Parallelisierung von Lincoln mit Aristoteles[272] und Reflexionstheorie zu kühn vorkommen. Es geht mir aber gar nicht um kühne historische Parallelen, sondern um die Kühnheit des Wirklichen: wie die Elemente oder Momente selbst zusammenkommen. – (Dass die Reihenfolge der Sozialprinzipien in dieser Parallelisierung zur Ursachenlehre des Aristoteles eine andere ist, hat seine Gründe in der Verschiedenheit der Gesichtspunkte: ontologische Ursächlichkeit einerseits, ethische Sollenssätze anderseits. Die Reflexionsstufung ist kein bloßer Schematismus.)

Eine wesentliche Erkenntnis, die sich aus diesen scheinbar spielerischen, in Wahrheit spielerisch natürlichen Zuordnungen formt, ist diese: Das Rechtsprinzip stellt die formale, aber innere Voraussetzung eines demokratischen Miteinanders, besser, eine innere, formale Komponente („Formursache") der Demokratie dar. Diese Rechtsform ist bei Lincoln schon vorausgesetzt und wird nicht eigens thematisiert. Sie fehlt gewissermaßen in seiner schönen Formel. Diese könnte vollständiger lauten:

Democracy is government
- of the people – materialursächlich: *Souveränität*
- by the people – wirkursächlich: *Viergliederung*
- for the people – zielursächlich: *Solidarität*
- in form of the people's own law – formalursächlich: *Recht*

Fehlt nämlich die Rechtsform, wird Volkstotalitarismus möglich – durchaus eine reale Gefahr. Eben das hat den Volksbegriff in Verruf gebracht, vor allem in Deutschland. Demokratie ist jedoch nicht eine blinde, emotionale Entfesselung des Volkswillens, dieser mag im übrigen noch sosehr *of, by and for the people* sein, sondern das Funktionieren dieses Volkswillens in Rechtsform. Über dieses Medium Recht wurde, für unseren Bedarf, ausführlich genug gehandelt. Es ist genau dieses Element, was schon bei Jean-Jacques Rousseau (1712-1778) und Maximilien de Robespierre (1758-1794) wie in späteren Vorstellungen und Praktizierungsversuchen von „Volksdemokratie" fehlte.

Unter dieser Voraussetzung darf auf der anderen Seite betont werden:

Ursprung der demokratischen Macht ist das Volk, das heißt die Über-Summe der immer schon vergemeinschafteten, der niemals bloß individualistischen Einzelnen: ⇦Volk ist der Inbegriff der vorausgesetzten Gemeinschaftlichkeit im Unterschied zur rechtlich und institutionell formierten Gesellschaftlichkeit.

Ohne die vorausgesetzte Verbundenheit der einzelnen Menschen im Volk hätten Staatsgewalt und Souveränität kein Woher (Art. 20,2 GG). Man könnte ohne diese zentrale Voraussetzung völlig willkürliche Verwaltungseinheiten schaffen. Volk ist dagegen keine Willküreinheit. Das heißt nicht, dass wir zu einer blutmäßigen Verbundenheit zurück könnten. Volk ist sozialphilosophisch längst nicht mehr Bluts- oder Abstammungsgemeinschaft, erweiterte Familie von Blutsverwandten. Das haben bereits J.G. Herder (1744-1803) und J.G. Fichte gewusst und stattdessen die Gemeinsamkeit von Sprache und Kultur betont.[273] Allenfalls wäre ein Vergleich des Volkes mit einer Großfamilie unter Einschluss von Wahlverwandten angebracht.

Wenn wir heute im Allgemeinen den „rationaleren" Begriff der Gesellschaft vorziehen, beruht das einerseits auf dem rassistischen Missbrauch des Volksbegriffs in Deutschland, anderseits auf einer uns inzwischen anerzogenen Vorliebe für das Rationale, Organisierbare, Zweckmäßige. Der Volksbegriff bekam seinerzeit in Deutschland plötzlich eine extrem rassistische Färbung, dass er selbst nach dieser „Volkspsychose" in Verruf bleiben mußte. Die Verbundenheit als Voraussetzung des Volks im demokratischen Sinne lässt den Begriff der Rasse als Medium der Verbindung völlig obsolet werden. Während in Deutschland darüber heute Konsens herrscht, dass Rasse als Grundlage für Volk obsolet ist, lässt sich dies vielleicht nicht einmal für alle europäischen Länder sagen. Es ist aber, trotz dieser Gefahr des anachronistischen Missbrauchs[274], nicht daran vorbeizukommen, dass ohne eine vorausgesetzte überrationale (wertrationale) vorgängige Gemeinschaftlichkeit sowohl wichtige Passagen unseres Grundgesetzes sinnentleert wären und gar keine Gründe für die Bildung einer Nation mehr gegeben wären. Was manchen einseitig auf Recht und „Verfassungspatriotismus" fixierten Theoretikern zwar recht wäre, aber an der reicheren, vieldimensionalen Natur des Sozialen vorbei geht.

Volk ist sozialphilosophisch der Inbegriff der vorausgesellschaftlichen Gemeinschaftlichkeit durch gemeinsame Werte, Kultur, Sprache und Sitten.

Die vorausgesetzte, noch Geltung beanspruchende zielursächliche Verbundenheit in Kultur und Geschichte, die hier gemeint ist, darf sicher als Grund für die deutsche Wiedervereinigung gelten, für jenes Ereignis, bei dem Schicksal, Geschichte und Vielfalt in der Einheit der Sprache auch in Deutschland wieder zum kollektiven Erlebnis wurden. Faktisch wurde aber von anderen Nationen der deutschen die Möglichkeit einer Heilung und auch implizit einer Überwindung der

Erstarrung in zwei Blöcke zugebilligt, inklusive der „Freiheit zur Selbstbeherrschung".

Selbst Oskar Lafontaine hätte es begreifen müssen, wie Willy Brandt dies tat mit seinem berühmten Diktum: „Jetzt wächst zusammen, was zusammen gehört". Das hätte ihn nicht daran zu hindern brauchen, seine vernünftigeren wirtschaftlichen Strategien für eine schrittweise Wiedervereinigung zum Tragen zu bringen. Im Gegenteil: Das Ernstnehmen der Slogans „Wir sind das Volk" wie auch „Wir sind ein Volk" hätte ihn die Wahl von 1990 gewinnen lassen können, um ein besseres Wirtschaftsprogramm für die neuen Bundesländer durchzusetzen und den ungeheuren Altschulden-Betrug (Übernahme der DDR-Staatsschulden nach westlichem Muster) zu vermeiden.[275]

Der weltanschauliche Pluralismus macht die spontane kulturelle Gemeinsamkeit in Sitten und Sprache umso wichtiger. Das Volk lebt nicht bloß als abstrakte Rechtsgemeinschaft, so sehr das Recht in seiner unabdingbaren Bedeutung für Demokratie hervorgehoben wurde, sondern als konkrete, erlebbare Kulturgemeinschaft. Wer nicht weiß, was das ist und diese kulturelle Verbundenheit nie erlebt hat, sie etwa mit der gestrig-ironischen Rede von „völkisch" abzuwerten sucht, diskreditiert sich selbst als vernünftiger Demokrat, als Mitglied einer kommunikativen Gesellschaft. Er stempelt sich zum zeittypischen Flachland-Vertreter, die es aus historischen Gründen vermutlich nirgends häufiger gibt als in Deutschland. Nicht flacher Rationalismus und Demokratie gehören zusammen, sondern Demokratie und Vernunft. – Das war es unter anderem, was der in Kapitel II angeführte Thomas Mann bei seiner Wandlung vom Unpolitischen zum Republikaner wissen wollte. – Es mag gesund sein, im Allgemeinen kühler von „Gesellschaft" zu reden, ungesund aber ist es, die Rede von „Volk" irgendwie zu tabuisieren. Kollektiv-psychoanalytische Tabus sind nicht gerade harmloser als individuelle.

Auf der Suche nach dem definitorisch Spezifischen von Demokratie

Allgemeinere Basis für Demokratie sind somit ein solidarisches Gemeinschafts- und Gesellschaftsverständnis (Solidaritätsprinzip) sowie das Rechts(staats)prinzip. Beide machen aber noch nicht die „spezifische Differenz" der Demokratie gegenüber vordemokratischen Rechtsstaaten und Solidargemeinschaften aus. Sie stellen wohl die Ziel- und Formkomponenten (Ursachen) von Demokratie dar.

Spezifisch für die Demokratie eines solidarischen Rechtsstaates sind erstens die subsidiäre (von unten nach oben oder von innen nach außen) organisierte Souveränität, die materiale Substanz von Demokratie, die vorausgesetzte, elementare Zusammengehörigkeit und deren kulturell-geschichtlicher Gehalt. Zweitens: Die so legitimierte Machtausübung wird gewaltenteilig derart kreislaufartig organisiert, dass der Souverän, die in Wahlen und Abstimmungen vereinigten Individuen, jederzeit von den Grundwerten her die kulturellen, politischen und wirtschaftlichen Entscheidungen „nachhaltig" mitbestimmen kann. Diese zur Viergliedrigkeit weitergeführte Gewaltenteilung bedeutet dann *government by the people*.

Der heute erkennbare Idealtyp von Demokratie ist somit ein solidarischer, sozialer (1) Rechtsstaat (2), worin die als Volk vorweg vereinigten Individuen ihre Macht (Souveränität) subsidiär delegieren (3) und ein kreislauffähiges Kompetenzensystem zur Realisierung der gemeinsamen Werte (des Gemeinwohls) einrichten (4).

Definitionslogisch erläutert: „Sozialer oder solidarischer Rechtsstaat" ist *genus proximum*, also Voraussetzung. Denn der Rechtsstaat wäre auch als gute konstitutionelle Monarchie mit einfacher Gewaltenteilung denkbar.

Spezifika der Demokratie sind dagegen die subsidiäre Delegation der Macht, die sowohl bei plebiszitären Abstimmungen erfolgt wie in einem wirklich funktionierenden repräsentativen System. Ferner, als zweites Spezifikum, das kreislauffähige Kompetenzensystem als erweiterte Gewaltenteilung.

Kurz: Gattungsmäßig (generisch) grundlegend für Demokratie sind Solidarität und Rechtsstaatlichkeit. Spezifisch dagegen sind Subsidiarität und Viergliederung.

Dieses letzte Definitionselement ist historisch neu. Es dürfte aber, bei allen möglichen Variationen, unabdingbar zu einer Demokratie der Zukunft gehören. Denn nur durch das gestufte Kompetenzensystem ist Realisierung gemeinsamer Werte demokratisch denkbar. Man beachte: Die Viergliederung wird oben nicht formell zum Definitionselement von Demokratie gemacht, wohl aber neutraler ein „kreislauffähiges Kompetenzensystem". Meines Erachtens lässt sich das – in konsequenter Form – allerdings nicht anders oder besser denken als in der sozialtheoretisch wohlbegründeten, in der Reflexionsnatur des Menschen selbst verankerten Viergliederung.

Die „Realisierung der gemeinsamen Werte" ist gleichbedeutend mit gemeinsamer Freiheit. Freiheit ist nur als gemeinsame, dialogische konkret zu realisieren, als Selbstbestimmung-in-Fremdbestimmung, niemals als bloß monologische Selbstbestimmung (= der traditionelle, einseitige Freiheitsbegriff seit Aristoteles). Man könnte Demokratie auch einfach als staatliche Freiheitsordnung definieren – wenn all die Freiheitsprinzipien mitverstanden würden, die bisher erläutert wurden.

Ohne die Angabe operativer Elemente – wie funktioniert das konkret? – bleibt „Freiheit" jedoch ein leeres Wort, im Grenzfall eine monologische und anarchistische „Idiotie" (idiotes = der auf seine abgetrennte Eigenheit Pochende). Gut bringen die „Rolling Stones" diese monologische Leere auf den Punkt: „I can get no satisfaction..."

Die dialogische Freiheit ist eine kommunikative, eine auf möglichst allseitige Verständigung angelegte und beruhende Freiheit. Insofern ist (idealtypische) Demokratie mit kommunikativer Gesellschaft auf staatlich-rechtlicher Ebene identisch, im Unterschied zu privaten Gemeinschaftsbildungen. „Kommunikative Gesellschaft" ist ein moderner Titel für „ein freies, solidarisch verbundenes Volk". Wem der – in unserer Verfassung auch nach dem wahnsinnigen Missbrauch des Volksbewusstseins in jenen zwölf Jahren fest verankerte – Volksbegriff zu altväterlich klingt, kann leicht zu solchen modernen Ausdrücken greifen. Nur muss klar bleiben, dass kommunikative Gesellschaft (japanisch *johoka shakai* [276]) unendlich viel mehr ist als bloße Rechtsgemeinschaft oder Diskursgemeinschaft. Wir sollten uns das soziale Leben nicht von Flachland-Theoretikern vollends ausrauben lassen, nachdem es durch den geschichtlichen Missbrauch mehr als halbwegs zugrunde gerichtet wurde.

„Kommunikative Gesellschaft" ist ein moderner Titel für „ein freies, solidarisch verbundenes Volk".

Demokratie braucht also nichts Kaltes, Juridisches zu bleiben, sofern man sie als die strukturell-rechtliche Ermöglichung von kommunikativer Gesellschaft versteht. Zu ihrer eigenen Substanz gehört aber mehr als die kühle Korrektheit des bloßen „Verfassungspatriotismus". Als kommunikative Gesellschaft ist Demokratie auch „*societal community*" (T. Parsons) und umfasst ein Gemeinschaftserleben. Anders kann sie, bei aller Korrektheit, niemanden begeistern – wie wir zu Genüge erleben.

⇦Populismus ist ein Schlagwort, mit dem Politiker sich wechselweise kritisch bedenken, wenn sie meinen, dass jemand aus ihren Reihen zu unmittelbar den Kontakt mit dem Volk und seiner Meinung sucht, indem er die gemeinsamen Interessen der politischen Klasse verletzt. Definiert wurde es meines Wissens kaum irgendwo, auch in keinem Wörterbuch. Es meint soviel wie billige Popularität auf Kosten der „differenzierteren Wahrheit“, die nur den langjährigen Eingeweihten der politischen Klasse offenbart wird. Bequemerweise werden Populisten derzeit „rechts“ vom goldenen Mittelweg der „klassischen“ Gedankenarmut ausgemacht – wie im „Fall“ Jürgen Möllemann. Die 68er Bewegung des vorigen Jahrhunderts war so etwas wie ein Linkspopulismus, bevor das Wort gängig wurde. Im Grunde ist diese gezielt unklare, im Grunde demokratiefeindliche Rede ein untrügliches Zeichen für das gestörte Verhältnis unserer Berufspolitiker wie Erkenntnisbeamten zu dem, was im Volk – meist nicht ohne triftige Gründe – sich als Stimmung breit macht und dem auf jeden Fall Rechnung getragen werden muss. *Vox populi, vox Dei* (Volkes Stimme, Gottes Stimme) – wir werden auf dieses tiefe Wort zum Schluss zurückkommen.

Repräsentative und direkte Demokratie

Grundbegriffe und Fragen

Es gibt bekanntlich zwei Ausprägungen des demokratischen Mehrheitsprinzips: Entweder entscheidet das Volk selbst in Abstimmungen über *Sachfragen*, oder es entscheidet in Wahlen von *Personen*, wer gesetzgebend und ausführend für es handeln soll. Im ersten Fall spricht man von plebiszitärer, direkter oder unmittelbarer Demokratie, im zweiten Fall von repräsentativer Demokratie.[277] Das deutsche Grundgesetz sieht beides vor:

> „Alle Staatsgewalt geht vom Volke aus. Sie wird vom Volke durch Wahlen und Abstimmungen und durch besondere Organe der Gesetzgebung, der vollziehenden Gewalt und der Rechtssprechung ausgeübt“ (Artikel 20,2 GG).

Eine gewisse Zwischenform der „direkten“ Demokratie besteht darin, dass auch Persönlichkeits-Wahlen, die sonst über parlamentarische Entscheidungsgremien laufen, direkt vom Volk vorgenommen werden, z.B die schon mögliche Direktwahl von Bürgermeistern, sowie die gewünschte von Ministerpräsidenten und des Bundespräsidenten. Allerdings hat es bisher noch keine Abstimmungen, Volksabstimmungen, auf Bundesebene gegeben, während auf Länderebene bereits große Fortschritte für die direkte Demokratie erzielt wurden. Sehr bescheidene Bestrebungen für bundesweite Volksentscheide, besonders von „Bündnis 90/Die Grünen" getragen, fanden zuletzt im Jahre 2002 nicht die erforderliche Zweidrittelmehrheit des Deutschen Bundestages. Dabei hätten wir schon lange für die Einführung des Euro und andere weittragende Strukturentscheidungen in Bezug auf Europa, derzeit im Europäischen Konvent, allen Anlass zu Volksabstimmungen gehabt. Wenn nicht gar die verfassungstheoretische Pflicht und Notwendigkeit, das Volk selbst über solche weittragende Weichenstellungen entscheiden zu lassen. Die politische Klasse hält ganz offensichtlich das Volk nicht für reif genug, über Schicksalsfragen in ihrem Sinne (!) abzustimmen. Die regierenden Parteien misstrauen dem von ihnen vielbeschworenen mündigen Bürger – was nicht gerade Zeichen einer reifen Demokratie ist. [278] Auch hier klafft also ein ganz gewaltiges Glaubwürdigkeitsdefizit der Gegenwarts-Demokratie.

Selbst wenn es nicht um Fragen der ganzen Verfassung Europas, sondern „nur" um Fragen nationaler Reichweite geht, lieben die Regierenden und ihre Parteien es nicht, das Volk selbst zu Sachabstimmungen aufzufordern. Nach allem, was über den Parteienstaat bisher gesagt wurde, ist das kein Wunder: Direkte Sachabstimmungen würden die Parteiblöcke in ihrer Macht und Bedeutung arg relativieren – und die Bürgerbewegungen stärken. Das gilt schon für die harmloseren, noch ins Bild der repräsentativen Demokratie passenden Personen-Wahlen von Bürgermeistern, Ministerpräsidenten, vielleicht demnächst Bundespräsidenten oder gar des Regierungschefs auf Bundesebene. Was in den Präsidialdemokratien bereits der Fall ist, ohne dass dies allein an der Macht der dahinter stehenden Parteien allzu viel ändert.

Die Aufgabe visionärer Politiker besteht im Überzeugen, nicht im Überrumpeln der Bevölkerung.

Mit gewissem Recht heißt es: Durch Volksabstimmungen wäre Europa kaum vorangekommen, wäre der Euro längst noch nicht eingeführt worden, wäre auch die jüngst (2003) beschlossene sprunghafte Osterweiterung der EU ohne Klärung der demokratischen Fragen nicht beschlossen worden. Wenn Politiker auf glaubhafte, auf überzeugende Weise ihrer Zeit voraus wären, wenn sie die Bevölkerung zu ihren langfristigen Visionen erziehen wollten – was immer wieder Aufgabe eines großen Politikers oder gar der Volksvertreter überhaupt sein kann – dann bestünde diese „Volkserziehung" eben im Überzeugen, nicht im Überrumpeln. Solches Überrumpeln geschieht aber durch Parlamente, die nicht wirklich repräsentieren, sondern nur eine Parteienauslese bieten, während des Souveräns Wille und Stimme gar nicht gefragt ist. Da Volksrepräsentanten und Parteienvertreter nun wirklich nicht dasselbe sind, hat die Bewegung für direkte Demokratie in Deutschland großen Auftrieb bekommen.

Auch ein hervorragender Kritiker unseres real existierenden „Systems" und Befürworter von mehr direkter Demokratie wie Hans Herbert von Arnim will jedoch keineswegs das Repräsentationsprinzip durch direkte Demokratie ersetzen – „was überhaupt nicht durchführbar wäre".[279]

Repräsentative und direkte Demokratie stünden nicht im Gegensatz, wenn die Amtsträger der politischen Exekutive (vielleicht einst auch der Verwaltungsexekutive oder gar der Judikative?) direkt gewählt würden. Dann würde eine echte Gewaltenteilung zwischen den Exekutiven und der Legislative eintreten! Das wäre ein wichtiges Lösungselement. Es könnte allerdings nicht die Viergliederung der Legislative ersetzen.

Die Konkurrenz zwischen repräsentativer und direkter Demokratie betrifft jedoch hauptsächlich die Frage der Direktheit oder Indirektheit des Mitbestimmens in den Sachfragen, also in der Ausübung der Gesetzgebung: entweder durch direkte Volksabstimmung oder durch die delegierten „Volksvertreter" im Parlament.

Selbst in der Schweiz, die immer wieder als Musterland der direkten Demokratie angeführt wird, ist auf Bundesebene „nur" ein Ergänzungsverhältnis beider Formen vorgesehen, sozusagen ein Vetorecht der Bürger gegenüber den Beschlüssen der Bundesversammlung (Nationalrat und Ständeversammlung):

> „Bundesgesetze sowie allgemeinverbindliche Bundesbeschlüsse sind dem Volke zur Annahme oder Verwerfung vorzulegen, wenn es von 50 000 stimmberechtigten Schweizer Bürgern oder von acht Kantonen verlangt wird" (Bundesverfassung der Schweizerischen Eidgenossenschaft, Artikel 89,2).

Hinzu kommt allerdings in der Schweiz die „subsidiäre" Ausübung der direkten Demokratie auf Kantonsebene und Gemeindeebene. Man wird wohl sagen dürfen: Je kleiner die sozialen Einheiten sind, desto mehr hat direkte Demokratie eine Chance, effektiv und bürgernah zu sein; desto leichter kann nämlich die ganze wahlmündige Bevölkerung für wichtige Fragen zusammenkommen. Diese Verbindung von direkter Demokratie mit der subsidiären Kompetenzenordnung macht erst das Besondere der Schweizer Tradition aus: der stärkere Aufbau des Gemeinwesens von unten nach oben, der auf die mehrfach erwähnten älteren historischen Schichten der Gemeinschafts- und Staatsbildung zurückgreift.

Allerdings sind die Erfahrungen auch in der Schweiz mit der Beteiligung der Bevölkerung bei kommunalen Entscheidungen eher bescheiden. Erst recht lassen sich die kleinräumigen und traditionell geprägten Verhältnisse der Schweiz (mit insgesamt gut 7 Millionen Einwohnern, zudem aufgeteilt auf drei unterschiedliche Kulturen) nicht ohne Weiteres auf einen großen Nationalstaat wie Deutschland übertragen, das zudem nach dem Krieg durch riesige Bevölkerungsströme von zunächst einmal heimatlich entwurzelten Flüchtlingen durcheinander gerüttelt wurde. Ein Land, das danach bis heute Millionen von Ausländern integrieren musste – ohne dass bis heute genügend klare Vorstellungen über „Integration" bei den Politikern bestehen. Dies sind zweifellos Faktoren, die eine direkte Demokratie auf lokaler Ebene hemmen – allerdings auch umso notwendiger machen.

Die grundlegende, unvermeidliche sozialphilosophische Frage, die uns hauptsächlich beschäftigen sollte und die viel wichtiger ist als Schweizer und andere Vorbilder, lautet: Was spricht demokratietheoretisch für direkte Demokratie? Was spricht für repräsentative Demokratie? Was macht ihren jeweiligen Wert aus? Oder ist die repräsentative ohnehin nur ein notgedrungener Ersatz für nicht gelingende oder nicht mehr mögliche direkte Demokratie? Im Anschluss an das Für und Wider werde ich eine These vertreten, wie die Stärken beider „von selbst" jeweils voll zum Zuge kämen, wie beide miteinander zur Synthese kommen. Dieser Syntheseversuch wird sich aus unserem Grundansatz ergeben.

Quantität und Qualität: Mehrheit und Beratung

In etwas zugespitzter Form lässt sich zunächst einmal in erster Annäherung sagen: Die direkte Demokratie basiert auf dem Mehrheitsprinzip, die repräsentative Demokratie bringt qualifizierende Elemente hinzu und basiert auf Vertrauen.

Was für Repräsentation – in der Entscheidung über Sachfragen wie über Personalfragen – spricht, ist die Möglichkeit der Beratung und damit die Qualifizierung des quantitativen Mehrheitsprinzips der Demokratie. Das Parlament stellt die kommunikative Instanz der Demokratie dar. Ebendeshalb wurde es früher schon abgelehnt, an einen nicht funktionierenden Parlamentsbau noch eine „Konsultative" von Nichtregierungsorganisationen mit fraglicher Legitimierung zu setzen. Dies könnte wohl – wir kommen darauf zurück – ein strategischer Übergangsschritt sein.

Schiller hat damals ein demokratietheoretisches Problem aufgeworfen, das in Theorie und Praxis schlecht gelöst wurde.

Die quantitative Mehrheit allein wäre, wie Friedrich Schiller (1759-1805) im *Demetrius* sagen läßt, „der Unsinn". Demokratie beruht jedoch – hier ist ein grundlegender, populärer wie wissenschaftlicher Irrtum zu korrigieren – nicht primär auf einem rein quantitativen Mehrheitsprinzip, sondern auf dem Prinzip der bereichsspezifischen, sacherschließenden und daher in hohem Maße qualitativen Beratung sowie des Vertrauens in die beratenden „Experten". Würde dies erkannt und entsprechend gewürdigt, erwiesen sich zahlreiche Einwände gegen Demokratie als bloßer Mehrheits-Herrschaft als hinfällig. Die demokratische Mehrheitsregel wäre in der Tat „der Unsinn", wenn es bei ihr um die pure Quantität, nicht um eine bereits durch Beratung qualifizierte Mehrheit ginge! Schiller hat damals ein demokratietheoretisches Problem aufgeworfen, das in Theorie und Praxis schlecht gelöst wurde.

Das einseitig quantitative Verständnis der Demokratie führt zu Zynismus, auch wegen der erschreckenden Abhängigkeit dessen, was „Mehrheit" heißen soll, von der Wahlgesetzgebung.[280] Wenn es allein auf quantitative Mehrheit ankäme, wäre die Demokratie unglaubwürdig und zunächst moralisch, dann bald auch politisch erledigt.

Das qualifizierende Gegengewicht zum Mehrheitsprinzip, die Beratung von kompetenten Vertrauensträgern, ist von enormer, bisher wenig erkannter, noch weniger besprochener Tragweite. Deshalb ist es so entscheidend, die Beratungsgremien glaubhaft zu legitimieren.

Diese Relativierung des bloßen Mehrheitsprinzips als der nicht allein, aber vorwiegend quantitativen Seite des demokratischen Willensbildungsprozesses beinhaltet zunächst eine gewisse Relativierung der direkten Demokratie als der „alleinseligmachenden" gegenwärtigen Reformrichtung. Allerdings könnten direktdemokratische Abstimmungen den öffentlichen Beratungsprozeß stärken. Ferner setzt ja auch die direktdemokratische Abstimmung – zumindest durch eine tatsächliche Volksversammlung – Beratung voraus. Insofern wird eine glatte, eindeutige Zuordnung

- Mehrheitsprinzip – Quantität – direkte Demokratie
- Beratungsprinzip – Qualität – repräsentative Demokratie

hier nicht vertreten, sondern nur eine schwerpunktmäßige. Es geht bei den Hinweisen auf die qualifizierende Beratung darum, auch die Repräsentation grundsätzlich zu rechtfertigen und als selbst urdemokratisch, nicht als bloßen Ersatzbehelf, darzustellen. Schon die direkteste Demokratie und ihre Vorformen kennen die Beratung, im Prinzip das Ratschlagen aller mit allen. Auch sie ist nicht allein quantitative Zusammenzählung isolierter Einzelner. In den Schweizer Gemeindeversammlungen scheint noch ein altes germanisches Erbe nachzuklingen, die Qualifikation des gemeinsamen Willens hin zur Einstimmigkeit:

> „Das germanische Recht kannte ursprünglich nur das Prinzip der Einstimmigkeit. Die versammelte Menge tat durch Akklamation ihren Willen kund. Die Folgepflicht legte den Unterlegenen die Treue gegenüber dem Ganzen auf. Folgt die Minderheit nicht, trat an die Stelle des einheitlichen Beschlusses die ‚Spaltung in Teilgesamtheiten', zwischen denen es im Ernstfall zum offenen Kampf kommen konnte, dessen Ergebnis dann als Gottesurteil galt."[281]

Die Doppelsinnigkeit, die auch hier der „Einstimmigkeit" anhaftet, findet sich allgemein in der Rede von Konsens: Ist es ein Konsens ohne Gegenstimme oder ein Mehrheitskonsens, dem sich die unterlegene Minderheit anschließt? Und schließt sich die Minderheit an im Vertrauen auf die Richtigkeit des Mehrheitskonsenses? Diese Feinheiten werden in einer künftigen, weiterentwickelten Demokratie noch weiter durchdacht werden und praktische Beachtung finden müssen.

Zu Beginn der grünen Bewegung, als noch über „Basisdemokratie" ernsthaft nachgedacht wurde, war mit „Konsens" die Herstellung einer inneren Einmütigkeit gemeint. Die Anfang der achtziger Jahre etwa im schwäbischen Mutlangen versammelten Gruppen übten solche Konsensfindung, bei der die anfängliche Minderheit zum Schluss nicht das Gefühl hatte, unterlegen zu sein, sondern alle einen Bewusstseinsfortschritt, einen „Fortschritt im Bewusstsein der Freiheit" und der Entscheidungsfähigkeit, machten. Solche Konsensbildung im engeren Sinn ist Musterbeispiel für Wertekommunikation. Er wird in größeren Gruppen, gar in Parlamenten, nicht immer möglich sein, selbst wenn wir die Fronten der festgefügten Einheitsparteien einmal überwunden haben werden. Aber auch der Konsens im weiteren Sinn verdient diese Bezeichnung nur, wenn er nicht das „gewaltsame" Niederschmettern einer Minderheit beinhaltet, sondern das Vertrauen auch der bei Minderheitsmeinungen Bleibenden, dass es nicht nur rechtlich, sondern mit rechten Dingen zugeht, wenn dem Mehrheitsvotum gefolgt wird.

Beide Begriffe von Konsens stehen in Spannung zum Konflikt-Denken.

In beiden Interpretationen von Konsens steht dieser in Spannung zur Konflikttheorie liberalistisch-individualistischer Prägung, wonach es zwar einen verfassungsmäßigen „Grundkonsens", auf dieser Grundlage jedoch nur einen geregelten, gewaltfreien Konfliktaustrag geben kann. Dieses Verständnis von „liberaler Demokratie" liegt unserem gegenwärtigen Parteiensystem, nicht allein den „Liberalen", näher. Eine Konflikt-Auffassung von Gesellschaft bildet m.E. die einzige vorübergehende Rechtfertigung des Systems von Blockparteien – wofür uns der angelsächsische Parteiendualismus als Vorbild vor Augen geführt wird. In ihr liegen nicht zu übersehende Gegensätze im Vergleich zur hier vertretenen, auf Solidarität und dialogischer (statt monologischer) Freiheit basierenden Auffassung von Gesellschaft. Diese dialogische Auffassung braucht keineswegs „harmonistisch" zu sein. Der Konflikt ist in ihr jedoch nur Durchgangsmoment, nicht bleibende Basis der Gesellschaft. Diese wird nach Konflikttheoretikern letztlich durch pure Macht, nicht durch Übereinkunft, zusammengehalten.

Konflikttheoretiker gründen ihr Gesellschaftsverständnis auf frühliberalen Individualismus, eine späte, wenngleich geistesgeschichtlich notwendige[282] westliche Erscheinung, die inzwischen jedoch ebenso überholt ist wie der dazugehörige Manchester-Kapitalismus. Die heutige amerikanische Politik folgt derzeit einer uns Mitteleuropäern inzwischen unverständlich gewordenen Konfliktauffassung von Demokratie, die uns an das bloße Recht des Stärkeren gemahnt. Die Konflikttheorie mag für eine weltweite Pax Americana gut sein. Ob diese Basis aber für die Welt gut ist und von ihr auf Dauer akzeptiert wird, darf man bezweifeln.[283]

Delegation/Repräsentation als Vertrauenssache

Vertrauen ist in mehrfachem Sinn essentiell für die Demokratie. Auf ihm beruht nicht nur die Akzeptanz eines Mehrheitsvotums für die unterlegene Minderheit, sondern vor allem auch die Delegation von

Abgeordneten oder Repräsentanten in eine beratende Versammlung. Delegation und Repräsentation basieren auf persönlichem Vertrauen und sachlichem Zutrauen in die größere Kompetenz von Vertretern. Das wird bezeichnenderweise wenig thematisiert, weil dieser demokratische Baustoff als Mangelware auffallen könnte.

Heute – in Zeiten sprunghaft gewachsener allgemeiner Kenntnisse – ist der normale Bürger nicht etwa weniger, sondern mehr als früher, vor Einführung der allgemeinen Schulpflicht und inzwischen des „Volksabiturs“, in vielen Fragen völlig überfordert. Sei dies im Grundwerte-Bereich (Beispiel Gentechnologie), sei es im kulturellen Bereich (Beispiele Hochschulrahmengesetz, Freiheit der Forschung), im politischen Bereich (Beispiele EU-Osterweiterung und Verfassung der EU) oder im Wirtschaftsbereich (Beispiele Kapitalproblematik, Kartellgesetze, internationale Handelsabkommen). Dies deutlich einzugestehen, bedeutet keineswegs, die Grundlagen der Demokratie, nämlich das Prinzip der optimalen Beteiligung aller Bürger, in Frage zu stellen. Denn Demokratie, auch „partizipatorische“, meint keineswegs die unmittelbare, vermittlungslose Mitsprache aller Bürger über alles. Demokratie ist vielmehr wesentlich ein Verfahren der Vermittlung von Partizipation, von vermittelter Partizipation.

Demokratie ist ein Verfahren der Vermittlung von Partizipation.

Das gerade ist auch ein Aspekt der Subsidiarität oder der gestuften Ausübung von Souveränität, womit wir wieder beim dritten der Sozialprinzipien sind: Nicht nur Erledigung des Möglichen auf den unteren Ebenen der Gesellschaft, sondern eben sosehr geregelte Weitergabe von Vollmachten an die oberen Ebenen. Der öffentliche Beratungsprozess braucht die beauftragte Beratung durch „Experten“ im Sinne von ausgewählten VertrauensträgerInnen, nicht im Sinne von Fachidioten. Für bloß spezialistische Fachexpertise sind die parlamentarischen Sachbereiche oder Wertsphären auch schon zu umfassend.

Die Demokratie als kommunikative Gesellschaft hängt in ihrer Qualität wesentlich von der Qualität ihrer „kommunikativen Gewalt“ ab, und dies ist die gesetzesberatende und gesetzgebende Funktion, das Parlament. Es vesteht sich aber, dass außer für diese formell beauftragte Schlüsselfunktion (auf allen parlamentarischen Ebenen des Gemeinwesens) die informellen Beratungsgruppen und Prozesse überall in der Gesellschaft von großer Bedeutung sind.

Die Parlamente sollen den gesamtgesellschaftlichen Beratungsprozess nur bündeln, zuspitzen, nochmals qualifizieren und in rechtsverbindlicher Form zum Ausdruck bringen.

Die Delegation von Vertretern oder Repräsentanten, also die Repräsentation, ist das bevorzugte Vermittlungsverfahren. Repräsentation besagt Beauftragung aufgrund von persönlichem Vertrauen und sachlichem Zutrauen in die Kompetenz des Beauftragten. Hier liegt der große Unterschied zum imperativen Mandat in einem Rätesystem, das eigentlich auch „subsidiär" und basisdemokratisch, von unten nach oben, funktionieren soll, aber nicht funktionieren kann, solange nicht die auf Vertrauen basierende Übergabe von Vollmacht erfolgt.

Wer sich ein Haus bauen lassen will, bedarf auch vielfältiger Delegation und vielfachen Vertrauens. Das fängt mit der Finanzierung an und hört mit dem Vertrauen in die Kompetenz wie Ehrlichkeit eines fähigen Bauleiters auf, der seinerseits ein großes Geflecht von Vertrauensbeziehungen ebenso wie von Kontrollrechten aufbaut.

Nicht anders kann es mit dem Riesenbau eines modernen demokratischen Staates und seinen Untergliederungen sein. Wie Kommunikation der Inbegriff demokratischer Verhältnisse ist, so auch Vertrauen als ein typisch kommunikativer Prozess und Wert.

Demokratie ist als Staatsform der Kommunikation auch eine solche des Vertrauens, und dies betrifft die in jedem Fall notwendige Delegation von Aufgaben, nicht zuletzt das repräsentative System.

Vertrauen stellt eine der zentralen kommunikativen Haltungen dar, die mit Diskurs im rationalen Sinn herzlich wenig zu tun hat.

Demokratische Repräsentation ist Übertragung von Souveränitätsrechten von unten nach oben, zum Zweck ihrer optimalen Ausübung, nicht etwa zur „Abtretung" dieser Souveränität. Diese muss rückrufbar bleiben. Solche Repräsentation stellt also das Gegenteil der alten, feudalen „Repräsentation" und Souveränität des Gemeinwesens von oben dar, mit der es manche Parteifürsten und deren beamtete Günstlinge zu verwechseln scheinen.

Direkte Demokratie – nur so gut wie ihr repräsentativer Arm

Abgesehen von diesem Gesichtspunkt der Qualifizierung der Mehrheit durch beauftragte Expertengremien (Parlamente) spricht Folgendes gegen eine einseitige Favorisierung der direkten Demokratie: Auf-

Auch direkte Demokratie braucht Repräsentanten.

grund des unvermeidlichen Vorschlags- und Formulierungsrechtes von Gremien oder Amtspersonen kann die direkte Demokratie in größeren gesellschaftlichen Einheiten – also oberhalb kleiner Gemeinden – nicht besser sein als diese vorschlagenden und formulierenden Gremien, also die Repräsentanten und Amtsträger. Das Volk kann bei Abstimmungen zu Sachentscheidungen bekanntlich nur mit Ja oder Nein stimmen und keinen Ideenwettbewerb veranstalten. Schade, dass unsere Computer noch nicht so intelligent sind und es auf absehbare Zeit nicht werden können! Die äußerste Reduzierung auf wenige Alternativen und Quantität gehört nun einmal zu Mehrheitsentscheiden. Dies ist selbst in einer größeren Gemeindeversammlung so.

Das heißt: Direkte Demokratie kommt ohne Repräsentation nicht aus. Entscheidend ist, von wem und wie welche Fragen formuliert werden. Es ist schon deshalb blauäugig, sich eine grundlegende Demokratiereform allein durch direktdemokratische Abstimmungen zu erhoffen.[284]

Was wir ernsthaft in Betrachtung ziehen sollten, ist der heute mögliche Ausbau einer „elektronischen Demokratie“ in Form von häufigen Abstimmungen mittels eines elektronischen Wählerausweises, ein bemerkenswerter und diskussionswürdiger Vorschlag.

> „Wenn man einen elektronischen Abstimmungsausweis einführt, läßt sich das bei der demokratischen Wahl übliche umständliche Abstimmungsverfahren vereinfachen und verbilligen. Direktdemokratische Abstimmungen führen durch häufigere Abstimmungen zu einer zusätzlichen Belastung der Bürger. Der Übergang zur elektronischen Abstimmung gleicht diesen Nachteil weitgehend aus und vermindert die Gefahr, daß sich eine erhöhte Abstimmungsfrequenz negativ auf die Beteiligungsquote auswirkt. Der Übergang vom handschriftlichen zum elektronischen Verfahren erleichtert die Stimmabgabe und beschleunigt die Auswertung der Ergebnisse.“[285]

Helmut Frey weist auch darauf hin, dass man sich die immensen Ausgaben für repräsentative Befragungen der Demoskopie schenken könnte, deren Hauptauftraggeber staatliche und öffentlich-rechtliche Institutionen oder eben direkt Parteien sind.

Meinungsumfragen können den repräsentativen Beratungsgremien wertvolle Rückmeldung geben. Sie können den öffentlichen Meinungs- und Willensbildungsprozess fördern. Wahrscheinlich sind sie es, die das gegenwärtige Parteienwesen überhaupt noch erträglich machen. Nur die Meinungsumfragen verleihen ihnen seit langem eine solche scheinbare Volkskenntnis, dass ihnen die Prozentzahlen des vom Volk Gewünschten nur so von den Lippen tropfen. Ein Parteimensch ist mit solchem Prozentwissen immer besser ausgestattet als ein normaler Bürger – er müsste denn selbst Meinungsstatistiker sein und selbst die Fragen und Antworten zurechtgebogen haben, wie es dem Parteiendenkraster entspricht.

Doch könnten die elektronischen Meinungsumfragen – bei einiger Unabhängigkeit von Auftraggebern wie von den öffentlich-rechtlichen Rundfunkerwartungen, durchaus auch in seriöser Weise enorm an Wichtigkeit für die repräsentative Demokratie gewinnen. Sie könnten bei einiger Weiterentwicklung ihrer Unabhängigkeit, zuvörderst in der „Denke" der Meinungsbefrager selbst, für die qualifizierende Beratung der Vertrauensträger des Volkes eine große Bedeutung bekommen, als ein Stück eingebauter direkter Demokratie in das Repräsentationssystem.[286]

Die Parteiendiktatur wird durrch Meinungsumfragen zu einer Art „konstitutioneller" Parteienoligarchie" abgemildert.

Es bleibt vorerst das Problem, dass diese Art von Verbindung beider Demokratiearten, die heute informell oder *pro forma* schon durch die Fülle der Meinungsumfragen realisiert wird, solange scheitert, als die parlamentarischen Parteien das Heft fest im Griff behalten: in Fragestellung wie in Auswertung der Meinungsumfragen. Dies mildert, zugegebenermaßen, die Parteiendiktatur, insofern die Herrscher ständig das Volk fragen – jedoch nur in ihrem eigenen Frageraster und innerhalb des bestehenden Parteienspektrums. Wenn es nicht eine arge Verharmlosung wäre, könnte man sagen: Die Parteiendiktatur wird dadurch zu einer konstitutionellen Parteienoligarchie herabgemildert. Aber solche Milde ist steril. Sie wirkt lähmend auf alles politische Handeln und Denken in der Republik. Sie verbindet die Nachteile beider Demokratiearten miteinander: das medial vermittelte Populärseinmüssen um jeden Preis (vor allem um den Preis eigener Einsicht) mit dem Spielen im Spektrum der strukturell unsachlichen Einheitsparteien.

Die weiterbestehenden Parteien würden und könnten die notwendige Differenzierung der Sachprobleme selbst dann nicht leisten, wenn die direktdemokratischen Elemente aus der jetzt in Deutschland informellen Handhabung heraustreten und man mit elektronischen Mitteln formell zum Primat der direkten Demokratie überginge: Eine elektronische Direktdemokratie, deren Ergebnisse von Parteien bisherigen Stils vorsortiert und ausgewertet würden, bedeutete keinerlei Fortschritt, sondern eine große Gefahr. Die Gefahr liegt darin, dass die alten Parteien ihre Macht auch noch plebiszitär absegnen lassen können, das heißt eine größere Scheinlegitimität erlangen.

Alles in allem: Auch die direkte Demokratie, gleich ob mit stärker oder schwächerer elektronischer Unterstützung, könnte – in größeren sozialen Einheiten, die über wirkliche, überschaubare Basisversammlungen hinausgingen – nur so gut sein wie ihr repräsentativer Arm.

Viergliederung als Synthese von „direkt" und „repräsentativ"

Die abschließende These zum Thema direkte und repräsentative Demokratie lautet:

Eine Synthese beider Demokratiearten, welche die Vorteile und nicht die Nachteile beider zur Geltung bringt, ist möglich unter der Voraussetzung einer sachgemäßen und systemgemäßen Differenzierung der Politikbereiche, bei Wandlung der Einheitsparteien zu jeweiligen, problemangepassten Sachparteien im Sinne der Viergliederung.

Die entscheidende Qualifizierung aller quantitativen Mehrheitsverhältnisse, sei es in direktdemokratischen Abstimmungen, sei es im repräsentativen System, erfolgt erst durch die bereichs- oder sach- oder wertspezifische Gliederung der Politikbereiche in unabhängig voneinander gewählte, folglich unabhängig rechenschaftspflichtige Gremien.

Die jeweils unabhängige Wahl der vier Parlamente ist der entscheidende Schritt zur direkten Demokratie, die zugleich repräsentativ ist, weil Sachparteien sowie Einzelkandidaten nach ihrer Stellung zu spezifischen, anstehenden Sachproblemen gewählt werden. Die Parlamente werden somit zu Wahlmänner-/Wahlfrauen-Gremien im Hinblick auf Sachprobleme.

Zwar kann man einwenden: Wenn ein Abgeordneter für ein Sachproblem, beispielsweise Gentechnologie für Pflanzen, mein Mann/meine Frau ist, wird er/sie es auch sein, wenn es um tierische oder gar menschliche Gentechnik handelt? In der Tat handelt es sich bei dem, was wir Sachprobleme nannten, um Bündel oder *Klassen von Sachproblemen*, genau um den Problembereich einer ganzen systemischen Ebene. Das heißt, ich wähle für vier Jahre „meinen Mann" oder „meine Frau" jeweils für die Problembereiche Grundwerte, Kultur, Politik und Wirtschaft. Diese Problem- oder Sachbereiche sind sicher schon recht umfassend. Aber sie folgen einer gemeinsamen Wertelogik. Es ist nicht so, dass jede Einzelfrage voraussetzungslos nur als Einzelfrage behandelt würde. Insofern ist die Bündelung der einzelnen Sachfragen nach Sachbereichen selbst sachgemäß, sogar sachgemäßer als die Zersplitterung zu Ein-Punkt-Parteien. Sie ist außerdem persongemäß. Denn die Werturteilsfähigkeit eines Menschen (als Kandidaten bzw. Abgeordneten) ist selbst nicht ein Ein-Punkte-Vermögen, sondern umfasst einen ganzen Wertebereich. Dies noch einmal zur Erklärung, in welchem Sinn und mit welchem Recht hier von Sachparteien gesprochen wird, und dass die Bündelung zu Parteien nach wesentlichen Grundoptionen kein Wunschtraum, sondern eine logische Zwangsläufigkeit darstellt. Die beiden Stufen der Konkretheit oder Spezifität deuten noch einmal darauf hin, dass hier eine Synthese zwischen Direktdemokratie (ganz auf einzelne Sachfragen hin orientiert) und Repräsentationsdemokratie (an genereller Kompetenz und Vertrauenswürdigkeit des Repräsentanten orientiert) vorliegt.

Nach dieser nochmaligen Präzisierung von „Sachparteien" sei das obige Argument in Form einer logischen Schlussfolgerung gebracht:

Obersatz:	Abstimmung über spezifische Sachprobleme ist der Kern direkter Demokratie.
Untersatz:	Eine Wahl von Repräsentanten, die für Sachprobleme (genauer: für die wertlogisch zusammenhängenden Bereiche von Sachproblemen, nicht aber für ein ganzes Parteiprogramm mit Weltanschauung und Stellung zu allem und jedem!) stehen, ist zugleich eine Abstimmung über spezifische Sachprobleme.
Konklusion (Ergo):	Eine solche Sach-Repräsentanten-Wahl ist der Kern einer Direktdemokratie, die damit zugleich repräsentativ ist.

Man kann den Kern direkter Demokratie freilich auch – statt in der Abstimmung über Sach-Repräsentanten – in der Vollversammlung des gesamten Volkes erblicken. Das ist jedoch heute in großstädtischen und großstaatlichen Verhältnissen eine unrealistische Vorstellung von Direktdemokratie. Wo immer aber Gemeinschaften mit echten, nicht manipulierten Volksversammlungen[287] als Basis ihrer Entscheidungen arbeiten können, ist dies freilich ein Gewinn.

Ob auf der Ebene kleiner Gemeinden eine Viergliederung der Sachbereiche durchzuführen ist, mag hier offen bleiben. Es geht nicht darum, Prinzipien zu reiten. Eins aber ist sicher: Die traditionellen Parteifronten haben mit Sachlichkeit auch auf Gemeindeebene schon lange nichts mehr zu tun. Folglich wäre ein anderes Mischungsverhältnis für direktdemokratische (sachorientierte) und repräsentativdemokratische (vertrauens- und folglich personorientierte) Elemente zu suchen. Der demokratischen Kreativität brauchen keine Grenzen gesetzt zu werden, solange kein bequemer Rückfall in überholte, autoritätsorientierte Strukturen stattfindet.

Bei aller Freiheit einer neuen Sachorientierung von politischen Gruppen ist aber nochmals darauf hinzuweisen, dass die entwickelte Viergliederung (Wirtschaft, Politik im engeren Sinn, Kultur und Grundwerte) nichts Willkürliches an sich hat, sondern in der elementaren Struktur des menschlichen Selbstbewusstseins und von daher in der naturgesetzlichen Grundarchitektur der Gesellschaft begründet ist. Weniger willkürlich geht es nicht.

Hat man dieses Bauprinzip der „Außenarchitektur“ sowie die dargelegten sozialethischen Prinzipien der „Innenarchitektur“ verstanden, ergibt sich eine große Freiheit in der Gestaltung von Gemeindesatzungen sowie von „höher“ gestuften Verfassungen. „Höher“ wird in Anführungszeichen gesetzt, weil gemäß dem Subsidiaritätsprinzip keine umfangsmäßig untergeordnete Ebene angetastet werden darf, solange sie nicht mit der oberen so in Widerstreit ist, dass eine Verfassungsgerichtsbarkeit entscheidet, dass der Widerstreit zugunsten der oberen Ebene zu lösen ist. Es kann z.B. nicht einfach eine Durchgangsstraße durch gewachsene Gemeindestrukturen gebaut werden, weil eine Kreisbehörde das für gut hält. Es muss gemeinsam eine vernünftige Lösung gesucht werden, aber das Vernunftgemäße ist keineswegs das technokratisch und ökonomisch Bequeme.

Man möchte sich für das harte Wort „vernunftgemäß“ heute entschuldigen. Doch wie sagte der revolutionäre Vormärzdichter Georg Büchner so treffend: „Die Macht des Volkes und die Macht der Vernunft sind eins.“ Die Verachtung der Vernunft geschieht oft im Namen eines Rechts – das in den längsten Epochen der Weltgeschichte Unrecht gewesen sein dürfte. „Vernunft“ meint nichts anderes als umfassende, universale Sachlogik: der Logos der Dinge, mit dem es auch die Naturwissenschaften zu tun haben; zugleich aber das Sinnmedium auch aller zwischenmenschlichen Verständigung, von daher auch die Logik der Gemeinsamkeit oder des Gemeinwohls.

Kann die derzeitige Begeisterung für direkte Demokratie unter den Jüngeren im Sinne der viergegliederten Demokratie genutzt werden? Muss die realistisch mögliche, sprunghafte Verbesserung, nämlich

Direkter Sachbezug ist der Kern direkter Demokratie, nicht das Aug-in-Aug von Volksversammlungen.

Versachlichung, des repräsentativen Systems durch Viergliederung nicht auch für die Verfechter der direkten Demokratie interessant sein? Wohlgemerkt, man muss sich von der nostalgischen Vorstellung einer Volksvollversammlung verabschieden, wenn man von „direkter Demokratie" für größere soziale Einheiten spricht. Direkter Sachbezug von Abstimmungen ist ihr bleibender Kern, nicht das Aug-in-Aug aller mit allen.

Versöhnung von liberalem und radikaldemokratischem Erbe

Hobbes, Locke, Montesquieu, Federalist Papers,Tocqueville, Mill hätten die für die Entwicklung westlicher Demokratien entscheidende Linie vertreten, hieß es in Kapitel II. Sie werde auch in dieser Untersuchung voll aufgenommen, ja die Gewaltenteilung werde in eine grundsätzlich neue Dimension hinein weitergedacht werden. Ob dies aber heiße, dass die direktdemokratische Linie von den frühgeschichtlichen direkten Demokratien über Rousseau, Marx und die bestehende Praxis direkter Demokratie bis zu ihrer gegenwärtigen Befürwortung einfach hinfällig ist? Oder gibt es hier eine innere, nicht oberflächlich-diplomatisierend von außen herangetragene Synthese?

Bei der soeben entwickelten Synthese wurde die direkte Demokratie in Marx' Sinne noch nicht diskutiert. Aufgrund der nicht vorhandenen Gewaltenteilung scheint er tatsächlich mit den frühgeschichtlichen direkten Demokratien in einer Linie zu stehen. Mit ihm kommt ein archaisches, keineswegs aber ein anarchistisches Erbe in die neuzeitliche Diskussion, nach der amerikanischen französischen Konstitution und nach Hegel, also nicht von einem archaischen und naivutopischen Bewusstsein her, das Marx bekanntlich lebhaft ironisiert hat. Es müsste sich also lohnen, seine Vorstellung von Demokratie, wie er sie vor allem anlässlich des Aufstands der Pariser Kommune von 1871 angedeutet hat in *Der Bürgerkrieg in Frankreich*.[288] Wir können uns für eine Zusammenfassung des demokratietheoretischen Gehalts zunächst auf M. Schmidt[289] stützen. Dabei ist jedoch von vornherein zu betonen, dass es bei Marx – leider – keine ausführlich ausgearbeitete Vorstellung von Demokratie gibt, dafür aber auch keine Dogmatisierungen. Immerhin war reale Demokratie Marx schon ein Herzensanliegen, als den meisten Vorfahren seiner heutigen, gewöhnlich entstellend indoktrinierten Kritiker noch der monarchische Obrigkeits- und Klassenstaat am Herzen lag.

„1. Grundlegend ist die Idee der basisnahen Organisation der Gesellschaft in überschaubare Einheiten, in denen die politische Souveränität ihren Ursprung hat.
2. Hinzukommt das Prinzip der Exekution des Basiswillens gemäß der schon bei Rousseau entwickelten Lehre, wonach kollektive Institutionen wesentlich nur Exekutoren des Willens der Basis seien.
3. Ferner ist das Prinzip der Direktwahl aller Ämter vorgesehen. (...)
4. Zur revolutionären Direktdemokratie gehört zudem das imperative Mandat. Jeder Amtsinhaber eines öffentlichen Amtes ist an die Weisungen der Wählerbasis gebunden; er unterliegt permanenter Kontrolle und kann durch Beschluss der Urwählerschaft jederzeit aus dem Amte abberufen werden.
5. Überdies ist als Amtsträgerbesoldung das Durchschnittseinkommen vorgesehen. (...)
6. Außerdem soll die revolutionäre Direktdemokratie institutionelle Sperren gegen die Verselbständigung der Führungsschicht und gegen die Bürokratie errichten. Der Schlüssel hierfür ist die Ämterrotation, die in kürzeren Abständen erfolgende Ablösung von Amtsinhabern.
7. Sozialkulturell soll Repräsentativität gelten. Die Räte sollen die Sozialstruktur des Volkes widerspiegeln. (...)
8. Charakteristisch für die revolutionäre Direktdemokratie ist des Weiteren die Beseitigung all dessen, was der angestrebten Homogenisierung der Gesellschaft entgegenstehen könnte. Dazu zählt die Zerschlagung von organisierten Sonderinteressen in Parteien, Verbänden und Kirchen sowie die Auflösung der Gewaltenteilung zwischen Legislative, Exekutive und Judikative. (...)
9. Schlussendlich basiert die Direktdemokratie auf totaler Politik. Ihr zufolge sind die direktdemokratischen Verfahrensweisen nicht auf die öffentlichen Angelegenheiten nach althergebrachtem Verständnis begrenzt, sondern umfassend und allgegenwärtig. Dem Projekt der revolutionären Direktdemokratie im Sinne von Marx liegt die Leitidee der ‚Totalpolitisierung' (Guggenberger 1995, 87) zugrunde."

Guggenberger wird zum Schluss nicht korrekt, sondern tendenziös zitiert, weil er sich mit dem Wort „Totalpolitisierung" kritisch nicht auf Marx, sondern auf die partizipatorische Demokratietheorie bezieht, im Gegensatz zur „Totalprivatisierung" der anarchistischen Strömungen.[290] Das wäre nicht so gravierend, wenn Marx selbst durchgehend korrekt wiedergegeben würde. Das ist in den ersten Punkten der Fall, in Punkt 9 („Totalpolitisierung") sicher nicht mehr.

Aber auch Punkt 8 entstellt Marx tendenziös, was die angebliche

„Homogenisierung" der Gesellschaft angeht. Es ist das alte „bürgerliche" oder „kapitalistische" Vorurteil: Chancengleichheit mit Gleichmacherei gleichzusetzen. In Marxens Texten findet sich dafür keine Grundlage. Es sei denn im Zusammenhang mit einer eventuellen Gleichwertigkeit aller Arbeitsstunden, was hier offen bleiben muss. Chancengleichheit und Ungleichheit der Freiheitsverwirklichung nach Charakteranlagen, Begabung, Interessen, sind beides Freiheitspostulate. Ich sehe nicht, wo Marx sie im Namen einer dinglichen, freiheitsberaubenden Gleichheit nivelliert hätte. Aber so gehen die gutbürgerlichen Gelehrten aus der Zeit des Kalten Krieges mit dem größten deutschen Sozialtheoretiker[291] nun einmal um.

Wir müssen Marx von den Entwicklungen des Marxismus, samt Leninismus und Stalinismus, ähnlich strikt unterscheiden wie Jesus von der Kirche samt Inquisition, Hexenverbrennung, monarchischer-Regierung, Unfehlbarkeit usw.[292]

Zurück zu unserem Text: Schmidt nennt die nach Marx aufzulösenden „organisierten Sonderinteressen" in einem Atemzug mit der „Auflösung der Gewaltenteilung". Das ist aber Zweierlei. Die Ablehnung der damaligen Gewaltenteilung ist in der Tat ein Schwachpunkt des Marxschen Konzeptes. Er sieht nicht, dass diese weiterzuentwickeln statt rückgängig zu machen ist. Aber hierin lag bisher die große Alternative: Kontrolle der Macht und Verhinderung von Klassenherrschaft durch ein wirklich funktionierendes Gewaltenteilungssystem – oder direkte Beauftragung aller Amtsträger durch den Souverän, das Volk. Dieses Entweder-Oder ist durch das vorstehend entwickelte Konzept aufgehoben. Es braucht nicht noch einmal erörtert zu werden, in wie viel Hinsichten die bisherige, teils zum bloßen Formalismus erstarrte Gewaltenteilung nicht funktioniert und wie dem abzuhelfen ist.

Das imperative Mandat stellt allerdings einen weiteren, vermeidbaren Schwachpunkt in Marx' (an den zeitgeschichtlichen Augenblick gebundenen) Vorstellungen dar: Es ist unpraktikabel und lässt der Gewissensfreiheit und Kompetenz eines Amtsträgers sowie dem so lebensnotwendige Prinzip Vertrauen in der Demokratie zu wenig Raum.

Aber hat Marx es für alle Umstände vertreten und kann er dogmatisch für alle Zeit darauf festgelegt werden? Ich möchte diese historische Frage an dieser Stelle offenlassen, weil ohnehin ein faire Auseinandersetzung mit Marx als dem größten philosophisch-politischen Genie Deutschlands noch aussteht. Bisher wurde sein gedankliches Erbe zwischen den Fronten der Vertreter einer in vielfacher Hinsicht bornierten, wirtschaftsabhängigen Pseudodemokratie und seinen dogmatischen Verfälschern zerquetscht.[293] Was Marx im Vorwort zur zweiten Auflage des Kapitals, Band 1 über sein Verhältnis zu Hegel schreibt, würde ich gern analog (und ohne Exklusivitätsanspruch) für die vorstehende Sozial- und Demokratietheorie in Anspruch nehmen dürfen:

> „Die mystifizierende Seite der Hegelschen Dialektik habe ich vor beinah dreißig Jahren, zu einer Zeit kritisiert, wo sie noch Tagesmode war. Aber grad als ich den ersten Band des ‚Kapital' ausarbeitete, gefiel sich das verdrießliche, anmaßliche und mittelmäßig Epigonentun, welches jetzt im gebildeten Deutschland das große Wort führt, darin, Hegel zu behandeln (...) als ‚toten Hund‘. Ich bekannte mich daher offen als Schüler jenes großen Denkers und kokettierte sogar hier und da im Kapitel über die Werttheorie mit der ihm eigentümlichen Ausdrucksweise. Die Mystifikation, welche die Dialektik in Hegels Denken erleidet, verhindert in keiner Weise, daß er ihre allgemeinen Bewegungsformen zuerst in umfassender und bewußter Weise dargestellt hat. Sie steht bei ihm auf dem Kopf. Man muß sie umstülpen, um den rationellen Kern in der mystischen Hülle zu entdecken.“[294]

Beziehen wir das auf unser systematisches Problem: Die direkte Demokratie ist bei Marx kühn gedacht, hat aber die genannten Schwachpunkte: Ablehnung der Gewaltenteilung und imperatives Mandat. Im hier entwickelten Konzept einer weitergedachten Gewaltenteilung ist – dialektischer Weise also gerade innerhalb der von Marx abgelehnten liberalen, bourgoisen Lösung! – die Synthese mit der direkten Demokratie möglich: Auflösung der unsachlichen Block- und Klassenparteien zu Sachgruppen, auch Interessengruppen, mit verschiedener Bewertung einzelner Sachfragen, die miteinander um die angemessene Lösung der Sachprobleme ringen, ja kämpfen.

Auf der Grundlage der nach sachlogischen Bereichen gegliederten, erweiterten Gewaltenteilung löst sich der Gegensatz zur direkten Demokratie in einer Synthese beider auf. Es handelt sich um nichts Geringeres als um die Versöhnung von liberalem und radikaldemokratischem Erbe.

Die Synthese besteht nicht in einem automatischen „dialektischen Umschlag“, sondern in der evolutionsgerechten Fähigkeit des Viergliederungsprinzips, die ihm untergeordneten Sozialprinzipien zu integrieren: das der Subsidiarität, also hier der überschaubaren Basiseinheiten, die jeweils nach oben Delegierte entsenden, sowie das der Solidarität, ohne dass es zu einer Sozialromantik Rousseauscher Prägung gerät.

Eine Sozialromantik ist ausgeschlossen durch die sachliche Gliederung der Ebenen des sozialen Organismus, wie auch durch das Rechtsprinzip. Dieses hat Marx zwar als „engen bürgerlichen Rechtshorizont“ qualifiziert, der einmal „überschritten“ werde, wenn die „Springquellen des genossenschaftlichen Reichtums voller fließen“.[295] Hier liegt wiederum eine Zweideutigkeit: Heißt Überschreiten endgültiges Hintersichlassen, also Abschaffung des Rechts, oder Durchbruch der ursprünglichen, vor- wie nachrechtlichen Solidarität? Meines Erachtens kann dem Rechtsanwaltssohn und ehemaligen Jurastudenten Marx nicht die Abschaffung des Rechts in den Sinn gekommen sein, sondern nur dessen Relativierung.

Was schließlich die Realisierung der revolutionären Ideen angeht, hat Marx auf größere Umwälzungen in näherer, wenngleich nicht in allernächster Zukunft gehofft:

> „Die widerspruchsvolle Bewegung der kapitalistischen Gesellschaft macht sich dem praktischen Bourgeois am schlagendsten fühlbar in den Wechselfällen des periodischen Zyklus, den die moderne Industrie durchläuft, und deren Gipfelpunkt – die allgemeine Krise. Sie ist wieder im Anmarsch, obgleich noch begriffen in seinen Vorstadien, und wird durch die Allseitigkeit ihres Schauplatzes, wie die Intensität ihrer Wirkung, selbst den Glückpilzen des neuen heiligen, preußisch-deutschen Reichs Dialektik einpauken.“[296]

Auch das klingt heute hochaktuell, wenn man statt „moderner Industrie“ die nachindustrielle Spekulationsgesellschaft einsetzt und statt des „heiligen, preußisch-deutschen Reichs“ das mindestens ebenso scheinheilige, globale Imperium des Guten, das gerade dabei ist, die „Achse des Bösen“ zu vernichten. Die „Allseitigkeit des Schauplatzes“ ist heute, in der vollends globalisierten Welt, erst richtig erreicht.

In diesem Vorwort von 1873 überschreitet Marx die sozioökonomische Analyse und fragt nach den Realisierungsbedingungen seiner Gedanken. Genau dies bleibt uns für heute noch zu tun. Je weniger man allerdings an einen ökonomischen Automatismus[297] als alleinige Bedingung von Veränderung glaubt, desto mehr sind politisch-strategische Überlegungen erforderlich.

Die „Allseitigkeit des Schauplatzes“ ist heute erst richtig erreicht.

KAPITEL X

ABGRENZUNGEN UND STRATEGIEN

AUFKLÄRUNG ALS REVOLUTIONÄRE PRAXIS

„Ist erst das Reich der Vorstellungen revolutioniert, so hält die Wirklichkeit nicht aus.“
(G.W.F. Hegel, Brief vom 28. Oktober 1808)

„Wer neue Ufer erreichen will, muss den Mut haben, alle Küsten aus den Augen zu verlieren.“
(André Gide)

Verwandte evolutionäre Bestrebungen

Die Widerstände gegen eine ganze Demokratiereform werden von Seiten der politisch Etablierten und Nutznießenden so groß sein, dass sie lieber tausend Halbheiten zulassen. Diese heutigen „Feudalherren“ haben mächtige Verbündete – nicht zuletzt in radikalen, rückwärtsgewandten oder unrealistischen Gegenbewegungen, denen gegenüber selbst das Etablierte noch wie die reine Vernunft oder auf dem besten Wege zu ihr erscheint. Wir sollten uns sowohl einige der mehr oder weniger harmlosen Halbheiten sowie einige ernsthaft potentielle Verbündete für die neue demokratische Revolution ein wenig ansehen.

Die strategische Unterscheidung: Fernziel und Zwischenziele

Die Rede von „Halbheiten“ fordert zu einer wichtigen Unterscheidung heraus. Fängt es nicht oft in der Geschichte wie im persönlichen Leben mit Halbheiten an, um zu Ganzheiten zu kommen? So könnte man zugunsten der genannten Halbheiten argumentieren. Hat nicht das allgemeine Wahlrecht auch erst mal mit einem Dreiklassenwahlrecht und mit einem bloßen Männerwahlrecht begonnen? Es muss ja irgendein Anfang gemacht werden. Kann man sofort bei der Zielgröße anfangen, mit Maximalforderungen?

Oft ist es für die Politik entscheidend wichtig, Zielbestimmungen von ersten und zweiten gangbaren Schritten oder strategischen Zwischenzielen zu unterscheiden. Eine Unterscheidung, die bei den Grünen regelmäßig zu vermissen war, als sie noch große Fernziele hatten. Da fehlte es oft an der Formulierung machbarer erster Schritte, und zwar bewusst als Zwischenschritte. Heute sind dagegen die großen Fernziele kompromisslerischen Zwischenzielen weithin gewichen, jedenfalls in Sachen „Basisdemokratie".

Entscheidend ist stets, ob ein erster Schritt, ein Zwischenziel als solches, den Blick frei gibt auf das deklarierte Fernziel. Man weiß dann, wohin die Reise gehen soll – ohne die Zwischenstationen und Ruhepunkte zu verachten, aber auch, ohne diese mit dem Ziel zu verwechseln. Oder ob ein solcher Zwischenschritt den Blick auf das eigentliche Fernziel verstellt. Die einfache Unterscheidung zwischen beiden ist also äußerst hilfreich und strategisch wichtig sowohl in der Grundlagendiskussion wie sogar im politischen Alltag. Sie wird jedoch selten klar getroffen.

Räte für Ethik, Nachhaltigkeit und Zukunft

Noch einmal genannt werden müssen – eher unter der Rubrik „Halbheiten" ohne gültige Zielbestimmung – die neuen Kommissionen von Kanzlers Gnaden: „Nationaler Ethikrat" und „Nachhaltigkeitskommision". Jedermann kann sich darüber im Internet kundig machen. Sie sind ein beredtes Zeugnis dafür, wie wir heute Bedarf an ethischer und ökologischer Fundamentalreflexion haben. Wer allerdings meint und argumentiert, diese gut gemeinten Einrichtungen könnten in irgendeiner Weise das ersetzen, was in diesem Buch mit „Grundwerteparlament" gemeint ist, versteht von Demokratie nicht das Elementarste.

Das Elementarste in einer Demokratie ist nämlich, dass die Betroffenen – und das sind alle – selbst befragt werden, entweder direkt über die Sachentscheidungen oder darüber, wer in ihrem Namen darüber beraten und entscheiden soll. Es wurde dargelegt, dass erstens kein ungewähltes „Expertengremium" ein gewähltes Parlament ersetzen kann. Deshalb, so argumentieren die Vertreter des Bestehenden, sollen die Mitglieder des Ethikrates ja auch nur beratende, keine beschließende Funktion haben. Beschlossen wird dann weiterhin von einem Gesamtparlament, in welchem die Abgeordneten für alles und nichts gewählt wurden sowie für alles und nichts kompetent, demgemäß auch für alles und nichts verantwortlich sind, zudem unter Fraktionszwang stehen.

Zweitens wurde das Expertentum der akademischen und kirchlichen Ethikexperten grundsätzlich erkenntnistheoretisch in Frage gestellt. Selbst wenn es eine unmittelbar hilfreiche wissenschaftliche Ethiklehre und einen Konsens darüber gäbe und nicht nur einen möglichen Konsens über ethikrelevante Tatsachen, selbst dann wäre ein sozialer Konsens über ethische Normen die Sache einer gemeinsamen Wertekommunikation. Diese zu leisten wäre gerade die Sache beauftragter Repräsentanten, nicht eines undefinierbaren Kompositums aus „Experten" und Allround-Parlamentariern.

Ein Nationaler Ethikrat wäre akzeptabel, wenn er als Zwischenziel für die Etablierung eines Grundwerteparlamentes deklariert würde.

Dies ist nur eine kurze Erinnerung der Idee des Grundwerteparlaments, wegen der scheinbaren Konkurrenz zu Ethik- und Nachhaltigkeitsräten. Auf der anderen Seite haben das Kulturparlament, das Politikparlament und das Wirtschaftsparlament stets auch implizit ethisch relevante Wertentscheidungen mit ihren jeweiligen Sachentscheidungen zu treffen. Womit gesagt sein soll: Soviel „Nationalen Ethikrat" kann es gar nicht geben, wie wir brauchten – wenn wir ihn neben den gewählten Parlamenten überhaupt brauchten!

Ein Nationaler Ethikrat wäre akzeptabel, wenn er als Zwischenziel für die Etablierung eines Grundwerteparlamentes deklariert würde. Da dies nicht der Fall ist und da die Idee eines Grundwerteparlamentes bisher überhaupt nicht gefasst oder zugelassen wird, halte ich auch den Ethikrat für nicht akzeptabel, sondern für ein ungeeignetes und undemokratisches Ausweichmanöver.

Nicht viel anders verhält es sich mit den Nachhaltigkeitsräten. Ein „Rat für Nachhaltige Entwicklung" wurde von der Bundesregierung im April 2001 berufen. Ihm gehören fünfzehn Persönlichkeiten des öffentlichen Lebens an. „Seine Aufgaben: Mithelfen, dass Deutschland Kurs auf die Nachhaltigkeit nimmt, Nachhaltigkeit zu einem öffentlichen Thema machen. Der Bundesregierung beim Thema Nachhaltigkeit zur Seite stehen."[298] Von einer spezifisch sozialen Nachhaltigkeit, also einer Kreislauffähigkeit der Gesellschaft vermittels eines reflexionslogischen, quasi-kybernetischen Institutionengefüges, wie es hier entwickelt wurde, haben diese fünfzehn verdienstvollen Naturschützer bisher noch nichts gehört.

Ebenfalls nicht viel anders verhält es sich auch mit einem „Zukunftsrat" nach Schweizer Muster. Allerdings kann dieser nicht soviel anrichten, weil die Entscheidungen letztlich – auf Verlangen – dem Volk zur Abstimmung unterbreitet werden müssen. Hätten wir dasselbe Korrektiv bei unseren genannten nationalen Räten, wären diese als Zwischenziele akzeptabel – selbst dann, wenn das Fernziel eines viergegliederten Parlamentes von der Parteienoligarchie noch nicht zugelassen würde. Da aber ein Zwischenziel im hier gemeinten Sinn die Formulierung eines Fernzieles voraussetzt, müsste die Parteienoligarchie ihrer künftigen Entmachtung bzw. Umstrukturierung zustimmen. Unwahrscheinlich, dass dies so harmonisch verlaufen kann.

Jakob von Uexküll, der Initiator des Alternativen Nobelpreises[299], setzt sich für einen weltweiten Ethikrat auf UNO-Ebene ein: *World Future Council*. Ich betrachte dies, im Verein mit den Weltethos-Bestrebungen des Theologen Hans Küng[300] für einen wertvollen Zwischenschritt – der allerdings enorm an Wert gewinnen würde, wenn er klar als Zwischenschritt auf den Weg zu einem gewählten Weltethikrat, d.h. einem Grundwerteparlament auf Weltebene deklariert würde.

Es versteht sich allerdings, dass nicht allein die etablierten, historischen Religionen hier ein Vorschlagsrecht behalten dürften. Was in diesem Buch über die extrem unfaire Rolle der dominierenden Konfessionen in Deutschland ausgeführt wurde, gilt auch auf Weltebene.

> *Es gibt eine Komplizenschaft in der Trennung, eine Komplizenschaft der konkurrierenden Religionen und Fundamentalismen in Bezug auf gemeinsamen Machterhalt.*[301]

Diese müsste durch echte Öffnung auf „unhistorische" philosophisch-weltanschauliche Positionen aufgebrochen werden, also z.B. Einbeziehung der freimaurerischen, rosenkreuzerischen, hermetischen und theosophischen Bewegungen[302], aber auch der nicht-konfessionellen spirituellen Philosophie (im deutschen Sprachbereich beispielsweise Karl Jaspers[303]). Die Vertreter der traditionellen Religionen, besonders der Offenbarungsreligionen ignorieren bis heute mit Fleiß, dass es weltanschaulich, ethisch und spirituell relevante Philosophien gibt, die in einen wirklich weltumgreifenden Weltanschauungsdialog einbezogen werden müssten. Dabei gab es in Indien und China kaum eine Unterschied zwischen Philosophie und Religion. Auch solche atheistischen oder materialistischen Weltanschauungen, etwa naturwissenschaftlicher Prägung, müssten heute einbezogen werden, für die selbst das Wort „spirituell" ein Fremdwort ist, die aber doch in einem Humanismus, in der unbedingten Achtung der Menschenwürde, mit den Religiösen und vor allem mit den transreligiös Spirituellen übereinkommen. Ein praktisches Problem bestünde allerdings darin, eine zahlenmäßig gerechte proportionale Vertretung auch von Minderheitenpositionen in einem weltweiten Grundwerteparlament zu gewährleisten.

Die älteren der genannten Bewegungen (wie Freimaurer und Rosenkreuzer) würden Entschuldigungen von Seiten der herrschenden

Konfessionen und ihrer politischen Arme verdienen, ebenso wie die vielen westlichen "Morgenlandfahrer" (Hermann Hesse), die lange, bevor es zum guten Ton gehörte, ja, als es noch gefährlich für die gesellschaftliche und kirchliche Stellung war, eine Synthese von westlicher und östlicher Spiritualität jenseits der konfessionellen Dogmatik anstrebten.

Auf welche Weise die Weltbürger über ihre Vertreter in einem Grundwerteparlament entscheiden könnten, ist keine ganz leichte Frage, doch eher eine solche der technischen Machbarkeit. Jedenfalls wäre es für alle frei und in die Zukunft denkenden Menschen unerträglich, dass eine Komplizenschaft der historischen Religionen einen künftigen Weltethikrat – als Grundwerteparlament verstanden – dominieren würde. Das Projekt wäre auf diese Weise geistig zum Scheitern verurteilt – und es sind nicht die „bösen" Irreligiösen" an denen solche Träume der Konfessionsvertreter auf Weltebene scheitern würden, sondern gerade die selbständiger religiösen oder transreligiösen Geister! Hier lauern erneut erhebliche Gefahren für die geistige Freiheit auf Weltebene unter den Bannern der Religiosität: eine geistige Globalisierung, vergleichbar der derzeitigen wirtschaftlichen.

Es wurde schon darauf hingewiesen, dass Scheiterhaufen zwar keine deutsche Erfindung und Spezialität sind (wie es tendenziöse Ausstellungsmacher gern darstellen möchten), dass diese jedoch im heutigen Deutschland ganz ohne Rauch und Feuer funktionieren – ganz einfach mit Staatskirchenrecht. Dergleichen „harmonischer" Einbau der Religionen in das Recht der Völkergemeinschaft dürfte sich auf Weltebene keinesfalls wiederholen! Auch gerade um einer aufgeklärteren, von Zwang befreiten, vertieften Religion oder transreligiösen Spiritualität der Erdenbürger nicht.

In einem Welt-Grundwerteparlament, zu unterscheiden also von dem 1993 wie schon einmal 1893 zusammengetretenen „Parlament der Weltreligionen"[304], ginge es nicht sosehr darum, einen gemeinsamen theoretischen Nenner zu finden, als zu praktischen Grundwerte-Konkretisierungen in Bezug auf Menschenrechte und andere weltweiten Ethik-Belange (der Globalisierung, der Verbreitung von Gentechnologie für Pflanzen, Tiere und Menschen usw.) zu kommen.

Oberhaus im Sinne Rudolf Bahros

Über die Dysfunktionalität, auf Deutsch die vorkonstruierten Fehlleistungen unserer Zweiten Kammer, der Ländervertretung Bundesrat, wurde unter „Subsidiaritätsprinzip" kurz eingegangen. Der heutige Bundesrat geriet zur Fehlkonstruktion im Sinne des Parteienpokers. In Großbritannien heißt die Zweite Kammer Oberhaus und nimmt die historischen Rechte der eher privilegierten als dem Parteiengerangel verpflichteten Lords wahr. Rudolf Bahro, meinem charismatischen Vorgänger auf dem (inzwischen liquidierten) Lehrstuhl für Sozialökologie[305], schwebte ein Oberhaus ganz anderer Art vor: im Sinne eines Rates der Weisen, woran sich ja die oben genannten Räte von ferne heranzutasten suchen:

> „Wir schaffen uns natürlich nicht ein ‚House of the Lords', sondern – um es mit einem sinnfälligen Wortspiel einzuführen – ein ‚House of the Lord'. Volkes Stimme sei Gottes Stimme, lautet ein alter Satz, der freilich kaum je gerechtfertigt wurde, weil das Volk dazu in geeigneter Weise verfaßt sein muß (...). Aber das Oberhaus einer Gesellschaft, die das ökologische Gleichgewicht wiedergewinnen will, muß Gottes Stimme, muß die Stimme der Gottheit sein (die heute nur angemessen ausgedrückt werden kann, wenn ein gewisses weibliches Übergewicht in den neuen Institutionen gesichert wird)."[306]

Dieses von Bahro konzipierte *House of the Lord* hat gewisse Ähnlichkeit mit dem Grundwerteparlament. Es bestehen aber folgende gravierende Unterschiede:

- Beim Grundwerteparlament handelt es sich um eine gewählte Volksvertretung nur für die Grundwertefragen. Es hat nichts mit einem irgendwie dem demokratischen Streit entrückten Oberhaus zu tun, was bei Bahro in der Schwebe bleibt.
- Die Begrenzung auf Grundwertefragen bedeutet Integration-durch-Differenzierung: Die anderen sozialen Ebenen behalten ihre Eigengesetzlichkeit und melden ihre jeweiligen Voten an das Grundwerteparlament. Es handelt sich bei letzterem nicht um eine im Grunde theokratische Institution, die unmittelbar in alle Bereiche eingreifen kann, wie Bahro dies (vor unserer diesbezüglichen Diskussion) konzipierte. Dieser Punkt, dass man unter modernen Bedingungen mit Religion, Spiritualität und philosophischen Grundwerten nicht unmittelbar die gesamte Politik gestalten kann und darf, war vorübergehend ein Diskussionspunkt zwischen Rudolf Bahro und mir, abgesehen von der Rolle des Denkens und der Reflexion als Prinzip der Neuzeit.[307]
- Dieser Unterschied hat zur Folge, dass nicht ein Einheitsparlament jetziger Prägung gegenüber dem Oberhaus bestehen bleibt, wie Bahro es ursprünglich vorsah:

„Dieses Oberhaus wird das bisherige Parlament (etwa den Deutschen Bundestag) nicht ersetzen, sondern ihm gegenüber die rahmengebende höhere Institution sein, die dem sozialen Interessenkampf Maß und Grenzen setzt. Es wird die Themen von Volksbefragungen festlegen und die Alternativen formulieren, über die abgestimmt werden soll. Außerdem wird es die Kandidaten für eine Präsidentschaft bzw. für ein – beispielsweise siebenjährig wechselndes Wahlkönigtum (wie ungefähr in Frankreich oder in den Vereinigten Staaten) vorschlagen, damit das ganze Volk dann wählen kann. (...) Die Regierung hat – gegebenenfalls flankiert von der Verfassungsgerichtsbarkeit – die Aufgabe, den Willen der Parteien und Interessengruppen, die sich im Unterhaus ausdrückt, mit den Richtlinien abzustimmen und in Einklang zu bringen, die vom Oberhaus mit von anderen Instanzen unanfechtbarer Autorität gegeben werden."

Was Bahro stärker hervorhebt, als es hier geschehen ist, sind die „Rechte" der Naturwesen, die allerdings nach meiner Auffassung keine Rechte im eigentlichen Sinn sind, sondern Werte, denen wir Rechnung zu tragen haben. Die Naturwesen sind von uns heilig zu halten, nicht in Rechtskonstruktionen zu verwickeln.[308] Ferner den stellvertretend wahrgenommenen Rechten der Kinder ebenso wie einer mindestens gleichen Vertretung der Frauen (vgl. erstes Zitat):

„Da die Gottheit gleich der Natur ist, bedeutet dies: Es müssen in diesem Oberhaus alle Fragen, und seien sie von noch so besonderem Interesse, von Standpunkt der gesamten irdischen Naturzusammenhangs (die kosmischen Einflüsse inclusive) behandelt werden. (...) Was aber besonders in diesem Oberhaus vertreten werden, wofür es also gewählte Delegierte geben muß, das sind die Interessen und Recht all der natürlichen Fakultäten, die aus sich selbst heraus keine menschliche soziale Macht bilden können. In diesem Oberhaus müssen also, vertreten durch Anwälte, die sich rituell damit identifizieren, Erde, Wasser, Luft und Feuer, müssen Steine, Pflanzen und Tiere Sitz und Stimme haben. Die einzige menschliche Gruppe des eigenen Volkes, die auf diese Weise dort vertreten sein sollte, sind die Kinder."

Die neue Rolle der Frauen, die ernster genommenen Rechte der Kinder und Jugendlichen, sind Elemente, die im vorliegenden Buch, worin es erst einmal um einen neuen strukturellen Gesamtrahmen zu tun ist, wie manche anderen Einzelgesichtspunkte, noch zu kurz kommen. Ich bin jedoch glücklich darüber, dass Bahro zum Schluss dem

Gesamtkonzept der Viergliederung vehement zugestimmt hat. Um ihn noch einmal mit seiner letzten Schrift und besonders mit den für uns hier wichtig werdenden strategischen Überlegungen zu Wort kommen zu lassen:

> „Ich denke, daß wir es bei dem weiten, das gesellschaftliche Ganze umspannenden Politikbegriff, den Heinrichs vom engeren, machtstrategischen Politik-Begriff systemlogisch abgrenzt, mit der vorgängigen Veränderungsdimension zu tun haben. Die neue Gesamteinrichtung wird sich nicht über das im engeren Sinne Politische der strategischen Reflexionsstufe durchsetzen lassen. (...) Deshalb scheint mir nach wie vor, daß der Schlüssel zur institutionellen Erneuerung im einzelnen die Berufung eines an spirituellen Werten orientierten „Oberhauses" oder „Hohen Rates" für das Ganze ist. Sie wird sich womöglich früher aufzwingen als die Viergliederung. Für mein Dafürhalten wendet sich Johannes Heinrichs – aus Furcht vor alter Priesterherrschaft – etwas zu vorsichtig gegen das „integralistische" Moment der Erneuerung des Ganzen von den spirituellen Grundlagen her. Er grenzt jedenfalls entschieden Integration-durch-Differenzierung von Integralismus ab."[309]

Hier bleibt eine verschiedene Akzentsetzung samt einer wichtigen Frage bestehen. Ich halte ein Oberhaus Bahroscher Prägung zwar für einen theoretisch möglichen ersten Schritt, aber einerseits für unwahrscheinlicher als eine Gesamtreform auf vollständigen gedanklichen Grundlagen, anderseits auch für gefährlicher: Ein religiöser Integralismus wäre heute einer der gefährlichsten und geschichtlich am meisten überholten Kompromisse. Wenn ich mit Rudolf Bahro darüber noch diskutieren könnte, würden wir uns aber sicher über eines einig: Dass der geschichtliche Lauf der Dinge von uns in den einzelnen Schritten nicht vorweg bestimmt werden kann. Wir können uns nur über die wichtige Zielbestimmung verständigen. Und das ist mit Bahro in erfreulicher Klarheit geschehen.

Dritte Kammern

An dieser Stelle, wo es um mögliche systemimmanente Zwischenschritte geht, soll ein maßgeblicher Vertreter und Initiator der Idee von Dritten Kammern, der Osnabrücker Soziologe Mohssen Massarrat, zu Wort kommen. Zumal unsere Gemeinsamkeit, die Überzeugung von der Überforderung unserer derzeitigen Demokratien, zunächst fundamental ist.

„Das politische System westlicher Industriestaaten, die repräsentativen Elitedemokratien, sind für die Lösung der Gegenwartsprobleme offensichtlich überfordert, mehr noch sind diese selbst für die Zuspitzung von nichtnachhaltigen ökonomischen Strukturen mitverantwortlich. (...)

Eine direkte Überführung staatlicher in zivilgesellschaftliche Institutionen ist schwer vorstellbar. Sinnvoller und auch realistischer erscheinen dagegen Institutionen an der Nahtstelle zwischen den etablierten staatlichen Strukturen und der Zivilgesellschaft, die gesellschaftlich legitimiert sind, rechtlich geschützte Räume für die Entfaltung und Umsetzung von zivilen Aktivitäten darstellen und im Wettbewerb mit den etablierten Institutionen ihre moralische und realpolitische Legitimation erst unter Beweis stellen müßten. Dritte Kammern für soziale Bewegungen und Non-Governmental Organisations (NGOs) bieten nach Auffassung des Autors eine historisch notwendige und politisch realisierbare Möglichkeit, der Bewältigung von Gegenwartsproblemen näherzukommen und die Zivilgesellschaft auszubauen.“[310]

Der Wert eines „Parlaments“ von bürgergesellschaftlichen Gruppen könnte nur als Zwischenschritt hin zu einer durchdachten Neugliederung des Parlamentarismus bestehen.

Eine „direkte Überführung staatlicher in zivilgesellschaftliche Institutionen“, die der Verfasser offensichtlich für die Ideallösung hält, würde bedeuten: Ablösung der bisherigen Parteien zugunsten der Vielfalt der zivilgesellschaftlichen Gruppen. Wie das aussehen könnte, wird – im Unterschied zum vorliegenden Konzept – nicht ausgeführt. Es würde nämlich heißen, dass die bisher „zivilgesellschaftlichen Institutionen“ amtlich, also nicht-zivil, würden!

Ferner wurde schon früher geltend gemacht, dass eine Dritte Kammer von zivilgesellschaftlichen, also freigesellschaftlichen oder bürgergesellschaftlichen Gruppen in der Tat „erst einmal ihre realpolitische Legitimität unter Beweis stellen müsste“, wie Massarrat selbst schreibt. Wo sind Anfang und Ende von bürgergesellschaftlichen Gruppierungen auszumachen? Wie und wo sollen sie sich, mit wessen Legitimation, zur Wahl stellen?

Schließlich, wie soll sich diese nagelneue Dritte Kammer zu den alten Kammern verhalten? Wenn diese morsch sind und verfallen, wie soll sich eine daran angebaute Dritte Kammer stabil halten können?

Der Wert eines „Parlaments“ von bürgergesellschaftlichen Gruppen könnte nur in einer Übergangsperiode, als Zwischenschritt also hin zu einer durchdachten Neugliederung des Parlamentarismus, bestehen.

Nochmals: Über den strategischen Wert von Zwischenschritten läßt sich selbst nur schrittweise, in einer strategisch-praktischen Situation entscheiden. Durch welche Schritte, auf welchen Wegen wir dahin kommen können, dies vorweg nehmen zu wollen, gleicht der Organisation eines Umzugs durch Menschen, die vorher noch nie einen Umzug organisiert haben. Ein solcher Umzug wird nicht ohne chaotische Zwischenphasen, kleine oder größere Pannen und Verzweiflungszustände ablaufen. Nicht zweifelhaft allerdings bleibt in diesem Buch das große Zwischen-Ziel des Umbaus, die Viergliederung des bisherigen Einheitsparlamentes. Dieses Zwischenziel ist unabdingbarer Teil einer deutlichen Zielbestimmung und darf nicht kompromisslerisch verwässert werden.

Was zuallererst wichtig bleibt, ist eine gedanklich klare Vision oder Realutopie der Zielbestimmung (erneuerte Demokratie) und eine aktive Hinbewegung auf jenes entscheidende Zwischen-Ziel zu. Die „Software“ für eine demokratische Rundumerneuerung der Gesellschaft ist vorhanden.

Geldreformer und Attac

Neoliberale, Vulgärmarxisten und „orthodoxe“ Gesellianer haben Eines gemeinsam: Sie erwarten das Heil der Gesellschaft von der ökonomischen Basis, vom Geld, her. Es ist ja auch so schön, sich auszumalen, wie entweder der angeblich freie Markt die Freiheit aller sicher stellt (Neoliberale); oder die Entprivatisierung aller Produktionsmittel einschließlich des Bodens das „aufgelöste Rätsel der Geschichte“ ist (Marxisten); oder das zinsfreie Verkehrsmittel Geld und der privater Eigentumsverfügung entzogene, wohl privat genutzte Boden einen Staat überflüssig macht, indem der rechtliche Rest geradezu dem bloßen „Faustrecht“[311] überlassen werden könnte. Was sie also verbindet, ist die ökonomistische Vorstellung: Wirtschaft gut, alles gut an der Gesellschaft.

Sie vergessen erstens die schlichte Frage: Wer denn die gute Wirtschaft herstellen soll. Diese wächst nicht von selbst wie eine Blume, nach Beseitigung von ein paar Hindernissen. Sie ist ein durch und durch soziales Produkt, angefangen von der Freiheit und Symmetrie des Warenaustausches. Zweitens bleibt Wirtschaft auch nach etwaiger Entstehung eines idealen Marktes immer ein Teilprojekt der Gesellschaft, keineswegs ein Marktgeschehen für sich allein, abgekoppelt von allem Politischen, Kulturellen und Weltanschaulichen.

Sämtliche Reformbewegungen, die vom Geld allein als der Basis der Gesellschaft sprechen, haben keinerlei Chance, allein eine entscheidende Neuordnung zu bewirken.[312] Die Zusammenbrüche können sehr wohl aus der Wirtschaft selbst kommen (und sind im Kommen), nicht aber eine gesamtgesellschaftliche Neuordnung. Wie stark jedoch die Geldreform in das hier vorgelegte integrale Konzept von Demokratie hineingehört, braucht nicht nochmals ausgeführt zu werden.

Reformbewegungen, die vom Geld allein als der Basis der Gesellschaft sprechen, haben keinerlei Chance, allein eine entscheidende Neuordnung zu bewirken.

Es erübrigt sich fast auch zu betonen, dass viele der hier dargelegten Gedanken über die Grundübel des gegenwärtigen Kapitalismus mit denen von Attac[313], der derzeit tonangebenden Protestbewegung gegen die neoliberale (=neokapitalistische) Art von Globalisierung, konvergieren. Obwohl die wirtschaftsethischen Argumente dieses Buches (bezüglich Zins unter dem Aspekt Rendite-Wesen) wie vor allem die konstruktive Demokratietheorie tiefer an die Wurzeln gehen, betrachte ich die Menschen von und um Attac als wichtigste natürliche Verbündete. Wenn Attac sich mit Recht gegen gewisse Sektierereien abgrenzt, kann sie doch nicht den Anspruch aufgeben, die Wurzel der Probleme zu benennen, ohne sich selbst schon wieder aufzugeben. Könnten sich friedliche theoretische „Radikalität" (an die Wurzeln gehen) und politisches Augenmaß für das aktuell Machbare vielleicht einmal verbinden?

Bürgerhaushalte

Über die Bewegung für direkte Demokratie als natürlicher Verbündeten einer Viergliederungsbewegung wurde im vorigen Kapitel, wenngleich mehr unter systematischem als unter strategischem Gesichtspunkt gesprochen.

Erwähnenswert ist darüber hinaus, dass „Mehr Demokratie e.V." sich in jüngster Zeit zum Anwalt der sogenannten Bürgerhaushalte macht: nach dem Muster von Porto Allegro sollen die Bürger bei der Verteilung der öffentlichen Finanzen ein effektives Mitbestimmungsrecht haben. Aus einem Berliner Aufruf des Vereins von Juni 2003:

> „Berlin ist pleite. Ein immer größerer Teil des Haushaltes wird für Zinsen ausgegeben, die Gesamtverschuldung steigt immer höher. An allen

> Ecken und Enden wird gespart, während Risiken für die Bankgesellschaft noch für mehrere Jahrzehnte durch die öffentliche Hand getragen werden. Viele Einrichtungen sind in ihrer Existenz bedroht, die Kreditaufnahmen übersteigen regelmäßig die Investitionen. Positive Zukunftskonzepte für diese Stadt sind weit und breit nicht zu erkennen.
> Dass es auch anders geht, zeigt das Beispiel Porto Allegre. (...) Die Ergebnisse sprechen für sich. Porto Allegre schreibt wieder schwarze Zahlen. Und das seit über 10 Jahren, Einnahmen und Ausgaben konnten verzehnfacht werden, weil sich aus dem Bürgerhaushalt eine innovative Steuerreform entwickelt hat. Korruption und Klientelismus – auch ein Problem in Berlin – sind deutlich zurückgegangen, die Steuerhinterziehung hat drastisch abgenommen. Die Qualität der öffentlichen Dienstleistungen hat enorm zugenommen, Porto Allegre gilt als Musterstadt und ist dafür sogar von der UNO ausgezeichnet worden."

Wer würde sich nicht darüber freuen, wenn auch Berlin und viele deutsche Städte, die sich derzeit am Rande oder mitten in der Pleite befinden, sich zu solchen Musterstädten mausern würden! Es wäre nur schade, wenn über solchen Teilerfolgen bürgerschaftlicher Demokratie die grundsätzliche Demokratiereform auf der Strecke bleiben würde.

Evolution oder Revolution?

Hier tut sich eine alte Kluft auf zwischen pragmatischen Reformern und idealistisch-revolutionären Prinzipienreitern, zwischen gutwilligen Weiterentwicklern und „böswilligen" Auf-den-Tisch-Klopfern. Sie beschimpfen sich gegenseitig als Utopisten: Die Einen sind Utopisten, weil sie meinen, sie könnten mit Reförmchen wirklich etwas am System verändern. Die Anderen sind es, weil sie die Utopie hegen, sie könnten überhaupt die Mittel und Helfer finden, um eine Totalveränderung herbeizuführen, und darüberhinaus: dass die Totalveränderung dann auf Dauer das Gewünschte sei und bleibe. Es ist der alte Streit zwischen Reformisten und Revolutionären. Sollen wir jetzt die Geschichte befragen, wer von ihnen die Welt mehr und nachhaltiger und zum Besseren hin verändert hat? Die Antwort darauf wird davon abhängen, ob ein Reformist oder ein Revolutionär die Geschichte betrachtet. Beide betrachten Ihresgleichen als die wahren Werkzeuge oder Sachwalter der Evolution.

Beide wollen also Evolution. Insofern wäre die Alternative zwischen Evolution und Revolution eher eine Wortspielerei. Es ist doch die Frage, ob die Evolution in Natur und Geschichte sich unzähliger kleiner Reformschritte bedient oder gewaltiger Brüche und Sprünge. Die Frage so stellen, heißt sie zu beantworten: Die Evolution bedient sich zweifellos beider Bewegungsarten.

Also ist eine Entgegensetzung von Evolution und Revolution falsch. Die Alternative müsste korrekter lauten: Evolution nur in kleinen, reformistischen Schritten oder auch sprunghaft-revolutionär? Das also ist der tiefere Sinn des Fragezeichens hinter unserer Überschrift „Evolution oder Revolution?": Es meint keine Oder-Frage, sondern stellt das Oder in Frage. Es stellt allerdings auch in Frage, dass die Reformisten die Evolution für sich gepachtet hätten.

Wann verlangt die Evolution kleine Schritte und wann abrupte Sprünge, und dies auf heutige Demokratie bezogen: Kommen wir in kleinen Schritten (allein) weiter oder bedarf es großer Sprünge und Brüche? Wohlgemerkt, die großen Sprünge schließen kleine Schritte als Anlauf und Probe usw. nicht aus. Aber wechselweise fühlen sich die kleinen Schreiter von den großen Springern doch sehr in Frage gestellt und umgekehrt. Die großen Springer erklären die kleinen Schreiter für eher blind als klarsichtig und eigentlich für kleinkariert. Die kleinen Schreiter machen das dadurch wett, dass sie die großen Springer für utopistisch, unverantwortlich, naturwidrig, zerstörerisch usw. erklären.

Wir brauchen mindestens einen großen Sprung.

Kommen wir nun für die Evolution der Demokratie, wenn sie denn als notwendig verstanden wurde, mit kleinen Schritten allein aus oder brauchen wir große Sprünge, vielleicht nur einen einzigen? Die Frage ist in diesem Fall ziemlich eindeutig damit zu beantworten, dass wir mit den vielen kleinen Schritten allein nicht auskommen können, sondern mindestens einen großen Sprung brauchen: den von einem Parlament für Alles zu vier Parlamenten für die sozialen Ebenen, welche differenzierte, hierarchisch aufeinander bezogene Sachbereiche sind. Dieser riesengroße Schritt muss gemacht werden, und das ist zweifellos ein Sprung. Wie man die weiteren Schritte dann handhabt und definiert, ist dann zu sehen.

Die Evolution braucht wieder einmal ihre Revolution, um voranzukommen.

Hierin liegt also die sachliche Rechtfertigung für den Titel *Revolution der Demokratie*. Es hilft nichts, die Evolution braucht hier wieder einmal ihre Revolution, um voranzukommen.

Was der Sache nach gemeint ist, zeigen im Kern die vorstehenden Kapitel IV bis VI: eine vollkommen neue Struktur von Demokratie, die zwar unabweislich in der Logik ihrer Evolution liegt – aber eben nicht ohne den berühmten Sprung aus den Teufelskreisen des Bestehenden möglich ist.

Natürlich eine friedliche, sogar primär nur eine gedankliche Revolution. Was könnte harmloser sein als eine Revolution bloß in Gedanken, ein sogenannter Paradigmenwechsel?

Ein alter naturphilosophischer Spruch lautet „*Natura non facit saltum* – Die Natur macht keinen Sprung".[314] Was logisch und strukturell kein Sprung, sondern der nächste konsequente Schritt ist, kann gleichwohl im Vollzug sprunghaft, plötzlich geschehen, und muss es meistens: in der Natur als genetische Mutation, in der Geschichte als unerhörte, oft von keinem geplante Akkumulation von Handlungen. Nehmen wir als Beispiel die Revolte der Matrosen in Kiel am 3. November 1918, sechs Tage vor dem offiziellen Waffenstillstand des Ersten Weltkrieges:

> „Es dauerte drei Tage, bis diese Männer, die in Wilhelmshaven den Mut zur Meuterei nicht gehabt hatten, in Kiel den Mut zur Revolte fanden", um die Hinrichtung ihrer Kameraden wegen Meuterei zu verhindern. „Am ersten Tag schickten sie eine Delegation zum Ortskommandanten, um die Freilassung der Verhafteten zu verlangen; sie wurde natürlich verweigert. Am zweiten Tag debattierten sie stundenlang mit Marinesoldaten und Dockarbeitern im Kieler Gewerkschaftshaus, was zu tun sei, und kamen zu keinem Entschluß. Am dritten Tag, den 3. November, wollten sie die Diskussion fortsetzen, fanden aber das Gewerkschaftshaus verschlossen, mit bewaffneten Posten davor. Deshalb versammelten sie sich im Freien, auf einem Exerzierplatz, wo Tausende von Arbeitern zu ihnen stießen, hörten sich Reden an und formierten sich schließlich zu einem großen Demonstrationszug. Einige trugen Waffen. An einer Straßenkreuzung wurde der Zug von einer Patrouille gestellt. Ihr Führer, der Leutnant Steinhäuser, kommandierte: ‚Auseinandergehen!' – dann, als dies nicht erfolgte: ‚Feuer!' Neun Tote und neunundzwanzig Verletzte blieben auf dem Pflaster liegen. Der Zug stob auseinander – aber ein bewaffneter Matrose stürzte vor und erschoß den Leutnant Steinhäuser.
> Und das war die Entscheidung, der Startschuß der deutschen Revolution. Plötzlich erkannten alle; nun gibt es kein Zurück mehr, und plötzlich wußten auch alle, was jetzt zu tun sei. Am Morgen des Montags, des 4. November, wählten alle Matrosen des Dritten Geschwaders Soldatenräte, entwaffneten ihre Offiziere, bewaffneten sich selbst und hißten auf den Schiffen die rote Fahne."[315]

Viele Revolutionäre wie diese Aufständischen am Ende des ersten fatalen Weltkrieges oder etwa die französischen Erstürmer der Bastille und ihre Vordenker, wussten zum allergrößten Teil anfangs nicht, dass sie überhaupt Revolutionäre waren. Manchmal fehlt genau – trotz aller angestauten Wut – das Bewusstsein von der Tragweite des Tuns, dass es nicht um simple, punktuelle Rebellion geht. Sonst wären die Revolutionäre von 1848 wie von 1918 wahrscheinlich erfolgreicher gewesen und hätten ihren treudeutschen Obrigkeitsglauben früher abgelegt.

Diesmal geht es um eine solche Evolution der Demokratie, die nur durch ein klares Bewusstsein von der logischen Notwendigkeit und Berechtigung eines Sprunges, in diesem Sinn vom Bewusstsein einer friedlichen Revolution, getragen und vollbracht werden kann. Es geht nicht um einen Brotpreis, nicht um ein paar politische Gefangene, nicht um Verweigerung einer Order vom kolonialen Mutterland wie in früheren Revolutionen. Es muss nicht einmal um die neue Rentenformel gehen. Es braucht vielleicht – aber wer weiß? – gar kein Fass zum Überlaufen kommen.

Erforderlich ist vielmehr, um nicht wieder im Vordergründigen steckenzubleiben, das Bewusstsein, dass die soziale Evolution sich im Unterschied zur geologischen und biologischen nicht von allein macht, bei allen „Überraschungen“ und Sprüngen doch allein ehernen Naturgesetzen folgend. Die ehernen Gesetze der Menschengeschichte sind andere (Kapitel VIII). Vor allem gehört aber eines dazu:

Der Mensch muss solche Gesetzmäßigkeiten wie etwa die Reflexionsstufen der Geschichte, selbst in Freiheit ausführen, und zwar mit wachsender Bewusstheit.
Es wird keine Evolution des Bewusstseins mehr geben, die nicht durch und mit Bewusstheit ausgeführt würde.

Ein Aufstand für Brotpreis oder Rentenformel allein kann nicht mehr reichen.

Wenn manche naturwissenschaftlich Denkende sich vorstellen, durch biologische und chemische Gehirnmanipulation (etwa Drogen) sei ein neuer Mensch und eine neue gesellschaftliche Evolutionsstufe zu erreichen, ist dieser gerade ausgedrückte Zusammenhang, Bewusstseinsevolution nur mit Bewusstsein (als „Fortschritt im Bewusstsein der Freiheit“) noch nicht verstanden worden. Man mag dem Gehirn Schübe versetzen können, ähnlich wie in den zwei letzten Jahrzehnten durch die Gehirnwerkzeuge namens Computer. Einen neuen Menschen und neue Gesellschaft schafft man dadurch nicht, wenn es nicht bewusstseinsmäßig „klick" macht. Doch dieser Bewusstseins-Klick ist nicht ein moralischer und theoretischer Klimmzug Einzelner bloß für sich allein, sondern ein solcher, der sich auf die zwischenmenschlichen Strukturen richtet. Es wurde anfangs schon auf die Gefahr hingewiesen, die darin liegt, die Notwendigkeit eines Bewusstseinssprunges wieder zu privatisieren: Der Einzelne muss sich reflektieren, jedoch nicht in seinem kleinen, vereinzelten Ich, sondern im Sinngefüge seines großen, d.h. nicht nur spirituellen, sondern auch konkret gesellschaftlichen Ich:

Das anfänglich schon genannte Denken für Alle, das auch ein Denken mit Allen ist.

Der indische Denker Aurobindo (1872-1950) nennt die neue Bewusstseinsstufe das „Supramentale".[316] Daraus folgern manche, das Mentale, das Denken werde einfach zurückgelassen, und man könne es sich bequem machen in spirituellem Selbstgenuss und Ahnen. So verstehe ich den auch in westlicher Philosophie kundigen Aurobindo nicht. Es geht ihm, zugleich mit einem bewussteren, „integralen" Individuum, um eine neue kollektive integrale Bewusstseinsstufe, worin das disziplinierte Denken integriert ist. Wie die neue Gestalt von Gesellschaft strukturell aussieht, darüber gibt es bei Aurobindo keine genaueren Vorstellungen. Ich denke, mit den hier entwickelten Sozialstrukturen könnte er sich einverstanden erklären und sie als Konkretisierung dessen anerkennen, was er in stärker spiritueller als sozialphilosophischer Sprache und Sichtweise vorgebracht hat.

Die revolutionäre Evolution fängt zwar beim Einzelnen an – wie immer, und da es sich um eine Bewusstseinsevolution und um die Einsicht um den Zusammenhang von Einzelnem und Gesellschaft handelt, diesmal besonders. Aber sie bleibt nicht beim Einzelnen stehen, da sie sich auf die verbindenden Strukturen, um das Denken für Alle, handelt. Deshalb wurde hier keine weitere psychologisch-spirituelle „Anleitung zur persönlichen (R)evolution"[317] verfasst, sondern, wenn man so will, eine Anleitung zum Begreifen der anstehenden Struktur-REvolution – weil für diese das persönliche Begreifen zwar unabdingbar ist, sich aber gerade nicht im Persönlichen erschöpft.

Evolution schließt Revolution ein wie die Befreiung-zu die Befreiung-von.

Man könnte einwenden, vieles von dem ließe sich auch von der Französischen Revolution mit ihrem Slogan „Freiheit – Gleichheit – Brüderlichkeit“ schon sagen. Doch damals war zunächst das Paradigma der Befreiung-von leitend. Sie war deshalb individualistisch, den Rechtsstaat begründend. Jetzt geht es um *das konstruktive Paradigma* einer Befreiung-zu einer neuen kollektiven Gestalt von Freiheit, die über den formalen Rechtsstaat hinaus führt.

Evolution schließt Revolution ein wie die Befreiung-zu die Befreiung-von. Das sei hier der Weisheit letzter Schluss zu „revolutionär“: Dem früheren Bedeutungselement „sprunghaft“ (in der Evolution) haben wir hier ein zweites hinzugefügt: „gegen Altes reagierend, Befreiung-von“. Dieser revolutionäre Zug bleibt jedoch untergeordnet: dem Konstruktiven.

Demokratie versus Kapitalismus

So schließt das konstruktive Paradigma der sozialen Evolution auch klare Komponenten der revolutionären Befreiung-von ein. Das ist erstens die Befreiung von der Parteienherrschaft. Darüber braucht nicht noch einmal geredet zu werden, auch nicht darüber, dass die negative Befreiung erst durch den konstruktiven Vorschlag des gegliederten Parlaments möglich wird.

Die zweite Befreiung ist die vom Kapitalismus. Ich mache mich auf den Einwand gefasst, dass in diesen Demokratieentwurf unnötig zuviel Wirtschaftsphilosophie, Wirtschaftsethik oder „ökonomische Vorurteile“, gar „Ressentiments“, in den demokratietheoretischen Gedankengang eingeflossen seien, die eigentlich nicht zum Thema Demokratie gehörten.

Der Grund jedoch, warum in diesem Buch die ökonomische Problematik mit einbezogen werden musste, ist schlicht der, dass es keine Demokratiereform ohne Reform der ökonomischen Grundlagen geben kann. Die machtmäßig, nicht innerökonomisch begründeten Privilegien des Bodeneigentums (im Unterschied zu privater Bodennutzung) und eines Geldes mit Selbstvermehrungsmechanismus würden jederzeit auch die politische Machtverteilung entstellen, selbst wenn man einmal annimmt, dass die Wirtschaftsebene schon im Sinne der Viergliederung differenziert wäre. Der große Kreislauf des Gemeinwesens kann aber gar nicht funktionieren, wenn der Wirtschaftskreislauf durch das Zins-Kapital und die private Verfügung über (und Spekulation mit) Boden blockiert ist. Konkreter: Sachparteien können sich auf keiner Ebene dauerhaft bilden, wenn die Privilegien Boden und Kapital (renditeträchtiges Geld) nicht beseitigt sind. Wenn diese wahren Fronten im Wirtschaftsparlament nicht zum Austrag kommen, gibt es auch auf den anderen Ebenen keine wahren, sondern nur verfälschte Fronten.

Es mag viele Anhänger des Neokapitalismus oder Neoliberalismus schockieren, die noch immer Kapitalismus mit freier Marktwirtschaft verwechseln, aber es muss am Ende doch gesagt werden: Es gibt keine Demokratie, die diesen Namen voll verdient und die mit einem ausgewachsenen Kapitalismus vereinbar ist.

Insofern zielte die Distanzierung von der „Demokratie von gestern" auch auf die Unvereinbarkeit von entwickelter Demokratie und Kapitalismus. Um einen Rechtswissenschaftler und Wirtschaftsphilosophen sprechen zu lassen, der kein „marxistischer" oder sonstwie parteilicher Eiferer ist:

> „Der Kapitalismus lässt dem menschlichen Ideal der Freiheit, Gleichheit, Brüderlichkeit keine Chance. Der Kapitalismus entliberalisiert, entdemokratisiert, entrepublikanisiert die Lebensverhältnisse. Der Kapitalismus entnationalisiert die Völker. Der Kapitalismus entrechtlich die Gesetze."[318]

Hinzukommt, dass eine Revolution der Demokratie nicht ohne den Druck der ökonomischen Verhältnisse Schubkraft gewinnen kann. Ökonomische Fässer, von denen jedes bald überlaufen könnte, sind allerdings genug da: Arbeitslosigkeit, Unsicherheit der Renten und des Gesundheitswesens, Vergrößerung der Kluft zwischen Arm und Reich, anhaltende Pleitewelle der kleinen und mittleren Unternehmer, Verschuldung (d.h. Zinsproblem) der öffentlichen Hände, welche die kulturelle Infrastruktur unseres Gemeinwesens immer weiter aushöhlt – alles das sind Probleme, die aus einer gemeinsamen strukturellen Wurzel kommen: dem Selbstvermehrungsmechanismus des Kapitals auf Kosten der arbeitenden und dienstleistungswilligen Menschen.

Umgekehrt allerdings ist eine grundlegende Wirtschafts- und Geldreform ohne Demokratiereform erst recht nicht möglich. Dieser ökonomistische Irrtum wurde mehrfach abgewiesen, ähnlich wie anfangs der ökologistische Irrtum: Es könne einen „nachhaltigen" Umgang mit der Natur geben ohne eine spezifisch soziale Nachhaltigkeit. Denn wer soll diese Reform vornehmen, wenn nicht ein demokratisiertes demokratisches Subjekt? Es muss also beides gleichzeitig angefasst werden, um aus dem Dilemma, dem Teufelskreis von Ökonomie und Politik, auszubrechen. Und zwar unter dem von Einsicht geleitetem Primat des Umfassenderen, des Politischen im weiteren Sinn (der ganzen Rechtsordnung): Das Subjekt aller Reformen muss selbst das erste und vordringliche Objekt sein. Aber wiederum nicht ohne die Schubkraft der wirtschaftlichen Notwendigkeiten – wie wir sie heute schmerzlich, doch eben deshalb hoffnungsträchtig erleben.

Die Theorie-Praxis-Kluft

Den Leser, der mir bis hierhin gefolgt ist, könnte trotz alledem – je nach Standpunkt – der Gedanke geplagt oder amüsiert oder gar beruhigt haben: Wie soll das denn in die Wirklichkeit übersetzt werden? Ist das nicht hoffnungslose Utopie?

Da haben wir sie wieder: die alte Kluft zwischen Theorie und Praxis: Das mag ja gut gedacht sein, aber die Wirklichkeit ist etwas anderes. Eigentlich ist es diese Kluft, in deren Überwindung die Revolution der Demokratie besteht. Natürlich werden manche das zu verschleiern suchen und behaupten, dies und das sei falsch gedacht, diese und jene Fakten stimmten nicht, und deshalb – könne man da eben nicht mitgehen.

Die Theorie-Praxis-Kluft gibt es in allen Ländern. Aber in Deutschland wurde diese Not am meisten zur Tugend stilisiert, weil man eine besonders starke theoretische Tradition hatte. Deren Praxisanspruch musste von den Mächtigen und Unwilligen neutralisiert werden, und ein gutes Mittel dazu war stets: die Theorie als großartigen Selbstzweck hinzustellen, so dass Marx – vor der misslungenen 48er-Revolution – zugleich spottete und ernsthaft postulierte, in Deutschland müsse an die Theorie angeknüpft werden:

> „Ihr verlangt, daß man an wirkliche Lebenskeime anknüpfen soll, aber ihr vergeßt, daß der wirkliche Lebenskeim des deutschen Volkes bisher nur unter seinem Hirnschädel gewuchert hat.“[319]

Friedrich Hölderlin (1770-1843), der damals gerade aus seinem Turmdasein und geistiger Umnachtung, nicht zuletzt auch aus seiner Verzweiflung an den sozialen Verhältnissen, erlöst worden war, kann mit seinem Gedicht *An die Deutschen* für die idealistische Hoffnung stehen, dass doch einmal etwas aus den großen Theorien Kants, Fichtes und seines Jugendfreundes Hegel würde:

„Spottet ja nicht des Kinds, wenn es mit Peitsch und Sporn
Auf dem Rosse von Holz mutig und groß sich dünkt,
Denn, ihr Deutschen, auch ihr seid,
Tatenarm und gedankenvoll.

Oder kommt, wie der Strahl aus dem Gewölke kommt,
Aus Gedanken die Tat? Leben die Bücher bald?
O ihr Lieben, so nehmt mich,
Daß ich büße die Lästerung."

Die „Lästerung" des Dichters besteht darin, dass er die theoriemächtigen Freunde und die Deutschen allgemein verdächtigte, ja ihnen vorwarf, immer bloß in der Theorie zu bleiben (ganz wie später Marx spottete[320]). Wenn das aber endlich nicht mehr der Fall sein sollte, wenn die Bücher in der Praxis zu leben anfingen, dann wäre er zu „büßen" bereit. Schon die ganze erste Strophe ist – durch den Vergleich mit dem noch spielenden Kind – darauf angelegt, die Deutschen in Schutz zu nehmen und liebend gern zu büßen. Diese Lästerung ist somit eigentlich eine Ermunterung. Hölderlin hat das kurze Gedicht (von 1797/8) später (nach 1800) zu einer langen Ode *An die Deutschen* ausgebaut. Darin lautet die zweite Strophe:

„Aber kommt, wie der Strahl aus dem Gewölke kommt,
Aus Gedanken vielleicht, geistig und reif die Tat?
Folgt die Frucht, wie des Haines
Dunklem Blatte, der stillen Schrift?"

Der Strahl aus dem Gewölke wird hier zur langsam reifenden „Frucht" abgemildert. Diese ganz evolutive, nicht mehr revolutionäre Sicht bedarf keiner Entschuldigung für die „Lästerung" mehr. Die Revolutionszeiten sind vorbei. Man kann nur noch auf die Evolution der Früchte aus der „stillen Schrift" und ihren Dunkelheiten hoffen. Ein deutlicher Wandel des 28-jährigen Revolutionärs, der selbst in Frankreich mithelfen und lernen wollte, wie man die Revolution nach Deutschland verpflanzt, zum leise resignierten, erst gut 30-jährigen „Evolutionär"! In der kurzen Zeit dazwischen liegen sowohl private wie politische Schockerlebnisse für den Dichter, einen der größten und philosophisch tiefsten deutscher Sprache.[321]

Was hatte Marx dann, knapp ein halbes Jahrhundert später, mit der notwendigen „Aufhebung" der Philosophie im Sinn, die er den Theoretikern abverlangte? Er hielt die Anwendung von revolutionärer Gewalt damals für unabwendbar. Wer sich darüber heute entrüstet, mag bedenken, dass *nur durch Waffengewalt der scheinbar legitimen Obrigkeiten* die fälligen bürgerlichen wie proletarischen Revolutionen verhindert wurden. Die demokratische Revolution ist in der Mitte Europas zweimal nicht gelungen, obwohl sie voll im Gang war: weder die bürgerliche Variante von 1848 noch die proletarische von 1918. In beiden Fällen haben nicht die „Waffen der Kritik", sondern die „Kritik der Waffen",[322] allerdings in ganz unkritischer, theoriefeindlicher, herrschaftsegoistischer Form den Sieg davon getragen. Man kann nicht oft genug daran erinnern. Unser offizielles Gedächtnis reicht fast nur noch bis zum Holocaust. Aber der hatte eine Vorgeschichte.

Die soziale Realität der Basis-Überbau- oder Theorie-Praxis-Kluft besteht fort.

Die Folgen jener gescheiterten Revolutionen waren nicht allein das Fortbestehen der Klassengegensätze, sondern die totale Dominanz der „Basis" (Wirtschaft und Politik) über den sozialen Organismus, also über Kultur und Grundwerte, das, was Marx als „Überbau" angesprochen hatte. Nirgendwo so krass wie in dem Kulturstaat Deutschland, dessen Einheit seit Jahrhunderten „nur" eine kulturelle, keine politische gewesen war, hat sich die machtpolitische Ebene so in den Vordergrund geschoben wie im Bismarck-Reich.

Von Bismarck zu Hitler (Sebastian Haffner) war in dieser Hinsicht ein fortschreitender gleitender Übergang:

> *Das Grundübel bestand damals bereits in der absoluten Dominanz der Ebenen Wirtschaft und Politik über die Ebenen Kultur und weltanschauliche Grundwerte.*

Es kam zu einer durchaus unheiligen Allianz zwischen Kirchen und dem praktisch-materialistischen Geist der naturwissenschaftlich-industriellen Revolution ohne philosophische und ethische Grundlagen.

Das Merkwürdigste aber an diesem, für Deutschland besonders verhängnisvollen Sachverhalt, der ungerechtfertigten Dominanz der „Basis" über den sogenannten „Überbau", liegt darin: Er ist bis heute nicht im allgemeinen Bewusstsein als Faktum, und zwar vermeidbares Faktum, anerkannt und besteht daher unangefochten fort. Das fortdauernde Faktum ist die soziale, institutionelle Realität der Theorie-Praxis-Kluft.

Man mag erwidern: In der Dominanz des Wirtschaftlichen und Politischen unterscheidet sich Deutschland heute nicht von den anderen, älteren Demokratien. Darauf ist zu erwidern: Es müsste sich aber – nach seiner historischen Eigenart wie nach den blutigen Lektionen der Geschichte – von ihnen unterscheiden. Hierin liegt eine historische Aufgabe des seit dem Mittelalter eher im Kulturellen als im Machtpolitischen integrierten deutschsprachigen Mitteleuropa.

Im Kulturellen und nicht in der Bismarckschen und Wilheminischen Realpolitik, lagen bis weit ins 20. Jahrhundert die Stärken Deutschlands. Der deutsche Sprachbereich war bis zum Ersten Weltkrieg und noch danach in allen Wissenschaften, auch den Naturwissenschaften, in der Philosophie wie in der Musik ohnehin, führend: Statistisch festzumachen an der Zahl der deutschsprachigen Veröffentlichungen sowie des Bezugs auf sie.[323] Auf diese verdrängten Tatsachen hinzuweisen, hat nichts mit falschem Nationalstolz zu tun. Es ist in diesem Zusammenhang angebracht, um die schon früher angekündigte These zu untermauern: Dass der eigentümliche deutsche Beitrag zur Demokratieentwicklung noch aussteht und dass die Widerstände gegen die „westliche“ Demokratie-Zivilisation à la Thomas Mann in der Weimarer Republik zwar ein Irrtum, aber doch nicht völlig gegenstandslos waren.

Man kann natürlich geschichtslos an all dem vorbeigehen und sich auf gehorsame Nachahmung und fortschreitende Amerikanisierung beschränken. Nur wäre das eben „beschränkt“ und nicht im Sinne der absoluten Notwendigkeit einer Demokratie-Evolution. Die Beschränktheit bestünde vor allem – von historischen Erwägungen abgesehen – darin, zu übersehen, dass der altdemokratisch-kapitalistische Komplex weltweit seinem Ende zugeht: Die amerikanische Art von Globalisierung und Demokratie-Missionierung der Welt ist nie offensichtlicher als nach dem 11. September 2001 in Imperialismus ausgeartet. Wie immer man dieses terroristische Ereignis genauer deuten mag, eines ist bisher kaum von ihm ausgegangen: Eine selbstkritische Besinnung auf wirtschaftliche Gerechtigkeit und auf die Glaubwürdigkeit der westlichen Demokratien.

Die Probleme, die zur Zeit des Kommunistischen Manifestes alle schon unentfaltet da waren – man vergleiche die grandiosen Globalisierungs-Analysen in diesem Text, die bis heute an Sprach- und Gedankenkraft unübertroffen sind[324] –, stehen heute mit einer solchen Unausweichlichkeit auf der weltpolitischen Tagesordnung, dass die Alternative neokapitalistisch-pseudodemokratisches Weltimperium oder eine zweite demokratische Revolution unabweisbar und unausweichlich geworden ist. Hier nun könnte dem „alten Europa“ – die herabsetzenden Worte des amerikanischen Verteidigungsministers

Rumsfeld sind längst in ein positives Verständnis gewendet worden – und seiner deutschsprachigen Mitte eine Rolle zufallen, die jener hellsichtige Pariser Exilant ihr eigentlich viel früher zugedacht hatte, vor den großen europäischen Bürgerkriegen, deren Beziehung zum Krebsübel Kapitalismus allzu gern und allzu beflissen verdrängt wird, zugunsten einer Alleinschuld Deutschlands von Anfang an:

> „Das gründliche Deutschland kann nicht revolutionieren, ohne von Grund auf zu revolutionieren."[325]

Die politische Klasse nimmt heute in Deutschland die Globalisierung geradezu zum Vorwand, um sich aus der globalen politischen Verantwortung zu stehlen. Die Welt interessiert im Grund nur als Export-Markt. Ein Kenner der internationalen Debatte wie der einstige Greenpeace-Chef Thilo Bode stellt mit Recht fest:

> „Letztlich, so meine These, wird es ohne eine grundlegende Reform der nationalen Demokratien auch keine gerechte Globalisierungspolitik geben. (...) Im internationalen Kontext aber haben die Nationalstaaten in verantwortungsloser Weise Herrschaft an internationale Gremien delegiert, ohne für die notwendige demokratische Kontrolle dieser Herrschaft zu sorgen. (...)
> Als einer der mächtigsten Industriestaaten der Welt wird Deutschland ebensowenig wie andere Staaten seiner globalen Verantwortung gerecht. Die Regierung spricht zwar von der neuen politischen Rolle Deutschlands in der Welt, aber Impulse für eine gerechte Globalisierungspolitik beispielsweise für eine zivile Strategie gegen den Terror, sendet Deutschland nicht aus. Gibt es tatsächlich einmal eine Debatte über Globalisierungspolitik auf nationaler Ebene, wird nur heiße Luft produziert."[326]

Man kann auch mit lauter masochistischen und zugleich oberflächlichen Schuldeingeständnissen neue Schuld produzieren und seiner von der Geschichte übernommenen Verantwortung davon laufen. Deutschland fällt eine besondere Verantwortung für die heute fällige, sprunghafte Weiterentwicklung der Demokratie zu: nach den großen destruktiven Beiträgen des 20. Jahrhunderts ein entsprechend gewichtiger konstruktiver im 21. Jahrhundert. Doch vor dem Export eines neuen Demokratie-Modells durch den Export-Weltmeister dürfte diesmal dessen Entwicklung im Inland stehen. Oder sollte es wie mit dem Transrapid geschehen: Angst vor den eigenen Fähigkeiten und

Chancen? Müssten wir auch die Viergliederung der Demokratie zuerst in entwicklungsfreudigere Länder exportieren?

Das alles steht in engstem Zusammenhang zu der Theorie-Praxis-Kluft, die hier als Kern der Schwierigkeit benannt wird und deren gesellschaftliche Äußerung das Basis-Überbau-Problem ist. Wobei dieses nichts als die vereinfachte Version des nicht gelingenden Kreislaufs zwischen den Ebenen des sozialen Systems darstellt. Wir haben also allen Grund, uns zum Schluss auf die Frage zu konzentrieren: Welche Bevölkerungskreise haben denn ein vitales Interesse an der Überwindung der Theorie-Praxis-Kluft und somit an der Revolutionierung der Demokratie?

Die Frage nach dem „revolutionären Subjekt"

Wenn Marx 1844 von der – mit guten Gründen – erhofften Revolution sagte: „Der Kopf dieser Emanzipation ist die Philosophie, ihr Herz das Proletariat", dann kann das heute nicht mehr unbesehen gelten.

Nicht nur ist die Philosophie derzeit ungleich kraftloser als nach dem damals gerade erfolgten, sogenannten „Zusammenbruch des deutschen Idealismus". Sie muss sich selbstverständlich auch der Mithilfe der anderen Wissenschaften vergewissern, die damals noch unmittelbar zu ihrer Fakultät gehörten, und darüber hinaus. Lassen wir das heikle Thema einer verbeamteten, verschulten und vor allem vermachteten Wissenschaft erneut auf sich beruhen. Man hat heute längst – auch in der Politik – die ungeheure Produktivkraft der Wissenschaft für den wirtschaftlichen Wettbewerb erkannt. Eine unmittelbare potentielle Bedeutung für die Evolution der Demokratie nehmen die Sozialwissenschaftler allerdings kaum für sich in Anspruch – wenn man etwa von der erstaunlichen Initiative „Bürgerkonvent"[327] um Meinhard Miegel herum sowie der erwähnten Dritte-Kammern-Initiative oder ähnlichen Initiativen einzelner besorgter Wissenschaftler absieht.

Dieser Befund bezüglich Wissenschaft gilt trotz oder sogar wegen der Art von „Konsultative", die sich in „Nationalem Ethikrat", „Nachhaltigkeitsrat" und zahlreichen anderen Gremien herausgebildet haben. Ich habe begründet, warum ich solchen „Ethik-Diskurs" für verfehlt halte, und dass die real existierenden Räte nur die unbewusste Karikatur von ethischer Wertekommunikation in einem künftigen Grundwerteparlament darstellen.

Lassen wir also das peinliche Thema der vermachteten und zudem teilweise käuflichen Wissenschaft[328] als den heute – im Allgemeinen – untauglichen Kopf einer demokratischen Revolution beiseite und fragen nach dem Herzen einer solchen Bewegung, so kann die Antwort sicher nicht mehr „das Proletariat" lauten. Obwohl es heute ein Elends-Proletariat im Welt- und Milliardenmaßstab gibt: mehr als eine Milliarde Menschen unter der Armutsgrenze.

> „Etlichen Schätzungen zufolge sind etwa 841 Millionen Menschen auf der Welt unterernährt. 1,2 Milliarden haben keinen Zugang zu sauberem Wasser. 1,6 Milliarden können weder lesen noch schreiben, und 2 Milliarden haben keinen Zugang zu Strom. Das Magazin *Forbes* hat geschätzt, daß die 225 reichsten Personen der Welt heute gemeinsam über einen Reichtum von über einer Billion US-Dollar verfügen, eine Summe, die in etwa der des gesamten Jahreseinkommens der ärmsten Hälfte der Weltbevölkerung entspricht. (...) Da es keine konzertierte Aktion der Reichen gibt, die die Probleme der Armut und Not in Angriff nimmt, wird der Aufbau einer nachhaltigen Zukunft unter Umständen gar nicht möglich sein."[329]

Die Entwicklung zeigt eher Verschlechterung als Verbesserung, infolge der immanenten Mechanismen des weltwirtschaftlichen Systems. Man kann hier nicht mehr – wie es neoliberale Optimisten gern tun – von notwendigen Entwicklungskrisen als Übergangsphasen zu einer „entwickelten" Wirtschaft sprechen.

Das Proletariat, das es in Europa nicht mehr (oder nicht wieder?) in krasser Form gibt, existiert also auf Weltebene durchaus. Aber können und sollten wir uns auf dieses Potential als Herz einer demokratischen Revolution stützen? Es wäre vielleicht nicht müßig, doch hier nicht beabsichtigt, darüber nachzudenken, was ein weltweiter „Aufstand der Massen", z.B. der Arbeitlosen aller Länder, gegen die bestehenden Ungerechtigkeiten der neokapitalistischen Weltwirtschaft bringen könnte, ob er überhaupt effizient sein könnte.

Beabsichtigt ist hier nur, auf den Zusammenhang zwischen der nicht geleisteten Evolution, einer nicht praktizierten demokratischen Souveränität der Bevölkerung in Mitteleuropa mit diesen Weltproblemen hinzuweisen. Ähnlich wie es einen Zusammenhang zwischen Demokratie und relativer Friedfertigkeit nach außen gibt – ein Zusammenhang, der freilich von der führenden „Demokratie von gestern" derzeit gründlich in Frage gestellt wird –, so gibt es zweifellos einen Zusammenhang zwischen tatsächlicher Demokratie im Innern und Gerechtigkeit nach Außen. Denn Demokratie ist die Gesellschafts- und Staatsform der Solidarität und der Kommunikation. Diese können nicht vor der Haustüre aufhören.

Dieser kurze Exkurs zur globalen Ungerechtigkeitssituation sollte Zweierlei zeigen:

- Erstens, auf das Weltproletariat als Herz einer demokratischen Revolution können wir uns vorläufig nicht verlassen, wohl aber auf Dauer. Wenn aber der Aufruhr der Verzweifelten erst einmal die Dämme bricht, dann wird es ein Desaster werden.
- Zweitens, alles weitere Verdrängen und Zuwarten mit der Vertiefung unserer eigenen demokratischen Kultur ist auch im Hinblick auf die Weltzustände nicht zu verantworten.

„Mehr Demokratie wagen“ – in einem grundsätzlicheren, weniger graduellen Sinn als dem Brandtschen der sechziger und siebziger Jahre – ist nirgends in der Welt ein Luxus. Die Völker der Welt brauchen, wie einleitend schon bemerkt, eine glaubwürdige demokratische Praxis als Vorbild, um nicht Demokratie mit Kapitalismus, Ausbeutung und Neo-Imperialismus zu identifizieren. Wir sitzen – noch – im Wohlstand und streiten über die beste Gesundheits- und Rentenformel, haben aber nicht die Kraft und das Verantwortungsbewusstsein – auch nach zwei Weltkriegen und dem Holocaust nicht –, einmal etwas Konstruktives in Sachen Gesellschaftsordnung von den geistigen Grundlagen her auszuführen. Wirklich nicht?

Die Menschen in Asien (China, Indien, Indonesien) blicken auf das deutschsprachige Europa. Sie erwarten mehr als den üblichen, opportunistischen Export an Kapitalismus: Konsequenz und Tatkraft in der Umsetzung universal gültiger und brauchbarer Einsichten. Wir lassen uns leicht mundtot machen durch dümmliche Totschlagsphrasen wie „Soll am deutschen Wesen wieder einmal die Welt genesen?“ Solchen relativistischen, gedankenfremden Unsinn wagt man beim Transrapid wenigstens nicht vorzubringen!

Nach alledem noch einmal die Frage – es war auch die brennende Frage Rudolf Bahros in seinen letzten Jahren: Wo ist das revolutionäre Subjekt und seine Energie in unseren eigenen Ländern, wenn wir in den Ländern der „dritten Welt“ vorläufig nur Unterwerfung oder Verzweiflungswiderstand erwarten können? Die Antwort darauf klang ebenfalls schon im Einleitungskaptitel an:

Das revolutionäre Subjekt wird heute von der großen Masse der Unzufriedenen in unseren eigenen „entwickelten“ Ländern gestellt.

Die Unzufriedenen, das sind nicht allein die materiell Benachteiligten, also vor allem die Arbeitslosen, sondern all die Millionen von Wachen aus allen Schichten der Gesellschaft, welche die Theorie-Praxis-Kluft spüren und mehr oder weniger intensiv nach Alternativen suchen.

Das ist nicht allein die überall wachsende Partei der Nicht-Wähler, sondern auch die Wähler der bisherigen Blockparteien, die zähneknirschend alle Schaltjahre noch ihre Kreuzlein machen, weil sie keinen anderen Ausweg erkennen. Der ganze Sinn dieser langen Abhandlung besteht aber darin, einen konstruktiven und realistischen Ausweg aufzuzeigen. Mit gebotener Akribie zu beweisen, worin der nächste evolutionäre Schritt bestehen muss. Ein Schritt, der unter anderem die Synthese von repräsentativer und direkter Demokratie beinhaltet.

Eine demokratische Revolution in den saturierten Ländern des Westens kann nicht ein notgedrungener Aufstand der hungrigen und benachteiligten proletarischen Massen sein, sondern ein Aufbegehren des Bewusstseins, dass es so wie bisher nicht weitergehen darf, dass die Arroganz der Machteliten ein Ende nehmen muss und dass es jenen konstruktiven, realistischen Ausweg gibt. In diesem letzten Element besteht der Beitrag dieses Buches:

Aufzeigen einer konstruktiven Alternative. Die große Unzufriedenheit wächst von Jahr zu Jahr. Was fehlte, war nur die grundsätzliche Alternative, der demokratische Quantensprung. Der Rest ist Überwindung der Theorie-Praxis-Kluft.
Es geht also um eine Bewusstseins-Revolution, um eine neue Aufklärung. Ob es sich nun um die zweite, dritte oder siebzehnte Aufklärung handelt, spielt keine Rolle im Vergleich zu dem einen unterscheidenden Charakteristikum: eine konstruktive Aufklärung nach dem neuen Paradigma des Konstruktiven.

Die alteuropäische Aufklärung folgte dem Paradigma der Enthüllung und Demaskierung: gegen das feudalistische Gottesgnadentum mit seinen Anmaßungen und Heucheleien, gegen die mythologische Drohbotschaft einer religiösen Klerikerherrschaft. Die Aufklärungsschritte gingen über die frühen Franzosen hinaus zu den bedächtigeren Deutschen bis hin zu ihren späten „Meistern des Verdachts“, wie Marx, Nietzsche und Freud in Frankreich gern genannt werden. Wieviel nun die „kritische Theorie" in Deutschland, wieviel ein Michel Foucault (1926-1984), ein Jean Baudrillard (1929) und die „Dekonstruktivisten" und Postmodernen über diese Meister hinaus aufgeklärt oder am Ende mit ihren Intellektuellen-Spielen wieder vernebelt haben, kann hier auf sich beruhen bleiben. In diesem Buch jedenfalls ging es um konstruktive Aufklärung über Demokratie. Die Lage ist zu ernst, um bloße Enthüllungs- und Verkleidungsspielchen fortzusetzen. Selbst ein Schriftsteller wie Michel Houellebecq gesteht:

> „Erst wenn man den Zynismus überwinden möchte, wird es schwierig. Wenn es heute jemandem gelingen sollte, einen sowohl ehrlichen wie auch positiven Diskurs zu entwickeln, wird er den Lauf der Welt verändern."[330]

Ganz ähnlich tönt eine junge Stimme aus dem Land der bisher unbegrenzten Möglichkeiten:

> „Wo ich in diesem Buch Ironie diskutiere, meine ich etwas ganz Konkretes: die zeitgenössische Einstellung einer hämischen Distanz, die es vermeidet, irgendetwas oder irgend jemanden ernst zu nehmen, und leicht zu einem flapsigen Sarkasmus kommt. Ich behandle diese Haltung als eine von verschiedenen Möglichkeiten, sich von den realen Dingen ringsum fernzuhalten und die Konfrontation mit der uns begegnenden Welt zu vermeiden. Es ist die Haltung einer dogmatischen Skepsis, die verwirft, ohne nachzudenken oder zu prüfen."[331]

Die neue, konstruktive Aufklärung, die in Sachen Demokratie hier vertreten wird, kann deshalb nicht auf gelegentliche offene Kritik verzichten, weil sie sich nicht die tänzelnde Ironie der bloß enthüllenden Distanz erlaubt. Aber der hauptsächlich enthüllende Gestus ist von gestern. Die drohende Faust auch. Sie wird zur zupackenden, aufbauenden Hand. Wie es für einen Umzug bekanntlich unbedingt erforderlich ist. In diesem Fall für den Umzug der Demokratie von gestern nach morgen.

Für die anstehende demokratische Revolution brauchen wir – wahrscheinlich – keine Barrikaden mehr zu bauen wie 1848 und 1918, wir brauchen nicht das Eingreifen der militärischen Staatsgewalt zu befürchten wie 1989. Wir brauchen lediglich unser eigenes Bewusstsein zu revolutionieren und dies als „lautlose Ansteckung" der Aufklärung (Hegel) weiterzureichen. Die lautlose Ansteckung wird das Gemeinsame zwischen der ersten und der konstruktiven

Aufklärung sein: „Ach ja, natürlich. Eigentlich hatte ich auch schon in die Richtung gedacht. Es ist ja eigentlich ganz einfach."

Nach Kant ist Aufklärung das Herausgehen des Menschen aus der selbstverschuldeten Unmündigkeit. Unsere Unmündigkeit in Sachen Demokratie ist durchaus selbstverschuldet. Es ist der Herdentrieb, die Mitläuferlust, die den Diktator von 1933 bis 1945 an der Macht erhielt. Sind solche Triebe und Lüste etwa heute ausgestorben? Im Gegenteil, sie stehen in vollster Blüte in Gestalt des heutigen Konformismus, der auch *political correctness* genannt wird.

Wer will eine Bewusstseinsrevolution zwecks demokratischer Evolution? Da kann man nur auf das Freiheits- und Aufklärungspotential hoffen, das längst überall latent vorhanden ist, sich bisher nur noch nicht herauswagt. *Sapere aude*, heißt der alte Wahlspruch der Aufklärung: Wage, dich deines eigenen Verstandes zu bedienen. Das gilt für die erste wie für die heutige, konstruktive Aufklärung. Die friedliche, demokratische Revolution ist auf dieses Aufklärungs-Potential angewiesen. Und dieses wird sich herauswagen, wenn einmal ein Weg sichtbar wird, wenn ein öffentliches Signal ertönt, und sei es erst einmal in Form eines Buches.

Konstruktive Aufklärung wird selbst zur revolutionären Praxis, sobald sie in die Breite geht und ein Öffentlichkeitsfaktor gegen das geistige und praktisch-politische Mitläufertum wird.

Wenigstens die Millionen von resignierten Mitläufern-wider-Willen müssen sich zum revolutionären Subjekt gesellen. Wie sagte Marx es so markant?

> „Auch die Theorie wird zur materiellen Gewalt, sobald sie die Massen ergreift."[332]

Das revolutionäre Subjekt steht bereit, unter normalen Suchenden vielleicht mehr als unter den durch eine Überfülle von „Information" desinformierten und deformierten Intellektuellen. Es ist die schweigende Mehrheit derer guten Willens, die sagen: So kann es doch nicht weiter gehen! Und die eine umfassende Alternative suchen – wenngleich die Meisten derzeit nicht an so etwas glauben.

Manches des immer wiederkehrenden Fragens nach Praxis ist aber auch verkleidete Angst vor ihr! Ja, es gibt ein scheinbar bemühtes Suchen und Fragen nach „ganz konkreter Praxis", das im Grunde eine psychische Praxisvermeidungsstrategie darstellt. Soziale Praxis besteht nicht zuletzt im Verbreiten von handlungsrelevanten Informationen – oder gar Einsichten. Wenn aus Einsichten sogar bestimmte Verhaltensweisen folgen, ist das schon der Gipfel sozialer Praxis.

An früherer Stelle hieß es: So einfach ist also die ersehnte Bürgerpartizipation und Erneuerung unserer Demokratie. Man gebrauche den Kopf, um aus der selbstverschuldeten, freilich vielfach erwünschten Unmündigkeit herauszugehen, und dann Mund, Schreibzeug, Füße, um genau dementsprechend zu handeln. Die erste, wesentlichste Praxis aber ist Verbreitung, „lautlose Ansteckung". Das ist schon wesentliches soziales Handeln!

Um ein Beispiel für noch konkreteres Handeln im physischen Sinn anzusprechen: Stell dir vor, es ist wieder einmal Wahl zwischen Pest und Cholera – und keiner geht hin!

Das ist erst die negative Seite, immerhin schon eine nationale und internationale Sensation. Die positiven Seiten werden unmittelbar folgen. Das können Sie sich nicht vorstellen?

Diese Einfachheit der Sachlage sollte man sich von mehr Theorie nicht stören lassen. Die Theorie dient – nachdem einmal das konstruktive Paradigma heraus ist – bloß der Abwehr von mehr oder weniger klugen Einwänden.

Entscheidend für einen friedlichen und zügigen Verlauf des Transformationsprozesses wird sein, dass die konstruktive Aufklärung auch vor den jetzigen Abgeordneten, die bisher viel mehr Partei- als Volksvertreter sind, nicht Halt macht. Gerade die Tüchtigen, die politischen Begabungen unter ihnen, haben auf Dauer nichts zu verlieren als ihre Ketten, die Ketten der bloßen Parteiloyalität, die Ketten der Unsachlichkeit. Die Gewinnung der jetzigen Parteisoldaten und -soldatinnen zu politisch frei denkenden und sich nach Sachproblemen frei gruppierenden Menschen wäre ein strategischer Hoffnungspunkt. Es wäre der größte Dienst, den unsere heutigen „Volksvertreter" uns und der Demokratie weltweit leisten könnten: ihre eigenen Ketten zu sprengen und ihre Position für die konstruktive Weiterentwicklung der Demokratie zu nutzen.

Die mediale Chance

Auch bei diesen Überlegungen wäre die Fixierung auf den Einzelnen und auf die „lautlose Ansteckung" der unmittelbaren Zwischenmenschlichkeit allein eine weltfremde Verengung. Wir leben in einer Medien-Gesellschaft, in einem medial vermittelten Miteinander.

Nachrichten, Informationen, Einstellungen, Gedanken können sich mit ungeheurer Geschwindigkeit ausbreiten – sofern sie medial zugelassen werden. Die sogenannten Gatekeeper in den Medien achten darauf, wer wo den Mund wie aufmachen darf – damit ja nichts Unvorhergesehenes passiert.

Ein zweites Kennzeichen von Mediengesellschaft: Nicht die objektiven Tatsachen als solche sind entscheidend, sondern das, was die Medien aus ihnen machen. Die Massenmedien, gemeint sind vor allem Presse, Rundfunk, Fernsehen, besetzen sozusagen das gesellschaftliche Sinn-Medium nach ihren Gesetzen, welche nicht einfach die der Sachen selbst sind.

Es wäre notwendig, dass auch die Medien den Schritt zum konstruktiven Paradigma vollzögen.

Das Sachlichkeits-Postulat, das an die Parteien neuen Typs gestellt wurde, ist sicher nicht einfach auf die Medien übertragbar. Von den Massenmedien ist kein Diskurs im argumentativen Sinn zu erwarten wie von wissenschaftlichen Publikationen. Eine solche illusorische Diskurs-Gesellschaft wäre auch schrecklich langweilig.

Dennoch gibt es eine Wahrheitsverpflichtung der Medien in existentiellen Belangen des gesellschaftlichen Lebens. Dem kommt der investigative Journalismus heute in erfreulicher Weise nach. Er ist weitgehend Enthüllungsjournalismus: Aufdeckung von Missständen. Von ihm leben die besten Magazine der Printmedien wie des Fernsehens. Unsere Demokratien sähen noch trauriger aus, wenn es diese Art wahrheitsverpflichteten, sicher sensationsorientierten, aber auch praxisorientierten Aufdeckens nicht gäbe.

Es wäre aber wünschenswert, ja notwendig, dass auch die Medien den Schritt zum konstruktiven Paradigma vollzögen, ihm geradezu zum allgemeinen Durchbruch verhelfen würden: Nicht mehr vornehmlich der enthüllende Gestus als vielmehr der aufzeigende: „So kann es gehen. Das sind neue Wege."

So hervorragende Journalisten wie Franz Alt praktizieren das seit Jahren im Bereich der Naturökologie. Künftig müsste das konstruktive Paradigma sich mit medialer Hilfe auch auf die Fundamente der Sozial-Ökologie richten: auf die grundlegenden Verständigungs- und Organisationsstrukturen einer Gesellschaft, die demokratisch sein will.

Ohne mediale Hilfe kann der evolutionäre Prozess nicht voll in Gang kommen. Das Internet vermag die durch ökonomische Zwänge in erschreckend hohem Maße stillgestellten (sedierten) Massenmedien zwar hervorragend zu unterlaufen.

Damit jedoch ein Thema wirklich auf den Tisch des gesellschaftlichen Hauses kommt, dazu bedarf es der klassischen Medien. Sie könnten sich selbst bei diesem Prozess unversehens von „Massenmedien" zu Kommunikationsmedien einer neuen Öffentlichkeit mausern.

Die anstehende demokratische Revolution ist überall zunächst „nur" eine Bewusstseinsrevolution – mit etwas bewussterem, etwas anderem Handeln. Zu früheren Revolutionen gehörten Barrikaden, Gewehre, Steine, Einsatz des physischen Lebens, aktives Blutvergießen und Gewaltanwendung aller Art. Heute brauchen wir „nur" etwas mehr Bewusstsein als üblich und Wahrheitsliebe: die Basis aller ernsthaften, nicht bloß vorgeschobenen, Wissenschaft, Religion, Ethik und Liebe zur demokratischen Gemeinschaft der Menschen. Das Problem liegt in dem „nur", in diesem scheinbar Wenigen. Es ist das, was einer künftigen kommunikativen Nation und Menschheit einmal als selbstverständliche Grundlage gelten wird: das konsequente, wenigstens in der Intention wahrhaftige Denken und Handeln für Alle.

Ja, einverstanden mit „Bürgerkonvent", Bürgerforen und unzähligen anderen Initiativen: „Weg mit dem Wahrheitsstau!"

Kapitel XI

AUSBLICKE

EUROPÄISCHE UND GLOBALE DEMOKRATIE-ARCHITEKTUR

Letztlich, so meine These, wird es ohne eine grundlegende Reform der nationalen Demokratien auch keine gerechte Globalisierung geben." (Thilo Bode, Die Demokratie verrät ihre Kinder)

Nur noch flüchtige Ausblicke wollen diese abschließenden Bemerkungen zu Europa und zur Weltgemeinschaft geben. Beide Themen erfordern ausführliche Untersuchungen, sobald man über die Grundgedanken hinausgeht. Der Grundgedanke in diesem Buch ist die viergegliederte Organismus- oder Systemtheorie. Diesen auf Europa und die Weltgemeinschaft zu beziehen, kann nicht bloß schematisch geschehen. Es stellen sich neuartige Denk- und Gestaltungsaufgaben.

Europa – der Erdteil der modernen Differenzierung

Im kürzlich gefeierten Entwurf eines Vertrags über eine Verfassung für Europa (20. Juni 2003)[333] wird Europa als „einheitsstaatliche" Größe behandelt. Damit soll an dieser Stelle nicht der Gegensatz eines Einzelstaates zu einem Staatenbund bezeichnet werden. Letzteres will Europa irgendwie sein und bleiben. Aber es wird an dem überkommenen Muster des nicht-differenzierten staatlichen Rechtsverbundes festgehalten im Unterschied zu einem viergegliederten Staatenbund. Die EU ist dabei, die einmalige Chance zu verschenken, mit ihrer Verfassung einen modernen, differenzierten Rechtsverbund zu schaffen. Ist die Zeit noch nicht reif dafür?

Es wurde schon in *Sprung aus dem Teufelskreis* (1997), lange bevor ein europäischer Verfassungsentwurf in Sicht war, unter der Überschrift *Für eine europäische Verfassungs-Initiative* (Kapitel 17) das Modell eines viergegliederten Europa entworfen. Das, was daran zunächst einfach Übertragung von nationalstaatlichen Verhältnissen ist, also vor allem das Postulat der Viergliederung des Parlamentarismus in Grundwerteparlament, Kulturparlament, Politikparlament, Wirtschaftsparlament braucht hier, nach unserem ausführlichen, bewusst zunächst am Nationalstaat orientierten Gedankengang kaum wiederholt zu werden. Gewiss wird die Viergliederung – also eine naturgesetzliche Struktur des sozialen Organismus – auch für Europa gelten. Die bloße Wiederholung derselben Struktur an dieser Stelle würde den Leser aber mit Recht ermüden, auch wenn er verstanden hat, dass es hierbei keineswegs um einen Formalismus geht, sondern um einen Sprung in eine qualitativ höher entwickelte Demokratie. Es stellt sich also die Frage:

Hat eigentlich die Viergliederungskonzeption für einen Staatenbund wie Europa noch andere, qualitativ neue, weiter gehende Auswirkungen als für einen Nationalstaat?

Die Antwort auf diese Frage kann nur noch thesenartig und umrisshaft gegeben werden. Eben weil sie bejahend ausfällt. Weil das qualitativ Neue, um konkretisiert zu werden, der eigenen Ausarbeitung bedarf – und nicht die bloße Verlängerung der nationalstaatlichen Thematik ist. Seine wirkliche Konkretisierung könnte nicht allein in einem neuen, ausführlichen Gedankengang, sondern erst in einem konkreten Verfassungsentwurf für Europa gegeben werden. Dieser würde sich noch stärker von dem Entwurf eines Vertrags über eine Verfassung für Europa der „Giscard-Kommission" unterscheiden als ein Entwurf für eine Verfassung der Bundesrepublik Deutschland auf Grundlage des Viergliederungspostulates vom bisherigen Grundgesetz.[334]

Doch worin liegt nun das qualitativ Neue in der Anwendung des Viergliederungs-Gesichtspunktes auf die Europäische Union, wenigstens im abstrakten Umriss?

Es liegt darin, dass jede Organismus-Ebene im Europäischen Staatenbund ein Eigenleben entfalten kann, dergestalt dass eigentlich auf jeder Ebene ein relativ eigenständiger Bündnisorganismus mit ganz eigenen Spielregeln und Geschwindigkeiten entstehen kann, also eine viel stärkere Differenzierung eintritt, als sie in einem Einzelstaat, mag es auch ein föderaler Staat wie die Bundesrepublik sein, möglich wäre. Das bedeutet, zunächst notwendigerweise schematisch gesprochen:

- ein Wirtschaft-Europa,
- ein politisches Europa,
- ein kulturelles Europa,
- eine Grundwertegemeinschaft Europa

können und sollten ganz verschiedene jeweilige Einheitsprinzipien haben, ganz verschiedene Einheitsformen darstellen.

Nach dieser Schematik fängt allerdings das Bedenken des Neuen erst an: Wieweit kann und muss Europa als wirtschaftliche Einheit abgekoppelt sein von der politischen Einheit Europa? Eine sehr schwierige Frage. Wilhelm Hankel sagte das Scheitern des Euro und überhaupt einer strengen wirtschaftlichen Zwangseinheit Europas mit einheitlicher Währung voraus, weil die politische Einheit noch fehle.[335] Das ist die Gegenthese zu jenen naiv ökonomistischen „Einheitseuropäern“, die behaupten, aufgrund der wirtschaftlichen Einheit bilde sich zwangläufig auch eine politische und kulturelle.

Den beiden gegensätzlichen Positionen ist gemeinsam, dass das Verhältnis der systemischen Ebenen (um nicht zu unvorsichtig auch hier schon von Organismusebenen zu sprechen) nicht ausdrücklich reflektiert wird. Es ist wert, versuchsweise gegen Hankel eingewandt, die Überlegung zu prüfen, ob nicht gerade die relative Loslösung der Wirtschaftseinheit Europa von der politischen Einheit mit ihren viel weiterreichenden Problemen das Gesunde und derzeit Passende ist. Dass seine, Hankels, Argumentation, eine wirtschaftliche Währungseinheit brauche eine staatlich-politische Einheit, nur insoweit berechtigt ist, als die Institutionen des Wirtschaftsstaates Europa bloß ausgebildet sein müssen – was sie mit Europäischer Zentralbank, mit der Binnenmarkt-Regulierung usw. bereits sind. Die Schaffung solcher wirtschaftsstaatlicher Institutionen ist in der Tat mehr als ein ökonomistischer Automatismus. Hinter ihnen steht schon ein gesamtpolitischer Wille. Der Einwand, die notwendige Differenzierung des Wirtschaftsstaates vom politischen Staat, würde jedoch nur dann tatsächlich Geltung haben, wenn die Übermacht einer politisch nicht regulierten Ökonomie in Europa wie in den Nationalstaaten gebrochen wäre. Das heißt, wenn überhaupt der politische Wille der Bürger sowohl in Gesamteuropa wie in den Nationalstaaten bestimmen könnte, wo es lang geht – und nicht die wirtschaftlichen Mächte allein.

Man sieht, wir kommen in schwierigste Diskussionen hinein, die unlösbar bleiben, solange das systemtheoretische Vokabular und Frageraster nicht allen Diskussionspartnern zur Verfügung steht. Das ist unter Ökonomen und normalen Politikern noch nicht der Fall.

Die einheitliche Wirtschaftsstaatlichkeit Europas darf keineswegs mit der spezifisch politischen Vereinheitlichung über einen Kamm geschoren werden.

Ob und warum Europa eine gemeinsame Verteidigung braucht und einen gemeinsamen Außenminister, eine gemeinsame Regelung der

Aufnahme von Nicht-Europäern und in welchem Maße eine Vereinheitlichung von Strafrechtsnormen (wenn schon von wirtschaftlichen Zivilrechtsnormen), das sind vollkommen andere Fragen als die rein wirtschaftlichen.

Eine kulturelle Vereinheitlichung im Sinne der Angleichung an die Vereinigten Staaten von Amerika wäre eine kulturelle Katastrophe größten Ausmaßes.

Noch mehr wie das Wirtschaftseuropa vom politischen zu unterscheiden ist, sind diese beiden vom Europa als Kulturgemeinschaft zu differenzieren. Es handelt sich auf jeden Fall um eine „Einheit"[336] ganz verschieden ausgeprägter Nationalkulturen. In dieser Vielfalt von markant unterschiedenen Sprachen und Kulturen – trotz Jahrtausende währendem Austausch – liegt der vielleicht weltweit unvergleichliche Reichtum Europas. Eine kulturelle Vereinheitlichung im Sinne der Angleichung an die Vereinigten Staaten von Amerika wäre eine kulturelle Katastrophe größten Ausmaßes, die heute offiziell keiner mehr will[337] – die aber faktisch systemisch erzwungen wird, wenn die Ebenen des sozialen Organismus nicht bewusst unterschieden werden. Und dies nicht nur theoretisch, sondern institutionell: eigene Parlamente und exekutive Institutionen für jede Ebene.

Auf diese Weise könnte erst differenziert über die jeweiligen, auf jeder Ebene unterschiedlichen Einheitsformen diskutiert und entschieden werden. Könnte! Nach der Logik des jetzt vorliegenden Entwurfs wäre es mit diesem Können vorbei. Der Entwurf favorisiert ein impotentes Verwaltungs- und Einheitseuropa, wobei Alternativen nicht einmal im Blick der unschuldigen Täter sind. Sie wissen nicht einmal, was sie tun.

Wir sind längst an dem Punkt, wo es in höchstem Maße gemeingefährlich ist, Europapolitik den herkömmlichen Parteipolitikern zu überlassen.

Da fordern „aufgeklärte" Soziologen, europäische Parteien und „Weltparteien" statt der nationalen zu bilden! Das heißt wirklich, den Teufel mit Beelzebub austreiben wollen.

Wenn es eine Partei für europäische Kultur-Einheit gäbe, die einigermaßen Sinn und Verstand bewahrte, wäre es eine solche für das plurikulturelle und vielsprachige Europa[338], also eine sehr paradoxe europäische „Einheitspartei". Was das konkret heißt, bedarf der von sonstiger politischer Macht entlasteten, spezifisch kulturpolitischen Diskussion. Das kulturelle Europa hat auf jeden Fall einen ganz anderen Zeit- und Fahrplan als das der alten Einheitspolitiker.

Das Entsprechende gilt in wiederum anderer Weise für die weltanschauliche Ebene, über die es im Entwurf (immer der am 20. Juni 2003 in Thessaloniki feierlich überreichte) so schön heißt:

> „(1) Die Union achtet den Status, den Kirchen und religiöse Vereinigungen oder Gemeinschaften in den Mitgliedstaaten nach deren Rechtsvorschriften genießen, und beeinträchtigt ihn nicht.
> (5) Die Union achtet ebenso den Status von weltanschaulichen Gemeinschaften.
> (3) Die Union pflegt in Anerkennung der Identität und des besonderen Beitrags dieser Kirchen und Gemeinschaften einen offenen, transparenten und regelmäßigen Dialog mit ihnen“ (Artikel 51).

Das klingt wunderbar, ist aber voller Sprengstoff. Soll der besprochenen Überprivilegierung der Kirchen in den einzelnen Nationalstaaten vorweg eine Bestandsgarantie gegeben werden? Wie wird der „offene, transparente und regelmäßige Dialog“ institutionell gewährleistet? Vielleicht durch regelmäßige Buffet-Empfänge von Bischöfen und Vertretern der religiösen „Zentralkomitees“ bei europäischen Kommissaren? Das wäre nach allen bisherigen Erfahrungen naheliegend, aber von der Transparenz, die hier von einem Grundwerteparlament auf europäischer Ebene erhofft wird, etwas weit entfernt. Die weltanschauliche „Einheit“ Europas als Grundwertegemeinschaft stellt an die Zukunft hohe Ansprüche, nachdem in der Vergangenheit ein Weltrekord an Religionskriegen und schleichender Unterdrückung Andersdenkender, überhaupt produktiv Denkender im Namen der herrschenden Konfessionen erzielt wurde. Das alles ist durchaus unaufgearbeitete Vergangenheit! Mit Sprüchen über das christliche Abendland, darin „Humanismus und Aufklärung“ natürlich heute großzügig inbegriffen, ist es in Zeiten des konstruktiven Paradigmas von Aufklärung nicht mehr getan. Auch nicht mehr damit, den Holocaust als Schutzmauer für alle sonstige Vergangenheitsbewältigung zu missbrauchen.

Die europäische Einheit muß als eine strukturelle Mehrebenen-Einheit verstanden werden.

Dies muss genügen, um lediglich anzudeuten, dass eine europäische Einheit als eine strukturelle Mehrebenen-Einheit[339] verstanden und gestaltet werden muss – und dies gerade auch verfassungsmäßig. Der bisherige Verfassungsentwurf ist wahrscheinlich von Giscard d’Estaing und anderen Politikveteranen „gut gemeint“, aber deshalb noch nicht gut: Er bleibt weit unter dem Niveau des heute zu Denkenden und zu Tuenden. Eine „konstruktiv aufgeklärte" Bevölkerung wird sich dieses typische Produkt einer Demokratie von gestern nicht als wegweisend bieten lassen! Im Hinblick auf die geringen Rechte des Europäischen Parlaments und die Gesetzgebungs-Anmaßung der politischen Exekutive (vermischt übrigens mit der Administrativen) ist es sogar von vorgestern, was uns da von der politischen Klasse als letzter Schrei und Zukunftsmusik angeboten wird.

Es ist möglich, dass selbst die Anforderungen einer anständigen Demokratie von gestern auf europäischer Ebene nur durchzusetzen sind, wenn wir weitergehen und gleich die Anforderungen an eine Demokratie von morgen geltend machen. Dann werden sich nämlich – aber diese These kann hier nicht mehr im Einzelnen entfaltet werden – die zahlreichen Aporien lösen lassen, die dem Entwurf eines nicht bewusst gegliederten Einheitseuropa anhaften: die Fragen der gerechten Stimmenverteilung zwischen größeren und kleineren Ländern usw. In einem strukturellen Mehrebenen-Europa müsste auch die Stimmverteilung sowie der Fragen um Mehrheitsprinzip. Einstimmigkeit und Veto auf den verschiedenen Ebenen jeweils eine ganz andere sein. Es versteht sich, dass eine kulturell-sprachliche Überfremdung für kleine Länder wie Malta ebenso ausgeschlossen ist wie für große Länder wie Deutschland oder Frankreich. Bisher ist sie für keines dieser Länder ausgeschlossen, weil undifferenziert über „Einheit" gesprochen wird. So geht es nicht in dem Erdteil der modernen Differenzierung, der Europa war und „ auf neuer Ebene – werden wird, seiner derzeitigen politischen Klasse[340] zum Trotz!

Zur Demokratie-Architektur einer Kosmopolis

Werfen wir noch ein paar Scheinwerferblicke auf die transnationale, globale Entwicklung demokratischer Strukturen. Ohne den Anspruch, irgendeines dieser großen Themen jeweils für sich erschöpfen zu wollen. Leitender Gesichtspunkt kann kein anderer sein als derjenige der reflexiven Organismustheorie.[341]

- Die Weltwirtschaft bedarf der Meta-Ökonomie rechtlich-politischer Regeln – nicht nur, aber auch für die ökologische Komponente.
- Die Weltpolitik bedarf der Regelung von der Meta-Politik des kulturellen Miteinanders her.
- Das Miteinander der großen und kleinen Kulturen bedarf ethisch-spiritueller Maßstäbe.

- Der faire Friede der Weltanschauungen und Religionen bedarf seinerseits rechtlicher Regelungen.

Diese vier einfachen Sätze unter dem strikt begrenzten Gesichtspunkt kosmopolitische Demokratie oder Weltdemokratie kurz zu erläutern, ist alles, was ich mir zu einem nicht „erschöpfenden" Abschluss noch vorgenommen habe. Jeder dieser Sätze könnte und sollte Thema eigener Studien sein. Ohne die hier zu umreißende Gesamtarchitektur jedoch mühen sich vergebens, die an vielen einzelnen Ecken bauen.

Meta-Ökonomie: transnationales Wirtschaftsrecht

Die Weltwirtschaft bedarf rechtlich-politischer Regeln, und zwar transnationaler[342] wie nationaler Art.

Eines der größten, mit allem Fleiß neoliberaler Nur-Ökonomen gepflegten Vorurteile unserer Zeit ist es, die Wirtschaft als autonomen Selbstläufer zu betrachten. Staatlich-rechtliche Regulierung gilt als Eingriff in den Geist des „freien Marktes".

> „Das Zwangsmittel ist nicht der drohende Einmarsch, sondern der drohende Nicht-Einmarsch der Investoren oder ihr drohender Ausmarsch. Es gibt nur eines, das schlimmer ist, als von Multis überrollt zu werden: nicht von Multis überrollt zu werden."[343]

Witzig, nicht? Und systemimmanent wahr. Dass der Soziologe Beck hier nicht nur spielerisch den dialektischen Schein des Kapitalismus nachzeichnen will, sondern ihn allen Ernstes für nicht-imperialistisch, ja pazifistisch hält, wird beim Lesen erst langsam klar. Nicht thematisiert wird, dass der schleichende „Diskurs"(!) des Kapitals durch und durch politisch abgestützt ist, dass der „freie Markt" sich zum Beispiel ganz auf den staatlichen Gerichtsvollzieher verlässt. Der angeblich „pazifistische" Charakter des Kapitals besteht darin, seinen Gewaltcharakter eine Zeitlang unter Sachzwängen verschleiern zu können. Besonders wenn wendige Soziologen dabei behilflich sind.

Der kapitalistische Weltmarkt hat sich – getreu den Voraussagen von Marx – völlig globalisiert: Das Kapital sucht die beste Rendite, seinen scheinbar verdienten, in Wahrheit ethisch durch nichts zu rechtfertigenden Kapitallohn in renditeträchtigen Projekten, weltweit und ohne Rücksicht auf Sinn oder Unsinn, volkswirtschaftlichen Nutzen oder Schaden. Ob ein Produkt gebraucht wird oder nicht, ob es gar gesundheitsschädlich ist oder nicht, das Kapital als solches kennt keine Skrupel, das Bedürfnis danach zu wecken. Wenn der „freie Markt" noch keinen Bedarf an Nahrungs- oder Futtermittelzusätzen oder Pflanzenschutzmitteln oder Gentechnologie zeigt, muss er eben durch Propaganda, harmlos Werbung genannt, für die ein Kapitaleinsatz sich lohnt, zu seiner „Freiheit" gebracht werden.

Das Kapital sucht sich die besten Standorte, früher primär für Rohstoffe, heute besonders für billige Arbeitskräfte. Nationen werden dem Kapital zu bloßen „Standorten" wie beispielsweise der Standort Deutschland.

Das einzige Gegenmittel gegen diese scheinbar rein ökonomische, in Wahrheit politisch-rechtlich gestützte Übermacht des Kapitals ist eine andere transnationale Wirtschaftsgesetzgebung. Die sehr gut gemeinten Gegenkräfte in Richtung Subsistenzwirtschaft (also tendenzielle Selbstversorgung und kleine Wirtschaftskreisläufe) und „Globalisierung von unten" haben allein keine wirkliche Chance.

Bisher übernehmen internationale Organisationen wie die *World Trade Organisation* (WTO) sowie der Internationale Währungsfonds (IWF) dieses Gesetzgebungsgeschäft, jedoch in einem ganz anderen Sinn, nämlich im Sinn der ungebremsten Wirtschaftsdominanz. Der IWF ist ein „freier" Zusammenschluss von heute 182 Mitgliedsstaaten. Selbst in einer halb offiziellen Darstellung kann die Problematik nicht verschwiegen werden, wenngleich mit allzu dezenten Prozentzahlen untermauert:

> „Die Reform des IWF, die mit dem Amtsantritt von Horst Köhler (2000) angekündigt wurde, soll eine stärkere Demokratisierung innerhalb des Fonds herbeiführen. Bis dahin beruhten die Stimmrechte im IWF auf den Einzahlungsquoten, die bei der Gründung 1944 festgelegt wurden. Das bewirkte eine Stimmenmehrheit der westlichen Industrienationen von 63,4 %, während ihr Anteil am Weltsozialprodukt nur noch bei 57,4 % lag. Außerdem erlaubt diese Stimmverteilung den Industriestaaten, ihre eigenen wirtschaftlichen Interessen mit den Kreditvergaben zu verbinden: Treiben die strengen Auflagen des IWF Firmen in den Konkurs, können Firmen aus den Geberländern sie günstig übernehmen."[344]

Ende der neunziger Jahre sollte die „Regelung" des internationalen Handels durch ein Multilateral Agreement on Investments (MAI) der vorläufigen Vollendung zugeführt werden, was durch heftiges Alarmschlagen einiger Einzelner und dann von Nichtsregierungsorganisationen verhindert wurde.

„Wir erfuhren es im Sommer/Herbst 1997 vom MAI und waren zutiefst erschrocken. Denn das MAI ist eben nicht bloß ein Wirtschaftsabkommen, sondern soll zunächst in allen beteiligten Ländern, auf die Dauer aber auch weltweit, sämtliche politischen und juristischen Beschränkungen abbauen, die den Multinationalen Konzernen, den sogenannten ‚Global Players', bei ihrem weltweiten Expansions- und Plünderungsfeldzug noch im Wege stehen. Angeblich sollen durch absolute Handels- und Investitionsfreiheit Wachstums und Arbeitsplätze überall geschaffen werden. Real entsteht durch eine solche Globalisierungspolitik jedoch keineswegs ein ‚Level Playing Field' – ein ebenes Spielfeld –, wie die Befürworter es nennen, sondern eine Art neuer Krieg gegen Mensch und Natur im Süden wie im Norden. Dieser Krieg ist nicht nur ein totaler, denn er erfaßt alle Bereiche der Wirklichkeit, sondern er hat auch alle Merkmale eines neuen weltweiten Totalitarismus: Nach unserer Analyse ist das Neue an dieser Situation nicht in der Tatsache zu sehen, daß die kapitalistische Wirtschaft auf Gewalt basiert – das hat sie immer getan. Sondern Gewalt, Unfreiheit und Armut werden mit dem MAI nun auch in den ‚entwickelten', ‚zivilisierten' und ‚demokratischen' Ländern zur Regel."[345]

Es ist eine folgenreiche Verschleierung, von autonomer Selbstregulierung der Weltwirtschaft zu sprechen, als sei die Wirtschaft gerade auf Weltebene nicht Teil eines gesamtgesellschaftlichen (gesamtpolitischen) Geschehens, zwar deren basales, jedoch am meisten regulierungsbedürftiges Subsystem.

Die zitierten Autorinnen haben es nicht versäumt, ein konstruktives Schlusskapitel *Alternativen zum MAI* zu bringen. Daraus führe ich die wichtigsten Elemente für eine politische Regulierung der internationalen Kapitalströme an:

- Respektierung der Menschenrechte: Recht auf Arbeit, auf faire Löhne, grundlegende Arbeitsstandards wie soziale Sicherheit und Gesundheit, öffentliche Erziehung, Sozialhilfe, Versicherungen, Rechte von Frauen und Minderheiten. Auch die UNO-Erklärungen über Rechte auf gesunde Umwelt und kulturelle Rechte basieren auf den Allgemeinen Menschenrechten. „Alle globalen Investitionsabkommen müßten zur Stärkung dieser Rechte beitragen, statt sie zu unterminieren" (179).
- „Die Staaten haben nicht nur das Recht, sondern auch die Pflicht, diese Rechte auf ihren nationalen Territorien umzusetzen" (179). Den Nationalstaaten kommt also eine wesentliche Schutzfunktion gegenüber dem global flottierenden Kapital zu.

- Transnationale Konzerne müssen sicherstellen, dass ihre Investitionen dem öffentlichen Interesse des Gastlandes dienen. Sie müssen anerkennen, dass die Gastländer wichtige Bereiche ihrer Wirtschaft und ihres Gemeineigentums vor der transnationalen Konkurrenz schützen.

Soweit die Vorstellungen eines „MAI der Bürger". Ein Entwurf des *World Development Movement* aus England möchte das MAI vom Kopf auf die Füße stellen:

- Statt Regierungen und Bevölkerungen durch ein Investitionsabkommen zu reglementieren, sollten umgekehrt die transnationalen Konzerne einer Kontroll- und Rechtfertigungspflicht unterworfen werden.

Vom hier entwickelten Ansatz her klingt das wie selbstverständlich, ist es aber in der gegenwärtigen Globalisierungsdebatte noch keineswegs. Einer simplen Re-Nationalisierung der Wirtschaft wird weder von den angeführten Autorinnen noch hier das Wort geredet. Aber es gibt „volkswirtschaftliche" Belange der Wirtschaft, solange diese als Dienst am Menschen und seinen Gesellschaftsformen verstanden werden darf – und nicht als Beherrscherin sowohl der Staaten wie der globalen Staatengemeinschaft, wie es heute implizit der Fall ist.

Ein Weltwirtschaftsparlament von Repräsentanten der Nationen!

Die beiden Autorinnen machen darauf aufmerksam, dass die von ihnen referierten Vorschläge für eine Bändigung des Kapitals noch systemimmanent kapitalistisch bleiben. Das sei unterstrichen: Ein „MAI der Bürger" setzt nicht die Beseitigung des Kapital-Vemehrungsmechanismus sowie eine Bodenreform schon voraus. Es ist wichtig, dass eine Demokratiereform schon beginnen kann, ja muss, bevor die Grundprobleme des Kapitalismus auf den Tisch des internationalen Hauses wie der nationalen Häuser kommen. Umgekehrt dürfte es aussichtslos sein.

Die angesprochenen Probleme sind zwar genau die eines Weltwirtschaftsparlamentes von Repräsentanten der Nationen – sei es eigens gewählter, sei es von Regierungsvertretern. Doch dieses transnationale Parlament wird nicht ohne Mitwirkung der Gesamtpolitik zustande kommen und eine demokratische Legitimation erlangen. Eine reine „Bewegung von unten", wie Mies/von Werlhof sie am Schluss ihres Buches Ein Planet wird geplündert – eigentlich auf revolutionäre Weise, wenn auch noch recht unbestimmt als besonderes Anliegen der Frauenbewegung – favorisieren, wird nie globale Kraft und Zulassung erlangen ohne einen gesamtpolitischen Ansatz, wie er hier vorgestellt wurde.

Es darf kein Entweder-Oder von national und transnational geben, sondern eindeutig ein mehrstufiges Sowohl-als-auch.

Darin behalten die Nationen das Recht und die faktische Möglichkeit, eine „Volkswirtschaft" zu betreiben, die ihnen dient, statt sich selbst und ihre Ökonomien zu Unterabteilungen des Weltkapitalismus (und seiner durchaus benennbaren zentralen Machtzentren) herabzusetzen. Die Zähmung des Kapitalismus können sie nur im Miteinander einer Weltförderation vollbringen.

Die Zähmung oder aber Beseitigung der kapitalistischen Grundübel ist Aufgabe der Politik im engeren wie im weiteren Sinn. Die Menschenrechtspolitik im Wirtschaftsbereich gehört auch zum Aufgabenbereich des Grundwerteparlaments auf globaler Ebene und muss von dort verbindlich in die politischen wie wirtschaftlichen Gremien transportiert werden.

Meta-Politik: kulturelle Maßstäbe

Die Weltpolitik bedarf der Regelung (der Staatengrenzen usw.) vom kulturellen Miteinander her.

Der bloße Verfassungspatriotismus ist eine kulturfremde Mogelpackung!

Bleiben wir einen Moment bei der Politik im engeren Sinn: Boden- und Verkehrspolitik, Sicherheitspolitik, Rechts- und Verfassungspolitik. Dass all diese Bereiche transnationaler, völkerrechtlicher Regelungen bedürfen, ist keine Frage. Hier soll der Akzent auf die kulturelle Dimension als meta-politischer Maßstab gelegt werden.

Die Kulturen sind der einzige Daseinsgrund künftiger Nationen! Und der Hauptgrund, warum die multikulturelle Völkergemeinschaft kein Weltstaat, sondern eine Weltföderation sein und bleiben sollte. Daraus ergeben sich u.a. Maßstäbe für das Selbstbestimmungsrecht der Völker, das heute mit Füßen getreten wird, weil die kulturelle Dimension nicht ernst genommen, vielmehr zwischen Wirtschafts- und politischen Machtinteressen zerrieben wird.

Wären nicht die kulturellen, d.h. nationalen Unterschiede, könnten die einzelnen Staaten als Untergliederungen eines Weltstaates behandelt werden, wenn dieser nur sonst demokratische Formen gewährleisten würde. Der berühmte „Verfassungspatriotismus" könnte sich gleich auf Europa und – ganz modern – auf die Weltgemeinschaft beziehen. Er ist eine Mogelpackung, weil er die Vielfalt ähnlicher Verfassungen nur aus geschichtlichen Zufällen erklärt. Wie kann der Unterschied zwischen Weltstaat und Weltföderation gekennzeichnet werden?

- Die ⇦Weltföderation ist ein Rechtssystem von Nationalstaaten, als Rechtsinstitution keine körperschaftliche Institution oder Organisation, sondern eine offene strukturelle Institution wie das Recht selbst.
- Die Nationalstaaten geben ihre Souveränität nicht ab, sondern organisieren diese international. Was sie allenfalls abgeben, ist eine vorgebliche Autonomie.[346]
- Eine Förderation stellt als bloß strukturelle Institution keine eigenen Identifikationsansprüche. Das kosmopolitische Bewusstsein ist eines der offenen Zugehörigkeit, nicht einer umfangsmäßigen Mitgliedschaft. Die Zugehörigkeit zur Menschheitsgattung ist eine überpersönliche Verbundenheit mit allem, was menschliches Antlitz trägt.
- Das metakommunikative Menschheitsgefühl ist unterschieden von den konkreten Kommunikationsgemeinschaften. Diese können zwar auch transkulturelle Gruppen von Jugendlichen, Künstlern, Wissenschaftlern oder Esperantisten sein. Aber die entscheidenden, primären Kommunikationsgemeinschaften werden durch die Sprachgemeinschaften und ihre Kulturen gebildet.

Die heute vertretenen Auffassungen in puncto Weltstaat oder Weltförderation scheinen sehr zu divergieren.[347] Sie konvergieren jedoch in der Notwendigkeit, ein weltweites, effizientes Rechtssystem mit proportionaler Gleichberechtigung der Nationen zu errichten. Es wäre dem gemeinsamen Anliegen abträglich, hier vorschnell Fronten zu errichten. Nach meinem Ermessen wäre die Ausweitung der transnationalen Rechtsstrukturen, deren Ausgangspunkt die UNO wäre, der erste Schritt.

Viel wesentlicher als ein Streit über Staats- oder Föderationscharakter der Weltgemeinschaft sind:

- die sachlogische Werthierarchie gemäß der strukturellen Viergliederung, welche eine unsachliche Bildung von Blockparteien auf Weltebene („Weltbürgerparteien") ausschließt, und
- die umfangsmäßige, subsidiäre Gliederung nach Nationen als Kulturgemeinschaften.

Ein anti-nationales Ressentiment bringt die Bildung einer Weltföderation paradoxerweise so wenig voran, dass es selbst vielleicht das größte Hindernis darstellt, sowohl bei alten Nationen wie bei solchen, die ihre Identität erst allmählich finden oder gar suchen. Sowohl Nationen wie die Bildung einer rechtlich geregelten Weltgemeinschaft sind evolutionäre Notwendigkeiten. Dem wird ein angeblich kosmopolitisches Entweder-Oder-Denken zu Ungunsten der Nationen nicht gerecht.

Es muss genügen, auf die für zahlreiche Völker der Erde vitale Problematik ihrer Souveränität und Selbstbestimmung hingewiesen zu haben.[348] Es beruht auf Irrtum und halbwissenschaftlichem bzw. imperialem Vorurteil, die Nationenfrage als eine von gestern für die Weltdemokratie zu betrachten.

Kosmopolitisch ist es , nicht allein für die eigene Nation, sondern für alle Nationen der Erde einzutreten.

Streng genommen ist es primär nicht die staatliche, sondern die nationale, kulturelle Vielfalt der Erde, die das Bezaubernde der Menschheitsfamilie und die – angereicherte Humanität eines dialogischen, das heißt eines nicht gleichmachenden Kosmopolitismus ausmacht. Das individuelle Weltbürgerrecht (*jus cosmopoliticum*)[349] macht weder das *jus gentium*, das Recht in den Beziehungen der Völker zueinander, noch ein *jus patriae* für jeden Erdenbürger überflüssig!

Meta-Kultur: Weltethos

Das Miteinander der großen und kleinen Kulturen bedarf ethisch-spiritueller Maßstäbe.

Von Kulturen und Nationen zu reden, wird allerdings gefährlich, wenn die spezifisch moderne Unterscheidung zur Religion fehlt, und zwar mit grundsätzlich positiver Wertung des Religiösen. Der Nationalsozialismus ist das eklatanteste, wenngleich keineswegs das einzige und letzte Beispiel für die untergründig religiöse Aufladung des Nationalgefühls. Sie ist weltweit noch immer gang und gäbe. Deshalb meinen ja die rationalistisch „Aufgeklärten“, die Nationen seien am besten ganz abzuschaffen.

Es war ein gewaltiger Evolutionsschritt des modernen Europa, das Religiöse vom Kulturellen zu trennen, indem es eine autonome Kultur entwickelte, im zeitlichen Gleichschritt mit der Differenzierung des

Religiösen vom Politischen, wenn auch weniger auffällig und weniger diskutiert.

Was bedeutet das für die Welt-Demokratie? Wenn Demokratie kein geistloses Unterfangen sein soll, dann braucht es geistige Grundlagen, und zwar kultureller wie spiritueller Art.

Schauen wir unsere Geschichte an: Die Vereinigung einer im 19. Jahrhundert führenden Kulturnation von oben, unter dem Vorzeichen der bloßen politischen Macht, brachte jenen für Deutschland sprichwörtlichen Gegensatz von Geist und Macht. Mit ihm kann Demokratie nicht leben. Sie braucht den Geist. Die Reichsbildung von 1871 war eine durch Macht, nicht durch Geist, weder durch den nationalkulturellen – sonst hätte Österreich nicht ausgeschlossen werden dürfen – noch durch den religiösen Geist.

Optimal wäre der Geist der Differenzierung von politischer Macht, nationaler Kultur und Weltanschauung gewesen. Die letztere fand es im damaligen religiösen „Geist geistloser Zustände" (Marx) leider nicht in irgendwie sozial zureichender Form. Schon strukturell hielten die „Volkskirchen" an einem Konzept fest, das die eigene Würde weltlicher, nationaler Vergemeinschaftung leugnete, es sei denn unter staatskirchlichen Voraussetzungen. Folglich fehlten die ethisch-religiösen Maßstäbe für das Miteinander der nationalen Kulturen als solcher. Wie ist es ohne diese geistige Maßstablosigkeit zu begreifen, dass „christliche" Nationen gegeneinander Krieg führten?

Diese geistige Sphäre wurde in der sogenannten Gründerzeit der industriellen Revolution und Expansion in Deutschland und Europa nicht durchdacht und folglich nicht korrekt durchlebt. Sie wurden aber „inkorrekt" durchlebt, durch die mörderischsten Kriege der Weltgeschichte hindurch: Folgen des pseudoreligiösen Nationalismus (nicht allein auf deutscher Seite), die Kehrseite des transnationalen religiösen Integralismus. Es fehlte die Weiterentwicklunng der ethischen und spirituellen Korrektive.

Dies noch einmal als für uns Deutsche naheliegendes, aber weltgeschichtlich-globales Musterbeispiel, das sich weltweit im Kleineren wiederholt. Hoffentlich nicht im Größeren, durch einen auftrumpfenden russischen, chinesischen, indischen Nationalismus. Das Problem eines pseudoreligiös aufgeladenen Nationalismus ist weltweit noch nicht ausgestanden – trotz der allseits bekannten deutschen Erfahrung.

Wer die Ausartung von Nationalismus aber am wenigsten verhindert, sind die Leugner der nationalen Energien und ihrer Berechtigung, seien es Diskurs-Rationalisten, seien es religiöse Integralisten. Niemals ist ein menschlicher Grundwert wegen Missbrauch als solcher zu verwerfen.

Meta-Religion: menschenrechtliche Zivilisierung der Religionen

Die historischen Religionen bedürfen ihrerseits philosophischer, menschenrechtlicher Kontroll-Regeln. Nicht alles, was für „religiös" erklärt wird, kann demokratisch geduldet werden.

Es bleibt ein ernstes Wort zum Religiösen nachzutragen, das soeben nochmals in seiner meta-kulturellen Bedeutung hervorgehoben wurde. Es scheint kein „Meta" über sich zu haben – und ist gerade deshalb besonders gefährdet. *Corruptio optimi pessima*: Die Korruption des Besten ist die allerschlimmste.

Hans Küng verkündet mit Recht: „Es wird keinen Frieden unter den Zivilisationen geben ohne einen Frieden unter den Religionen."[350] Ist solcher Friede aber möglich durch bloßes Machtarrangement zwischen den Religionsführern, durch neue Komplizenschaft in der Trennung, auf Kosten des „Lichtes, das jeden Menschen erleuchtet, der in die Welt kommt" (Joh 1, 9)? Die geschichtlich aufgetretenen Religionen haben noch heute unabweisbar fundamentalistische Züge, die sogenannten Offenbarungsreligionen des Westens (Judentum, Christentum, Islam) noch mehr als die eher philosophisch-mystischen Religionen des Ostens. Einen inneren Bezug zur Demokratie wird man bei kaum einer der geschichtlich erfolgreichen Religionen ausmachen können, am ehesten noch im Urchristentum oder in dem erwähnten viergliedrigen Varnasrama-System des Hinduismus, hinter dem eine tiefere Intuition stecken könnte, das aber bald zum Kastensystem degenerierte.

In Indien soll es heute zahlreiche Tötungen von neugeborenen Mädchen bzw. deren rechtzeitige Abtreibung geben, weil männliche Nachkommenschaft wirtschaftlich vorteilhafter ist. Wahrscheinlich wird man auch dafür eine „religiöse" Rechtfertigung finden. Das ist das Problem: dass man überall pseudoreligiöse Rechtfertigungen für alles findet, einst für Hexenverbrennungen und Kreuzzüge (letzteres heute wieder!), für die Beschneidung weiblicher Genitalien, für die Verhüllung des weiblichen Angesichtes ohnehin, für Steinigungen und Hinrichtungen wegen sexueller Freizügigkeit, für die Diffamierung und Lebensbedrohung homosexueller Menschen usw. Wer im „aufgeklärten" Westen Steine auf den Islam werfen will, möge bedenken,

Die etablierten Religionen waren nie Vorkämpfer der Menschenrechte.

wie wenig Zeit erst vergangen ist und dass es in keinem der Fälle die etablierten Religionen waren, die Vorkämpfer der Menschenrechte waren, ganz im Gegenteil. Der Fall der Berliner Mauer unter kirchlicher Mithilfe bietet kein wirkliches Gegenbeispiel.

Der Islam ist 600 Jahre jünger als das Christentum. Mag sein, dass ihm die Aufklärung wegen der modernen Kommunikationsmittel ein paar hundert Jahre früher zugemutet werden kann. Aber etwas Geduld müssen wir gerechterweise mit ihm haben – solange in westlichen Staaten nicht die modernen Standards in Frage gestellt werden. Schächten von Tieren hier heute „religiös“ zu begründen, scheint ein Beispiel für vernunftwidrige Auffassung und Missbrauch von Religion, ebenso die fortgesetzte Ächtung von Homosexualität. Religion oder theonomer Humanismus sollten zwar über die bloße Vernunft hinausgehen (vom bloßen Verstand zu schweigen), doch keineswegs an dieser vorbei. Daher kann Vernunft durchaus als negative Norm der Religion bezeichnet werden.[351]

Es geht bei allen Formen des religiösen Fundamentalismus um ein ganz massives, weltweites Demokratieproblem: Die Menschenrechte (auch Tierrechte) und ihre Nicht-Schützung, ja aktive Verletzung durch die traditionellen, in vielen Nationen noch tonangebenden Religionsgemeinschaften. Wenn diese Religionen den metakommunikativen Bereich der Gesellschaft (Weltanschauung, Ethik, Religion, transreligiöse Spiritualität) prägen und verwalten, das heißt die tiefsten Voraussetzungen und Spielregeln des menschlichen Miteinanders – wer schützt uns gegen diese Sachwalter des zutiefst Menschlichen und des Transpersonalen, wenn sie versagen? Das Problem ist ebenso groß wie bei einem versagenden staatlichen Rechtssystem, wenn die beauftragten Rechtswahrer Unrecht verwalten. Für religiöse Unrechtsinstitutionen hat man dagegen kein allgemein „anerkanntes“ Muster gefunden. Die fortlebenden Religionsgemeinschaften halten sich stets bedeckt und scheinen – mit der rühmlichen Ausnahme einer Erklärung der Deutschen Evangelischen Kirche nach dem Krieg – keiner Reue und Umkehr zu bedürfen. Das gilt angeblich nur für ihre einzelnen, verirrten Schäfchen.

Auch religiöse und weltanschauliche Institutionen bedürfen also eines philosophischen und menschenrechtlichen Gerichtshofes. Eine Versammlung der Religionsgemeinschaften („Weltparlament der Religionen“) allein wird dies keinesfalls leisten, sowenig man Böcken die Gärtnerarbeit übertragen kann, sobald sie sich friedlich geben. Dies muss gesagt werden, auch wenn sich die geschichtlichen Religionen heute theoretisch einmütig zu Hans Küngs Maximen des Weltethos[252] bekennen, als da sind (in reflexionstheoretischer Reihenfolge und ohne fragwürdige Belege aus den Zehn Geboten oder ähnlichen alten Gesetzestafeln):

- ein Ethos der Gewaltlosigkeit, der Ehrfurcht vor dem Leben („nicht töten“)
- ein Ethos der Wahrhaftigkeit („nicht lügen“)
- ein Ethos der Solidarität und Gerechtigkeit
- ein Ethos der Gleichberechtigung, Partnerschaft, Liebe

Sogar das erforderliche Welt-Grundwerteparlament wird die Kontrolle und Überwachung der Menschenrechte allein nicht gewährleisten können, selbst wenn es einmal durch demokratische Wahlen unter paritätischer Beteiligung aller Weltanschauungen und Religionen, also auch von spirituellen Philosophen und Ethikern, zustande kommt. Für die wirksame Kontrolle bedarf es exekutiver Organe und des Ausbaus eines Appellationsgerichtes für Menschenrechtsverletzungen, das nicht erst bei Kriegsverbrechen großen Ausmaßes tätig wird, sondern auch bei Menschenrechtsverletzungen, besonders struktureller Art, durch religiöse Gruppen und Institutionen. Der Internationale Strafgerichtshof der UNO mit Sitz in Den Haag dürfte dazu in seiner jetzigen Gestalt nicht ausreichen.

Die Revolution der Demokratie wird ohne die spirituellen Energien nicht auskommen, muss diese jedoch ihrerseits einer Meta-Instanz, der Kontrolle der Vernunft, unterwerfen.

Das gilt für die Praktiken und Rechte der alteingesessenen Konfessionen mindestens ebenso wie für sogenannte neue Religionsgemeinschaften, die großzügig gern „Sekten“ genannt werden. Hier verhält sich die Vernunft so paradox wie die Polizei bei einer Veranstaltung von Künstlern: Sie kann diesen geistig nicht das Wasser reichen, muss aber für die Einhaltung demokratischer Ordnung sorgen. Heißt dies, dass die diskursive Vernunft am Ende doch die letzte und höchste Instanz ist? Das heißt es sowenig, wie die Polizei über die Qualität der Kunst zu urteilen hat. Die diskursive Vernunft ist meta-ethische und meta-religiöse Rechtsschützerin wie die Polizei: von einem ethisch und religiös neutralen Rechtsstandpunkt her urteilend.

Es ist noch einmal das Paradox des Rechtsstaates: Recht ist nicht das höchste Prinzip geistiger Gemeinsamkeit. Aber es ist die Grundlage, die Negativnorm (*norma negativa*) für alles, was in den Rechtsgrenzen geistig und physisch lebt. Das Leben darf und muss positiv weit über das Recht hinausgehen, als Liebe zum Beispiel. Die jetzige und künftige Weltgemeinschaft geht geistig weit über Rechtsbeziehungen hinaus. Aber das Recht muss vor Missbrauch und Verletzung der elementaren Menschenrechte schützen. Es gibt immer wieder angemaßte geistliche und geistige Autoritäten, die mit Gewissensdruck oder Scheinargumenten „nur unser Bestes wollen“. Das aber sollen sie nicht kriegen in einer künftigen Menschheitsdemokratie.

Vox populi, vox Dei

Auch wenn sich neuartige Probleme gegenüber der nationalen Ebene stellen, geben die Systemebenen in ihrer Vierstufung die Grundlinien einer künftigen demokratischen Kosmopolis, einer Welt-Polis oder Welt-Demokratie. Entscheidend ist hier wie im Nationalen zunächst wieder die Legislative:

- ein internationales Wirtschaftsparlament,
- ein internationales politisches Parlament für die im engeren Sinn politischen Belange einer „Weltinnenpolitik“ – der heutige Sicherheitsrat ist Teil davon,
- ein Kulturparlament für die kulturell-nationalen Fragen, welche die Buntheit der Erdenmenschheit ausmachen,
- ein Grundwerteparlament, in dem auch, aber keineswegs nur die traditionellen Religionen vertreten sind.

Hat es Sinn, hier festlegen zu wollen, wie jene Parlamente besetzt werden? Wahrscheinlich viel besser durch direkte nationale Delegiertenwahlen als durch Entsendung von Seiten nationaler Parlamente oder gar Regierungen.

Zuletzt wurde ein Teil der Judikative hervorgehoben, ein Gerichtshof für die Einhaltung von Menschenrechten. Auf jeder Ebene aber gilt selbstverständlich, dass die Parlamente nicht selbst die Ausführung und die Normenkontrolle ihrer eigenen Beschlüsse besorgen können.

Ähnlich wie dies von Europa gesagt wurde, jedoch wiederum ganz anders, ermöglicht die Ebenendifferenzierung aber die Vieldimensionalität eines Menschheitsorganismus, eine mehrfache, vieldimensionale Einheit. Zum Teil muss diese dem schrittweisen geschichtlichen Werden überlassen werden, sofern sie nämlich nicht allein gedanklich vorweg bestimmt werden kann.

Zuletzt wurde nochmals auf die Wichtigkeit der gesamtmenschlichen, integralen oder spirituellen Energien hingewiesen, die von den großen Religionen sowohl gebündelt wie gebunden, geordnet wie kontrolliert und unterjocht werden. Wer an diesen Energien pragmatisch vorbeigehen will, versteht unmöglich die Ganzheit und Tiefe der menschlichen Vergesellschaftung, zumal der Menschheitsgemeinschaft.

Was angezielt ist mit den unentbehrlichen „integralen Energien" im Bereich der Demokratie kommt in einem alten, abgründigen Wort bündig zum Ausdruck:

Vox populi, vox Dei.
Volkes Stimme, Gottes Stimme.

Was immer man unter „Gott" verstehen mag – unübertrefflich bringt dieser Spruch[253] die humane wie zugleich die transpersonale, spirituelle Grundlage der Demokratie als Selbstbestimmung und Selbstregierung eines kollektiven Organismus aus dem Fundus einer allgemeinen Wertekommunikation heraus zum Ausdruck.

Demokratie ist nicht durch ein bloß quantitatives Mehrheitsprinzip zu begründen (Kapitel IX). Es gibt, im Gegenteil, viele Bereiche der Kreativität und der Wahrheitsfindung, in denen das Mehrheitsprinzip nicht am Platze ist. Es dort zu Tode zu reiten, wo es nicht hingehört, kann der Idee von Demokratie als Selbstregierung einer Gemeinschaft und als kommunikative Gesellschaft sogar schaden.

Auch lässt jenes Wort blitzartig die Gefahr aufscheinen, dass das Volksvotum nach Art schlechter Magie zum irrationalen Gottesurteil werden könnte – wenn es nicht in vernünftigen und kontrollierbaren Strukturen kanalisiert wird.

Man kann in der Tat erschrecken über die Macht, die dem „gewöhnlichen" Volk in der Demokratie in die Hände gelegt wird – wenn sie es denn nur würde.

Also macht dieses Erschrecken dem anderen Platz, wie lau und unwirklich das Volk bisher zu Wort kommt!

Das antike oder frühmittelalterliche Wort bestätigt, dass Demokratie im Grunde nicht eine neuere Erfindung, sondern eine natürliche Folge solidarischen menschlichen Miteinanders darstellt. Das eigentlich Verwunderliche ist, dass es gerade in der christlichen Gesellschaft bis zum „Zeitalter der Vernunft" brauchte, um dieses Selbstverständliche wieder halbwegs in öffentliche Geltung zu bringen.

Noch erstaunlicher ist, wie lange an kollektiver Evolution dieser Vernunft es braucht, um aus dem Halben etwas Ganzes zu machen, oder besser, werden zu lassen. Noch zu Beginn des 21. Jahrhunderts ist der nächste, eigentlich einfache und logische Evolutionsschritt, wie er hier entwickelt wurde, nicht allenthalben bekannt, geschweige denn verwirklicht. Man müsste sich wirklich wundern, wenn man nicht schon wüsste, dass „der Weltgeist mit Siebenmeilenstiefeln voranschreitet", wie Hegel die Langsamkeit der geistigen Evolution ausdrückte.[254]

Wie lange mag dieser klar auf der Hand liegende, friedliche Sprung in eine ganzheitliche Demokratie dauern, wenn so viele wissen und sagen, dass es wie bisher nicht weitergeht?

In der Natur-Evolution sind Tausende von Jahren wie ein Tag auf dem mühsamen Weg zum *homo sapiens*. In der Gesellschafts-Evolution geht es dann viel schneller und beschleunigt sich zunehmend, trotz der Siebenmeilenstiefel. Wenn wir daran denken, dass erst seit gut 200 Jahren von Demokratie im modernen Sinn überhaupt die Rede ist! Manchmal kommt es, gerade in den letzten paar Jahrhunderten, punktuell zu unwahrscheinlich ruckartigen Sprüngen auf verschiedenen Gebieten und dann zu gewaltigen kollektiven Bewusstseinsmutationen, ohne dass man den alten „Genen", den individuellen Trägern des sozialen Bewusstseins, viel davon anmerkt. Ein kleiner Denkschritt für jeden Einzelnen – ein großer Fortschritt für die Menschheit.

Anmerkungen

Kapitel I

1 „Demokratie“ von Heinz Eduard Tödt, in: Theol. Realenzyklopädie, Bd. 8, Berlin 1981, 437. Viele Literaturangaben für demokratiegeschichtlich Interessierte. Meist geht solche historische Information in einer Art von Nachkriegs- und Umerziehungspropaganda für „die westliche Demokratie“ unter, auch in den Schulbüchern.

2 Heftig, aber gut fundiert, bei Karlheinz Deschner, Der Moloch. Eine kritische Geschichte der USA, Stuttgart – Wien 1992, 2. Aufl. München 1995.

3 Sebastian Haffner, Der Verrat. Deutschland 1918/1919, 3. Aufl. Berlin 1995.

4 Soeben hat ein Wachender unter den Zeitgenossen, Thilo Bode, ehemaliger Greenpeace-Chef, dem Thema erstaunlich großes Interesse abgewonnen und ein seinerseits hochinteressantes Demokratie-Buch vorgelegt, auf das ich gelegentlich zurückkommen werde: Die Demokratie verrät ihre Kinder, Frankfurt/M. 2003.

5 ⇦ – Dieses Zeichen bezeichnet Begriffserklärungen, die mehr oder weniger Definitionen sind und zusammengenommen ein Lexikon definitorisch eingeführter Begriffe ergeben. Definiert werden nur die zentralen Begriffe, an denen die Argumentation hängt. Diese Definitionen unterliegen im Laufe des Gedankengangs einer Entwicklung, nicht mit Widersprüchen hoffentlich, aber mit Präzisierungen. Zu unterscheiden sind anfängliche von ausgereiften Definitionen und Minimaldefinitionen von ausführlicheren Begriffserklärungen.
Die genaue Begriffsarbeit wird in diesem Buch eine große Rolle spielen. Es wird jedoch keine lehrbuchartige Trockenheit angestrebt und kein logisch-erkenntnistheoretischer Traktat geliefert. Nach Auffassung des Verfassers haben Geistes- und Sozialwissenschaftler nur aufgrund begrifflicher Genauigkeit Anspruch, überhaupt wie insbesondere von naturwissenschaftlich Gebildeten ernst genommen zu werden. Was sich diesbezüglich in vielbändigen Werken abspielt, grenzt teilweise an Scharlatanerie.
Vgl. die Ausführungen des Logikers Gotthard Günther: Kritische Bemerkungen zur gegenwärtigen Wissenschaftstheorie, in: Beiträge zur Grundlegung einer operationsfähigen Dialektik, Bd. II, Hamburg 1979. Der Logik-Philosoph (1900–84) ist dabei nicht auf simple Entweder-Oder-Logik fixiert, sondern vertritt eine „mehrwertige“ dialektische Reflexionslogik. Diese wird der Leser im Folgenden (Kap. III) in nicht-formaler Weise begründet finden. Dialektische Mehrwertigkeit hebt aber die Genauigkeit des Entweder-Oder nicht einfach auf, sondern vertieft sie durch ein Stufen- oder Mehr-Ebenen-Denken. (Aufhebung und Bewahrung auf höherer Ebene im Hegelschen Sinne.)

6 Hand aufs Herz. Helmut Schmidt im Gespräch mit Sandra Maischberger, Düsseldorf 2002.

7 „Fast undenkbar“: weil scharfsichtige Zeitgenossen von akademischem Ansehen wie Hans Herbert von Arnim und Erwin Scheuch allerhand Substantielles gegen „das System“ und die Parteiendemokratie zu publizieren vermochten und beachtlichen Anklang fanden. Sie repräsentieren nur die Spitze eines Eisbergs an demokratisch motivierter Fundamentalkritik. So viel Gedankenfreiheit erlaubt also unser „Konsens der Demokraten“ (noch). Man muss „nur“ den Mut haben, sich von der „staatstragenden“ Publizistik und Wissenschaft zum Außenseiter und Nestbeschmutzer stempeln zu lassen.

8 Als wach mitwirkender Zeitgenosse berichtet zusammenfassend Fritz Vilmar, Strategien der Demokratisierung: Bilanz nach einem Vierteljahrhundert (userpage.fu-berlin.de-vilmar.dembil.html).

9 In diese Richtung geht Thomas R. Cusack, Die Unzufriedenheit der deutschen Bevölkerung mit der Performanz der Regierung und des politischen Systems, in: Eine lernende Demokratie. 50 Jahre Bundesrepublik Deutschland, Berlin 1999 (WZB-Jahrbuch). Inmitten eines typischen Affirmations-Wälzers des milliardenschweren „Wissenschaftszentrums Berlin für Sozialforschung" heißt es: „Trotzdem sollte man sich sehr wohl bewußt sein, daß einer der entscheidenden Faktoren, welche die Legitimität einer Regierungsform gefährden können, die weit verbreitete Unzufriedenheit mit ihrer Performanz ist" (237). im vorliegenden Buch wird nicht bloß die „Performanz" von an sich vernünftigen und ausreichenden Strukturen kritisiert, sondern diese Strukturen selbst – und zwar, was für viele das Unangenehmste ist, auf eine konstruktive Art und Weise.

10 Ich hörte, unter deutschen Journalisten gäbe es die ungeschriebene Regel: Keine Kritik am Papst und am Bundespräsidenten. Gilt das auch für vergangene Päpste und Präsidenten?

11 An dieser Stelle der Hinweis auf Bücher wie die von Hans Herbert von Arnim, Demokratie ohne Volk (München 1993), Vom schönen Schein der Demokratie (München 2000), Das System (München 2001) oder auf das populäre, aber wohlfundierte Buch von Helmut Frey, Weniger Macht den Parteien (München 2000), um die Aussage zu rechtfertigen, dass unsere bundesrepublikanischen und überhaupt westlichen Demokratien höchstens halbwegs ihrem eigenen Anspruch gerecht werden.

12 Unter ⇦Ideologie verstehe ich nicht nur praktisch relevante Theorie überhaupt (der relativistische Wortgebrauch), sondern mit Marx „falsches Bewusstsein" (Sartre). „Falsch" ist das ideologische Bewusstsein in praktischer Absicht und Hinsicht: Es will verschleiern, entweder zur Rechtfertigung oder zur Ablenkung von der vorbewusst durchaus besser erkannten Wirklichkeit. Der Ideologie-Begriff hat somit nicht nur eine praktische, sondern eine tiefenpsychologische Komponente, insofern zwischen der vorbewusst erkannten, aber verdrängten, und der bewusst zugelassenen, meist vorbewusst, manchmal auch bewusst vorgeschobenen „Wahrheit" unterschieden wird.

13 Der eigentliche Begriff von Sozialethik wird, selbst von philosophisch Gebildeten, oft verfehlt mit dem Hinweis darauf, dass nur Einzelne ethisch handeln können. Die obige Kurzdefinition ist indessen keine neue, sondern findet sich in wünschenswerter Klarheit z.B. im Ev. Soziallexikon, 7. Aufl., Stuttgart – Berlin 1980, Sp. 1165: „Sozialethik ist im Unterschied zu einer Individualethik, in welcher es um die Beziehung des einzelnen zu seiner eigenen Person geht, und zu einer Personalethik, welche das persönliche Verhalten in und zu Strukturen, Ordnungen betrifft, Sozialstrukturenethik (A. Rich). Das Thema der S. ist die rechte Gestaltung von Strukturen, Institutionen, Ordnungen, nicht nur das richtige Verhalten des einzelnen gegenüber und in diesen Strukturen und Organisationen. Neben den Problemen der Wirtschaftsethik, wie z.B. Arbeit, Bodenrecht, Eigentum, Kapitalismus und Sozialismus, Lohn, Mitbestimmung, Technik, gehören auch Themen der Pol. Ethik (z.B. Demokratie, Menschenrechte, Pluralismus, Rechtsstaat, Staat und Widerstandsrecht) und der Ethik von Ehe und Familie als Institutionen in den Bereich der S"(Martin Honecker, Artikel *Sozialethik*). – Zur Abgrenzung und Verdeutlichung sei darauf hingewiesen, dass auch der bekannte Kategorische Imperativ I. Kants „Handle so, dass die Maxime deines Handelns jederzeit das Prinzip einer allgemeinen Gesetzgebung sein könnte" in dieser Formulierung ebenfalls ein individualethi-

scher Imperativ ist. Kants Sozialethik ist nicht in seiner Tugendlehre (2. Teil der Metaphysik der Sitten), sondern indirekt in seiner Rechtslehre (deren 1. Teil) enthalten. Obgleich Recht für ihn nicht gleich Sittlichkeit ist, hat es als ganzes ein sittliches Fundament.

14 Karl Marx, Sechste der Thesen über Feuerbach.

15 Das Revolutionäre in diesem Ausspruch wird freilich von bemühten „Staatskirchenrechtlern" wieder weginterpretiert: Artikel „Kirche und Staat", in: Staatslexikon, 7. Auflage Freiburg 1995, Bd. 3, Sp. 471.

16 Siehe zu dem Staatsdenken Artur Mahrauns (1890–1950) vom Nachbarschaftsgedanken her: Ernst Maste, Die Republik der Nachbarn, Gießen 1957. – Für den Hinweis auf Artur Mahraun danke ich Dieter Kerstin, dem Hg. des Kommentar- und Informationsbriefes „Neue Politik", Berlin

17 Hier ist an vornehmster Stelle die internationale Theosophische Gesellschaft zu nennen, von der die Anthroposophie Rudolf Steiners eine (wie immer zu bewertende) deutsche Abspaltung darstellt.

18 Theodor W. Adorno, Minima Moralia, zuerst Frankfurt/M. 1951, Ziffern 18 u. 29.

19 Dazu: Neil Postman, Die zweite Aufklärung. Vom 18. Zum 20. Jahrhundert, Berlin 2001.

20 ⇦Verstand wird hier mit der philosophischen Tradition als dingbezogenes, abstrahierendes Denken verstanden, nach Kant „das Vermögen der Begriffe", ⇦Vernunft dagegen als das sinnbezogene, integrierende Denken, nach Kant das „Vermögen der Ideen".

21 Antje Bultmann/Friedemann Schmithals (Hg.), Käufliche Wissenschaft. Experten im Dienst von Industrie und Politik, München 1994.

22 G. W. F. Hegel, Theorie-Werkausgabe, Frankfurt 1970, Bd. 12, 529.

23 Dazu u.a. Arnold Schölzel (Hg.), Das Schweigekartell. Fragen und Widersprüche zum 11. September, Berlin 2. Aufl.2003; Andreas von Bülow, Die CIA und der 11. September, München 2003. – Siehe auch www.hintergrund.de und www.background-books.de.

24 Der durchaus gewagte, Vergleich stammt von dem Amerikaner Lyndon La Rouche, dem geistigen Vater der Wochenzeitschrift NEW SOLIDARITY, deutsch NEUE SOLIDARITÄT, Wiesbaden, www.solidaritaet.com/neuesol.

Kapitel II

25 Im Klassik-Radio gibt es allmorgendlich „die wahre Geschichte", worin eine geschichtliche Merkwürdigkeit gut erzählt wird, oft mit einer Erklärung für eine gegenwärtige sprachliche Gepflogenheit. Der Sprecher Friedrich Ippenstein, offenbar selbst der Verfasser dieser Anekdoten, schließt regelmäßig mit dem Kehrreim „Und nun kennen Sie die wahre Geschichte". Darin liegt eine Mischung aus Ausgräber-Stolz und Selbstironie, wenn ich richtig verstehe: Denn selten gibt es von etwas „die" wahre Geschichte.

26 Rühmliche, aber auch problembewusste Ausnahme ist der in Anm. 1 genannte Artikel von Hans-Eduard Tödt.

27 Im Übrigen nähert Marx, das sei kritisch hinzugefügt, die spezifisch menschliche Geschichte sehr der biologischen Naturgeschichte, der Evolution, an. Darin war er Kind seiner Zeit, und die entsprach seiner materialistischen Tendenz. (Vgl. K. Marx, Werke I, Darmstadt 1971, 604.) Die enge Parallelisierung von Naturevolution und Geschichte ist aber heute noch, im naturwissenschaftlich geprägten popu-

lären Bewusstsein, gang und gäbe, obwohl der Evolutionsforscher Teilhard de Chardin (1881–1955) die Entwicklung der „Biosphäre“ von derjenigen der „Noosphäre“, also des kulturellen Bereichs, wenn auch in Bezug setzend, deutlich abgesetzt hat. (Pierre Teilhard de Chardin, Le phénomène humain, Paris 1955; dt. Der Mensch im Kosmos, Olten 1959) Es soll hier lediglich vorbereitend auf den Unterschied beider Evolutionen hingewiesen werden. Wo im Folgenden immer von „Evolution“ oder „Entwicklung“ der Demokratie die Rede sein wird, ist diese zwar in entfernter Analogie, doch in grundsätzlich anderem Sinn als dem einer Evolution der Vogelwelt aus der Fischwelt oder des Homo sapiens aus dem Reich der Primaten gemeint.

28 Rencontre-Lexikon in 20 Bänden (Lizenzausgabe von dtv), Lausanne o. J. , Bd. 3, 265.

29 Helmut Creutz, Das Geldsyndrom. Weg zu einer krisenfreien Wirtschaft, 6. Auf., Düsseldorf 2003.

30 Als Beispiel: Ernst Fraenkel, Strukturdefizite der Demokratie und deren Überwindung (zuerst in: Das Parlament, 26. Februar 1964): „Das Unbehagen an unserer Demokratie dürfte nicht zuletzt darauf zurückzuführen sein… . (Nachdruck in: Demokratisierung in Staat und Gesellschaft, hg. von M. Greiffenhagen, München 1973, 99).

31 Der Soziologe Helmut Schelsky sprach von „institutioneller Dauerreflexion“, die geleistet werden müsste: Zur soziologischen Theorie der Institution, in: Zur Theorie der Institution, hg. v. H. Schelsky, 3. Aufl. Düsseldorf 1973. Dauerreflexion ist jedoch, wie jeder weiß, nicht in jedem Fall auch effizient. Die Möglichkeiten effizienter gesellschaftlicher Dauerreflexion gilt es hier zu untersuchen.

32 Es sei noch einmal an das Anm. 2 genannte Buch „Der Moloch“ erinnert, das hier lediglich zur Infragestellung eines Demokratie-Triumphalismus amerikanischer Prägung herangezogen wird, selbst wenn Einzelheiten überzogen sein mögen. Über die Ex-Kolonialmächte Großbritannien und Frankreich könnte Ähnliches angeführt werden. Es geht jedoch nicht um nationale Aufrechungen, sondern allein um das Demokratieproblem.

33 Thomas Mann, On Myself, Klappentext zur Neuausgabe der Betrachtungen eines Unpolitischen (1919), Frankfurt a.M. 1988.

34 Es scheint mir wichtig zu sein, diese verheerenden zwölf Jahre mit 50 Millionen Toten, ungezählten Verletzten, Ausgebombten, flüchtenden Menschen und einer unfassbaren Zerstörung an Kulturgütern weder als kleinen „Ausrutscher“ zu verharmlosen noch als Konsequenz einer deutschen „Geistesgeschichte“ darzustellen, etwa gar den besten deutschen Traditionen wie dem deutschen Idealismus zur Last zu legen. Wesentlich handelt es sich um ein systemtheoretisches Problem, für das im Folgenden das Analyse-Instrumentarium bereit gestellt werden wird: die besonders in der von Hause aus kulturellen Einheit Deutschlands seit der Reichsgründung zustande gekommene Übermacht der politischen Machtebene (mitsamt der Wirtschaft) über Kultur und Grundwerte. Vgl. dazu v. Verf., Gastfreundschaft der Kulturen, Essen 1994. Vom Historischen her sieht es ähnlich: Sebastian Haffner in mehreren seiner Bücher: Von Bismarck zu Hitler; Germany: Jekyll & Hyde:1939 – Deutschland von innen betrachtet; Geschichte eines Deutschen. Die Erinnerungen 1914–1933.

35 Beide Katastrophen sind im allgemeinen nationalen Bewusstsein bei weitem nicht gebührend verinnerlicht und werden eher vertuscht von denen, die „den Deutschen“ obrigkeitshörig sehen oder gar halten wollen. Für die ungeheuren Vorgänge von 1918/19, welche die deutsche Sozialdemokratie gern verdrängt, sei empfohlen:

Sebastian Haffner, Der Verrat. Deutschland 1918/1919, 3. Aufl. Berlin 1995. Der Historiker Christian Meier übergeht in seiner in vielen Punkten denkwürdigen Geschichte des Parlamentarismus die gewaltsame, teils verräterische Niederschlagung dieser beiden Revolutionen, um dann über die Weimarer Demokratie zu sinnieren: „Was es ausmachte, daß die parlamentarische Tradition von der Kaiserzeit her nicht sehr stark war; daß das Parlament – ganz anders als das englische, auch das französische – in den Erwartungen des Volkes nicht wirklich verankert war; daß dahinter nicht eine lange Geschichte sei es des parlamentarischen Kampfes um Recht und Regierung, sei es der Revolution, kein Sieg des Parlaments stand; daß schließlich die Verfassung dem Reichtag die Verantwortung für den Staat vorenthielt? Das ist schwer zu sagen"(Die parlamentarische Demokratie, München 2001, 96). Ähnlich verkleinert Meier die Probleme des gegenwärtigen deutschen Parlamentarismus.

36 Henning von Löwis of Menar/Peter A. Weilemann, Dokumentation Demokratie in der Geschichte, in: Schlagworte wörtlich. Was ist Demokratie?, Percha 1980 (Verlag R.S. Schulz), 47–59.

37 Auf die Frage eines ursprünglichen Matriarchats oder einer Gleichstellung der Geschlechter kann ich hier nicht eingehen, ohne vom Weg abzukommen und meine Kompetenz zu überschreiten. Hingewiesen sei auf Heide Göttner-Abendroth, Das Matriarchat, bisher Bd. 1 u. 2, Stuttgart 1988/1990; dieselbe/Kurt Derung, Matriarchat als herrschaftsfreie Gesellschaft, München 1997.

38 Es würde zu einem demokratisch wie zugleich spirituell aufgeklärten Bewusstsein gehören, jedem Volk seine Art von (vielleicht zeitlich begrenzter) Auserwähltheit zuzugestehen und diese zu respektieren. Zur spirituellen Sicht dessen: Alice A. Bailey, Schicksal und Aufgabe der Nationen, 2. Aufl. Genf 1977 (engl. 1949: The Destiny of Nations).

39 Heinrich Heine, Zur Geschichte der Religion und Philosophie in Deutschland, Paris 1832, 2. Aufl. 1852, Drittes Buch (gegen Schluss der Schrift).

40 Eine sympathisierende und nachdenkliche Analyse der amerikanischen Demokratie – vor Bush jr. – bietet Werner Peters, The Existential Runner: Über die Demokratie in Amerika, Eggingen 1992. „Die Erweiterung der politischen Institution Demokratie zu einer Lebensart, diese Totalität des demokratischen Wesens, ist die eigentliche amerikanische Revolution, die uns mitreißt" (XVI). Allerdings dann: „Ein Hauptthema dieses Buches ist die Sorge, daß die Demokratie an ihren eigenen Tugenden zugrunde geht (...), weil von ihnen maßloser Gebrauch gemacht wird. (...) Ihre absolute Herrschaft ist gleichbedeutend mit dem Verfall der Demokratie" (XVII). Das sehe ich anders: Eine Demokratie, die ihre Tugenden nicht „nachhaltig" institutionalisiert, hat grundlegende Systemfehler, die sich durch Tugendappelle nicht beheben lassen. – Werner Peters war übrigens der Gründer der „Partei der Nicht-Wähler" Mitte der neunziger Jahre in Nordrhein-Westfalen. Dieses sein Notbremsen-Engagement für die größte „Partei" in fast allen Staaten der Welt spricht eine andere Sprache. Diese Linie werden wir hier sozialtheoretisch weiterverfolgen!

41 Für die Wirtschaft, besonders für deren militärisch-politische Sparte, „das Planungssystem", sind Kriege die großen Erneuerer, erstens weil sie reichlich Geldkapital „verwerten", um fremdes Sachkapital zu zerstören, zweitens nach dem Krieg zum Wiederaufbau neues Kreditkapital erforderlich machen. Wo Inflationen überhand nehmen, muss den Großen die Flucht in die Kapitalwerte, besonders in Boden, möglich sein, um alles bestens zu überstehen. Besser, als es betroffene Normalbürger könnten. – Über den Nutzen der Kriege für die amerikanische Wirtschaft, han-

delt K. Deschner mehrfach in seinem oben angeführten Werk. Über „Planungssystem" und „Großkonzerne" als blinde Flecken der neoliberalen Ökonomie handelt vorzüglich: John K. Galbraith, Wirtschaft für Staat und Gesellschaft, München 1974 (orig.: Economics & the Public Purpose, 1973).

42 *The Arrogance of Power* von J. William Fulbright (1966) bezieht sich primär auf das Machtstreben der Nationen und beginnt mit folgender, heute besonders aktueller Feststellung: „Es gibt zwei Amerikas (...): Das eine ist großzügig und human, das andere engherzig und egoistisch; das eine ist selbstkritisch, das andere selbstgerecht; das eine ist vernünftig, das andere romantisch; das eine hat Humor, das andere ist feierlich; das eine ist suchend, das andere autoritativ; das eine ist gemäßigt, das andere von leidenschaftlicher Heftigkeit; das eine ist einsichtig, das andere im Gebrauch großer Macht arrogant"(dt. Die Arroganz der Macht, Reinbek 1982, 1).

43 Vgl. Anmerkungen 24 f.

44 Eckhard Jesse, Artikel „Staatsformen", in: Wörterbuch Staat und Politik, hg. von D. Nohlen, München 1996.

45 David Riesman, The Lonely Crowd, New Haven 1950; dt. Die einsame Masse, Darmstadt 1956.

46 Immmanuel Kant, Zum ewigen Frieden (1795).

47 Bernd Guggenberger, in: Wörterbuch Staat und Politik, a.a.O., Artikel Demokratietheorie.

48 Hamilton/Madison,/Jay, The Federalist Papers, 1787/88; dt. herausgegeben, übersetzt und eingeleitet von Barbara Zehnpfennig, Darmstadt 1993. – „Die *Federalist Papers* sind der erste und nach wie vor maßgebende Kommentar zur Verfassung der Vereinigten Staaten von Amerika und der ihr zugrunde liegenden politischen Theorie. Verfasst wurden die *Federalist Papers* von Alexander Hamilton, James Madison und John Jay. Mit ihnen wollten die Autoren Partei für die neue Verfassung der Vereinigten Staaten ergreifen"(M. Schmidt a.a.O., 110).

49 M. Schmidt, a.a.O., 214 ff; zur Kritik s. ebd., 233 ff.

50 Ebd. 227.

51 Ebd. 242.

52 Ebd. 251. – Die einzelnen Literaturangaben finden sich bei Schmidt.

53 Zu Otfried Höffes Werk „Demokratie im Zeitalter der Globalisierung", München 1999 vgl.. ausführlich J. Heinrichs, Wo steht die Sozialphilosophie heute?, in: Philosophischer Literaturanzeiger 4/2000, 403–407.

54 N. Luhmann, Legitimation durch Verfahren, Neuwied 1969, 196.

55 Ebd., 292.

56 Vergleiche auch die obige Frage zu Schumpeters „Mehrheitswillen".

57 Während die Bezeichnung „Theorien" für die meisten Positionen zu schmeichelhaft ist, findet die Auseinandersetzung mit der bedeutenden Strömung für „Direkte Demokratie" in Schmidts Buch erst unter „Vergleichende Demokratieforschung" statt (355–374) und würde theoretische Vertiefung verdienen. Zu diesem Thema siehe unten, Kap. IX.

58 Als neueres kennzeichnendes Beispiel: Fritz Scharpf, Regieren in Europa. Effektiv und demokratisch?, Frankfurt – New York 1999.

59 Ebd., 294 f.

60 Für Illusion halte ich die Tendenz mancher empirischer Soziologen, sie könnten ganz ohne philosophisch-grundbegriffliche Grundlagen und deren ständige Besinnung darauf Soziologie betreiben, ebenso aber von Sozialphilosophen, die meinen, sie könnten sich der konkreten sozialtheoretischen Fragen entheben. Sozialphilosophie und Soziologie (vor allem theoretische) sind nur durch die verschiedene Ak-

zentuierung der Pole Begriff und Erfahrung im Rekonstruktionsgeschehen unterschieden.

Kapitel III

61 Über das Verhältnis der Reflexions-Systemtheorie zu Parsons habe ich zuerst in meiner Frankfurter Vorlesung „Leitfaden zur Sozialphilosophie" (1975), dann knapper in „Reflexion als soziales System" (1976) bereits Rechenschaft gegeben. Ausführlicher und in dieser Sache korrekt findet sich das in der Dissertation von Michael Opielka, Gemeinschaft in Gesellschaft. Elemente einer Soziologie der Viergliederung gesellschaftlicher Integration, Berlin 1996, ISÖ-Arbeitspapier 6/96 nachgezeichnet, wenngleich die wichtigen Untergliederungen von meinen damals schon vorliegenden, im folgenden Kap. IV modifizierten Vorschlägen teilweise diskussionslos abweichen, als habe es sie nicht gegeben. Solche Abweichungen wären eine Frage der wissenschaftlichen Sachdiskussion, wenn Opielka nicht schon in der Dissertation eine Tendenz erkennen ließe, die dann in zahlreichen Aufsatzveröffentlichungen eklatant wurde: die ganze reflexionstheoretische Sichtweise *plagiatorisch* als seine eigene Errungenschaft für „die Soziologie" auszugeben, die dieser Blender aus Eigeninteresse scharf gegen die bloß „sozialphilosophischen" Grundlagen abgrenzen möchte. Ich verwahre mich auch an dieser Stelle gegen diese wissenschaftliche Piraterie.

62 Eine was-hafte intellektuelle Selbstanschauung ist etwaigen göttlichen Wesenskräften vorbehalten. Der gegenwärtige Mensch kann seine Washeit, sein Wesen und sonstiges Sosein, nur bruchstückhaft und indirekt im Spiegel des Anderen sowie seiner Geschichte erkennen.

63 Der philosophischen Linie „Selbstreflexion" trat in der Neuzeit ein neuer Objektivismus der empirischen Wissenschaften vermittlungslos gegenüber. – Hier liegt auch der blinde Fleck von „Visionen" wie der von Ray Kurzweil, Homo s@piens. Leben im 21. Jahrhundert – Was bleibt vom Menschen? Köln 1999.

64 Zur Unterscheidung eines physischen von einem geistigen Informationsbegriff, die beide im menschlichen Gehirn wie im Computer zusammenhängen, aber dennoch oder gerade deshalb, um diese Übersetzungleistung zu würdigen, scharf unterschieden werden müssen, siehe J. Heinrichs, Ökologik, Frankfurt 1997, 63 ff.

65 Auch die Analogie zwischen Leben und Subjektivität wurde – genau unter dem Gesichtspunkt von Reflexivität – bereits genial erkannt von Thomas von Aquin, Summa contra gentiles, Buch IV, Kap. 11. Ähnlich findet sich ein Fortschreiten von Leben zu Selbstbewusstsein in G.W.F. Hegels Phänomenologie des Geistes, Kap. III und IV. Erst in der neuzeitlichen Philosophie wird der Reflexionsgedanke systembildend. Man kann die neuzeitliche Philosophie verstehen als die methodische Selbstentfaltung der Reflexion, und diese wird in diesem Buch ausdrücklich für das soziale Leben vollzogen.

66 Dies ist aber schon an anderer Stelle vergeblich geschehen. Der sorgfältig argumentative Grundlagendiskurs findet nämlich gerade heute, im Zeitalter des inflationären Diskurs-Geredes, nur in Dekadenzformen statt. Im geistes- und sozialwissenschaftlichen Bereich jedenfalls gibt es den Diskurs als Argumentation kaum noch irgendwo so intensiv, dass er gegen die bequemen Vorurteile ankäme. Vgl. Heinrichs, Reflexion als soziales System, bes. § 14. Kommunikative Inkompetenz des Diskurses; Die Logik der Vernunftkritik, Tübingen 1986 (UTB).

67 Johann Gottlieb Fichte, Werke I, Nachdruck Berlin 1971, 175. Dieter Henrich hat dagegen „Fichtes ursprüngliche Einsicht" (Frankfurt 1967) darin sehen wollen,

dass dieser Zirkel nicht existieren könne. Das ist – auch nach dem Urteil ausgewiesener Fichte-Spezialisten wie Reinhard Lauth und Wolfgang Janke – schon als Fichte-Interpretation irrig.

68 Dazu: Der Dialogbegriff am Ende des 20. Jahrhunderts, hg. vom Hegel-Institut Berlin e.V., 1995, u.a. mit einem Beitrag des Verf.: Dialektik oder Dialogik?

69 In Karl Jaspers Philosophie heißt dieses Unendliche „das Umfassende". Dabei müssen jedoch, noch mehr als beim „Unendlichen", alle räumliche Umfangs-Vorstellungen abgewehrt werden. Auch das Unendliche ist keinesfalls ein „Immer weiter" (das „schlecht Unendliche" in Hegels Sprache), sondern ein „aktuell Unendliches", das immer schon vom menschlichen Geist erreicht ist.

70 Bei Kant auch unendlicher „Horizont" genannt, bei K. -O. Apel „Apriori der Kommunikationsgemeinschaft". Vgl. Karl -Otto Apel, Transformation der Philosophie, 2 Bände, Frankfurt/M. 1976, bes. Bd. 2: Das Apriori der Kommunikationsgemeinschaft.

71 Martin Buber, Ich und Du (zuerst 1923), in: Das dialogische Prinzip, Heidelberg 1965: „Geist ist nicht im Ich, sondern zwischen Ich und Du. Er ist nicht wie das Blut, das in dir kreist, sondern wie die Luft, in der du atmest. Der Mensch lebt im Geist, wenn er seinem Du zu antworten vermag" (41).

72 Von diesen ideellen Konkretions-Schichten des Sinn-Mediums sind nochmals die materiellen Zeichenträger als Ausdrucks-Medien zu unterscheiden. Vgl. Heinrichs 1981, 22 u.ö.

73 Ferner kommt eine angeblich durch Kant begründete Ablehnung von Ontologie dazwischen. Vgl. v. Verf. außer „Ökologik" (1997) die Artikel. „Ontologie", „Person", „Sinn", in: Theol. Realenzyklopädie, Bd. 25–31, Berlin 1995 ff), wo der Leser einschlägige Literatur aufgeführt findet. Zur Situation der Philosophie allgemein: Philosophie am Scheideweg, Wien 2002.

74 Diese schwierige Frage nach dem Status des „kleinen Ich" sowie die davon streng zu unterscheidende Frage der bleibenden Bedeutung der Individualität wird vom Verf. näher, wenngleich auch dort nicht erschöpfend, diskutiert in: Philosophische Fragen an Ken Wilbers transpersonalen Denkansatz (s. Anm. 108). – Anstelle der reichhaltigen, aber unbefriedigenden Fachliteratur über „Selbstbewusstseinstheorien" sei hingewiesen auf Wolfgang Janke, Artikel „Individuum/Individualismus", in: Theol. Realenzykplädie, Bd. 16, 117–127.

75 Dies ist die Kurzcharakteristik von Sprache, wie sie sich aus meiner Sprachtheorie ergibt, die unter dem Titel „Reflexionstheoretische Semiotik", Bd. 2: Philosophische Grammatik der semiotischen Dimensionen etwas versteckt wurde, Bonn 1981. Diese komplexe „Grammatik" harrt noch auf eine computersprachliche „Übersetzung" und Auswertung.

76 Herleitung von Selbstbewusstsein aus der tierischen Signalsprache vesucht George Herbert Mead in: Mind, Self, Society (1934) , dt. Geist, Identität und Gesellschaft, Frankfurt a.M. 1973. Animalische Wechselwirkung und quasisoziale Spiegelung kann durchaus die evolutive Emergenz der Selbstreflexion provoziert haben. Es gibt aber keine Ableitung des Selbstbewusstseins aus animalischer Interaktion – noch aus humaner Interaktion, was ein schlechter Gedankenzirkel wäre: Das Selbst aus der Interaktion von Selbsten herzuleiten.

77 Max Weber, Wirtschaft und Gesellschaft, Erstausgabe 1922, § 1. Auch in: M. Weber, Soziologische Grundbegriffe, hg. von J. Winckelmann, 4. Aufl. Tübingen 1978.

78 Ausführlich zur Handlungssystematik vgl. J. Heinrichs, Reflexionstheoretische Semiotik. Teil 1: Handlungstheorie, Bonn 1980. – Zu den erwähnten „semiotischen Ebenen" Sprache und Kunst vgl. derselbe, Handlung – Sprache – Kunst – Mystik, in: Kodikas/Code 6 (1983) 245–265.

79 Der Chemiker, Physiker und Mathematiker Peter Plichta kritisiert auch als Naturwissenschaftler dieses Offenlassen der Warum-Frage durch die herrschende Art der Naturwissenschaft: Das Primzahlkreuz, 2 Bände, Düsseldorf 1991.

80 Gemeint sind vor allem die Ausdrücke: technisches oder instrumentales, strategisches und kommunikatives Handeln, die in Habermas' Hauptwerk *Theorie des kommunikativen Handelns*, 2 Bde, Frankfurt 1981 wie in vorhergehenden Schriften eine große Rolle spielen. Der darin ebenfalls zentrale Begriff des „dramaturgischen Handelns" gehört nach meiner Systematik in das „Ausdruckshandeln" (vierter Handlungsstamm in der Handlungstheorie) und spielt in der folgenden sozialen Systematik keine primäre Rolle. In puncto „technisches" und „instrumentales" Handeln gibt es bei Habermas die Zweideutigkeit, ob ein objektbezogenes Handeln (objektiv-physisches Handeln) oder eine Stufe des sozialen Handelns (das Behandeln des Anderen) gemeint ist. Nach der Dichotomie von „Arbeit und Interaktion", von der Habermas ursprünglich (in: Technik und Wissenschaft als ‚Ideologie', Frankfurt 1968) ausging, wäre Arbeit als technisch-instrumentales Handeln ein „sozialer Objektbezug" (Heinrichs 1980), keine Stufe des sozialen Handelns. Doch dies sind Differenzierungen, die über Habermas' Ad-hoc-Systematik hinausgehen.

81 Vgl. Watzlawick/Beavin/Jackson, Menschliche Kommunikation, 4. Auflage, Bern-Stuttgart-Wien 1974. – Friedemann Schulz von Thun, Miteinander reden. Störungen und Klärungen, 2 Bände, Reinbek 1981,1989,1999.

82 Diese gemischten Intentionalitäten wurden in meiner genannten Handlungstheorie (Reflexionstheoretische Semiotik, Bd. 1) leider noch zu wenig berücksichtigt, um erst einmal die Systematik als solche herauszuarbeiten.

83 Ich behaupte aus einiger Erfahrung, dass von hundert Studenten, die Habermas oder Luhmann zitieren, kaum einer einigermaßen adäquat versteht, worum es eigentlich und im Einzelnen geht. Diese Überforderung hat Methode und eine verschleiernde Funktion, das Gegenteil der beanspruchten Aufklärung.

84 Für die ursprüngliche Debatte steht: Jürgen Habermas/Niklas Luhmann, Theorie der Gesellschaft oder Sozialtechnologie – Was leistet die Systemforschung?, Frankfurt/M. 1991. – Der Begriff „Lebenswelt" durchzieht Habermas' späteres Hauptwerk „Theorie des kommunikativen Handelns", 2 Bände, Frankfurt/M. 1981. – Die Verabschiedung des Handlungs- und Subjektbegriffs findet sich u.a. in Luhmann, Soziale Systeme. Grundriß einer allgemeinen Theorie, Frankfurt/M.1984. Es ist alles schon auf den ersten Seiten vorentschieden: „Ebenso ‚schief' liegt der Versuch, auf der Grundlage von Interaktionstheorien allgemeine Theorien des Sozialen zu konstruieren"(17). – „Als Ausgangspunkt jeder systemtheoretischen Analyse hat, darüber besteht heute wohl fachlicher Konsens, die Differenz zwischen System und Umwelt zu dienen" (35). Es wird also ein Etwas, beim frühen Luhmann ein „Sinnzusammenhang", „System" genannt, bloß sofern man es – sozusagen umfangslogisch – von einer Umwelt unterscheiden kann. Demgegenüber wird im Obigen ein soziales System in seiner Genese aus Handlungen rekonstruiert werden.

85 In Luhmanns früher Schrift „Sinn als Grundbegriff der Soziologie" (in: Habermas/Luhmann, Theorie der Gesellschaft oder Sozialtechnologie, Frankfurt/M. 1971) wird der von Husserl selbst herkommende Objektivismus im Sinnbegriff bereits deutlich. Der dialektische Entstehungszusammenhang zwischen „objektiver" Sinnwelt und handelnden Subjekten wird nicht thematisiert. Derselbe „Husserlsche" Mangel haftet dem brillanten und einflussreichen Buch „Die gesellschaftliche Konstruktion der Wirklichkeit" von Peter L. Berger u. Thomas Luckmann, Frankfurt/M. 1969, an.

86 Ähnlich wie mit „Reziprozität der Perspektiven" ist mit „Perspektivenübernahme und soziales Handeln. Texte zur sozial-kognitiven Entwicklung", hg. von Dieter

Geulen, Frankfurt/M. 1982, nicht das Entscheidende thematisiert, um das es hier geht: um praktische Systembildung durch Handeln, nicht bloß um „kognitive Entwicklung". Ähnlich sehe ich in dem Sammelband „Kommunikation und Reflexion. Zur Diskussion der Transzendentalpragmatik. Antworten auf K.-O. Apel", hg. von Wolfgang Kuhlmann und Dietrich Böhler, Frankfurt/M. 1982, in keiner Weise eine praktische Reflexion thematisiert. Apel würde, wie ich in einer Diskussion mit ihm bestätigt fand, den theoretischen Diskurs nicht so hoch stellen, wenn er Einsicht in Kommunikation und Dialog als praktische Reflexion hätte. – Die praktische Reflexion braucht nicht auf jeder Stufe reziprok zu sein, wie in der nachfolgenden Stufung deutlicher wird. „Reziprozität der Perspektiven" ist in mehrfacher Hinsicht zu unbestimmt-abstrakt, außerdem zu kognostivistisch. Es geht nicht um je-subjektive Perspektiven, sondern um praktische Systembildung.

87 K. Marx, Frühe Schriften I, Darmstadt 1971, 495: „Ihr vergeßt, daß der wirkliche Lebenskeim des deutschen Volkes bisher nur unter seinem Hirnschädel gewuchert hat." Die Fehleinschätzung des Diskurses stellt eine neuerliche Wucherung dar.

88 In J. Heinrichs, Reflexion als soziales System, 42 ff wird das Gedankenexperiment des Aneinanderdenkens gewählt, das noch strengere Beweiskraft hat, aber mit der Fiktion eines vermittelnden Dritten arbeiten muß, um die Stufen des gegenseitigen Wissens voneinander konkret unterscheidbar zu machen.

89 Ich sehe mich in Übereinstimmung mit dem Kommunikationspsychologen Friedemann Schulz von Thun, Miteinander reden, 3 Bde.1981–1998. Der Autor unterscheidet in Bd. 1 – entsprechend meiner Sprachpragmatik – vier „Ohren", mit denen kommuniziert wird: 1. das Sach-Ohr, 2. das Selbstoffenbarungs-Ohr, 3. das Appell-Ohr, 4. das Beziehungs-Ohr. (Nur die Reihenfolge wurde gemäß der Reflexionsstufung hier geändert.)

90 Für fachlich Interessierte sei auf ein kürzlich auch in Deutsch erschienenes Buch des amerikanischen Sprechakttheoretikers John Searle, Die Konstruktion der gesellschaftlichen Wirklichkeit. Zur Ontologie sozialer Tatsachen, Reinbek 1997, hingewiesen, in welchem der Begriff einer „kollektiven Intentionalität" eine grundlegende Rolle für alles Soziale spielt. Allerdings liegt in der fehlenden Herleitung oder Erklärung der kollektiven Intentionalität auch der entscheidende Schwachpunkt des Buches. Den obigen dialogisch-reflexionstheoretischen Analysen gegenüber wirken Searles Beteuerungen über „kollektive Intentionalität" schlicht dogmatisch: „Es ist tatsächlich der Fall, daß mein gesamtes geistiges Leben sich innerhalb meines Gehirns vollzieht und daß dein gesamtes geistiges Leben sich innerhalb deines Gehirns vollzieht und dies für jedermann gilt. (...) Die Form, die meine kollektive Intentionalität annehmen kann, ist einfach ‚wir haben die Absicht', ‚wir machen das und das' und dergleichen. In solchen Fällen beabsichtige ich nur als Teil unseres Beabsichtigens. Die Intentionalität, die in jedem individuellen Kopf steckt, hat die Form, wir beabsichtigen'"(36). Nicht daß diese Aussagen falsch wären, sie unterdrücken lediglich die wesentliche Frage, wie denn Gemeinsamkeit der Intentionen zustande kommt. Auch die Rolle der Sprache, die ja offensichtlich (wenngleich nicht ausschließlich) der Herstellung der Gemeinsamkeit dient, wird von dem Sprechakttheoretiker Searle gerade hier völlig ausgeblendet. Die gehirn-materialistische Ausdrucksweise verdeckt die tatsächlich vorliegende Mystifizierung: In welchen und wievielen Gehirnen kommt denn diese „ursprüngliche" Identität aufgrund wovon zustande und wieweit reicht sie? Wenn Searle nicht die Untersuchung der Reflexionsstruktur dieser gemeinschaftlich hergestellten Intentionalität abschneiden würde, könnte er seine originelle, an der Basisinstitution Sprache orientierte Institutionentheorie wesentlich anreichern – wie zugleich die viel rezipierten, doch wenig

geprüften Unterscheidungen der Sprechakttheorie logisch stringenter gestalten. – In der Entwicklungspsychologie und genetischen Erkenntnistheorie von Jean Piaget dürfte dagegen der an Searle kritisierte Monologismus überwunden sein, obgleich Piaget den subjekt-psychologischen Gesichtspunkt verfolgt und nicht über die Konstruktion des Sozialen als solchen handelt: eine recht paradoxe Situation. Vgl. zusammenfassend Jean Piaget, Meine Theorie der geistigen Entwicklung, Frankfurt/.M. 1988.

91 Siehe näher meine „Ökologik", 129 ff. – Kants „Urteilskraft" ist allerdings, sofern sie über die Urteilskraft innerhalb der „reinen" theoretischen Vernunft hinausgeht, mit diesem Wertungsvermögen gleichzusetzen!

92 Der humanistische und transpersonale Psychologe Abraham Maslow hat zuerst eine „Theorie der menschlichen Motivation" aufgestellt, die allerdings hier reflexionstheoretisch etwas korrigiert wird. Vgl. A. Maslow, Motivation und Persönlichkeit, Frankfurt a.M., 1981.

93 Emile Durkheim, Regeln der soziologischen Methode, 6. Aufl. Neuwied 1976 (frz. Erstausgabe Paris 1895). – Eine philosophische Systematik der Letztwerte soll hier nicht *en passant* versucht werden.

94 Karl Albrecht Schachtschneider, Res publica res populi, Berlin 1994; als ganz um diese Thematik kreisendes Manuskript durfte ich einsehen: Die Freiheit in der Republik, 2003. Schachtschneiders Gedankengänge sind um so bemerkenswerter, als sie nicht „freischwebende" Philosophie, sondern konkret juristische Auseinandersetzung darstellen.

95 Die Liebe buchstabieren, 2. Aufl. 1994. Für den jetzigen Zusammenhang sei vor allem auf die Artikel „Einheit", „Eros", „Agape", „Sexualität" sowie (für systematische Bedürfnisse) auf den zusammenfassenden Essay „Liebe und Leidenschaft" im Anhang hingewiesen.

96 Die Liebe buchstabieren, 66 f.

97 Den Ausdruck „Reflexionslogik" verwende ich im gleichen Sinne wie der Philosoph und Logiker Gotthard Günther. Außer dem schon angeführten Aufsatz seien von seinem noch immer nicht vollständig erschienen Werken genannt: Idee und Grundriss einer Nicht-aristotelischen Logik, zuerst 1959, 2. Aufl. Hamburg 1978; Beiträge zur Grundlegung einer operationsfähigen Dialektik, bisher 3 Bände, Hamburg 1976,1979,1980; Das Bewusstsein der Maschinen, 2. Aufl. Krefeld u. Baden-Baden (Agis Verlag).

98 Dazu bisher am ausführlichsten (im Dialog mit Fichte): J. Heinrichs, Reflexion als soziales System.

99 Hans Wagner, Philosophie und Reflexion, München – Basel, 2. Aufl. 1967, 40 f.

100 Hegel unterscheidet in seiner Wissenschaft der Logik „innere", sonst auch „immanentes Leben der Dinge" genannte, und „äußere Reflexion". – Fichte legt, besonders in seiner Anweisung zum seligen Leben (1806) großen Unterschied auf die grundsätzliche Differenz zwischen „Leben" und „Philosophie", wobei er zumindest endliches personales Leben als reflexives versteht. Freilich gibt es bei beiden Denkern und – leider – zwischen ihnen terminologische Unklarheit und Missverständnisse.

101 G.W.F. Hegel, Einleitung zur Phänomenologie des Geistes, Hamburg 1952, 64.

102 Karl Jaspers, Über meine Philosophie (1941), in: Das Wagnis der Freiheit, München-Zürich 1996, 57 f.

103 Hiermit präzisiere oder korrigiere ich meine Aussagen in § 16 von Reflexion als soziales System: „Hegels Sozialphilosophie bringt bereits eine Reflexions-Systemtheorie zur Darstellung." Ich wollte seinerzeit eine aktuelle, handlungs- und refle-

xionstheoretische Verständnisbrücke zu Hegels Sozialphilosophie bauen, die der Präzisierung bedürfte.

104 Dazu näher vom Verf., Reflexion als soziales System, § 17 sowie zuletzt in Philosophie am Scheideweg, 26–32.

105 Niklas Luhmann, Reflexive Mechanismen, in: Soziologische Aufklärung. Aufsätze zur Theorie sozialer Systeme, Bd. 1, 5. Aufl. Opladen 1984.

106 Niklas Luhmann, Soziale Systeme. Grundriß einer allgemeinen Theorie, Frankfurt a.M. 1984, 51. 32 f.

107 Gotthard Günther, Das Bewusstsein der Maschinen. Eine Metaphysik der Kybernetik, 2. Aufl. Krefeld u..Baden-Baden 1963.

108 Siehe dazu vom Verf., Der Einstein der Bewusstseinsforschung? Philosophische Fragen an Ken Wilber transpersonalen Denkansatz, in: Die Seele im Dialog, hg. von Michael Utsch/Johannes Fischer, Münster 2003. – Wilber will kein New-Age-Philosoph sein, gilt aber als der neue „Jugendphilosoph", der philosophia perennis mit dem Schaumlöffel serviert. Ob diese anstrengungslose Weisheit der Jugend mit alteuropäischem Hintergrund auf Dauer munden kann?

109 Rudolf Steiner, Die Kernpunkte der sozialen Frage, zuerst 1919, hier Dornach 1961, 48 f.

110 Als Beispiel zitiere ich Christoph Strawe, Dreigliederung und Viergliederung. Eine Antwort auf Johannes Heinrichs, in: Rundbrief Dreigliederung des sozialen Organismus 1/2002, 16: „Das Verhältnis von Systembegriff und Organismusbegriff scheint ein ungeklärter Punkt zwischen uns zu sein. Ein Organismus ist zwar ein System, nicht jedes System jedoch ist ein Organismus. (...) Denke ich Gesellschaft als ‚System', so bin ich selbst und jeder andere Mensch mitsamt unseren Handlungen nur ein Teil jenes komplexen Ganzen, dem wir eingegliedert sind. Denke ich die Gesellschaft als Organismus, dann kann ich erst sinnvollerweise die Frage stellen, ob die sozialen Strukturen in ähnlichem Sinne Instrumente menschlicher Betätigung sein können, wie der physische Organismus in all seinen Formierungen Instrument menschlichen Denkens, Fühlens und Wollens ist." Wieder einmal soll ein Vergleich mit dem physischen Organismus die nicht erklärte *differentia specifica* von „Organismus" gegenüber „System" ersetzen! Zudem ist noch einmal zu betonen: Die menschliche Person ist nach reflexionstheoretischer Sicht nicht „Teil" des sozialen Systems, nur ihre sozialen Handlungen. Das individuelle System, die Person als ganze, gehört durchaus – hier liegt ein Wahrheitskern bei Luhmann – zur Umwelt des sozialen Systems: Sie geht in ihm keineswegs auf. Ich spreche vielmehr von einer „gegenseitigen Implikation zweier Handlungssysteme", die nicht kongruent sind (Reflexion als soziales System, § 1).

111 Hans Herbert von Arnim, Das System. Die Machenschaften der Macht, München 2001.

Kapitel IV

112 Zitiert nach Heribert Prantls Rede zur Verleihung des Tucholsky-Preises, in: F. Hager (Hg.), Im Namen der Demokratie. Alle Staatsgewalt geht vom Volke aus, Darmstadt 1997, 23.

113 Alle Grundzahlen haben einen Sinn als Symbole für inhaltlich-logische (transzendendentallogische) Grundstrukturen. Vgl. dazu etwas mehr in meiner „Ökologik" (1997). Es gibt eine umfangreiche Literatur zum geistigen Sinn der Zahlen, in der aber leicht die Beziehung zum philosophisch Einsichtigen zugunsten willkürlicher

„Zahlenmystik" unterbrochen wird. Informativ: Heinz Lichem von Löwenbourg, Handbuch der Zahlen und Symbole, München 1993.

114 Mir ist keine Analyse des tierischen Spiels als Vorstufe des (von Schiller z.B. so hoch gepriesenen) menschlichen Spiels bekannt. Stattdessen nur Versuche, menschliche Sozialität auf tierisches Verhalten zu reduzieren. Auch hier wird der Unterschied zwischen reduktionistisch-enthüllender (alter) und konstruktiver (neuer) Aufklärung erkennbar.

115 Solche „Gottesbiologen" verbieten bis heute die Pille, die Sexualität als Ausdruck zwischenmenschlicher Lust, die Homosexualität insbesondere unter Ausbleiben eigener konstruktiver Vorschläge für Kultur der Liebe.

116 Treffend heißt es in Hans Magnus Enzensbergers Verteidigung der Wölfe gegen die Lämmer: „Brüderlichkeit herrscht/ unter den Wölfen:/sie gehn in Rudeln."

117 Eine Lehre von Interaktionsmedien findet sich – in Anschluss an den „Symbolischen Interaktionismus" zuerst in den Werken von Talcott Parsons, dann bei Niklas Luhmann und Jürgen Habermas. Allerdings werden (bei Parsons noch verzeihlich) formelle oder formalisierte Medien wie Geld und Recht von informellen Medium als Handlungsebenen überhaupt wie Macht, Vertrauen, Liebe nicht unterschieden. Durch solche Verwechslung kommt es bei den genannten Autoren nicht zu einer markanten Herausarbeitung der entscheidenden formellen Medien für die im folgenden unterschiedenen Systemebenen: Geld, Recht, Sprache, Grundprinzipien/Riten.

118 Zur Fiktion des Marktes recht lehrreich: John Gray, Die falsche Verheißung. Der globale Kapialismus und seine Folgen, Frankfurt a.M. 2001.

119 Hingewiesen sei nur auf: Karl Walker, Das Geld in der Geschichte, 2. Aufl. Zürich 1999; Helmut Creutz, Das Geldsyndrom. Wege zu einer krisenfreien Wirtschaft, 5. Aufl., Düsseldorf 2001. – J. Heinrichs, Sprung aus dem Teufelskreis (Neuauflage in Vorbereitung). Es gibt seit Ende des Ersten Weltkrieges Vorschläge, den Geldumlauf anders zu gewährleisten als durch den Zins: durch eine Lagerungsgebühr für zurückgehaltenes Geld, eine Art Negativzins, wodurch Geldinvestition der Geldwerterhaltung für den Darlehnsgeber dient. Der Unternehmer ist unter diesen Voraussetzungen der geborene Werterhalter des Geldes, während dieses ohne Zuverfügungstellung, also ohne verliehen und investiert zu werden, „altern" oder „rosten" würde (Silvio Gesell, Rudolf Steiner). „Freiwirtschaftler" in der Nachfolge von S. Gesell sprechen auch von einem „neutralen Geld" im Unterschied zu einem sich selbst vermehrenden Geld. Siehe: www.geldreform.de. Allerdings ist das „neutrale Geld" m.E. nicht allein durch eine Lagergebühr (Umlaufgebühr) für „gehortetes" Geld zu erreichen. Es bedarf darüber hinaus der gesetzlichen Unterbindung (statt positiven Sanktionierung) des Kapitallohns für „arbeitendes Geld", heute „Rendite" genannt. Dazu vorläufig vom Verf., Kann Geld doch arbeiten?, in: (r)evolution Nr. 6–8/2002.

120 Der angebliche Gegensatz zwischen „Unternehmern" und „Lohnabhängigen" ist nicht nur historisch überholt, sondern hat nie gestimmt. Schon K. Marx hat klar und höchst ausdrücklich zwischen Geldkapitalisten und produktiven Unternehmern unterschieden und letztere mit den Lohnabhängigen auf eine Seite gestellt: Beide müssen den Mehrwert oder die Rendite, den Kapitallohn, für den Kapitalbesitzer erwirtschaften. Vgl. Das Kapital, Bd. III, Kap. 23–25. Es ist eine bis heute höchst wirksame, tendenziöse Verschleierung der ganzen Debatte um „Arbeitgeber-Arbeitsnehmer", den Gegensatz zwischen Unternehmern und „Arbeitern" (Lohnabhängigen) sehen zu wollen – und diese schiefe Analyse Karl Marx zur Last zu legen. Die kleinen und mittleren Unternehmer sind ebenso, ja oft mehr Leidtragen-

de (Verlierer) des kapitalistischen Renditesystems als die meisten Lohnabhängigen. Mir ist das eigentliche Rätsel, wie es Gewerkschaftsführern und Arbeitgeberverbänden passieren kann, bis heute in diesem falschen Gegensatz als Grundlage ihrer Arbeitskämpfe gefangen zu bleiben. Zumindest die kleinen und mittleren Unternehmer müssten größtes Interesse daran haben, ihn zu enttarnen und sich selbst nicht auf die Seite des „Kapitals" stellen zu lassen. Produktive Unternehmer sind streng von Kapitalgebern (einschließlich Aktiengesellschaften) zu unterscheiden, die nur das Geld für ihre arbeitsfreien Einkommen (Rendite-Zinsen) „arbeiten" lassen. Diese wirtschaftsethischen Grundlagen können hier leider nur indirekt im Rahmen der Systematik bezüglich Wirtschaft und Politik zur Sprache kommen.

121 „Geld- und Bodenmonopol", dies war die kritische Kurzformel des genialen Soziologen Franz Oppenheimer (1864–1943), immerhin des „verehrten" und „geliebten" Doktorvaters von Ludwig Erhardt, in dessen Amtsräumen das Porträt Oppenheimers gehangen hat. – Als möglicher Einstieg: Bernhard Vogt, Franz Oppenheimer. Wissenschaft und Ethik der sozialen Marktwirtschaft, Bodenheim 1997 (Philo). – Bemerkenswerte Beiträge zu Oppenheimer, von Autoren wie Iring Fetscher und Kurt Biedenkopf finden sich ferner in dem Sammelband Wirtschaft und Gesellschaft. Franz Oppenheimer und die Grundlegung der Sozialen Marktwirtschaft, Bodenheim 1999. – Kurt Biedenkopf bemerkt autobiografisch: „Ich bin kein Schüler von Franz Oppenheimer, aber eine Art Enkel, wenn man die Männer und Frauen, die um Ludwig Erhard schon der der Zeit der 20er und 30er Jahre dieses Jahrhundert am Konzept der später sogenannten Sozialen Marktwirtschaft gearbeitet haben, zu seinen Schülern zählt"(Wirtschaftspolitik und soziale Frage, ebd. 297).

122 Vgl. etwa Gabler Wirtschaftslexikon, Wiesbaden, 12. Aufl. 1988, Art. „Sektoren der Volkswirtschaft".

123 Hier gilt der kommunikationswissenschaftliche Slogan von Marshall McLuhan: „The medium is the message". Das Medium wird zur Sache selbst, ja zur Hauptsache. Die Wirtschaft gerät von der ursprünglichen Lebensmittel-Versorgung und vom „Stoffwechsel mit der Natur" zum Geldspiel als solchem. Eine analoge Gefahr besteht für jedes der folgenden Medien: Recht, Sprache, Dogmen, insofern sie sich verselbständigen.

124 Immanuel Kant, Über den Gemeinspruch: Das mag für die Theorie richtig sein, taugt aber nicht für die Praxis, A 233 f. – Auch: Metaphysik der Sitten.

125 Dieser letzte Zusatz bedeutet: Zwar bedürfen die Grundrechte ihrerseits einer Fundierung im Sittengesetz – das schon genannte Anliegen K. A. Schachtschneiders (siehe oben). Aber es sind nur die gemeinsam anerkannten Grundwerte als Recht, d.h. in Bezug auf das äußere Handeln, welche unmittelbar die Grundlage ausmachen. Die weitere Begründung dieser Grundlage muss in einer pluralistischen Gesellschaft eine überkonfessionell-philosophische sein, sofern überhaupt eine einheitliche Begründung gesucht wird. In jedem Fall müsste eine dynamische Übersetzung von sittlichen Vorstellungen in Grundrechte auf demokratische Weise stattfinden – wozu in Kap. V ein wichtiger Vorschlag unter dem Titel „Grundwerteparlament" gemacht wird.

126 Diesen Gedanken einer Allgemeingültigkeit „westlicher" Grundlagen von Demokratie vertritt erfreulich offen: O. Höffe, Demokratie im Zeitalter der Globalisierung, München 1999, bes. 34 ff: Philosophie als Anwalt der Menschheit.

127 Charles-Louis Montesquieu wird leicht mit Michel de Montaigne (1533–1592) verwechselt. Eine einschlägige Auswahl aus dessen geistreichen Esssays bietet Hans Stilett, Justitias Macht und Ohnmacht. Michel de Montaigne für Juristen, Frankfurt 2000. „Sowohl das erstbeste uns in die Hände fallende Sammelsurium von Geset-

zen als auch deren oft höchst unangemeßne und ungerechte Anwendung nennen wir Recht" (44).

128 Max Weber hat in „Wirtschaft und Gesellschaft" (1922) und anderen Schriften eindringlich auf die wachsende Macht der Bürokratie als Kennzeichen des modernen Staatswesens hingewiesen.

129 Diese Kurzdefinition von Kultur versuche ich in Entwurf systemischer Kulturtheorie, 1998. Ich war dabei angeregt durch einen geistreichen, aber doch ungenauen Definitionsversuch von Bazon Brock: „Die Kultur ist die Natur des Sozialen" (Die Natur zivilisieren, in: Der Spiegel 16/1995, 216 f).

130 Näher dazu vom Verf., Entwurf systemischer Kulturtheorie, 1998.

131 Was unter „Integration" zu verstehen ist und wie sie sich zu schrittweiser „Assimilation" verhält, bleibt sehr unklar. Mit Gastfreundschaft der Kulturen (1994) habe ich dazu ein Modell vorgelegt, das wenigstens untergründig einen Einfluss auf die Politik gehabt zu haben scheint.

132 Robert Phillipson, Linguistical Imperialism, Oxford University Press 1992; Claude Hagège, Halte à la mort des langues, Paris 2000 (Odile Jacob).

133 Die aktuelle, sehr informative Publikation des Vereins: „Deutsch nix wichtig"? Engagement für die deutsche Sprache, hg. von Kurt Gawlitta und Fritz Vilmar, Paderborn (www.IFB-Verlag.de).

134 Dazu vom Verf., Handlung – Sprache -Kunst – Mystik. Skizze ihres Zusammenhangs in einer reflexionstheoretischen Semiotik, in: Kodikas/Code 6 (1983) 245–265; ders., Das Spiel mit den semiotischen Dimensionen im modernen Museum. Zur philosophischen Syntax neuer Kunst, in: Zeitschrift für Ästhetik und allgemeine Kunstwissenschaft XXV/2 (1980), 244–269. 289 f.

135 Selbst die von mir hochgeschätzte „Sozialgeschichte der Kunst und Literatur" von Arnold Hauser, München 1978 kennt diese Unterscheidung nicht als grundsätzliche, systemische. – Es würde zu weit abführen, darauf einzugehen, daß und warum dies auch in den die Moderne als Differenzierungsprozeß charakterisierenden und äußerst reichhaltigen Büchern „Die Kultur der Moderne" (2 Bände, Frankfurt/M. 1986) von Richard Münch kaum der Fall ist. Münch steht in der Nachfolge von Parsons unter „kulturprotestantischen" Voraussetzungen und sieht (mit Max Weber) im „asketischen Protestantismus" den Gipfel moderner Religiosität. – Für eine Auseinandersetzung mit Parsons' großem theologischem Zeitgenossen Paul Tillich zu diesem Thema vgl. Heinrichs, Sprung aus dem Teufelskreis, 1997, 231–254.

136 Diese Differenzierung von religiöser Weltanschauung und Kultur fehlt leider auch im Begriff des „Geisteslebens" bei Rudolf Steiner und den Anthroposophen, was für die sogenannte „Dreigliederung des sozialen Organismus" folgenreich ist. Die tatsächliche, bei den Anthroposophen leider nur unklar angezielte Dreigliederung von Staatlich – Öffentlich – Privat unten wird in Kap. IX ausführlich behandelt.

137 Paul Tillich, Die religiöse Substanz der Kultur, Ges. Werke, Bd. IX, Stuttgart 1967.

138 Richard Münch, Die Kultur der Moderne, Frankfurt a.M. 1986, 12.

139 Vittorio Hösle, Moral und Politik. Grundlagen einer politischen Ethik für das 21. Jahrhundert, München 1997.

140 Hans Küng, Weltethos, München – Zürich 1990, bes. 63–66.

141 Dieses Erfüllende oder Faszinierende mag zeitweise zugleich erschreckend sein. Der Religionswissenschaftler Rudolf Otto hat in seiner bekannten Studie „Das Heilige. Über das Irrationale in der Idee des Göttlichen und sein Verhältnis zum Rationalen" (1917) das mysterium tremendum (schauervolles Geheimnis) in Einheit mit dem mysterium fascinosum als durchgehenden Zug der Begegnung mit dem Heiligen ausgemacht.

142 Zu Person als Reflexionswesen vgl. aber vom Verf., Artikel „Person“, in: TRE, Bd. 26, Berlin 2000. – Die nicht ganz unwichtige Frage lautet darüberhinaus, ob auch der göttliche Logos, unbeschadet seiner Immanenz in Natur und Menschheit, im Universum, eine eigene Selbstreflexion hat. Eine Antwort darauf muss sich von einem vorstellungsmäßigen Theismus gedanklich wie emotional völlig abkopeln. – Wenn oben von einem „bornierten“ Art von Theismus die Rede ist, dann durchaus mit der impliziten Absicht, einen daran gekoppelten „Atheismus“ als in geistesgeschichtlicher wie systematischer Hinsicht nicht weniger borniert zu kennzeichnen. Die „Gottesfrage“ kann und braucht hier nicht unser Thema zu sein. Es geht in der Hauptintention darum, eine oberflächlich „moderne“ oder bewusst nihilistische Verkürzung des Sozialen um Religion und Spiritualität als systematisch nicht haltbar (ebenso wie den offensichtlichsten sozialen Tatsachen nicht entsprechend) abzuwehren.

143 Was fehlt, ist eine „Geschichte der religiösen Ideen“ (so der Titel des gewaltigen 4-bändigen Werkes von Mircea Eliade, frz. 1976, Darmstadt 2002) in Verbindung mit den sozialen Ideen, eine Religions-Sozialgeschichte. Vgl. zum Projekt einer Religions-Sozialphilosophie v. Verf., Artikel „Sozialtheorie“, in: Wörterbuch der Religionssoziologie, hg. von S. R. Dunde, Gütersloh 1994. – Marx nannte „die Kritik der Religion die Voraussetzung aller (sozialen) Kritik“, wobei Kritik durchaus auch im Kantischen Sinne als Sichtung der Denkvoraussetzungen zu verstehen ist. Sein großer Fehler ist, diese Kritik für „beendigt“ erklärt zu haben (Anfang der Einleitung zur Kritik der Hegelschen Rechtsphilosophie). Sowohl die geschichtlichen Fakten wie die philosophische Sinnanalyse sprechen dagegen. Sie sprechen dafür, dass Marx unglaubwürdig gewordene historische Religionsformen im Eifer der linkshegelianischen Aufklärung mit „der Religion“ verwechselt hat.

144 Es gibt allerdings Menschen, die ersetzen die Anerkennung von etwas, was ihnen persönlich wirklich heilig ist, durch die positivistische Anerkennung der faktischen gesellschaftlichen Sinnwelt, sei es in Gestalt des positiv geltenden Rechts, sei es der geltenden Moden, sei es in Gestalt jenes „Geltenden“, das man „Geld“ nennt.

145 Wir können diese wissenschaftstheoretische Problematik hier nicht vertiefen. Noch immer sehr lesenswert dazu: Paul Tillich, Das System der Wissenschaften nach Gegenständen und Methoden (1923), in: Ges. Werke, Bd. I, Stuttgart 1959. – Dazu J. Heinrichs, Der Ort der Metaphysik im System der Wissenschaften bei Paul Tillich. Die Idee einer universalen Sinnhermeneutik, in: Zeitschrift f. Kath. Theol. 92 (1970) 249–286.

146 Es gibt eine Stiftung „Vereinigende Wissenschaften“ mit Akademieplänen, die sich obige Unterscheidung von primärer Wissenschaft und weltanschauuungsbildender Reflexion zu eigen macht.

147 Thomas Luckmann, Die unsichtbare Religion, Frankfurt/M.1991; Peter Berger, Zur Dialektik von Religion und Gesellschaft, Frankfurt/M. 1988; Niklas Luhmann, Funktion der Religion, Frankfurt/M. 1982.

148 Einen guten kurzgefassten Einblick gibt Friedrich Fürstenberg, Artikel „Säkularisierung“, in: Wörterbuch der Religionssoziologie, hg. von S.R. Dunde, Gütersloh 1994.

149 Dazu nach wie vor lesenswert: Demosthenes Savramis, Entchristlichung und Sexualisierung – zwei Vorurteile, München 1969; ders., Religionssoziologie, 2. Aufl. Bonn 1977.

150 Anspielung auf Friedrich Schleiermacher, Über die Religion. Reden an die Gebildeten unter ihren Verächtern, 1799.

151 Ich spreche hier nicht primär von den palästinensischen Selbstmordattentätern, deren Tun stärker durch vordergründige Verzweiflung und Hilflosigkeit angesichts

ihrer Unterdrückung geprägt ist. Ethisch sind diese Attentate dennoch kaum zu rechtfertigen.

152 Die antiken, auch frühchristlichen, Glaubensbekenntnisse hießen einfach *symbola.*

153 Eine Ausnahme bildet: Franz Oppenheimer, Das Kapital. Kritik der Politischen Ökonomie, Leiden 1938. – Aus jüngster Zeit: Hazel Henderson, Das Ende der Ökonomie. Die ersten Tage des post-industriellen Zeitalters, München 1985; Karl-Heinz Brodbeck, Die fragwürdigen Grundlagen der Ökonomie. Eine philosophische Kritik der modernen Wirtschaftswissenschaften, Darmstadt 1998.

154 Wer sich für diesen „Begründer der Humanökologie" näher interessiert, sei auf das „Jahrbuch für Humanökologie", hg. von Bernhard Glaeser u. Parto Teherani-Krönner hingewiesen. Besonders letztere knüpft in mehreren eigenen Beiträgen sehr informativ an R.E. Park an, ohne allerdings dessen Systematik zu hinterfragen.

Kapitel V

155 Für medizingeschichtlich Interessierte sei hingewiesen auf: Christian Probst, William Harvey, in: Die Großen, hg. von Kurt Fassmann u.a., Bd. V/2, Zürich 1991; Richard Toellner, Illustrierte Geschichte der Medizin in 6 Bänden, Bd. 2, Augsburg 2000, 1056-1104: Die Kardiologie bis zum Ende des 18. Jahrhunderts.

156 http:/0412243483.bei.t-online.de. – Der bisherige Sprecher und Initiator, Ferdinand Neitzert, ist am 3. Mai 2003 achtzigjährig verstorben. Obwohl er mir persönlich in Vielem entschieden zu konservativ dachte, möchte ich sein Problembewusstsein und mutiges Engagement für Demokratiereform aus echt demokratischem Geist mit großem Respekt vermerken. Es wäre wünschenswert, dass der AK sich mit dem hier vorliegenden konstruktiven Vorschlag als seinem eigensten Anliegen befassen würde.

167 Der Leser entschuldige den Missstand, dieses Wort hässlicherweise mit drei s schreiben zu müssen, will man nicht konservativ einfach an der alten Rechtschreibung festhalten. Dieser Missstand hat mehr, als man oberflächlich erkennt, mit unseren „demokratischen" Strukturen zu tun: mit dem Fehlen einer ausdifferenzierten Kulturpolitik. Siehe dazu die Ausführungen unter „Kulturparlament" u.ö.

158 Elisabeth Noelle-Neumann, Öffentliche Meinung. Die Entdeckung der Schweigespirale, 2. Aufl. Berlin 1989, bes. 40 ff.

159 Markus Feldenkirchen, Sie wollen nicht die bösen Buben sein, in: Das Parlament, 6./13. Januar 2003, S. 9.

160 Mir ist bewusst, dass der Ausdruck „Blockparteien" in der DDR eine andere Bedeutung hatte. Ich möchte ihn trotzdem im angegebenen Sinn verwenden – auch um den völlig unangebrachten Triumphalismus unserer westlichen Kinderdemokratien damit bloß zu legen. Die rechtsphilosophische grundsätzliche Kritik am „republikanischen Parteienstaat" findet sich bei K. A. Schachtschneider in seinem großen Werk „Res publica res populi", Berlin 1994 sowie einschlägigen Artikeln. Vgl. www.oer.wiso.uni-erlangen.de/Schriftenverzeichnis.

161 Ken Wilber zieht den Ausdruck Holarchie vor, wörtlich Ganzheits-Herrschaft oder besser Ganzheits-Ordnung. Die mehr oder weniger modischen Worte machen es aber nicht, sondern die Begriffe. Leider verbindet sich mit der Kette der „Holons" bei Wilber eine rein umfangslogische, räumliche Vorstellung. Ken Wilber, Eros – Kosmos – Logos, Frankfurt/M. 1996; Eine kurze Geschichte des Kosmos, Frankfurt/M. 1998. Wilber schließt mit dieser Terminologie, ebenso wie mit dem Ausdruck Holon, an Arthur Koestler an. – Zu einem reflexionslogischen Verständnis

von Ganzheit: J. Heinrichs/J. Hormann, Wörterbuch des Wandels, München 1991, Artikel „Ganzheit“.

162 In den 80er Jahren gab es einen gewerkschaftlichen Slogan „Wir Computer fordern Vollbeschäftigung“. Befürchtet wurde der Ersatz menschlicher Arbeit durch die Computer. Dass es sich hier indessen um eine unaufhaltbare technische Innovation handelte, sollten die Wortführer von damals eingestehen. Das eigentliche Problem wurde durch diesen Slogan eher verschleiert als aufgedeckt und wird es bis heute: Es ist das renditesuchende, angeblich „arbeitende“ Kapital, das gebieterisch „Vollbeschäftigung“ fordert. Die mehr oder weniger unvermeidlichen und sinnvollen technischen Innovationen sind nur die schöne Fassade, das Symptom dieses tieferen Zusammenhangs. Gewerkschaftsführer, die den tieferen Zusammenhang nicht zu thematisieren imstande sind oder dies nicht wagen, verfehlen ihren Job. Doch von wem erhalten sie Hilfe und Schulung?

163 Hierzu näher v. Verf.: Ökologik, 125–140.

164 Was die Diskursethik bisher leistet, ist fast nur der reflexive („transzendentallogische“) Aufweis gewisser unvermeidlicher fundamentalethischer Grundlagen wie die unausweichliche Gebundenheit an Wahrheit und Antwortbereitschaft überhaupt. Solche Grundlagen-Argumentation ist zwar wichtig, aber nichts Neues. (Zumal das im Grunde alte scholastische Retorsionsargument, die Drohung mit Selbstwiderspruch, wie in Kap. IV bedacht, zur Ethikbegründung nicht genügt.) Wo diskursiv Neues zu leisten wäre, nämlich in Bezug auf sozialethische, allgemeine Strukturen, herrscht weitgehend Fehlanzeige. Ich nenne beispielhaft eine der jüngsten Schriften aus dieser Schule: Karl-Otto Apel/Marcel Niquet, Diskursethik und Diskursanthropologie. Aachener Vorlesungen, Freiburg-München 2002.

165 Hier zeigt sich wieder der ganze Unterschied zwischen praktischer Beratung und Diskurs. Letzterer will, auch als praktischer, mit Wahrheitsfindung zu tun haben. Für den Diskurs kann es eigentlich keinen Konsens im weiteren Sinn geben, keinen Kompromiss und vor allem keine bessere gemeinsame Erkenntnis jenseits der rationalen Argumentation. Denn Diskurs ist kein voller Dialog. – Auf der anderen Seite vertritt Habermas eine „Konsenstheorie der Wahrheit“: Wahrheitstheorien (1972), in: Vorstudien und Ergänzungen zur Theorie des kommunikativen Handelns, Fankfurt a. M. 1984. Wahrheit sei das, worin die überwiegende Mehrheit der „Sachkompetenten“ übereinstimme. Diese Konsenstheorie der Wahrheit ist nicht allein zirkulär – wer befindet denn über die Sachkompetenz der Übereinstimmenden? –, sondern eine Ohrfeige für alle Entdecker, die jahrzehntelang gegen den gängigen Konsens zu kämpfen haben. Niemals kann in Wahrheitsfragen ein Konsens oder gar ein Beschluss entscheiden. Der Wahrheitskern jener für die theoretische Erkenntnis falschen Konsenstheorie ist eine demokratische Konsenstheorie der Wertentscheidungen, sofern sie pragmatisch als Recht gesetzt werden sollen. Doch diese widerspricht der Diskurstheorie. Für den argumentativen Diskurs kann es nur Einmütigkeit aller Einsichtsfähigen oder eben Dissens geben. Das ist bei demokratischen Wertentscheidungen keineswegs der Fall. Habermas macht zwei Fehler: 1. in der Konsenstheorie der Wahrheit, 2. in der Diskurstheorie praktischer „Deliberation“, die sich gegenseitig aufzuheben scheinen. Die Gesamtrechnung ist dennoch unbrauchbar.

166 Die katholische Kirche hat bis ins 20. Jahrhundert hinein aus guten Gründen den Zins abgelehnt, ebenso Luther. Dazu Roland Geitmann, Bibel, Kirchen und Zinswirtschaft, in: Zeitschrift für Sozialökonomie 80 (1989). Auch J. Heinrichs, Sprung aus dem Teufelskreis, Kap. 1.

167 Helmut Schmidt ist in diesem Punkt zum selben Ergebnis gekommen: „Es gibt zwei Möglichkeiten für einen Ausländer: Entweder ist er ein Gast in einem anderen Land, oder aber er will einwandern. Dann muß er sich langsam, aber sicher – ein schwieriger Prozeß – mit dem neuen Vaterland identifizieren und muß Staatsbürger werden. Wenn er Gast ist, hat er einen ganz anderen Status (...). Diese Unterscheidung ist verlorengegangen" (Hand aufs Herz. Helmut Schmidt im Gespräch mit Sandra Maischberger, Düsseldorf 2002, 102). Ich würde nur hinzufügen, dass die Staatsbürgerschaft als rechtliche Angelegenheit für die von H. Schmidt geforderte „Identifikation" nicht genügt. Letztere ist etwas Kulturelles. Die Identifikation mit dem „neuen Vaterland" schließt aber die Pflege landsmannschaftlicher Zweitkulturen nicht aus, sofern der Unterschied zur territorialen Erstkultur klar ist.

168 Den mutigen Ausdruck „Flachland" für die rationalistisch verkürzte Wissenschaft und Kultur übernehme ich von Ken Wilber, z.B. A Brief History of Everything, 1996; Eine kurze Geschichte des Kosmos, 3. Aufl. 1999.

169 Madame Germaine de Stael in ihrem unter Napoleon verbotenen Buch De l'Allemagne, dt. Über Deutschland, 1814.

170 Eine im Ansatz internationale Stadt, mit gewisser Wahrung der Herkunftskulturen, ist Auroville bei Pondicherry an der Ostküste Südindiens. Diese Stadt, ein Vermächtnis von Sri Aurobindo (1872–1950) und seiner Gefährtin, steht unter dem Schutz der Unesco. Dazu: Renate Börger, Auroville. Eine Vision blüht, München 1993.

171 Dazu Hans-Jürgen Klaussner, HuMan-Wirtschaft, Biel-Vaduz 1996. www.euroweg.ch

172 Eine gute Zusammenfassung bietet Johannes Weiß, Art. Differenzierung, in: Wörterbuch der Soziologie, hg. von G. Endruweit/G.Trommsdorff, Stuttgart 1989. Weiß nennt vor allem Herbert Spencer, Georg Simmel, Max Weber und Talcott Parsons.

173 So Maik Hosang etwas locker in Umkehrung meiner „Integration durch Differenzierung", in: Ethik-Kodex 2000, hg. von R. S. Tomek/M. Hosang, Köln 2000, 121.

174 Hierin lag lange ein kennzeichnender Diskussionspunkt zwischen Rudolf Bahro und mir. Andere warfen ihm nicht nur mangelnde Ebenendifferenzierung, sondern „Fundamentalismus" vor, was er gar nicht so schlimm fand. „Spirituelle Fundierung-bei-Ebenendifferenzierung" kann man die Einigung zwischen uns formulieren. Vgl. als Bahros allerletzte Schrift sein Nachwort zu meinem „Sprung aus dem Teufelskreis", 1997. Dazu jetzt Guntolf Herzberg/ Kurt Seifert, Rudolf Bahro. Glaube an das Veränderbare, Berlin 2002.

175 Dirk Maxeiner und Michael Miersch wollen in ihrem Buch Das Mephistoprinzip. Warum es besser ist, nicht gut zu sein, Frankfurt/M. 2001 aus dem Egoismus, ja der Bosheit Tugenden machen. Allerdings kann diese mephistophelisch-dialektische Theologie nur den überzeugen, der z.B. die Gleichsetzung von technologischem Fortschritt mit der kapitalistischen und neoliberalen Wirtschaftsweise und andere Gedankenschnitzer mitmacht. Der Untertitel könnte auch lauten: Warum es klüger ist, nicht logisch zu denken. Vgl. zu solcher Logik kritisch Hans Christoph Binswanger, Die Glaubensgemeinschaft der Ökonomen, München 1998. – Der Wahrheitskern jener mephistophelischen Ökonomie besteht aber darin, dass eine „gute" Gesellschaft durchaus den Egoismus als untergeordnetes Prinzip von Wirtschaft und Politik braucht und integrieren kann. Darin besteht u.a. die Integrations-Leistung einer integralen Gesellschaft. Sie baut nicht auf moralische Appelle, noch weniger auf anti-moralische, sondern auf wertbegründete, institutio-

nelle Integrationsmechanismen. Vgl. zum Egoismus-Problem ausführlicher „Sprung aus dem Teufelskreis", Kap. 7 (Egoismus als Prinzip der Marktwirtschaft?).

Kapitel VI

176 Korrekturen in der Rekonstruktion sind immer möglich., denn es handelt sich nicht um ein deduktives, sondern um ein rekonstruktives Verfahren: ein probeweises Hin und Her zwischen Erfahrung und Begriff.

177 Fritz Andres, Wieviel Boden braucht der Mensch?, in: Fragen der Freiheit, Heft 257 (2001). Das „Seminar für freiheitliche Ordnung" in Bad Boll nimmt sich immer wieder des Bodenthemas an; vgl. auch die Hefte 206 (u.a. DDR), 210 (zum Erbbaurecht), 245 (zu Henry Georges, 1839–1894, dem amerikanischen Bodenreformer); Martin Pfannschmidt, Vergessener Faktor Boden, Lütjenburg 1990.

178 Burkhard Wehner, Staat auf Bewährung, Darmstadt 1993.

179 „Es ist nur für eine Torheit neuerer Zeit zu achten, ein System verdorbener Sittlichkeit, deren Staatsverfassung und Gesetzgebung ohne Veränderung der Religion umzuändern, eine Revolution ohne eine Reformation gemacht zu haben, zu meinen, mit der alten Religion und ihren Heiligkeiten könne eine ihr entgegengesetzte Staatsverfassung Ruhe und Harmonie in sich haben. (...) Es ist für nicht mehr als für eine Nothilfe anzusehen, die Rechte und Gesetze von der Religion trennen zu wollen, bei vorhandener Ohmacht, in die Tiefen des religiösen Geistes hinabzusteigen und ihn selbst zu seiner Wahrheit zu erheben" (G.W.F. Hegel, Werke in zwanzig Bänden, Bd. 10, Frankfurt/M. 1970, 360 f.).

180 Der Sache nach ist die „dialektische Subsumtion" bei Kant, Hegel und Schelling implizit gebräuchlich. Die Wortverbindung wurde explizit eingeführt in Heinrichs, Reflexionstheoretische Semiotik. 1. Teil, Bonn 1980.

181 Vom griechischen *monas – einzig, einsam*; Einheit (Monade) und *archein – herrschen, regieren.*

182 Es geht zum Beispiel nicht an, dass ein Bundeskanzler seinem alten Bundesbruder in der CV (Christlichen Verbindung) wegen seiner wissenschaftlichen-universitären Verdienste (oder klerikalfaschistischen Machenschaften als Konkordatslehrstuhl-Inhaber) einen Orden ansteckt. Ich beziehe mich mit diesem Beispiel auf die Verleihung des Bundesverdienstkreuzes an den Bonner Konkordatsphilosophen Wolfgang Kluxen, Mitte der 80er Jahre. Konkordatslehrstühle sind Lehrstühle an der Philosophischen Fakultät (also zusätzlich zu den Theologischen Fakultäten), deren Besetzung wegen Mitwirkung bei der Ausbildung katholischer Theologen von der Zustimmung des Ortsbischofs abhängt: Folge des Reichskonkordates zwischen Hitler und dem „Heiligen Stuhl" vom 20.7.1933, das von neuen Konkordaten mit den einzelnen Bundesländern abgelöst wurde.

183 Ein diesbezüglich anderer Ansatz ist auch nicht in einem grundsoliden und kritischen Werk wie Edwin Czerwick, Bürokratie und Demokratie. Grundlegung und theoretische Neustrukturierung der Vereinbarkeit von öffentlicher Verwaltung und demokratischem System, Berlin 1994. – Von reichlich vorhandener leichterer Kost zur heute modischen „Bürgergesellschaft" darf man dergleichen auch nicht erwarten. Das Innenministerium verbreitet seit 2002, zusammen mit der Stiftung MITARBEIT, eine Broschüre „Moderner Staat – Moderne Verwaltung. Wegweiser Bürgergesellschaft", in welcher der eifrige Gebrauch des Internets als Lösung etwaiger Probleme angepriesen wird. – Über den eher kläglichen, unklaren Stand der Wissenschaft in Sachen Bürgergesellschaft informiert die Dokumentation einer Tagung der Heinrich-Böll-Stiftung am 15./16. Februar 2002 in Berlin: Bürgergesellschaft und Sozialstaat (Reihe Dokumentationen der Hein-

rich-Böll-Stiftung Nr. 24). Wertvoller scheinen die Beiträge mit praktischer Ausrichtung.

184 Eine Geschäftsphilosophie, die den Dienstgedanken glaubhaft mit Erfolg verbindet, ist die von Wolfgang Mewes entwickelte EKS: engpasskonzentrierte Strategie: www.eks.de. – Für Geld- und Demokratiereform wird diese Strategie fruchtbar gemacht in dem hervorragenden Reader „Strukturen des Aufbruchs", hg. Vladimir Svitak, Stuttgart 2001.

185 Eingeschlossen sei – trotz ihrer besonderen Bedeutung – hier ausdrücklich auch die sogenannte „Bundeszentrale für politische Bildung", die bislang eher „Bundeszentrale für parteiparitätische Bürgereinlullung" heißen sollte.

186 Willi Geiger, Artikel Bundesgerichte, Staatslexikon, 7. Auflage, Freiburg 1995, Bd. 1, Sp. 904 f.

187 Immanuel Kant, Über den Gemeinspruch: Das mag in der Theorie richtig sein, taugt aber nicht für die Praxis, A 284 (Schlusssatz).

Kapitel VII

188 Harikesa Swami Visnupade, Varnasrama-Manifest der sozialen Vernunft, New York u.a. 1981. Hier wird ein Vier-Stände-System als noch immer vorbildlich ausgegeben: Brahmanen (Kopf des sozialen Körpers), Politiker und Krieger (Arme), Landwirte (Magen), Arbeiter (Beine). Gleich, ob die Zugehörigkeit zu diesen Ständen auf Geburt oder – wie heute vertreten wird – auf Verdienst und Fähigkeiten beruht – eine *ständische Zugehörigkeit* ist eine Fehlinterpretation der organischen Gliederung des sozialen Organismus, von dem scheinbar eine Ahnung aus vedischer Urzeit im Varnasrama-Konzept überliefert ist.

189 „Aber dieses Tun des Einen hat selbst die gedoppelte Bedeutung, ebensowohl sein Tun, als das Tun des Andern zu sein; denn das andere ist ebenso selbständig, in sich beschlossen, und es ist nichts in ihm, was nicht durch es selbst ist (...) Die Bewegung ist also schlechthin die gedoppelte beider (...). Jedes sieht das andre dasselbe tun, was es tut; jedes tut selbst, was es an das andre fordert, und tut darum, was es tut, auch nur insofern als das andre dasselbe tut; das einseitige Tun wäre unnütz, weil, was geschehen soll, nur durch beide zu Stande kommen kann. Das Tun ist also nicht nur insofern doppelsinnig, als es ein Tun ebensowohl gegen sich selbst als gegen das Andre, sondern auch insofern, als es ungetrennt ebensowohl das Tun des Einen als des Andern ist" (G.W. F. Hegel, Phänomenologie des Geistes, Hamburg 1952, 142). Zwar sind diese Sätze zunächst auf das ursprüngliche Verhältnis zweier Selbstbewusstseine bezogen, aber wir sollten es durchaus einmal als Anwälte der Bürgergesellschaft lesen, denen die übliche Naivität über das Verhältnis der beiden Seiten abhanden gekommen ist. – Für den psychologischen Bereich noch immer anregend: Helm Stierlin, Das Tun des Einen ist das Tun des Anderen. Zur Dynamik menschlicher Beziehungen, Frankfurt/M. 1976.

190 Dieter Grimm, Artikel „Öffentliches Recht", in: Staatslexikon, Bd.4, Freiburg 1995, Sp. 119.

191 Bekannt ist die geschichtlich orientierte Habilitationsschrift von Jürgen Habermas, Strukturwandel der Öffentlichkeit. Untersuchungen zu einer Kategorie der bürgerlichen Gesellschaft, Neuwied 1962.

192 So z.B. Jeremy Rifkin, Das Ende der Arbeit und ihre Zukunft, Frankfurt a.M. – New York 1996: Die Hilfsorganisationen und politischen Initiativen des Dritten Sektors sind zum Blitzableiter für die Frustrationen der immer zahlreicheren Ar-

beitslosen geworden. Wenn sie es schaffen, den Geist der demokratischen Teilhabe zu stärken und zugleich unseren Gemeinschaftssinn wieder aufleben zu lassen, dann könnte der Dritte Sektor uns als Vorreiter in die postmarktwirtschaftliche Ära führen" (212 f).

193 Im Sprachgebrauch bezüglich „Gemeinschaft" und „Gesellschaft" schließe ich mich (in allen Publikationen seit 1975) der Tradition von Ferdinand Tönnies an: Gemeinschaft ist Zusammensein in Werten, Gesellschaft Zusammenschluss zu Zwecken.

194 In einem Aufsatz „Regulierung der Deregulierung" (in: Humanwirtschaft Dez. 2001/Jan. 2001) habe ich dem anthroposophischen Autor Christoph Strawe nahegelegt, die Verwechslung der vier System- oder Organismusebenen mit dieser „Dreigliederung" der Organisationsformen zu durchschauen. In seiner schon in Anm. 110, S. 388 angeführten Antwort kommt Strawe nach vielem Wenn und Aber irgendwie zu dem Fazit, dass vertikale und horizontale Achse vertauscht werden müssten – was mir gleich gültig sein könnte, wenn künftig nur klar unterschieden würde. Ebendas, fürchte ich, wird nicht der Fall sein.

195 Gegen die bequeme, meist konfessionalistische Rede von der „Säkularisierung" vgl. die oben schon zitierte und weitere Schriften von Demosthenes Savramis sowie etwa: Friedrich Fürstenberg, Artikel Säkularisierung, in: Wörterbuch der Religionssoziologie, hg. von S.R. Dunde, Gütersloh 1994.

196 Joseph Huber, Vollgeld. Beschäftigung, Grundsicherung und weniger Staatsquote durch eine modernisierte Geldordnung, Berlin 1998, 316.

197 Vgl. zu diesem Aspekt das finanzwissenschaftliche Standardwerk von Charles B. Blankart, Öffentliche Finanzen in der Demokratie, 3. Aufl. München 1998. – „Wie wird in einer Demokratie das Budget bestimmt? Nach der traditionellen Finanzwissenschaft sind letztlich die volkswirtschaftlichen Ziele wie Wachstum, Preisstabilität, Vollbeschäftigung usw. für die Budgetbestimmung maßgebend. Die moderne Finanzwissenschaft teilt diese Auffassung nicht" (126). Blankart zeigt die Abhängigkeit dieser „gedachten", sachlichen Ziele von den gar nicht sachorientierten Entscheidungsregeln einer Demokratie auf.

198 Der Monopolbegriff wird von Franz Oppenheimer am ausdrücklichsten definiert und unterschieden in „Die soziale Frage und der Sozialismus. Eine kritische Auseinandersetzung mit der marxistischen Theorie", zuerst 1913, Neudruck in Gesammelte Schriften I, Akademie Verlag Berlin 1995, 615–719, bes. 628 f. Wegen des zwar präzisen, aber ungewohnten Gebrauchs des Monopol-Begriffs wird hier lieber von „Privilegien" (im Sinne von uneinholbaren Vorweg-Vorteilen) gesprochen. Hingewiesen sei auch auf Oppenheimers großes Spätwerk, Das Kapital. Kritik der politischen Ökonomie, Leiden 1938.

199 Karl Marx, Das Kapital, Bd. III, bes. Kap. 23–25. Einen Staatskapitalismus sowjetischer Prägung hat Marx niemals befürwortet, wohl freie Assoziationen von Arbeitenden, von assoziierten Unternehmern – ein Konzept, über das in Zukunft noch viel nachgedacht werden muss. – Die Erfolglosigkeit der „freiwirtschaftlichen" Bewegung beruht m. E. auf der monokausalen Erklärung des Zinses (durch Überlegenheit des Geldes über die Waren) und dem Übersehen des Kapitallohns (Rendite). Ob die Feindschaft gegenüber Karl Marx der Grund für diese Einseitigkeit war oder umgekehrt, sei hier dahingestellt. Jedenfalls war sie geschichtlich folgenreich und wirkt heute noch nach in Form einer beiderseitigen Verketzerung von Gesellianern und Marxisten. – Wir haben bei Gesell das oft zu beobachtende Phänomen, dass jemand wegen eines einzigen wichtigen Gedankens sich zum rettenden Weltgenie aufspielt bzw. aufgespielt wird und dabei theoretisch wie strategisch den Anschluss an andere, ergänzende oder womöglich umfassendere Gedankensysteme verpasst.

200 Fritz Andres, Wieviel Erde braucht der Mensch?, in: Fragen der Freiheit, Heft 257 (2001). – Oswald von Nell-Breuning, Artikel Bodenreform, in: Staatslexikon, Bd. 1, Freiburg 1996. Hier auch Angaben zur klassischen Bodenreform-Literatur wie Adolf Damaschke, Die Bodenreform, Berlin 1902, 20. Aufl. Jena 1923.

201 Exemplarisch für das Denken in wiederhergestellten kleinen Naturkreisläufen, auch für unsere Städte sei hingewiesen auf genialische Perspektiven von Wilhelm Ripl, etwa: Wasser in der Stadt, in: Zukünfte 36 (2001); Weiteres unter: www.tu-berlin.de/limnologie.

202 Hierin, in der Förderung des kulturell Trivialen oder des „Massengeschmacks" durch den Markt, scheint ein demokratietheoretisches Problem zu liegen: Vertrauen wir nun der Mehrheit oder müssen wir ihr misstrauen? Darauf ist zu antworten: 1. Wie im Einzelnen, so gibt es auch im Gemeinwesen kulturell höherstrebende Kräfte, die Förderung verdienen. 2. Demokratie ist nicht einfach zahlenmäßige Herrschaft der Mehrheit, gar der „Masse" (s.o.), sondern Lenkung der Geschicke des Gemeinwesens durch eine vielfach qualifizierte Mehrheitsmeinung. Zu den qualifizierenden Faktoren gehören Repräsentation (s.u.) und die schon besprochene parlamentarische Wertekommunikation.

203 Besonders die Beiträge von Helmut Creutz, in: Strukturen des Aufbruchs, hg. von Vladimir Svitak, Stuttgart 2001.

204 Dieser Begriff steht durchaus längst zur Verfügung: „ein nicht ganz scharf abgegrenzter Sammelbegriff für Unternehmen, die der Staat als Instrument seiner Politik einsetzt und zu diesem Zweck institutionell ausgestaltet und kontrolliert" (Werner Steden, Artikel Öffentlich Unternehmungen, in: Staatslexikon, Bd. 4, 1996, 129).

205 Dazu hervorragend: Maria Mies, Globalisierung von unten, Hamburg 2002.

206 Dazu: Veronika Bennholdt-Thomsen/Maria Mies, Eine Kuh für Hillary. Die Subsistenzperspektive, Hamburg 1997.

207 Für die Internet-Recherche: Bernhard Bartmann/ Büro für Bildungsfreiheit/ Lernen ohne Schule.

208 Dass die Abschlüsse neuerdings „Bachelor" und „Master" heißen müssen, sei nur am Rande kritisch bemerkt. Selbst wenn internationale Vergleichbarkeit der Abschlüsse ein sinnvolles Anliegen ist, spricht die sprachliche Nivellierung älterer europäischer Traditionen (in denen es ein Baccalaureat und einen Magister gab) von Über-Anpassung an das angelsächsische Modells. Diese Anpassung trägt durchaus koloniale Züge, wenn man bedenkt, dass die Studienabschlüsse sich beispielsweise in Indien oder Pakistan traditionell an England orientieren; in China – inklusive Taiwan – richten sich die Studienabschlüsse Bachelor und Master mittlerweile flächendeckend am amerikanischen Modell aus. China hat ca. 1.000 Universitäten. Die Spitzenuniversitäten – Peking Universität, Tsinghua Universität (Peking), Fudan Universität (Shanghai), um nur diese drei von 100 zu nennen – haben das amerikanische Modell voll übernommen.

209 Vgl. etwa die Seiten Wissen-Spezial in den DIE ZEIT 28/2003 und 29/2003 und die regelmäßig wiederkehrenden Ranking-Listen in den Magazinen DER SPIEGEL und FOCUS.

210 Burkhard Wehner, Die Logik der Politik und das Elend der Ökonomie. Grundelemente einer neuen Staats- und Gesellschaftstheorie, Darmstadt 1995, 39.

211 Der Wissenschaftsrat berät die Bundesregierung und die Regierungen der Länder. Träger sind gemeinsam die Regierungen des Bundes und der sechzehn Länder. Er besteht aus zwei Kommissionen, der Wissenschaftlichen Kommission und der Verwaltungskommission. Die 32 Mitglieder der ersteren werden vom Bundespräsidenten berufen, und zwar 24 Wissenschaftler auf gemeinsamen Vorschlag der DFG, der

Max-Planck-Gesellschaft, der Hochschulrektorenkonferenz und der Hermann von Helmholtz-Gemeinschaft Deutscher Forschungszentren sowie acht anerkannte Persönlichkeiten des öffentlichen Lebens auf gemeinsamen Vorschlag der Bundesregierung und der Landesregierung. Die Verwaltungskommission besteht aus 22 Mitgliedern, wobei die Vertreter der sechzehn Ländern jeweils eine Stimme und die sechs Vertreter des Bundes sechzehn Stimmen haben (nach: www. wissenschaftsrat.de).

212 Entwurf systemischer Kulturtheorie, 1998, 35ff. – Auch in diesem Büchlein musste ich die zustimmenden Bezüge auf Silvio Gesell streichen (wiewohl ich diesen nicht wie seine eigentlichen Anhänger wie ein Jahrtausendgenie behandle), um den Herausgeber nicht in Verlegenheit zu bringen. Selbst die Aufmerksamkeit von übereifrigen Antifa-Autoren in „Konkret" und Internet habe ich mir mit diesem Thema schon verdient, da Jutta Ditfurth u.a. „Linke" beschlossen haben, Gesell als „faschistischen" Vertreter von Hochzuchtideen und gar „antisemitischen" Wetterer gegen die „Zinsknechtschaft" einzustufen – was historisch überhaupt nicht haltbar ist. Gesell ist ein ausgesprochener Liberaler, bis hin zum „Abbau des Staates". Dazu Werner Onken/Günter Bartsch, Natürliche Wirtschaftsordnung unter dem Hakenkreuz. Anpassung und Widerstand, Lütjenburg 1997. Es ist ein merkwürdiges Phänomen, wie marxistisch geprägte Linke die Stabilisierung des Kapitalismus betreiben, indem sie die Gesell-Schule blind diffamieren.Wenigstens zum Teil kann man das als Returkutsche zur ebenso haltlosen wie historisch verhängnisvollen Abwertung von Marx durch Gesell und seine Anhänger verstehen.

213 Dass die mit Hilfe des Staates und seinen fiskalischen Zwangsmitteln eingezogene Kirchensteuer in einem entkonfessionalisierten Gemeinwesen der Zukunft kaum noch einen Platz beanspruchen kann, braucht hier nicht länger diskutiert zu werden. Zur innerkirchlichen Opposition gegen die bestehende Praxis vgl. die Veröffentlichungen des Vereins „Umwidmung von Kirchensteuern", www.kirchensteuern,de.

214 Horst Herrmann, Die Kirche und unser Geld, München 1992, 54: „Zwar ist die Ablösung dieser sogenannten ‚Staatsleistungen' bereits in der Weimarer Verfassung (Artikel 138.1) gefordert, doch da sich in dieser Beziehung noch immer nicht viel tut, sind die Staatsleistungen bis auf weiteres garantiert." Der aufmerksam gemachte Leser des Grundgesetzes kann im Anhang des GG, im „Auszug aus der Deutschen Verfassung vom 11. August 1919" unter Artikel 138,1 eine Andeutung dieser „paar hundert Millionen pro Jahr" lesen: „Die auf Gesetz, Vertrag oder besonderen Rechtstiteln beruhenden Staatsleistungen an die Religionsgesellschaften werden durch die Landesgesetzgebung abgelöst." – Der Staatskirchenrechtler Paul Mikat rechtfertigt das Weiterbestehen der Staatsleistungen unter dem Titel „kulturstaatliche Förderung": „Wer in diesem Zusammenhang vorschnell (!) die längst fällige Liquidation historisch überkommener Verbindlichkeiten fordert und unter diesem Titel die Vollstreckung des Ablösungsauftrages anmahnt, der sollte aber auch bedenken, daß die Kirchen nicht allein deshalb aus den vielfältigen Mittelvergaben des modernen Leistungsstaates ausgenommen werden dürfen, nur weil das von ihnen vertretene Anliegen geistig-geistlicher Natur ist" (Artikel Kirche und Staat, in: Staatslexikon, Bd. 3, 1996, Sp. 497). Wieder einmal kommt die übliche Nichtunterscheidung von Kultur und Religion gelegen. – Eine aktuelle Weiterführung des Themas bietet: Carsten Frerk, Finanzen und Vermögen der Kirchen in deutschland, Aschaffenburg 2002.

215 H.Herrmann, a.a.O., 70 f.

216 Einer der hervorragendsten Kenner der Materie, der Tübingen Soziologie Johannes Neumann zählt 18 evangelische und 12 katholische Fakultäten an staatlichen Universitäten sowie 6 Fakultäten in kirchlicher Trägerschaft, „bei denen der Staat die

Investitionskosten und 80–90% der laufenden Kosten trägt", 15 theologische Hochschulen und viele kirchliche Fachhochschulen. „Schließlich sind zum Zweck der Ausbildung von Religionslehrern an fast allen Universitäten Institute für beide Konfessionen eingerichtet. Sie werden mit ca. 1,1 Mrd. DM p.a. bezuschußt." (Es besteht keine Staatskirche – oder: Papier ist geduldig, in: Gütliche Trennung von Staat und Kirche. Dokumentation einer Tagung der Petra Kelly Stiftung, München, vom 6. Nov. 1999, 15 f). Ob hier schon die Konkordatslehrstühle an fast allen philos. Fakultäten mitgezählt sind, spielt angesichts der Ungeheuerlichkeit der Zahlen und der dahinterstehenden Machtverhältnisse eine geringe Rolle. Wo bleiben unsere Verfassungsschützer, wenn hochqualifizierte Experten in Frage stellen, dass es keine Staatskirche gebe? Sind jene vielleicht nicht so unabhängig, wie sie sein müssten, und das nicht nur im Denken?

217 Eine Berliner Ausstellung (2001) über den tödlichen Hexenwahn vom 16. bis 18. Jahrhundert brachte es fertig, zur Entlastung der Kirche unterschwellig den Deutschen als Volk diese Verbrechen aufzubürden und unmerklich mit der Judenverfolgung zu parallelisieren – statt dies als ganz überwiegend kirchlich-"religiöses" Phänomen zu analysieren. Wahrlich, wir leben in finsteren Zeiten des weiterbestehenden Klerikalismus!

218 „Wo der Geist des Herrn weht, da ist Freiheit" (Paulus, 2 Kor 3,17).

219 Für Leser, die an meinen früheren Ausführungen zum Kirchenthema interessiert sein sollten: „Alternativer Katholizismus" – eine begrabene Hoffnung?, in: Katholisch und rebellisch, hg. von S. R. Dunde, Reinbek 1984; Kritischer müßten die Kritischen sein. Zur Rechtfertigungsideologie und wahren Hoffnung des Katholizismus, in: Müssen wir an der katholischen Kirche verzweifeln?, hg. von S. R. Dunde, Gütersloh 1993.

220 Der schon angeführte Artikel „Staat und Kirche" des bekannten Gründungsinitiators der Bochumer Ruhruniversität und nordrhein-westfälischen CDU-Politikers Paul Mikat klingt in den Passagen aus staatlicher Sicht (V und VI,1) durchaus annehmbar, nicht aber in der theologischen Perspektive (I–III). Das Verständnis des weltgeschichtlich bedeutsamen Wortes „Gebt dem Kaiser, was des Kaisers ist, und Gott, was Gottes ist" (Mk 12, 17 par) im Sinne einer Trennung von weltlicher und geistlicher Gewalt wird als „veraltet" abgetan. Stattdessen: Gebt dem Kaiser, was ihm gehört, Gott aber alles! Das entspricht der mittelalterlichen Lehre vom Vorrang der kirchlichen potestas („Gewalt") vor der weltlichen, die – nach Mikats eigenen Ausführungen – niemals widerrufen wurde. Wenn das kein Fundamentalismus ist!

221 Karl Marx, Frühe Werke I, Neudruck Darmstadt 1971, 488.

222 Manche mögen diesen transreligiös-pluralistischen Traum mit Multikulturalität verwechseln. Diese gibt es auf internationalem Terrain in ähnlichem Sinn wie die religiöse. Es gibt aber keine vernünftigen Gründe, die sprachlich-kulturell-nationalen Einheiten auf einem gegebenen Territorium aufzulösen – und dies kommt auch nur deutschen Multikulti-Rednern in den Sinn.

223 „Hürde" hat zwei Bedeutungen, erstens Hindernis, zweitens von einem Zaun umgebene Fläche für Herdentiere (nach Duden, Bedeutungswörterbuch, Mannheim 1970).

Kapitel VIII

224 Zum ungewohnten Begriff der Religions-Sozialtheorie vgl. v. Verf.: Art. Sozialtheorie, in: Wörterbuch der Religionssoziologie, hg. von Siegfried R. Dunde, Gütersloh 1994.

225 Markus Vogt, Nachhaltigkeit – Ein neues Prinzip christlicher Ethik, in: Politische Studien, Sonderheft 1, 2001, 24.

226 Diese Bezeichnung stammt aus dem recht Marx-kritischen Buch meines verstorbenen Doktorvaters Klaus Hartmann, Die Marxsche Theorie. Eine philosophische Untersuchung zu den Hauptschriften, Berlin 1970. Ein Rezensionsartikel aus meiner Feder, der heute etwas kritischer ausfallen würde, erschien unter dem Titel Marx in Hegelscher Sicht, in: Theol. u. Phil. 49 (1974) 1–36.

227 Dazu näher v. Verf.: Wo steht die Sozialphilosophie heute, in: Philosophischer Literaturanzeiger 4/2000.

228 Zu einer irgendwie aufgeklärten soziologischen Empirie gehört das rekonstruktive Wechselspiel von Begriff und Erfahrung, wie es auch Popper gut gekennzeichnet hat. Wenn man sich aber die „Anstrengung des Begriffs" (Hegel) erspart, also die grundbegrifflichen, philosophischen Grundlagen, landet man – meist uneingestanden – im Relativismus. Man jagt von einer Statistik zur anderen, um daran Halt zu finden, findet aber Halt oft in vorgefassten Schulmeinungen, deren Grundlagen sich dem Diskurs, wo er als wissenschaftliche Argumentation nun angebracht wäre, entziehen.

229 Der alte ethische Grundsatz *agere sequitur esse* (das Handeln folgt aus dem Sein) scheint mir richtiger als die Furcht vor dem sogenannten „naturalistischen Trugschluss", dass kein Übergang von Seinssätzen zu Sollenssätzen stattfinden dürfe. Dieses Problem der sprachanalytischen Philosophie kann hier nicht allgemein behandelt werden.

230 Zu der von Kant selbst nicht explizit erkannten fundamentalen Bedeutung seiner eigenen Reflexionsbegriffe in der „Kritik der reinen Vernunft" sowie zur reflexionstheoretischen Begründung vgl. J. Heinrichs, Die Logik der Vernunftkritik. Kants Kategorienlehre in ihrer aktuellen Bedeutung, Tübingen 1986 (UTB). Die Aktualität dieser Bedeutung ist nicht tagespoltischer, sondern geistesgeschichtlicher Art. Sie besteht in nichts Geringerem, als darin, dass diese Reflexionsbegriffe, die er in einem kuriosen Anhang bringt, die eigentliche und einzige Begründung für seine Kategoriensystematik hergeben. Eine andere ist mir auch in mehreren jüngeren Büchern zu diesem Problem nicht erkennbar geworden. Die Reflexionstheorie des Handelns und der Gesellschaft bietet in der Tat nicht nur eine unverhoffte Abklärung, sondern eine „Aktualisierung" dieses bloß genial-intuitiven Kantschen Lehrstücks in der modernen Welt, die durch das Prinzip des Handelns in der Reflexion darauf von Kant selbst mitbegründet wurde.

231 So der treffende Titel eines Buches von Oswald von Nell-Breuning, Freiburg 1968, das sich im ersten Teil mit dem Solidaritätsprinzip, im zweiten mit dem Subsidiaritätsprinzip , von ihm selbst 1931 in die Enzyklika *Quadragesimo anno*, und damit in eine weltweite Diskussion gebracht. Zum persönlichen Verhältnis des Verf. zu seinem „Mentor" an der Frankfurter Jesuitenhochschule, O. von Nell-Breuning, vgl. Sprung aus dem Teufelskreis, Kap. 9. – Bei „Baugesetzen" unterscheidet Nell-Breuning allerdings nicht ontologische „Außenarchitektur" von sozialethischer „Innenarchitektur".

232 Leider hat das individualistische Freiheitsverständnis (Freiheit als reine Selbstbestimmung) eine lange, hochkarätige Tradition im Abendland, von Aristoteles bis Kant. Das hängt positiv mit der Entwicklung der Rechtsidee, negativ mit allen Auswüchsen und Fehlleistungen des westlichen Individualismus zusammen.

233 Zu Begriffsprägung „dialogische Freiheit" vgl. vom Verf., Freiheit – Sozialismus – Christentum, Bonn 1978. Erstmals bereits in „Sinn und Intersubjektivität. Zur Vermittlung von transzendentalphilosophischem und dialogischem Denken in einer

‚transzendentalen Dialogik'", in: Theol.u.Phil. 45 (1970) 161–191. Wesentlich waren Sätze von Martin Buber wie: „So ist die Beziehung Erwähltwerden und Erwählen, Passion und Aktion in einem. (...) Ich werde am Du; Ich werdend spreche ich Du. Alles wirkliche Leben ist Begegnung" (Das dialogische Prinzip, Heidelberg 1965, 15).

234 Das individualistische Freiheitsverständnis hat eine lange Tradition im abendländischen Denken, die erst durch die frühen Dialogiker (bes. F. H. Jacobi, 1743-1819) sowie durch Hegels dialektisches Verständnis von „konkreter Freiheit" aufgebrochen wurde – was freilich bis heute auch in Fachkreisen nicht allgemein verstanden wurde.

235 Bei dieser ersten Handlungsstufe wird eine gewisse Zweideutigkeit zugelassen, ob es sich um die sachorientierte Stufe innerhalb des sozialen Handeln oder einfach um physisch-technisches Handeln handelt. (Eine Zweideutigkeit, die übrigens in Habermas' ‚instrumentellem' Handeln mangels Systematik ständig vorhanden ist.)

236 Vgl. den so betitelten Aufsatz von Jürgen Habermas in dem gleichnamigen Buch „Technik und Wissenschaft als ‚Ideologie'", Frankfurt/M. 1969.

237 Daniel Bell, Die nachindustrielle Gesellschaft, Frankfurt-New York 1975, 303.

238 Vgl. Bernd Senf, Die blinden Flecken der Ökonomie, München 2000; Burkhart Wehner, Die Logik der Politik und das Elend der Ökonomie, Darmstadt 1995; Helmut Creutz, Das Geldsyndrom. Wege zu einer krisenfreien Marktwirtschaft, 6. Aufl., Düsseldorf 2003; Maria Mies, Globalisierung von unten, Hamburg 2002; Thilo Bode, Die Demokratie verrät ihre Kinder, Frankfurt 2003.

239 Um ein aktuelles Beispiel solchen ökonomischen Denkens zu nennen: C. Christian von Weizsäcker, Logik der Globalisierung, Göttingen 1999.

240 Ich bejahe mit Rolf Dahrendorf (u.a. Gesellschaft und Freiheit, München 1965) und anderen Konflikttheoretikern durchaus die positive Rolle von sozialen Konflikten, lehne aber die damit oft einhergehende These ab, gesellschaftliche (staatlichrechtliche) Integration sei notwendig Zwangsintegration. Mit dieser These scheint die Aufhebung des Unterschiedes zwischen legitimer und illegitimer Macht verbunden.

241 So klagt Oswald von Nell-Breuning: „In den deutschen Sprachgebrauch wurde der Name ‚Solidarismus' eingeführt durch Heinrich Pesch SJ (1854–1926), der für das von ihm entwickelte Gesellschaftssystem diesen Namen wählte. Der Name ist gut und treffend gewählt, aber er ist nicht zügig. , Sozialismus' ist ein Schlagwort geworden, das breiteste Massen elektrisiert; ‚Solidarismus' ist ein wissenschaftlicher Fachausdruck geblieben, mit dem man keine Massen in Bewegung setzen kann" (Baugesetze der Gesellschaft, Freiburg 1968, 45).

242 Ich möchte mich deshalb bei diesen derzeit noch in gewissen Kreisen beliebten, unfruchtbaren Sandkastenspielen namens „Gerechtigkeitstheorien" nicht länger aufhalten. Vgl. dazu v. Verf.: Wozu steht die Sozialphilosophie heute?, in: Philosophischer Literaturanzeiger 4/2000.

243 Es ist dies der Untertitel des bereits genannten Buches von D. Maxeiner und M. Miersch, Das Mephisto-Prinzip, Frankfurt/M. 2001.

244 Friedrich Nietzsche, Also sprach Zarathustra (Vom Wege des Schaffenden).

245 Immanuel Kant, Metaphysik der Sitten (1997) B 31 ff.

246 Dies ist die sogenannte „Saharasia-These", vertreten vor allem von James DeMeo, Saharasia. The 4000 BCE Origins of Child Abuse, Sex-Repression, Warfare and Social Violence in the Deserts of the Old Word, Greensprings, Oregon 1998.

247 Zum Streit über die Einteilung der Rechtsgebiete (die vom normalen Juristen einfach als gegeben hingenommen werden, auch wenn kein Laie den Grund für die

Einteilungen verstehen kann) vgl. in Kurzfassung: Theo Mayer-Maly, Artikel Recht VIII, in: Staatslexikon, Bd. 4, Sp. 677.

248 I. Kant: „Der Inbegriff der Gesetze, die einer allgemeinen Bekanntmachung bedürfen, um einen rechtlichen Zustand hervorzubringen, ist das öffentliche Recht" (Metaphysik der Sitten, Erster Teil Rechtslehre, § 45). Kant geht bei dieser Definition offenbar davon aus, dass Zivil- und Strafrecht eigentlich Sache des gesunden Menschenverstandes und Rechtsempfindens sind, sodass man die Gesetze nicht ausdrücklich zu kennen braucht, um ihre Geltung anzuerkennen, was beim öffentlichen Recht anders ist: Da war die Veröffentlichung schon seinerzeit konstitutiv für die Geltung – was heute auch für Zivil- und Strafrecht gelten dürfte. Unter Kants weiten Begriff von „öffentlichem Recht" fällt dann auch das Verfassungsrecht. In reflexionstheoretischer Stufung ergibt sich jedoch obige Differenzierung beider.

249 Führend: Klaus Bosselmann/Michael W. Schröter, Umwelt und Gerechtigkeit. Leitlinien einer ökologischen Gerechtigkeit, Baden-Baden 2001. – Über den Stand einer Erd-Charta nach Johannesburg 2002 unterrichten etwa: www.eartcharter.org, www.oeiew.de (Ökumenische Initiative Eine Welt, e.V.), www.bund.net (Bund für Umwelt und Naturschutz Deutschlands); www.umweltrecht.de (Institut für Umweltrecht).

250 I. Kant, Metaphysik der Sitten, Erster Teil Rechtslehre, § 45.

251 O. von Nell-Breuning, Baugesetze der Gesellschaft, Freiburg 1968, 87 u. 90.

252 Es sei auf die diesbezüglichen Bücher von Jean Ziegler hingewiesen, der zwar auch ein Patriot ist, aber kein blinder.

253 Die Kompliziertheit und Inkonsequenz, daher Unattraktivität des bisherigen Subsidiaritäts-Denkens bezeugen freiwillig wie unfreiwillig: Winfried Böttcher/Johanna Krawzynski, Europas Zukunft: Subsidiarität, Aachen 2000.

254 Hierzu Hans Herbert von Arnim, Das System, München 2001, bes. 148–156 (Verschleierung der Verantwortung: Bundesrat und Bundesländer). Konrad Adenauer hat sich als Präsident des Parlamentarischen Rates vehement gegen die jetzige Konstruktion des Bundesrates gewehrt. „Die Bayern taten alles, damit die Bundesrepublik künftig von den Landeshauptstädten regiert werden könnte" (DER SPIEGEL, 20/2003, 44). Doch subsidiäre Organisation von Souveränität bedeutet nicht Blockade der jeweils übergeordneten Ebene, sondern deren effiziente Modifikation. Das ist, zugegeben, sicher leichter prinzipiell gesagt als verwirklicht. Es erfordert ein Höchstmaß von organisatorischer Transparenz.

255 „In den Internationalen Beziehungen wird der Souveränitätsbegriff im Gegensatz zum Völkerrecht kaum mehr verwendet. Er gilt als ordnungs- und realpolitisch überholt. Man wirft seinen Befürwortern vor, ein nationalstaatliches Modell internationaler Politik zu unterstützen" (Reimund Seidelmann, in: Wörterbuch Staat und Politik, München 1991, 675). In diese Charakteristik kommt allerdings ein anderer, „internationalistischer" Zungenschlag hinein, womit wir uns noch auseinandersetzen müssen. Das Wort „Volk" kommt in diesem Wörterbuch gar nicht mehr vor, wohl aber „Volksparteien".

256 Karl Albrecht Schachtschneider, Euro – der Rechtsbruch, in: W. Hankel u.a., Die Euro-Illusion. Ist Europa noch zu retten?, Reinbek 2001. Es geht Sch., im Unterschied zu seinen Mitautoren, weniger um die Währung als solche, als um die demokratischen und verfassungsrechtlichen Aspekte der Europapolitik.

257 Eurotopia. Verzeichnis europäischer Gemeinschaften und Ökodörfer. Neu recherchierte Ausgabe 2000/2001 (oekodorf.buch@t-online.de).

258 Für logische Ansprüche: Das Kantische Reflexions-Begriffspaar „Materie und Form" wird in der Weise aktuell, dass die erste, materiale Viergliederung, die wir

„Außenarchitektur" nannten, selbst Materie einer höheren, formalen Vierfachheit von Prinzipien wird.

259 Fichtes Werke, Nachdruck Berlin 1971, 7. – Die „Grundzüge des gegenwärtigen Zeitalters" umfassen die Seiten 1–256.

260 „Ich für meine Person halte dafür, dass die gegenwärtige Zeit gerade in dem Mittelpuncte der gesammten Zeit stehe; und falls man die beiden ersten Epochen unserer früheren Aufzählung, in denen die Vernunft zuerst unmittelbar durch den Instinct (1), sodann mittelbar als Instinct durch die Autorität herrscht (2), als die Eine Epoche der blinden Vernunftherrschaft, und ebenso die beiden letzten derselben Aufzählung, in denen die Vernunft zuerst ins Wissen (4) und sodann vermittelst der Kunst in das Leben eintritt (5), gleichfalls als die Eine Epoche der sehenden Vernunftherrschaft charakterisieren wollte: – so vereinigt die gegenwärtige Zeit die Enden zweier in ihrem Prinzip durchaus verschiedener Welten: der Welt der Dunkelheit und der der Klarheit, der Welt des Zwanges und der der Freiheit, ohne doch einer von beiden zuzugehören. Oder auch, die gegenwärtige Zeit steht meines Erachtens in der Epoche, welche nach meiner früheren Aufzählung die dritte war, und die ich mit folgenden Worten charakterisiert habe: die Epoche der Befreiung, unmittelbar von der gebietenden äusseren Autorität, mittelbar von der Botmässigkeit des Vernunftinstincts und der Vernunft überhaupt in jeglicher Gestalt: das Zeitalter der absoluten Gleichgültigkeit gegen alle Wahrheit, und der völligen Ungebundenheit ohne einigen Leitfaden: der Stand der vollendeten Sündhaftigkeit" (J.G. Fichte, ebd., 18; Ziffern und Hervorhebungen von J.H.) Eine ausführlichere Studie des Verf., Die Mitte der Zeit als Tiefpunkt einer Parabel. Fichtes Geschichtskonstruktion und Grundzüge der gegenwärtigen Zeitenwende, in: Fichte-Studien 23, hg. von Helmut Girndt u. Hartmut Traub, Amsterdam – New York 2003, 175–189.

261 G. W. F. Hegel, Werke in zwanzig Bänden, Nachdruck Frankfurt/M. 1970, Bd. 12. Vorlesungen über die Philosophie der Geschichte,32.

262 Dazu näher v. Verf.: Reflexion als soziales System, § 11 (Geschichte als Reflexions-Schichtung), Freiheit – Sozialismus – Christentum, Kap. VI; Entwurf systemischer Kulturtheorie, 40 ff (Zur Entwicklungslogik von Kulturen).

263 Ken Wilber, Eine kurze Geschichte des Kosmos, Frankfurt/M. 1997.

264 Eine der großen Ausnahmen: der Linguist Noam Chomsky. Auch wenn ich mit seiner „Generativen Transformationsgrammatik" wegen ihrer dichotomischen zweiwertigen Logik nicht einverstanden bin, so ging sie doch – gewissermaßen integral – aufs Ganze der Sprache. Wie heute seine politischen Beiträge auf Ganze der Weltsituation gehen: Profit over People. Neoliberalismus und globale Weltordnung, Hamburg – Wien 2000; War agaist People. Menschenrecht und Schurkenstaaten, ebd. 2001; The Attack. Hintergründe und Folgen, ebd. 2002.

265 Friedrich Nietzsche, Also sprach Zarathustra: Vom Wege des Schaffenden.

266 Vgl. das Zweite Stück von Nietzsches „Unzeitgemäßen Betrachtungen": Vom Nutzen und Nachteil der Historie für das Leben sowie aus dem „Zarathustra": Vom Lande der Bildung. – Vom Verf. : Nach dem Historismus, Einleitungsessay zu dem Buch „Die Logik der Vernunftkritik", 1–35.

267 Das ist keine Kritik an dem indischen Denker Sri Autobindo, der im 20. Jahrhundert zuerst programmatisch von „integralem Denken" sprach und es auf seine, indische Weise auch in großen Werken praktizierte; es ist nicht einmal primär Kritik an den daran anknüpfenden Versuchen von Jean Gebser (1905–1973) oder Ken Wilber (*1947), sondern an denen, die bequemerweise meinen, es könnte mit solchen eher suchenden und unscharfen Beiträgen sein Bewenden haben.

268 Fichtes Fünffachheit hängt methodologisch damit zusammen, dass er seine Geschichtsphilosophie nicht als explizite Reflexionsstufentheorie entwickelt, sondern zu einem gegebenen Anfangs- und Endzustand die Zwischenglieder aufsucht. Vgl. näher meinen in Anm. 260 genannten Aufsatz. Vom Standpunkt der Viergliederungtheorie sind Fichtes Stufen 4 und 5 die theoretische und praktische Seite als Untergliederung derselben großen Reflexionsstufe.

269 Karl Marx, Einleitung zur Kritik der Hegelschen Rechtsphilosophie, Schlussteil.

Kapitel IX

270 Bernd Guggenberger, in: Wörterbuch Staat und Politik, a.a.O., Artikel „Demokratietheorie".

271 Manfred Hättich, Artikel „Demokratie", in: Staatslexikon, Bd. 1 (1996) Sp. 1182.

272 Aristoteles unterschied (in Metaphysik V, 2) an jedem Seienden vier Ursachen, zwei äußere: Ziel und Wirkursache, und zwei innere: Material- und Formurache. Bei einem handwerklichen Ding, etwa einem Tisch, sind das: der Zweck des Tisches, das Wirken des Handwerkers, das Material und die Formgestalt. Zu einer reflexionstheoretischen Interpretation dieser vier Ursachen vgl. J. Heinrichs, Ökologik, 90 ff.

273 J. G. Fichte, Reden an die deutsche Nation (1808), Vierte Rede. – Dazu v. Verf.: Nationalsprache und Sprachnation. Die Gegenwartsbedeutung von Fichtes ‚Reden an die deutsche Nation', in: Fichte-Studien 2, hg. K. Hammacher u.a., Amsterdam 1991. – Mag es bei Fichte durch die französische Besatzung bedingte nationalistische Töne geben, so bei Herder nur für diejenigen, die seinen kulturellen Begriff von „Völkern" blutsmäßig missdeuten.

274 Ursprünglich waren Abstammungs- also physische Überlebenseinheit, poltische Organisation, Kultur und Religion im Begriff von Volk oder Stamm selbstverständlich nicht differenziert. Daraus ist aber kein Argument für deren bleibende Nicht-Differenzierung unter modernen Bedingungen zu machen, wie es im offenen oder versteckten Rassismus geschieht. Manche machen aus der Not dieses Anachronismus etwas besonders Modernes: „Identität schlechthin", „Weltvolk", „kosmopolitische Existenz" usw.

275 Lebenswert hierzu: Helga Zepp-LaRouche, Die verpasste Chance von 1989–90, Wiesbaden 1999. Darin: Helmut Böttiger, Der Milliardenschwindel mit den DDR-Altschulden.

276 Vgl. Kommunikative Gesellschaft. Beiträge einer interkulturellen Tagung zwischen Japanern und Europäern vom 4. Bis 8. Sept. 1977, München 1978. Die Beiträge d. Verf. zu dieser bemerkenswerten interkulturellen Begegnung sind auch enthalten in: Freiheit – Sozialismus – Christentum. Um eine Kommunikative Gesellschaft, Bonn 1978.

277 „Es empfiehlt sich, die Unterscheidung auch begrifflich durchzuhalten. Mitunter wird der Begriff Plebiszit auch angewandt, wo es sich um Wahlen handelt (z.B. Direktwahl des Staatsoberhauptes). Es gibt keinen zwingenden Grund dafür, weil solche Fälle Unterformen der repräsentativen Demokratie sind" (M. Hättich, Demokratie, a.a.O., Sp. 1186). Bei Direktwahl von Bürgermeistern, Regierungschefs usw. besteht aber eine entscheidende Gemeinsamkeit mit Sachentscheidungen durch direkte Volksabstimmungen: eben in dem „Direkten", weshalb die von Hättich empfohlene Terminologie sich nicht eindeutig durchgesetzt hat.

278 Wenn wir derzeit über den Atlantik nach reiferen demokratischen Leistungen Ausschau halten, stellen wir mit Verwunderung fest, dass in der modernen Mutter- und

Musterdemokratie (nach eigenem Anspruch zumindest) nicht einmal mehr der Präsident zwischen den großen Parteiblöcken korrekt ausgemacht werden kann. Da nicht sein kann, was nicht sein darf, hat die „moderne" demokratische Welt diese zweifelhaften Vorgänge um die Wahl von Georg W. Bush (anno 2000) schnell wieder vergessen. Das mysteriöse Attentat vom 11. September 2001 machte es zudem vergessen. Es ist schon merkwürdig, wie sehr der „Diskurs" der politischen Klasse derartige Fragen ignoriert.

279 Hans Herbert von Arnim, Vom Schönen Schein der Demokratie. Politik ohne Verantwortung – am Volk vorbei, München 2000, 181; die ganze zweite Hälfte des Buches handelt vom Stand der direkten Demokratie in Deutschland; derselbe zuletzt: Das System. Die Machenschaften der Macht, München 2001. – Hingewiesen sei nachdrücklich auf die Aktivitäten von „Mehr Demokratie e.V" (www.mehr-demokratie.de) „Stiftung Mitarbeit e.V. (www.mitarbeit.de)" und anderer überparteilicher Gruppierungen.

280 Manfred Schmidt, Demokratietheorien, a.a.O., bes. 285 (Kritische Theorie der Mehrheitsregel). – Eine eher minimalistische Interpretation der Mehrheitsregel gibt Wolfgang Jäger: „Ein Wahrheits- oder Gemeinwohlanspruch kommt der Mehrheit nicht zu. Keine Entscheidungsregel, nicht einmal die Einstimmigkeit, kann die Wahrheit garantieren. Das Mehrheitsverfahren ist nicht als absolutes, sondern nur als relatives Prinzip aus der Abwägung unterschiedlicher Ziele zu rechtfertigen: der individuellen Selbstbestimmung der Mitglieder einerseits und der notwendigen Entscheidungs- und Handlungsfähigkeit des Kollektivs andererseits. Die Herrschaft der Mehrheit über die Minderheit ist erträglicher als die der Minderheit über die Mehrheit" (Artikel „Mehrheit, Mehrheitsprinzip", in: Staatslexikon Bd. 3, Freiburg 1996, Sp. 1082). Zwischen Wahrheits- und Gemeinwohlanspruch müsste jedoch ein qualitativer Unterschied gemacht werden. Jäger führt mit Recht aus, dass die Anerkennung der Mehrheitsregel der modernen Demokratie lange vorausging.

281 W. Jäger, ebd., Sp. 1083.

282 Die Konflikt-Auffassung (anfänglich besonders durch Hobbes, aber auch durch John Lockes *balance of powers* repräsentiert) steht mit der geschichtlichen Herausbildung des Rechtsstaatsprinzips in engem inneren Zusammenhang. Auch wenn Recht die bleibende formale Basis des Rechtsstaates bleibt (vgl. Kap. IV, Schluss), braucht und darf die Begründung des Rechts keineswegs rechts- und machtpositivistisch = konflikttheoretisch sein.

283 Der französische Politologe Emmanuel Todd sieht in seiner brillanten Analyse „Weltmacht USA. Ein Nachruf", frz. 2002, dt. München 2003, die USA bereits in unabwendbarem Verfall ihrer wirtschaftlichen und politischen Übermacht und die derzeitigen Weltpolizei-Aktionen als Symptome der Schwäche.

284 In dem sonst hervorragend informierenden Bändchen von Otmar Jung/Fanz-Ludwig Knemeyer, Direkte Demokratie, München 2001 sehe ich diese Art von Einwänden und Schwierigkeiten nicht gelöst! Realistischerweise schreiben sie: „Volksgesetzgebung ist aber nicht ein Instrument von Minderheiten, die im Repräsentativsystem keine Berücksichtigung finden. Volksentscheide können nichts anderes ausdrücken, als was in der jeweiligen Gesellschaft mehrheitsfähig ist. Sie können sich daher auch nur punktuell und begrenzt unterscheiden von dem, was im entsprechenden parlamentarischen Verfahren an Resultaten durchsetzbar ist" (56). Das ist zu wenig, weil die Versachlichung und Machtentlastung der jeweiligen Fragestellung im Allgemeinen nicht erfolgen kann.

285 Helmut Frey, Weniger Macht den Parteien! Selbstbestimmung des Volkes statt Zuschauerdemokratie, München 2000, 329 f.

286 Dies wurde vom Verf. schon 1978 (Freiheit – Sozialismus – Christentum, 96) mit naiveren Erwartungen vertreten, und zwar mit Hinweis auf einen noch immer aktuellen Artikel von Wolfgang Jäde, Die Lebenslüge der Demokratie. Die Aufgabe der Parteien, das Staatsvolk zu repräsentieren, in: Rückblick auf die Demokratie, hg. von G.-K. Kaltenbrunner, Freiburg 1977, 107–128.

287 Als manipulierte „Basis" betrachte ich die Zufallsmehrheiten, die z.B. in regelmäßigen Kreisversammlungen von Parteien zustande kommen, ohne dass angekündigt wird, ob und welche wichtigen Entscheidungen anstehen.

288 Karl Marx, Politische Schriften II, Darmstadt 1960, 882-957.

289 Manfred Schmidt, Demokratietheorien, a.a.O., 170 f.. Schmidt seinerseits rekurriert auf Udo Bermbach, Theorie und Praxis direkter Demokratie, Opladen 1973 und derselbe, Artikel „Direkte Demokratie", in: Politik-Lexikon, München-Berlin 1994.

290 Bernd Guggenberger, Artikel „Demokratie/Demokratietheorie", in: Wörterbuch Staat und Politik, München 1995, 87.

291 Für Rassisten verschiedener Couleur sei hinzugefügt: Ein christlich getaufter, sich atheistisch gebender, kultureller Vollblutdeutscher aus christlichem Elternhaus mit religiös jüdischen Vorfahren, vermutlich aschkenasischer („ostjüdischer") Abstammung.

292 Ist etwas Skandalöses an diesem Vergleich? Ja doch, dies: dass der Gorbatschow des Katholizismus noch nicht aufgetreten bzw. – vielleicht – vorzeitig zu Tode gebracht worden ist in Gestalt jenes 33-Tage-Papstes von 1978. (Dazu David A. Yellop, Im Namen Gottes? Der mysteriöse Tod des 33-Tage-Papstes Johannes Paul I, München 1988). Das „vielleicht" bezieht sich auf die Unsicherheit, ob er einen so tiefgreifenden Umbruch, eine solche Konversion, mit dem christlichen Ausdruck, ausgelöst hätte, wie es Gorbatschow gewagt hat. Um den Vergleich abzurunden: Auch der Meister Jesus hat sich in einigen Punkten seiner Verkündigung geirrt, im orthodoxen (nicht im theosophisch aufgeklärten) Verständnis z.B. in der sogenannten Naherwartung: in der Annahme, dass „das Ende dieser Welt" ganz nahe bevorstehe. Warum sollte man dem gesamtmenschlich viel kleineren, wenngleich als Sozialphilosophen riesengroßen Marx nicht auch Irrtümer, besonders in der zeitgeschichtlichen Abschätzung, zugestehen – ohne hämisch seine gesamten Analysen und Lehren zu verwerfen und sie mit dieser Absicht mit denen seiner autoritären Entsteller gleichzusetzen?

293 Auch dem so verdienstvollen Iring Fetscher ist es aufgrund vieler Zeitgeist-Umstände nicht gelungen, hier in der bundesrepublikanischen Landschaft gegenzusteuern und eine philosophische Rehabilitation von Marx öffentlichkeitswirksam durchzusetzen. Von „neomarxistischen" Anpassungskünstlern zu schweigen!

294 Karl Marx, Das Kapital Bd. 1, MEW 23, Berlin 1972, 27.

295 Karl Marx, Kritik des Gothaer Programms, in: Politische Schriften, Bd. II, Darmstadt 1960, 1024.

296 Ebd., 28.

297 In dieser schon früher ausgedrückten Ablehnung eines Ökonomismus liegt ein weiterer Vorbehalt oder eine Frage gegenüber Marx, nicht minder allerdings gegenüber weniger geistreichen Geldreformern sowie gegenüber den in der kapitalistischen Globalisierungsbewegung tonangebenden neoliberalen Marktgläubigen.

Kapitel X

298 www.nachhaltigkeitsrat.de
299 www.RightLivelihood.se
300 www@stiftung-weltethos.uni-tuebingen.de. – Bemerkenswert sind ferner die Bestrebungen des IIFWP (International and Interreligious Federation for World Peace), ein „Interreligious and International Peace Council" zu errichten.
301 Über den enormen Einfluss der religiösen Fundamentalismen auf die amerikanische Politik berichtete DER SPIEGEL 8/2003, 90 ff unter folgender Überschrift: „Krieg aus Nächstenliebe. Mit dem Sturm auf Bagdad will US-Präsident George W. Bush einen göttlichen Auftrag erfüllen. Selten sind im tiefgläubigen Amerika nationale Machtinteressen und fundamentalistische Frömmelei eine so innige Verbindung eingegangen."
302 Dazu etwa: Mária Szepes/W. Charon, Die geheimen Lehren des Abendlandes, München 2001; Manfred Ehmer, Die Weisheit des Westens, Düsseldorf 1998. Für die neuere Theosophie (seit 1875) sei hingewiesen auf die Bücher des Briten Benjamin Creme im Verlag Tetraeder, München sowie die Zeitschrift *Share International*, deren deutsche Ausgabe ebenfalls im Verlag Tetraeder erscheint. Deutsche Website: www.shareinternational-de.org.
303 Für den französischen Sprachbereich möchte ich Louis Lavelle (1883–1951) nennen, dessen tiefspirituelles Gesamtwerk, eine originelle Weiterführung des deutschen Idealismus, zu Unrecht in Vergessenheit geriet. Aus dem amerikanischen Bereich: Alfred North Whitehead (1861–1947) mit seinem Hauptwerk „Process and Reality" (1929).
304 Hans Küng/Karl-Josef Kuschel (Hg.), Erklärung zum Weltethos. Die Deklaration des Parlamentes der Weltreligionen, München 1993; engl.: A Global Ethic. The Declaration of the Parliament of World's Religions, London 1993; vgl. dieselben (Hg.), Wissenschaft und Weltethos, München 1998 (mit ausführl. Literaturverzeichnis).
305 Siehe jetzt Guntolf Herzberg/Kurt Seifert, Rudolf Bahro. Eine Biographie, Berlin 2002.
306 Rudolf Bahro, Logik der Rettung. Wer kann die Apokalypse aufhalten? Ein Versuch über die Grundlagen ökologischer Politik, Berlin 1990,491–493.
307 Im Nachwort zu meinem Sprung aus dem Teufelskreis (1. Aufl, 1997), Bahro allerletzter Schrift, heißt es: „Heinrichs versucht nun, die falsche, subjektivistische Antwort der Moderne durch das Reflexionsprinzip selbst ins Positive zu wenden. Das krankmachende Prinzip der Reflexion soll in ihrer konsequenten Durchführung auf grundlegende Sinnstrukturen selbst zur Gesundung führen. Das ist etwas völlig anderes als die Fortsetzung der Moderne in eine Postmoderne der Willkür hinein. In diesem Versuch einer Ehrenrettung der Moderne liegt für mich persönlich das eigentlich geistesgeschichtlich Anstößige und Denkanstößige seiner Neuordnung des sozialen Ganzen aus dem Prinzip der Reflexion heraus. (...) Heinrichs treibt die Differenzierungen weiter, um ihre Aufhebung unter spirituellem Primat, aber nicht als neue geistliche Bevormundung, zu gewährleisten" (329). Dem kann ich nur zustimmen.
308 Dazu Bemerkungen zu dem Buch von Klaus Bosselmann, Im Namen der Natur, Bern-München 1992, in meiner „Ökologik" (1997), 237-240.
309 Ebd., 327 (Hervorhebungen von J.H.).
310 Mohssen Massarrat, Dritte Kammern. Weniger Staat – mehr Zivilgesellschaft. Ein Schritt zur nachhaltigen Demokratie, Manuskript, mehrfach in gekürzter Fassung veröffentlicht, u.a. in: Universitas, Febr. 2000.

311 In der anarchistischen Phantasie vom „Abgebauten Staat“ (Berlin 1928) offenbart sich die sozialtheoretische Unzulänglichkeit eines Silvio Gesell viel mehr als in angeblichem Sozialdarwinismus, die Jutta Ditfurth („Entspannt in die Barbarei“) in die (vor allem am Maßstab heutiger gentechnischer Perspektiven) harmlosen Bemerkungen Gesells von „Hochzucht“ durch Paarung der Tüchtigeren hineinliest.
312 Näher am Beispiel der Freiwirtschaft Gesellscher Prägung v. Verf.: Die Einheit von Geld- und Demokratiereform, in: Zeitschrift für Sozialökonomie 127 (2001).
313 Für eine sympathisierende Charakteristik mit Hintergrund: Christian Grefe/Mathias Greffrath/Harald Schumann, attac. Was wollen die Globalisierungskritiker?, Berlin 2002.
314 Zur Interpretation dieses seit 1613 wörtlich überlieferten, aber in der Sache viel älteren Wortes führt der Büchmann, Geflügelte Worte, 32. Aufl. Berlin 1972, 599 f neben vielen anderen Aristoteles und Goethe an: „Die Natur schreitet so allmählich von den unbeseelten Dingen zu den belebten Wesen fort, daß man bei dem stetigen Zusaammenhange nicht gewahr wird, wo die Grenze der beiden Arten liegt“ (Aristoteles, Historia de animalibus). – „Die Natur kann zu allem, was sie machen will, nur in einer Folge gelangen. Sie macht keine Sprünge. Sie könnte z.B. kein Pferd machen, wenn nicht alle übrigen Tiere vorausgingen, auf denen sie wie auf einer Leiter bis zur Struktur des Pferdes heransteigt“ (Briefe von und an Goethe, 1846, 311). Das ist Evolutionstheorie vor ihrem ausdrücklichen Durchbruch.
315 Sebastian Haffner, Der Verrat. Deutschland 1918/1919, 3. Aufl. Berlin 1995, 46.
316 Sri Aurobindo, Zyjkus der menschlichen Entwicklung, Planegg 1983, bes. 268.
317 John Hormann, Anleitung zur persönlichen (R)evolution, München 1991.
318 Karl Albrecht Schachtschneider, in: Rechtsfragen der Weltwirtschaft (im Erscheinen). – Siehe die Thesen Demokratie versus Kapitalismus. Vom Recht des Menschen auf der Innternetseite: siehe oben Anm. 160, S. 393
319 K. Marx, Einleitung zur Kritik der Hegelschen Rechtsphilosophie, in: Frühe Schriften, Darmstadt 1971, 495.
320 Wieweit Marx Hölderlin kannte, entzieht sich meiner Kenntnis. Doch Friedrich Nietzsche kannte und liebte Hölderlin. Die Blitz-Metapher wird von dem aristokratischen Nietzsche in bemerkenswerter Weise weitergeführt: „Ich liebe alle die, welche wie schwere Tropfen sind, einzeln fallend aus der dunklen Wolke, die über dem Menschen hängt: sie verkündigen, daß der Blitz kommt, und gehen als Verkündiger zugrunde. Sehr, ich bin ein Verkündiger des Blitzes, und ein schwerer Tropfen aus der Wolke: dieser Blitz aber heißt Übermensch – (Also sprach Zarathustra, Vorrede 4). Sri Aurobindo hat der Rede vom „Übermenschen“, wie zur Ehrenrettung Nietzsches gegen den nazistischen Missbrauch, einen spirituellen und evolutiven Sinn gegeben: Es ist der höher entwickelte Mensch eines neuen, „integralen“ Zeitalters. Vgl. Sri Aurobindo, Zyklus der menschlichen Entwicklung, Planegg 1983; Das göttliche Leben (Theo Divine Life), 3 Bde., Gladenbach 1991.
321 Mit Rudolf Bahro (und Maik Hosang) teile ich auch eine große Bewunderung für Hölderlins Briefroman Hyperion, was ich in anderem Rahmen begründen zu können hoffe.
322 Ebd., 497.
323 Ulrich Ammon, Die internationale Stellung der deutschen Sprache, Berlin 1991.
324 Unübertroffen auch in der Anerkennung der fortschrittlichen Seite des Kapitalismus: „Die Bourgoisie hat durch die Exploitation des Weltmarkts die Produktion und Konsumtion aller Länder kosmopolitisch gestaltet. Sie hat zum großen Bedauern der Reaktionäre den nationalen Boden der Industrie unter den Füßen weggezogen. Die uralten nationalen Industrien sind vernichtet worden und werden noch

täglich vernichtet. Sie werden verdrängt durch neue Industrien, deren Einführung eine Lebensfrage für alle zivilisierten Nationen wird, durch Industrien, die nicht mehr einheimische Rohstoffe, sondern den entlegensten Zonen angehörende Rohstoffe verarbeiten und deren Fabrikate nicht nur im Lande selbst, sondern in allen Weltteilen zugleich verbraucht werden. An die Stelle der alten, durch Landeserzeugnisse befriedigten Bedürfnisse treten neue, welche die Produkte der entferntesten Länder und Klimate zu ihrer Befriedigung erheischen. An die Stelle der alten lokalen und nationalen Selbstgenügsamkeit und Abgeschlossenheit tritt ein allseitiger Verkehr, eine allseitige Abhängigkeit der Nationen voneinander (K. Marx, Frühe Werke I, Darmstadt 1971, 821 f).

325 K. Marx, Einleitung zur Kritik der Hegelschen Rechtsphilosophie, a.a.O., 505.

326 Thilo Bode, Die Demokratie verrät ihre Kinder, Stuttgart – München, 10–12.

327 www. BuergerKonvent.de. – Eine Anzeigen-Serie im Frühjahr 2003 erstaunlichen Slogan titulierte: „Weg mit dem Wahrheitsstau!" Der Wahrheitsstau betrifft nicht nur die zuammenbrechenden Sozialsysteme!

328 Vgl. Antje Bultmann/Friedemann Schmithals (Hg.), Käufliche Wissenschaft. Experten im Dienst von Industrie und Politik, München 1994.

329 Worldwatch Institute Report, Zur Lage der Welt, Frankfurt 1999, 44–46. – Thilo Bode bringt in seinem schon angeführten Demokratiebuch folgende Zusammenfassung der Weltlage: „Die Welt war noch nie so reich. Das jährliche Einkommen beträgt 30 Trillionen Dollar, im Vergleich zu 15 Trillionen Dollar vor 30 Jahren. Die Welt war auch noch nie so arm, denn der beispiellose Anstieg des Wohlstandes kam nur einem Fünftel der Menschheit zugute. Die Bilanz ist trostlos. Auf der Erde leben etwa 6,2 Milliarden Menschen, 4,6 Milliarden in den Entwicklungsländern. Davon sind 850 Millionen Analphabeten, fast eine Milliarde hat keinen Zugang zu sauberem Trinkwasser, und 2, 4 Milliarden verfügen nicht über einfachste sanitäre Einrichtungen. Über 300 Millionen Jungen und Mädchen gehen nicht zur Schule, und 11 Millionen Kinder unter fünf Jahren, etwa 30.000 pro Tag, sterben jedes Jahr aus vermeidbaren Gründen. Über eine Milliarde Menschen, also ein Drittel der gesamten Erdbevölkerung müssen mit weniger als zwei Dollar täglich auskommen. Sie haben weniger zum Leben, als die Bewohner der reichen Industrieländer für Hundefutter ausgeben, 800 Millionen Menschen haben nicht genug zum Essen. Die krasse Armut eines großen Teils der Weltbevölkerung stellt eine permanente Verletzung des Menschenrechts auf Leben dar" (Die Demokratie verrät ihre Kinder, 2003, 18).

330 Michel Houellebecq, Die Welt als Supermarkt, Reinbek 2001, 82.

331 Jedediah Purdy, Das Elend der Ironie, Hamburg 2002 (amerik. Original: For Common Things. Trust, Irony and Commitment in America Today, New York 1999).

332 K. Marx, a.a.O., 497.

Kapitel XI

333 Siehe www.eu-kommission.de.

334 Beides hoffe ich, in Zusammenarbeit mit einem so hochkarätigen Verfassungsexperten wie Karl Albrecht Schachtschneider demnächst vorlegen zu können. Es geht um juristische Konkretisierungen der hier dargelegten Sicht. – Ich möchte mich nicht dabei aufhalten, die verfassungstheoretischen Halbheiten und Inkonsequenzen jenes europäischen Verfassungsentwurfs hier auszubreiten, z.B. im Hinblick auf demokratische Gewaltenteilung: Sind Europäischer Rat (der Regierungschefs) und Minister-

rat eigentlich gesetzgebende oder ausführende Organe und was bedeutet es, dass sie beides sind? – Zur bisher erarbeiteten „Charta der Grundrechte“ hat K.A. Schachtschneider eine sehr gewichte Kritik vorgelegt: Eine Charta der Grundrechte für die Europäische Union, in: Aus Politik und Zeitgeschichte vom 22. Dez. 2000.

335 Siehe seine Beiträge in Hankel/Nölling/Schachtschneider/Starbatty, Die Euro-Klage. Warum die Währungsunion scheitern muß, Reinbek 1998; sowie in dieselben; Die Euro-Illusion. Ist Europa noch zu retten, Reinbek 2001.

336 Mit kaum einem Wort gehen wir, auch in wissenschaftlichen Kreisen, so lax um wie mit dem Wort Einheit. Damit wird verdeckt: Über nichts sind sich Menschen allenthalben so uneinig wie über „Einheit“!

337 Offiziell will man nicht einmal eine *lingua franca* namens Englisch, nur die Fakten strafen das Offizielle tagtäglich Lügen.

338 Darüber bin ich einig mit meinen französischen Freunden von ARLE: Association pour le Rayonnement des Langues Europèennes, deren Programm lautet: Europe plurilingue – Mehrsprachiges Europa. www.europe-plurilingue.info-europe.fr.

339 Der Ausdruck „Mehrebenen“ oder ähnlich wird im Sinne der umfangsmäßigen Untereinheiten Europas auch sonst gebraucht. Deshalb wird hier das „strukturell“ hinzugefügt.

340 Die Einheit der „Klasse“ zeigt sich spätestens bei der derzeit wieder akuten Frage der Diätenerhöhung für die Parlamentarier und politischen Beamten. Hier schweigt, ebenso wie bei den nationalen Parlamentariern, des Autors Höflichkeit. Hoffentlich nicht die gegenüber ihren „Vertretern“ scheinbar hilflose Bevölkerung.

341 Diese soziale Organismustheorie wurde von mir seit 1976 innerfachlich „Reflexions-Systemtheorie“ genannt. Den anspruchsvollen Titel „Reflexive Demokratie“ trägt ein Buch von Rainer Schmaltz-Bruns, Baden-Baden 1995, dessen noch unbestimmte Idee sich vielleicht im Vorstehenden konkretisiert findet: „daß man von der Vorstellung einer institutionell konzentrierten und homogenisierten Willensartikulation Abschied nehmen muß, um statt dessen tief gestaffelte, mehrstufig aufeinander bezogene Prozesse der Willensbildung vorsieht“ (164). – Von „reflexiver Modernisierung“ spricht mit Vorliebe der Münchener Soziologe Ulrich Beck: „Reflexive Modernisierung meint den Übergang von der Ersten, nationalstaatlich geschlossenen, zu einer Zweiten, offenen, riskanten Modernisierung, die ihre national- und sozialstaatlichen Fesseln abstreift“ (Schöne neue Arbeitswelt, Vision: Weltbürgergesellschaft, Frankfurt/New York 1999, 24 f). Ursprünglich war für dieses Kapitel eine ausführliche Auseinandersetzung mit U. Becks jüngstem Werk „Macht und Gegenmacht im globalen Zeitalter“, Frankfurt/M. 2002, vorbereitet. Dem nicht fachlichen Leser soll jedoch an dieser Stelle ein Gefecht mit Becks glänzender Rhetorik und Dialektik, worin die Substanz letztlich fehlt, erspart bleiben. In Bezug auf „Weltbürgerparteien“, „Globalisierungsdiskurs des Kapitals“, Ablehnung „kollektiver“, gemeint sind vor allem nationale Kategorien usw. vertritt Beck ziemlich das Gegenteil des hier Dargelegten, wobei Gründe durch Rhetorik und Lebensgefühle ersetzt werden.

342 Der Ausdruck ⇦„transnational“ wird im Sinne von „global die Nationen betreffend“ verwendet, während ⇦„international“ auch „einige Nationen betreffend“ meinen kann.

343 U. Beck, Macht und Gegenmacht im globalen Zeitalter, 97.

344 Aktuell 2003, Dortmund 2002, 685.

345 Maria Mies/Claudia von Werlhof (Hg.), Lizenz zum Plündern. Das Multilaterale Abkommen über Investitionen ‚MAI‘, Hamburg 2. Auflage 1999, 7 f.

346 In der terminologischen Unterscheidung von Souveränität und Autonomie stimme ich U. Beck (a.a.O. 150) ausdrücklich zu, nachdem sie von der Sache her schon frü-

her (unter Subsidiarität) getroffen wurde. Allerdings thematisiert Beck nicht, dass die nationalstaatliche Souveränität gesteigert werden kann durch ein geeignetes transnationales Rechtssystem – analog zur individuellen Freiheit, die durch synergetisches Zusammenwirken der Freiheiten gesteigert wird.

347 Dafür, dass „Weltföderalisten" die Nationalstaaten misstrauischer behandeln als „Weltetatisten", geben folgende beiden Werke ein Beispiel: Ernst Heinrichsohn, Weltstaat und Weltbürgerbewustsein können die Menschen vor ihrem selbstverschuldeten Untergang retten, Eigenverlag, Max-Beckmann-Str. 41, D-26133 Oldenburg; Stephan Mögle-Stadel, Die Unteilbarkeit der Erde. Globale Krise, Weltbürgertum & Weltförderation, Bonn 1996. Dieses Buch versteht sich als Antwort auf folgende beiden Berichte des Club of Rome: Die erste globale Revolution (1992) sowie Yehezkel Dror, Ist die Erde noch regierbar?, München 1995. – Hingewiesen sei auch der Bericht der Kommission für Weltordnungspolitik , Nachbarn in Einer Welt (1995), Texte der Stiftung Entwicklung und Frieden, Gotenstr. 152, 53175 Bonn.

348 Vgl. auch Ervin Laszlo (Hg.), Rettet die Weltkulturen. Der multikulturelle Planet. Report an die Unesco, Stuttgart 1993. Auf die Weltsprachen-Problematik und den „Sprachimperialismus" des amerikanischen Englisch wurde schon nachdrücklich hingewiesen.

349 Auf dem unmittelbaren Weltbürgerrecht eines Jeden bestand bereits Kant, der den Kolonialismus schon vor seiner vollen Entfaltung ablehnte. Das transnationale Recht eines jeden Weltbürgers als solchen ist nicht erst eine postkoloniale Erfindung.

350 Hans Küng, Weltethos für Weltpolitik und Weltwirtschaft, München 1997/2000, 131.

351 In der traditionellen katholischen Fundamentaltheologie wurde umgekehrt der Glauben als *norma negativa* für das, was die Vernunft sagen darf, bezeichnet. Wenn also zum Beispiel die Vernunft sagte, eine Hölle im Sinne ewiger Strafe und Verdammnis kann es nicht geben, wäre jedenfalls mit einem gütigen Gott nicht vereinbar, musste sie still schweigen. So kehrte ein ganz anderes Schweigen als das mystische in die Theologie ein.

352 Hans Küng, Weltethos für Weltpolitik und Weltwirtschaft, München 2000, 155 f. – Von diesen „vier unverrückbaren Wahrheiten" ist auch im dort wiedergegebenen Report des *InterActionCouncil* früher Staats- und Ministerpräsidenten unter Vorsitz des ehemaligen deutschen Bundeskanzlers Helmut Schmidt die Rede, der 1996 in Vancouver verabschiedet wurde.

353 Nach Büchmann, Geflügelte Worte, 32. Auflage 1972, 486: Die älteste lateinische Quelle bei Seneca d. Ä. in *Rhetorum controversiae* I,1,10 lautet: ‚*Crede mihi, sacra populi lingua est.*' Den ersten wörtlichen Beleg für das Zitat bietet der Theologe und Staatsmann Petrus von Blois (ca. 1130–1200): *scriptum est, quia vox populi, vox Dei* (Migne, Patrologia Latina 201, 57c). Auch hier ist das Wort also schon Zitat.

354 G.W.F. Hegel, Werke in 20 Bänden, Bd. X, Frankfurt/M. 1971, 506 f.

Danksagung

Autor und Verleger danken für ihr besonderes Engagement bei der Herstellung des Buches dem Lektor Dr. Torsten Flüh, dem Setzer Jan Blatt, der auch die grafischen Figuren ausgeführt hat, Bernd Cosmo Haldenwang, dessen „Viergliederungs-Auto“ seit Monaten durch Berlin und Deutschland fährt und das Erscheinen des Werkes ankündigte, sowie Tanja Woutskowsky, Karl Heinz Klosner, Helmut Wettreck, Tanja Spranger, Christian Fischer und Friedrich Reinsch für ihre wertvollen ersten Leserreaktionen.

Johannes Heinrichs, Carsten Wettreck

Die Schweisfurth-Stiftung, München, hat die Reifung und Erprobung der hier vorgelegten Gedanken durch die Finanzierung von sieben Semestern Stiftungsprofessur „Agrar-Kultur und Sozialökologie“ an der Humboldt-Universität sowie durch ihr Vertrauen wesentlich gefördert. Dafür danke ich besonders Karl Ludwig und Dorothee Schweisfurth sowie Franz-Theo Gottwald (Vorstand der Stiftung und Professor an der Humboldt-Universität) aufs herzlichste. Selbst die ökologische Agrarwende wird erst durch eine demokratische Wende voll in Gang kommen können.

J. H.

Frühere Veröffentlichungen von Johannes Heinrichs

Derzeit im Handel erhältliche Bücher sind mit einem * gekennzeichnet. Die zur Zeit vergriffenen Bücher sind auf der website des Verfassers abrufbar, ebenso ein vollständiges Schriftenverzeichnis:

www.viergliederung.de

Die Logik der ‚Phänomenologie des Geistes'
573 S., Bouvier Verlag, Bonn 1974 / 2. Auflage ebenda 1983

Reflexion als soziales System
Zu einer Reflexions-Systemtheorie der Gesellschaft
212 S., Bouvier Verlag, Bonn 1976 / 2. Auflage in Vorbereitung

Freiheit – Sozialismus – Christentum
Um eine kommunikative Gesellschaft
169 S., Bouvier Verlag, Bonn 1978

Reflexionstheoretische Semiotik, Teil 1: Handlungstheorie
Strukturalsemantische Grammatik des Handelns
192 S., Bouvier Verlag, Bonn 1980

Reflexionstheoretische Semiotik, Teil 2: Sprachtheorie
Philosophische Grammatik der semiotischen Dimensionen
490 S., Bouvier Verlag, Bonn 1981

Die Logik der Vernunftkritik
Kants Kategorienlehre in ihrer aktuellen Bedeutung
Eine Einführung
286 S., Francke Verlag (UTB 1412), Tübingen 1986

Die Liebe buchstabieren
Stichworte zu einem Menschheitsthema
220 S., Fischer-Taschenbuch, Frankfurt 1987
Erweiterte Neuauflage 290 S., Deutscher Studienverlag 1994

Wörterbuch des Wandels
Einsichten für Manager, Mystiker und Menschen
237 S., Moderne Verlagsgesellschaft, München 1991
(zusammen mit John Hormann)

Gastfreundschaft der Kulturen
Multikulturelle Gesellschaft in Europa und deutsche Identität
Eine aktuelle Einmischung
128 S., Die Blaue Eule, Essen 1994*

Ökologik
Tiefenökologie als strukturelle Naturphilosophie
(Schriften zur Triadik und Ontodynamik,
hg. von Heinrich Beck und Erwin Schadel)
323 S., Verlag Peter Lang,
Frankfurt/M – Berlin – New York – Wien 1997*

Sprung aus dem Teufelskreis
Logik des Sozialen und Natürliche Wirtschaftsordnung
343 S., Verlag Vita Nuova des Instituts für
Gesellschafts- und Kulturphilosophie, Wien 1997

Entwurf systemischer Kulturtheorie
Mit einem Nachwort „Handlung als Prinzip der Moderne"
von Clemens K. Stepina
66 S., hg. von der Abteilung für Kulturwissenschaften der
Universität Krems (Österreich), Krems 1998

Philosophie am Scheideweg
Johannes Heinrichs im Interview mit Clemens Stepina
160 S. Passagen Verlag, Wien 2002*

Sachregister

(Die mit A gekennzeichneten Nummern verweisen auf Anmerkungen)

Personenregister

„Das ist vielleicht die höchste Qualität des Opiums, die eigene Schöpferkraft des Geistes, die Phantasie, so zu beleben, dass sie sich Zauberburgen baut, auf deren Zinnen der Verlust der Sumpf- und Nebelreiche dieser Erde nicht Furcht erregt. Die Seele schafft sich Ränge zum Übergang in den Tod." Ernst Jünger: Das erste Pariser Tagebuch, 3. Dezember 1941

Wir erleben wie europäische Abenteurer, die in Südostasien nach Gold suchen, als Süchtige enden; wie werden Zeugen der Todesangst einer Schauspielertruppe, die auf ihrer Wanderschaft im Dschungel versehentlich das Versteck eines annamitischen Warlords entdeckt hat und somit zwischen gastlicher Gefangenschaft oder Tod hin und her pendelt; mit minutiöser Genauigkeit beschreibt der Autor den psychischen Prozeß der Gewissensqualen eines französischen Soldaten, der desertiert ist. Das übergreifende Thema aller dieser Erzählungen aber ist die Entfernung zwischen Traum und Wirklichkeit, die die Droge Opium ihren Adepten gewährt.

Jules Boissière (1863-1897), ein poet maudit, ein Abenteurer, dessen Werk womöglich erst heute seine ihm gebührende Würdigung finden kann. In Hanoi als Kolonialoffizier für die französische Regierung tätig, ließ er seine ersten Prosastücke unter dem Pseudonym J. Rodde drucken. Der Gebrauch des Opiums verschaffte Jules Boissière nach seinen eigenen Worten das sicherste Mittel, den Chinesen und Annamiten (heute Vietnamesen) aus einer erstaunlichen Nähe heraus zu begegnen, die ihm fremden Sitten zu studieren und sein Ohr an die fremden Tonleitern zu gewöhnen, auf denen die Wörter im fernen Osten auf- und absteigen.

Jules Boissière, OPIUMRAUCHER
Roman, ca. 300 Seiten, Deutsche Erstausgabe
ISBN 3-929019-83-6
Französische Broschüre, EUR 18,00

Belletristik / Herbst 2002

Gabriele Bärtels porträtiert in HOMME BIZARRE zufällige Begegnungen mit der Spezies Mensch und all seinen Eigenarten und Alltäglichkeiten. Eine aufmerksame Betrachtung von Personen, die die Absurdität ihres Handelns und den Einfallsreichtum im Ummünzen von Niederlagen und Banalität sichtbar macht und dabei zugleich komisch und dramatisch wirkt.

Die Autorin sitzt in Waschsalons und U-Bahn-Höfen, folgt einem Gerichtsvollzieher durch einen Tag voller Pfändungen, einer Frau auf der Suche nach der großen Liebe und einer anderen in die Ehe mit einem Millionär. Sie begegnet dabei einem Haschisch-Dealer, der sein Geschäft wie ein ordentlicher Krämer führt und einem Familienvater, der in die Großstadt fährt, um sich als Frau zu verkleiden.

Gabriele Bärtels, Jahrgang 1959, lebt und arbeitet als freie Autorin in Berlin. Sie hat in verschiedenen überregionalen Zeitungen und Magazinen Reportagen und Portraits veröffentlicht, schreibt Geschichten und Erzählungen und übersetzte für den MAAS Verlag Romane aus dem Englischen.

Gabriele Bärtels, HOMME BIZARRE
Literarische Porträts, ca. 170 Seiten, Erstausgabe
ISBN 3-929010-86-0
Französische Broschüre, EUR 15,00

Reportagen/Portraits/ Herbst 2002

Nachts im London der 30er: zwielichtige Clubs, Nutten, Trinker und verlorene Seelen. Unter ihnen Harry Fabian, ein aus dem Cockney Slum stammender mieser, kleiner Zuhälter, der die naive Zoe auf den Strich schickt und vom großen Geld träumt. Gemeinsam mit dem windigen Geschäftemacher Figler will Fabian zum Top-Wrestling-Promoter in London aufsteigen. Skrupellos versucht er durch Erpressung und Betrug an das Startkapital zu kommen. Das Animiermädchen Helen träumt vom eigenen Nachtclub, der wenig erfolgreiche Künstler Adam will seine kreative Krise als Kellner überbrücken. Sie alle begegnen sich irgendwann auf einer nicht enden wollenden Odyssee durch die Nacht.
Gerald Kersh wurde hierzulande von den Publikumsverlagen weitestgehend ignoriert und geriet in Vergessenheit, doch bekannte zeitgenössische Autoren wie Joe R. Lansdale, Andrew Vachss oder Harlan Ellison bezeichnen ihn als ihren "favourite writer bar none".

Pulp Master 13

Gerald Kersh, NACHTS IN DER STADT
Roman, Deutsche Erstausgabe
ISBN 3-929010-80-1
Paperback, EUR 11,00

Crime Fiction / Sommer 2002

Der türkische Bauunternehmer Yossario bittet seinen alten Mafiafreund Riccardo Montefiore um Hilfe: Auf der Berliner Riesenbaustelle am Potsdamer Platz tobt ein blutiger Verdrängungskrieg um Großaufträge. Die Mafiasoldaten Tony und Hardy aus New Jersey werden nach Berlin entsandt, um mit guter, alter amerikanischer Gewalt entsprechenden Druck auf die Gegenseite auszuüben. Doch die scheint alte Kontakte zur Stasi zu haben und hat ihrerseits Rückendeckung aus Rußland angefordert.
Während der psychopathische Hardy sich in seinem Element befindet, erkennt Tony, dass ihre gewalttätigen Aktionen ständig getoppt werden und der ganze Einsatz auf fremden Terrain langsam, aber sicher aus dem Ruder läuft ...

Pulp Master 14

Buddy Giovinazzo, POTSDAMER PLATZ
Roman, Deutsche Erstausgabe
ISBN 3-929010-81-X
Paperback, EUR 11,00

Crime Fiction / Herbst 2002

AMAZON.de : "Pulp Master ist ein absolutes Muss für Leser harter, düsterer Thriller, in denen sich die brutale Realität unserer Gesellschaft widerspiegelt. Geschichten, die so völlig anders sind als der "mittelstandskompatible Mainstream" (Thomas Wörtche), den die Großverlage kultivieren. Geschichten, die naturgemäß nicht die Erwartungen eines breiten Publikums erfüllen können - aber gerade darin liegt ihre Stärke und ihr besonderer Reiz."

Kontaktadressen

Maas Verlag

eKfm Carsten Wettreck
Adalbertstr. 7-8
10999 Berlin
Tel.: 030-616 568-77
Fax: 030-615 88 51
Email: info@maasverlag.de
www.maasverlag.de

Verlagsbüro Pulp Master

Frank Nowatzki
Samariterstr. 6
10247 Berlin
Tel.: 030-686 82 92
Fax: 030-686 82 92
Email: master@txt.de

Verlagsbüro MaasMedia

Mario Mentrup /Gundula Schmitz
Sorauer Str. 3
10997 Berlin
Tel.: 030-610 74 632
Fax: 030-610 74 630
Email: maasmedia@lauramars.de

Auslieferungen für den Buchhandel

BUGRIM Verlagsauslieferung

Peter Lindemann
Saalburgstr. 3
12099 Berlin
Tel.: 030-606 84 57
Fax: 030-606 34 76
Email: Peli@bugrim.de

Deutschland Nord:

Christopher Krause
c/o Verlagsvertretungen
Grabert/Krause
Trajanstraße 79
68526 Ladenburg
Tel.: 06203-924086
Fax: 06203-924087
Email: NicoleGrabert@aol.com

Deutschland Süd:

Nicole Graber
c/o Verlagsvertretungen
Grabert/Krause
Trajanstraße 79
68526 Ladenburg
Tel.: 06203-924086
Fax: 06203-924087
Email: NicoleGrabert@aol.com